실심실학과
국학

조선대학교 우리철학연구소 우리철학총서 08
근대전환기의 한국철학 〈心〉

실심실학과 국학

김윤경 지음

學古房

　19세기 후반기부터 20세기 전반기까지 약 100년 동안의 한국 사회는 격동의 시기였다. 이 시기는 '전통'과 '현대' 및 '동양'과 '서양' 등의 가치관이 혼재되면서 많은 문제가 발생했다. 특히 사상계는 일본 사람인 서주西周(니시 아마네 : 1829~1897)에 의해 굴절된 상태로 소개된 '철학哲學' 용어의 출현과 일제 강점기의 도래로 인해 새로운 문화가 형성되었다.

　서양 근대 문명을 동경했던 서주는 '지혜를 사랑함'이라는 'Philosophia, Philosophy'를 '철학'으로 번역했다. 이때 그와 일본의 주류 사상계는 근대 과학 문명을 탄생시킨 서구적 사유를 물리物理와 심리心理를 아우르는 '철학'으로 여기고, 유·불·도를 중심으로 하는 동아시아의 전통적 사유를 심리心理의 영역으로 제한시켰다.

　특히 일제 강점기에 서양 선진국의 교육시스템을 모방한 동경제국대학의 교육 체계를 모델로 삼은 경성제국대학 철학과의 주요 교과목은 서양철학 위주로 편성되었다. 이 무렵 한국의 전통철학은 제도권 안에서 부분적으로 수용되었다. 따라서 전통철학은 제도권 안에서 독자적인 영역을 확보할 기회를 갖지 못하고, 주로 제도권 밖에서 연구되었다. 이 때문에 당시의 많은 사람들에게 서양철학은 보편적인 철학이고, 전통의 동양철학은 특수한 철학으로 여겨졌다. 이러한 상황은 많은 학자들에게 서양철학에 대한 무비판적인 수용과 동양철학에 대한 연구의 소홀을 가져오도록 안내했다. 이러한 비주체적인 학문

탐구 경향은 해방 정국 이후부터 산업화시기인 20세기 후반까지 이어졌다.

비록 일부의 학자들에 의해 학문의 주체성 회복과 우리철학의 정립을 위한 연구가 진행되었지만, 철학계에서 그들의 영향력은 크지 않았다. 그러나 20세기 말의 민주화 과정에서 철학의 현실화와 주체적인 학문 탐구를 중시하는 일군의 학자들에 의해 우리철학 정립에 대한 열기가 고조되었다. 그들은 서양철학을 무비판적으로 수용하는 태도와 전통철학을 맹목적으로 옹호하는 태도를 지양하였다. 그들에 따르면 비주체적인 철학 활동은 건조한 수입철학으로 전락하거나, 복고적인 훈고학의 울타리를 벗어나기 어렵다. 이러한 비주체적인 철학 활동은 창의적인 사유를 통한 생명력 있는 이론을 생산하고 발전시키는 면에 제한적이다. 이를 해결하기 위해 시대정신에 대한 통찰력을 강화할 필요가 있다.

우리철학의 정립에 대한 이러한 풍조는 21세기에 확산되고 있다. 조선대학교 우리철학연구소는 비주체적인 철학 풍토를 비판적으로 성찰하고, 통일 시대에 부응하는 21세기형 우리철학의 정립을 목표로 2014년에 설립되었다.

21세기형 우리철학이란 역동적인 시대의 다양한 특성을 반영한 것으로서 한국 전통철학의 비판적 계승, 외래철학의 한국화, 한국의 특수성과 세계의 보편적 흐름을 유기적으로 결합한 사유체계이다. 곧 21세기형 우리철학은 특수와 보편의 변증법적 통일로서 한국의 전통철학과 외래철학과 현실 문제 등에 대해 시대정신을 반영하여 주체적으로 연구한 이론체계를 의미한다.

이 총서는 조선대학교 우리철학연구소가 2015년 한국학중앙연구원의 '2015년도 한국학총서' 사업에 선정된 〈우리철학, 어떻게 할 것인가? - 근대전환기 한국철학의 도전과 응전 - 〉의 연구 성과를 집약한 것이다.

조선대학교 우리철학연구소의 이 총서 사업은 근대전환기 한국사회에서 발생한 철학 담론을 탐구하는 결과물로서 전통의 유·불·도 철학과 민족종교와 미의식 등을 주요 연구대상으로 한다. 이 사업은 민족, 계층, 종교, 이념, 동양과 서양, 전통과 현대, 특수와 보편 등의 문제가 중첩된 근대전환기의 한국사회를 철학적 가치로 재해석하여, 21세기의 시대정신에 부응하는 우리철학 정립의 이론적 토대를 제공하고자 한다. 이 연구는 19세기 후반부터 21세기의 현재까지 취급하는 총론을 제외한 7개의 주제에 대해 19세기 중·후반부터 20세기 전반기까지 약 100년 동안의 전통철학 전반을 대상으로 한다. 내용은 총론, 리理, 심心, 기氣, 실實, 교敎, 민民, 미美 등 총 8개의 주제이다. 총서는 △총론 : 우리철학, 어떻게 할 것인가 △성리학 : 근대전환기의 한국철학 〈理〉 - 호락논변의 전개와 현대적 가치 △심학 : 근대전환기의 한국철학 〈心〉 - 실심실학과 국학 △기철학 : 근대전환기의 한국철학 〈氣〉 - 서양 문명의 도전과 기의 철학 △실학 : 근대전환기의 한국철학 〈實〉 - 현실비판과 근대지향 △종교철학 : 근대전환기의 한국철학 〈敎〉 - 근대전환기 도교·불교의 인식과 반응 △민족종교 : 근대전환기의 한국철학 〈民〉 - 민족종교와 민의 철학 △미학 : 근대전환기의 한국철학 〈美〉 - 근대 한국미의 정체성 등 총 8권으로 구성된다.

총론인 『우리철학, 어떻게 할 것인가』(이철승)는 21세기형 우리철학의 정립이라는 문제의식으로 '철학' 용어가 출현한 19세기 후반부터 21세기가 진행되고 있는 현재까지 한국 철학계의 현황을 고찰한다. 또한 우리철학 정립의 이론적 토대에 해당하는 고유의식, 외래철학의 한국화, 전통철학의 비판·계승·변용, 자생철학의 모색 등을 살펴보고, 우리철학 정립의 사회적 토양에 해당하는 다양한 정치 현실과 문화 현상을 분석한다. 그리고 특수와 보편 및 타율성과 자율성의 등의 시각으로 우리철학 정립의 방법을 모색하고, 같음과 다름의 관계와 어울림철학을 중심으로 하는 우리철학 정립의 한 유형을 고찰한다.

근대전환기의 한국철학 〈理〉인 『호락논변의 전개와 현대적 가치』(홍정근)는 호론과 낙론 사이의 학술논변을 다루고 있다. 호락논변은 중국이나 일본 등 다른 전통 사회에서 찾아볼 수 없는 독자성이 강한 우리철학의 한 유형이다. 이 논변은 중국과 일본을 비롯한 전통의 동아시아사회에서 찾아볼 수 없는 독자성이 있다. 이 책은 호락논변 초기의 사상적 대립, 절충론의 등장, 실학에 끼친 영향 등을 서술하였고, 20세기 학자인 이철영의 사상을 집중적으로 검토하였다. 이철영은 호락논변을 재정리하고, 자신만의 새로운 학설을 정립한 학자이다. 다음으로 호락논변의 논쟁점을 총체적 관점에서 인물성동이논변과 미발심성논변으로 나누어 기술하였다. 마지막 장에서는 호락논변에 함유되어 있는 근현대적 가치들을 살펴보았다.

근대전환기의 한국철학 〈心〉인 『실심실학과 국학』(김윤경)은 근대 격변기 속에서 속일 수 없는 자기 본심을 자각하고 '실현'해 나간 양명학 수용자들의 철학적 문제의식, 자기수양, 사회적 실천 등을 고찰하였다. 이들의 중심에는 정제두 이래 양명학을 주체적으로 수용하고 계승한 이건승, 이건방, 정인보 등 하곡학파가 있다. 하곡학파는 실심실학에 기초한 주체적 각성, '국학'의 재인식과 선양이라는 실천으로 식민지 현실을 극복하고자 하였다. 또한 본서에서는 하곡학파에 속하지 않지만, 하곡학파와 긴밀히 교류하면서 양명학적 유교 개혁을 추구한 박은식, 화담학과 양명학의 종합으로 독창적인 학술체계를 건립한 설태희, 진가논리로 불교개혁을 추구한 박한영 등의 사유를 부분적으로 취급하였다.

근대전환기의 한국철학 〈氣〉인 『서양 문명의 도전과 기의 철학』(이종란)에서 탐구하는 주제는 근대전환기 과학과 그리스도교로 대표되는 서양문명의 도전에 따라 그것을 수용·변용하거나 대응한 논리이다. 곧 기철학자와 종교사상가들이 서양문명의 수용·변용·대응 과정에서 기의 논리를 핵심으로 삼아, 전통사상의 계승·발전·극복 등의 사유 과정을 구체적으로 분석하였다.

근대전환기의 한국철학 〈實〉인 『현실비판과 근대지향』(김현우)에서는 한민족에게 내재한 현실 중심의 개혁·실천·개방의 전통 사유를 중심으로 근대전환기 전통 개혁론의 계승과 확산, 서구 과학기술의 수용과 한계, 초기 사회주의 수용과 경계 등을 대주제로 삼았다. 이를 바탕으로 북학파의 계승과 개화파의 등장, 1840년 아편전쟁 이후 한국 정부의 대응, 서구 문명에 대한 인식 변화, 문명과 유학과의 관계 재정립, 실학자들의 재발견, 보편 문명과 민족 문화와의 충돌과 해소, 사회 주체로서 국민의 등장, 대한민국 임시정부와 사회주의 소련과의 조우 등을 세부적으로 분석하였다.

근대전환기의 한국철학 〈敎〉인 『근대전환기 도교·불교의 인식과 반응』(김형석)은 도교철학과 불교철학을 중점적으로 취급한다. 도교의 경우, 근대전환기 한국 도교 전통의 맥락을 계승하면서 수련도교의 큰 축을 이루고 있는 전병훈의 『정신철학통편』을 중심으로 살펴본다. 특히 한국 도교전통을 통해 동·서문명의 만남, 전통과 근대의 만남을 기획했던 그의 세계관과 정치사상을 분석하였다. 불교의 경우, '호법護法', '호국護國', '호민護民' 등의 프리즘으로 숲과 마을, 성과 속, 교단과 세속권력, 종교와 정치 사이 등과 같은 당시의 시대적 모순에 대한 불교계의 인식과 반응을 분석하였다. 이는 정치주체와 '외호'의 주체에 대한 해석 문제, 한국불교전통의 계승과 불교 근대화의 문제, 불교 교단의 승인·운영·관리 문제 등의 형태로 드러났다.

근대전환기의 한국철학 〈民〉인 『민족종교와 민의 철학』(이종란·김현우·이철승)은 동학·대종교·증산교·원불교 등 민족종교의 사상 속에 반영되어 있는 당시 민중들의 염원과 지향 및 사유를 철학적 관점으로 재구성하였다. 이들 종교는 모두 전근대적 민에서 주체의식과 민족정체성, 상생과 평화, 공동체 의식을 갖는 근대적 시민으로 자각하도록 이끄는 데 일조하였음을 밝혔다.

근대전환기의 한국철학 〈美〉인 『근대 한국미의 정체성』(이난수)은 19세기 후반부터 20세기 전반까지 한국 사회에서 풍미했던 고유의 미의식을 분석한다. 특히 예술과 예술 정신의 기준이 변화하기 시작했던 1870년대 개항 시기부터 한국 고유의 미론이 등장하는 1940년대까지의 미의식 현황을 분석한다. 이때 미의 철학이란 한국인의 미에 대한 가치와 그것이 구체화된 현상적 특징을 말한다. 이는 전통에서 근대로의 이행 과정에서 예술이 어떻게 계승되고 변용되었는지를 고찰하는 것이다. 이를 통해 근대 예술의 형성이 오로지 예술만의 이념과 논리를 기준으로 형성되지 않고, 당시의 시대 상황과 뒤섞이며 시대정신과 함께 변모했음을 확인할 수 있다.

이 총서를 발간하면서 그동안 우리철학 정립이라는 문제의식을 공유하며 연구와 집필에 전념한 연구진께 고마움을 전한다. 연구진은 그동안 한국의 철학계에서 수행하기가 쉽지 않은 이 작업을 위해 많은 노력을 기울였다. 낯선 시도이기에 불안할 수도 있지만, 누군가는 해야 할 일이기에 연구진은 용기를 내어 이 길에 들어섰다. 미비한 점은 깊게 성찰하고, 이후의 연구를 통해 보완할 것이다.

이 사업이 이루어질수록 적극적으로 지원해준 한국학중앙연구원과 교육부에 감사를 드리며, 이 사업의 필요성을 인정하고 선정해 주신 심사위원들께도 감사를 드린다.

또한 어려운 상황임에도 출판을 허락하신 도서출판 학고방의 하운근 사장님과 글을 꼼꼼하게 다듬어주신 명지현 팀장님을 비롯한 편집실 구성원들께도 감사를 드린다.

2020년 7월
한국학중앙연구원 한국학총서 사업 연구책임자
조선대학교 철학과 교수 및 우리철학연구소장
이철승 씀

근대전환기는 전통적 국제질서인 중화체제가 붕괴되고, 동아시아 각국이 서구의 발달된 물질문명과 폭력적 제국주의 질서 속에 편입된 격동기였다. 동서 문명의 충돌에 직면한 조선의 지식인들은 저마다 보편 가치의 실현을 통한 구세와 계몽을 추구하였지만, 일각에서는 오히려 전통을 묵수하거나 서구문명을 맹목적으로 추종하는 폐해를 노정하기도 하였다. 일찍부터 양명학을 수용하고 독자적인 심학을 발전시킨 일련의 학자들은 허가虛假의 철학이 이런 전통의 묵수나 외래의 추종을 낳고 국권상실의 기반을 형성했다고 비판하였다. 이들은 남의 말이나 외재적 법칙이 아닌 자신의 본심을 실행하는 학문적 실천을 통해, 개인과 공동체의 주체성을 회복하고 외세에 빼앗긴 권리를 되찾고자 하였다. 그리고 자신들의 학문을 '실심실학'이라고 칭하였다. 본서는 이러한 실심실학자들이 격변기 조선이라는 역사적 시공간을 관통하면서 자신들의 주체실현 철학을 '국학'으로 꽃피운 여정을 되짚어본 것이다. 이들의 여정은 전통과 외래 혹은 과거와 현재의 창의적 소통과 정체성 확립이 요청되는 현 문화경쟁 시대에 시사하는 바가 크다.

본서에서 다룬 인물들은 양명학을 주체적으로 수용하고 활용하면서 전통을 계승한 사상가들로서, 후기 하곡학파인 이건창, 이건승, 이건방, 정인보, 그리고 하곡학파에 속하지 않더라도 이들의 사유에 공명하면서 자신의 실심에 따라 현실에 대응한 박은식, 설태희이다.

내용적인 면에서 이들의 학문과 실천을 모두 실심실학의 전개라고 명명해도 무리가 없을 것이다. 따라서 본서 1장에서는 먼저 "실심실학"의 연원과 전개를 살펴보았다. '실심실학'이라는 용어는 양명학 수용자의 전유물이 아니라 정주학자들도 사용하는 용어였으며, 각기 의미규정과 보편에 대한 시각이 달랐다. 여기서는 하곡학의 핵심내용과 '실심실학'의 두 계통을 중점적으로 다루고 본서에서 논하는 실심실학의 개념을 한정하였다. 2장에서는 실심실학의 지표와 확장을 다루었다. 하곡학파는 자신들의 학문을 실심실학으로 규정하면서 진가를 구분하는 논리를 발전시켰는데, 이것이 심성수양론 뿐만 아니라 사회비판론으로 확장되는 과정을 살펴보았다. 3장에서는 이러한 실심실학의 실현과 모색을 조명하였다. 여기서는 급변하는 시대 상황 속에서 이건창, 이건승, 이건방이 주체적 실심을 기반으로 서구사상에 대응하면서 당대 현실 문제를 해결할 올바른 길을 고민하고 실천한 내용을 고찰하였다. 4장에서는 하곡학파와 양명학 수용경로는 다르지만, 이들과 공명하고 자득으로 실심의 길을 개척한 박은식과 설태희의 학문을 다루었다. 자신의 실심을 다해 주어지지 않은 새로운 길을 찾아 갔다는 의미에서 '길 없는 길'이라는 소설의 제목을 차용하였다. 5장에서는 '실학의 재정립과 국학운동'이라는 주제 하에 정인보의 학문을 집중적으로 다루었다. 정인보는 이건승, 이건방을 통해 하곡학을 계승하고 동시대 선배들을 이어서 학문을 통한 구국활동을 철저히 수행하였다. 그것은 바로 국학연구를 통한 민족 얼의 선양이었고, 과거 조선의 '실학'을 재정립하는 것이었으며 , 이는 곧 현대 '실학'연구의 출발점이 되었다. 마지막 6장에서는 이러한 실심실학이 타학문과 공명하고 전이된 일면을 살펴보았다. 당대 신문사설이나 불교인사인 박한영이 진가론을 통해 개혁을 추구한 내용을 다루었다. 이를 통해 학문영역과 학파에 얽매이지 않고 국난극복을 함께 고민한 일제 강점기 사상가들의 일면을 고찰하고자 하였다.

필자의 집필이 해당 선현들에게 누가 되지 않길 바라며, 본서를 통해 그 존재가 조금이라도 더 알려지길 바란다. 가족들의 헌신적인 지원이 없었다면 본 집필을 완성하지 못했을 것이다. 항상 감사드리며, 본서가 출간되기까지 고락을 함께한 동료들과 학고방 편집진에게도 감사의 마음을 전한다.

2020년 12월

김윤경 씀

14

들어가는 말 : 왜 심의 철학인가

　요즘 사람들이 흔히 쓰는 말 가운데 '영혼이 없다'는 표현이 있다. 어떤 사람이 남의 말을 건성으로 듣거나 성의 없이 일을 처리할 때 상대방에게 핀잔을 주는 말이다. 우리는 일상생활에서 진심을 다하지 않는 말과 행동이 어떤 문제를 낳는가 하는 점에 대해서는 이처럼 민감하다. 하지만 우리 주변에서 좀 더 넓은 사회로 문제를 옮겨 보면 누군가 진심 없이 이기심을 앞세우는 행동을 한다 해도 자신과 직접 연관되지 않는 사회문제에 대해서는 그렇게 할 수도 있다는 관대한 평가를 내리곤 한다. 물론 정치가들의 화법이 '유체이탈'적이라는 비판은 하지만, 소시민으로서 자신의 마음과 행동의 진실성 자체를 민감하게 다루진 않는다. 일면 이해가 가기도 한다. 사회 문제에 대한 내 마음과 행동 하나 하나에 정말 영혼이 담겼는지 검토한다면 얼마나 삶이 힘들겠는가! 그러나 이렇게 공공의 문제가 나와 무관하다고 여기는 것을 허용하다보면 그 속에서 오히려 내 삶이 병들게 된다. 과거 우리는 사회 안전 시스템의 부재로 소중한 어린 생명들을 잃었을 때, '나에게 이런 일이 생길 줄 몰랐다. 아이들에게 이런 사회를 물려줘서 미안하다'고 하는 어른들의 눈물을 접할 수 있었다. 나와 내 가족만 편하면 된다고 생각하며 살던 지난날이 결국 이렇게 부조리한 사회를 만들었다는 후회였다. 사실 이런 문제와 고민은 현대 사회에만 해당하는 것은 아니다. 사람의 행동을 지배하는 것은 그 사람의 마음과 사유이고, 그 사회를 움직이는 것은 사상이기 마련이라고 할 때, 영혼 없는 철학이 어떤 문제를 야기할지를 고민한 것은 이미 오래다. 지금 현재 우리의 문제와 고민은 갑자기 생겨난 것이 아니고 우리에게만 해당되는 것도 아니다. 과거 속에서 현재의 진단과 미래의 대안을 찾을 수 있다. 이 책에서 논하려고 하는 영혼 있는 철학은 이른바 '오래된 미래'라고 해도 무방하다. 그것은 오래 전부터 사상가들의 의식 속에 삶의 주요문제로 자리 잡았던 것이지만, 실천과 변화가 사회의 가장 큰 문제로 대두되었을 때, 더 분명한 모습을 드러냈었다. 근대전환기의 심학이 바로 그러하다.

심학 가운데 특히 양명학에서는 경전 문구의 논리가 아닌, 있는 그대로의 자기 마음을 성찰하는 데서 공부를 시작하고, 성찰의 순간 바로 마음을 바로잡는 것을 관건으로 여긴다. 경전 문구 또한 인간의 보편적인 마음을 근간으로 해서 나온 것이기 때문에 문구보다 마음을 성찰하는 것이 우선 되어야 한다고 보는 것이다. 내가 더 좋은 사람이 되고자 하고 옳고 그름에 대한 최선의 판단과 선택을 추구하는 마음만 있다면, 경전이나 다른 자료는 이를 위해서 얼마든지 활용할 수 있다. 양명학에서는 이처럼 마음을 철학의 제 일의로 놓기 때문에 양명학을 '심학'이라고 부른다.

물론 전통학문에서 심학은 양명학만을 지칭하는 용어는 아니었다. 그것은 '마음을 닦는 공부'라는 일반적인 의미로 사용되었고 성리학에서는 "인심유위 도심유미 유정유일 윤집궐중人心惟危 道心惟微 惟精惟一 允執厥中"이라는 『서경』의 16자 전결을 심법이라 부르고 이를 중심으로 한 공부를 심학이라고 하였다. 따라서 '성현의 심학', '공맹의 심학', '퇴계의 심학' 등 '누구의 심학'이라는 용어가 가능했고『심학도』,『심학지결』,『심학론』등 '심학'의 요체를 담은 저작도 많았다. 심학은 양명학을, 이학은 성리학을 의미하는 것으로 구분하기 시작한 것은 근세의 일이다. 물론 양명학과 성리학이 학문적으로 대칭되는 개념이라고 할 수는 없다. 양명학에 대칭되는 개념은 주자학이라고 할 수 있을 것이다. 주자학적 심학은 마음이 본받아야 할 외부의 절대적 리와 합리성을 전제하고 이를 제대로 체득할 수 있는 마음자세를 중시하기 때문에 반드시 성인의 말씀을 지침으로 삼아 합리적인 이치를 터득할 것을 요구한다. 그러나 양명학은 절대적인 리를 상정하지 않고 본심의 발동을 곧 리의 발동으로 보기 때문에 본심이 모든 것의 기준이 된다. 본서에서 다루는 주제는 이런 양명학을 수용한 조선의 심학이다.

양명학은 명대 철학자 왕수인(1472~1529)에 의해 시작된 학문이지만, 조선에 전래된 이래 독창적인 조선만의 심학이 형성되었다. 이것은 본래 자기 마음의 성찰을 중시하는 양명학의 기조에서 어쩌면 당연한 결과라고 할 수 있다. 유학의 본질이란 자기 마음의 성찰에 있다고 보는 양명학의 기조가 조선에 들어와서, 조선의 상황에 맞게 움직인 조선의 마음을 성찰하고, 그에 따른 새로운 논의와 행동양식으로 재탄생한 것이다. 또 성리학국가인 조선에서 양명학 수용이전에 양명학에서 지시하는 마음공부의 내용이 전혀 없었다고 말할 수도 없다. 이를 쉽게 말하면 '우리의 심학'이라고 할 수 있을 것인데, 우리 선조들은 이미 이것을 '실심실학', 즉 실심의 실학이라고 표현해왔다. 정인보는 그것을 "곧 우리의 마음이 타고난 본밑대로 조그만 속임도 없이 살아가려는 공부"라고 하였다. 그리고 심학이라고 하면 심을 대상으로서 고찰하는 것이라고 생각할 수 있지만, 이러한 개념 정의는 "근세 학술상의 전문 용어"만을 아는 말이라고 하였다. 따라서 본서에서 다룬 실심실학은 '마음이란 무엇인가? 마음은 어떻게 작동하는가? 보편적인 마음이란 존재하는가? 마음의 선악은 어디에서 비롯되는가?'와 같이 마음을 '대상'으로 하는 사유들이 아니라, 속일 수 없는 본심을 '실현'해 나간 철학적 문제의식과 구체적 실천에 관한 것이다.

머리말에서 밝힌 바와 같이 근대전환기 실심실학의 역사적 실현은 '국학'으로 결실을 맺는다. 실심실학자들이 자신이 처한 역사공간에서 각자의 실심에 따라 가장 절실하게 추구한 학문이 곧 조선의 실학, 국혼의 역사학, 조선학으로 표현되었지만, 그것의 내용은 곧 '국학'으로 귀결된다. 현대에는 민족주의, 국학이라고 하면 제국주의 학문을 떠올리고 국학이라는 용어를 경계하는 견해도 있다. 그러나 일제강점기에 국어는 일본어였고 국사는 일본역사였다. 이런 상황이 아니라면 과연 저들이 조선학이라는 용어를 사용했을까? 객관적인 학문을 위해 나 자신과 우리를 언제나 타자화시키는 것이 과연 정당하다고 할 수 있을까? 국학이라는 말이 진정 그것을 연구하는 외국인을 배제하는 배타적인 용어일까? 우리는 반드시 국학과 한국학이라는 용어 가운데 하나만을 선택해야 하는 것일까? 이는 다시 생각해볼 문제이다.

개인의 삶에서도 자기 자신에 대한 자각은 매우 중요하다. 아무리 고원하고 참된 진리를 실천한다 해도 그것을 실현하는 것은 현실의 한 개인이다. 근대의 유산에 따라 여전히 민족과 국가 단위로 살아가고 있는 현대세계에서 이와 무관하게 살 수 있는 국가와 개인은 존재하지 않는다. 진리를 추구하는 학문도 시대성을 배제할 수 없다. 근대

전환기의 국학은 당대 실심의 절박한 호소가 체계화된 것이다. 현대에는 현대에 맞는 실심의 호소가 또 다른 모습으로 구현되어야 한다. 그러나 현대는 근대의 연속이고 현대 문제의 근본적인 원인을 소급하다보면 근대를 성찰하지 않을 수 없게 된다. 이런 맥락에서 실심실학의 첫 장을 열고자 한다.

제**1**장
실심실학의 성립과 전개

1 실심실학의 연원

1) 퇴계와 율곡을 넘어

근대전환기 양명학을 수용한 우리의 심학을 이해하고 그 연원을 찾
자면 하곡霞谷 정제두鄭齊斗(1649~1736)를 언급하지 않을 수 없다. 한국
의 양명학적 심학의 종주인 정제두의 사상이 근대전환기의 심학자인
영재寧齋 이건창李建昌(1852~1898), 경재耕齋 이건승李建昇(1858~1924), 난
곡蘭谷 이건방李建芳(1861~1939)이나 담원詹園 정인보鄭寅普(1893~1950)에
게까지 이어지기 때문이다. 이건방 사후 동아일보에 실린 부음에서
그를 "정제두의 연원을 받은 석학"[1]으로 표현한 것을 보면 이들 안에

---

1) 《東亞日報》1939년 6월 25일 訃音,〈實學派의 唯一한 碩學 李建芳翁 逝去〉
   조선에 잇서서 실학파(實學派)제 1인자이던 란곡(蘭谷) 이건방(李建芳)옹은
   二十四일 오후五시 十五분 다옥정다옥정 一六三번지 자택에서 七十九세를
   一기로 서거하엿다. 씨는 녕재(寧齋) 이건창(李建昌) 씨의 재종제로 황매천
   (黃梅泉) 김창강(金滄江) 이수당(李修堂) 등 제선배ㅇ ㅣ 돌아간 후에는 문장
   가로 홀로 진영을 직혀나온 분으로 한학과 문장이외에도 서양사학(西洋史學)

하곡학에 대한 뚜렷한 계승의식이 있었음을 알 수 있다. 물론 정제두 사상의 학문적 특징에 대해서는 여전히 양명학이나 주자학과 양명학의 절충, 혹은 주자학적 회귀로 설명하는 등 다양한 견해가 존재한다. 그러나 그의 견해는 언뜻 보기엔 주자학과 절충이나 회귀로 보이지만, 실은 명도학明道學과 조선 성리학을 통해 양명학을 수용하고, 성리학 용어를 자유롭게 활용하여 양명학적 사유를 표현했던 것으로 볼 수 있다.

정제두가 양명학의 심즉리설을 발전적으로 수용할 수 있었던 논리적 기반은 이기본체론에 대한 독특한 관점에 있었다. 주자학에서 리는 직접적인 활동이나 조작이 없는 존재의 원리이자 본체를 말한다. 반면 기는 리에 따라 직접 발용하고 활동하며 모든 현상을 만들어낸다. 이때 리는 태극이라고도 하며 직접 동정하는 것은 음양이기陰陽二氣라고도 한다. 주희에 의하면 태극은 원리적으로 음양이기에 앞서는 근원자이다. 주자학을 정론으로 삼았던 조선 성리학계에서 이를 당연한 원리로 이해하였다. 정제두도 이런 풍토에서 공부했지만, 다른 학자들과 달리 태극이 먼저 있은 후에 음양이기가 성립되는 것이 아니라, 음양이기가 있으면 저절로 태극이 있는 것으로 여겼다.2) 이

과 법학(法學)에도 공정이 깊으섯고 특히 양명학(陽明學)에 잇어서는 정하곡 (鄭霞谷)의 연원을 받은 석학이다. 난곡유고이외에 양명학의 저서로서는 "조 선유학과 왕수인"의 연구결정이 잇고 수십년간 두문불출로 학문만을 닦으신 분인데 제자로서 위당정인보(鄭寅普)씨가 잇다. 장례는 六月三十일에 시흥군 신동면 사당리始興郡 新東面 舍堂里선영에다 거행하기로되엇다.

2) 『霞谷集』卷9, 「存言」(中), 天地之間無始無終, 只是一陽實陰虛, 陽舒陰慘而已 …周子乃就其上言太極.   則乃又是陰陽五行之性命樞紐也. 其爲說以太極性命者, 有動靜而互根焉. 故就其上分陰陽而曰兩儀, 非太極有具而後兩

것은 리기理氣가 본래 분리될 수 없다는 사유와 같은 맥락이며, 더 나아가서는 본체의 발용과 생동성의 전제가 된다.

> 중적中寂의 체體는 지극히 은미하여 보기 어렵다. 비록 그러나 오 직 이 고요하고 적막한【무극無極이다】체라는 것이 실재로 근본이 되어서 능히 발용한다.3)

　정제두는 "천지 가운데 생생한 하나의 리理가 깊고 넓게 유행하는 것이 성性의 근원"4) 이고 "리라는 것은 심心의 신명神明"5)이므로, 신神의 생생은 곧 리의 생생을 의미한다고 하였다. 기만 생생한 것이 아니라 기가 있으면 저절로 있는 리도 그 생생하기 때문에 그 본체 자체에 대해 말할 수 없을지라도, "그것이 실재로 근본이 되어 발용" 한다고 할 수 있다는 것이다. 정제두는 본원의 체와 용이 모두 생생한 것이고 리기가 이러한 본체의 두 양상을 설명하는 것이므로, 기가 생 생하고 리는 단지 근거만 된다는 논리는 성립되지 않는다고 보았다. 이런 점에서 "그 텅비고 고요함은 비록 말할 수는 없지만 그 감응하여 유행하는 것은 이 체가 아님이 없고 그 체는 고요하고 적막하거나 감동하거나 할 것 없이 하나라는 것이며, 나눌 수 없다는 것, 이것이 체용體用이 한 근원인 것"6) 이라고 하였다. 이는 용의 근원이 체이므

儀始成立, 而先太極而後陰陽天地也, 有二氣本自有五行, 而太極亦本自有.
3) 『霞谷集』卷9, 「存言」(中) 蓋是中寂之體, 至微而難見, 雖然惟是靜寂[無極] 之體者, 實爲之根本, 而能爲發用.
4) 『霞谷集』卷9, 「存言」(下) 故曰天地之中, 生生一理, 於穆流行者, 性之源也, 賦予具全, 同流無間者, 性之命也
5) 『霞谷集』卷8, 「存言」(上) 理者心之神明.

로 결과적으로 하나가 된다는 것이 아니라, 체는 곧 용이고 용은 곧 체여서 애초에 분리될 수 없는 하나임을 의미하며, 본체의 실질적인 활동을 말하는 것이다. 정제두는 이런 관점에서 퇴계退溪 이황李滉(1501~1570)과 율곡栗谷 이이李珥(1536~1584)의 본체관을 모두 비판하였다. 그것은 리와 기를 두 개의 다른 실체처럼 여기거나 리가 기에 앞선다고 여기면서 양자의 관계를 잘못 설정했다는 비판이었다.

주지하다시피 이황에 있어서 이기는 우주론인 조화자연의 세계를 설명하는 논리적인 개념이 아니라, 인간의 심성에 대한 도덕적인 의미에 초점을 맞춘 개념이다. 이황은 순수한 도덕성의 근거인 리를 "본래 존귀하여 상대가 없는 것"[7]으로 중시하였는데, 그것은 리기를 주로 심성상의 개념인 천리·인욕의 근거로 보아 천리와 인욕이 엄격히 구별되어야 하는 것과 마찬가지로 리와 기를 엄격히 구분하려고 한 것이다. 이황의 관점에서 리와 기를 하나의 실체로 보는 일원적 사고는 곧 천리와 인욕을 한가지로 보아 혼동하는 것으로서 용납해서는 안 되는 것이었다. 같은 맥락에서 이황은 기가 간여하지 않고 고요한 심리상태에서 리의 순선함이 그대로 드러난다고 하면서[8] 이 문제를 가지고 남언경과 논변한 적이 있었다. 이황은 "고요할 때에는 기가 아직 용사用事하지 않았기 때문에 리가 저절로 있다"[9]고 하였다. 이

---

6) 『霞谷集』卷9,「存言」(中) 故其虛寂也, 雖是不可得而言, 其感動以爲流行者, 無非此體也, 其體無靜寂體感動用而一焉, 不可得而分者, 是體用之一原者.

7) 『退溪全書』卷13,「書」〈答李達李天機〉 理本其尊無對, 命物而不命於物.

8) 『退溪全書』卷39,「書」〈答李公浩養中○庚午〉 湛一氣之本, 當此時未可謂之惡, 然氣何能純善, 惟是氣未用事時, 理爲主故純善也.

9) 『退溪全書』卷42,「記」〈靜齋記〉 靜時氣未用, 故理得自在.

에 대해서 남언경은 "만약 고요하여 기가 용사하지 않는다면 이른바 기라는 것은 고요한 곳에는 없고 움직인 곳에는 있는 것이요, 이른바 리라는 것은 고요한 곳에서는 밝고 움직인 곳에서는 어두운 것이니 어찌 그 리기가 합일하고 유행하여 끝이 없는 묘를 보겠는가?"[10]라고 문제를 제기하였다. 이황은 자신의 주장이 리가 기에 가려져서 발휘되지 못한 것이지 고요한 곳에는 기가 없고 움직인 곳에는 리가 없다는 의미는 아니라고 하였다.[11] 그러나 정제두는 이 점을 인정한다할지라도 여전히 문제가 남는다고 보았다.

> 그러나 그 리가 이 마음에서 벗어나지 않고 리기는 둘이 아니라는 것을 알았다면, 비록 기가 아직 용사하지 않았더라도 그 기가 일찍이 순정정결하지 못하면 병의 뿌리가 감춰져 있는 것이기 때문에 아직 용사하지 않았다고 해서 바로 리체理體라고 말해서는 안 됨이 분명하다. 단지 이 하나의 기가 리체에 대해서 순수하다면 움직일 때도 이것은 체요, 고요할 때도 이것은 체다. 인욕에 얽매인다면 움직일 때도 이것은 가리워지고 고요할 때도 가리워지니, 다만 원체元體가 어떠한가에 달려있는 것이지 움직임과 고요함으로서 나누어 소속시킬 수는 없다. … 선악을 막론하고 고요할 때는 모두 리로 삼고, 움직일 때는 모두 기로 삼는다면, 이 기가 어찌 움직임과 고요함을 기준으로 나뉘어 움직일 때는 인욕이고 고요할 때는 천리가 되는 것이 아니겠으며, 리는 고요한 곳에만 있고 기는 움직인 곳에만 있다고 하면서 둘로 나누는 것에 가깝지 않겠는가?[12]

---

10) 『退溪全書』卷42, 「記」〈靜齋記〉 若曰靜而氣未用事,則所謂氣者, 靜處無而 動處,所謂理者, 靜處明而動處暗, 安見其理氣合一, 流行無端之妙乎?
11) 『退溪全書』卷42, 「記」〈靜齋記〉 理亦何嘗有一刻停息. 但爲氣之所蔽, 理不 得昭融透徹, 主張發揮爾, 然則理非靜有而動無, 氣亦非靜無而動有明矣.
12) 『霞谷集』卷8, 「存言」(上)〈太極主靜中庸未發說〉 雖然如見其理不出於此心,

정제두는 이황이 분명 고요함과 움직임에 따라 리기가 있고 없음의 차이가 있다고 말한 것이 아니라는 것을 알았지만,[13] '기가 용사하지 않으면 리는 자재한다'는 말은 결과적으로 기가 움직인 곳에만 있고 고요한 곳에는 없다는 말과 다를 바가 없다고 보았다. 따라서 이황의 말을 오해했을지라도 현실상에서 리기는 떨어지지 않는다는 원칙을 가지고 문제를 제기한 남언경의 의견이 오히려 더 낫다고 하였다. 정제두는 고요함과 움직임에 상관없이 리와 기는 애초에 분리되지 않는 다고 보았다. 그에 의하면 리와 기는 두 개의 실체가 아니며, 기는 리의 운용이고 리는 기의 조리[14]이기 때문에 기가 발휘되지 않고 리 홀로 자재하는 경우란 있을 수 없다. 이황이 말한 기가 아직 용사하지 않고 리가 자재하는 순선한 상태란 실상 리와 기가 모두 순선한 상태를 말하는 것이다. 조금이라도 불선이 섞여있다면, 그것은 이미 리기에 순정정결하지 못한 뿌리가 있는 것이다. 그렇다면 '리기지묘理氣之妙'를 강조한 이이의 관점에 대한 정제두 견해는 어떨까?

이이는 이황에 비해서 리와 기가 서로 분리될 수 없는 본질적 관계

理氣非二, 則雖曰氣未用事, 其氣之未嘗純正淨潔, 而病根藏在, 不可以其未用事也, 而直以謂之理體也明矣. 只此一氣也而純乎理體, 則動時也此體, 靜時也此體, 累於人欲, 則動時也此蔽, 靜時也此蔽, 只在元體之如何, 不可以動靜而分屬也.… 不論善惡, 而靜時皆爲理, 動時皆爲氣, 則是氣也, 豈不爲以動靜爲限, 而動時人欲, 靜時天理, 不幾於理爲靜處有, 氣爲動處有, 如是判而爲二者乎?

13) 『霞谷集』卷8,「存言」(上)〈太極主靜中庸未發說〉退溪之曰氣未用事云, 未嘗曰無氣, 則其謂靜處無動處有者, 其於退溪之說可謂無當矣.

14) 『霞谷集』卷9,「存言」(中) 氣者理之運用, 無運用無以見條理. … 理者氣之條理, 無條理不能運用.

성에 주목하였다. 이이는 리기를 두 개의 실체로 보는 것과 하나의 실체로 보는 것을 동시에 경계했는데, 이런 맥락에서 리기를 하나이면서 둘이고 둘이면서 하나인 묘한 관계로 표현했다[이기지묘理氣之妙]. 그는 리기가 하나의 실체인 것 같지만, 리理는 형체가 없고 함이 없는[無形無爲]반면, 기는 형체가 있고 함이 있어[有形有爲], 리는 주인이 되고 기는 그릇이 되므로 한 물건은 아니라고 하였다. 그리고 이에 근거하여 리는 통하고 기는 국한되며[理通氣局], 기는 발하고 리는 그것을 탄다[氣發理乘之][15]는 원칙을 세웠다. '리통기국'과 '기발리승지'는 자연계와 심리활동상에서 리기가 운용되는 방식과 상호밀접한 관계를 표현한 말로, 기에 영향을 받지 않는 리를 상정하는 이황의 견해와 구별된다. 그러나 정제두는 두 견해에 공유점이 있다고 하면서 이를 비판하였다.

> 리기는 비롯됨이 없고 실로 선후를 말할 수 없다. 그러나 그 소이연所以然을 추론해보면 리는 추뉴근저樞紐根柢가 되므로 리가 먼저라고 여기지 않을 수 없다.… 사물상에서 본다면 분명 리가 먼저 있은 후에 기가 있으니, 대개 천지가 아직 생기기 전에 천지의 리가 없다고 말할 수 없다. …리통기국은 요컨대 본체 상에서 말해야 할 것이며, 또한 본체를 떠나서 별도로 유행을 구할 수 없다. 사람의 성이 사물의 성이 아닌 것이 기의 국한됨이고 사람의 리가 그대로 사물의 리인 것이 리의 관통함이다. 네모지고 둥근 그릇이 모양은 다르지만 그릇 가운데의 물은 동일하고, 크고 작은 병이 크기는 다르

---

15) 『栗谷全書』卷10, 「書」(二)〈答成浩原〉4 理氣元不相離, 似是一物, 而其所以異者, 理無形也, 氣有形也, 理無爲也, 氣有爲也. 無形無爲, 而爲有形有爲之主者理也, 有形有爲, 而爲無形無爲之器者氣也. 理無形而氣有形, 故理通而氣局, 理無爲而氣有爲, 故氣發而理乘.

지만 병 가운데의 공기는 동일하다. 기가 하나에 근본함은 리가 관통하기 때문이고 리가 만 가지로 나뉨은 기가 국한되기 때문이다. 본체의 가운데 유행이 갖추어져 있고 유행의 가운데 본체가 보존되어 있다.[16)]

이이는 리기가 서로 분리될 수 없다는 사실을 인정하면서도, 리가 기에 앞서는 근원자임을 강조했다. 그는 '리통기국'의 원리에 근거하여 현실상의 사람이나 사물이 기의 국한에 따라 영향을 받으면서도 본래성만큼은 변치 않고 통한다고 하였다. 이에 대해서 정제두는 다음과 같이 말했다.

율곡은 리가 본래 무위無爲하다고 여기고,【이는 그 본체를 가지고 말한 것이라고 했는데, 이렇게 말한 것은 괜찮다. 그러나 지금 본체를 도리어 실유實有라고 여기고, 지금 바로 실상을 지으니 이와 같이 텅 빈 것이 된 것이다.】그 통체인 곳은 큰 바다나 온 하늘과 같으니, 하나의 무극無極이라고 생각한 것이요, 그것이 각각 갖추어진 곳은 물이 모나고 둥근 그릇을 따르고, 공기가 크고 작은 병을 따르는 것이니, 물리物理라고 생각한 것이다. 그러면서 리와 기는 떨어지지 않는다고 말했으니, 여기서 그 리가 허공에 매달린 것과 그 실지로 쓰이는 것으로 나누어짐을 알 수 있다. 이는 그 리가 같지 않게 되는 까닭이 이와 같은 것이다.[17)]

---

16)『栗谷全書』卷10,「書」(二)〈與成浩原〉7 理氣無始, 實無先後之可言, 但推本其所以然, 則理是樞紐根柢. 故不得不以理爲先.… 若於物上觀, 則分明先有理而後有氣, 蓋天地未生之前, 不可謂無天地之理也.… 理通氣局, 要自本體上說出亦不可離了本體別求流行也. 人之性非物之性者, 氣之局也. 人之理卽物之理者, 理之通也. 方圓之器不同, 而器中之水一也. 大小之瓶不同, 而瓶中之空一也. 氣之一本者, 理之通故也, 理之萬殊者, 氣之局故也. 本體之中, 流行具焉, 流行之中, 本體存焉.

정제두는 이이가 리의 '무위성'을 본체중심으로 설명한 것은 옳지만, 그것을 가치론적 관점이 아닌 존재론적 관점에서 거론한 것은 문제가 있다고 보았다. 존재론적 관점에서 우주본체가 무위하다고 한다면 그것은 추상적이고 공허한 의미가 되고 기에 국한되는 실용적 리와 구별되어 맥락이 달라진다는 것이다. 이이도 현상적인 기 이외 기의 본원을 상정하지만 이는 단지 논리적인 근거로 있다고 보는 것이기 때문에, 본원의 기가 곧 리라고 보는 정제두의 입장에서는 실재성이 없는 공허한 논리로 여겨질 수밖에 없었다. 이이의 견해처럼 모나고 둥근 모양과 크고 작은 공간을 따르는 리란 그렇게 흘러가는 형세이고 물리일 뿐이지, '살아있으면서 살리고자 하는 도덕적 생동성'은 없는 것이다. 정제두에 의하면, 리통기국설이 리기불리를 인정하는 것이라 할지라도, 결국 기는 현실 사물 상에 국한되고 리 또한 생동성이 없는 존재의 근거가 된다는 점에서 여전히 이황의 관점과 같다. 뿐만 아니라 이이는 천지가 생기기 전의 그 시원을 알 수 없고 이때 리기의 선후도 확인할 수 없지만, 현상에서는 반드시 리가 기에 앞서기 때문에 이에 근거해서 시원 상에서도 리가 기에 앞선다는 것을 추론할 수 있다고 보았다.[18] 정제두는 이처럼 시원, 혹은 본원 상

---

17) 『霞谷集』卷9, 「存言」(中) 栗谷以爲理本無爲, 【是以其本體言之如是可也. 今本體則反以爲實有, 今正作實狀, 爲如是空空焉.】其統體處如大海如一天, 謂一無極, 其各其處水逐方員, 器空隨大小甁, 謂物理也. 言理氣不離, 此其爲理之縣空, 與其爲實用者之所別可見. 此其所以爲理之不同者如此.

18) 『栗谷全書』卷10, 「書」(二)〈與成浩原〉7 若於物上觀, 則分明先有理而後有氣.蓋天地未生之前, 不可謂無天地之理也, 推之物物皆然. 今吾兄反以極本窮源者, 爲有先後, 而以物上看者, 爲無先後, 矛盾柄鑿, 至於此極, 不敢望其歸一也.

에서 리가 기에 앞서는 차이를 둔 점을 비판하고, 실제 운용상에서 '기가 발하고 리가 거기에 탄다'는 것도 곧 "리가 없어도 기가 발한다"는 말이 되므로, 이 역시 리기를 "두 마음"으로 삼는 것이라고 비판했다.[19] 그는 리와 기, 심과 성을 별개의 개체로 여기고, 리를 고요함에서 구하는 것은 리를 제대로 알지 못하는 것이라고 하였다. 그리고 자신에게 있는 리를 구하지 못하고 밖에서 찾게 되는 이유가 바로 여기에 있다고 보았다.[20]

정제두는 리의 통체, 본원과 실상 등의 논의를 리와 기를 여러 측면으로 나누어 설명하는 방법을 통해 극복하려고 하였다. 이 논리는 이이와 이황이 견지하는 주자학적 설명이 실제로 리의 일면을 설명해주기는 하지만, 리의 본질적 작용으로서 도덕 생명의 창조성은 설명하지는 못한다는 사유에 근거한다.

2) 화담에게 받은 철학

정제두는 당대 학자들이 존숭해 마지않는 이황과 이이의 본체관을 비판했지만, 기에 치우쳤다고 비판받았던 화담花潭 서경덕徐敬德(1489~

---

19) 『霞谷集』卷9,「存言」(下) 謂形氣無理而爲氣發, 謂性命非氣而獨理在也. 是本末橫決, 而理氣其二心乎?

20) 『霞谷集』卷9,「存言」(中) 其不得理者, 以其謂理無形性無物, 理自理氣自氣, 心性爲別件, 理氣爲兩物也, 謂性自性也, 以性爲非心而別件也. 特求之於靜, 謂理自理也, 以理爲非心而在外也, 必求之於外. 其原之所差者以此也, 不知理在於氣, 心卽是性. 【心卽理道卽器, 而其本原者有在也, 其本體者是也.】是以不求之在我之理, 而求之在天地萬物者, 理本原處也而有此焉, 此其所以爲遠.

1546)의 본체관은 오히려 긍정했다. 그리고 이를 토대로 양명학을 수용했다. 양명학 수용에 서경덕의 철학이 유용하다는 것은 조선 초 양명학자로 거론된 남언경, 이요가 모두 서경덕의 제자였다는 것이 방증한다. 본래 왕수인은 본체의 발용을 긍정하고 본심을 곧 도덕 본체의 발용으로 보는데,21) 서경덕도 이와 같은 관점을 견지했다. 먼저 서경덕은 존재의 궁극적인 본체를 태허太虛, 일기一氣, 태일太一 등 여러 가지로 표현하였다. 그는 현상 이면의 어떤 궁극적인 원인자나 본체를 설정하지 않고 세계를 모두 본체 자체의 발용이라는 하나의 원리로 설명하였다. 서경덕에 의하면 만물의 본체는 태허이자 선천인데,

---

21) 왕수인의 본체론은 即體即用論으로 요약된다. 그는 體에 나아가면 用이 있고 用에 나아가면 體가 있으며 『王陽明全集』卷1,「傳習錄」(上)〈薛侃錄〉108條 即體而言用在體. 即用而言體在用. 謂體用一源. 이런 體가 있으면 이런 用이 있다는 體用一源說을 견지했다. 『王陽明全集』卷1,「傳習錄」(上)〈陸澄錄錄〉45條 蓋體用一源,有是體即有是用. 有未發之中, 即有發而皆中節之和, 今人未能有發而皆中節之和, 須知是他未發之中, 亦未能全得. 또 주렴계『태극도설』의 "太極動而生陽 動極而靜 靜而生陰 靜極復動 一動一靜"를 天理가 유행하는 양상, 하나의 이치一理으로 파악했다. 그리고 여기서 "動"과 "陽을 낳음"은 太極의 낳고 낳는 오묘한 작용이 쉬지 않는 것妙用不息을 말하고, "靜"과 "陰을 낳음"은 그 가운데 항상된 本體가 바뀌지 않는 것常體不易을 말한다고 보았다. 그는 動靜의 순환 보다는 동시성에 주목하고 이를 태극의 본체와 작용의 相即性을 표현하는 것으로 이해했다. 왕수인에 의하면 動靜과 陰陽은 같은 내용의 다른 이름일 뿐 어떤 實體가 또 다른 實體를 낳는다는 것이 아니다. 다시 말하면 太極이라는 本體의 오묘한 작용이 쉬지 않고 動하는 것 자체가 곧 陽의 성질이 일어나는 것이고, 本體의 항상됨이 바뀌지 않고 靜하는 것 자체가 곧 陰의 성질이 일어나는 것이다. 왕수인의 '태극본체' 개념은 우주본체이면서 동시에 양지본체이기도 하다. 왕수인의 본체론은 우주론과 인성론의 구분 없이 같은 맥락에서 논의된다. 자세한 것은 김윤경, 『16-17세기 한국 양명학 성립과정의 공부론』, 성균관대학교 박사학위논문, 2011, 15~84쪽 참조.

그것은 시공의 한계점을 지적할 수 없는 무한성과 보편성을 갖는다. 따라서 '그 큼은 밖이 없고 그 먼저 됨은 시작이 없는' 것이다. 본체의 보편성은 '형체없음[無形]' 혹은 '텅비고 고요함[虛靜]'으로 표현된다. 이러한 본체는 기의 근원으로서 물건처럼 보이고 잡을 수 있는 것은 아니지만, 오히려 꽉 차고 충실한 실체이며 없다고 할 수 없다. 22) 근원인 태허와 실질적인 기는 결코 두 가지 실체가 아니고 모두 하나인 본체의 양면이다. 이는 본체가 궁극자나 논리적인 근거로서 현상 밖에 따로 존재하는 것이 아니라, 현상에 보편적으로 실재한다는 것을 강조한 것이다. 서경덕은 또 『노자老子』에 "허虛가 능히 기를 낳는다"고 하고 "유有는 무無에서 나온다"고 한 것에 대해 "만약 허가 능히 기를 낳는 것이라면, 낳지 않았을 때는 기가 없고 허는 죽은 것이 되므로"23), 이는 허가 곧 기임을 모르는 것이라고 하였다. 그에게 있어 언제 어디에나 두루 있는 허는 동시에 언제나 살아있는 실재적인 것이 되고, 언제나 살아있는 기는 동시에 언제 어디에나 두루 있는 보편적인 것이 된다.24) 정제두는 이러한 서경덕의 본체관을 지지했다.

---

22) 『花潭集』卷2, 「雜著」〈原理氣〉太虛湛然無形, 號之曰先天. 其大無外, 其先無始, 其來不可究, 其湛然虛靜, 氣之原也. 彌漫無外之遠, 逼塞充實, 無有空闕, 無一毫可容間也. 然捉之則虛, 執之則無, 然而却實, 不得謂之無也.

23) 『花潭集』卷2, 「雜著」〈太虛說〉老氏曰有生於無, 不知虛卽氣也. 又曰虛能生氣非也, 若曰虛能生氣, 則方其未生, 是無有氣而虛爲死也.

24) 황광욱은 "氣는 곧 虛이기에 氣의 恒存性을 확보할 수 있고, 虛는 곧 氣이기에 虛의 實在性을 확보할 수 있다. 氣의 恒存性은 朱熹의 理氣論에서의 氣의 器局性에 대비되는 것이며, 虛의 實在性은 老佛의 虛無와 대조된다."고 하였다. (『화담 서경덕의 철학사상』, 심산, 2003, 103쪽)

그 본설 가운데 담연혼연淡然渾然이란 말은 너무 분별이 없으니, 형의 논평이 마땅하다. 또 기의 취산聚散이 종래는 흩어지지 않는다는 말 같은 것도 지론至論이라 할 수 없으니, 편지의 변박 또한 마땅히 있음직하다. 그러나 '리는 기에 앞서지 않는다.', '허가 곧 기로서 다함이 없고 밖이 없다', 그리고 '그 기는 시작도 없고 비롯함도 없다.'고 한 말 같은 것은 상량할 여지가 없지 않은 것이니 일률적으로 단정해 버리기는 어렵지 않겠는가. 대개 옛사람들이 말하는 곳에는 각각 그 근원이 있는 것이니, 이제 그 글 전부를 보지 않고 몇 마디 어구만 가지고 범범하게 본다면, 어떻게 그 본뜻을 얻을 수 있겠는가? 이 점에 있어서는 더욱 함부로 감히 논평하고 싶지 않다.[25]

위 인용문은 서경덕의 본체론은 리기를 혼동한 것이라고 한 김간 (1646~1732)의 비판[26]에 대해서 정제두가 답한 것이다. 정제두는 서경

---

[25] 『霞谷集』卷3,「書」(五)〈答金直卿榦論花潭集後書書【丁丑】〉其本說中淡然渾然一語, 儘無分別, 高論當矣. 又如氣之聚散, 終亦不散之語, 亦非至論, 來辨亦宜有之. 若其所謂理不先於氣虛卽氣, 無窮無外, 又其氣無始無生數說云云, 則此不無可商量者, 難以一例斷之歟. 大凡古人爲說處, 各有其本源, 今不見全書, 但就句語泛觀, 何以得其本旨耶. 此則尤不敢輒爲妄論者.

[26] 김간은 徐敬德의 학문이 자못 자득한 바가 있고 진절한 뜻이 있긴 하지만, 대본 상에 대해서는 투철하게 알지 못한 점이 있고 대부분 황홀하고 공허한 영역에 빠져 있다고 하였다. 또한 退溪가 徐敬德의 학설이 터무니없고 복잡하며 그 논설 중 한 편이라도 병통이 없고 理자를 투철히 알지 못했다고 한 점, 그리고 栗谷도 화답처럼 자득하는 것은 원치 않는다고 한 점 등을 들어 徐敬德을 비판하였다. 『厚齋集』卷40,「跋」〈題花潭先生集〉大抵是主氣之學也. 如原理氣, 理氣說, 太虛說, 鬼神生死論等篇, 皆認氣爲理. … 然以今觀之, 恐於大本, 未免有透不得者. 其他所論, 率多淪於怳惚空蕩之域, 而少有眞實切近底意, 嘗觀退溪先生曰花潭之學誕而雜, 又曰所著諸說, 無一篇無病痛, 又曰花潭透理字不得, 落在粗淺一邊. 栗谷先生亦曰不願花潭之自得, 二先生所以論先生者如此, 則是豈無所見而然哉.

덕을 비판하는 태도가 사실은 어구 차이에 천착하고 본의를 제대로 파악한 것은 아니며, 몇 가지 비판점이 있다고 해서 그의 학설 전체를 일률적으로 매도할 수는 없다고 하였다. 그는 오히려 서경덕과 같은 논리로 천·도·리·기·성·심이 모두 하나의 본체임을 강조하여 '생동하는 본체', 즉 '양지'를 뒷받침하는 논리로 사용했다. 정제두는 "비록 풀 한 포기, 나무 한 그루 같이 미미한 것도 그 기는 끝내 또한 흩어지지 않는다."[27]와 같은 서경덕의 논설은 부정했지만, 리기원불리理氣元不離의 관점은 옹호했다. 그는 다음과 같이 말했다.

> 무릇 리기를 두 가지로 나누어 말하는 것은 여러 사람들이 갈라지는데 리기는 나누어서 말할 수 없다. 기 밖에서 성을 말하는 것은 리기를 두 가지로 나누는 것이다. 심은 리요, 성 또한 리이니 심과 성을 둘로 가를 수 없다. 장횡거는 "태허太虛로 말미암아 천天의 이름이 있고 기화氣化로 말미암아 도道의 이름이 있으며 허와 기를 합하여 성의 이름이 있고 성과 지각知覺을 합하여 심의 이름이 있다."고 하였다. 지금 마땅히 "허의 품부로 말미암아 성의 이름이 있고, 성의 지각으로 말미암아 心의 이름이 있다."라고 바로잡아야 한다. 비록 성이란 것은 심의 본체【도덕】요, 심이란 것은 성의 주재主宰【신명】라고 하나, 모두 리일 뿐이므로 심을 기라 하고 성을 허라고 하여 리기로 나누어서는 안 된다.[28]

----

27) 『花潭集』卷2, 「雜著」〈鬼神死生論〉雖一草一木之微者, 其氣終亦不散.
28) 『霞谷集』卷9, 「存言」(中) 凡言理氣兩訣者, 諸子之支也. 理氣不可分言, 言性於氣外者, 理氣之支貳也. 心理也, 性亦理也, 不可以心性歧貳矣. 橫渠曰由太虛有天之名, 由氣化有道之名, 合虛與氣有性之名, 合性與知覺有心之名, 今當爲說曰由虛之稟有性之名, 由性之知覺有心之名矣, 以正焉. 雖然性者心之本體【道德】, 心者性之主宰【神明】, 皆理耳, 不可以心言氣性言虛, 以分理氣也.

위 인용문의 요지는 리와 기뿐만 아니라, 허와 성, 심이 모두 분리할 수 없는 하나의 본체라는 것인데, 이는 서경덕의 견해와 동일하다. 그러나 서경덕처럼 기를 중시했던 장재는 "태허로 인해 천이라는 이름이 있게 되고 기화로 인해 도라는 이름이 있게 되며, 허와 기를 합하여 성이라는 이름이 있게 되고 성과 지각을 합하여 심이라는 이름이 있게 된다"[29]고 하여 허,기, 성, 심을 각기 다른 단계에 속하는 개념으로 설명한 바 있다. 정제두는 이런 규정이 하나인 본체가 몇 개의 다른 실체로 구성되는 것처럼 구분하는 혐의가 있음을 지적하였다. 그리고 이런 견해는 허를 성에 대응시키고 기를 심에 대응시켜 심성을 나누고 리기를 나누는 결과를 초래하게 된다고 보았다. 정제두는 이를 처음부터 나뉘지 않는 본체로 이해해야 한다고 보았는데, 이러한 관점은 본체가 발용한다는 사유로 연결된다. 서경덕의 본체관도 같은 맥락에서 이해할 수 있다.

서경덕은 외부의 원인자 없이 본체인 태허·일기·태일·태허·선천이 곧 후천·기의 용사·음양·천지만물로의 변화를 포함하고 있으면서 스스로 생극生克을 통해 변한다고 하였다. 선천이 이미 후천을 담고 있으면서 저절로 발용하는 관계라는 것이다.[30] 이는 우주론적 차원 뿐만 아니라 심성론적 차원에서도 동일하다. 서경덕은 이런 맥락

---

29) 『張子抄釋』卷1,「西銘」第1 由太虛有天之名, 由氣化有道之名, 合虛與氣有性之名, 合性與知覺有心之名.

30) 『花潭集』卷2,「雜著」〈原理氣〉倏而躍忽爾闢, 孰使之乎. 自能爾也, 亦自不得不爾, 是謂理之時也. 易所謂"感而遂通", 庸所謂"道自道", 周所謂"太極動而生陽"者也, 不能無動靜無闔闢, 其何故哉. 機自爾也. 旣曰一氣, 一自含二, 旣曰太一, 一便涵二.… 是謂之後天, 乃用事者也.

에서 리를 다음과 같이 설명하였다.

> 기의 밖에는 리가 없다. 리는 기의 주재이다. 이른바 주재는 밖으
> 로부터 와서 주재하는 것이 아니라 그 기의 용사가 능히 소이연의
> 바름을 잃지 않는 것을 지적하여 이르길 '주재'라고 한다. 리는 기보
> 다 먼저 있지 않다. 기가 비롯됨이 없으니 리도 진실로 비롯됨이 없
> 다. 만약 리가 기보다 먼저라고 한다면 기에 비롯됨이 있는 것이
> 다.[31]

서경덕은 리를 기의 바른 조리이자 주재로 규정하였다. 그리고 이
때 주재는 밖에서 와서 하는 것이 아니라 기 스스로 그렇게 하는 것이
라고 하였다. 이 말은 리를 기보다 궁극적인 존재로 상정하는 견해에
대해서 기보다 먼저이거나 기 밖에 있는 리는 없고, 따라서 기를 벗어
난 리는 있을 수 없다는 점을 강조한 것이다. 리를 기의 무엇으로 설
명하는 점이 리를 단지 기의 종속물로 보았다는 추측을 할 수도 있지
만, 서경덕의 본의는 리기가 본래 서로 떠나지 않는다는 점을 설명하
려는 데 있었다. 그는 먼저 '기는 비롯됨이 없다'고 하고 '리도 진실로
비롯됨이 없다'고 하였다. 이 말은 기가 비롯됨이 없기 때문에 이에
종속된 리도 비롯됨이 없다는 것이기 보다는 리와 기를 대등하게 보
려는 것이다. "만약 리가 기보다 먼저라고 한다면 기에 비롯됨이 있는
것"이기 때문에 리가 기보다 먼저라고 해서는 안 된다. 그렇다면, 반
대로 기가 리보다 먼저라고 한다면 리에 비롯됨이 있는 것이 되기

---

31) 『花潭集』卷2, 「雜著」〈理氣說〉 氣外無理, 理者氣之宰也. 所謂宰非自外來
而宰之, 指其氣之用事, 能不失所以然之正者而謂之宰, 理不先於氣, 氣無
始理固無始, 若曰理先於氣, 則是氣有始也.

때문에, 앞서 전제한 "리는 진실로 비롯됨이 없다."는 구절과 모순이 된다. 따라서 서경덕의 본의는 리와 기, 둘 중에 어느 것도 서로 먼저 라고 할 수 없고 서로 분리할 수 없다는 데 있다고 볼 수 있다. 여기서 선천을 기로만 설명했다고 해서 리는 후천에만 있는 것으로 이해했다 고 보면 안 된다. 만약 후천에서만 리가 존재한다고 한다면, 또 다시 리의 시작점이 있는 것이 되기 때문에, "리도 비롯됨이 없다"는 전제 에 위배된다. 이런 점은 서경덕이 "기의 담일청허湛一淸虛는 이미 비 롯됨이 없고 또한 그 끝도 없으니, 이것이 리기가 지극히 묘한 곳이 다."32) 라고 말한 데서 더욱 분명해진다.

정제두의 사유도 마찬가지다. 그는 "두 기가 있으면 본래 저절로 오행이 있고 태극도 또한 본래 저절로 있다"33)고 하여 태극과 음양 천지를 상즉관계로 보았다. 또한 리를 한 개의 기이면서 그것이 능히 영통靈通한 것", "기의 조통條通"34)이라고 하였다. 물론 리를 자연 물 리物理와 도덕생명인 생리生理로 구분하였지만 생리는 역시 생기生氣 의 근원이며 정신 생기가 생리生理가 되는 것35)이라고 하여 기로 리 를 설명했다. 생리生理는 곧 기의 영통처靈通處가 되는 것이다.

---

32) 『花潭集』卷2,「雜著」〈鬼神死生論〉 氣之湛一淸虛者, 旣無其始, 又無其終, 此理氣所以極妙底.

33) 『霞谷集』卷9,「存言」(中) 故就其上分陰陽而曰兩儀, 非太極有具而後兩儀 始成立, 而先太極而後陰陽天地也, 有二氣本自有五行, 而太極亦本自有.

34) 『霞谷集』卷8,「存言」(上) 理者氣之靈通處, 神是也. 氣者氣之充實處, 質是 也. 一個氣而其能靈通者爲理, 凡其充實處爲氣 又凡氣之有條通, 亦是此理.

35) 『霞谷集』卷8,「存言」(上)〈一點生理說〉 一團生氣之元 一點靈昭之精, 其一 箇生理[卽精神生氣爲一身之生理]者.

3) 실존적 통찰과 생리

정제두는 서경덕과 같은 본체론의 바탕위에서 양명학의 핵심논리인 '심즉리心卽理'를 이해하고 발전시켰다. '심즉리'는 본래 리와 하나인 본심의 구조와 공부 원칙을 잘 드러내주는 명제이다. 그것은 존재적 측면에서 '본심이 곧 천리'임을 천명한 것이고 실존적 측면에서 인간의 '본심이 구조적으로 도덕 준칙인 리를 창출한다'는 의미이다. '본심이 천리天理이다'는 것은 인간의 보편적인 마음에 대한 규정이고 '본심이 도덕 준칙인 리를 창출한다'는 것은 구체적인 행위를 하는 개별자의 도덕적 주체성을 설명한 것이다. 양자는 상호 연동되고 전자가 후자의 전제가 된다. 정제두는 외부의 어떤 법칙을 체득하기 이전에 본심이 이미 일상 속에서 활발하게 리를 창출한다는 것을 설명하기 위해 '생리生理' 개념을 제시하였다. 그리고 더 나아가서 각 개인마다 다른 도덕성의 편차와 거기서 도출되는 실천조리의 편차를 극복해야 한다는 논리도 생리를 통해 설명하였다. 물론 왕수인도 생리를 언급하지 않은 것은 아니다. 그러나 그는 "성의 생리를 인仁이라고 한다."36)고 하여, 생명 원리나 생생한 이치가 쉬지 않는 것을 표현하기 위해 생리라는 개념을 사용하였고 그 이상의 논의는 하지 않았다. 그런데 정제두는 이 생리를 통해서 생생하고 쉼 없는 도덕 판단과 실천 조리의 창출을 설명함과 동시에 그 결과가 불완전할 수도 있는 경우도 설명하였다. 그는 주자학에서 말하는 리는 외부적인 정리定理이며 단지 "형세의 조리로서 관통하는 理", "형세의 조목과 절차의

---

36) 『王陽明全集』卷2, 「傳習錄」(中)〈薛侃錄〉122條 所謂汝心卻是那能視聽言動的. 這箇便是性, 便是天理. 有這箇性, 才能生這性之生理. 便謂之仁

법칙" 일 뿐이지, 진정한 도덕적 생명력이 있는 리는 아니라고 보았다. 도덕생명인 생리는 도덕정감이 없는 "마른나무나 죽은 재에서는 끊어진 것"이고, "도적이나 난폭하고 음란한 것에서는 쉬는"것이다.[37] 정제두는 생리를 다음과 같이 구체적으로 설명했다.

한 덩어리 생기生氣의 근원과 한 점 영소靈昭한 정精은 그 한 개의 생리【즉 정신·생기가 한 몸의 생리인 것이다.】란 것이 마음에 집을 짓고, 중극中極에서 둥글게 뭉친 것이다. 그 뿌리를 심은 것은 신장이요, 꽃을 피운 것은 얼굴이여서 그것을 확충하면 한 몸에 가득하고 천지에 두루 퍼질 것이다. 그 영통하여 헤아릴 수 없음과 묘용의 무궁함은 만 가지 이치를 주재할만하니 진실로 이른바 육허六虛에 두루 퍼지고 변동하여 일정한 곳에 거처하지 않는다. 그 체됨은 진실로 순수하여 본래의 참마음이 각각 법칙이 있지 않음이 없다. 이는 곧 그 몸을 낳은 생명의 뿌리가 되니 이른바 성이다. 다만 그 생리로 말한다면 타고난 것을 성이라고 할 것이니 이른바 천지의 큰 덕을 생生이라고 하는 것이다. 오직 그 본래 가지고 있는 참마음이기 때문에 성선性善이라고 하는 것이다. 이른바 하늘이 명한 것을 성이라 하고 도라 한다는 것은 실은 하나이며 만사만리가 모두 이것으로부터 나온다. 사람은 모두 요순이 될 수 있다는 것도 곧 이 때문이며 노자의 불사, 부처의 불멸 역시 모두 이 때문이다. 보통 사람이 이익을 탐하고 욕심을 따라 죽는 것 역시 여기에서 나오는데 그것이 가려졌기 때문이다. 금수가 각각 하나의 성을 갖는 것 역시 여기에서 얻어 그 일단을 가진 것이다. 이는 곧 그 몸을 낳게 한 생

---

37) 『霞谷集』卷8,「存言」(上) 理者氣之靈通處, 神是也. 氣者氣之充實處, 質是也. 一個氣而其能靈通者爲理,【是爲氣之精處明處】凡其充實處爲氣是爲氣之粗者質者, 又凡氣之有條通, 亦是此理, 以其靈通者, 實有是條通故也. 然若其氣道之條通而已者, 則雖其無靈通而至粗頑者, 亦皆有之, 蓋有物則皆有之矣. 但是爲其各物之條貫而已, 非所以爲統體本領之宗主者也.

명의 뿌리이니 이른바 천지의 대덕을 생이라고 하는 것이다. 그러나
오직 그 본유의 참마음을 명원命元으로 삼기 때문에 이것을 본받지
않는다면 생 또한 취할 수 없는 바가 있으며 리利 또한 거하지 않을
바가 있다.[38]

　정제두는 도덕 생명력이 우리 몸 속에서 실제로 생동하는 것을 설
명하기 위해서 생리가 마음에 집을 짓고, 중극에서 둥글게 뭉쳐있으
며 신장에 뿌리를 두고 얼굴에 꽃을 피운다고 하였다. 즉 생리는 형이
상학적인 개념이 아니라 실물이고 활물이며 몸에 뿌리 박혀 뗄 수
없음을 강조한 것이다. 그에 의하면 물리적인 세계의 신체와 정신 모
두의 근원이 "본래 가지고 있는 참마음", "하늘이 명한 성", "몸을 낳
은 생명의 뿌리" 인 생리이다. 활발한 생리는 인간의 주체적이고 능동
적인 도덕활동을 가능하게 하는 근거로서 형세의 조리인 물리와 다르
다. 그런데 문제는 이 생리가 개개의 실존이 살아가는 현실 속에 펼쳐
졌을 때, 모두 완전한 것은 아니라는 점이다. 정제두는 도가든 불교든,
혹은 인간의 불완전한 마음이든, 완전한 마음이든 그것이 지닌 도덕

---

38) 『霞谷集』卷8,「存言」(上) 一團生氣之元, 一點靈昭之精, 其一箇生理【卽精
神生氣爲一身之生理】者, 宅竅於方寸, 團圓於中極. 其植根在腎, 開華在面,
而其充卽滿於一身, 彌乎天地, 其靈通不測, 妙用不窮, 可以主宰萬理, 眞所
謂周流六虛, 變動不居也. 其爲體也, 實有粹然, 本有之衷, 莫不各有所則.
此卽爲其生身命根所謂性也. 只以其生理, 則曰生之謂性, 所謂天地之大德,
曰生惟以其本有之衷, 故曰性善. 所謂天命之謂性謂道者, 其實一也, 萬事
萬理, 皆由此出焉. 人之皆可以爲堯舜者, 卽以此也, 老氏之不死, 釋氏之不
滅, 亦皆以此也. 凡夫之貪利殉欲, 亦出於此, 而以其撝樊也, 禽獸之各一其
性, 亦得於此, 而持其一端也. 此卽其生身命根, 所謂天地之大德曰生. 然惟
其本有之衷爲之命元 故有不則乎此也, 則生亦有所不取, 利亦有所不居.

적 생명력을 모두 생리라고 하였다. 여기에는 결과가 미흡할지라도 도덕과 가치를 추구하는 것은 생명의 뿌리인 생리의 본질적인 속성에서 비롯된다는 것과 함께 미흡한 부분에 대한 문제의식이 숨어있다. 도덕적 생명력이 발휘된 결과로서 실천조리는 현존재가 지니고 있는 생리가 즉발한 것으로 체용관계에 있다. 따라서 현존재의 마음이 온전하다면 거기서 창출되는 실천조리도 온전하지만 본심이 가려지면 거기서 창출되는 실천조리도 온전하지 못하다. 정제두는 "보통사람들도 다 아직 발하지 않은 중中을 지니고 있다고 할 수는 없다. 대개 체와 용의 근원은 동일하기 때문에 이러한 체가 있으면 곧 이러한 용이 있게 된다. 아직 발하지 않은 중中이 있으면 곧 그것이 발하여 모두 절도에 맞는 조화의 상태가 있게 되는 것이다. 지금 어떤 사람이 발하여 모두 절도에 맞는 조화의 상태를 지니고 있지 못하다면, 여기서 아직 발하지 않은 중中도 온전히 얻지 못했다는 것을 알아야 한다."[39]고 하였다. 그래서 생리는 도덕 생명의 리로서 그 본질은 선하지만, 그것이 가려지면 불선이 생기고 본원이 아닌 일단을 얻으면 부족해지는 까닭에, "본유의 참마음을 본받지 않으면 생 또한 취할 바가 없다."고 한다. 이것은 생리의 본원을 따르지 않으면 가치 활동의 근원에도 불선이 생겨서 버려야 한다는 것을 의미한다. 정제두는 인간의 생리 중에서도 가려지지 않은 부분, 즉 진리를 주로 삼아야 한다고 하였다.

리와 성이란 생리일 뿐이다. 대개 생신生神이 리이고 성이다. 그

---

39) 『王陽明全集』卷1,「傳習錄」(上)〈陸澄錄〉45條 不可謂未發之中, 常人具有. 蓋體用一源, 有是體卽有是用, 有未發之中, 卽有發而皆中節之和. 今人未能有發而皆中節之和, 須知是他未發之中亦未能全得.

성의 본체에는 저절로 진체가 있는 바, 이것이 성이고 리이다. 그러므로 생신 가운데에 진, 망을 분별하여 그 진체를 주로 삼는다면 이것이 바로 존성(尊性)의 학문이다. 그러므로 무릇 리 중에서 생리를 주로 하고, 생리가운데 진리를 택해야만 리가 될 수 있는 것이다.[40]

생리가 현실상에서 그 완전성 여부와 관계없이 끊임없이 가치판단과 행위를 할 수 밖에 없는 상황에 놓인 마음의 실존적 구조를 말하는 것이라면, 진리는 실존적인 마음의 진정한 도덕적 성취를 말하는 것이다.[41] 생리와 진리는 본질적으로 같다. 그러나 생리는 진리이지만, 생리가 가려졌을 때는 진리라고 하지 않는다. 생리가 즉발할 때 가려진 지점을 잘 파악해서 진과 망을 가려내면 진정한 도덕 가치를 창출해 낼 수 있다. 구체적인 실천조리로부터 진망 혹은 진위를 가리면 곧 실천조리를 창출하는 현실상의 도덕심도 바로 서게 된다. 그렇다면 진을 택할 때 무엇을 기준으로 삼아야 할까? 구체적인 상황 속에서는 어떤 것이 진이라는 정해진 규정이 무의미하다. 왜냐하면 생리가 만들어 낸 실천조리는 고정적인 이치가 아니기 때문이다.

"선악(善惡)은 원래 정해진 형태가 있는 것이 아니다. 본연한 조리(條里)대로 하는 것을 선이라 하고 자기의 사사로움에 움직이는 것을 악이라 하는 것이다. 그 행위가 비록 선일지라도 그 움직임이 본체

---

40) 『霞谷集』卷8,「存言」(上) 理性者, 生理耳. 蓋生神爲理爲性, 而其性之本, 自有其眞體焉者, 是其性也理也. 故於生神中, 辨其有眞有妄, 得主其眞體焉, 則是爲尊性之學也. 故於凡理中主生理, 生理之中, 擇其眞理, 是乃可以爲理矣.

41) 이에 대해서는 「하곡 정제두의 心卽理說에 관한 연구」, 『양명학』제31호, 한국양명학회, 2012 참조.

46

그대로가 아니면 선의 근본이 아니다. 그러므로 선이란 어떤 일정한 것을 가지고 말하지 못할 것이다. 오직 조리條理대로 함을 가리켜 지선至善이라 하는 것이요, 성性은 선할 뿐이로되 실상 고정적으로 명명할 수 있는 선이 있는 것은 아니기 때문에 무선無善이라 하는 것이다. 그런즉 무선의 선자는 고정적으로 이름할 수 있는 선을 가리킴이요, 지선의 선을 이름이 아니다"[42] 이 일단이 무선에 대한 해석으로 가장 정투하여 고인들이 미처 발명하지 못한 것이다.[43]

　　윗 글은 정제두가 양명의 사구교 가운데 심체의 '무선무악無善無惡'을 설명한 글에 대해서 정인보가 해석하고 논평한 것이다. 정제두는 '무선無善'을 일정하게 정해진 형태의 선악이 없다는 의미로 해석했다. 정제두는 어떤 생각이나 행위가 선인가 악인가를 판별하는 것은 법칙의 형태로 일정하게 선이 정해져 있어서 거기에 맞는가에 맞지 않는가를 판별하는 것이 아니라, 그 마음이 오로지 본연의 리를 따른 것인가 아닌가에 달려있다. 본심은 본연의 리를 따르는 것이 생리지만, 사욕과 객기 등에 가려지면 그것은 악이라고 부른다. 이는 외재하

---

42) 『霞谷集』卷9,「存言」(中) 善惡無定形. 以其循本然之理者謂善, 動於氣而用事者謂惡. 其行雖善, 苟有動於氣, 則非善之本也. 故善不可以一定爲善. 故不過以循理者謂之至善, 性善而已, 實無善之可定名, 故曰無善. 然則無善之善字, 是定名之善字也,非至善之善字也.

43) 『薝園鄭寅普全集』卷2,「陽明學演論」, 224~225쪽. "善惡이 원래 定形이 있는 것이 아니다. 本然한 條理대로 함을 善이라 하고 己私에 움직임을 惡이라 하는 것이다. 그 行이 비록 善일지라도 그 움직임이 本體 그대로가 아니면 善의 本이 아니다. 그러므로 善이란 어떤 一定함으로써 말하지 못할 것이라. 오직 條理대로 함을 가리켜 至善이라 하는 것이요, 性은 善할 뿐이로되 실상 定名할 善이 있음은 아닐새 無善이라 하는 것이다. 그런즉 無善의 善자는 定名할 善을 가리킴이요 至善의 善을 이름이 아니다" 이 일단이 無善에 대한 解義로 가장 精透하여 古人의 未發한 배라.

는 어떤 기준이나 법칙을 정해놓거나 혹은 이미 정해진 것을 가지고
서 의리를 따질 것이 아니라, 내 마음의 의리가 그렇게 할 수밖에 없
는 천리를 따르는가가 관건이라는 사유로 이어진다. 정인보는 "하곡
으로 말하면 계곡谿谷이 말한 '실심으로 학에 향한 이'"이며 "말끝마
다 허실虛實의 분별을 들어 이로써 양지학의 실공實工을 환기할 뿐
아니라", "무엇에든지 실實을 세우기 위해 노력"하였다고 평하였
다.[44] 정제두가 '생리의 본원'을 따르는 것, '천리의 본연'을 따른다고
한 것은 '실'을 세우는 것을 의미한다. 정제두의 후학들은 정제두 사상
을 실심실학實心實學으로 요약하였다. 그가 실심을 특별한 의미로 사
용했기 때문에 후학들이 이를 계승한 것은 아니었다. 정제두가 실심
을 언급한 용례는 이를 성誠의 내용으로 보는 다른 성리학자들과 동
일하다.[45] 그러나 그가 말한 실심의 함의는 생리이며 '양지', '심체心
體', '성체誠體'와 동일한 의미이다.

이 심의 체는 사사로운 의도가 없는 순수한 천리의 체로 원래 흠
결이 없고 전후가 없다. 그 체는 아직 물에 감응되기 전부터 항상
온전하고 본래 완족完足하지 않음이 없으니, 이는 이미 감응한 것과

---

44) 『舊園鄭寅普全集』卷2, 「陽明學演論」, 225쪽.
45) 『霞谷集』에서 정제두가 논한 '實心'의 용례는 총3회로 다음과 같다. 1) 卷9
「存言」(中) 有感誠者, 以實心眞情相感動者是也. 2) 卷12 「中庸說」〈中庸雜
解〉 誠有以實理言, 有以實心言. 實理則誠者物之所以自成, 道者理之所以
爲用.【以應誠者物之終始之解】以實心則誠者心之所自爲本, 道者人之所當
自行. 3) 卷18 「全體爲仁之學凡二章」〈論語顏淵問仁章〉張子曰: "心淸時
少, 亂時常多. 其淸時視明聽聰, 四體不待羈束而自然恭謹, 其亂時反是. 如
此何也? 蓋用心未熟, 客慮多, 而常心少也, 習俗之心未去, 而實心未完也.
人又要得剛, 剛則守得定不回, 進道勇敢."

48

아직 감응하지 않은 사이의 구분이 없는 것이다. 이는 활발발한 것이니, 형상이 아직 이루어지기 전에도 원기元氣는 항상 혼혼混混하고 원신元神은 항상 생생生生하다.【이것이 실리實理이니, 항상 오목지순於穆至純하고 지성무위至誠無爲하며 충막미묘沖漠微妙하여서, 그 유행과 변화는 신묘하여 헤아릴 수 없는 것이다.】46)

그가 양지라고 말한 것은, 심체가 능히 알 수 있는 것【사람의 생리】전체를 명명한 것일 뿐이지, 단지 염려찰식念慮察識하는 한 부분만을 가지고 말한 것이 아니다.47)

위 인용문에서 확인할 수 있는 바와 같이, 정제두는 쉼 없이 작동하는 활체인 심체를 곧 생리이며, 실리라고 하였다. 또 사려하는 것을 포함하여 심체가 능히 알 수 있는 능력, 사람의 생리 전체를 양지라고 하였다.48) 아울러 양지도 혈기처럼 생생하여 쉬지 않음을 강조했다.49) 정제두에 의하면 생리는 생생하고 진성측달眞誠惻怛하다는 점

---

46) 『霞谷集』卷8, 「存言」(上)〈太極主靜中庸未發說〉 此心之體, 其無私意而純天理之體, 元無欠缺, 無有前後. 其體也, 常全於未感物之先 而本無不完足, 則是無分於已應未應之間者也.【不可以分已未之間, 不可以言前後】是活潑潑者, 蓋形象雖未形, 元氣則常混混, 元神則常生生.【是實理也, 常於穆至純, 至誠無爲, 沖漠微妙, 而其流行變化, 神妙不測】

47) 『霞谷集』卷1, 「書」(二)〈與閔彦暉論辨言正術書〉 其言良知者, 蓋以其心體之能有知人之生理者之全體名之耳, 非只以念慮察識之一端言之也. 蓋人之生理, 能有所明覺, 自能周流通達而不昧者, 乃能惻隱能羞惡.能辭讓是非, 無所不能者, 是其固有之德, 而所謂良知者也, 亦卽所謂仁者也.

48) 『霞谷集』卷1, 「書」(二)〈與閔彦暉論辨言正術書〉 其言良知者, 蓋以其心體之能有知【人之生理】者之全體名之耳, 非只以念慮察識之一端言之也.

49) 『霞谷集』卷9, 「存言」(中) 豈獨其血氣生生不息, 而其良知生生不息也, 此乃性體也.

에서 곧 실심이며, 고원한 형이상적 실체가 아니라는 점에서 실리이
다. 따라서 하곡에 있어 생리, 실심, 양지는 모두 동일한 의미를 내포
한다. 다만 이런 정제두의 사상을 계승한 후학들은 을해옥사(1755)이
후 정치적 몰락을 경험하면서 문제의 소지를 제거하기 위해 양지와
같은 표현을 자제하고, 성誠의 다른 설명인 실심을 선택했다고 볼 수
있다. 또 정제두는 양명학과 주자학이 방법론적 차이는 있지만 궁극
적 이상은 동일하다고 보고[50] 후학들에게 어느 한 편을 강요하지 않
았다.[51] 백하 윤순과 같이 양명학을 비판하는 자가 정제두의 문집을
정리하는 등 후학으로서 중요한 역할을 했다는 것이 이런 점을 반영
한다. 하곡 후학들은 하곡철학을 실심실학으로 이해하고 이를 계승하
였다. 그러나 실심실학을 주장한 이들이 하곡학파만은 아니었다. 다
음 절에서 근대전환기 실심실학의 전개양상과 하곡후학의 실심실학
이 지니는 특징에 대해 살펴보겠다.

---

50) 『霞谷集』卷1, 「書」(二)〈答閔彦暉書〉5 蓋朱子自其衆人之不能一體處爲道,
故其說先從萬殊處入, 陽明自其聖人之本自一體處爲道, 故其學自其一本
處入. 其或自末而之本, 或自本而之末, 此其所由分耳.

51) 『霞谷集』卷11, 「門人語錄」中年得陽明書讀之, 至其致良知知行合一之說,
乃有發周程所未發者, 遂乃躍然省悟, 專心致知於此, 非故欲求異於考亭.…
及門者如欲以章句集註學之則亦授之以章句集註, 不必以陽明說引誘, 蓋
以其篤實用工則以彼此不害爲同歸一致故也. 然而若有請問陽明說者則亦
必隨其所叩, 竭兩端而亹亹, 此先生爲學之始終主意也.

2 전환기의 실심실학[52)]

1) 두 갈래의 실심실학

근대 전환기 하곡학파의 실심실학을 살펴보기에 앞서 실심실학의 맥락을 짚어볼 필요가 있다. 왜냐하면 실심실학이라는 표현은 하곡학파의 전유물이 아니기 때문이다. 실심실학, 혹은 실심, 실리, 실학이라는 표현은 조선 유학에서 널리 사용되던 개념으로, 특정 학문 사조를 지칭하는 것 용어는 아니었다. 그것은 시대에 따라 다른 함의를 지니기도 하고, 자신의 학파와 다른 학파의 학풍을 차별화하기 위한 수단으로 사용되기도 하였다. 그러나 조선 유학에서 실심실학의 논의는 대개 『중용中庸』을 중심으로 전개되었다.

> 정자께서 말씀하셨다. "편벽되지 않음을 중中이라 이르고, 변치 않음을 용庸이라 이르니, 중은 천하의 정도正道요, 용은 천하의 정리定理이다. 이 책은 바로 공문孔門에서 전수해 온 심법인데, 자사子思께서 그것이 오래되어 차이가 생길까 걱정하셨기 때문에 이것을 책에 기록하여 맹자孟子에게 주셨다. 이 책은 처음에 하나의 이치를 말하였는데 중간에는 흩어져 만사가 되었고 끝에는 다시 합하여 하나의 이치가 되었다. '풀어놓으면 우주에 가득하고, 거두어들이면 물러가 은밀한 데 감추어져서' 그 맛이 무궁하니, 모두 실학이다."[53)]

---

52) 이 글의 1), 2)는 『양명학』제53호, 2019.6, 67~107쪽에 게재된 「근대전환기 실심실학의 다층적 함의」를 수정·보완한 것이다.

53) 『中庸章句』子程子曰 "不偏之謂中, 不易之謂庸. 中者, 天下之正道, 庸者, 天下之定理." 此篇乃孔門傳授心法, 子思恐其久而差也, 故筆之於書, 以授孟子. 其書始言一理, 中散爲萬事, 末復合爲一理, "放之則彌六合, 卷之則退藏於密", 其味無窮, 皆實學也.

생각에 삿됨이 없는 것[사무사思無邪]이 성誠이다.54)

첫 번째 인용문은『중용장구中庸章句』에서 정이천程伊川의 말을 인용한 부분이고, 두 번째는 정이천이 중용의 핵심개념인 성을 공자의 말을 빌어 설명한 것이다. 먼저 정이천의 '실학'이라는 표현은 한 가지 원리를 천명하는 데서 시작하여 만사의 여러 가지 일을 논했다가 다시 하나로 귀결되는『중용』의 학문을 말한다. 이는 일반적으로 성인의 학문을 의미하고, 천리에 부응하여 '마음을 다스리는 학문'으로 곧 성리학과 통한다. 조선 유학사에서도 '실학'은 성리학과 다른 개념이 아니었으며 이에 대한 특별한 논란도 없었다.55) 아울러 실심은 실리와 함께『중용』의 성誠개념을 설명하는 용어로 사용되었다.

    "성誠이란 모두 실리이다. 성할 것을 생각한다는 것은 아마 실하지 못한 부분이 있어서일 것이다"56)

    황의강이 물었다. "(이천선생께서) '사무사思無邪는 성誠이다.'라고 하셨으니, 지금 생각하는 바에 모두 사특함이 없으면 곧 실리입니까?" 답하였다. " '실리'라는 글자를 사용한 것은 맞지 않으니, 단지 '실심實心'이란 글자를 써야 맞다.57)

---

54)『河南程氏遺書』卷9,「二先生語」(九) 思無邪, 誠也.
55) 이경구,「개념사와 내재적 발전: '실학'개념을 중심으로」,『역사학보』213집, 역사학회, 2012, 55~56쪽.
56)『朱子語類』卷16,「孟子」(六) 誠者, 都是實理了. 思誠者, 恐有不實處.
57)『朱子語類』卷23,「論語」(五) 問"'思無邪, 誠也'. 所思皆無邪, 則便是實理." 曰"下'實理'字不得, 只得下'實心'字. 言無邪, 也未見得是實, 行無邪, 也未見得是實. 惟'思無邪', 則見得透底是實."〈義剛〉

명도선생明道先生께서 말씀하셨다. "'사무사思無邪'와 '무불경毋不敬', 다만 이 두 구를 따라서 행하면 어찌 잘못됨이 있겠는가. 잘못됨이 있는 것은 모두 공경하지 않고 바르지 않기 때문이다."【…주자朱子께서 말씀하셨다. "'사무사'는 마음이 바르고 뜻이 성실한 것이요, '무불경'은 마음을 바르게 하고 뜻을 성실하게 하는 것이다."】58)

주희는 『중용』20장에 "성한 것은 하늘의 도요 성해오는 것은 사람의 도이다."라고 한 말에 대해서 성과 성하려는 것을 각각 천도와 인사로 구분하였다.59) 위 인용문도 같은 맥락에서 성을 인의예지仁義禮智와 같이 인간에 내재한 실리60) 라고 본 것이다. 주희는 정이의 "사무사(생각에 삿된 것이 없음)는 성이다."라는 말도 실리에 대한 설명이기 때문에 일반인의 생각에 삿된 것이 없도록 하는 것을 곧바로 실리라고 해서는 안 된다고 보았다. 두 번째 인용문에서 지금 자기 생각에 삿된 것이 없는 것은 인사의 영역인 '실심'이라고 해야 맞다고 한 이유가 바로 여기에 있다. 주희는 실리와 실심을 각각 성과 성하려는 것에 대비시키고 사무사思無邪와 무불경毋不敬(공경하지 않음이 없게 함)61)도 이에 상응하는 영역으로 구분하였다. 사무사思無邪는 마

---

58) 『近思錄集解』卷4,「存養」明道先生曰, 思無邪, 毋不敬, 只此二句循而行之, 安得有差? 有差者, 皆由不敬不正也.【… 朱子曰, 思無邪, 是心正意誠, 毋不敬, 是正心誠意.】

59) 『中庸章句』誠者, 天之道也, 誠之者, 人之道也. 誠者不勉而中, 不思而得, 從容中道, 聖人也. 誠之者, 擇善而固執之者也.【… 誠者, 眞實無妄之謂, 天理之本然也. 誠之者, 未能眞實無妄, 而欲其眞實無妄之謂, 人事之當然也.】 / 『孟子集註』,「離婁」(上) 誠者, 理之在我者, 皆實而無僞, 天道之本然也. 思誠者, 欲此理之在我者皆實而無僞.

60) 『朱子語類』卷4,「性理」(一) 蓋性中所有道理, 只是仁義禮智, 便是實理. 〈僩〉

음이 바르고 뜻이 진실한 '성'이고, 무불경毋不敬은 마음을 바르게 하고 뜻을 진실되게 하는 '성하려는' 것이며, 각기 실리와 실심에 해당한다. 주희에 의하면 실심은 실리를 따르려하는 인사의 영역으로서 실리와 동일시해서는 안 된다.[62] 주희의 이런 사유를 발전시켜 성의 의미를 실리와 실심의 구도로 정식화시킨 사람은 호병문胡炳文(1250~1333)이었다. 그는 다음과 같이 말했다.

> 호병문이 말하였다. "이 성誠자는 곧 이 천명의 성性이니, 사물마다 자성自誠하게 되는 까닭이다…내 생각에 성은 실리로 말할 것이 있고 실심으로 말할 것이 있다. 실리로 말하면 성이 곧 도이니, 체와 용을 반드시 구분할 필요는 없을 것 같다. 실심으로 말하면 반드시 실로 이 심이 있는 연후에 실로 이 리가 있을 수 있다."[63]

위 인용문은 『중용』 25장[64]에 대한 호병문의 주석이다. 호병문은

---

61) 『近思錄集解』卷4,「存養」論語爲政篇, 子曰, 詩三百一言以蔽之, 曰思無邪. 范氏曰, 經禮三百曲禮三千, 亦可以一言以蔽之, 曰毋不敬.

62) 주희가 『중용』의 誠이 전적으로 실리만 의미한다고 여긴 것은 아니었다. 그는 성에 실리와 성각이라는 두 의미가 있으며, 漢代이래 전적으로 성을 誠慤, 즉 '진실되고 정성스러움'으로 해석했다가, 정이가 실리라고 규정한 이래로 실리로만 해석하는 경향이 생겼다고 하였다. 그는 『중용』의 성이 두 가지 의미를 다 포함한다고 보았다. 『朱子語類』卷6,「性理」(三) 誠, 實理也, 亦誠慤也. 由漢以來, 專以誠慤言誠. 至程子乃以實理言, 後學皆棄誠慤之說不觀. 中庸亦有言實理爲誠處, 亦有言誠慤爲誠處. 不可只以實爲誠, 而以誠慤爲非誠也.〈砥〉

63) 『大學中庸(附諺解)』, 學民文化社, 2000, 217쪽. 胡氏曰, 此誠者, 卽是天之性, 是物之所以自誠 … 愚謂誠有以實理言者, 有以實心言者. 以實理言, 誠卽道也, 似不必分體與用. 以實心言, 實有是心然後能實有是理.

64) 誠者自成也, 而道自道也.

성誠은 곧 하늘이 준 본성이라는 주희의 설을 바탕으로 실리적측면과 실심적 측면을 나누어 설명하였다. 물론 실리와 실심을 변별하기 보다 체용일원의 맥락에서 보려고 한 것은 주희의 설명방식과 다른 차이라고 할 수 있으나 본지는 동일하다. 이후로 성을 실리와 실심의 양구도로 설명하는 것은 학계의 일반적인 논의가 되었다. 이황과 이이는 각각 다음과 같이 말했다.

> 성誠이라는 것은 단지 진실무망眞實無妄을 해석한 말이니, 조화에 있어서는 실리가 되고 사람에 있어서는 실심이 된다.[65]

> 하늘에는 실리가 있기 때문에 기화가 유행하여 쉬지 않고, 사람에게는 실심이 있기 때문에 공부를 계속하여 틈이 없다. 사람에게 실심이 없으면 천리를 어그러뜨린다.[66]

첫 번째 인용문은 이황이 성을 실리와 실심 두 차원에서 부연 설명한 것이다. 이황은 "실리실심의 설은 호운봉의 설이 의심할 바가 없다."[67]고 하였다. 두 번째 인용문은 이이가 성을 설명한 글이다. 이황과 이이는 모두 주희와 호병문의 해석과 동일하게 성을 실리실심으로 이해하였고, 이를 근거로 실학이라는 용어를 사용하였다. 이런 점에서 퇴계, 율곡과 그 후학들이 사용한 '실심실학'은 주자학적 실심실

---

65) 『退溪集』卷29, 「書」〈答金而精〉 誠字只當訓眞實無妄之謂, 而在造化則爲實理, 在人則爲實心. 先儒皆有定說.
66) 『栗谷全書』卷21, 「聖學輯要」(三)〈修己第二〉(中) 臣按, 天有實理, 故氣化流行而不息, 人有實心, 故工夫緝熙而無閒. 人無實心, 則悖乎天理矣.
67) 『退溪集』卷40, 「書」〈答審姪問目【中庸】〉 實理實心之說, 雲峯說自無可疑.

학[68])이라고 표현할 수 있다. 물론 실학의 정체를 구체적으로 논하자면 학파나 학자별로 이론적 차이가 있겠지만, 그 연원은 성에 있으며 그들의 실심실학이 '실심으로 실리를 추구하는 실학을 한다'는 의미라는 것은 동일하다.

그렇다면 하곡학파의 '실심실학'은 이와 어떻게 다를까? 앞서 언급한 바와 같이 하곡학파의 특징을 실심실학으로 규정하는 것은[69] 정제두와 그 후학들이 실심을 중시했을 뿐만 아니라, 후학들 스스로 정제두 철학의 요체를 '실'의 강조와 '실학'이라고 평한 것에 근거한다. 정제두의 후학들은 정제두의 학문이 투철하게 "오직 '실' 한 글자만은 조금도 없애서는 안 되며", "'실충실효實忠實孝', '실치실격實致實格'을 말할 때는 과장이 없고 실행할 때는 거짓이 없는" '심학心學'이라고 하였고,[70] "전내실기專內實己"[71]라고 하였다. 앞서 살펴본 바와 같이 정제두가 말한 실심의 의미는 양지, 성체, 심체와 동일하다. 그렇다면

---

68) '정주학적 실심실학'이라고 해도 무방하다. '실학'이라는 용어가 정이의 논설에서 처음 등장했고, 본서에서 주로 다루는 인물들은 공맹유학이나 양명학에 대비되는 학문용어로서 '주자학'보다 '정주학'을 더 많이 사용했다.

69) 대표적인 연구로는 송석준,「조선조 양명학의 수용과 연구현황」,『양명학』제12호, 한국양명학회, 2004 / 심경호,「강화학파의 假學비판」,『양명학』제13호, 2005 / 박연수,「강화 하곡학파의 '實心·實學'」,『양명학』제16호, 한국양명학회, 2006 / 천병돈,「강화학파의 형성과 사상적 계보」,『인천학연구』제7호, 인천대학교 인천학 연구원, 2007 / 한정길,「조선양명학의 實心實學과 조선 후기 實學 -위당 정인보의 양명학관에 대한 비판적 성찰을 중심으로」,『한국실학연구』28호, 한국실학학회, 2014이 있다.

70) 『霞谷集』卷11,「祭文」太學生盧述等祭文略曰…先生之道, 上下昭徹, 惟一實字, 不可微滅. 實忠實孝, 實致實格, 言無夸嚴, 行無僞飭, 鬼神昭布, 天地充塞. 何以命之, 是謂心學. 嗟我後人, 庶幾承式.

71) 『霞谷集』卷11,「門人語錄」李匡師曰先生之學, 專於內實於己.

'실학'은 어떤 의미인가? 정제두가 논하는 '실학'은 성리학에서 일반적으로 사용하는 '성인의 학문'을 지칭한다.[72] 물론 학문 방법과 내용에 따라 그 의미는 달라진다고 할 수 있다. 중요한 것은 하곡학을 계승한 후학들은 '실학'에 단지 '성인의 학문'이라는 것보다 더 구체적인 의미를 부여했다는 점이다.

옛날에 염계濂溪·주자周子가 말하기를, "성誠이란 것은 성인의 근본이라."고 하였는데, 대개 성이라는 말은 곧 심 속 실리의 이름입니다. 하늘이 이 실리를 사람에게 주면 사람은 이를 얻어서 심으로 삼으며 이것으로 지를 이루면 진지眞知가 되고 이것으로 힘껏 행하면 실행이 되니, 진지를 실행으로 삼는다면 이것이 실학實學이 됩니다. 오직 이 실학을 얻은 자가 대개 적은데, 오직 우리 선정신 정제두는 금같이 정하고 옥같이 윤택한 자질을 가지고서도 연못에 임하

---

72) 『霞谷集』에서 정제두가 사용한 '실학'의 용례는 다음과 같다. 1) 卷3, 「書」(六) 〈答沈斗俊書【壬子】〉 苟欲求本於聖門, 論語篇首學而一章已盡之矣. 其學而時習爲說, 朋來爲樂, 不知而不慍, 此其以爲性命之學, 德行之事耳. 如顏氏之好學, 曾氏之三省, 皆是物也. 聖門爲學, 其實如此. … 但世之學者惟以其文學別爲一事, 而不能眞知其擇善爲仁如顏子之所學者, 則此豈非所以有此餘力之訓也耶? 然則聖門所爲本領之學, 於斯亦已大可見矣. 願賢者不必屑屑於諸家之得失, 必眞有求於孔顏之學, 從斯乎其克己求仁欲罷不能之功, 則是所謂卓異者也. 況復如世俗之學, 只在談論之間者乎? 區區於今日, 如魯申公齊轅固之老於實學, 有非可望, 而猶此敢以聖門之所謂學者, 如是爲說, 宜世人之疑駭有所云云, 而乃勞賢者欲援之垂救也. 2) 卷3, 「書」(六) 〈答從子俊一書〉 所謂爲學, 亦有多般. 子謂子夏曰; "汝爲君子儒, 無爲小人儒." 看不能得聖人之實學, 而徒以文華浮汎之學, 則非所以爲學也. 3) 卷7, 「遺敎」〈壬戌遺敎〉 後世學術不能無疑, 竊恐聖旨有所未明, 惟王氏之學, 於周程之後, 庶得聖人之眞. … 終勿廢實學, 且如經書, 須是精學貫通, 不得如時輩涉獵鹵莽也. 4) 卷9, 「存言」(下) 學問者, 無非養心之方, 不可靠溺文義. 如禮樂射御書數, 是實學問, 樂以理心, 俾不放舍.

여 얼음을 밟듯이 공부를 쌓았으며, … 오직 우리 선정의 실심실학
만이 일세의 유종儒宗이 됩니다.73)

위 인용문은 하곡 후학들이 정제두의 원우院宇에 사액해줄 것을 요
청하는 상소이다. 이에 의하면 인간이 하늘로부터 실리인 성을 부여
받은 것이 심인데, 이로써 치지致知하면 진지眞知가 된다. 그리고 이
진지를 실행하는 것이 곧 실학이다. '실심실학'은 이 과정을 간략히
표현한 것이다. 주희는 격물치지를 통해 리를 체인하면 진지에 이르
고 자연히 성의가 된다고 하였다. 그러나 반대로 진지에 들어가지 않
으면 성의할 수 없고 성의할 수 없다면 진지에 이르지 못한 것이라고
하였다.74) 반면 정제두의 후학들은 하늘이 부여한 실리를 심으로 삼
고 이를 바탕으로 치지, 역행할 것을 말했는데, 이는 정명도가 성지誠
知와 성양誠養의 일원적인 공부를 중시한 것과 유사하다.75)여기서 주
목할 점은 성誠인 실심이 이룬 진지를 실행하는 것을 곧 실학이라고
본 것이다. 이때 진지는 실심에 다름 아니다. 성을 실리와 실심의 두
측면으로 설명하는 것은 당시 일반적인 인식이었다. 진지가 실심의

---

73) 『霞谷集』卷11, 「疏」〈請設書院儒疏再疏〉 昔濂溪周子有言曰, 誠者聖人之
本, 蓋誠之爲言, 卽心中實理之名也. 天以此實理賦於人, 人得之以爲心, 以
此致知則爲眞知, 以此力行則爲實行, 以眞知爲實行則斯爲實學. 惟此實學,
得之者蓋寡, 惟我先正臣鄭齊斗以金精玉潤之質, … 惟我先正實心實學, 爲
一世儒宗.

74) 『朱子語類』卷15, 「大學二」 知至而后意誠, 須是眞知了, 方能誠意. 知苟未
至, 雖欲誠意, 固不得其門而入矣.

75) 『二程遺書』卷11, 學在誠知誠養. 學要信與熟 / 『二程遺書』卷2(上) 學者須
先識仁. 仁者渾然與物同體. 義禮知信皆仁也. 識得此理, 以誠敬存之而已,
須防檢不須窮索.

58

결과이므로 정제두의 학문을 요약할 때는 '실심실학'이라고만 한 것이다. 따라서 이들이 말하는 '실심실학'은 '실심의 실학'이고 곧 '실심을 실행하는 실학'이라는 의미가 된다. 이때 실학은 실심에 따라 결정되므로 실심이 향하는 바에 따라 달라질 수 있다. 다음 절에서 좀더 구체적인 내용을 살펴볼 것이다.

2) 보편에 대한 다른 시각

실심실학의 두 가지 다른 양상은 보편에 대한 다른 시각과 연결된다. 이는 평화의 시대보다 격변기에 더 잘 드러난다. 주자학적 실심실학은 성인에 도달하는 방법으로서의 실학이 곧 정주학으로 정해져있다. 춘추대의와 같은 명분론, 중화주의, 사대주의 등이 보편적 진리와 문명관으로 정해져있는 것이다. 근대전환기 실심실학을 강조한 대표적인 성리학자로는 면우俛宇 곽종석郭鍾錫(1846~1919)과 간재艮齋 전우田愚(1841~1922)를 들 수 있다. 이들은 각기 퇴계학맥과 율곡학맥을 잇는 다른 계통에 속하지만, 동서문명 충돌의 대안으로 구학문의 수호와 실심실학을 강조했던 인물들이다. 물론 곽종석은 이진상의 심즉리론을 계승했고 전우는 이들의 주장이 양명학과 동일한 이단이라고 비판했기 때문에 양자를 전적으로 같은 맥락에서 논할 수는 없다. 곽종석의 심즉리론은 양명학의 그것과 다르지만 '심시기心是氣'의 전제 아래서 이론을 전개해간 전우의 실천양상과는 분명 차이가 있다. 그러나 양자에 대한 본격적인 비교는 본 논고의 범위를 벗어나므로,76)

---

76) 이런 점에서 정주학에 기반한 실심실학 안에서도 다양한 의미충차를 구분할 수 있다. 이는 별도의 연구를 요한다.

여기서는 곽종석과 전우의 실심실학 이해와 보편에 대한 시각에 대해 간략히 논하고자 한다.

곽종석과 전우가 실심실학을 논한 부분은 현실문제 타개와 학문의 바람직한 방향이 어떤 학문에 있는가를 놓고 대립한 신구新舊 학문 논란에서 찾아볼 수 있다. 먼저 곽종석은 이때 구학문의 수호를 주장했고 전통유학을 구학문으로 칭하는 것조차도 반대했다. 그는 애초에 학문에는 신구의 구분이 없으며, 전통 성리학 안에도 실용적인 경세학이 있는데 이를 살피지 못했을 뿐이라고 하였다.[77] 그리고 그런 관점에서 당대 유학자들이 현실문제에 잘 대응하지 못하는 부분을 비판하였다. 그는 다음과 같이 말했다.

> 지금 유학에 종사하는 사람을 보면, 고상한 것으로 말하자면 성명性命을 말하고 현미玄微를 희롱한다. 비천한 것으로 말하자면 그럴 듯한 장구를 찾아 그것을 엮기에만 힘쓴다. 그들이 궁구하는 것은 안으로는 한 마음을 보존하기에 부족하고 밖으로 한 가지 일도 다스리기에 부족하다. 그것은 노장의 허황된 말, 선백이 제멋대로 행동하는 것과 거의 차이가 없다. 이 때문에 집에는 실행이 없고 향촌에는 실재實材가 없으며 나라에는 실정實政이 없어서 텅빈 헛껍데기일 뿐이니 삿된 것이 그것에 편승하는 것이 진실로 당연하다. 그렇다면 오늘날의 혼란과 관련하여 진실로 유자에게 죄가 없다고 말할 수 없다. 옛 사람들은 스스로 쇄소응대하였는데, 이는 곧 실사로부터 시작하여 나아가 육행六行, 육예六藝, 오사五事, 팔정八政과 저

---

77) 『俛宇集續』卷7, 「書」〈答河道若〉 學豈有新舊哉. 顧舊學中自有經世需時之大具, 而人自不察耳. 今之所謂新學者, 特不過因時宜而詳悉其節目爾, 斟酌研究, 亦不可已也. 但恐一入其中, 便自迷魂喪守, 只學他不善處耳. 此在當人自量如何, 非傍人過行所及也.

덕행, 문학, 정사, 언어 과목에 이르렀으니 경의經義, 병민兵民, 수리
水利, 산수籌數 과정 그 어떤 것을 하더라도 실질적인 영역에서 성취
하는 것이 아니겠는가. 사물에 나아가 그 실리를 궁구하고 심心에
나아가 그 발명한 것을 실천하니, 이를 자신을 수양하는데 쓰면 실
덕이 되고, 집안과 나라, 세상일에 조치하면 실업實業이 되고 실공實
功이 된다. 공자가 말씀하시길 "천하국가를 다스리는 데 아홉 가지
길이 있으나 그것을 행하는 원리는 한 가지이다."라고 하였다. 그 한
가지가 성誠이다. 성誠이란 것은 진실하여 속임이 없는 것을 말하니,
어찌 옛 사람만 그렇게 할 수 있을 것이겠는가. 지금부터 이를 실천
한다면 이와 같이 될 수 있을 따름이다. 이점을 가르침에 뜻이 있을
것이라 본다. 실심으로 실학을 하며 실행으로 실사에 힘쓰면 천지가
제 자리를 잡고 구경九經이 잘 다스려질 것이다. 아, 힘써 노력할지
어다!78)

　　곽종석은 지나치게 고상하거나 세밀한 논의는 전통 학문에서 강조
한 마음을 다스리는 것이나 신학문에서 강조한 실제 일을 완수하는
데 부족하다고 비판했다. 또 허담을 숭상하고 실물을 추구하지 않는
풍조는 국가의 원기를 허약하게 만들었다고 한다. 그는 전통 성리학

---

78) 『俛宇集』卷135,「序」〈送權聲之【鍾遠】序【戊申】〉今之爲儒, 其高者譚性命
而弄玄微, 卑者覈章句而務組綴, 其究也內之不足以存一心, 外之不足以制
一事. 其與老莊之浮誕, 禪伯之猖狂, 相去盖無幾矣, 以之而家無實行, 鄕無
實材, 國無實政, 而枵然其虛殼爾, 邪之乘也固宜, 然則今日之亂, 固不可曰
儒士無罪焉. 古之人自灑掃應對, 便從實事做起, 進而至於六行六藝五事八
政, 與夫德行文學政事言語之科, 經義兵民水利籌數之課, 何往非實境成就
哉. 卽物而窮其實理, 卽心而實其所發, 修之於身而爲實德, 措之於家國天
下而爲實業實功. 孔子曰凡爲天下國家有九經, 所以行之者一也, 一者誠也,
誠者眞實而無妄之謂也, 豈惟古人哉, 自今爲之, 亦若是而已矣. 聲之其有
意乎. 實心實學實行實事, 而天地位九有淸矣. 嗚呼其勉㫋哉!

에 대한 세간의 비판을 인정하면서 신학문을 긍정하기도 하였다. 또 공자나 맹자가 오늘날 살아있더라도 반드시 때에 따른 변통을 추구하였을 것이며 헌정憲政, 교제交際, 물리物理, 병제兵制, 기타 농공農工 기술 등 신학문은 그 필요성에 따라 교육해야 한다고 함으로써79) 제한적으로 수용할 것을 주장했다.80) 그는 전통학문의 수호와 재발견을 중시하면서, 당시 유교의 문제는 신학문 추종자들의 비판처럼 구조적·본질적 문제는 아니라고 보았다. 그에 의하면 소학에서 쇄소응대를 가르치는 것에서부터 예악사어서수禮樂射御書數를 익히고 경의, 생민을 위해 실천하는 것 등 모두가 실사이며 실리를 궁구하는 것이다. 또 이를 가지고 자신을 수양하는 것은 실덕이며 세상 일에 적용하는 것은 실업실공이다. 그리고 이 모든 경영이 '성誠'에서 비롯되는 것이라, '실심'이 중요할 수밖에 없다.

　　지금 그대가 몸을 낮추고 일용지상日用之常으로 수레를 돌려, 본원을 함양하는 것으로써 아직 다스려지지 않은 습기習氣를 눌러 굴복시켰다고 하는데, 이것이야말로 실심으로 실학을 하는 것이니 구구하게 감탄하고 사모함을 이기지 못하겠네. 이 일을 잘 해내고도 다시 『심경』에 마음을 오로지하여 하나하나 체행體行해 가니, 이를 이어서 『근사록』을 가지고 3~5년의 공부를 하는 것은 어떠한가? 이

---

79) 『俛宇集』卷74, 「書」〈答河叔亨〉 縱使孔孟作於今時, 正須隨遇通變, 因物制宜, 以爲內修外攘之道爾. 爲吾輩謀者, 亦惟用力於目前之實務, 博求天下之書, 如公法律令憲政交際物理兵制, 其他農工技藝之類, 所宜隨材而課育之, 以待異日之自振.

80) 물론 東道西器의 입장에서 제한적으로 수용하는 것을 말한다. 최영성, 「한국유학사에서 명우 곽종석의 위상」, 『남명학연구』제27집, 경상대학교 남명학연구소, 2009, 8쪽.

와 같이 한다면 안과 밖이 서로를 길러주고 뜻과 업이 안정되고 굳건해지며 앎과 사려가 전일하여 리체가 훤히 드러날 것이다. 그러면 그것을 여러 경전에 맞추어보아도 어떤 경전이든 제대로 이해되지 않는 것이 없을 것이다.[81]

곽종석의 실심실학은 일상 속에서 본원을 함양하고 습기를 교정하고 앎을 전일하게 하여 인격을 완성하는 학문이라고 할 수 있다. 그런데 여기에 효과적인 공부는 『심경』과 『근사록』이라는 텍스트를 오래도록 공부하여 안팎으로 성장하는 것이다. 격물궁리 공부결과 리체가 드러나고 다른 경전을 이해하는 데 막힘이 없는 것은 곧 주희 격물보장망의 내용과 동일하다. 곽종석은 성리학의 교학 방식이 문자를 버리고서는 착수할 수 없기 때문에 안정된 학제에 의존하여 문장을 배우는 데서 시작해야 하지만 일상에서 자기 마음의 본령을 세우면[82] 오류를 범하지 않는다고 하였다. 이런 점에서 곽종석의 실심실학은 전통학문의 존망위기에서 전통학문, 성리학의 본질적 가치를 더욱 강조하고 강화는 논리로 이해할 수 있다. 이 점은 전우의 경우도 마찬가지였다.

---

81) 『俛宇集』卷78,「書」〈答鄭純可〉(6) 今得賢者折節回駕於日用之常, 以涵養本原而按伏其習氣之未化者, 此所謂實心實學者, 區區不任歎慕. 旣了此, 又須專意於心經, 一一體貼去, 繼之以近思錄, 做三五年工夫看如何? 如此則內外交養, 志定業固, 知思專一, 理體呈露, 投之群經, 將無往而不迎刃解矣.

82) 『俛宇集』卷99,「書」〈答金啓源【辛丑】〉 然而今敎學之式, 捨文字亦無可藉手, 惟當以心身日用, 立箇本領, 且依安定學制, 試以文章, 必以理勝爲主, 切忌夸虛鬪靡, 亦可以修辭立誠, 而亦不害爲宣暢玩適之一助. … 惟汲汲約之以實心實學, 正不可一日緩也, 異日道明德立, 發言爲法, 何遽不爲經緯天地之文也, 萬冀加察, 試叩之伯公, 質鄙言之非妄否也, 外祈懍怡崇祉.

강상은 천하 국가의 원기요 민생의 명맥이 달려있는 것이기 때문에 옛 성인이 그것을 중하게 여기지 않은 적이 없다. 그런데 근래에 이른바 신학을 말하는 자들이 있는데, 그 소종래를 추론해보면 강상 전례를 들어다가 다 깨부수어버린 것이니, 어찌 이와 같은 것이 국가를 위하고 인류를 위하는 것이겠는가? 저들이 어리석은 백성을 풍미한 것이 진실로 말로 다 하기에 부족하다.[83)

근년에 신문학회 제 설을 보면 거듭 멸망 두자를 가지고 일반인을 기만하고 협박하여 신학新學에 입문하게 한다. 나는 천하 만인이 차라리 구학문을 지키다가 죽는 것을 원하지 부모자식이 각기 권리를 가지고 백성의 권리가 임금에게 재갈을 물리며, 여자가 스스로 남자를 선택하고 부녀자가 스스로 지아비의 행도를 벗어나 살아가는 것을 원하지 않는다.[84)

실심으로 성학을 체득하는 것이 실학이라는 전통 성리학의 견해는 곽종석과 전우의 성리설에서 기본논리에 해당한다. 이들의 실심실학은 '실심으로 실학하라'는 의미가 된다. 이들은 모두 리를 강조하지만 실심의 근거와 방향 설정에 대해서는 의견을 달리하는데, 이는 심의 주재문제와 직결된다. 곽종석은 심의 도덕적 능동성을 강조하여 심즉리를 주장하지만 전우는 이를 비판하면서 성사심제론性師心弟論을 제

---

83) 『艮齋集』(前編續)卷1, 「書」〈與金道謙【鎭南】○己酉〉 甞聞綱常者, 天下國家之元氣, 民生命脈之所繫, 故古之聖人, 莫不重之, 近時乃有所謂新學者, 試甞推其所從來, 乃擧綱常典禮, 而悉打破之, 安有如此而爲國家爲人類者乎? 彼蚩氓之風靡者, 固無足言矣.

84) 『艮齋集』(別編)卷1, 「書」〈答某【己酉】〉 近年新聞學會諸說, 輒以滅亡二字, 誑嚇凡流, 而使入新學. 吾願天下萬人, 寧守舊學而死, 不願爲父子各權, 民權箝君, 女自擇男, 婦自離夫之行而生也.

시하였다. 이는 보편질서를 전복하고 무절제한 욕망 추구를 초래하는 주관론에 대해 절대적인 보편인 강상윤리가 벼리가 되어야 한다는 선언에 해당한다.[85] 실심실학의 강조에 있어서는 전우가 곽종석보다 더욱 극단적이라고 할 수 있다. 전우 실심실학의 전개방향은 강상윤리로 정해져있었다. 그에게 '리'나 '실'은 곧 윤리강상을 의미했으며 윤리강상을 파괴하고 남녀의 구분을 무너뜨리는 것은 모두 비판의 대상이 되었다.[86] 실학은 성리학, 혹은 강상윤리를 수호하는 학문으로 이미 정해져있고 실심은 이를 진실되게 실천하는 마음이다. 이런 기준 하에서는 실용이나 실효를 중시하는 신학문은 더 용납될 바가 없었다.

> 인의예지는 원래 진실의 리인지라 애초에 허망의 섞임이 없으나, 그 인심의 미묘함에 동할 때에는 천리가 당연히 발현되긴 하지만 인욕 또한 그 사이에 이미 싹트게 된다. 만약 아주 작은 인욕이라도 모름지기 잠깐이라도 막지 않으면 마침내 반드시 천지가 뒤집히고 강이 모여 바다로 가서 어찌 할 수 없는 데까지 이르게 된다. … 이는 모름지기 독서강학 공부라야 곧 능히 천리 인욕을 명백히 알아 암담해지는 폐단을 없앨 수 있다. 단 칼에 베어 자기 자신에게서 나온 것을 뽑아내는 것은 전적으로 자기 의지와 용기에 의한 것이지

---

85) 心의 主宰문제는 근대 전환기 성리학의 주된 주제였다. 곽종석과 그의 스승이 주장했던 心卽理는 性, 理의 주재성에 대해서 心 본체가 그대로 주재의 근거가 된다는 것이다. 그러나 어디까지나 본원상, 혹은 도덕 수양 경계상의 心을 말한 것이고, 일종의 도덕적 지향점을 설정하고 당위성을 강조한 것이라고 할 수 있다. 김윤경, 「19세기 조선 성리학계의 양명학비판」, 『동양철학연구』, 동양철학연구회, 2017. 참조.

86) 전우는 같은 맥락에서 양계초의 책이 강상윤리를 파괴한다고 비판했다.(『艮齋集』卷3, 「書」〈答宋晦卿【壬子】〉 東人新聞贊梁書者多, 破綱常壞士女之說, 其害世教大矣.) 1909년에는 아예 양계초를 비판하는 「梁集諸說辨」을 지었다.

결단코 다른 사람의 대체나 도움을 용납하지 않으며 망설이거나 주저하는 것이 없는 것이다. 그런 연후에야 선하려고 하면 곧 진실로 선해질 수 있고, 악해지지 않으려고 하면 악해지지 않을 수 있으며, 인할 때는 진실로 인하고 의로울 때는 진실로 의로우며 예가 바를 때는 진실로 예가 바르고 지혜로울 때는 진실로 지혜롭다. … 내가 전수하는 것에 어찌 다른 방법이 있겠는가? 오직 실심으로서 실리를 체득하여 진실을 이루를 것일 뿐이다.[87]

위 인용문에 의하면 전우는 실심으로 실리를 체득하는 것을 자기 학문의 요체라고 하였다. 실리의 터득이란 독서강학과 궁리공부를 통해 마음 속의 천리와 인욕을 명백히 깨닫는 것이며, 이를 통해 진정한 선과 인의예지를 실천할 수 있게 된다. 이 또한 곽종석의 경우와 마찬가지로 전통적인 격물궁리 공부에 대한 설명이라고 할 수 있다. 전통 성리학의 본질적 가치를 강화하려고 했던 곽종석과 전우의 견해는 그것이 진정성에 기반한 것이라 할지라도 당시에는 여전히 시의성이 결여되었다는 비판을 면치 못했다. 그러나 현실대응에 있어서 양자는 일정한 차이를 보인다. 전우는 줄곧 서구학문을 배척하고 유도 수호를 자임하였다. 그는 단발령을 거부하면서 개화파로부터 완고한 수구세력의 괴수로 지목되기도 하고, 《대한매일신보》사장인 베델(裵說,

---

87) 『艮齋集』(前編) 卷11, 「書」〈答盧九洪【戊申】〉 仁義禮智, 原是眞實之理, 初無虛妄之雜也, 及其動於人心之微, 則天理固當發見, 而人欲亦已萌乎其閒矣. 若絲毫人欲, 須臾不窒, 則其終必至於天翻地覆河決海移, 而不可爲矣. … 此須讀書講學之功乃能辨得天理人欲明白無黯黮之蔽矣. 一刀斬斷, 拔出自家一箇身子來, 此專藉自己志勇斷決不容佗人替助, 莫更遊移趑趄. 然後要爲善, 便眞能爲善, 要不爲惡, 便眞能不爲惡, 仁眞仁義眞義禮眞禮智眞智. … 余之傳授, 豈有佗術? 惟以實心, 體實理, 成實惠而已.

1872~1909)로부터 머리카락을 보존할 힘으로 실업을 진흥시키고 교육
사업에 봉사하여 국가를 보호하라는 비난을 받았으나,[88] 머리카락을
보존하는 것은 예로써 국가를 지키는 것이라며 뜻을 굽히지 않았
다.[89] 전우는 유도수호를 실현하기 위해 1908년 이후 왕등도旺嶝島,
군산도群山島 등에 은거하며 후학양성에만 전념했다.

반면 곽종석은 개항기에 위정척사를 주장했지만, 50대 이후에는 유
교의 바탕 위에서 신학문을 절충하고자 하였다. 특히 을사늑약과 경
술국치를 거치면서 상황인식을 달리하여, 서구 학문을 고찰하고 성와
省窩 이인재李寅梓(1870~1929), 진암眞菴 이병헌李炳憲(1870~1940), 심산心
山 김창숙金昌淑(1879~1962)과 같은 그의 후학들이 실업을 중시하고 국

---

88) 〈告田艮齋先生足下〉,《대한매일신보》, 1908.4.21. 先生者는 果熱血其性之人
也며 不惟先生이라 卽先生之門下弟子도 亦皆熱血其性之人也로다 夫一髮
之斷을 何足如是痛惜이리오만은 先生이 乃大罵曰頭可斷이언뎡 髮不可斷
이라ᄒ며 朋友及弟子數百人이 皆大叫曰頭可斷이언뎡 髮不可斷이라ᄒ야
至以一命之生死로 爭一髮之斷否ᄒ니 … 雖然이나 敢以一言으로 奉質先生
ᄒ노니 四千載之國家가 其不重於一髮乎며 三千里之國土가 其不大於一髮
乎며 五百年之宗社가 其不尊於一髮乎며 二千萬之生命이 其不貴於壹髮乎
아 … 以此氣槪와 以此團結로 振興實業ᄒ면 不幾年而韓國富力이 膨漲東
洋ᄒ지며 提倡敎育ᄒ면 不幾年而韓國民智가 凌駕西歐ᄒ지니 獨立恢復이
易如反掌ᄒ지어늘 今乃不此之爲ᄒ고 只是勞勞於保髮全발之策ᄒ니 是는
以四千里國家로 易壹髮也며 以三千里國土로 易一髮也며 以五百年宗邦二
千萬生民으로 易一髮ᄒ니 是豈仁者之可爲哉아 近世亡國은 不同於古代之
亡國ᄒ야 古代亡國은 民其民而易其君而已러니 近世則不然ᄒ야 其國이 旣
亡하면 民亦隨之ᄒ나니 不信吾言이어던 其觀近世之許多亡國史哉어다.
89) 『艮齋集』(前編)卷15,「雜著」〈論裏說書示諸君〉今余之欲保髮, 乃所以守禮
也, 守禮乃所以保國也. 蓋保髮之士, 今雖不能保國, 然保髮之義, 則固保國
之道也.

채보상운동이나 대한자강회의 지부활동과 같은 개화 운동에까지 참여[90]할 수 있도록 학문적 기반을 조성하였다. 그는 이인재의 「고대희랍철학고변古代希臘哲學攷辨」과 같은 글에 발문을 쓰기도 하였다. 그러나 을미사변과 단발령을 계기로 항일의병이 일어났을 당시에는 동참요청을 거절하고 현실참여와 거리를 두었다. 그는 상소를 통해 을미사변과 단발령의 부당함을 호소하고 을사오적을 척살할 것을 청하는 길(「청참오적소請斬五賊疏」)을 택했다. 한일병탄이후(1912)에도 고종의 밀지를 받은 안동의 김세동金世東으로부터 의병활동을 제안 받았지만 거절하고, 고종에게 은밀히 상소하여 "도로써 임금을 섬기는 처지에 신이 책임질 것은 도道입니다. 나라가 망하여도 도는 망하지 않고, 군주가 굴복할지라도 도는 굴복하지 않으니, 단지 불사이군을 신의 소신으로 삼겠습니다."[91] 라고 하였는데, 이 때문에 부유腐儒로 비판받기도 하였다.[92] 그는 무장활동보다 만국공법에 호소하여 열강의 지지를 얻어내는 정치 외교적 활동을 통해 국권회복을 꾀하는 것이 옳다고 여겼다. 따라서 일본과 러시아의 한반도 분할 지배나 독점적 지배 등이 보도되자, 정부에서 열국공사를 초청하여 국외중립국이 될 것을 천명하고 각국 공관에 담판을 지어야 한다고 하였다.[93] 또

---

90) 권대웅, 「韓末 寒洲學派의 啓蒙運動」, 『대동문화연구』제38집, 대동문화연구원, 2001, 384~402쪽 참조.

91) 劉秉憲, 『晚松遺稿』卷1, 「郭鍾錫疏秒」 以道事君之地, 臣所責者道也. 國可亡, 道不可亡, 君可屈道不可屈也. 但不事二君爲臣秉執. (최영성, 「한국유학사에서 俛宇 郭鍾錫의 위상」, 『南冥學硏究』제27집, 남명학연구소, 2009, 19쪽 재인용)

92) 최영성, 「한국유학사에서 俛宇 郭鍾錫의 위상」, 『南冥學硏究』제27집, 남명학연구소, 2009, 17~19쪽.

1919년 3·1운동 직후 영남과 호서 유림이 연합하여 파리 만국평화회의에 독립을 호소하는 '유교도정파리화의서儒教徒呈巴黎和會書'를 보낼 때 대표로 서명한 것도 이러한 의지를 실현한 결과이다. 심의 주재성을 강조하는 곽종석의 현실참여는 국권침탈이 가속화될수록 적극적인 방향으로 변모하였는데, 이는 전우와 같은 보수유림과는 다른 양상이었다. 전우는 전통적인 유교윤리만이 보편이라 여기고 신학문을 배척했으나 곽종석은 동도서기로 입장을 바꿔 서구를 배척이 아닌 교섭의 대상으로 보았다. 그러나 국가와 민생을 위하는 것이 당대에더 중요한 의리라고 보는 관점에서는 "나라가 망해도 도는 망하지 않는다."는 곽종석의 사유도 용납하기 어려운 것이었다. 하곡학파 가운데 이건방, 정인보의 경우가 그렇다. 이들은 서구에도 보편이 있을수 있다고 여기고 좀더 유연한 자세를 취했다. 먼저 다음 이건창의 글을 살펴보자.

> 성誠이라는 것은 실리이며, 실리가 있는 곳이 곧 실사가 말미암는 바입니다. 실리를 안에 보존하지 않으면 실사가 밖에서 이루어지지 않으니, '성誠하지 않으면 이루어지는 것이 없다'인 것입니다. 그러므로 실심이 없이 다만 그 명名만 취하면 비록 한무제가 예악을 일

---

93) 『俛宇集』卷首, 「箚」〈再進箚子〉又二十七日日政府提, 曰韓國全置於日本勢力範圍內, 噫彼兩國者, 以滿洲撤兵事談辦, 而竟以分占我韓爲結果. 此誠萬古未始有之痛憤羞辱者也. 臣愚以爲須先電飭于駐日俄公使, 探知其議案確定, 然後自我政府邀請列國公使, 據理談詰, 則彼列國公使必有應答之辭矣. 仍以此辭, 聲明于天下, 而照會于日俄兩國政府, 論誘警責, 斷不可已. 如是則兩國必有回照, 而必遜言遮盖以謝之矣. 盖萬國之公法自在, 彼何敢顯以分占, 遽騰之公文哉? 待其回照, 我與萬國明開談辦, 不必更作依賴外勢之計, 而自處以局外中立, 保民交隣而已.

으키고 한원제가 유술을 숭상하는 때라도 쇠란에서 구하지 못합니다.···또한 이른바 변경이라는 것은 그 실을 변경한다는 것이지 그 名을 변경하는 것이 아닙니다. "이익은 백번 변하지 않는 것이 없다."라는 말이 있으니 변경이라는 것은 그 이익이 있는 것을 구하는 것입니다. 최근에 변경이 많았는데, 신은 그 이로움을 듣지 못하였습니다. 다만 부서 하나를 만들고 조직 하나를 설치하며, 약간의 관리를 두고 약간의 비용을 쓰며, 또한 따라서 여러 번 명칭을 바꾸고 여러 번 제도를 바꾸니 아래 있는 신하들은 알지도 못하고 따를 뿐이니, 전하가 이렇게 하시는 것은 오직 이웃나라의 정치만 보아서입니다. 이웃나라의 정치가 설령 취할 만한 것이 있다하더라도 그것은 실에 있지 명에 있는 것이 아니니, 반드시 그 명이 아직 있지 않을 때 그 실이 있을 수 있습니다. 전하께서 진실로 부강함에 뜻을 두고 반드시 효과를 기필하신다면 반드시 명에서 구하지 말고 실에서 구하기를 청합니다. 진실로 명에서 구함이 없이 실에서 구하신다면, 신은 이웃나라에서 구하지 말고 자기 자신에서 구하기를 청합니다. 내가 부유하지 않은 것은 반드시 내가 가난해지는 근거를 가지고 있는 것이고 내가 강하지 않은 것은 반드시 내가 약해지는 근거를 가지고 있는 것이니, 모두 나에게 달려있는 것이지 다른 사람에게 달려있는 것이 아닙니다. 가난하고 약한 것이 이미 나에게서 말미암고 남에게서 말미암은 것이 아니라면 부와 귀 또한 반드시 나에게서 말미암고 다른 사람에게서 말미암지 않습니다. 가난한 근거를 반대로 하면 곧 부유해지는 것이고 약해지는 것을 반대로 하면 곧 강해지는 것이니 그것이 여기에 이르게 되는 것은 또한 오직 전하 마음의 실에 달려있는 것이지 변경의 분분한 설에 달려있는 것이 아닙니다.94)

---

94) 『明美堂集』卷7,「疏 / 擬論時政疏」, 盖誠者, 實理也, 實理之所在, 卽實事之所由. 實理不存乎內, 則實事不成乎外, 不誠則無物矣. 故苟無實心而徒取其名, 則雖漢武之興禮樂, 漢元之崇儒術, 無救於衰亂.···且所謂變更者, 變更其實也, 非變更其名也. 語曰, 利不百不變, 變更者, 求其有利也, 自頃以

위 인용문은 이건창이 대사간 시절 고종에게 올리려고 했던 소이다. 이에 의하면, 당시 국가의 부강을 위해 시행된 변경책은 국가의 이로움이라는 실질에 의한 것이 아니라 명칭만 바뀐 것이었다. 명은 본래 실에서 비롯되고 실이 명에 앞서는 것이다. 그런데 실질보다 명칭이 바뀌는 것이 우선이다 보니 제도가 여러 번 바뀔 뿐 아니라, 그 것을 시행하는 관료들도 내용이나 취지를 모르고 따랐다는 것이다. 이건창은 그 원인이 우리의 실정에서 변경책을 찾은 것이 아니라 다른 나라의 정치를 따랐기 때문이라고 비판하였다. 우리나라가 가난하거나 부강해지는 것도 우리가 그렇게 될 만한 근거를 가진 것이기 때문에, 부강을 원한다면 우리가 가난한 원인을 제거하고 부강할 수 있는 요인을 찾아 그대로 하면 되는 것인데, 다른 나라 정치와 그 결과를 의식하여 효과만 기필한다는 것이다. 이건창은 우리의 실정, 임금의 실심이 다른 무엇보다 우선이고 모든 일의 기준이 되어야 한다고 보았다. 이는 이건승의 경우도 마찬가지였다. 그는 1907년 계명의숙을 세우면서 배우고 익히는 것이 모두 실심에서 나와야 실사, 실효, 실업이 모두 가능하다고 하므로 실심 없이 남을 따라가서는 안 됨을

來, 變更多矣, 而臣未聞其利. 惟刱一署, 設一局, 置官若干, 用費若干, 而又從以屢變其名, 屢更其制, 在下之臣, 莫知適從, 而殿下之所以爲此, 則惟隣國之政是視. 夫隣國之政, 設令有可取者, 在實不在名, 未必有其名, 然後可以有其實也. 殿下誠有意乎富强, 而期其必效, 則臣請無求於名而求於實, 誠無求於名而求於實, 則臣請無求於隣國而求於我. 凡我所以不富者, 必我有所以貧也, 我所以不强者, 必我有所以弱也, 是皆在我, 不在人. 貧與弱, 旣由我而不由人, 則富與强, 亦必由我而不由人. 反所以貧, 則乃所以富也, 反所以弱, 則乃所以强也, 而其所以致此者, 亦惟在 殿下一心之實, 而不繫乎變更之紛紛也.

강조했다.[95] 하곡학파의 실심실학은 앞서 살펴 본 주자학파와 달리 진실성의 바탕 위에 '주체성'을 매우 중시했다. 이들의 실심 개념을 리기개념과 같은 존재론적 개념으로 규정하고 주자학파와 비교하는 것은 매우 어렵다. 후기 하곡학파의 논설 가운데, 그런 논의는 찾아보기 어렵기 때문이다. 그러나 실심의 요소에서 주체성을 강조하는 것은 실천에서 차이를 드러낸다. 대표적인 사례는 단발령시행에 대한 대응에서 찾을 수 있다.

> 지금 일신을 깨끗이 하려는 자의 설에 이르기를 "군자는 생사와 지킬 바를 바꾸지 않는다. 그러므로 정자는 굶어죽는 일을 아주 작은 것으로 여기고 절의를 잃는 일을 아주 큰 것으로 여겼다. 굶더라도 또한 불의하게 사는 것은 하지 않는데, 하물며 굶는 것보다 중요한 머리카락을 깎는 일에 있어서랴? 그러므로 죽어도 머리카락을 깎을 수 없다."라고 하였다. 그 말은 비슷한 것 같지만, 내가 한 가지를 고집하여 도를 상하게 하고 민이물칙民彝物則의 떳떳함을 해치는 것이 바로 여기에 있다고 말하는 것이다. … 불인不仁하도다! 일신을 깨끗이 하려는 자의 의義여! 천지의 큰 덕은 살림이요, 성인의 대도는 인仁인데, 어떻게 한 나라의 인민이 멸망하는 것을 의로 삼는가?[96]

---

95) 『韓國學報』3권1호, 1977. 권두사진영인본. 啟明者는 開明之義也라. 然이나 有名에 必有實이니, 塾曰啟明者는 名而已라. 所謂實者는 實心實業이 是也니, 是不在於塾하고, 亦不在於命名하고, 亶在於吾人身上 하니, 從人冷煖하고, 效人嚬笑는, 乃非實心이니, 旣無實心이며, 焉有實事며, 旣無實事면, 焉望實效리오,

96) 『蘭谷存稿』卷6, 「文錄 / 論」〈原論〉(下), 369~370쪽. 今爲潔者之說曰, "君子不以死生易所守, 故程子以餓死事爲極小, 失節事爲極大. 餓且不爲不義生況剃之重於餓乎? 故死不可以剃也." 其言似矣, 而吾所以謂執一而賊道害

72

혹자는 말하길 "머리카락을 깎아서 국가민생에 도움이 되는 것이 있다면 내가 본디 아끼지 않겠지만, 일에 무익하고 한갓 몸만 욕보이는 것이라면 어쩌는가?"라고 한다. 나는 이렇게 답할 것이다. "그대가 심한 부끄러움과 큰 괴로움을 느껴 그만둘 수 없다면 머리카락을 깎아야 되지만, 나의 책임은 아니기 때문에 단지 일신을 깨끗하게 하는 것을 도모한다고 말한다면 깎지 않아도 된다. 다만 자기의 사사로움을 개입시켜서 견주어보고 이로우면 좇고 해로우면 피하는 계책으로 삼지 말라." 내가 듣기에 성현의 도는 단지 눈 앞의 도리이니, 진실로 오늘날의 의가 되는 것을 안다면 이에 그것을 행할 것이다.97)

이건방은 머리카락을 기르는 것이 효의 표현이라는 유교윤리가 매우 중요하기 때문에 죽어도 단발하지 않겠다는 주장과 단발이 국가민생에 큰 도움이 되지 않는데 꼭 그럴 필요가 있느냐며 실익을 따지는 주장을 모두 다 비판하였다. 이건방에 의하면 전자는 당장 변하지 않으면 국망의 현실을 돌이킬 수 없는데, 한 때의 작은 의리만을 고집하는 것이고, 후자는 이익을 좇고 비난은 피하면서 자신의 안위만을 도모하는 이기적인 것이다. 단발령에 대한 그의 현실적인 선택은 단발

於民彝物則之常者, 正在於此也. … 不仁哉! 潔者之爲義也! 天地之大德曰生, 聖人之大道曰仁, 若之何滅一國之人以爲義也?

97) 『蘭谷存稿』卷6, 「文錄 / 論」〈原論〉(下), 371쪽. 惟其以彝性之同然謂之庸常而忽之, 必求爲峻與異之行以爲義, 此其所以蔽本體之明, 而失輕重之序也. 所謂以學術殺天下者, 未必非此類也. 或曰剃之而有補於國家民生, 則吾固不愛, 無益於事, 而徒辱其身則奈何? 曰子誠知深恥大痛不可以已, 則剃之固可也, 謂以非吾之責, 而潔身之是謀, 則不剃之亦可也. 惟毋以已私參之, 爲較度趨避之計也. 吾聞聖賢之道, 只是眼前道理, 苟知今日之爲義, 則斯爲之矣.

의 시행에 있었지만, 사실상 그가 중시한 것은 단발의 문제가 아니었다. 그는 매사에 오로지 나 자신의 의에 의해서 판단하고 실천한다는 것이 중요하지 어떤 실천 결과를 중심에 놓고 그렇게 하는 것이 옳은가 그른가를 따지는 것은 중요하지 않다고 보았다. 중요한 것은 내가 주장하는 의리가 매 마음 속 천리天理·민이民彝가 그렇게 하지 않을 수 없는 데 있는가에 달려있는 것이지 단발하고 안하고에 달려있는 것이 아니다.[98] 이는 당시 다수의 성리학자들이 오로지 단발을 거부하고 저항하는 것이 의리라고 여긴 것과는 다르다. 이에 대해서는 3장에서 더 자세히 다룰 것이다.

하곡학파의 실심실학과 주자학적 실심실학의 주요한 차이는 실심의 역할에 있다고 할 수 있다. 양자 모두 근대전환기의 구세방안으로서 '실심실학'을 재강조한 것이지만, 그 철학적 맥락과 함의는 서로 다르다. 양명학을 수용한 하곡학파의 실심실학은 실심이 곧 실리며 이를 실행하는 것이 곧 실학이 된다. 이때 실학은 천부적인 실심을 속임 없이 실행하는 학문이라는 의미가 있다. 그러나 주자학에 기반한 실심실학은 '실리'혹은 '리체'의 체득이라는 '보편'을 확립하는 것을 의미한다. 주자학적 실심실학은 보편의 학으로서 성학을 의미하며 실심의 역할은 성현이 보여준 보편적 진리를 확립하기 위한 자세, 혹은 방법이 되는 것이다. 이들 사유의 근원적인 차이는 심과 리, 혹은 양자의 관계에 대한 본질적인 규정차이로 거슬러 올라간다. 주지하다시피 하곡학파는 양명학의 '심즉리'설을 실심의 대전제로 삼는다. 이

---

98) 『蘭谷存稿』卷6, 「文錄 / 論」〈原論〉(中), 367쪽. 吾之義在於天理民彝之不得不然, 而不在於剃不剃也.

때 '심즉리心卽理'는 본심이 곧 천리라는 대원칙뿐만 아니라 현실상의 심이 곧 실천조리를 창출한다는 이중적인 의미를 지닌다. 도덕법칙과 실천조리를 창출하는 주체는 생동하는 실심이기 때문에 공부의 관건은 심에 달려있고 사물의 원리를 궁구하는 것은 이에 종속된다. 반면 주자학에서는 리는 형이상학적 원리로 통일되므로 그것이 심에서 곧바로 창출된다는 것은 불가능하다. 공부상에서는 심의 본원함양과 궁리가 대등하며 병진되어야 한다. 이러한 차이가 '실심실학'의 다른 함의와 직결되는 것이다. 결론적으로 말해 하곡학파의 실심실학이 '주체'의 확립을 지향한다면 정주학적 실심실학은 '보편'의 확립을 지향한다. 또 하곡학파의 보편은 시대상황에 따라 실심의 주체적 선택으로 만들어진다고 할 수 있지만 주자학적 실심실학은 시대를 초월하여 절대적인 보편을 지향한다. 무엇이 당대의 보편인가를 물을 때, 전자는 시대적 변화에 부딪치며 살아가는 실심의 주체적 판단에 의존하는 것이고 후자는 시대를 관통하는 전통적 진리에 의존하는 것이다. 하곡학파의 실심은 보편을 결정하는 주체이지만, 정주학을 고수한 성리학파의 실심은 이미 정해진 절대적 보편의 수호자에 해당할 뿐 결정의 주체는 되지 못한다.

3) 비판과 선양의 공존[99]

1566년 이황의 「전습록논변傳習錄論辯」 발표 이후 조선 성리학계에

---

99) 이 글에서 양명학 비판 부분은 『동양철학연구』 제92호, 2017.11, 71~103쪽에 게재된 「19세기 조선 성리학계의 양명학 비판양상-李震相과 田愚의 陽明學 비판 비교를 중심으로-」의 일부를 수정·보완한 것이다.

서는 양명학이 줄곧 이단으로 배척당했다는 것은 주지의 사실이다. 잘못된 학문이라면 논외로 둘 수도 있을 법하지만, 양명학은 오히려 유학 안의 이단이라는 것 때문에 경계의 대상으로서 늘 인구에 회자되었다. 특히 근대 전환기에는 유교 내부에서 인간의 욕망을 긍정하고 소비를 조장하는 것으로 규정된 서구문물 대한 경계심이 고조되면서 양명학에 대한 비난도 한층 강화되었다. 당시 조선 유학에서는 심의 주재문제를 놓고 다양한 학문 분파가 형성되었는데, 상호비판의 논리로 등장하는 것이 '육왕학'이었다. 그러나 다른 한편으로는 일본 메이지유신의 성공을 둘러싸고 양명학의 효용에 대한 관심과 논의도 함께 일어났다. 양명학을 기준으로 근대전환기를 바라본다면, 하곡학파와 같이 일찍부터 양명학을 수용하고 독창적으로 발전시킨 가학을 계승한 지식인군이 있었던가 하면, 전통성리학을 수호하기 위해 이단 배척을 강화하려는 지식인군이 있었고, 일본의 개혁 성공에 기여한 양명학에 주목하고 선양하려했던 지식인이 있었다. 근대 전환기 하곡학파의 실심실학은 이러한 비판과 선양의 공존상황에서 성장했다. 과거 비판과 배척일변도 보다는 일정한 호응층이 생겨 사상전개의 형편이 좀 더 나아졌다고 할 수 있을 것이다. 본장에서는 근대전환기의 양명학 비판양상과 함께 새롭게 주목되는 양명학에 대한 시선을 살펴보고자 한다.

근대 전환기 유교담론에서 양명학이 비판의 대상으로 재차 부각된 것은 1870년대 한주학파의 형성에서 비롯되었다. 한주학파는 한주寒洲 이진상李震相(1818~1886)의 심주리론心主理論을 계승한 한계韓溪 이승희李承熙(1847~1916), 후산后山 허유許愈(1833~1904), 면우 곽종석 등이 중심이 되었다. 이들의 심주리론은 '심즉리'라는 명제로 집약되는데,

문제는 심즉리가 곧 양명학이 주장하는 심즉리와 동일한 표현이라는 점이었다. 물론 이진상을 비롯한 한주학파에서 말하는 심즉리는 양명학의 심즉리와 다른 내용이며, 이를 의식하여 자체적으로도 자신들의 학설이 양명학과 다르다는 사실을 공표하였다. 그럼에도 불구하고 퇴계학파 내에서 조차 혹독한 비판을 면할 수 없었고 율곡학파인 간재 전우와 그 후학들에게 지속적인 비판을 받았다. 전우는 이진상의 사상이 양명학이라고 비판했고 이진상도 양명학을 비판했다. 그러나 이들의 양명학 비판에는 공통점과 차이점이 존재한다. 이들의 비판은 주자의 도덕 원리에 입각한 비판이라는 점에서 공통점을 지니며, 그 안에서 심의 주재성主宰性을 어떻게 이해하느냐에 따라 차이점을 지닌다. 본 절에서는 근대전환기 양명학 비판의 두 맥락을 대표하는 전우와 이진상의 견해를 살펴보고자 한다.

양명학에서는 궁리를 통한 지식의 확장이 곧바로 진정한 도덕의식(양지)의 성숙을 불러오지 않으며, 애초에 도덕의식 자체를 온전하고 민감하게 할 수 있는 인식과 공부가 필요하다고 주장하였다. 전우는 주희의 논리로만 양명학을 바라봤기 때문에 이런 문제에 주목하지 않고 주자의 논리에 근거해서 양명학을 비판했다. 전우는 리가 심을 벗어나지 않는다는 주장에 대해 리란 이미 정해져있는 실체인데, 이보다 심이 먼저라는 것은 인정할 수 없었다. 리는 원리적으로 모든 존재에 선재하는 것이고 심의 존재여부에 구애되지 않는 완전자이기 때문에 심도 리에 앞서지 못한다고 본 것이다. 이런 관점에서는 양명학설이 전도되었다고 볼 수밖에 없다. 또 전우에 의하면 양명학은 모든 리가 하나로 통하는 것을 모르기 때문에 궁리窮理를 부정하고, 마치 심의 리와 물의 리를 별개의 것처럼 설명하여 내외의 이치를 나누어 놓은 것이다.[100] 그래서 양명의 논리대로라면 난신적자에게는 충효심이 없어서 충효의 리도 없는 것이기 때문에, 난신적자를 벌할 근거가 없게 된다. 심과 물의 리를 둘로 나누고 물의 리와 궁리공부를 도외시했다는 비판은 심즉리를 주장하는 이진상도 공유하는 지점이었다. 그는 이황이 "양명은 민이물칙의 참되고 지극한 리가 곧 내가 본래 갖추고 있는 리임을 알지 못하고 도리어 사사물물을 모두 본심에 끌어들여 모두 뒤섞어 말하려 하였다."[101]고 말한 부분을 인용하면서 양명이 민이물칙民彝物則의 참되고 지극한 리를 알지 못하고 음양정기陰陽精氣가 유행응취流行凝聚하는 기만을 보았다고 비판하였다. 즉 양명학의 심즉리는 사실상 심즉기라는 것이다.[102] 이진상은 심즉리론이 양명학을 이단으로 비판받게 하는 핵심논리라는 것을 충분히 알고 있었음에도 불구하고 심을 설명하는 데 심즉리보다 더 좋은 것은 없다고 하였다.[103] 그는 심의 본질은 주재성인데, "발휘운용發揮

---

100) 『艮齋集』(前編)卷13,「雜著」〈陽明心理說辨〉朱子固亦曰, 方寸之間, 萬理粲然, 又曰, 通同只是一箇道理, 而至於格物工夫, 何可掉了所接之物, 不窮其理, 而惟務反觀內察, 以求是物之理於吾心之中乎, 或問此段, 所以分心與物言之, 而理則無二, 故下句卽言, 初不可以內外論也,

101) 『退溪集』卷41,「雜著」〈傳習錄論辯〉陽明徒患外物之爲心累, 不知民彝物則眞至之理, 卽吾心本具之理, 講學窮理, 正所以明本心之體, 達本心之用, 顧乃欲事事物物一切掃除, 皆攬入本心衮說了.

102) 『寒洲集』卷32,「雜著」〈心卽理說〉故李先生辨之曰陽明不知民彝物則眞至之理, 卽吾心本具之理, 顧乃欲事事物物攬入本心衮說. 旣不知民彝物則眞至之理, 是不以四德五常之理謂之心也, 所謂理者果何理也. 卽向所謂陰陽精氣流行凝聚之物而已, 此豈非心卽氣之謂乎.然則其不以陰陽精氣流行凝聚之物, 謂之心謂之理, 而眞能以仁義禮智忠孝敬慈之實, 謂之心謂之理, 則退陶亦當首肯之矣, 是以傳習錄止善條忠孝之理, 只在此心.

103) 『寒洲集』卷32,「雜著」〈心卽理說〉論心莫善於心卽理, 莫不善於心卽氣.

運用의 권한은 항상 기에서만 다 나온다"104)고 생각하는 심즉기설로 는 심의 주재성을 설명할 수 없다고 보고 심즉리를 주장한 것이다.

> 심은 한 몸의 주재가 되는데, 주재가 기에 속한다면 천리가 형기 形氣에서 명을 듣게 되고 허다한 추악함도 영대靈臺에 근거를 두게 된다. … 심은 성정性情의 통명統名이니 심을 기로 삼으면 대본달도 가 모두 기로 돌아가고 리는 사물이 되어 공적에 빠지게 된다. 옛 성현은 의리를 주로해서 말하지 않은 적이 없는데 심이 기가 된다 는 설이 행해지면 성현의 심법은 하나하나 공空으로 떨어지고 배움 에 두뇌가 없어져서 세교가 날로 혼란에 빠질 것이다. 근세에 『서 경』의 16자 지결로 심법을 전한 것이 매색梅賾의 위작이라고 하는 것이 그러한 조짐이다.105)

이진상은 도덕실천의 관건이 되는 '주재'의 근거를 악의 가능성을 내포하는 불완전한 기에 두게 되면, 주재에서 불선을 제외시킬 근거 가 없어져 온갖 추악한 것도 심의 본원에서 나온다고 할 것이고, 리는 사물화 되어 실제 역할이 없는 공허한 것 될 것이라고 보았다.106) 그

----

104) 『寒洲集』卷29, 「序」〈理學綜要序〉 發揮運用之權, 疑若盡出於氣, 故三代以 後世有主氣之學.

105) 『寒洲集』卷32, 「雜著」〈心卽理說〉 心爲一身之主宰, 而以主宰屬之氣, 則天 理聽命於形氣, 而許多麤惡, 盤據於靈臺矣. … 心是性情之統名, 而以心爲 氣則大本達道, 皆歸於氣, 而理爲死物, 淪於空寂矣. 從古聖賢, 莫不主義理 以言心, 而以心爲氣之說行則聖賢心法, 一一落空, 學無頭腦, 世敎日就於昏 亂矣, 近世之以十六言傳心, 爲梅賾僞撰者, 此其兆也.

106) 『寒洲集』卷32, 「雜著」〈心卽理說〉 心爲一身之主宰, 而以主宰屬之氣, 則天 理聽命於形氣, 而許多麤惡, 盤據於靈臺矣. … 心是性情之統名, 而以心爲 氣則大本達道, 皆歸於氣, 而理爲死物, 淪於空寂矣. 從古聖賢, 莫不主義理 以言心, 而以心爲氣之說行則聖賢心法, 一一落空, 學無頭腦, 世敎日就於昏

러나 심즉기를 주장하는 전우는 이를 오히려 반대로 생각했다. 전우가 심을 본위로 하는 이론에서 가장 경계하는 것은 심을 리의 영역에 두고 제멋대로 하는 것을 모두 리라고 칭하는 것이다. 전우는 다음과 같이 말했다.

> 심이 한 몸의 주재가 된다는 것은 모름지기 정밀하게 생각해야 한다. 이른바 심이라는 것이 비록 한 때라도 성을 배반하여 멋대로 작용하게 하면 사지백체가 장차 떼지어 일어나 자웅을 다툴 것이니, 어떻게 주재할 수 있겠는가? 반드시 경敬을 쓰고 성을 높여야 한 몸을 관섭할 수 있다.107)

전우는 심이 성에 근거하지 않고 배반하는 경우가 없을 수 없는데, 어떻게 '심즉리'라는 보편 원칙을 세울 수 있는지 반문한다. 그에 의하면 심이 형기의 욕구를 따르는 경우도 배제할 수 없고, 이런 경우는 한 몸을 제대로 주재한다고 할 수 없다. 그는 "성이 비록 리라고 하나 결국 무각무위無覺無爲인데, 무각무위한 존재가 어떻게 유각유위有覺有爲한 심을 주재할 수 있는가?"108)와 같은 심학자들의 질문에, 성은 "무위無爲이면서 유위有爲의 주재가 되는 것이다."109)로 답했다. 전

亂矣, 近世之以十六言傳心, 爲梅賾僞撰者, 此其兆也.

107) 『艮齋集』(前編)卷13,「雜著」〈李氏心卽理說條辨 辛亥〉心爲一身之主宰, 須要細勘, 使所謂心者, 雖一霎時叛性而自用, 則四肢百體, 將羣起而爭雄矣, 如何做得主, 必也用敬尊性, 乃可以管攝一身矣. 雖後聖復起, 應賜印可矣. 如以主宰之名, 卽指心爲理, 則鬼神浩氣, 朱子嘗以主宰言, 見語類鬼神門揚錄, 孟子門夔孫錄. 是亦一切喚做理歟?

108) 『艮齋集』(後編)卷17,「雜著」〈華島漫錄〉性爲心宰 性雖曰理而畢竟無覺無爲, 夫無覺無爲者, 如何得爲有覺有爲者之主乎?

우는 성이 무위로서 심의 주재가 되며 심은 본질적으로 성을 사師로서 삼는다고 주장했다. 그리고 이진상처럼 성인의 경계에서나 가능한 심즉리를 논한다면 이는 만인이 따를 수 있는 보편 원칙이 될 수 없다고 보았다. 이진상도 물론 심즉리가 본원 상의 논의임을 인정했다. 그러나 그는 누구나 지닌 심의 본원과 본체를 한층 더 강조하였고, 성현이 심을 곧 성이라고 한 것도 심의 기적 요소를 모르고 한 말이 아니라 본체 상에서 말하려는 특별한 의도가 있는 것이라고 하였다.[110] 그러나 전우는 이런 점이 오히려 이진상의 심즉리가 보편원리로서 합당하지 않은 것을 입증한다고 비판하였다.[111] 그에 의하면 "심은 능히 낮춤으로서 스스로 인도할 수 있고 경敬으로써 성을 높일 수 있도록"[112] 구조화되어 있어서 일신을 주재할 수 있고 경으로 심

---

109) 『艮齋集』(後編)卷17,「雜著」〈華島漫錄〉性爲心宰, 栗尤亦曾有理有爲之敎乎? 無爲而爲, 有爲之主, 栗尤之說, 皆如此.

110) 『寒洲集』卷32,「雜著」〈心卽理說〉孔子之從心所欲不踰矩, 心卽理也. 體卽道用卽義 苟其心也, 安能從之而不踰矩乎. 孟子七篇許多心字, 並未有一言指作氣, 而憂氣之不能存心, 患氣之反動其心. 程叔子以心性同一理釋之, 而又曰心則性也, 性則理也. 是聖賢者, 非不知心之不離於氣, 性之微別於心, 而猶且云然, 蓋亦主心體而爲言耳. 夫心者性情之總名, 其體則性, 性外無心, 心外無性.

111) 『艮齋集』(前編)卷13,「雜著」〈李氏心卽理說條辨 辛亥〉心卽理三字, 未可遽言之, / 李氏集中, 論心卽理者, 無慮累數千言, 豈皆指聖人之心耶, 然則衆人之心, 卻是氣耶, 吾意心果是理也, 衆人亦是此心, 聖人亦是此心, 安有兩樣心, 可以遽言, 未可以遽言之分乎? 若乃性卽理, 固未嘗有到聖人, 未到聖人之異, 又未嘗有可遽言, 未可遽言之分也, 只此亦足以見心卽理三字, 未得爲後聖不易之論也.

112) 『艮齋集』(後編)卷17,「雜著」〈華島漫錄〉心能自卑之效 / 心能卑以自牧, 敬以奉性, 其功至於參贊化育, 奠安邦家矣. 若自聖自尊, 藐視性命, 其禍便能

을 주재할 수 있다.[113] 전우가 심학가를 비판하면서 주장하려고 한 '성사심제'는 보편질서를 위협하고 무절제한 욕망 추구를 불러오는 주관론에 대해 절대적인 리, 강상윤리가 벼리가 되어야 한다는 선언에 해당한다. 전우는 리를 삼강오상이라는 외재적 도덕법칙으로 규정하고 삼강오상三綱五常을 담은 경전을 통해 바른 지식을 축적하고 강상윤리를 표준으로 삼는 것이 성학을 전수하는 것이라고 보았다.[114] 그는 제국주의 침탈의 시기에 세도를 구제하고 유도를 바로 세우는 것을 당면과제로 삼았다. 불교와 선학, 양명학에 대한 비판은 모두 이러한 척사위정斥邪衛正 의 일환이었다. 그는 실제로 언론으로부터 고루한 유학자로 지목되었고[115] 유문경술은 땅에 묻혀 죽어야 한다는 극언을 접하였으며, 성인의 노예가 되지 말라는 양계초를 추종하는 조선유학자들을 보았다.[116] 전우는 이런 논리를 수용하거나 내세

危亡身形, 變亂世界矣. 今祇以此兩端, 自驗於日用云爲之閒, 便可見彼此得失之辨, 而亦不必與之爭鬪也.

113) 『艮齋集』(前編)卷14, 「雜著」〈主宰說〉心之功用, 至於參天地贊化育. 然其所以參贊之理, 則出於性而不出於心. 故曰性爲心之主宰, 此卽所謂性是太極渾然之體也. 至於心之所以爲主宰, 以其能敬也. 不然則戾於性情之德, 而役於形氣之私矣. 故曰敬爲一心之主宰, 此卽所謂敬是此心之自做主宰者也.

114) 『艮齋集』(前編)卷8, 「書」〈答金鎭基 辛亥〉學莫先於窮理, 窮理莫先於讀書, 所謂理, 是三綱五常之道也, 所謂書, 是四子六經之編也, 夫綱常者, 天地之元氣, 無元氣則天下國家墮矣, 經傳者, 綱常之指南, 無指南則門戶蹊逕迷矣. 今學者最要治經傳以開正識, 扶綱常以立大道, 如此, 異端邪說, 可不闢而自除, 先聖的傳, 可不問而自得矣.

115) 김건우, 「한말 유학자의 위기의식과 근대문명 담론 비판」, 『유교사상문화연구』61, 한국유교학회, 2015, 102~103쪽.

116) 같은 논문, 108쪽. 『황성신문』에서는 양계초를 지사로 극찬했으며 최석하, 이기, 장지연과 같은 학자들도 일세의 표준이 될 만한 대유로 평가했다.

우게 되는 이유가 절대 원칙인 리, 성이 아닌 심을 높이는 학문, 즉 육상산에서 비롯된 것이라고 생각했다.[117] 따라서 같은 맥락에서 성 리학파내의 심즉리설을 이단과 유사하다고 경계하고 비판했다.[118]

반면에 이진상은 성, 리의 주재성에 대해서 심본체가 그대로 주재 의 근거가 된다는 심즉리론을 정립하여 도덕적 능동성을 강조했다. 이진상의 심즉리설은 본원 상, 혹은 도덕 수양 경계 상의 심을 말한 것이고, 일종의 도덕적 지향점을 설정한 것이라고 할 수 있다. 이진상 은 음식남녀飮食男女의 욕구를 천정天情으로 여기고, 인의예지의 교학 과 성인을 따르지 않은 양명후학 안산농의 학설이 유행한 뒤로 중국 에 서구 학문이 들어오게 되었다고 보았다. 나라 안에서 이미 기를 쫓는 이론이 성행했기 때문에 재화와 여색을 쫓는 욕구를 자연스러운 것으로 여기고, 리는 못보고 기만 보는 서양의 영혼설과 종교이론을 허용하게 되었다는 것이다.[119] 그의 주리론도 기를 위주로 하는 학문

---

117) 『艮齋集』(前編)卷8,「書」〈答金鎭基【辛亥】〉 陸刪定自恃心理靈明, 謂六經 皆我註脚, 堯舜以前, 何書可讀, 元晦之欛柄, 可爲一噱, 又指援經析理, 爲戕 賊, 爲陷溺, 爲謬妄, 爲欺誑, 爲異端邪說, 甚矣, 其言之憤激也. 近年新聞學 報, 將儒門經術, 剗地埋殺, 其源出於陸氏, 噫, 恃心之禍, 一至於此.

118) 『艮齋集』(前編)卷14,「雜著」〈華西雅言疑義【辛巳】〉 愚按三家之病, 只爲認 心爲極則, 而不復以性爲此心之本, 此其受病之源爾. 其不察氣質, 則特其餘 證也. 彼三家者, 苟以性爲主, 而不敢本於心而止焉爾, 則其於氣質之病, 自 不敢不察也. 今也旣以心爲理, 而其論三家之學, 又徒病其不察氣質之失, 而 不斥其認心爲極之誤, 則恐無以拔本塞源而反之正也.

119) 『寒洲集』卷15,「書」〈答李琢源【根洙】〉 陽明之徒有顏農山者, 演其說曰飮食 男女之欲天也, 仁義禮智之敎聖人也, 吾從天而不從聖人. 其說一熾, 而洋學 始入中國, 其法以通貨色爲天情, 而以父子君臣爲假合. 其所謂肉身靈魂之 說, 蓋亦見氣而不見理者也.

의 위험성에 대한 경고하고 그 폐단을 구제하려는 신념에서 나온 것이다.[120]

이진상이나 전우의 경우는 양명학을 욕망긍정론과 동일시하고 양명학의 유행이 사욕을 긍정하고 소비를 부추기는 서양학문을 허용하게 한 것이라고 진단했다. 특히 전우는 전통유교질서의 중화문명을 절대적 보편으로 여기고 유도의 수호자로 자임하며 양명학과 같은 이단비판을 사명으로 여겼다. 그러나 다른 한편에서는 지행합일과 같은 양명학의 실천론을 시의적절한 이론으로 여기고 이를 통해 유교의 쇄신을 꾀하는 지식인들이 있었다. 양명학이 일본의 근대화에 기여한 바를 토대로 다시 강력한 국가를 구성할 실천적 국민양성의 도구로서 부상하게 된 것이다. 그 중심인물로 최남선과 박은식을 들 수 있다.

> 지금 우리 모든 것의 고동이 소년인 우리의 손에 쥐여있으니 깨침이나 베풂이나 빛냄이나 통철함이나 다 우리하기에 달려있는 것이다, … '사문난적'의 독한 화살이 쏘는 곳과 '척사식정斥邪植正'의 굳은 방패가 번득이는 때에 아아! 누가 능히 고개를 드는 자이던가. 이 '타이랜드'의 손에 우리의 사상계는 보기 좋게 멸망하였도다. … 도는 신발명을 창제하는 기기가 아니니 전매특허가 있을 것이 아니며 도는 벼슬자리가 아니니 임자가 있을 것이 아니다. 하물며 왕양명은 같은 사문의 후맥이요, 우리 도의 직통이니, 그 사상의 근거와 교화의 이상이 조금도 선성문하에 서서 부끄러울 것이 없을 뿐 아니라 과거의 성인과 철인이 감히 하지 못했고 능히 하지 못했으며 미처 겨를이 없어 못했던 것을 발명하여 빠르고 곧은 새 길을 개척한 점에서 과거를 잇고 미래를 연 공이 없어지지 않을 것이 있건마

---

120) 최영성, 「조선 중·후기 四大學派의 철학과 현실인식」, 『한국철학논집』33집, 2012, 82쪽.

는, 우리에게 있어서는 그의 이름을 반듯하게 부르지도 못하게 되고 그의 배움이 모기만한 소리도 내지 못하게 되도록 심히 눌린 것은 어떠한 까닭인가. … 왕자王子의 학學이 과연 그릇된 것일까? 우리 유도를 괴롭히는 가시이며 우리 유문을 좀먹는 도적일까? 아니다, 아니다. 그는 천리의 비기를 영각靈覺하였으며 사설師說의 깊은 뜻을 마음속으로 깨달았으나, 다만 일부 편벽하고 고루한 자의 생각을 만족시킬 만하지 못하고 완고하고 음험한 자의 희망을 저해하기 쉬울 뿐이다. … 왕학 - 더욱 빨리 이 무감각하고 무기력한, 죽음의 구렁에서 꿈꾸는 사람의 마음을 감동시키고 힘을 북돋는 데 현저한 효과와 확실한 효험이 있을, 양지를 이루고 위행僞行을 제거하는 양명자陽明子의 발명에 대해서는 조금도 뜻하는 자가 없는 것 같아서, 남들이 달인 약으로써 거기에 해당하는 병을 고치려할 때에 얼마동안 우리는 이 약을 갈아서 찧고 불에 굽고 쬐어서 여기에 해당하는 곪은 곳을 소생시키고자할 뿐이다. … 거짓(허위虛僞, 간사奸詐, 음흉陰譎)의 날개가 온 사회를 덮었고 넘어뜨리는(제함擠陷, 모해謀害, 살육殺戮) 화살이 빗발 같이 다니는구나. … 이 거짓을 깨쳐주는 자는 그의 부활의 구주요, 이 가림을 벗겨주는 자는 그의 재조再造의 은인이다. 우리는 믿노라, 왕자의 학은 이에 대하여 다시없는 좋은 도끼요, 침인줄. 성誠은 우주의 생명이 박힌 곳이요, 힘은 우주의 동작이 나오는 곳이니 이 둘이 없으면 무엇이든지 생기지 못하며, 없어지면 무엇이든지 죽게 되니, 이것이 없는 상태에서 무엇을 건설하는 것은 물 위에 칼금을 내는 셈이다. 우리는 믿노라, 왕자의 학이 … 누구에게든 지극한 정성과 굳센 세력을 주는 데 과연 탁월한 무엇이 있다는 것을. 우리는 종교의 신도처럼 따로 한 기치를 세우고 아무쪼록 내게로 사람을 끌고자하는 것이 아니요, 신봉의 조항처럼 꼭 이 교훈만을 받아 다른 것은 다 용납하지 말라는 것도 아니니, 다만 사람 사람으로 하여금, 더욱 이 사회의 중심줄을 붙잡은 소년학생들로 하여금 이 의리를 심뇌에 부어 적셔서 건실한 유가(사업가事業家, 활동가活動家의 뜻으로)가 되도록 도의와 용기, 지략을 주고자 할 뿐이니 만일 착실하게 이 문에 들어와 그의 훈도와 계발을 받는다면 어디를 가면 맞지 아니하며 무엇을 하면 옳지 아니하리오.… 무엇을 하든지 무엇이 되든지 성誠한 사람이 되고 힘 있는 사람이 되는데 큰 공효가 있으면 되는 것이로다. 우리는 이렇게 왕학을 생각하노라. 이러해서 왕학王學을 제창提唱하노라. 이렇게 왕학을 선명宣明하고자 하노라. … 소년들아. 우리와 함께 왕학의 세례받기를 주저하지 말라.[121]

---

121) 최남선, 「王學 提唱에 對하여」, 『少年』23호, 1911, 1~10쪽. 지금에 우리 모든 것의 고동이 少年인 우리의 손에 쥐여잇스니 깨침이나 베플미나 빗냄이나 뚱칠함이나 다 우리하기에 잇난것이라, … 「斯文亂賊」의 毒한 화살이 쏘난곳과 「斥邪植正」의 굿은 方牌가 번득이난때에 아아 누가 能히 고개를 드난 자이던가. 이 「타이랜드」의 손에 우리의 思想界는 보기좃케 滅亡하얏도다. … 도는 新發明 創製造하난 機器가 아니니 專賣特許가 잇슬것이아니며 道는 官人의 자리가 아니니 임자 잇슬것이 아니라. 하물며 王陽明은 갓흔 斯文의 後脈이오 吾道의 直統이니 그 思想의 근거와 敎化의 이상이 조곰도 先聖門下에 서서 붓그러울것이 업슬뿐 아니라 往聖先哲의 所未敢 所未能 所未遑을 發明하야 빠르고 곳은 새길을 開拓한 點에서 繼往開來의 공이 朽滅치아니할것이 잇건마는, 우리게 잇서서는 그의 일홈이 번듯하게 불으지도 못하게 되고 그의 배홈이 모긔만한 소리도 내지못하게 되도록 甚히 눌님은 웃지한까닭인가. … 王子의 學이 果然 非한가, 斯道의 荊棘이며 師門의 蠹賊일까, 아니라 아니라 그는 天理의 祕機를 靈覺하얏스며 師說의 深意를 心受한터로대 다만 一部 偏僻固陋한 者의 생각을 滿足케할만하지 못하고 頑冥陰險한 者의 希望을 沮害하기 쉬울뿐이니라. … 王學 – 더욱 빨니 이 無感覺 無氣力한, 죽음의 굴헝에서 꿈꾸난 사람의 마음을 感動하고 힘을 鼓發하난데 顯效確驗이 잇슬, 良知를 致하고 僞行을 去하난 陽明子의 發明에 對하얀 조곰도 뜻하난者가 업난듯하기로, 남들이 달은 藥으로써 거긔 當한 病을 고치랴할때에 얼마ㅅ동안 우리는 이 藥을 硏之搗之하고 炙之炮之하야 여긔 당한 瘇處를 蘇完하자뿐이라 …거짓(虛僞, 奸詐, 陰譎)의 날개가 왼 사회를 덥헛고 넘어침(擠陷, 謀害, 殺戮)의 화살이 빗발갓히 다니난고나. … 이 거짓을 깨쳐주난 者는 그의 復活의 救主오 이 가림을 벗겨주난 者는 그의 再造의 恩人이라. 우리는 밋노라, 王子의 學은 이에 對하야 다시 업난 조흔 독긔오, 鍼인줄. 誠은 宇宙의 生命이 박힌곳이오 力은 宇宙의 動作이 나오난

위 인용문은 최남선이 발간한 『소년』지 폐간호에 실린 〈왕학 제창에 대하여〉의 일부이다. 『소년』지는 1908년 11월 1일자 창간호부터 1911년 5월 15일자 폐간호(통권23호)에 이르기까지 왕양명의 문장과 초상을 포함하여 근대일본양명학 관련 자료를 다수 소개하였다. 특히 폐간호는 양명 초상과 함께 박은식의 『왕양명선생실기王陽明先生實記』를 싣고 왕학 제창을 권하는 논설을 싣는 등 양명학 위주로 구성되었다.[122] 최남선은 주자학 일존주의에서 비롯된 사문난적의 공격, 척사위정파의 폐쇄적 사유 때문에 조선 사상계가 멸망했다고 진단하고 양명학이 거짓과 위선이 횡행하는 세상의 치료약이 될 것이라고[123]

곳이니 이둘이 업스면 무엇이던지 생기지못하며, 업서지면 무엇이던지죽어지나니, 이것업난위에 무엇건설하난 것은 물위에 칼스금내난 세음이니라. 우리는 밋노라, 王子의 學이 … 아모에게던지 지극한 精誠과 굿센 勢力을 줌에는 果然 卓越한 무엇이잇슴을. 우리는 宗敎의 信徒모양으로 따로 한 旗幟를 세우고 아못조록 내게로 사람을 끌고자함도 아니오 信奉의 箇條모양으로 꼭이 敎訓만을 밧아 다른 것은 다 容納하지말라함도 아니니, 다만 사람사람으로 하야곰 더욱 이 社會의 樞紐를 붓잡은 少年學生들노 하야곰 이 義理를 장 心腦에 浸灌하야 健實한 儒家(事業家, 活動家의 뜻으로)가 되도록 道義와 勇略을 주고자할뿐이니 만일 着實하게 이 門에 들어와 그의 薰陶와 啓發을 밧을진댄 어듸를 가면 맛지아니하며 무엇을 하면 올치아니하리오… 무엇을 하던지 무엇이되던지 誠의 人이 되고 力의 人됨에 큰 功效가 잇으면 可한 것이로다. 우리는 이러케 王學을 생각하노라. 이러하야 王學을 提唱하노라. 이러하게 王學을 宣明코자하노라. … 소년들아. 우리와 함께 王學의 洗禮받기를 주저하지 말라.

122) 최재목, 「崔南善 『少年』誌에 나타난 陽明學 및 近代日本陽明學」, 『日本語文學』 제33집, 일본어문학회, 2006, 531~532쪽 참조.

123) 이건방 또한 시대와 학계를 구할 치료약으로 보았다.(「朝鮮儒學과 陽明學」 (8), 《동아일보》, 1933.6.12. 況當積久習染 膏肓沈沒之後하야는 起其死回生之功이 非此면 不可라 吾故曰陽明先生學說이 固是聖門嫡傳이오 而尤爲吾

보았다. 그에 의하면 양명학은 성현과 선철의 정수를 계승하였고 이 세상에 없어서는 안 될 진실성과 힘이라는 두 요소를 계발시켜 사업가와 활동가를 양산할 수 있는 학문이다. 진실성과 힘은 각각 양지를 이루는 것과 지행합일의 실천력에 대비되고 이를 갖춘 것은 사업가, 활동가로 발현되며, 무기력하고 무감각한 유자가 아니라 활동가만이 고루한 세상을 바꿀 수 있다. 따라서 모든 일의 관건을 쥐고 있는 새로운 세대, 소년이 양명학의 훈도를 받아야 한다. 최남선의 위 글에서 직접적으로 드러내지는 않았지만, 당대 양명학은 메이지유신을 통해 일본의 부강을 이끌어낸 양명학자들의 영향으로 실천적인 면모가 더욱 강조되었다. 왕수인을 서적이나 강단 상의 학자가 아니라 정치의 장에서 활동한 윤리적 실천자였다고 보는 것이다.[124] 주자학을 공부했다가 양명학을 유교구신의 방향으로 설정한 박은식의 경우도 마찬가지였다.

> 양명은 도학가요, 군사전략가요, 정치가요, 절의가요, 문장가이다. 오늘날에 이르러서는 이 학문이 세상에 크게 창성하였으니, 일본유신의 호걸은 대부분 왕학파이며, 지나 학자들 또한 대부분 왕학을 종주로 삼고 그의 지행합일론知行合一論이 시의적절하다고 여긴다. 서양철학가에 이르러서도 소크라테스, 칸트, 버클리의 학설이 모두 지행합일의 취지와 암암리에 부합하니, 왕학에 더 무슨 의혹이 있겠는가? … 왕학은 활학活學이며, 사업가이다. 학문이 제대로 밝혀지지 않으면 사기士氣가 활발하지 못하니, 청년의 사업심 또한 말미암아 진흥하는 것이 없게 된다.[125]

近日儒學界之對投神劑也라하노라.

124) 같은 논문, 528쪽.

위 글은 박은식이 1910년 위암韋庵 장지연張志淵(1864~1921)에게 보낸 편지의 일부이다. 그는 일본 유신을 이끈 호걸이 대부분 양명학파이고 중국학자들도 왕수인의 지행합일론이 시의적절한 학문이라고 판단하고 종주로 삼는다고 보았으며, 서양의 철학에서 큰 비중을 차지하는 철학가들의 학설 또한 지행합일론에 부합한다고 하였다. 여기서 왕수인의 지행합일론이 시대와 국가를 초월한 보편철학이 될 수 있고 양명학 수용이 대세라고 여기는 그의 인식을 엿볼 수 있다. 박은식은 『왕양명실기』를 저술할 때 왕양명의 『연보』, 『전습록』, 『명유학안』 그리고 다카세 타케지로(高瀨武次郞)가 쓴 『왕양명상전王陽明詳傳』을 참고하였다. 그는 "그들의 유신 이전에 공인된 당시 세력이 호걸들은 예를 들면 나카에 토쥬(中江藤樹), 구마자와 반잔(熊澤蕃山), 요시다 소인(吉田松陰), 사이고 호슈(西鄕甫洲) 같은 사람들은 모두가 왕학식 후배로서 지금 저 군인사회에서는 왕학을 일종의 신앙으로 여기니, 무릇 일본 군인의 가치는 이미 세계에 의해서 모두가 인정하는 것이나, 한 점의 정신교육조차도 사실 우리 스승인 왕자께서 주었다는 것을 라는 것을 어찌 알겠는가? 우리들이 오늘날 정신교육을 구하면서 이것을 버리고 더 이상 무엇이 있겠는가?"라고 하였다.[126] 박은식은

---

125) 『白巖朴殷植全集』卷5, 「與韋庵書」, 126쪽. 陽明是道學家也, 軍略家也, 政治家也, 氣節家也, 文章家也. 至于今日 此學大昌于世 日本維新豪傑多是王學派. 支那學家, 亦多宗王學, 以其知行合一論, 爲適於時宜也. 至於西洋哲學家梭格抵底、康德、比圭梨之學說, 亦與知行合一之旨暗相符合, 則更何疑於王學乎? … 且王學活學也, 事業家也. 學不明, 則士氣不活. 靑年之事業心, 亦無由以振興也.

126) 『白巖朴殷植全集』卷3, 「王陽明實記」, 615~616쪽. 其維新以前에 所公認爲造時勢之豪傑은若中江藤樹、若熊澤蕃山、若吉田松陰、若西鄕甫洲ㅣ皆以

실천으로 무장한 정신교육이 일본에서 성공한 사례를 바탕으로 양명학을 선양했고, 중국학자 양계초의 「덕육감德育鑑」에서 신도덕의 수립이라는 관점에서 양명학을 인격수양의 보감으로 받들었던 맥락을 그대로 수용하였다.[127) 양명학이 '활학活學'이라 청년의 사업심을 진흥시킨다는 생각은 최남선이 양명학을 통해 사업가, 활동가가 되어야 한다고 생각한 것과 일치하고, 양명학이 시대의 약이라는 표현 또한 『왕양명실기』에서 확인할 수 있다.[128) 이들은 모두 양명학의 여러 내용 가운데 실천주의에 중점을 두었고, 이러한 공통된 사유 안에서 양명학선양을 기획한 것이다. 대한 제국기 박은식의 양명학 선양 노력은 여기에 그치지 않았다. 그는 일본 양명학회 발간 학보의 주간인 히가시 케이지(東敬治)에게 두 편의 편지를 보낸 바 있다. 이에 의하면 그는 일본 양명학회로부터 학보를 받아보기도 하고[129), 조광조, 이황, 이이의 학설을 바탕으로 국조학안을 만들어 보내겠다고[130) 하는 등

王學式後輩ᄒ고 至今彼軍人社會中에 猶以王學爲一種之信仰ᄒ니 夫日本
軍人之價値ㅣ已爲世界所共推矣나 而豈知一點之精神敎育이 實我子王子
ㅣ賜之也리오.

127) 노관범, 「대한제국기 박은식 유교개혁론의 새로운 이해」, 『한국사상사학』제
63집, 한국사상사학회, 2019, 157쪽. 노관범은 박은식이. 1909년 「유교구신론」
발표 이전 1908년 11월부터 《황성신문》의 논설을 통해 양명학을 통한 구학개
량과 사회개량을 논했고, 이는 양계초의 『덕육감』으로부터 계발 받은바 크다
고 보았다.

128) 『白巖朴殷植全集』卷3, 「王陽明實記」, 615쪽.

129) 『白巖朴殷植全集』卷5, 「日本陽明學會主幹에게」, 1909.12.2, 124쪽. 貴學報
第十三號三復以還, 便覺一條光線燁然, 燁然如連城之璧照車前後十二乘
者. 自此弊邦山川草木, 亦將被王學之芬芳, 貴會收賜, 曷可量乎?

130) 『白巖朴殷植全集』卷5, 「再與日本陽明學會主幹東敬治書」, 123쪽. 弊邦儒
家曾無講明王學者, 故未能仰副殊用欤, 而弊邦先正以趙靜庵李退溪李栗谷

적극적인 교류를 시도했던 것을 알 수 있다.

　지금 세계의 진화는 날로 새로워 그치지 않고 인사의 번잡함은
날로 심해지며 학술의 복잡함은 더욱 많아지고 있지만, 우리의 지력
은 유한하고 백년의 세월도 끝이 있습니다. 이런 시대에 철학에 종
사하여 인도의 근본을 세우고자하는 자는 간이직절簡易直截한 법문
을 지녀야 하니, 실제로 치력할 겨를이 없는 것이 첫 번째 이유입니
다. 우리나라의 각종 학술은 퇴보한지 이미 오래되어서 … 점차 사
기士氣가 창발하지 않고 인문이 진작되지 않음을 보이니, 이것을 점
차 바꿔 새롭게 하지 않으면 안 된다는 것이 두 번째 이유입니다.
… 다만 왕학을 창도하여 교육계에 붉은 기치를 세우면, 광명하며
크고 활달한 정신이 나약함에 빠진 인심을 거의 구할 수 있다는 것
이 세 번째 이유입니다. … 이런 시대에 그 도덕을 밝히고 인극을
유지하여 생민에게 행복을 끼치고자 한다면, 양지학이 또한 어두운
거리의 등불이겠지요, 그러니 이를 다만 드러내서 창명하지 않을 수
없다는 것이 네 번째 이유입니다. 그러나 이런 지극히 중대한 일은
결코 한 개인이 해낼 수 있는 일이 아니니, 큰 나무를 드는 것을 어
찌 한 사람의 힘으로 할 수 있겠습니까? 그래서 구구히 귀 학회에
바라는 것이 실로 절실하니, 혜량하시고 또 가르쳐주시길 바랍니
다.131)

<hr>

　三賢,爲最故本人欲輯三賢著述合爲一部, 以存國朝學案, 方在謄寫待其役
畢, 當以一件送呈矣, 俯諒爲盼.

131) 『白巖朴殷植全集』卷5,「日本陽明學會主幹에게(公函흔全文)」, 1909.12.28, 125
쪽. 今世界之進化日新不已, 人事之繁劇日甚, 學術之複雜愈多, 而吾人智力
有限, 百年之光陰有涯. 當此時代欲從事於哲學, 樹人道之根本者, 有簡易直
截之法門, 則實無暇致力焉者, 一也. 弊邦各種學術退步已久… 漸見士氣不
昌, 人文不振, 是不可不稍變而新之者, 二也. … 特倡王學立一赤幟於敎育
界, 則光明磊落之精神, 庶可以救陷溺之人心者, 三也. … 此之時, 欲明其道
德, 維持人極, 以貽生民之幸福, 則良知之學, 亦昏衢之燭耶, 是不可不特爲

박은식은 양명학의 실천성 뿐만 아니라, 간이직절한 점을 강조하면서, 한국에서 양명학을 선양하는 일에 일본 양명학회의 협조를 구했다. 그 방법은 대개 학술지 교환을 통한 지식과 정보의 교류에 해당했다.[132) 박은식은 이런 과정을 통해 일본 양명학에 대한 식견을 넓히고 일정한 영향을 받게 된다. 여기서 주목할 점은 그가 양명학을 해야 하는 이유를, 급속도로 진행되는 사회진화, 갈수록 번잡해지는 인사, 다양한 학술의 변화 등 복잡한 현실에서 어려운 철학은 실효가 없을 뿐만 아니라 이에 힘쓰는 일 자체가 불가능하기 때문에, 간결하면서도 즉각적으로 판단하고 실천할 수 있는 철학이 필요하다는 데 있다고 본 것이다. 박은식의 이러한 인식은 양명학의 간결성과 실천을 강조하는 당대 일본양명학과 중국양명학의 영향이었다고 볼 수 있다.

揭出而昌明之者, 四也. 然此事極其重大, 決非個人所能辦, 得大木之擧, 豈一人之力也哉? 所以區區之有望於貴會者, 實爲深切, 幸有以諒且敎焉.

132) 東敬治와 교류하는 과정에서 먼저 일본 양명학회 학보 제13권을 받고, 뒤에 1권부터 12권을 다 받게 된 것으로 보인다. 貴報自第一號第十二號, 竝行送示至, 仰仍敬頌.(같은 책.)

제**2**장
실심실학의 지표와 확장

1 실심실학의 지표, 진과 가[1]

1) 진眞, 가假의 의미

정제두의 직전제자인 항재恒齋 이광신李匡臣(1700~1744)에 의하면 정제두는 왕수인의 철학에서 크게 깨달은 바가 있지만 이것이 주희의 철학과 달라지기 위한 의도적인 것은 아니었으며, 제자들에게도 원하는 바를 가르쳐주었다고 하였다. 자신이 깨달은 바가 많다고 해서 일부러 양명학을 공부하도록 유도한 것이 아니고 제자들의 관심사와 노력에 따라 공부시켰다는 것이다.[2] 이광신은 정제두가 양명과 주자

---

1) 이 글과 이하 2), 3)은 『유학연구』제42호, 2018.2, 83~118쪽에 게재된 「후기 하곡학파의 진가론과 실학」의 일부를 수정·보완한 것이다.

2) 『霞谷集』卷11, 「門人語錄」中年得陽明書讀之, 至其致良知知行合一之說, 乃有發周程所未發者,遂乃躍然省悟, 專心致知於此, 非故欲求異於考亭, 只是於根本大體與功夫入門處, 不能無離合繁簡之差而然. 然尊信考亭, 亦未嘗不篤, 其他文義之明當處亦未動一字, 及門者如欲以章句集註學之則亦授之以章句集註, 不必以陽明說引誘, 蓋以其篤實用工則以彼此不害爲同

철학의 회통점을 알았기 때문에 두 가지를 다 할 수 있었으며 어디에
도 얽매임이 없었다고 평했다. 따라서 정제두가 살아있을 때 남계南溪
박세채朴世采(1631~1695), 명재明齋 윤증尹拯(1629~1714), 성재誠齋 민이
승閔以升(1649~1698) 등이 이단의 학문을 하지 말라고 충고한 것이나,
선배들의 의견에 따라 정제두가 이단을 전공했다고 말하거나 양명학
을 공부한 적이 없다고 말하는 후학들의 말들도 모두 그릇된 것이라
고 하였다.3) 이는 정제두 자신이 "주자는 일반인들의 마음을 한가지
로 논할 수 없는 데로부터 길을 잡았으므로 그 설이 먼저 만 가지로
다른 데로부터 들어갔고, 왕수인은 성인의 마음과 한가지로 논할 수
있는 데로부터 길을 잡았으므로 그 학문이 하나의 근원처로 부터 들
어간 것이다. 혹은 말末로부터 본本으로 가고 혹은 본으로부터 말로
간 것이니, 이것이 그들이 서로 갈라지게 된 이유일 뿐이다."4)라고
말한 것과 일치한다. 정제두는 두 학문을 잘 활용하면 완전한 인간이
되려는 궁극적인 목적에 도달하게 할 수 있다고 본 것이다. 따라서

歸一致故也. 然而若有請問陽明說者則亦必隨其所叩, 竭兩端而亹亹, 此先
生爲學之始終主意也.

3) 『霞谷集』卷11,「門人語錄」世之塗聽道說, 不知考亭陽明之爲何道何學, 視
若儒釋氷炭之不同, 斥陽明爲異端, 譏先生爲異學者, 固不可與議. 而先輩長
者如明齋, 南溪, 明谷, 誠齋諸先生蓋嘗憂之, 而亦恐於陽明考之不深, 而其
憂之也過矣. 至於門人後學不免承沿舊見, 未能眞知陽明之不爲異端, 而必
欲綢縫掩護, 或以爲先生何嘗爲陽明學云爾, 則是亦誣也.

4) 『霞谷集』卷1,「書」(二)〈答閔彦暉書〉5 蓋朱子自其衆人之不能一體處爲道,
故其說先從萬殊處入, 陽明自其聖人之本自一體處爲道, 故其學自其一本
處入. 其或自末而之本, 或自本而之末, 此其所由分耳. … 使其不善學之則
斯二者之弊, 正亦俱不能無者, 而如其善用, 二家亦自有可同歸之理, 終無
大相遠者矣.

정제두의 제자들은 월암月巖 이광려李匡呂(1720~1783), 원교圓嶠 이광사 李匡師(1705~1777), 이광신처럼 양명학을 공부한 경우가 있는가 하면 윤 순과 같이 정주학을 공부한 경우가 있다. 양명학을 비판하고 정주학 을 공부했다고 해서 학파 안에서 배척당하는 것은 아니었다. 실제로 백하 윤순은 하곡집 정리에도 참여했고 이건방은 윤순을 기리는 글을 남기기도 하였다. 중요한 것은 이광사의 말처럼 전적으로 자기 자신 을 내적으로 실답게 하는 것이다.5) 실답다는 말에는 주체성과 진실성 이 녹아있다. 뒷장에서 다시 언급하겠지만, 하곡학파에서 양명학은 중요한 위치를 차지하지만, 양명학에도 얽매이지 않으려 했다는 것이 매우 독특한 점이다. 그렇기 때문에 하곡학파 안에서 양명학에 대한 비판적 성찰도 자유로웠다. 이 부분을 양명학을 이단으로 보는 시대 인식을 의식했기 때문이라고 할 수도 있지만 양명학에 대해서도 주체 성과 진실성의 잣대를 대는 것이 하곡학의 중요한 특징이라고 할 수 있다. 이들은 양지, 지행합일, 치양지致良知등 양명학적 용어를 사용하 지 않으면서도 윤증의 무실務實사상 등 선대의 철학을 계승하여 내심 의 주체성과 진실성을 표현하는 용어를 제시한다. 그것이 바로 진가 론眞假論이다. 실심실학에서 실의 의미는 진眞과 통한다. 그런데 여기 에 가假가 개입된다. 가는 진과 상대적인 의미로 실을 추구하기 위해 반드시 알아야 할 것이다. 왜냐하면 현실에서 가를 찾아내어 버리고 이를 다시 진으로 돌리는 것이다. 진가논의는 현실 속에서 실을 더 구체화시킨 논의이다.

진가를 논하려면 먼저 가를 말해야 한다. 가는 '빌리다', '임시', '거

---

5) 『霞谷集』卷11, 「門人語錄」 李匡師曰先生之學, 專於內實於己.

짓' 이라는 세 가지 의미로 쓰이는데, 이 의미들은 상호 연결되어있다. 하곡학에서 사용하는 가假개념은 '빌리다' 와 '거짓' 을 모두 포함하지만 '빌리다'의 의미가 철학적으로 더 중요하다. 왜냐하면 밖에서 빌리는 행위로부터 거짓이 초래되기 때문이다. 가假론은 본래 『맹자』에 근원한다. 맹자는 당시 패권을 다투는 제후국들이 겉으로는 인의를 명분으로 내세우면서 실상 정복 전쟁을 일삼는 것을 가인假仁이라고 비판했다. 6)여기서 맹자의 가는 도덕적 위선을 의미한다. 맹자는 의義란 본래 "밖에서 말미암는 것이 아니고 내가 본래 가지고 있는 것"7)이라고 하여 의를 밖에서 찾으면 안 된다는 것을 강조했다. 왕수인은 이를 계승하여 "양지는 밖에서 빌려 구할 수 있는 것이 아니다"8)라고 하였고, 양지가 밝지 않고 사사로운 지혜를 쓰게 되면 "밖으로는 인의의 이름을 빌리고 실제로 안으로는 자사자리自私自利를 행하며", "제멋대로 하면서 시비를 공정하게 한다고 여기는"9)폐해가 발생한다고

---

6) 『孟子』,「盡心」(上) 堯舜性之也, 湯武身之也, 五覇假仁之也, 久假而不歸, 惡知其非有也. / 『孟子』,「公孫丑」(上), 孟子曰 以力假仁者覇, 必有大國, 以德行仁者王, 王不待大.

7) 『孟子』,「告子」(上) 仁義禮智非由外我也, 我固有之也, 弗思耳矣. 故曰求則得之, 舍則失之.

8) 『王陽明全集』,「傳習錄」(上)〈徐愛錄〉8조목 知是心之本體, 心自然會知, 見父自然之孝, 見兄自然之弟, 幼子入井, 自然知惻怛, 此便是良知, 不假外求

9) 『王陽明全集』,「傳習錄」(中)〈答聶文蔚〉180조목 後世良知之學不明, 天下之人用其私智, 以相比軋. 是以人各有心, 而偏瑣僻陋之見, 狡僞陰邪之術, 至於不可勝說. 外假仁義之名, 而內以行其自私自利之實, 詭辭以阿俗, 矯行以干譽, 揜人之善, 而襲以爲己長, 訐人之私, 而竊以爲直, 忿以相勝, 而猶謂之徇義, 險以相傾, 而猶謂之疾惡, 妬賢忌能, 而猶自以爲公是非, 恣情縱欲, 而猶自以爲同好惡, 相陵相賊, 自其一家骨肉之親已不能無爾我勝負之意, 彼此藩籬之形. 而況於天下之大, 民物之衆, 又何能一體而視之. 則

96

하였다. 또 명말 이탁오李卓吾(1527~1602)는 이를 이어서 동심童心이 곧 본심本心이고 진심眞心이며 동심을 잃은 것은 거짓이라는 의미에서 진가의 의미를 사용하였다.[10] 이탁오의 경우는 왕수인과 달리 '가'의 빌린다는 의미보다는 '거짓'이라는 의미에 중점을 두었다. 이탁오의 동심과 진가론은 공안파의 문장론에 계승되어 조선 문학에도 영향을 미쳤다.[11]

그러나 하곡학파는 이탁오보다는 맹자와 왕수인의 가개념을 수용하고 더욱 발전시켰다. 먼저 정제두는 주희의 학문도 왕수인의 학문처럼 성인이 되려는 학문이지만, 방법상에서 완급의 차이가 있고 마음 본체와 리를 분리하거나 합해보는 차이가 있는 것이라고 하였다. 그는 주자학 자체보다는 주희를 빌리거나[假朱子], 주희를 견강부회하면서 주희의 위세를 빌어 사욕을 추구하는 점이 큰 문제라고 비판했다.[12]여기서 '가주자假朱子'는 실제로 주희 학문의 본질을 쫓아 진정

亦無怪於紛紛籍籍, 而禍亂相尋於無窮矣.

10) 『李贄文集』, 「焚書」〈童心說〉, 夫童心者, 盡心也, 若以童心爲不可, 是以盡心爲不可, 夫童心者, 絶假純眞, 最初一念之本心也.

11) 이진경은 양명학과 공안파 문학에 영향을 받은 진가론이 조선후기 낙학파 · 북학파의 문예담론과 강화학파의 도덕비판론으로 전개되었다고 보았다. 그는 북학파의 진가론은 도가의 天機論과 결합하여 순수한 감정과 욕구를 억제하는 체제논리, 도덕주의를 반성하고 자연성과 순수성으로 돌아가고자 하는 문예이론으로 발전(「주체와 도덕의 관점에서 본 조선후기 진가담론Ⅰ」, 『양명학』31호, 한국양명학회, 2012, 23~25쪽)한 반면 강화학파는 보편적 도덕을 주체화하여 공적주체를 확립하고 강화하는 논리로 발전했다고 하였다.(「주체와 도덕의 관점에서 본 조선후기 진가담론Ⅱ」, 『유학연구』제27집, 2012, 208~209쪽)

12) 『霞谷集』卷9, 「存言」(下) 朱子之學, 其說亦何嘗不善. 只是與致知之學, 其功有迂直緩急之辨, 其體有分合之間而已耳. 其實同是爲聖人之學, 何嘗不善乎. 後來學之者多失其本, 至於今日之說者則不是學朱子, 直是假朱子,

한 수양을 하는 것이 아니라, 주희의 이론을 명분으로 내세우면서 사실상 사욕을 추구하는 것을 말한다. 주희의 권위를 빌어서 정치적 명분을 만드는 것이다. 그런데 이는 곧 언행과 지행의 불일치를 초래한다. 정제두는 사적인 목적이나 의도를 가지고 의리명분론을 펴는 정치를 비판했다. 당시 청의 연호 사용문제나[13] 북벌에 대한 원칙 없는 이중적인 태도를 문제 삼기도 하였다. 전쟁 때문에 청과 대외관계를 군신관계로 설정했다면 청의 연호를 사용하는 것이 당연한 수순이고, 이런 관계를 맺지 않고 북벌을 염두에 둔다면 청의 연호를 쓰지 않으면 되는 것이지 이중적으로 할 필요는 없다는 것이다. 이는 병자호란 이후 청에 대한 조정의 전략이나 태도에 대한 비판이며 곧 당시 정계를 주도한 노론의 영수, 우암尤庵 송시열宋時烈(1607~1689)의 북벌론에 대한 비판이기도 하다.진가는 개인인 주체와 사회 구성원인 주체의 양면에 모두 적용할 수 있는 논리이다. 개인적 측면이든 사회적 측면이든 '가'는 남의 이론과 권위를 빌리는 것을 의미하고 '진'은 행위자의 주체성과 진실성을 의미한다. 다른 사람은 모르는 내 마음 속의 수양 차원에서 나를 돌아보지 않고 다른 사람의 이론이나 말에 안주하며 자신을 속이는 것은 '가'라고 비난할 수 있다. 양지가 사욕에 가려져서 불완전한 상태에 있을 때는 양지의 완전한 회복을 위해 부단

不是假朱子, 直是傅會朱子, 以就其意, 挾朱子而作之威, 濟其私.

13) 정제두는 이 문제로 민이승과 토론한 적이 있는데, 민이승이 비록 병자호란 당시 청에 궤배하였으나 연호를 쓰면서 실제로 군신관계를 맺을 수 없다고 한 것에 대해 궤배하고 연호를 쓰며 신하라고 칭하는 것이 억지로 하였건 그렇지 않건 결과적으로 한가지 일이라고 하였다. 『霞谷集』卷2, 「書三」〈答閔彦暉書〉 蓋盛意以年號與稱陪禮拜, 爲分虛實. 然以某觀之, 年號若虛則稱陪禮拜亦虛矣, 稱陪禮拜若實則年號亦實矣.

히 노력하는 과정에 있다고 할지라도 아직 완전성을 획득한 것은 아니기 때문에 여전히 '가'가 남아있다고 할 수 있다. 이런 의미에서 개인적인 수양 차원에서 '가'의 반대가 되는 '진'은 주체성과 진실성뿐만 아니라 완전성을 의미한다.

정제두는 범리 가운데 생리를 주로 하고 생리 가운데서 진리를 택하라고 하였다.14) 인간이 더 도덕적인 판단과 행위를 하려는 노력과 그 결과는 모두 생리生理 때문에 가능한 것이다. 하지만 도덕적으로 판단하고 행위한다고 해서 그것이 모두 완전한 것은 아니다. 모든 도덕판단과 행위는 생리에 의한 것이지만 한 쪽에 치우치거나 기운 견해는 전체를 제대로 본 것이 아니기 때문에 거기에 머물면 안 된다는 것이다.15) 따라서 도덕적인 판단과 행위 가운데서 치우치고 모자람이 없는 진리를 찾아야 한다. 이는 개인의 도덕 수양차원에서 주체성과 진실성을 지니더라도 치우치지 않는 완전성을 확보하지 못했다면 그만큼의 '가'를 지닌 것이 된다. 정제두는 사회적인 차원보다는 개인의 수양 차원에서 권위 있는 학설을 빌려 자신의 이익을 추구하는 도덕적 위선을 '가'라고 하였다. 이것은 남의 권위에 의존하지 않고 실제 자기 마음 상의 문제를 해결하였는가가 가장 큰 관건이었기 때문이다. 정제두의 진가론은 후학들에게 그대로 전승된다.

---

14) 『霞谷集』卷8,「存言」(上) 理性者生理耳. 蓋生神爲理爲性, 而其性之本, 自有眞體焉者, 是其性也理也. 故於生神中辨其有眞有妄, 得主其眞體焉, 則是爲尊性之學也. 故於凡理之中, 主生理, 生理之中, 擇其眞理, 是乃可以爲理矣.

15) 『霞谷集』卷9,「存言」(下) 釋老之見仁知之見以爲仁知, 卽亦此體耳. 但不見全體, 皆從一邊見了, 但見其空寂之妙, 不見其體用之全一貫之處, 不能得聖人之全而大者, 落於一偏而爲邪.

2) 실심에서 진가로

정제두의 후학들은 실리이자 실심인 성誠으로 진지眞知를 완성하고 실행하는 것을 실학이라고 하였으며, 정제두의 실심실학만이 당대 유교의 모범이라고 여겼다.16) 하곡학이 진지를 실행하는 실학을 중심에 둔 것은 분명한 사실이다. 그러나 1755년 을해옥사 이후로 하곡 후학들이 정계에서 소외되자 '진가' 개념을 많이 쓰기 시작했다. 이는 진가 개념이 정제두의 철학 안에 녹아있기도 하거니와 소론계에 정치적 탄압을 지속한 노론에 대한 비판을 둘러싸고 '가도의론假道義論'이 형성되어 공감을 얻었기 때문이다. '가도의假道義'론은 덕촌德村 양득중梁得中(1665~1742)이 송시열을 비판하면서 제시한 표현이다. 덕촌 양득중은 윤증의 제자로서 하곡 정제두와 그 후학인 이진병(1679~1756), 이광신 등과 교유하였다. 정제두는 가주자假朱子의 행태를 구체적으로 예시하지는 않았지만 주자를 교조적으로 인용하면서 다른 이론이나 정파를 배척하는 사람으로 송시열을 지적하곤 하였다. 젊은 날에는 송시열에게 배운 바도 있지만, 송시열과 윤증이 결별하는 과정에서 송시열을 비판하고 윤증 문하에 남게 된다. 송시열의 명분론을 구체적으로 '가假'로 비판한 것은 오히려 양득중이었다. 양득중은 송시열을 위시로 한 노론의 대의명분론을 '가대의假大義'라고 비판했다. 하곡학파가 주목한 것은 양득중의 '명대의변明大義辨'(1740)이다. '명대

16) 『霞谷集』卷11, 「疏」〈請設書院儒疏再疏〉 昔濂溪周子有言曰, 誠者聖人之本, 蓋誠之爲言, 卽心中實理之名也. 天以此實理賦於人, 人得之以爲心, 以此致知則爲眞知, 以此力行則爲實行, 以眞知爲實行則斯爲實學. 惟此實學, 得之者蓋寡, 惟我先正臣鄭齊斗以金精玉潤之質, … 輝光日新, 則此殆程子所謂實理得之於心自別者也. … 惟我先正實心實學, 爲一世儒

의변'은 당시 성리학자들의 대의명분론으로서 송시열이 효종에게 제안한 복수설치론을 비판한 글이다. 청에 대한 복수설치의 논리는 당대 집권층에게 당연시되던 대외논리였지만 양득중은 이것이 허구에 지나지 않는다고 비판하였다.

> 당시는 강화의 시기로 강화하는 일을 하지 않을 수 없었는데, 반드시 주자의 '대의를 밝히고 이적을 물리치는 설'을 빌려서 임금의 뜻이 향하는 바에 영합하여서 자기를 드러내기 위한 수단으로 삼은 것이다.17)

양득중은 송시열의 복수설치가 제기될 당시는 강화의 시기인데, 주희가 이민족에 대해 엄격할 것을 주장한 내용을 내세우면서 북벌론에 권위를 부여하고 정쟁에 이용하는 것을 맹렬하게 비판했다.18) 외교적으로 공손한 말을 쓰고 공물을 바치며 이미 군신의 예를 갖추는 사이에 분노감이 생기는 것은 어쩔 수 없는 일이지만, 그 사이에 와신상담하는 두 마음을 지니는 것은 현실적으로 불가능한 일인데, 송시열은 효종의 분노심만 자극하고 실질적인 대안도 제시하지 못한다는 것이다. 진정으로 복수설치를 하고자 한다면, 그에 합당한 내실을 갖추는 실질적인 방안을 마련하는 것이 우선이지 무기를 갖추어 와신상담한

---

17) 『德村集』卷5,「雜著」〈明大義辨【庚申】〉夫當講和之世, 不得不爲講和之事, 而必欲假朱子明大義攘夷狄之說, 以迎合 聖祖大志之所向, 因以爲自己發身之赤幟.

18) 『德村集』卷5,「雜著」〈明大義辨【庚申】〉卑辭之中, 忿怒愈蘊, 金幣之中, 薪膽愈切, 金珠皮幣往來之中, 干戈旗鼓奮發之意, 實有所寓, 樞機之密, 鬼神莫窺, 志氣之堅, 賁育莫奪. 右懷川明大義大旨, 世豈有蘊忿怒於卑辭, 寓薪膽於金幣之明大義也.

다는 가벼운 계책을 주장할 일이 아니라는 것이다. 그는 송시열이 인용하는 주자의 글에 오히려 이런 내용이 나오는 부분이 송시열의 주장과 맞지 않는다고 보았다.[19] 양득중은 이러한 송시열의 명분론이 주자의 '대의를 밝히고 이적을 물리치는 설'을 빌려서 자기를 세운 것이라고 비판하였다.

양득중은 영조에게 가장 먼저 '실사구시實事求是'의 실학을 제시한 인물이기도 하다. 그는 1729년부터 1742년까지 지속적으로 허위의 풍속을 고치는 방안으로는 한나라 공족인 하간헌왕이 제시한 '실사구시'밖에 없다는 소를 올렸다. 이 때문에 영조는 한 때 실사구시 넉자를 전당벽에 걸어놓고 보기도 하였다. 그가 1737년에 올린 소 가운데 다음과 같은 내용이 있다.

　　내 마음의 담연허명淡然虛明함과 역리易理의 결정정미潔靜精微함은 오직 진실무망眞實無妄이라 할 것이니 이 지知는 천지사이에 가득 찬 오직 하나의 실리일 따름입니다. 리는 실리이고 심은 실심이며 학은 실학이요 사는 실사이니, 그 사이에 한 터럭만큼의 사사로움과 거짓도 끼어있지 않으면 실심이 담연허명하여 실리가 결정정미할 것입니다. 우리 유가의 법문 유래가 이와 같으니 이단의 허무적멸과 같은 가르침이 아닙니다. 그러므로 제가 늘 '실사구시'와 '물정·물조장'의 두 가지 말로써 전하게 진달하는 것입니다. 실사구시는 곧 이른바 진실이요, 물정물조장은 곧 이른바 무망입니다. 진실무망은 곧 실심의 담연허명함이요, 실리의 결정정미함입니다.[20]

19) 『德村集』卷5,「雜著」〈明大義辨【庚申】〉朱書宋觀文殿學士劉珙祖輪, 靖康之難, 秉義而死, 時上圖議恢復. 公曰復讎雪恥, 誠今日之大計, 然所以求之, 必有其道. 臣願陛下以周宣王爲法, 側身修行, 任賢使能, 以圖內修之實, 則外攘之效, 將有不能自已者, 計不出此, 而欲淺謀輕擧.

위 글에서 말한 담연허명하고 진실무망한 지는 곧 판단하고 실천하는 실심이자 양지를 의미한다. 또 이 지가 곧 천지사이에 꽉 찬 실리라고 한 것은 실심과 실리를 분리하지 않는 하곡학파의 견해와 동일하다. 실사구시 또한 진실의 추구로서 실리인 실심을 그대로 행하는 것과 다르지 않다. 양득중은 무실을 중시하는 스승 윤증과 박태초의 영향을 받았고 이진병, 이광신과 같은 정제두의 직전제자들과 교류하면서 실학의 기치에 공감하였다. 또 정제두의 재전제자들은 이러한 양득중의 실학정신과 '가'론을 발전시켰다. 1755년 을해옥사乙亥獄事에 연루되어 정계 입문이 불가능하게 된 초원椒園 이충익李忠翊 (1744~1816)은 「가설假說」을 지어, 인의는 개인에게만 관계된 덕목이 아니라 사회적인 공물公物로 인의가 있는 곳에는 명예가 따르게 된다고 하였다. 그리고 이를 아는 자들이 실제 인의의 도를 실현하지도 않으면서 인의를 빌리고 자기 것이라고 칭하는 정치 행태를 비판하였다. 이런 관점은 근대기 하곡학파인 이건방과 정인보에게도 계승되었다. 이충익은 제문공齊桓公과 진문공晉文公의 고사를 이용하여 가인假仁을 비판하고 당시 정치 현실을 구체적으로 제시하지는 않았다. 여기에는 몰락한 가문의 후손으로 피화를 입은지 얼마되지 않은 정치적 이유가 작용했을 것이다. 근대전환기 하곡학파의 진가론은 개인의 수

---

20) 『德村集』卷2,「疏」〈辭別諭召命疏【丁巳】〉 吾心之淡然虛明, 易理之潔靜精微, 亦惟曰"眞實無妄"而. 是知盈天地之間, 只是一箇實理而已. 理則實理, 心則實心, 學則實學, 事則實事, 無一毫私僞參錯於其間, 則實心淡然虛明, 而實理潔靜精微矣. 吾儒法門由來如此, 非若異端虛無寂滅之敎也. 故臣每以"實事求是", 及"勿正勿助長"兩語, 仰達於晃旒之下者此也. 實事求是, 卽所謂眞實也, 勿正勿助長, 卽所謂無妄也. 眞實無妄, 卽實心之淡然虛明, 實理之潔靜精微也.

양을 넘어서 일종의 사회비판론으로 기능하였다. 이건방은 이를 그대로 인용하여 진가론을 전개하면서 송시열을 비판했는데, 이는 하곡 후학들이 널리 공유하는 지점이었다. 정치적으로 혹독한 현실에 직면한 하곡후학들은 송시열의 명분론을 비판하는 데서 더 나아가서 그가 부르짖는 도학 자체가 주자의 권위를 빌려 정치적 이익을 취하는 위선, 즉 '가도학假道學'이라고 비판하게 된다.

물론 '가도학'이나 '가도의'라는 표현이 이들의 전유물은 아니다. 여러 학자들이 명明의 소보邵寶가 "나는 진사대부가 되길 원하지, 가도학자가 되길 원하지 않는다."라고 한 말[21]을 인용하여 도학의 실천을 강조하거나[22] 절의節義의 유무로 가도학을 판단하기도 하였다.[23]

---

21) 『明史』卷282, 「邵寶列傳」 吾願爲眞士大夫, 不願爲假道學.

22) 대개는 소보의 문장을 교훈으로 삼았지만, 반대의견을 제시한 경우도 있다. 성호 이익은 "이른바 진사대부는 속이 실하지만 겉은 허술한 자요, 가도학자는 겉은 단정하나 속은 허한 자이다. 두 가지를 서로 비교하자면 속이 실한 것이 더 나을 뿐이겠는가? 그러나 속이 실하고 겉이 단정한 것은 모두 군자의 인이고 의인데, 하필 겉이 허술한 자가 도리어 낫겠는가?"(『星湖僿說』卷14, 「人事門」〈邵二泉〉 所謂眞士大夫, 內實而外荒者也, 其假道學者, 外飭而內虛者也. 兩相比, 勘奚啻內實者勝, 然自有內實而外飭者, 乃君子之廣居正路, 何必曰外荒者反勝耶?) 라고 하여 외적 절제를 소홀하게 만드는 소보의 이 문장이 오히려 독이라고 비판하였다.

23) 면우 곽종석은 김기두金基斗라는 인물을 기리면서 "공은 일찍이 말하였다. '사람이 사람되는 것은 道學과 名節일 뿐이다. 명절은 도학에서 말미암아 나와야 진정한 명절이다. 도학이 명절에 흠이 있으면 곧 假道學이니, 이 두 가지는 옳을 '是'자 하나에서 벗어나지 않는다.' 아! 이는 공이 대대로 이어받은 성품이니 내가 어찌 따라갈 수 있는 것이라고 생각하겠는가?" (『俛宇集』卷152, 「墓表」〈三愚金公墓表(壬子)〉 公嘗曰"人之爲人, 道學名節而已. 名節而由道學中出, 方是眞名, 道學而有欠名節, 乃假道學. 之二者不出乎一是字." 於乎此公之所以性於家傳, 而俛焉思有以跂及者乎?)라고 하였다. 이는

그러나 이때의 가도학은 도학자다움을 강조하기 위해 일반적인 의미로 사용된 것으로 하곡학파가 사용한 진가론과 맥락이 다르다. 도학자다움에서 '도학'은 의리를 중시하는 성리학으로 수정할 수 없는 것이나 하곡학파의 실심은 학문에 우선하는 것이며 진가구분 또한 오로지 실심에 있다.

하곡의 후학들은 하곡학의 핵심을 전내실기專內實己, 실심실학으로 밝힌 바 있지만, 수양론에 국한시키지 않고 사회비판논리로서 진가의 개념을 발전시켜나갔다. 실학 개념도 실심을 온전히 실행하는 수양의 차원을 넘어서 인간의 보편적인 정서나 관념적이지 않은 일상의 도리를 추구하는 학문 등 사회적으로 확장되는 경향을 보여준다. 하곡학파의 사유는 실에서 진가구분으로 확장되며 근대에 이르러서는 '일진무가一眞無假 '종합되어 개인의 수양과 사회적 실천을 관통하는 이론으로 정립된다. 이를 구체적으로 논하기에 앞서 다음 절에서 하곡학파의 역사의식을 좀더 구체적으로 살펴보고자 한다.

3) 진가론을 통한 역사적 통찰

사회비판론으로 확장된 하곡학파의 현실비판과 문제의식은 가학으로 전승된 역사의식을 배경으로 형성되었다. 주지하다시피 하곡학파에서는 이긍익李肯翊(1736~1806)의 『연려실기술燃藜室記述』, 이면백李勉伯(1767~1830)의 『해동돈사海東惇史』, 이시원李是遠(1790~1866)의 『국조문헌國朝文獻』, 이건창의 『당의통략黨議通略』 등, 여러 편의 역사

명예와 절조의 유무에 따라 도학의 진가를 구분하는 데 동의한 것인데, 역시 실심을 기준으로 삼는 것과는 다르다.

서가 저술되었다. 이 저술들은 가학 안에서 형성된 만큼 계승성이 뚜렷하다. 이건창은 이면백, 이시원의 직계 후손으로 선대 역사서의 보존과 정리를 사명으로 여기며 『당의통략』을 저술하였다. 그는 『당의통략』 서문에서 다음과 같이 말했다.

> 의정부군께서 편찬하신 『국조문헌』 100여 권은 모두 손수 기록하신 것인데, 글자가 콩알처럼 세밀하니 만약 좀 더 큰 글씨로 쓰셨다면 편수가 3,4배는 되었을 것이다. 요즘 사대부 집안이 소장한 책상자 중에서 이처럼 풍부한 것은 드물 것이다. 세간에서는 혹 "소장한 것 중에 비밀리에 전하는 것이나 널리 알려지지 않은 일이 많으면 외부인에게 보이지 않는 것이다"라고 한다. 그러나 부군께서 평생 고심하고 애쓰신 것은 조술하는 데 있었을 뿐 창작은 없으셨다. 이 글들은 다 역대 임금의 언행을 기록하는 관리가 실은 교령과 상소문 및 선배들 중 이름난 재상들의 묘지나 행장, 문서, 편지들이며, 오직 해를 씨줄로 하고 달을 날줄로 삼아 종류별로 모으고 일을 비교하여 대전을 보존한 것일 뿐이다. … 부군께서 이 책을 기록하실 때는 춘추가 오십 내외였고 예순이 넘은 때에 이르러서도 그만두지 않으셨는데, 나는 아직 40세도 못되었다. 내가 어려서 글을 배울 때로 돌아가 보면, 부군께서는 나를 무릎에 앉히고 독서하시는 가운데 문득문득 고사를 말씀해주셨는데, 야사에 대해서는 더욱 상세히 해주셨다. …조부께서 하직하신 뒤에는 나도 점점 철이 들어갔고 전에 들려주신 것을 풀어보았지만 아득하여 가히 기록하지 못했다. 이루지 못한 사업에 한이 남아 있는데도 힘을 다하지 못했다. … 시력은 더욱 어두워지고 기억력은 더욱 흐려지는 데다 다시 젊어질 수도 없으니, 이 글을 끝마치지 못하여 조부께서 자상하게 옆에 끼고 일러주신 가르침을 저버리게 될까 두렵다.[24]

24) 『明美堂集』卷9, 「序」〈黨議通略序〉 先議政府君纂次國朝文獻, 百有餘卷, 悉皆手錄, 字細如豆, 稍大書則卷可三四倍. 今士大夫家巾箱之富, 鮮有若斯

이건창의 역사서술은 그가 어린 시절 조부로부터 직접 전수받은 역사적 교훈을 계승하기 위한 작업이었다. 이건창의 조부인 이시원은 1866년 병인양요 당시 자결로서 충절을 실천한 도학자로 알려진 인물이었고, 이건창의 출사도 이시원의 순국을 기리기 위해 시행된 과거시험을 통해 이루어졌다. 이시원에 대한 이건창의 기억은 10대 초반까지로 짧았지만, 그 영향력은 지대하였다. 이건창은 이시원에 대해 "문장은 형식을 버리고 실질을 취하며, 문리가 순하고 구성이 알맞은데다 또한 스스로를 높여 고상하다고 여기는 것을 좋아하지 않으셨다. 왕왕 진지하면서도 명쾌하고 유창하실 때는 왕양명과 같으셨다. 특히 우리나라의 문헌에 마음을 쓰시어 두루 수집하고 많이 구비하셨다."[25]라고 회고하였다. 또 1877년 충청우도 암행어사로 부임하면서 "조부를 만분의 일이라도 이어갈 수 있기를 바라면서, 마을을 다닐 때도 질고가 있는지 물었고, 비록 관리의 업무를 다 익히지 못했더라도 아는 바를 다해서 백성들에게 이로운 것을 궁리하여 시행하였다"고 하였다.[26] 조부에 대한 이러한 자부심과 존경심이 저술에 대한 계

者. 世或謂所藏多秘傳軼事, 不以示外人. 然府君平生, 苦心勤力, 有述無作. 此書皆列朝起居注所載敎令章奏, 及先輩名公卿誌狀文牘, 惟是年經月緯, 引類比事, 以存其大全而已. … 盖府君錄此書時, 春秋五十內外, 或至耆年未已, 而不肖今尙未四十也. 復惟不肖幼時受書, 府君懷膝間課讀之暇, 輒口授故事日若干條, 其於野史尤詳. …及府君棄不肖, 而不肖稍稍有知, 尋繹前所承聆, 茫乎不可記墜緖, 餘恨靡有窮已. … 視益闇, 記益惛, 無再少之理, 恐不能卒業於是書, 以負府君辟咡之誨.

25) 『明美堂集』卷17「先忠貞公行畧」爲文章, 祛華就實, 文從字順, 亦不喜標置以爲高. 往往眞摯明暢, 似王新建. 尤用心於東國文獻, 網羅蒐輯, 粲然大備.

26) 『明美堂集』卷16, 「傳」〈明美堂詩文集叙傳〉其爲御史, 念忠貞公, 始以御史樹大名, 冀有以紹其萬一, 徒行閭里, 詢問疾苦, 雖不嫻吏事, 竭其所知, 究

승의식으로 연결되는 것은 당연한 일이다. 뿐만 아니라, 이건창의 가문 내 위상 또한 『당의통략』저술의 동기로 작용했다. 그의 아우인 이건승은 이건창을 형이면서 동시에 아버지와 같은 존재라고 하였다.[27] 또 늘 자신이 당대 지식인들과 교유하도록 주선하였고, 형제들과 과장에서 시험 보는 것처럼 과제를 내고 답하는 토론시간을 많이 가졌는데,[28] 이는 이종제인 이건방에 까지 미쳤다고 하였다.[29] 이건창 스스로도 당시 가문 내에서 국조의 역사나 선대의 언행과 행적들을 잘 알고 전달할 사람이 별로 없어서 여러 아우들과 친구들이 자신에게 질문을 많이 하여 늘 부끄럽고 두려웠다고 하였다.[30] 이건창의 역사서 저술은 이시원의 학문적 업적을 계승하고 알린다는 의미도 있지만, 가학의 교육을 위한 것이기도 하였던 것이다. 그는 『당의통략』의 목적과 기술방식에 대해 다음과 같이 말했다.

> 이에 조부께서 기술한 여러 편 가운데서 그와 관계된 가장 큰 것들을 뽑아서 모두 2권으로 만들고, 장차 그 주요 부분을 끌어내서 간가를 채우고 난 뒤에 나 스스로 열람하기 편하게 하고 여러 아우

利益於民者施之.

27) 『海耕堂收草』,「祭伯氏寧齋先生文」兄孰不敬, 豈如我兄? 父師友倂, 天倫至情, 豈有分別? 以是之故, 慟恨彌結.

28) 『海耕堂收草』,「祭伯氏寧齋先生文」惟論與辨, 可進識藝. 入德之門, 必自經詣. 我爲有司, 汝爲擧子. 命題考試, 甲乙興起. 心有所契, 公則莞爾. 導我誘我, 納我于軌. 惟公於我, 師道之以.

29) 『海耕堂收草』,「祭伯氏寧齋先生文」公嘗謂我, 士貴見識, 見鄙識淺, 雖博奚得? 公命二弟, 謀及春世.

30) 『明美堂集』卷9,「序」〈黨議通略序〉當世又尠先生長者, 多識前言往行之人, 如諸弟及佗朋友, 乃反有時叩質於不肖, 以爲斷港之一筏, 庸是以愧以懼.

의 질문에도 응하려 하였다. 다만 사정의 처음과 끝이 통하게 서술하고 문기文氣가 좀더 연속되게 하고자 하였기 때문에 그 사이 부득이한 곳에 가끔씩 나의 추론이나 완곡한 비평을 보탠 것이 있으니, 감히 정본으로 삼을 수는 없고 동호인에게 공개할 뿐이다.[31]

『국조문헌』은 조선 개국 시부터 시대별로 홍문관과 예문관의 관료 및 이름난 유림들에 대한 설명과 일화를 정리한 인물중심의 역사서이다. 이건창은 이러한 『국조문헌』이 여느 저술보다 풍부한 전고를 담고 있고, 그 내용 또한 객관적 사실에 근거한 것일 뿐 사견이 개입된 것이 아니라는 점을 자부하였다. 그러나 자신의 역사서술은 『국조문헌』이나 이시원으로부터 직접 들은 역사적 사실을 계승하면서도, 그대로 답습하기보다는 재구성하는 방법을 택하였다. 그는 표면상 자신의 역사이해를 높이고 아우들의 질문에 제대로 답하기 위한 목적을 제시했으나, 좀더 효율적인 역사 이해와 교육을 위해서는 인물 중심이 아닌 사건중심의 전개가 필요하다고 인식한 것으로 보인다. 『당의통략』은 『국조문헌』의 내용을 토대로 하되, 동인과 서인이 나뉜 붕당의 시초를 시작으로 시기별 당쟁사의 흐름과 당의黨議의 논점을 정리하였다. 이건창은 이렇게 서술하는 이유가 "우리 조정이 한쪽 당에 치우쳤던 때는 어느 시대에도 없었으니, 곧 목릉 을해년(선조8, 1575)에서부터 원릉 을해년(영조31, 1755) 까지 180년 동안 기록된 공적·사적 문자의 7, 8할은 다른 것이 아니라, 모두 누구의 옳고 그른 것, 얻고

---

31) 『明美堂集』卷9, 「序」〈黨議通略序〉 玆於府君所述諸篇中, 鈔取其關繫之尤鉅者, 都爲二卷, 將以提其鈐領, 而塡其間架, 旣欲自便其閱覽, 而亦以應諸弟之問. 但以通叙首尾事情, 文氣稍令聯屬, 故於其間不得已處, 往往有臆見微詞之附綴者, 要不敢著爲定本, 公諸同好焉耳.

잃은 것, 바르고 사특한 것, 충신이나 역적을 논한 것들이 대개 당론에서 벗어나지 않았기 때문[32]"이라고 하였다. 조선의 정치사가 당론에 의해 전개되었기 때문에 이에 대한 이해가 필수적이라는 것이다.

그리고 여기서 더 주목할 것은 이건창이 전수받은 대로 객관적인 역사서술이 새로운 창작보다 중요하다는 점에 유념하면서도 당쟁의 기술에 자신의 "추론이나 완곡한 비평"을 첨가하였다는 것이다. 이건 창은 당쟁의 전개를 제대로 설명하기 위해 "부득이한 곳"에 자신의 견해를 기입하거나 온건하게 제시하였다. 물론 이것은 이시원과 다른 새로운 견해라고 볼 수 없다. 왜냐하면 이미 구두로 전수받은 내용이 있을 뿐만 아니라, 스스로도 "이것 또한 내가 전에 조부께 들은 바로 그 대의를 기록한 것"[33]이라고 분명히 언급했기 때문이다. 이건창은 『당의통략』에서 노론에 대한 직접적인 비판을 제기하지 않았지만 당론에 있어서 자신의 가문이 속한 소론의 입장을 비중 있게 서술하였다. 가령 회니시비懷尼是非의 발단을 설명하는 부분에서는 송시열이 윤증의 부탁으로 윤선거尹宣擧(1610~1669)의 묘갈명을 성의껏 짓지 않고 박세채의 행장에 기록된 말로 대신하겠다고 한 것이나, 윤증이 윤휴尹鑴(1617~1680)의 제문을 받은 것을 허물로 삼고 이유태李惟泰(1607~1684)가 병자호란 당시 강화도에서 자결하지 않은 윤선거를 탐

---

32) 『明美堂集』卷9,「序」〈黨議通略序〉若其先之以黨議者, 抑有說焉. 國朝黨弊, 爲歷代所未有, 卽自穆陵乙亥, 至元陵乙亥, 一百八十年之間, 公私文字之所紀載, 十之七八, 要非佗事, 無論誰是誰非, 誰得誰失, 誰正誰邪誰忠誰逆, 大抵不出於黨耳.

33) 『明美堂集』卷9,「序」〈黨議通略序〉蓋事有時而變, 則史例亦有時而不同, 此亦不肯前日所承聆而記其大意也.

탁치않게 여겼다는 말을 전한 것 등을 소개하고, 이유태가 이런 사실을 부인하면서 "우공이 남을 공격할 때에는 다른 사람의 말을 가탁하여 공격함으로써 사람들을 서로 싸우게 하고 자신은 옆에서 둘을 중상한다."[34]고 한 비판을 상술하는 등 송시열에 대한 비판적인 입장을 우회적으로 기록하였다. 이외에도 이건창이 인용한 송시열에 대한 다른 비판과 평가를 대략 살펴보면 다음과 같다.

평생 수립한 것이 춘추대의를 창명한 것이라지만 모두가 말로만 하는 변명이요, 아무런 실상이 이어진 것은 없습니다. 이로써 내치內治를 잘하여 외적外賊을 물리치고 부국강병을 이루어 복수설치復讐雪恥를 도모한다는 것이 끝내 탁연히 이루어진 일이 없는데도, 보이는 것은 오직 봉록과 지위가 융숭하고 높아진 것이요, 들리는 것은 소문과 명성이 넘쳐나는 것뿐입니다. 겉으로 드러난 것을 가지고 그 마음을 헤아려 보면 아마도 기질이 변하지 못하고 학문도 진실하지 못하기 때문일 것입니다.[35]

지금 송시열은 지위와 명망, 권력이 있었는데 돌아보면 어떠합니까? 어떤 일, 어떤 계획으로도 임금께서 정무를 부지런히 살피시고 신하들을 책려하시는 조정에서 내치를 잘하고 외적을 물리치는 내실을 드러낸 것이 없으니 그 허망하기가 아주 심합니다. 당당한 대의가 어찌 송씨 혼자만의 사사로운 물건이겠습니까?[36]

---

34) 『黨議通略』, 「肅宗朝」, 39쪽. 惟泰曰, 烏有是哉? 尤公之攻人也, 以他人之言, 假託以攻之, 使人與人相鬪而已, 則從旁兩病之. 此尤公之勝也.

35) 『黨議通略』, 「肅宗朝」, 40쪽. 平生樹立倡明春秋之義, 徒以言語取辨, 而無實以繼之. 是以內修外攘安强復雪之圖, 了無卓然之成事, 而所可見者, 惟祿位之隆重, 聲名之洋溢而已. 以所發於外者揆其所存, 竊爲氣質之不能變, 而學問之不以誠也.

첫 번째 인용문은 윤증이 송시열에게 쓴 신유의서辛酉擬書의 내용
이다. 윤증은 송시열이 자기와 다른 견해를 용납하지 못하고 배척하
며, 겉으로는 춘추의리라는 대의명분을 내세우면서도 이를 전혀 실행
하지 않은 점을 비판하였다. 이는 윤증을 지지하는 소론의 중론이 되
었고 송시열과 윤증의 갈등이 각기 노론과 소론의 갈등으로 확장되어
회니시비 논란이 일어났다. 이건창은 더 나아가 송시열이 병자호란
당시 어쩔 수 없이 삼전도비문을 지었던 이경석을 조롱한 일과 이
일에 관해 송시열을 올빼미로 풍자한 박세당을 비난하며 이단으로
몰아 간 일, 남구만南九萬(1629~1711)이 송시열에 대해 함구하다가 송시
열이 비난했던 조한영曹漢英(1608~1670), 이경석李景奭(1595~1671), 박세
당朴世堂(1629~1703) 세 사람의 무고를 주장하고, 송시열을 두둔한 김창
협형제를 배척한 일 등을 기술하였다. 실제 송시열은 기사환국(1689)
시 사사당한 이후로도 지속적으로 논란의 중심이 되었다. 윤증이 죽
자, 최석정崔錫鼎(1646~1715)이 제문을 쓰면서 송시열을 허명을 쫓고 실
질이 없는 자로 넌지시 비판하면서 윤증과 비길 수 없다고 하였다.
노론은 송시열을 비난하는 것은 효종을 무고하고 험담하는 것이라며
상소하였다. 두 번째 인용문은 이에 대해 최석정의 아들인 최창대崔昌
大(1669~1720)가 올린 상소문을 인용한 것이다. 최창대의 비판은 윤증
이 제기한 논점과 동일하다. 이건창은 이러한 소론의 견해와 동일한
입장을 견지했다. 노소 갈등을 설명하는데 직접적인 입장 표명은 하
지 않았지만, 회니시비와 송시열의 대의에 관해서는 소론의 상소문을

36) 『黨議通略』, 「肅宗朝」, 57쪽. 今時烈位望權力, 顧何如也? 無一事一劃, 以
效修攘之實於憂勤責勵之朝, 其虛妄也甚矣. 堂堂大義, 獨可以爲宋氏之私
物哉?

더 자세히 소개하였다. 또 최창대는 송시열이 자신의 의리만이 옳다고 하는 것을 놓고 의리라는 것이 송시열만이 소유한 사사로운 물건이 아니라고 하였는데, 이와 같은 논리가 이건창이 당쟁의 원인을 분석한 「원론原論」에서도 발견된다. 그만큼 송시열과 윤증 사이의 갈등을 노소대립의 근본문제로 중시한 것이라고도 볼 수 있는데, 이는 다음과 같은 논평에서도 드러난다.

> 송시열과 김수항이 동시에 화를 당하자, 김창협은 송시열을 빙자하여 김수항을 중하게 만들려고 이때부터 전심으로 송시열을 높이고 숭상하였다. 노론 중에서 전에 송시열을 의심하는 자들도 또한 모두 한결 같이 한 목소리를 내니 이것은 김창협이 그것을 주창했기 때문이었다.37)

> 임금이 상소를 올린 유생들을 하옥시키라고 명령하자 소론 유생들이 백·천 명씩 떼를 지어 유건을 벗어던지고 다투어 몰려들어서 통곡을 하는 데까지 이르렀다. 대개 이 뒤로부터는 소론이 비로소 마음으로 기꺼이 노론보다 왕성해지자고 생각하고 다시는 공정한 의론을 펴는 자가 없었다.38)

이건창은 숙종 대에 송시열이 건의한 태조의 추증문제부터 남인을 무고하기 위해 옥사를 만들어낸 김익훈金益勳(1619~1689)의 처분 문제 등을 놓고 노소가 분기되기 시작한 시점부터 소론의 견해가 더 타당

---

37) 『黨議通略』,「肅宗朝」, 54쪽. 及時烈壽恒同時遭禍, 金昌協欲藉時烈以重壽恒, 自是專意尊慕之, 老論之前疑時烈者, 亦皆翕然同聲, 以昌協倡之也.

38) 『黨議通略』,「肅宗朝」, 59쪽. 上命疏儒下獄, 少論儒生百千成群, 脫巾爭赴或至呼哭. 蓋自是少論始甘心思逞於老論, 而無復爲持平之議者矣.

하고 지지자가 많았다고 여겼다. 그런데 젊은 층 가운데서도 송시열을 지지하는 세력이 생겨난 것은 김창협金昌協(1651~1708) 때문이라고 본 것이다. 첫 번째 인용문은 훗날 경종이 되는 장희빈 태생의 원자를 세자로 책봉하는 일에 반대하다가 처벌받은 송시열과 김수항金壽恒(1629~1689)의 일로 두 사람이 같은 평가를 받는 처지에 놓이게 되자, 김수항의 아들인 김창협이 송시열을 전보다 더 높이고 신원을 위해 애쓴 점을 지적한 것이다. 두 번째 인용문은 이런 상황에서 숙종이 몇 번의 환국을 거친 후, 회니시비 문제에서 결국 노론의 손을 들어준 병신처분丙申處分(1716)에 대한 유생들의 반응을 기록한 것이다. 숙종은 오랫동안 스승에 대한 의리보다 부모에 대한 의리가 더 중요하다고 하면서 윤증을 어진 선비라고 두둔해왔다. 그러나 병신처분에서 이를 번복하고 송시열이 윤선거를 폄하한 바가 없고 윤증이 스승을 배신한 죄인이라고 천명한 것이다. 숙종은 윤선거의 서원을 철폐하고 문집 목판을 부수게 하였으며, 이에 상소하는 자들도 모두 처벌하였다. 이건창은 이 부분에서 이세덕李世德(1662~1724)의 상소문을 요약하여 소개하였는데, 여기서 "송시열은 주자를 본받았다는 평판이 있지만 실상은 가차假借일 뿐이고, 효종에게 충성하였다는 평판이 있지만 실상은 허위虛僞일 뿐입니다. 자신과 다른 의견을 내는 자는 문득 주자를 배신했다고 이르고, 자기의 단점을 공격하는 자는 도리어 성조를 속였다고 하여 온 세상이 감히 자신을 의론하지 못하게 합니다. 또 이어서 나라 안에 부르짖기를 '나는 주자의 정통을 이어받은 학자이다. 나는 효종과 덕을 함께 한 신하이다'라고 합니다."39)라는 구절

---

39) 『黨議通略』, 「肅宗朝」, 60-61쪽. 蓋時烈名爲法朱子, 而實則假借而已, 名爲

을 주목할 만하다. 이는 이건창을 비롯한 후기 하곡학파에서 송시열을 비판하는 논리와 동일하기 때문이다. 이세덕의 상소 전문은 조선왕조실록에도 수록되지 않았고 문집도 남아있지 않아 원문을 확인할 수 없다. 그러나 두 번째 인용문에 근거하면 이건창은 병신처분을 매우 공정하지 못한 정치적인 판단이며 중대한 실수라고 여긴 것으로 보인다. 이 처분에서 부당한 처우를 받은 소론이 이후의 모든 의론에서 공정성보다 권력을 추구하게 되었다고 한 것은 우회적으로 소론의 억울함을 드러내고, 권력만을 위한 당쟁의 원인을 병신처분에 둔 것이라고 할 수 있다. 따라서 송시열의 대의를 가차, 허위로 비판한 것도 그 자신의 견해와 다르지 않았다고 볼 수 있으며, 이는 이건창이 당쟁의 핵심문제를 어디에 두고 있는지 알 수 있는 대목이다.

이후 영조 대의 당론은 경종 생전에 훗날 영조가 되는 연잉군의 건저와 대리청정문제를 둘러싼 노소의 충역시비, 또 그로 인한 역모와 반란의 문제로 점철되었다. 이건창은 이에 대해서 특별한 논평을 하지 않았지만, 기유처분己酉處分(1729)과 경신처분庚申處分(1740) 이후 상소문과 국문기록을 상술한 부분을 눈여겨 볼 필요가 있다. 기유처분은 신임옥사, 즉 신축년(1721)의 옥사와 임인년(1722)의 옥사에 대한 정치적 처분을 말한다. 신축옥사는 경종즉위 후, 연잉군의 세제 책봉과 대리청정을 연이어 추진했던 노론의 4대신, 즉 이이명李頤命(1658~1722), 이건명李健命(1663~1722), 김창집金昌集(1648~1722), 조태채趙泰采(1660~1722)가 경종에 대한 불충죄로 탄핵당한 사건이다. 그리고

忠孝廟而實則虛僞而已. 異於己者, 輒謂之背朱子, 攻其短者, 反謂之誣聖朝, 使一世莫敢議己. 又從而肆然號於國中, 曰我朱子嫡傳之學也, 我孝廟同德之臣也.

임인옥사는 그 다음 해에 김일경과 목호룡이 노론 측에서 경종을 시해를 위해 삼급수三急手를 도모했다는 고변을 함으로써 신축옥사로 유배에 처해졌던 4대신을 포함한 많은 노론인사가 처형된 옥사를 말한다. 이 때 삼급수는 자객을 이용한 대급수, 독약을 이용한 소급수, 숙종의 전교를 위조한 평지수를 말하는데, 당시 왕세자였던 연잉군에 관련된 말이 있어 정치사의 민감한 문제로 남게 되었다. 이는 영조에 대한 왕위 계승의 정통성 논란을 일으킬 사안이었으며, 이후로도 임인옥사가 무고임을 주장하는 노론의 탄핵으로 김일경과 묵호령이 처형되는 등, 이를 신원하려는 노론과 정당한 처벌임을 주장하는 소론의 분쟁이 계속되었다. 이 때 노론에 대한 치죄방안을 놓고 소론 내부에서는 온건한 처벌과 강력한 처벌을 주장하는 완소緩少와 급소急少의 분화가 일어났고, 노론도 같은 방식으로 분열되었다. 당시 영조는 노론과 소론의 세력균형을 위해 탕평을 내세웠기 때문에 상대에 대한 강경한 처분을 원하는 준론을 배제하고 완론을 중심으로 한 탕평파의 의견에 따라 양단을 절충하는 방안을 채택하게 되는데, 그 결과가 기유처분이다. 영조는 신축옥사와 임인옥사를 구분하여 전자는 무고로 하고 후자는 종전대로 역모임을 인정하였다. 즉 신축옥사 시 세제의 건저와 대리 문제로 처벌받은 노론 4대신을 신원해야 한다는 노론의 주장을 수용하되, 노론 4대신 가운데 김창집과 이이명은 임인옥사에서 그 자손들이 역모에 가담한 패자역손悖子逆孫에 해당하기 때문에 신원하지 않는 것이다. 이는 신임옥사 모두 정당한 처분으로서 신원해서는 안 된다는 소론의 입장을 절충적으로 반영한 것이다. 그러나 기유처분은 당시 노론과 소론 모두에게 지지를 받지 못했다. 다수의 노론이 임금에 대한 무함을 씻어내지 못하고 국시가 펼쳐지지 못한 처분이라고 비판하면서 출사를 거부하였다. 이건창은 이 대목에서 남인인 오광운吳光運(1689~1745)이 단순한 절충안은 '가탕평假蕩平'이지 '진탕평眞蕩平'이 아니라고 한 말을 인용하였다.[40] 기유처분을 가탕평이라고 한 이유는 시비를 제대로 가린 뒤의 탕평도 아니고, 노론과 소론의 진정한 화해나 이해를 이끌어낸 것도 아니기 때문이다.

그러나 영조는 결국 임인옥사에서 거론된 역모혐의를 벗기 위해 임인옥사를 무고로 판정하고 김창집과 이이명의 관직을 회복시키는 경신처분을 단행했다. 그러자 노론에서는 임인옥사의 옥안을 다 버리고 나머지 노론인사들도 신원하라고 청했고 곧 위시僞詩 사건[41]이 일어났다. 영조는 위시 사건을 처벌한 뒤 이에 대한 금언령을 내렸는데 당시 참판이었던 이광덕李匡德(1690~1748)의 동생인 이광의李匡誼(1697~1746)가 이를 어기고 가율을 주장하자, 이광덕을 국문하였다. 이건창은 이광덕이 이광의를 옹호한 내용과 함께 이광덕의 탕평론을 소개하였다.

> 한쪽의 무리는 자신들이 사사로이 받들었다고 여기고 다른 한쪽의 무리는 또 따라서 불리하게 하려고 하니, 이 무슨 변고입니까? … 천추만세 후에도 천위가 확립되는 것은 불리하게 하려고 한 무리들은 마땅히 법에 따라 처리해야겠지만 사사로이 받들었다는 무리들도 또한 반드시 정죄해야 바야흐로 능히 이끌어낼 수 있을 것입니다.[42]

---

40) 『黨議通略』, 「英宗朝」, 87쪽. 臣願朝廷做得眞蕩平, 無爲假蕩平焉.
41) 숙종과 이이명의 독대 당시 숙종이 하사한 영조의 친필 시를 김용택의 집안에서 소장하고 있다는 것이었는데, 영조가 이를 부인한 사건이다.
42) 『黨議通略』, 「英宗朝」, 92-93쪽. 『黨議通略』 乃一邊之徒, 自以爲私奉, 一邊

또 글을 지어 자제들을 깨우치기를 "변성무卞聖誣, 이 세 글자가 나의 탕평의 골자이다. 우리 경종종의 마음은 본래 연잉군 한 분에게 있었을 뿐인데, 기왕 동궁으로 책립되어 마침내 천위를 밟게 되었으나 이는 비록 종사의 복은 될지언정 성심에는 실상 불행한 일이었다.… 오늘날 신하된 자는 오직 마땅히 두려움없이 용감하게 성상을 위해서 이희지와 이기지 무리의 무고를 통척하여 우리 성상의 고죽청풍의 마음이 팔방의 안과 만세 뒤에 비치게 하면 저 김일경, 목호룡의 경우와 같은 무함이 비록 수레 백 대처럼 많다하더라도 저절로 큰 화로에 눈이 녹는 것과 같을 것이니, 이른바 '가죽이 없는데, 털이 어디에 붙을 수가 있는가'라는 것이다. … 우리 집안의 의론은 오직 이러한 무리들의 무고에서 임금을 구원하려고 변백하려는 것이다. … "라 하였다.43)

이광덕은 이건창과 마찬가지로 전주이씨 덕천군파 가계에 속하는 인물이다. 이광덕은 본래 노론의 강경파와 소론 강경파를 설득하여 감정을 풀고 국사를 함께 시행하는 것만이 진정한 탕평이라고 여겼다.44) 그리고 그 기준은 노론이나 소론의 입장 고려가 아니라 역적의 괴수라는 군주에 대한 무함을 변척하는 것이다.45) 이런 관점에서는

之徒, 又從而欲不利之, 此何等變也? … 千秋萬歲後, 天位大定, 不利之類, 固當伏法, 私奉之徒, 亦必正罪, 方可以克贊.

43) 『黨議通略』, 「英宗朝」, 93쪽. 又爲文以諭子弟曰, 卞聖誣三字, 吾蕩平骨子也. 我聖上心事, 本一延礽君耳. 旣而策立東宮, 竟踐天位, 雖宗社之福, 於聖心實不幸事也.… 今日爲臣子者, 唯當明目張膽, 爲聖上通斥喜器輩之誣, 使我聖上孤竹淸風之心事, 軒谿昭朗於八方之內, 萬歲之下, 則彼鏡虎之誣, 數百車之多, 自如洪爐消雪, 所謂皮之不存, 毛將焉傳者也. … 吾家議論, 惟欲卞此輩之誣援.

44) 『黨議通略』, 「英宗朝」, 93쪽. 匡德曰吾所謂蕩平者, 欲取老論之峻者, 與少論之峻者, 釋憾而共國事也. 豈與嗜富貴捐廉恥者爲哉?

118

숙종과 이이명의 독대를 근거로 연잉군을 군주로 만들라는 밀교를 받았으며, 노론에서 군주를 택한 것이라는 의론도 무함에 해당하기 때문에 변척해야 마땅하다. 영조는 즉위 후(1724) 신임옥사를 일으킨 세력을 죄줄 것을 주장한 이의연李義淵(1692~1724)을 귀양 보낸 뒤 우의정 조태억趙泰億(1675~1728)을 만난 자리에서 잠저에 있을 때 '고죽청풍孤竹清風' 네 글자를 벽에 써 놓았다고 언급한 적이 있다.[46) 이광덕은 이런 '고죽청풍'과 같은 군주의 본심을 밝히면 나머지 무함들은 저절로 사라질 것이라고 보았다. 이는 군주에 대한 충의가 기준이 되는 유교정치에서 원론적인 의견이라 할 수 있으나 각계의 정견이 당론에 구애되지 않아야 하는 만큼 현실성과는 거리가 있었다. 뿐만 아니라, 당시 오광운의 가탕평론과 같이 인구에 회자되었던 말도 아니고, 새로운 사건의 발단이 되는 내용도 아니었다. 그럼에도 불구하고 이건창이 이광덕의 탕평론을 소개한 것은 이것이 유의미한 주장이라고 생각했기 때문이다.[47) 이건창은 변성무라는 군주중심의 탕평론을

---

45) 노론 준론의 영수였던 민진원도 변군무卞君誣를 주장한 바 있다. 그러나 민지원은 노론이 숙종의 뜻을 받들어 연잉군의 정당한 승계를 위하여 노력한 것이므로 비록 공을 세우려는 욕심이나 절차상의 잘못이 있었다고 할지라도 죄를 물을 수 없기에 신원되어야 하며 그렇게 해야 영조에 대한 무함도 해소된다고 보았다. 그러나 이광덕은 사사로운 추대 시도로 '급소'에게 구실을 주어 세제를 위험에 빠뜨렸으므로, 이들 역시 엄히 성토해야 한다고 주장했다.(최성환, 2018 「이건창 가문의 당론과『당의통략』서술」,『성균관대학교 대동문화연구원』제104집, 대동문화연구회, 146쪽)
46) 『朝鮮王朝實錄』,〈英祖實錄 卽位年11月8日〉.
47) 이건창이 "노·소론 완론 위주의 '假蕩平' 세력이 좌우하는 정국을 준론 위주의 '眞蕩平'정국으로 바꾸어야 한다고 보았기 때문에, 소론 준론이 영조 계승의 정통성을 부정하는 진원지로 지목당하여 탕평정국에서 소외되고 있는 현실

견지함으로써 스스로 노소 양당에 치우치지 않으려고 하였다. 이는 병신처분이후 단순한 절충을 주장한 소론 완론의 견해나 강경한 처벌을 주장한 준론의 견해에 모두 부정적인 입장을 취한 것과 일맥상통한다.[48]

이건창의 당론은 병신처분을 기준으로 차이를 보인다. 『당의통략』의 서술에 의하면 이건창은 병신처분이전에는 윤증을 중심으로 한 소론의 의론을 견지했으나, 병신처분이후로 소론 완론이나 준론 어디에도 속하지 않으려 했음을 알 수 있다. 이는 당쟁의 원인을 정리한 「원론」에도 그대로 나타난다. 「원론」에는 구체적인 역사적인 사건이나 인물을 언급하고 있지 않으나, 『당의통략』의 인용글이나 정황을 보면 의미를 쉽게 유추해낼 수 있다. 「원론」에서 제시한 당쟁의 원인은 모두 여덟 가지로, 첫째 도학道學이 너무 중시되는 것, 둘째 명의名義가 너무 엄격한 것, 셋째 문사가 너무 번거로운 것, 넷째 형옥이

을 정면 돌파하여 탕평을 주도해야 한다는 이광덕의 견해를 『당의통략』에서 비중있게 설명하였다."고 보는 견해도 있다.(최성환, 「이건창 가문의 당론과 『당의통략』서술」, 『대동문화연구』104집, 성균관대학교 대동문화연구원, 2018, 104쪽) 그러나 이미 경신처분으로 소론완론도 정국에서 소외되었다고 볼 수 있다.

48) 『黨議通略』에는 목호룡의 고변 이후 노론의 징토문제를 놓고 소론의 급소와 완소로 나뉠 당시, 윤순이 이진유와 함께 진신소를 올리려다가 김일경이 소두라는 말을 듣고 고향으로 내려가 피하였다고 하였다. 또 김일경이 권세를 쓰는 것을 보고 윤순이 여러 사람과 함께 '김일경은 인망이 없는 사람인데…' 라고 한 말을 기록하였다.(尹淳始與李眞儒, 謀爲搢紳疏, 及聞一鏡爲首下鄕避之. 一鏡用事, 淳多與人言, 一鏡非人望. 「景宗朝」, 74쪽.) 이건창이 가탕평을 부정하고 진탕평을 소개하는 서술을 했기 때문에 준론의 입장에 있었던 것은 아니다.

너무 지나친 것, 다섯째 사헌부와 사간원이 너무 준엄한 것, 여섯째 관직이 너무 청한 것, 일곱째 벌열이 너무 성행한 것, 마지막으로 대대로 태평한 시대가 너무 오래된 것이다.[49] 이 가운데 가학으로 계승되는 역사의식을 살펴볼 수 있는 부분은 첫 번째 도학이 너무 중시되는 것과 두 번째 명의가 너무 엄격한 것이다.

이와 같은 것은 세력과 지위, 권력을 지닌 것 때문에 두려워하여 복종하게 된 그런 것이 아니다. 능히 극기克己의 학문을 함으로써 무아無我의 도를 얻고 그 마음에 광연히 피차와 동이의 분별이 없어져서, 온 세상을 한 집안으로 여기고 온 나라를 한 사람으로 여기며, 선을 타인과 함께 하고 자신을 잊어버리게 되는 것이다. 이는 사람으로서 하기 어려운 일인데, 도학이라는 이름은 바로 거기에 귀속된다. 만일 스스로를 이기지 못하고 자기를 위하는 폐단이 조금이라도 있으면, 아무리 성현의 글을 읽고 성현의 옷을 입었다 해도 그 실행은 애초에 아직 성현의 행실이 아닌 것이며, 자기 이익만 취하는 마음은 세상의 평범한 사람들과 다를 바가 없게 되는 것이다. 이러한 평범한 사람들의 마음을 가지고 도학이라는 이름에 거하는 것도 옳지 못한데, 더구나 세상의 평범한 사람들을 거느리고 우리 도학에 붕당을 이루어서 그 시대를 호령하고 사람들로 하여금 감히 자기의 잘못을 바로잡지 못하게 하였으니, 옛 성현에게 보이면 어떻게 되겠는가? … 평범한 사람이 더불어 서로 다투는 자는 반드시 평범한 사람이라 그 화가 한 때에 그치고 말지만, 도학이 더불어 서로 다투는 자는 반드시 도학이라 그 화가 무궁한데로 흘러가게 된다. 본래 도학을 귀하다고 하는 이유는 거기에 무궁한 혜택이 있기 때문이지

---

49) 『明美堂集』卷11, 「論」〈原論〉 其故有八. 道學太重, 一也, 名義太嚴, 二也, 文辭太繁, 三也, 刑獄太密, 四也, 臺閣太峻, 五也, 官職太淸, 六也, 閥閱太盛, 七也, 承平太久, 八也.

무궁한 화가 있기 때문이 아니다. 지금 이런 것을 본받는 자들의 뜻
이 도학이 혹 반드시 모두 이렇다는 것은 아니겠지만, 그 무리가 높
이 떠받드는 것은 지나친 것이다.50)

이건창은 성현의 교화로 이기심과 경쟁심을 이기는 공정한 사회가
이루어지고 사람들이 이를 수긍하고 계승하는 과정51)은 권세와 힘에
의한 것이 아니라 오로지 자발적인 극기의 학문에 의한 것이라고 하
였다. 그리고 이를 통해서 만물일체의 선을 자각하고 실행하는 것이
바로 도학이라고 하였다. 그에 의하면 도학적 지식이 있다고 해도 그
것을 실행하지 못하면 그것은 도학자가 아니고 평범한 사람과 똑같
다. 이런 점에서 도학은 이기적인 면을 지닌 인간 존재가 쉽게 할 수
있는 일은 아니다. 이런 상황에서 평범한 사람과 같은 마음을 지니고
서 도학이라고 자칭한다면 옳지 못한 것은 당연하다. 그런데 더구나

---

50) 『明美堂集』卷11,「論」〈原論〉 夫若是者, 非以其有勢位氣力, 可以畏服而然
也. 由其能爲克己之學, 而得無我之道, 其心曠然, 無彼此同異之別, 而以天
下爲一家, 中國爲一人, 善與人同, 而不獲其身, 斯其爲人之所難能, 而道學
之名歸焉者也. 若夫己有所未克, 而我有所不能無, 則雖其所讀爲聖賢之書,
所服爲聖賢之服, 所行亦未始非爲聖賢之行, 而其自私自利之心, 猶夫天下
之庸人, 而卒無以相遠也. 夫以庸人之心, 而居道學之名, 斯已不可矣, 況率
天下之庸人, 以成吾道學之黨, 以號令於當世, 而使人莫敢矯其非, 則其視
古聖賢, 爲何如也? … 與庸人相競奪者, 必庸人也, 故其禍止於一時, 而與
道學相競奪者, 必道學也, 故其禍流於無窮. 夫所貴於道學者, 以其有無窮
之惠也, 不以其有無窮之禍也. 而今其效若是, 意者, 道學之或未必皆是, 而
其徒推重者之過也.
51) 『明美堂集』卷11,「論」〈原論〉 夫天下之人, 各有其身, 則各有其心, 自私自
利, 喜相競而恥相讓, 其勢然也. 古之聖賢有憂之者, 崇禮以齊其外, 明善以
壹其本, 使皆有以勝其暴肆爭奪之氣, 而措之于和順公正之域. 天下之人,
翕然而尊尙之, 親其賢而樂其利, 沒世而不能忘.

도학을 자칭하여 당을 만들어 시대를 호령하고 자신만 옳다고 하면서 남에게 지적받는 일은 절대 용납하지 않는다면 이는 더 말할 것도 없다. 이 대목에서 이건창이 실명을 거론하지는 않았지만 누구를 말하는지는 쉽게 짐작할 수 있다. 이건창은 도학이 다투는 상대는 역시 도학일 수밖에 없는데 그 피해는 평범한 사들의 다툼과 달리 범위가 넓고 오래간다는 점을 지적하였다. 물론 도학을 중시하는 것은 피해를 줄까봐서가 아니라 은택이 넓기 때문이지만, 유의할 점이 아닐 수 없다. 그런데 사람들은 진정한 도학이 현실적으로 어려운 학문임에도 불구하고 도학자의 이름을 가진 사람이나 말을 지나치게 존숭하여 문제가 더 크게 된다. 도학자의 말은 명분이나 의리로 표현된다. 그런데 명분과 의리는 모든 사람이 공적으로 수긍할 수 있는 것이어야 한다. 이건창은 이에 대해 다음과 같이 말했다.

명의名義라는 것은 세상의 공물公物이지 한 사람이나 한 집안이 사적으로 얻을 수 있는 것이 아니다. 옛날 공자세대에는 세상이 크게 어지러워서 증보찬시烝報簒弑의 화가 대대로 끊이지 않았는데, 나라사람들이 서로 바라보면서도 태연히 이상하게 여기지 않았다. 그러므로 공자가 『춘추』를 지어서 글로서 부월斧鉞을 대신한 것이니, 이로부터 인륜이 밝아지기 시작하였다. 지금 『춘추』를 읽는 자 가운데 그때 공자가 포폄한 부분에 대해서 그것이 악이 되는 이유를 알지 못하는 자가 거의 드문 것은 시대가 그렇기 때문이다. 이른바 명의라는 것도 이와 같을 뿐이다. 지금 세상 사람들 모두가 명의가 어떤 것인지 알지 못하지만 나 혼자만 알 뿐이라고 말한다면, 이것은 반드시 그 나라의 환란이 될 것이다. 춘추시대와 같은 세상에는 그 사람의 현명함이 공자와 같은 다음에나 가할 것이니, 성현을 자처하는 사람치고 한 세상을 속이지 않는 자는 거의 없다!52)

명의, 즉 명분과 의리는 한 개인이나 집안에서 사사롭게 설정하거나, 독차지할 수 있는 소유물이 아니라 모든 사람이 인정할 수 있는 공적인 도리에서 비롯된다. 이건창은 이를 '공물公物'이라고 표현하였다. 공자시대 이전에 인륜이 밝혀지지 않았을 때에는 불의를 보아도 태연했지만 공자가 『춘추』를 지어 인륜을 밝아진 뒤로부터 당대에는 공자가 『춘추』를 통해 포폄한 내용과 근거를 이해하지 못하는 사람이 거의 없다. 이건창에 의하면, 명분과 의리는 누구나 알 수 있는 것이어야 하는데, 세상사람들은 모르지만 나만 아는 명분과 의리가 있다고 한다면 그것은 크게 잘못된 것이다. 명분과 의리를 아는 사람은 자신뿐이라 다른 모든 사람들은 나를 따라야 한다는 논리는 자신이 성현이라고 자처하는 것이고 나라를 위태롭게 만든다. 춘추시대와 같은 어지러운 시대에 사람들이 명분과 의리를 모르지만 혼자 아는 사람이 있는 경우는 그 사람이 공자처럼 현명한 다음에나 가능한 일이다. 뿐만 아니라, 명분과 의리라는 것 자체도 고정불변의 것은 아니다.

　　또 명의가 또 어찌 항상 그대로 있는 것이겠는가? 공자가 『춘추』를 지을 때는 주 왕실을 높였지만, 맹자는 제후들에게 왕정을 시행할 것을 권했다. 공자는 위나라 군주와 함께 하지 않았지만 자로는 거기서 죽었으며, 공자는 세 가문의 성을 허물려고 했는데 제자인

---

52) 『明美堂集』卷11, 「論」〈原論〉 夫名義者, 天下之公物, 而非一人一家之所得私也. 昔孔子之世, 天下大亂, 蒸報篡弒之禍, 代不絶, 而國相望恬焉, 不以爲怪. 故孔子作春秋, 以空言代斧鉞, 自是以後, 人倫始明, 今之讀春秋者, 其於孔子之所貶, 鮮有不知其爲惡者, 其時然也. 所謂名義者, 亦若是而已矣. 今謂擧天下之人, 皆不知名義之爲何物, 而獨我知之云爾, 則是必其國之亂. 如春秋之世, 而其人之賢如孔子, 然後可也, 不幾於自聖而誣一世哉?

염유와 재아는 그들의 가신이 되었다. 그러나 맹자는 아성이 되었고 자로, 염유, 재아 세 사람은 오히려 승당의 반열에 오를 수 있었다. 지금 관점에서 보면 누구인들 맹자가 찬탈을 도모했다고 말하지 않겠으며 자로, 염유, 재아가 난역을 쫓았다고 말하지 않겠는가. 또 누가 공자는 성인이 아니고 그 유폐는 지금에 까지 미치고 있다고 말하지 못하겠는가? 천하의 변화는 지극히 무궁하고 인심의 미묘함은 매우 보기 어려우니, 그 요체는 무실務實만한 것이 없으며 그 변화는 때에 따르는 데 달려있다. 정말로 한 때나 한 가지 일을 가지고 억지로 명名으로 삼고 왜곡된 것을 의로 삼으며, 남을 막음으로써 자신을 높여서 반드시 남을 이기려는 술수를 구하면 안 된다. 더구나 갑이 명으로 여기는 것을 을이 또 따라서 죄주고, 을이 의라고 여기는 것에서 갑이 또 따라서 사특함을 찾아내는데 있어서랴. 명의가 과연 어떻게 항상 그대로 있겠는가?53)

이건창은 명분과 의리가 항상 그대로 있는 것이 아니라 시대에 따라 변한다고 보았다. 이는 사물마다 고정된 이치가 있다는 것을 부정하고 마음에서 실천조리가 나온다는 심즉리설과 일맥상통한다. 가령 공자는 주황실을 높였는데 맹자는 제후에게 왕정을 시행하라고 하였고 그 제자들인 염유, 재아는 공자가 성을 허물려고 했던 노나라 계씨의 가신이 되었다. 또 자로는 무도한 위나라를 떠났던 공자와는 달리,

---

53) 『明美堂集』卷11, 「論」〈原論〉 且夫名義, 亦何常之有哉? 孔子作春秋尊周室, 而孟子勸諸侯行王. 孔子不與衛君, 而子路死之, 孔子欲墮三家之城, 而冉有宰我臣之. 然孟子爲亞聖, 而三子者, 猶得與於升堂之列. 由今觀之, 孰不謂孟子謀篡奪, 而子路, 冉有, 宰我爲亂逆哉? 又孰不謂孔子非聖人, 而其流弊之至於斯哉? 天下之變, 至無窮也, 人心之微至難見也. 其要莫如務實, 其變在乎隨時. 固不可以一時一事, 强爲之名, 而曲爲之義, 封己以禦人, 求爲是必勝之術也. 況甲所以爲名者, 乙又從以成其罪, 乙所以爲義者, 甲又從以發其慝, 名義果何常之有哉?

오히려 변란이 일어난 위나라로 들어가 출공出公을 배반한 공회孔悝를 죽이려고 하다가 죽임을 당했다. 맹자, 염유, 재아, 자로는 모두 공자를 따르는 자들인데도 불구하고 같은 대상에 대해서 공자와 다른 행동을 취했고, 그것 때문에 비난 받기는 커녕 명성을 얻었다. 이건창에 의하면, 그 이유는 상황에 따라 명분과 의리가 달랐기 때문이다. 만약 당시 조선과 같은 상황에서 본다면 염유, 재아, 자로는 스승이나 주군을 배반한 반역자가 될 것이고, 반역자를 양성한 공자도 성인이라고 추앙받을 수 없을 것이다. 그렇기 때문에 어느 한 때의 명분과 의리를 다른 모든 상황에 적용하려고 하면 안 된다. 그런데 더 나아가서 한 때의 명분을 붙잡고 왜곡된 의리를 내세우면서 속으로는 남을 억눌러 자신을 높이며 남을 이기는 술수만 고민한다면 문제가 더 심각해진다. 이 역시도 송시열을 겨냥한 말이라고 볼 수 있다. 이건창은 『당의통략』에서 직접적인 비평을 피했지만 당시 여러 의론과 「원론」의 내용을 대조하면 이건창이 의도를 파악할 수 있다. 염유, 재아, 자로는 공자와 반목했던 계씨의 가신이 되었어도 배반자라고 하지 않는데 윤증은 스승을 비판하였기 때문에 배반자가 되었다. 또 송시열이 이단으로 지목한 윤휴에게 아버지인 윤선거의 제문을 받았고 윤선거 또한 윤휴와 절교하지 않았다고 해서 이단에 영합한 것이 되었다. 이건창이 보기에 송시열과 노론의 논리는 스승에 대한 의리만 주장하고 부모에 대한 의리는 저버리는 것이며, 송시열만이 옳기 때문에 그에 반하거나 비판하는 말이나 행위는 용납받지 못했다. 영조 대에 벌어진 당쟁은 노소가 서로 상대의 명분과 의리를 도리어 비난의 근거로 삼고 죄준 역사의 연속이었다. 상황에 따른 명의의 변화를 인정하지 않고 명의를 사욕을 채우는 수단으로 사용했다는 것이다. 이건창은 여기서 더 나아가서 상대를 이기고 죄주는 것 또한 정도가 심해져서 소인이라고 말하는 것을 넘어 명의설을 빌려 상대의 무리를 전멸시키는 지경에 이르고[54] 죄의 근거를 찾는 것도 문장, 단어 하나의 표현까지 세밀히 검토할 만큼 문사가 복잡해져서 당쟁의 화가 커졌다고 보았다.[55] 이건창에 의하면, 이를 해결할 수 있는 대안은 변화를 인정하고 진실성으로 대응하는 것이다. 그는 자연법칙이 변하듯 때에 따라 명분과 의리도 변할 수밖에 없고, 그것을 이끌어내는 인심은 미묘하기 때문에 '무실務實'해야 한다고 하였다. '실'에 힘쓴다는 말에서 '실'은 실심, 실제, 실천을 포함하는데, '실'하지 않으면 인위와 거짓이 개입되어 당쟁의 실수를 반복할 수 있다.

그런데 자신만이 알 수 있는 진실성을 어떻게 알고 비판하며 교정할 수 있을까? 여기서 역사와 정치행위의 기준을 개인의 실심, 즉 진실성에 둔다면 공공의 문제에서 객관성을 확보하기 어렵다는 문제가 발생할 수 있다. 이는 양명학이 주관주의의 오류에 빠질 수 있다는 비판과도 일맥상통한다. 그러나 양명학에서는 사심과 양지를 엄격히 구별하고, 누구나 지니고 있는 양지에 대한 신뢰가 확고하다. 사실 우리가 보편적인 의리라고 주장할 수 있는 것도 보편을 형성하는 혹은 뒷받침하는 주체들의 사유에서 비롯된다. 따라서 단순한 주관주의

---

54) 『明美堂集』卷11, 「論」〈原論〉自古朋黨之爭, 莫不自謂君子而斥人爲小人, 後之尙論者, 猶以是病之. 今則不然, 謂小人之名, 不足以湛其宗而夷其類也, 故必假名義之說, 悉驅而納之於亂賊, 然後快焉. 其亦可謂不仁之甚, 而甚於作俑者矣.

55) 『明美堂集』卷11, 「論」〈原論〉何謂文詞之太繁? 夫抉摘字句以罪人者, 前世所誡, 而我朝百餘年來, 士大夫之遭黨禍者, 大抵皆坐於此. 其始也, 不原其心, 而求罪於其言, 其終也, 不究其言, 而成罪於其文.

로 치부할 수 없다. 이에 대한 논의는 이건방의 논설에서 확인할 수 있다. 다음 절에서 이를 살펴볼 것이다.

2 진가론으로 본 현실과 학문

1) 300년 가학假學이 불러 온 것

소론계인 하곡학파는 을해옥사 이후 가문의 몰락을 경험했고, 정조의 죽음 이후 노론 일당의 전제정치가 조선의 쇠퇴를 가속화시키는 것을 목도했다. 이 때문에 하곡학파의 노론에 대한 비판의식은 진가론적 관점과 함께 계승되고 강화되었다. 이건창의 종제인 이건방도 일제 강점기를 불러온 정치 현실의 적폐와 사상계의 고질적인 병폐를 가도의假道義에 두고 이를 구체적으로 비판했다. 그는 조선의 당화에 시비사정의 구분이 없진 않지만 서로 사사롭게 당을 만들고 권리를 다투어 난망에 이르게 된 것은 매한가지이며, 각 당파의 기술도 편견에서 나와서 어느 것이 옳다고 하기 어렵기 때문에, 이건창이 이를 새롭게 정리하여 『당의통략』을 짓게 된 것이라고 하였다. 『당의통략』은 사견 없이 공심公心과 공안公眼으로 당쟁사에 접근할 수 있도록 쓴 저작이라는 것이다. 56) 이건방은 이건창의 의도를 이해하고 소개

---

56) 『蘭谷存稿』卷7,「文錄」[拔]〈黨議通略拔〉, 404쪽. 嗚呼! 是書卽寧齋先生所
著也. 先生嘗言本朝黨禍爲至大至久至難, 言其原論敍之詳矣. 竊嘗論之,
國家昇平累百年, 晏然無疆域之虞, 士大夫不以國計民憂爲慮, 而惟同室操
戈互相殺伐. 細究其故, 則雖不無是非邪正之分, 而其植私樹黨以競權利,
而促難亡, 則一也. 且彼此其逸煩憹, 各出於一邊之偏見, 苟非參互綜覈斷

하면서도 『당의통략』이 오히려 시비곡직을 분명히 다루지 않은 점이 있다고 보았다.

　　그러나 시비를 알기가 어렵지 않은데도, 오직 사의와 편견의 습이 오래되어 마치 천성처럼 된 것이 지금까지 그치지 않으니, 나는 이 책을 열람하는 자들이 선생의 마음을 알지 못하고서 한갓 서로 헐뜯는 말을 가지고 선생의 병통이라고 여길까 두렵다. 왜냐하면 선생 또한 당에 속한 사람이기 때문이다. 선생을 좋아하지 않는 자들은 본디 선생에게 사사로움이 없을 수 없다고 의심하고, 선생을 좋아하는 자들은 또 선생의 말이 혹 자기편을 굽혀서 상대편을 편 것에 가깝다고 의심한다. 여기서 선생의 마음이 공평하고 밝아 피차간 진영구분이 없다는 것을 알 수 있으니, 또 어찌 당이라고 할 것이 있겠는가? 만약 선생이 당을 지었다고 한다면 선생을 좋아하는 자들은 선생의 말에 의심을 거둘 수 있을 것이다. 그러나 내가 선생을 봤을 때, 선생의 과오는 당에 있지 않고 당을 짓지 않은 데 있다. 대개 신축, 임인년 무렵에 우리편이 옳고 상대편이 그른 것을 가릴 수 없었는데도, 오직 선생은 당을 짓지 않으려는 뜻이 지나치고 남들이 자기를 사사롭다고 의심할까 걱정하였다. 그러므로 혹 우리편을 굽혀서 상대편을 편 것이 없을 수 없었다. 뜻이 지나쳐서 그 평정을 잃었으니, 선생을 좋아하는 자들이 그 말을 의심하는 것도 이상할 것이 없다. 선생의 공정함으로서도 오히려 이를 면치 못하는 것은 어째서인가? 선생 또한 당에 속한 사람이기 때문이다. 차라리 지나친 실수가 있을지언정, 예전에 들었던 말에 친압당하지 말며 좋아하는 바에 치우치지 말라, 이것이 또한 선생이 책을 저술한 뜻이니, 독자들은 몰라서는 안 된다.[57]

之以公心公眼, 則莫能衷其是焉. 夫至大至難言, 而加之以歷年至久, 則公私之藏不下百十種, 豈尋行數墨造次而得其實哉? 此先生所以著之之意.

57) 『蘭谷存稿』卷7, 「文錄」[拔]〈黨議通略拔〉, 405쪽. 雖然是非不難知, 惟私意

『당의통략』은 이건창 사후 1912년에 간행되었는데, 위 인용문을 보면 그 당시에도 당파나 과거당론이 중요한 문제로 취급되었다는 것을 알 수 있다. 또 이건창이 객관적인 역사서술에 유의했다고하지만, 노론계에서는 그가 어쨌든 소론계에 속하는 인물이기 때문에 당파성을 지닐 수밖에 없다고 보고, 소론계에서는 오히려 자기가 속한 당에게는 각박하면서 상대 당에게는 후하다는 비평이 있었다는 것도 짐작할 수 있다. 그런데 이건방은 오히려 이런 점이 이건창에게 당이 없었다는 것을 증명한다고 보았다. 그에 의하면 이건창의 과오는 당파성을 벗어나지 못한 것이 아니라, 오히려 당파에 치우치지 않으려는 의욕이 지나친 데 있었다. 앞 장에서 살펴본 바와 같이 이건창은 병신처분 이후 소론계마저 진심에 의한 당론을 잃었다고 평하고, 이후 모든 사건과 주장을 있는 그대로 다루려고 하였다. 그런데 이렇게 모든 사건에 사적인 논평을 배제하고 소론에서 부정하는 노론의 주장마저 무시하지 않고 기록한 사실이 자기편을 굽힘으로써 상대편을 돕는 것이라고 볼 수 있다는 것이다. 이건방은 특히 신임옥사 관련 서술이 이에 해당한다고 보았다. 그러면서도 독자들이 이처럼 공정성을 위해서 자

偏見之習久若性者, 至今未已, 則吾恐覽是書者, 不知先生之心, 而徒以相訾嗷爲先生病耳. 何者, 先生亦黨中之人耳. 不悅先生者, 固疑先生之不能無私, 而愛先生者, 又疑先生之言, 或近於絀己以伸彼也. 於此可以見先生之心之公曠然, 無彼此畛域之分, 則又安有所謂黨者哉? 使先生而有黨, 則愛先生者, 可無疑於先生之言也. 雖然而余觀於先生, 先生之過, 不在於黨而在於不爲黨也. 蓋辛壬之祭, 此直而彼曲不可掩也, 惟先生之不欲黨之意過, 而懼人之疑吾私也, 故或不能無絀此以伸彼也. 意之過而失其平, 則無惑乎愛先生者之疑其言也. 夫以先生之公而猶不免此, 何也? 以先生亦黨中之人故也. 寧失於過, 毋狃於舊聞, 毋偏於所好, 此又先生所以著之之意, 而讀者不可不知也.

기편에 소홀하게 되는 실수를 범할지라도 당파에 치우쳐서는 안 된다는 취지를 이해하고, 아무런 편견없이 『당의통략』을 읽길 바랬다. 이런 점은 이건창의 당쟁사 서술과 그 원인을 설명한 「원론」이 있는데도 불구하고, 이건방이 1894년 이후부터 따로 「원론原論」상·중·하, 「속원론續原論」을 저술한 것과도 밀접한 연관이 있는 것으로 보인다. 이건방은 여기서 가도의론假道義論의 원인과 문제점에 대해서 이건창보다 더 상세하게 다루었다. 왜냐하면 이건방은 가도의론의 폐해가 심각했을 뿐만 아니라, 과거에 국한된 문제도 아니고 보았기 때문이다.

우리 조선 중엽에 거유가 한 사람이 있는데, 처음 나올 때는 총명하여 문장이 자못 다른 사람을 감동시켰다. 그는 국가에 전쟁이 없고, 유학을 숭상하고 장려하는 때를 만나 정암靜庵, 퇴계退溪, 우계牛溪, 율곡栗谷 등 제 선생을 배우고 뒤를 이었지만, 오로지 정주程朱를 존숭하여 다른 것을 물리쳤다. 스스로 정주가 중시하는 것에 의탁하면 온 세상을 복종시킬 수 있다고 생각하고, 여기서 대의명분을 취하고 정주를 인용하는 것을 목적으로 삼았다.[58]

또 상께서 심양의 치욕으로 개연히 복수설치의 뜻을 두신 것을 알고, 조용히 대의의 설을 고하여 안으로 총애를 유지하고 또 그 중함에 의지하여 조정 관리들에게 큰 소리를 치니, 조야의 선비들이 더욱 서로 흠모하고 칭송하여 진정한 대의라고 여겼다. 애초에 오히려 주자를 끌어다 빗댄 것이 오래되니 그 문도들이 추앙하여 공자에까지 견주니, 엄연히 춘추필삭의 의리를 자임하고 말로는 반드시

---

58) 『蘭谷存稿』, 「文錄 / 論」〈續原論〉, 386쪽. 我韓中葉有一巨儒者, 出其始也聰明, 文章頗足動人, 而時值國家無事, 崇奬儒術, 而學者承靜退牛栗諸先生之後, 專尚程朱, 而屛其異者. 自念藉程朱爲重, 則可以服一世, 而取大名於是, 動引程朱以爲的.

대의를 칭하며, 평상시에도 스스로 도의를 칭하였다. 가까운 사귐에
서 혹 조금이라도 자기와 뜻이 다른 자가 있으면 갑자기 큰 소리로
질타하여 말하기를 ' 이는 주자에 위배된다. 이는 도의를 배반한 것
이다.'라고 하였다.[59]

이건방은 송시열이 주희의 이론과 권위를 빌려 자기 뜻대로 정국을
주도하려는 사심을 채웠다고 비판했다. 그에 의하면 송시열은 병자호
란으로 청에 복수심을 품은 효종의 심리를 알고 북벌론을 내세우며
임금과 주변 선비의 지지를 받자, 그 기세가 날로 더 하였다. 그리고
자기 뜻에 맞지 않으면 사리의 옳고 그름이나 합리성과 상관없이 반
드시 주자와 춘추대의를 배반한 것이라고 비판하고 극단적으로 배척
하며 살육을 일삼았다.[60] 송시열이 전통적인 화이관에 입각해 병자호
란 당시 삼전도비문을 지었던 이경석을 조롱하고 박세당이나 윤휴가
주자를 배반했다고 비난한 일이 이에 해당한다. 이건방은 이런 일련
의 행보를 가도의라고 칭했는데, 이는 양득중의 「명대의변」을 계승한
것이다.

또한 옛날에 인의를 빌렸던 자들은 비록 한 때의 사사로움을 구하

---

59) 『蘭谷存稿』,「文錄 / 論」〈續原論〉, 388~389쪽. 且見上以瀋陽之辱, 慨然有伸
雪之志, 陰以大義之說諷之, 以內固其寵, 而又藉其重以喝喝廷紳, 則朝野
之士, 益相與歆慕瞻誦, 以爲是眞大義也. 始猶引朱子爲比久, 則其門徒値
推而擬之於孔子, 則儼然自任以春秋筆削之義, 言必稱大義, 雖平日自稱
以道義. 骨肉之交者, 或有微忤其旨者, 輒大聲疾呼曰, 是背朱子也, 是畔
道義也.
60) 『蘭谷存稿』,「文錄 / 論」〈續原論〉, 391쪽. 故愚事不問其曲直賢愚, 苟異於
己, 則必援朱子, 引春秋大義以討之.

더라도 자기 한 몸에 미치는 데서 그칠 뿐이고 혹 몸이 죽지 않더라
도 일이 먼저 패하는 경우가 있었다. 그러나 지금 빌리는 자들은 그렇
지 않다. 그 무리들이 이어서 그것을 조술하고 확대한 것이 오래될수
록 더욱 빛나서 국시가 하나로 고정되어 철안이 움직이지 않으니, 대
개 삼백년 간 이러했다. … 아! 애석하다. 내가 일찍이 논설을 써서
밝힌 적이 있지만, 감히 다른 사람에게 말하지 않은 것은 다른 사람에
게 말한다 하더라도 또한 그 화의 극렬함이 여기까지 이른 것을 알지
못하기 때문이다. 어째서인가? 저들은 모두 빌린 것이 오래되고 습
이 천성이 되어버려서 진실로 이를 진도의眞道義라고 여기니, 누가
감히 도의가 화禍가 된다고 생각이나 하겠는가? 나는 여기서 개연
히 그것을 바꿔볼 생각을 했으니, 비록 이 때문에 죄를 얻더라도 한
이 없다. 덕촌 양득중 선생이 지은 「명대의변」에서는 "저들의 이른
바 대의를 밝히고 이적을 물리친다는 설은 곧 우맹이 손숙오의 의
관을 빌려 입은 것과 같다."고 하였고, 또 "근거 없이 허황되고",
"화려하고 장황하게 만들어서 온 세상 사람들이 또한 거기에 현혹
되어 살필 겨를이 없었다."고 하였다.[61] 선생이 영조임금께 올린 상

---

61) 『德村集』卷5, 「雜著」〈明大義辨【庚申】〉 末俗文勝, 雖甚無恥, 豈忍倡此說
於天日之下哉. 當時自點之外, 雖惡山林懷私怨者, 亦無敢闖此意, 皆理無
之言也. 但必以此承接, 然後可以引用朱子之說, 故爲此假設懸空閃幻. 此
卽所謂優場之弄舌, 而惟其以雄深敏妙之文, 假朱子森嚴正大之說, 以震耀
而張皇之. 於是擧世之人, 方且爲其所眩曜, 未假察於名實之分. 말세 풍속
이 겉모습이 본바탕을 이기니, 전혀 부끄러움이 없다고 할지라도 어찌 차마
이런 견해를 대낮에 주창한단 말인가. 당시 金自點 외에 비록 山林을 미워하
고 사사로운 원한을 품은 자라 할지라도 또한 감히 이런 의견을 불쑥 내지
않았으니, 모두 이치에도 없는 말이다. 그러나 반드시 이것으로 받들어 이은
연후에 주자의 주장을 인용할 수 있었기 때문에, 이것을 위해서 근거없는 미혹
된 설을 거짓으로 세웠다. 이는 곧 이른바 놀이마당에서 혀를 놀린 것이니,
오직 그 크고 깊으며 민첩하고 기묘한 문장으로 주자의 엄정하고 정대한 주장
을 빌려서 화려하고 장황하게 만든 것이다. 이에 온 세상 사람들은 또한 그것
에 현혹되어 명분과 실상의 나뉨을 살필 겨를이 없었다.

소에서는 "의리를 빌리고[假義理]허위를 숭상[崇虛僞]"[62])하여 곧 "지금의 국세가 날로 난망한데로 치닫게 되었다"[63])고 하였다.[64])

앞에서 이미 살펴본 바와 같이 양득중은 송시열의 북벌론은 춘추대의를 내세워 권력을 손에 쥐려는 가의리에 불과하다고 비판했다. 이건방은 여기서 더 나아가서 조선의 가도의假道義론의 폐단은 당사자가 아닌 만인에게 피해를 준다는 점에서, 가인의설을 처음 제기한 맹자 때보다 더 심하고 무섭다고 주장하였다. 즉 빌린 것이 오래되고 세력이 강해지자 스스로 빌렸다는 사실을 잊게 되었으며 이것이 습이되어 진도의로 둔갑하고 대중에게도 전파되었다는 것이다. 같은 당에 속한 자들은 가도의를 그대로 추종했고, 외부의 약자는 죽임을 당할까 두려워서 따르고 강자는 그런 권세와 명예를 사모해서 더 따르는 등 각각의 이유로 다 같이 따르다 보니 결국 빌리는 풍조가 사회전체에 만연하게 되었다.[65]) 이것이 양득중이 말한 "세상 사람들이 현혹되

---

62) 『德村集』卷2, 「疏 / 辭」〈別諭召命疏【丁巳】〉此臣前日之疏所謂假義理崇虛僞, 有天地以來, 所未有之世變也.

63) 『德村集』卷1, 「疏 / 辭」〈又辭疏【己酉】〉而其虛僞之風之說 , 則乃今日國勢之所以日趨於亂亡之域.

64) 『蘭谷存稿』卷11, 「碑」〈德邨先生梁公墓碑銘〉且古之假者, 雖濟其一時之私, 而不過及身而止爾, 或身未死, 而事先敗者有之. 今之假者不然, 其徒之紹而述之, 擴而大之者, 愈久而愈光, 國是一定, 鐵案不動, 蓋三百年于玆矣.…烏虖! 其可哀也已. 余嘗著論以明之, 然未敢遽以語人, 雖語人而亦未有知其禍之烈 至於是也. 何也? 彼皆假之久, 而習以成性, 固以是爲眞道義也. 孰敢以道義爲禍哉? 余於是慨然, 思有以易之, 雖以此獲罪, 無所恨. 及讀德邨梁先生所著明大義辨有曰, 彼所謂明大義攘夷狄之說, 卽優孟之假衣冠也. 又曰, "縣空閃幻", "震耀張皇, 擧世人之, 方且爲其所眩, 未暇察也" 其上英廟疏有曰, "假義理崇虛僞", "乃今日國勢之日趨於亂亡也".

134

어 살필 겨를이 없고", "국세가 난망에 이르게 된" 이유이다. 이건방이 양득중의 묘비명을 쓰면서 사람들은 도의가 화가 된다는 사실 자체를 용납하기 어려울 것이지만, 자신은 이런 가도의를 논할 수밖에 없고 그러다 화를 입어도 한이 없다고 한 것은 당대의 국권 추락 또한 여기서 비롯되었다고 보았기 때문이다. 또 빌린 것을 가지고 남을 억압하는 세태의 영향을 다음과 같이 설명했다.

> 우리나라의 도의설은 이미 성현의 명의를 빌려서 그 사사로운 의도를 꾸몄기 때문에 존숭하지 않는 사람이 없고, 국가의 권위를 마음대로 휘둘러서 살육을 자행했기 때문에 두려워하지 않는 사람이 없다. 두려워하는 까닭에 감히 중대한 일에 공언을 하지 못하고 존숭만 하기 때문에 집안에서도 감히 사사로운 의론을 하지 못한다. 공론이 사람들의 마음속에서 없어진 까닭은 그것이 비록 두려운 점이 있다 하더라도 오히려 사가에서는 의론할 수 있는 것인데, 이미 그 권위를 두려워하여 사사로이 서로 의론하는 것조차 감히 할 수 없는 데 이르렀기 때문이니, 그 입은 이미 재갈을 물었고 그 마음은 이미 묶여버렸다. 그러니 무슨 공론이 있겠는가?[66]

---

65) 『蘭谷存稿』卷11, 「碑」〈德邨先生梁公墓碑銘〉, 548~549쪽. 烏虖! 假聖賢道義之重, 以爲名高以植黨衆, 貌襲色取居之不疑, 而至忘其非有也, 則爲其黨者, 又從而假之, 而皆忘其非有也. 及其久也, 黨成而力大, 以擅國之權, 而誅斥其不服者, 彊者慕其名, 弱者畏其威. 慕其名而樂其利, 畏其威而歆其勢, 轉相模倣, 遂至於擧國之人, 皆出於假, 皆忘其非有也. 夫擧國之人, 皆出於假, 皆忘其非有, 則其禍之烈. 吾未知其於洪水猛獸, 果何如也.

66) 『蘭谷存稿』卷6, 「文錄 / 論」〈續原論〉, 393쪽. 若吾東道義之說, 則旣假聖賢之名義, 以傅飾其私意, 故人莫不尊之, 擅國家之威權, 以恣行其殺戮. 故人莫不畏之, 畏之故不敢公言於重, 尊之故不敢私議於室. 夫公論之所以不泯於人心者, 以其雖有所畏, 而猶得議之於私室也, 旣畏其威, 而至不敢私相與議, 則其口已箝, 而其心已梏矣. 尙何公論之有哉?

이건방에 의하면 가도의가 불러온 심각한 문제는 공론이 없어졌다는 것이다. 이는 이건창이 「원론」에서 명분과 의리가 개인이나 한 집안의 소유가 아니라 공공의 것이라고 한 내용과 일맥상통한다. 이들에 의하면, 공공의 담론이란 한 개인이나 집안에서만 만들어지는 것이 아니라 담론의 주체가 되는 대중의 자유로운 비판과 논의를 통해 형성되는 것이다. 그런데 가도의론의 위세에 눌려 사가에서 조차 자유로운 의론을 하지 못하는 습이 오래되었기 때문에 진정한 공론은 없는 것이나 다름없었다. 그리고 이에 따라 선비의 기풍이 꺾이고 학술 풍토는 막혔으며 사회발전이 저해되어[67] 결국 국망까지 초래하게 되었다. 이건방이 허위虛僞와 가假의 역사를 논한 이유는 당파적인 이유가 아니라 국망의 비극을 초래한 원인이 여기서 비롯됨을 밝히기 위해서였다.

저 열강의 진화는 날로 성대하여 정치 법률은 공명하고 해·육군대는 확장되며 전기 통신 철도의 교통이 무성하고 농·공·상업이 발달하여 모두 하루 아침에 천리를 달리는 형세인데, 우리는 또 먹을 것에 안주하고 누워 자는 것을 즐기며 게으르고 직무에 태만하는 풍속이 여전히 전과 같아서 허위를 꾸미고 실리를 상실하여 마침내 민지民智를 개명하지 못하고 서무庶務를 창시하지 못하였으니, 스스로 패망의 화를 자초한 것이다. 이것이 내가 청의의 선비들에게 유감이 없을 수 없는 이유이다. … 국가가 멸망한 까닭은 늘 난역의 무리에 있는데, 도리어 도리를 지키는 선비를 비난하는 것이 틀린

---

67) 『蘭谷存稿』卷6, 「文錄 / 論」〈續原論〉, 395쪽. 惟在於先生之大義, 而黨同伐異, 魚肉縉紳, 士氣之日以摧沮, 人才之日以壞爛, 學術之日以晦塞, 皆由此假道義之爲也. 而今於國亡人滅之際, 猶欲持是說, 以自誤而誤人.

말이 없다고 한다면 너무 각박할까? 가령 민지가 개명하지 못하고 서무를 창시하지 못한 까닭이 혹 여기서 말미암기도 하겠지만, 나라와 임금을 팔고 기꺼이 저들의 염탐꾼이 된 자들과 비교하면 또한 차이가 있는데, 내가 똑같이 폄하하고 배척하는 것은 어째서인가? 대개 난역의 무리는 사람들이 알아채서, 비록 기틀을 붙잡고 간특한 짓을 하여 나라에 해를 끼치더라도 그 적심과 흉악한 속셈이 일시에 드러나니, 사람들 중 누가 그들을 믿겠는가? 오직 도리를 지키는 선비는 인민들이 우러러 보고 사방에서 믿고 복종하는 자이다. 가령 통상 초기에 구견을 고집하는 사사로움을 들어다 공심 공리로서 다 끊어버리게 하여, 진실로 그들의 도에 나라를 이롭게 하고 백성을 편하게 할 수 있는 것이 있었다면, 우리의 게으름과 안일함을 개혁하는 것을 꺼리지 않았을 것이다. 서양의 흥작을 본받아 우리의 부패와 단점을 변혁하기를 아끼지 않으며 저들의 쇄신을 본받아 인민을 창도했다면, 인민들이 믿고 따르는 자가 많아 분발을 장려하여 날로 자강의 길로 나아가 국가의 화가 여기에 이르지는 않았을 것이다. … 지금 우리 국가의 환란은 민지를 개명하지 못하고 서무를 창시하지 못했기 때문이다. 민지를 개명하지 못하고 서무를 창시하지 못한 것은 우리네 유자들이 옛 것에 얽매여 다시 고쳐서 발전시킬 생각은 하지 않았기 때문으로 진실로 그 책임을 회피할 수 없으니, 그 사람이 현명한가 어리석은가를 가지고 비교해서 될 일이 아니다.[68]

----

68) 『蘭谷存稿』卷6, 「文錄 / 論」〈原論〉(上), 349~351쪽. 彼列疆之進化日盛, 政治法律之修明, 海陸軍隊之擴張, 電信鐵道之交通森森, 農工商業之發達, 皆有一日千里之勢, 而吾且晏食酣寢怠惰恬嬉之風猶夫前也, 粉飾虛僞梏喪實理, 遂使民智不開, 庶務不創, 而自促其覆亡之禍. 此吾所以不能無憾於淸議之士也. … 國家覆亡之故, 恒在於亂逆之徒, 而反以咎之於守道秉義之士者, 得無擬之不倫而言之太刻乎? 假使有民智不開, 庶務不創之故, 或由於是, 而比之販國賣君樂爲倀導者, 抑有間矣, 而吾所以均貶而同斥者何也? 夫亂逆之徒, 夫人知之, 雖其秉機售奸以禍人國, 而其賊心兇腸暴於一時,

제2장 실심실학의 지표와 확장 **137**

이건방은 300년 전과 마찬가지로 춘추대의를 말하면서 척사를 주장하던 전환기의 지식인들을 가도의론자로 비난하였다. 그에 의하면 망국의 직접적인 원인은 민지를 개명하지 못하고 상황에 맞는 서무를 창시하지 못한 데 있다. 그런데 그 책임은 조정에 아부하면서 사리사욕을 취하고 외세에 가탁한 매국노보다 오히려 청의의 선비에게 있다. 왜냐하면 난적에 해당하는 자들은 그 잘못을 알기가 쉽고 인민들이 잘 따르지도 않지만, 선비는 인민들이 우러러보는 위치에 있어서 인민을 잘못 이끌면 그 영향력이 상당하다. 진작 당파적 이익이나 고루한 신념을 끊고 공심과 공리로서 국가의 이익과 인민의 행복을 위해 매진했다면 이런 위기는 없었을 것이다. 그런데 이들은 국제정세나 국가의 위기와 상관없이 입만 열면 의리를 말하고 명분만 내세우고 발전된 문화를 배우지 않아 오히려 국망을 초래했다. 이건방은 이런 면에서 당대의 대의리란 것이 인심을 악에 빠뜨리고 세도를 망가뜨리는 창귀가 되었으며, 69) 이런 도의를 가지고 여전히 당시의 근심

人孰信之哉? 惟守道秉義之士, 人民之所觀瞻, 而四方之所信服也. 使於通商之初, 袪其膠守舊見之私, 而斷之以公心公理, 苟其道有足以利國而便民, 則不憚革吾之怠惰恬. 而效彼之興作不惜變吾之腐敗皆瓲, 而效彼之刷新以爲人民倡, 則人民之信從者衆, 而獎勵奮發, 日趨於自彊之途, 而國家之禍, 或不至於是矣. 況改絃易轍衆心成城以作其忠君愛國之俗而國勢以競, 則雖有亂逆之, 徒欲有所挾售, 而何從而售其計哉? … 吾今以國家之禍, 由於民智之不開, 庶務之不創, 而民智之不開, 庶務之不創, 吾黨之狃於膠守, 而不思更張者, 誠無以辭其責也, 非以其人之賢愚而辨駁爲也. 蓋淸義之士, 所以膠守而不變, 實懲於悖倫越防之徒, 駭耳目而滋疑懼, 遂拜其實理而不之究也.

69)『蘭谷存稿』卷11, 「碑」〈德邨先生梁公墓碑銘〉, 550~551쪽. 乃今日國勢之, 日趨於亂亡也, 開口便稱義理, 其號則美矣, 其如無本何, 其如僞而不誠何?

을 구제하려고 하는 것은 오히려 멜나무를 안고 불을 끄고 독주를 마시며 갈증을 풀려는 것과 같다고 비판했다.[70] 이건방이 말하는 오랜 동안 지속된 가도의는 노론이라는 당파를 기준으로 한 것은 아니었다. 이건창이 당파를 벗어나 공정하려고 애썼던 것처럼 이건방도 자신의 비판을 당파성으로 이해하지 않기를 바랐다. 그는 다음과 같이 말했다.

> 비록 그러나 선생의 도는 천하의 공이요, 나의 말도 천하의 공언이다. 저 빌리는 것이 오래된 자들은 반드시 장차 내가 선생의 당에 속한다고 할 것이다. 합리적인 것을 구하지 않고 오직 당에만 힘쓰면 미혹됨을 끝내 풀 수 없을 것이다. 미혹됨을 풀 수 없다면 내 말은 더욱 절실해지고 저들의 분노는 더욱 심해질 것이니, 이미 미혹되고 또 분노했다면 그 빌린 것을 지킴은 더욱 견고해지고 그 당을 사사롭게 하는 것이 더욱 치열해질 것이다. 이것이 지나온 세월이 지극히 오래되어도 끝내 깨닫지 못하는 이유이다. 그렇다고 해서 나 또한 어찌 천하의 공을 버리고 말을 하지 않을 수 있겠는가? 만일 내 말이 당에서 나왔다면 그만이지만, 진실로 당에서 나오지 않았는데도 듣는 자들이 오히려 당이라고 여긴다면 이는 하늘이 재앙을 내림이 끝이 없는 것이니, 슬프다![71]

此乃今世之大義理, 而爲陷人心壞世道之倀鬼.

70) 『蘭谷存稿』卷6, 「文錄 / 論」〈續原論〉, 395쪽. 烏虖! 以若是之道義救今日之患, 是猶抱薪而救焚, 飮鴆而思瘳.

71) 『蘭谷存稿』卷11, 「碑」〈德邨先生梁公墓碑銘〉雖然先生之道, 天下之公也, 余之言, 亦天下之公言也. 彼久於假者, 必將以余言爲黨於先生也. 夫不求於理, 而惟黨之是務, 則惑終不可以解矣. 惑終不解, 則吾言愈切, 而彼怒愈甚, 旣惑且怒, 守其假者益固, 而私其黨者益競. 此所以歷年至久, 而卒莫之悟也. 然吾亦安得捨天下之公, 而不之言也? 使吾言而出於黨, 則已, 苟不出於黨, 而聽者猶以爲黨, 則是天之降喪亂也, 無已. 悲夫!

이건방의 가도의는 도덕적 위선에 초점이 맞춰져있다. 그는 양득중이 가도의를 비판한 것이 당파성을 띠는 것이 아니라 공심에 의한 것인 것처럼, 국망을 초래한 가도의에 대한 자신의 비판도 공심에 의한 것이라고 하였다. 따라서 자신의 비판을 합리적으로 성찰하지 않고 당파성에 의한 논의로 치부하며 분노하는 자들은 오히려 당파성에 치우친 자들이라고 하였다. 이들이야 말로 오랜 세월이 지나도 빌린 것을 깨닫지 못하는 가도의의 선비라는 것이다. 가도의가 오래되면 거짓을 진실로 믿는 착각에 빠져 밝히기 어렵다. 그러나 이건방은 자신의 비판을 수용하고, 본심 양지의 학문을 통해 성현의 도가 일상의 도리에 근본한다는 것을 깨달아 허위를 버리고 실을 쫓으면 달라질 수 있다고 보았다.[72] 가도의가 진도의로 바뀌는 길은 언제나 열려있는 것이다. 이런 점은 이건방의 사촌 형인 이건승에게서도 찾을 수 있다. 이건승은 매천梅泉 황현黃玹(1855~1910)이 벌열가문을 비판하고 당파를 구분하는 것에 대해서 다음과 같이 충고 한 적이 있다.

> 나는 당신 때문에 한탄스럽습니다. 당신은 번번히 문벌집안에 자결한 자가 없음을 병통으로 여기나, 조병세, 민영환, 홍만식, 송병선, 제공이 벌열이 아니고 무엇입니까? … 그러므로 상설이 어떠한 사람인지도 모르면서 유독 벌열이라 해서 깔본다면, 이는 깔봄을 당하는 자는 손상될 것 없지만 한갓 깔본 그 사람이 중후함을 상실할 뿐일 것이니, 어찌 경솔하게 말을 할 것입니까? 당신의 평소 의견이 너무도 노론이니 소론이니, 벌열의 비교에서 벗어나지 않아 한 사람

---

72) 『蘭谷存稿』卷6, 「文錄 / 論」〈續原論〉 惟講明斯學, 使知聖人之道, 必本於天理民彝之常, 黜其虛僞而務求其實, 去蒙蔽而必核其眞, 則彼必將汪然而惑, 釋然而悟, 不待吾言之畢, 而知所從矣.

을 볼 때마다 반드시 "이는 노론이다, 그래서 이렇다. 이는 소론이다, 그래서 이렇다. 이는 벌열이다, 그래서 이렇다. 이는 벌열이 아니다, 그래서 이렇다." 하여 이런 의견이 한 번 서면 고집스러워 쳐부술 수가 없습니다. 이런 편견으로 어찌 능히 천하 후세에 공변되게 입언할 수 있겠습니까?[73)]

매천梅泉 황현黃玹(1855~1910)은 1910년 경술국치를 맞아 자결로 절의를 보여준 인물이다. 그는 1905년 을사조약이 맺어질 당시에도 이건승과 함께 자결을 시도했지만 성공하지 못했다. 이건승은 황현의 의리정신을 높게 평가했지만[74)] 그러면서도 당파나 벌열가문에 대해 지녔던 편협한 태도를 우려하였다. 이건승에 의하면 황현은 을사년 당시부터 대대로 나라의 녹을 먹었던 벌열 가문에서 자결로 충절을 보여준 인물이 없음을 개탄해왔다. 하지만 황현의 생각과는 다르게 이미 자결한 조병세趙秉世(1827~1905), 민영환閔泳煥(1861~1905), 홍만식洪萬植(1842~1905), 송병선宋秉璿(1836~1905)은 모두 벌열이었다. 평소 황현은 보재溥齋 이상설李相卨(1870~1917)도 대표적인 벌열집안 인물로 비판했다. 이건승은 오히려 을사조약체결 당시 홀로 거리로 나가 사

---

73) 『海耕堂收草』, 「答黃梅泉【玹】書」, 311~313쪽. 僕則爲足下慨然. 足下每以閥閱無死者病之, 趙閔洪宋諸公非閥閱而何? … 所以不知相卨爲何如人, 而特以閥閱慢之也, 此無損於受慢者, 而徒喪慢者之之忠厚而已, 語豈可輕發哉? 足下平日之見, 不出於老少閥閱較計太甚, 每見一人所爲必曰 是老論也故如此, 是少論也故如此, 是閥閱也故如此, 是不閥閱也故如此, 此見一立牢不可破. 以此褊見安能立言公天下後世乎?

74) 『海耕堂收草』, 「祭黃梅泉文」, 341쪽. 乙巳來書, 滿紙腔血, 國無不亡, 恥乏忠節, 梁廷蹈舞, 崔廬布列 公憤且歎, 甚於國滅, 家非世祿, 身不簪組, 文章滿腹, 義理充肚.

태의 심각성을 알리고자 한 사실을 설명하면서 사람을 제대로 알고 평가하라고 하였다. 노론이라서 이렇고 소론이라서 이렇다는 견해로는 공론을 이끌어갈 수 없다고 보기 때문이었다.

그렇다면 진도의와 가도의의 구분은 어떻게 할 수 있는가? 다음 절에서 이를 살펴보고자 한다.

2) 공공公共의 진眞, 천하의 정情

진도의와 가도의의 구분이 당파와 무관한 것이라면 그 기준을 좀더 구체적으로 살펴볼 필요가 있다. 하곡학파의 진가론이 개인의 도덕 완성을 위한 논리이면서 현실 비판과 학문 추구의 기준이 되는 것은 지금까지 살펴본 바와 같은데, 그것은 가를 버리고 진을 추구하는 것이다. 복기하자면 개인수양의 측면에서 진의 의미는 본래 주체성, 진실성, 완전성을 의미한다. 그러나 공동체의 공적부분에서는 공공의 진眞이라는 좀더 확장된 의미를 지니며, 그에 상응하는 명확한 기준을 필요로 한다. 이 문제를 분명히 언급한 사람은 바로 이건방이었다. 결론부터 말하자면, 이건방은 그 기준을 일상적인 도리에 해당하며 범인의 정서에 부합해야 한다는 원칙에 두었다. 그는 다음과 같이 말했다.

> 도와 의는 용언용행庸言庸行으로부터 미루어 가는 것이다. 혹 높아지려고 하지 않아도 높아지고 색다르게 하려고 하지 않아도 달라지는 것은 괜찮다. 그러나 도가 높을 수 없는 것인데 교만하게 굴어 높게 하고, 의가 다를 수 없는 것인데 강경하게 고집하여 다르게 한다면, 그것은 반드시 민이물칙民彛物則에 어긋나고 용언용행庸言庸行

에 위배된다. 나는 가도의가 도의를 해치는 것이 두렵고 그것이 실제 도와 의를 행하는 것은 보지 못했다. 또 의는 일정하게 바꿀 수 없는 물건이 아니고 경중완급이 각각 마땅한 바를 따르는 것이다. 여기서 의가 된 것이 저기에서도 반드시 의가 되는 것은 아니다. 전날 의가 된 것이 오늘에도 반드시 의가 되는 것은 아니다. 오늘날 이른바 의라는 것이 만약 예전에 옥사를 심의한 단안을 붙들고 옳다고 여기는 것과 같은 것이라면, 비록 때가 바뀌고 일이 변하여 한 가지로 고집할 수 없는데도 여전히 또 전의 설을 고집하며, 반드시 높아지려고 애쓰고 다르기를 기필하여 용언용행에 위반되는데도 돌볼 줄 모르는 것이다. 이것이 내가 이른바 도와 의를 빌렸다고 하는 것이다.75)

이건방은 진정한 도의란 억지로 어렵거나 높게 할 수 있는 것이 아니라고 하였다. 그에 의하면, 인간의 마음에 도의가 없었던 적은 없었고, 그것은 본심양지에 의해 누구나 발현할 수 있는 것이다. 문제는 본심 양지에 의한 진을 어지럽히는 가이다. 진은 고원한 이치가 아니라 알기 쉬운 일상의 말과 행동[庸言庸行]에 관련 된 것이다. 양지의 진을 높이려 하거나 색다르게 하려고 한 것이 아니지만, 진을 좇다가 결과적으로 높고 다른 도의가 나오는 경우도 있을 수 있다. 하지만

---

75) 『蘭谷存稿』卷6,「文錄 / 論」〈原論〉(中) 夫道與義也, 自其庸言庸行而推之, 或不期峻而峻焉, 不期異而異焉, 則可矣. 道不可峻而矯而爲峻, 義不可異而彊而爲異, 則其必悖於民彝物則, 而畔於庸言庸行矣. 吾懼其賊道害義, 而未見其爲道與義也. 且義非一定不移之物, 而輕重緩所以急各隨所宜. 此爲義者, 在彼未必爲義也. 前日之所以爲義者, 在今日亦未必爲義也. 今之所謂義者, 若讞獄者之斷案, 執以爲是, 則雖時移事變不可泥一, 而猶且固守前說, 必務於峻必期於異, 以畔於庸言庸行, 而不知恤也, 此吾所謂假道與義.

일부러 높은 척하고 다르게 하려고 애쓰는 것은 진이 아니라 가이다. 그리고 이러한 가는 실제 도의를 행하는 것이 아니라 오히려 그것을 해친다. 또 의는 고정적으로 정해진 것이 아니라 시대와 장소, 상황에 따라 다르게 설정되는 것인데, 전대의 법적인 판단을 언제나 옳다고 고집하는 것도 진도의가 아니라 가도의다. 전대의 설을 생각없이 고수하고 일부러 고원하고 색다른 도의를 주장하는 것은 일상인 말과 행동에 어긋나고 세상의 실정을 제대로 살피는 것이 아니다. 따라서 현실에 맞지 않는 춘추대의론을 계승하고 고수하는 당대의 여론도 가도의의 연장이라고 할 수 있다.

아! 도의는 인심에 있어서 없었던 적이 없으나 오직 가라는 것이 그 진을 어지럽히면 쉽게 분별되지 않으니, 진을 구하고자 한다면 반드시 먼저 그 가를 알아야 한다. 어떻게 그 가를 알 수 있는가. 그것은 성현의 도에 부합하지 않기 때문이다. 어떻게 성현의 도에 부합하지 않는다는 것을 알 수 있는가. 그것은 인정에 부합하지 않기 때문이다. 아! 국권은 이미 빼앗기고 인류는 장차 멸망하려고 하는데 스승의 자리를 차지하고서 제자들을 끌어안고 종종 대중들에게 부르짖기를 "국가가 비록 망할지언정 저들을 배울 수 없다. 사람들이 비록 죽어 없어질지언정 저들을 배울 수 없다. 이것이 도이고 의다. 도와 의는 진실로 높고 아름답다"라고 말하지만 다만 그것이 과연 사람들의 정서에 부합하는지 알지 못하겠다.[76]

---

76) 『蘭谷存稿』卷6,「文錄 / 論」〈原論〉(上) 嗚呼! 道義之在人心未嘗亡, 而惟假者亂其眞, 則未易辨也, 欲求其眞必先知其假, 何以知其假, 以其不合乎聖賢之道也. 何以知其不合乎聖賢之道, 以其不合乎人之情也? 嗚呼! 國權已去人類將滅, 而方且據臯比擁群徒, 亟號於衆, 曰國雖亡不可以學彼也, 人雖滅不可以學彼也, 是固道也義也, 道與義誠高矣美矣, 而獨未知其果合乎人之情也. (본 인용문을 통해 「후기 하곡학파의 진가론과 실학」,『유학연구』

일상의 도리가 아닌 고원한 이치를 추구하는 것은 가도의에 해당한다. 당대의 보수적인 유학자들은 서구의 발전된 과학문명을 수용하는 것이 시급한데도 이를 무시하고 현실과 동떨어진 추상적인 이상과 원칙만 내세웠다. 이건방에 의하면, 이들은 무책임하게도 해외 학술 언어에 가까운 것이 있기라도 하면 소중화小中華인 조선이 이적夷狄으로 변해가고 있다고 비난하며, 나라가 망하고 인민들이 다 없어지는 한이 있더라도 배워서는 안 된다고 하였다.[77] 그러나 이미 당시에는 유문유술은 땅에 파묻혀야한다는 사설이 등장할 정도로 유학에 대한 부정적인 인식이 확산되고 있었다. 폐쇄적인 유도 수호를 추구하는 것은 현실과 일상의 도리를 무시한다는 문제만이 아니라, 사람들의 보편적인 정서에도 어긋나는 것이었다. 진이라는 것은 성인의 도에 부합하는 것이고, 성인의 도에 부합하는 것이란 바로 평범한 사람들의 보편적인 정서에 어긋나지 않는 것이다.

아! 나라가 있고 인민이 있은 뒤에야 오랑캐와 중화를 말할 수 있으니, 나라가 없고 인민이 없는데 비록 관면옥백冠冕玉帛이 있다한들 어떻게 입을 수 있겠으며, 종고관현鍾鼓管絃이 있다한들 어떻게 연회할 수 있겠는가? 천리민이天理民彝, 용언용행庸言庸行의 도를 귀하게 여기는 자는 국가가 망하면 슬퍼할 줄 알고 인민이 멸망하면 아파할 줄 안다. 지금 약해서 강한 것을 대적할 수 없

제42집, 충남대학교 유학연구소, 2018, 104쪽 인용문의 오역을 정정한다.)

77) 『蘭谷存稿』卷6, 「文錄 / 論」〈原論〉(中), 360~361쪽. 今乃擁容睱豫, 視國家生靈之禍日深日亟, 而漠然若無關於痛痒, 或有近於海外之學術言語, 則詬之以用夏變夷, 斥之以棄舊染新, 曰 "國雖亡不可以學彼也, 人雖滅不可以學彼也."

제2장 실심실학의 지표와 확장 **145**

으니, 더불어 대적할 수 없다면 반드시 멸망에 이르게 된다. 사람이 약한 것을 알고 강한 것을 배우면, 혹여 약한 것을 능히 변화시켜 강하게 할 수 있고 스스로 보존할 수 있다. 이는 또한 사람들이 다 아는 바인데, 그러한 것을 잘 알면서도 반드시 배우지 않고 변하지 않겠다며 멸망을 기필한다면, 이것이 곧 높고 다르고자 하는 설의 폐해가 되는 것이니, 도리어 또한 천리민이의 상도에서 멀지 않겠는가?[78]

위 인용문에 의하면, 약한 것을 고치지 않고 강자를 대적하면 멸망할 수밖에 없고 약한 자는 강한 자에게 배워야 자립할 수 있다는 것은 누구나 알 수 있는 상식이다. 또 약소국의 인민으로서 이를 강구하는 것은 당연하고 일반적인 정서이다. 그런데 고고하게 도의를 지킨다는 것은 혼자만 높고 달라지려고 하는 것에 불과하다. 설령 지고지순하여 백이伯夷나 무광務光과 같은 명성을 얻는다 해도 그것은 환란에 아무런 도움이 되지 못한다. 나라가 없고 인민이 없으면 고고한 벼슬이나 예도 다 쓸데가 없게 되는 것이다. 이건방은 산림의 선비가 환란을 탓을 남에게 돌리고 자신은 이와 무관하고 깨끗하며, 도의를 위해서는 국망인멸도 감수해야 한다고 생각하는 것이 오히려 떳떳한 본성을 지닌 사람으로서 차마 할 수 없는 일을 하는 것이라고 비판하였다.

---

78) 『蘭谷存稿』卷6, 「文錄 / 論」〈原論〉(中), 361~362쪽. 嗚呼! 有國有人而後可以言夷夏, 無國無人雖有冠冕玉帛, 於何以衣之, 雖有鍾鼓管絃, 於何以饗之? 所貴於天理民彝庸言庸行之道者, 以國家亡而知其爲可悲, 人滅而知其爲可痛也. 今夫弱之不足以敵彊, 與不足以敵, 則必至於亡. 夫人而知之弱而學於彊, 則或能變弱爲彊, 而得以自存. 此又夫人之所知也, 明知其然, 而必使之不學不變, 而滅亡爲期, 則此固夫峻與異之說之爲蔽, 而顧不亦遠於天理民彝之常歟?

천리민이의 상도는 자신들의 말하는 도의의 근본인데, 오히려 이를 해치는 행위를 했다는 것이다. 이건방은 더 나아가서 천리민이로는 차마 할 수 없는 생각과 행위를 하고도 스스로 도의라고 말하는 것이 가라고 말하지 않을 수 없는 이유라고 하였다.[79]

3) 구학과 신학을 넘어

이건방은 국망인멸이 올지라도 서구의 신학을 배우지 않고 구학을 고수해야 한다는 산림의 신념과 행위는 범인의 정서에 어긋날 뿐 아니라 존재의 아픔에 통감하는 인仁의 본질에도 맞지 않는 자기모순적인 것이었다. 그렇다면 이건방은 서구의 신학에 대해 어떤 입장을 취했을까?

먼저 매체에 등장한 신학과 구학의 논쟁은 어느 학문이 현실적 대안이 되는 '실학'인가 하는 것이 주된 논점이었다. 따라서 신·구학 논쟁에서 사용된 '실'의 개념이 무엇인가에 주목할 필요가 있다. 1897년 근대 매체에 처음 등장한 실학의 의미는 실질적인 국가 독립을 이룩할 수 있는 학문을 말했다.[80] 대한제국 출범을 전후하여 국가 독립을 위한 교육정책이 제기될 때까지만 해도 '정덕이용후생正德利用

---

79) 『蘭谷存稿』卷6,「文錄 / 論」〈原論〉(下), 382~383쪽. 國亡人滅之謂何, 而可以潔博之乎哉? 縱使潔之至淸之極得與伯夷務光齊其名, 其亦何補於國亡人滅之禍也? 吾亦非不知潔之爲好, 而名之爲可欲徒以區區秉彝之性有所不忍, 苟忍於此而自謂道與義者, 吾不得不謂之假也. 假之久而不知其爲假, 又孰從而求其眞哉?

80) 《대한독립협회회보》4, 〈北來合中國의 獨立史를 閱하다가 我大朝鮮國獨立을 論함이라〉

厚生'이라는 전통적 유교질서의 정책 이념을 실학의 내용으로 삼았지만(《皇城新聞》, 1898~1904) 이후 신식교육에서 실용이 강조되면서 주로 '자연과학', '실업학'을 지칭하게 되었다.(《大韓每日申報》, 1907)) 고종·순종 연간의 실록에 실업實業이라는 말이 처음 등장하는 것도 이와 무관하지 않다.[81] 신학과 구학 논의는 문명개화文明開化, 동도서기東道西器, 전통개신傳統改新의 관점 가운데 무엇을 지지하는가에 따라 다르게 나타나지만, 전통학문 개념인 '실'을 기준으로 논의를 전개해 나간다는 점은 동일하다. 문명개화론자들은 시의적절한 '실용實用'이 없는 구학을 배척해야하며 서양의 신학 수용이 시급하다는 점을 지적한 반면, 동도서기론자들은 신학을 경계하면서 구학문 안에 이미 실용이 있음을 강조하였다. 또 전통개신론자는 신학을 수용해서 구학을 개신할 필요가 있다고 보았다.[82]

　　구학은 고인의 사적이니 그 이치를 미루어보면 수제치평修齊治平의 도가 없을 수 없으나 중고이래로 여러 학생들이 수년간 등불 아래서 기름 태우며 공부하기를 계속하여 흥이다, 비다 하며 시를 말하고 부를 말하다가 만일 기괴한 구어를 만나기라도 하면 고개를 끄덕이고 콧노래 부르며 촌음을 안타까워하면서 여름 낮, 겨울밤에도 부지런히 공부하여 이처럼 인고를 쌓고도 한 가지 일을 이루지 못하며, 초라한 오막살이집에 부유진사腐儒陳士가 허명虛名을 단장하여 세월만 보내니, 그 허물이 어디에 있는가. 다만 학자는 문자만 훔치고 그 이치를 궁구하지 않고 또 학문의 범위가 협소하여 천박

---

81) 노관범, 「대한제국기 실학 개념의 역사적 이해」, 『韓國實學硏究』25권, 한국실학학회, 2013, 425~427쪽.
82) 이행훈, 『학문의 고고학』, 소명, 2016, 60~66쪽.

한 학식이 심정단승과 같으니 인지발달의 결과가 어디에 있겠는가. 신학문은 이와 다르다. 지금 철인지사哲人志士가 정열적으로 연구한 신지식이니 경제, 정치, 농학, 공학, 화학, 이학과 기타 신종학문이 매우 많아서 그 이치를 상세히 살피려면 만리萬理를 남김없이 모두 들어야 할 것이다. 지금 문명열강의 국가가 모두 신학문의 효력이 요, 구학의 효력은 조금도 없거늘 저 완고한 선비는 긴 밤 어두운 꿈을 깨닫지 못하고 다만 구학을 고수하여 저 지식경쟁에 처한 시 대에 생활을 스스로 도모하고자 하니, 비유하자면 봄꽃을 따다 여름 에 살리고자 하는 것이며 아침이슬을 가져다 한낮 퇴약볕에서 지키 려고 하는 것이니 어찌 될 수 있겠는가. 현대 청년은 오직 날마다 부지런히 힘써 신학에 진보할지어다.[83]

신학과 구학이 이미 그 명칭이 다르면 주로 논하는 자도 무리가 나뉘어, 신학을 주로 하는 자는 구학을 공격하고 구학을 고수하는 자는 신학문을 배척하여 상호 비난하여 분연히 그치질 않는다. 이는 그 '실'을 궁구하지 않고 한갓 그 이름만 숭상하기 때문이니, 어찌

---

83) 《서북학회월보》제8호, 1909.1.1, 〈新學과 舊學의 區別〉 41. 舊學은 古人의 書 籍이니 推觀其理컨딘 修齊治平의 道가 不無ᄒ나 中古 以來로 多少學生이 十年燈下에 焚膏繼日ᄒ야 興也比也에 曰 詩曰 賦ᄒ다가 若遇奇怪之句語 ᄒ면 點頭鼻歌ᄒ며 寸陰을 猶惜ᄒ야 夏之日과 冬之夜에 勤勤孜孜ᄒ야 困 苦를 如此積置ᄒ고도 一事를 成치 못ᄒ며 白首窮廬에 腐儒陳士가 粧得虛 名ᄒ야 徒費光陰ᄒ니 其 答安在오. 但 學者ᄂ 徒能偸文字而不究其理ᄒ고 且 學問의 範圍가 挾小ᄒ야 淺學薄識이 深井短繩과 如ᄒ니 人智發達의 結 果가 豈有ᄒ리오. 新學은 異於是ᄒ야 今之哲人志士의 精硏熱究ᄒ 新智識 이니 經濟, 政治, 農學, 工學, 化學, 理學과 其 他種新學이 甚多ᄒ야 其 理를 詳察ᄒ면 萬理를 畢擧홀지라. 目今 文明列强의 國이 皆 新學의 效力이요 舊學의 效力이 少無ᄒ거늘 彼頑固俗士ᄂ 長夜昏夢을 不覺ᄒ고 徒守舊學 ᄒ야 處此智識競爭ᄒᄂ 時代에 生活을 自圖코쟈 ᄒ니 譬如摘春花而欲壽 于夏令이며 取朝露而欲保于午陽이니 豈可得乎아. 現我靑年은 惟日 勤勉 ᄒ야 新學에 進步홀지어다.

가소롭지 않겠는가. 그러므로 지금 신학을 주로 하더라도 진실로 구학을 버릴 수 없고 구학을 고수하는 자도 그 신학을 따르지 않을 수 없으니, 이유는 신학과 구학은 일찍이 둘이 아니기 때문이다. 구학을 버릴 수 있다면 신학을 보존할 수 없을 것이오, 신학을 따를 수 없다면 구학을 밝힐 수 없다. 알기 쉽게 시험삼아 논증해보건대, 지금 신학을 주로 하는 자들은 한문을 구학이라고 배척하니, 한문이 참으로 구학이긴 하나 법률 제정을 이것으로 하고 리화학理化學의 강술을 이것으로 하니, 여기에 어두우면 새로운 것이 생겨나는 것을 보지 못할 것이다.[84]

위 두 인용문은 각각 문명개화와 전통개신의 입장에서 서술된 신문 논설이다. 먼저 앞의 논설(1909)을 보면 구학문 역사의 산물로 과거 경세의 내용을 담고 있는 것이 사실이지만 그 보다 현실문제와 무관하게 시문을 외우고 허명을 쫓는데 머물러 실용성이 없다고 지적하였다. 뿐만 아니라 학문 범위가 좁기 때문에 다양한 학문이 발달하여 세상 모든 이치에 대해 논하는 신학문과 비교가 되지 않는다고 하였다. 따라서 구학을 고수하는 것은 매우 어리석은 일이라는 것이다. 반면 뒤의 논설(1908)은 신학과 구학의 구별과 상호 배척은 명목에만

---

84) 《대동학회월보》제2호, 1908.3.25, 〈新舊學問이 同乎아 異乎아 續李琮夏〉16~18
新與舊 │ 旣殊其稱則主論者 │ 亦分其黨ᄒᆞ야 主新者ᄂᆞᆫ 攻其舊ᄒᆞ고 守舊者
ᄂᆞᆫ 排其新ᄒᆞ야 互相詆軋ᄒᆞ야 紛然而不已ᄒᆞ니 是ᄂᆞᆫ 不究其實而徒尙其名
故也 │ 니 豈不可笑之甚哉리요 故로 今夫主新者 │ 라도 固不得以棄其舊矣
오 守舊者 │ 亦不能不從其新矣리니 何則고 新與舊 │ 未嘗有二也ᄅᆡᆺ 舊可
棄也ᄂᆡᆫ 新者 │ 不得以存矣오 新可不從인ᄃᆡᆫ 舊者 │ 不得以明矣니 請就其
易知者ᄒᆞ야 試擧其証인ᄃᆡ 今夫主新者 │ 斥漢文以爲舊ᄒᆞᄂᆞ니 漢文이 誠舊
也 │ 나 然이나 法律之制定也에 以是오 理化學之講述也에 以是니 徵此면
吾未見其有新也 │ 로라

치우치는 것이며 실질적인 내용을 고찰하면 오히려 상호발전을 이룰 수 있다고 하였다. 신학을 잘하려면 구학을 잘해야 하고 구학을 가지고 신학을 진행해야 새로운 것을 창출할 수 있다는 것이다. 그러나 이 두 논설에는 공통점이 있는데, 그것은 '실용'의 관점에서 상호 효용을 비교하고 하고 있다는 점이다. 이건방의 관점은 이 가운데 전통개신론에 가깝지만, 신학과 구학을 바라보는 기준이 '실용'이 아니라 '실심실학'에 있다는 차이가 있다.

> 실심실학에 대해 어찌나 횅하니 아는 바가 없던지, 오직 물결과 구름처럼 변화무궁하고 광양하여 헤아릴 수 없는 것만 보며, 인륜을 어그러뜨리고 예법을 뛰어넘어서 구속받지 않고 제멋대로 하는 자가 종종 있으니, 아! 이는 또 신학술新學術을 빌린 것이다. …저 신학에서 빌린 자들은 이미 그 효제孝悌의 자연한 행실은 멸시하면서도 부패한 구습을 반드시 고쳤다고 할 수 없고, 오직 저들의 다른 관습을 본받으면서도 진화進化의 신리新理를 반드시 얻었다고 할 수 없으니, 동서양의 장점을 버리고 천하의 단점을 모은 것이다. 그렇게 하면 어찌 어지럽지 않겠는가.[85]

기득권층이었던 산림이 신학에 소홀했던 반면 독립협회, 서북학회 등 사설 단체에 속한 개인자격의 지식인들은 신학을 배워 민중을 계몽하고자 하였다. 이건방도 이런 여러 단체에 속해 협회취지의 발기,

----

[85] 『蘭谷存稿』卷6, 「文錄 / 論」〈原論〉(下), 374쪽. 何寥寥無聞於實心實學, 而惟見其波滿雲詭洸洋莫測, 而悖倫常越禮防, 以自肆於拘檢之外者, 往往而是也, 嗚呼! 是又新學術之假者也. … 而彼假於新學者, 旣蔑其孝悌之質行, 而腐敗之舊俗未必改也. 惟效彼習慣之不類, 而進化之新理未必得也, 去東西之長而叢天下之短. 若之何不之亂也?

월보의 간행, 신문논설 기재 등 여러 활동을 하고 지식인들과 교류하였다. 이에 관해 남아있는 기록[86]이 많지 않기 때문에 활발한 활동을 이어갔다고 보긴 어렵지만, 이건방은 스스로 당대 지식인들의 담론과 시대조류를 이해하고자 노력하였기 때문에 대강을 통섭했다고 자부하였다.[87] 위 인용문은 그런 활동에서 느낀 소회를 기술한 것이다. 그는 신학을 수용한 사람들이 구학의 본질인 천리민이의 영역이자 효제와 같은 전통윤리를 무시하면서도 편파적이거나 태만한 구습의 폐해를 완전히 제거하지 못했다고 비판했다. 그렇다고 해서 시대의 조류인 신학의 진화론을 제대로 이해한 것도 아니었다. 서구의 신학이 지닌 전통윤리사상과 다른 부분은 따라 하면서 핵심을 놓치고 있었다. 결국 동서양의 장점은 다 버리고 단점만 모아 취하게 된 꼴이다. 이건방은 이런 행태를 '가신학假新學'이라고 하였다. 신학이든 구학이든 자신의 본심, 진실성을 실현하는 실심실학의 맥락에 어긋나는 것은 대상만 달리할 뿐 '가假'라는 점에서 동일한 폐해를 낳는다고 본 것이다. 그 구체적인 내용은 다음과 같다.

---

86) 이에 대한 구체적인 기록은 아직 확인된 바 없다. 아직까지 이건방의 논설로 확인된 것은 1933년 《동아일보》에 길성산인吉星山人이라는 이름으로 게재된 〈조선유학朝鮮儒學과 왕양명王陽明〉(1~8)이 유일하다. 한정길, 「「조선유학과 왕양명」의 작자 '길성산인'」, 『사회사상과 동서접변』, 동과서, 2019, 55쪽.

87) 『蘭谷存稿』卷6, 「文錄 / 論」〈原論〉(下), 373~374쪽. 夫山林竣議之士, 而欲其求眞理而踐實德也. 嗚呼! 山林之士 旣若是矣, 則抑今日所謂社會中人, 尙或能知恥而發憤, 以游學於四方, 而開其智識歟? 吾嘗求之有年矣, 顧所居僻遠, 罕與人接, 無從而叩其詳也. 雖然數年以來, 以會以社而名者以十百數, 而趣旨之發起, 月報之刊行, 新聞之記載, 交遊之流傳, 或推其談論而究之, 或參其行事而考之. 雖未得悉其底蘊, 而亦可謂攝其梗槩矣, 豈吾識之未精, 而傳者有誤耶?

저명한 신학자로서 뜻이 있다고 불리는 자의 설에 이르기를 "우리 동방의 훈몽서 가운데 맹자의 말을 인용하여 훈으로 삼은 것이 있는데, 맹자는 지나인이다. 이를 가지고 아이들을 가르치면 아이들의 정서가 중국인을 숭배하는 데 있게 되어 노예성을 기르고 조국의 정신을 잃게 된다."고 하였다. 도가 천하에 있는 것은 동서의 구분이 없고 중외의 차이가 없으니, 그 사람을 높이는 것이 그 도를 높이는 것이다. … 유럽의 학문을 희모하는 것은 노예성이 되지 않고 중국의 성훈을 가르치는 것만이 유독 노예성이 되는가? 우리나라의 선대 현인을 모멸하면 조국의 정신을 잃는 것이니 지나인의 유경을 배척하면서 조국의 정신을 지킬 수 있겠는가? 서양학술을 배우지 않을 수 없다는 것을 알면, 또한 마땅히 중국 성훈도 높이지 않을 수 없음을 알아야 하며, 중국 성훈을 높이지 않을 수 없다는 것을 안다면, 또한 본조 선정도 높이지 않을 수 없다는 것을 알아야 한다. 때가 같지 않은 경우도 있고 형편상 불편한 경우도 있다고 한다면, 어찌 동양 제현의 말만 혹 옛날에는 부합했지만 지금은 부합하지 않는다는 우려를 면치 못하는 것이겠는가? 곧 유럽의 옛 철학 이론도 또한 마땅히 저기서는 옳지만 여기서는 옳지 않을 우려가 있는 것이다.[88]

열강의 부국강병을 뒷받침하는 신학이 시대의 보편으로 여겨지는

---

[88] 『蘭谷存稿』卷6, 「文錄 / 論」〈原論〉(下), 375~377쪽. 其著名新學, 而號爲有志者之說曰, "吾東訓蒙書中引孟子之言以爲訓, 孟子支那人也. 以是授兒, 兒之感覺在於崇拜支那人, 長奴隸之性, 失祖國之精神." 夫道之在天下也, 無分於東西, 無間於中外, 尊其人所以尊其道也. … 希慕歐洲之學, 術不爲奴性, 而敎授中國之聖訓, 獨爲奴性乎? 侮蔑本朝先正, 則不失祖國之精神, 而排斥支那人之遺經, 可保祖國之精神歟? 夫旣知西洋學術之不可不學, 亦當知中國聖訓之不可不遵, 旣中國聖訓之不可不遵, 又當之本朝先正之不可不遵. 若其時有不同而勢有不便, 則豈惟東洋諸賢之言, 或未免合於古, 不合於今之慮也? 卽歐洲往哲之論, 亦當有宜於彼不宜於此之虞也.

상황에서 신학을 배우는 것은 어쩔 수 없었지만 맹목적인 추종사례도 많았다. 이건방에 의하면 조선의 전통학문이 시대에 맞지 않으며, 중국의 성현을 높인다는 점에서 노예성을 반영하는 것이라는 비판도 이와 무관하지 않았다. 그러나 유럽의 학문만 높일 수 있고 동양학문을 높일 수 없다는 논리는 말이 되지 않는다. 시대에 맞지 않는 사상과 문화는 동양뿐만 아니라 서양에도 존재할 수 있으며, 그 반대의 사례도 마찬가지이기 때문이다. 진리란 것은 동양이나 서양 어디에든 있을 수 있고 훌륭한 문명도 중심지든 주변지든 정해진 지역에서만 존재하는 것도 아니다. 이건방은 도를 높이고 추구한다는 것은 그것을 체현한 인물을 높이는 것이기 때문에 공자나 맹자를 따르는 것은 문제가 없고 노예성도 아니라고 하였다. 또 이렇게 서구의 관점에서 과거의 학문을 모두 부정한다면 오랫동안 이 땅을 이끌어온 정신을 통째로 부정하는 것이 된다고 보았다. "우리나라는 학문 전수를 국문으로 하지 않고 한문으로 하여, 쓸데없는 데 정신을 피로하게 하고 국민의 노예성을 키운다. 지금 반드시 국문을 전용하고 한문을 폐해야 하며 한자만큼은 보존하되 국문을 끼워 넣어야 한다."는 주장에 대해서도 마찬가지였다. 이건방은 "문文이란 것은 리요 자字라는 것은 형질일 뿐이니, 리를 버리고 형질 보존하는 것은 그 마음을 버리고서 그 사람됨을 보존한다고 말하는 것과 같다."고 하고 국한문을 혼용하는 것은 일본의 경우를 따라하는 것이라고 비판했다.[89] 이건방이 국학문의 혼용까지 문제삼

----

89) 『蘭谷存稿』, 「文錄 / 論」〈原論〉(下) 其領袖社會, 而自任世道者之議曰, "我國授學不以國文而以漢文, 疲精神於無用, 養國民之奴性. 今必專用國文而廢漢文, 惟存漢字以閒國文可也." 夫文者理也, 字則其質耳, 去理而留質 猶言去其心而存其人之謂也. 苟去其心則吾未見其果爲人也. 究其所以爲此

은 것은 국한문 혼용, 혹은 국문전용을 주장한 다른 개신유학자들[90]에 비해 보수적이라고 할 수 있다. 또 비록 해방이후이긴 하지만, 훌륭한 우리 글을 더 많이 쓰게 되면 종국에는 한문을 폐지할 수도 있다고 본 제자 정인보의 생각과도 다르다.[91] 그러나 이건방은 다의성을 지니는 표의문자로 구성된 한문에 대해 인문학적 소양이 풍부한 사대부였기 때문에 이를 버리는 것은 거기에 담겼던 성현의 진리적 명제 또한 거부되는 것이라고 여겼다. 따라서 이를 부정하는 것은 오히려 "조국의 정신"을 지키지 못하는 것이라고 보았다.

이건방은 "조국의 정신"이 무엇인지 구체적으로 설명하지는 않았

者 出於尊慕日本之至而不自知其說之不通也. 日本之語與我國不類. 凡名物之稱多用漢字, 而造辭遣意, 則閒以伊呂, 蓋其習俗然也. 彼見其然而欲效之, 顧我國言語名物造辭, 皆能通融, 不須漢字, 而必存其字以閒國文, 若日本之閒伊呂, 而後可以極其似而無憾於心也. 天下奴性之至下, 未有若是之甚者, 去祖國之精神, 亦未有若是之巧者, 幾何而不化爲日也?

90) 가령 1904년 박은식은 나라의 문명이 발전하려면, 전국민을 상대로 교육을 통한 교화가 이루어져야 하기 때문에, 배우기 힘든 한문말고 전국민 누구나 배울 수 있는 국문으로 교육해야한다고 하였다. (『白巖朴殷植全集』卷3, 「學規新論」, 468~469쪽. 國之文明, 由於敎化, 欲敎化之烝然日隆, 則必使全國民無一不學而后可也. 欲使全國人民, 皆曉於學, 則莫使於國文之敎也. 蓋漢文非人人可能, 而國文則無論男女皆可學之也.)에서 (1894년 갑오경장부터 대한제국기까지 국문운동 및 한문폐지에 관해서는 강명관, 「漢文廢止論과 愛國啓蒙期의 國·漢文論爭」, 『韓國漢文學硏究』8집, 한국한문학회, 1985 참조.)

91) 「위당과의 대담기」, 『새한민보』1권15호, 1947.11.25, 21쪽. "勿論 漢文廢止는 贊成이겠죠?" 漢學의 泰斗를 보고 漢字廢止論을 덮어 씨우려는 語調다. "맨 끄트머리 가서야 勿論 廢止지. 그러나 잘못하면 큰일나지요 廢止論을 떠들기보다 우선 우리말, 우리글을 찾아 쓰도록 해야지요 우리말, 우리글처럼 훌륭한 것이……" 다시는 없다는 말씀이다. 漢學者일 수 없는 말씀, 그러기에 이이는 漢學者가 아니라 漢學에 造詣 깊은 우리의 國學者다. 國學大學의 長이시다.

지만, 이는 선조들의 '진도의'에 해당할 것이라고 짐작할 수 있다. 그것은 당대 학자들이 추구했던 순수하고 고유한 '조선적인 것'과 차이가 있다. 이는 이건방의 제자인 정인보가 우리 스스로 우리 학문을 가르치고 배우는 국학을 말할 때, 조선 고유의 것만을 지칭하지 않고 유학을 포함시킨 것과 맥을 같이 한다. 다음 인용문에서도 이를 확인할 수 있다.

저들은 또 스스로 한 책을 엮어 동양사라 명명하고 단군기원에서 본조에 이르기까지 이런 사례를 다 쓰고 년 아래에 곧 바로 탕무의 방벌이나 진한이 교체된 일을 적었다. 그것을 비판하는 자들은 말하기를 "신라, 고려에서 본조에 이르기 까지 모두 왕호가 있어서 해를 표기할 수 있는데 어찌 단군만 기년으로 삼는가? 또 역사를 동양으로 명명하면 청일 제국은 각기 연호가 있어 따로 표기하는 것이 마땅하고, 다 단군아래 묶어놓는 것은 마땅하지 않다."고 한다. 그러면 저들은 불끈 성내며 "이것은 노예성이다. 서양은 예수를 기원으로 하고 전 유럽에서 그것을 사용하는데, 단군을 동양의 기년으로 사용하는 것은 어째서 안 되는가? 영국과 독일이 기년을 같이 쓰니, 청이 우리 한국에 매이는 것은 바로 서양과 같은 예이다." 라고 한다. 서양은 각국 제왕이 본래 연호가 없기 때문에 예수 기원에 함께 묶여있다. 어찌 동양제국이 각기 연호를 사용하는 것을 그 예에 적용시킬 수 있겠는가? 또 서양이 알렉산더, 옥타비아누스의 기원을 쓰지 않고 예수로 기원을 삼는 것은 종교를 중히 여기는 것이다. 만일 종교를 중히 여긴다면 동양제국은 마땅히 공자의 탄생을 기년으로 삼아야지 단군으로 하면 안 된다는 것은 분명하다. 저들은 반드시 "공자는 지나인이다. 우리가 그를 받들려고 한다면 이것은 노예성이다."라고 말할 것이다. 나는 거기에 응하여 "예수는 유태인이지만 유럽에 있는 국가가 받들지 않음이 없는 것은 공자가 중국인이지만 동양 제국이 함께 높이는 것이니, 바로 서양의 사례와 일치한다"라고 할 것이다. 내가 말한 것은 오직 이치가 합당한지 여부를 구한 것이고, 서양의 사례에 대해 물은 적이 없을 뿐만 아니라, 또한 스스로 서양의 사례와 어긋남이 없는 것이 천하의 보편적인 리라고 여긴 적도 없다. 저들은 진실로 서양의 사례에 연연하면서, 반대로 그에 합하지 않는 것에서는 리理의 소재를 구하지 않으며, 오직 타인이 옳다는 것만을 본받는다. 이것이야말로 진정 이른바 노예성이니, 그 설이 스스로 모순되는 것이 여기에 이르렀다. 이것이 내가 이해할 수 없는 또 한 가지이다. 아! 이것은 모두 가신학假新學의 폐해이다.[92]

위 인용문은 기년을 단군으로 해야 한다거나, 공자로 해야 한다는 주장을 하려는 것은 아니고, 과거 조선에서 명이나 청의 기년을 사용한 것은 노예성이므로 반드시 단군을 기년으로 삼아야 한다는 논리를 비판하고자 한 것이다. 노예성에 대한 우려는 어떤 나라에도 예속되

---

92) 『蘭谷存稿』, 「文錄 / 論」〈原論〉(下), 377~379쪽. 彼又自爲一書名之曰東洋史, 以檀君紀元至于本朝悉用此例, 而其年之下直書湯武之放伐, 秦漢之更代, 駁之者曰, "羅麗至本朝, 皆有王號可以標年, 而何獨以檀君爲紀乎? 且史以東洋名, 則淸日諸國各有年號宜分標, 不宜俱繫檀君之下." 彼則怫然曰, "是又奴性也. 西洋以耶蘇紀元而全歐用之, 檀君之爲東洋紀年有何不可? 英德同紀年, 則淸之繫於我韓, 固泰西之例也." 夫西洋則各國帝王本無年號, 故同繫於耶蘇紀元, 何可以東洋帝國各有年號者, 冒其例乎? 且西洋之不以亞歷山屋大維紀元, 而紀以耶蘇者, 重宗敎也. 苟以宗敎爲重, 東洋諸國當, 以孔子誕生爲紀元, 而不當以檀君也明矣. 彼必曰, "孔子支那人也, 而吾欲奉之是果奴性也." 吾將應之曰, "耶蘇猶太之人也, 而國於歐者莫不奉之, 則孔子中國人, 而東洋諸國共尊之, 正合於西洋之例也." 蓋吾之言, 惟求理之當否, 而未嘗問西洋之例, 亦自與西洋之例不舛者, 以天下之理一也. 彼固斷斷於西洋之例, 而反不得合者, 以不求理之所在, 而惟他人之是效此, 眞所謂奴隸之性, 而其說之自相牴牾至於是也. 此吾所未解者又其一也. 烏虖! 是皆假新學之弊也.

지 않는 자주국가에 대한 열망에서 비롯된 것이다. 현실은 정반대였기 때문이다. 이에 따라 많은 지식인들은 조선만의 고유한 뿌리를 찾으려고 애썼다. 그러나 이건방이 보기에 동서양을 막론하고 자신만의 고유한 뿌리만을 찾아 지킨다는 것은 비현실적이었다. 역사는 그렇게 흘러오지 않았다. 그는 일각에서 조국 정신의 수호와 자주성의 확립을 위해서 단군의 기년을 쓰고 그것을 조선에만 국한 시키는 것이 아니라 동양사 전반에 적용하는 것은 합리성을 따지지 않고 서구 신학만 신봉한 폐해라고 하였다. 그에 의하면 서구 유럽의 여러 나라들은 종교가 정치보다 중요했기 때문에 종교의 뿌리에 해당하는 인물인 예수의 탄생을 기점으로 해를 구분했다. 그러나 동양은 종교 뿐만 아니라 정치가 중요했기 때문에 국가의 왕조에 따라 기년을 달리 표기했다. 동양의 역사를 저술한다면 이런 점을 무시해서는 안 된다. 동양사 서술을 제대로 한다면 각 왕조의 기년을 모두 표기해주어야 하지 어느 한 왕조의 기년을 기준으로 해서는 안 된다. 만약 서양과 마찬가지로 종교를 기준으로 서술한다면 유교국가에서는 공자 탄생을 기년으로 삼아야 할 것이다. 그렇지만 이렇게 한다면 반드시 중국인인 공자를 기념으로 삼는 것은 노예성이라고 할 것이다. 이는 노예성을 지나치게 의식하고 신학의 겉모습만 따른 결과로 또한 가신학의 한 사례가 될 수 있다.

이건방은 구학이나 신학이 양자택일의 문제도 아니고, 동도서기의 입장에서 신학을 일부 수용해야한다고 보지도 않았다. 그는 진리는 동서고금의 특정 장소나 특정 시기에만 있는 것이 아니고 어디에나 존재할 수 있다고 보았다. 따라서 진리를 담은 학문, 실심실학의 관점에 구족한다면 구학이든 신학이든 채택할 여지가 있었다. 물론 국한문 혼용문제에서 볼 수 있듯이 이건방이 지닌 보수적인 면도 존재한다. 실심실학과 그에 따른 진가론을 주장하는 후기 하곡학파가 각각의 구체적인 현실에서 어떻게 대응했는가를 살펴보면 그 성향과 실천면에서 일정한 차이를 발견할 수 있다. 성향만을 논하자면 이건창보다는 이건승이, 이건승보다는 이건방이, 그리고 이건방보다는 정인보가 좀 더 진보적이었다고 할 수 있다. 반대로 말하면 시대를 거슬러올라갈수록 보수적인 면이 있다는 것이다. 그 구체적인 내용에 대해서는 다음 장에서 논하고자 한다.

제3장
실심실학의 실현과 모색

1 사대부의 사명

1) 진문장과 진도학

이제 후기 하곡학파의 현실비판과 학문기조가 자신들의 실천활동에 어떻게 반영되었는지 살펴보고자 한다. 먼저 이건창[1]은 15세에 조

---

1) 이건창에 관한 연구성과는 김세정, 「한국근대양명학에 관한 연구 현황과 전망」, 『유학연구』 42호, 충남대학교 유학연구소, 2018을 참고할 수 있다. 이 글에서는 2016년 12월까지 한국에서 간행된 원전, 저서, 번역서, 학위논문 및 각종 논문집과 학술잡지에 게재된 이건창, 박은식, 정인보와 관련된 연구경향을 정리하고 연구성과목록을 수록하였다. 2017년 이후 연구 성과로는 한정길, 「19세기 강화학파 학자들의 현실 인식과 대응 논리 – 이시원(李是遠)과 이건창(李建昌)을 중심으로」, 『大東文化研究』 104집, 성균관대학교 대동문화연구원, 2018 / 최성환, 「이건창 가문의 당론과 『당의통략』 서술」, 『大東文化研究』 104집, 성균관대학교 대동문화연구원, 2018 / 김용태, 「李建昌 글쓰기의 문제적 성격에 대하여 – 김택영(金澤榮)이 산삭했던 산문의 분석을 중심으로」, 『大東文化研究』 104, 성균관대학교 대동문화연구원, 2018 / 천병돈, 「寧齋 李建昌의 『讀易隨記』 연구 – 「繫辭十則說」을 중심으로 – 」, 『인천학연구』 32호, 인천대학교 인천학연구원, 2020이 있다.

부인 이시원의 순국을 기리기 위해 시행된 과거시험에 합격하였다. 그러나 너무 일찍 등과하여 17세가 되어서야 승정원의 가주서가 되었고 이후 홍문관교리, 서장관, 충청우도와 경기도의 암행어사, 한성부 소윤, 안핵사 등 20여 년간 관료생활을 하였다. 이건창의 공무는 주로 관료들의 비리를 감사하는 일에 해당하여 강직한 일처리로 잘 알려졌지만, 사공이나 학문보다 문장에서 '여한9대가麗韓九大家'중 한 명으로 불릴 만큼 뛰어난 기량을 발휘했다. 그는 스스로도 "스무 살 때부터 지금까지 이십년 동안의 시간과 마음의 절반 이상을 일찍이 시에 쓰지 않음이 없었다. 비록 사이사이에 고문을 익히기도 하고 또 송유의 말씀을 공부하기도 했지만 모두 시의 나머지를 편 것일 뿐이다."2), "1866년 급제한 이후에는 고시문을 배웠으며, 일찍이 조선 오백년의 문장에서 일가를 이루겠다고 스스로 기약하여 당시 사람들과 같이 칭해지는 것을 탐탁지 않게 여겼다."3)라고 하여 문장의 완성을 소임으로 삼았다. 그는 조선의 문풍에 대해 다음과 같은 평을 남기기도 하였다.

> 국조의 사대부들은 그저 학문을 우위에 두고 유학을 높이는 것이 좋은 것인 줄만 알아서, 사리에 통달하지 못하고 고금에 벼슬과 상을 내렸던 대의나 문장이 평가되는 근거를 깊이 연구하지 못했다.

---

2) 『李建昌全集』卷1,「明美堂散稿」〈贈尹許二君序〉, 840~841쪽. 旣又自思, 自 二十時至今又二十餘年, 其間日力與心力, 十之五六, 未嘗不費之于詩. 雖 嘗間習爲古文, 又間治宋儒家言, 而皆詩之餘陳耳. (김용태,「李建昌 글쓰기 의 문제적 성격에 대하여」, 『대동문화연구』제104집, 2018, 118쪽 재인용)

3) 『明美堂集』卷16,「傳」〈明美堂詩文集叙傳〉自登第, 習爲古詩文, 嘗以朝鮮 五百年文章一家自期, 不屑與幷時人稱. (『全集』1, 823쪽)

서가四佳 서거정徐居正과 같은 여러 공들은 문화를 이어 아름답게
하고 태평시대를 꾸미기는 했지만, 또한 재주 있는 이를 시기하고
이기기를 좋아했다는 비난을 면하지 못했으니, 모두 군자들이 마땅
히 책해야 할 것이다. 나는 일찍이 동방의 선비들 가운데 대제학이
될 것을 스스로 기약하는 자는 진문장眞文障이 아니고, 초선관이 되
기를 스스로 기약하는 자는 진도학眞道學이 아니라고 말한 적이 있
으니, 식자라면 마땅히 망령되다고 하지 않을 것이다.4)

서가四佳 서거정徐居正(1420~1488)은 세종부터 성종까지 6명의 임금
을 섬기고 무려 23년 동안 대제학을 지내며 당대의 문풍을 좌우했던
인물이다. 그는 『경국대전經國大典』, 『동국통감東國通鑑』, 『동국여지
승람東國輿地勝覽』, 『동문선東文選』을 편찬하는 국가사업에 참여했으
며, 문장에 능하여 『동인시화東人詩話』, 『필원잡기 筆苑雜記』, 『태평한
화골계전 太平閑話滑稽』, 『사가집四佳集』 등 다양한 작품을 남겼다. 위
글은 이건창이 『사가집四佳集』을 읽고 난 뒤의 소감을 남긴 것인데,
그의 비판적인 시각을 쉽게 확인할 수 있다. 서거정은 수양대군이 조
카인 단종으로부터 왕권을 찬탈하기 위해 일으킨 계유정난癸酉靖難
(1453)에 침묵했을 뿐만 아니라 수양대군과 정난공신을 찬양하는 시를
다수 지어 바쳤다. 이건창이 보기엔 이런 점이 글을 잘 쓸 줄 만 알고
역사의식은 없으며, 태평시대를 노래했지만 실은 정변과 찬탈로 점철
된 그릇된 정치행태를 모른척한 부정이었던 것이다. 또 실록을 보면

---

4) 『李建昌全集』卷2, 「湆寧文稿」〈題四佳集後(壬申)〉, 83쪽. 國朝士大夫, 徒以
　右文崇儒爲美, 而不能識達事體, 通究古今爵嘗之大義與夫文章所以輕重
　者. 徐四佳諸公, 踵華增美, 賁飾昇平, 而亦不免猜才好勝之誚, 皆君子所當
　責備也. 余嘗謂東方之士, 以大提學自期者, 非眞文章, 以抄選官自期者, 非
　眞道學, 識者當不以爲亡.

"자기보다 명망이 못한 자가 종종 정승의 자리에 뛰어 오르면, 편협한 마음이 없지 않았고", "그릇이 좁아서 사람을 용납하는 도량이 없으며, 또 일찍이 후생을 장려해 기른 적이 없으니, 세상에서 이로써 작게 여겼다."는 비판이 있었으니, 이를 간과할 수 없었을 것이다.[5] 이건창은 이처럼 진실한 실심이 아닌 사심私心으로 글을 쓰고 학문을 하는 것을 모두 진문장과 진도학이 아니라고 보았다. 실심이 아닌 것에는 주체성 없이 남을 의식하거나 따라가는 것도 포함된다.

> 세상은 넓고 후세는 요원해 나의 글을 알아줄 이가 드물 것이며, 비록 알아주는 이가 있다 할지라도 서로 만나기가 어렵다. 그러므로 글이 잘 되었는지는 오직 나의 마음이 스스로 나의 글을 질정해볼 수 있을 뿐이다. 나의 마음에서 촉발하고 감동했는데도 오히려 나의 마음에 흡족함이 없다면 이것은 매우 유감스러운 일이다. 나는 오직 나의 마음이 흡족해하는 문장을 추구해야 할 것이니, 어찌 세상 사람과 후세 사람들에게 바랄 것이 있겠는가? 세상과 후세에도 바랄 것이 없는데 하물며 구구하게 동시대의 칭송을 바라겠는가? 오직 나의 마음에 흡족하면 내가 짓는 문장의 일은 끝이 난 것이다.[6]

문장에서 정해진 틀을 따르지 않고 진솔한 감정의 표현을 중시하는

---

5) 『朝鮮王朝實錄』, 〈成宗實錄〉 성종19년12월24일 在朝廷最爲先進, 而名望後己者, 往往躐躋台席, 居正不無偏心焉. … 居正器狹, 無容人之量, 又未嘗獎進後生, 世以此少之.

6) 『李建昌全集』卷1, 「明美堂籠藁」〈答友人論作文書〉, 385~386쪽. 夫天下廣矣, 後世遠矣, 其知吾文者鮮矣, 縱有知之者, 相値相待難矣. 惟吾心可與質吾文耳. 夫發於吾心, 感於吾心, 而猶不愜於吾心, 則是甚可憾也. 吾惟吾心之愜是求, 安所蘄天下後世哉, 天下後世, 猶不足以蘄, 而況區區一時之譽哉? 夫惟吾心愜, 而吾文之事畢.

것은 가학의 내력이다. 이건창은 재실齋室이나 묘도墓道 문자에 전형을 미리 만들어 놓고 인명·지명만 바꿔 쓰는 문장을 과대평가하는 세태를 비판하고 [7] 진심에서 우러나는 창의적인 글쓰기와 자기만족을 중시했다. 그는 이미 초년에 공안파 성령문학의 기초를 제공한 이지李贄(1527~1602)의 찬을 지은 바 있는데, 특히 "차라리 스스로 깨우치고 말지언정, 구차히 남과 같아지려 하지 않았네", "나긋나긋 순종하는 태도는 순수한 충심이 아니로다. 의심나면 따져물으며 가슴속의 생각은 반드시 펼쳐냈네." [8]라고 하여 주체적 태도를 높이 평가했다. 글쓰기에서 주체의 진심을 중시하는 것은 곧 공부 문제에도 이어진다. 이건창은 스스로 학문보다 문장에 중점을 두었다고 했고 철학적 논설을 많이 남기지 않았지만, 가학의 영향으로 본체공부를 학문의 요점으로 삼았다. 그는 성리학의 격물치지공부가 쉽다고 말할 수는 없지만, 본래 심성을 회복하는 공부가 매우 간략하면서도 가장 중요하다고 하였다.[9] 이러한 실천중심의 사유는 성리학의 형이상학적 원리인 '태극'을 설명하는 부분에서도 확인할 수 있다. 이건창은 기존의

---

7) 『李建昌全集』卷1, 「明美堂散稿」〈永慕齋記〉, 867쪽. 又吾頗以文字自娛, 人之過聽而見求者亦多. 然其所求爲文之題, 可數言而盡曰, 某齋某亭某堂, 非其田廬與書塾則墓舍也. 其文可預作爲板本, 易其人與地之名施之, 則可一日而應百人. 此非惟三代詩書之所無徵, 雖後世所謂古文, 未有如此以應人之求而能傳於後者. 顧今之爲文則不習, 此不足以行於世, 吾又不知其何謂也.

8) 『李建昌全集』卷2, 「澹寧文稿」〈李卓吾贊〉, 122쪽. 卓哉卓吾, 其人也眞. 寧自得已, 毋苟同入, 迪慧入定, 化腐生新. 一家之言, 百歲千春. 匪聖曷依, 匪聖曷親. 婉婉歸寺, 非忠之純. 起疑發難, 有懷必申.…

9) 『明美堂集』卷9, 「序」〈征邁夏課錄序〉 性理之學至矣, 而又有二, 曰讀書以致知, 曰存心以養性. 讀書以致知, 吾不敢謂其便且易, 若本之心性, 則天下之至約也. … 嗚呼! 定天下之規矩, 莫善於至易. 通古今之事變, 莫要乎至便.

태극에 대한 여러 설들이 대부분 추상적이고 취지가 분명하지 않기 때문에 들으면 의심을 품게 된다고 하면서, 태극을 형이상자가 아니라 곧 성인이 지닌 도라고 하였다. 그에 의하면, 「계사전」에 "역에 태극이 있다"라는 말은 역서에 태극이 있다는 것이고 곧 역을 지은 성인이 태극의 도를 지니고 있다는 것을 의미한다.[10] 아울러 "역에 태극이 있는데, 이것이 양의를 낳는다. 양의는 사상을 낳고 사상은 팔괘를 낳는다. 팔괘는 길흉을 정하고 길흉은 대업을 낳는다."[11] 고 한 전 과정은 성인이 한 일에 해당한다. 특히 대업이라는 것은 태극의 마침이고, 태극이라는 것은 대업의 시작이며, 진실로 태극의 성인이 아니라면 길흉을 정하고 대업을 이룰 수 없다[12] 그러나 그렇다고 해서 태극의 도를 역을 지은 성인만 지니고 있는 것은 아니다. 태극은 천지의 일에 참여하는 평범한 사람들도 모두 가지고 있으나 다만 성인이 이 가운데 으뜸이어서 가르침을 베풀었을 뿐이다.[13] 이건창이 말한 태극의 도는 마음의 본체, 혹은 완전한 도덕성을 의미한다고 할

---

10) 『李建昌全集』卷2,「讀易隨記」, 565~566쪽. 從來說太極, 多是懸空說, 所以旨趣不了, 致有聽瑩. 若繫辭本題, 則孔子明言"易有太極", 易者, 易書也, 易書有太極之道也. 易書有太極之道者, 謂作易之聖人, 有太極之道也. 作易之聖人, 有太極之道, 是生兩儀, 是者, 聖人也, 生者, 爲也. 是人是書, 始爲此兩儀, 兩儀者, 非必陰陽也, 乃奇畫偶畫也. 故曰儀. 儀者猶象也, 畫此以儀彼耳.

11) 『易』,「繫辭上傳」易有太極, 是生兩儀. 兩儀生四象, 四象生八卦. 八卦定吉凶, 吉凶生大業.

12) 『李建昌全集』卷2,「讀易隨記」, 568쪽. 大業者, 太極之終也, 太極者, 大業之始也, 苟非太極之聖人, 則何以能定天下之吉凶, 而生天下之大業乎?

13) 『李建昌全集』卷2,「讀易隨記」, 476쪽. 太極之道, 非惟作易之聖人有之, 凡人之參乎天地者, 皆有之, 特聖人首出而設教耳.

수 있다. 그는 도덕실천을 중시하여, 태극론에서 형이상학적·우주론적 논의를 배제하고, 구체적이고 실제적인 범주만을 논한 것이다.

2) 척사와 개화의 기로에서

이건창이 국정을 바라보는 시각과 업무의 시행도 주체의 진실성을 추구하는 문장론과 공부론에 준한다. 이는 당시 지식인들의 현실대응이 척사와 개화로 양분되는 상황에서 그로 하여금 독자적인 노선을 걷도록 만들었다. 그는 척사파와 개화파 어디에도 속하지 않았다.14)

> 처음에는 조정이 왜양을 배척하고 전수戰守를 주장하였으나 실로 그 요령을 얻지 못하였으니, 나는 걱정되어 일찍이 "중국은 외국의 주요한 곳이니, 중국에 들어가서 잘 살피면 외국의 실정을 알 수 있을 것이다."라고 말하였고, 중국에 들어가고 나서는 "나는 중국이 이렇게까지 된 줄은 몰랐다. 중국이 이와 같다면 우리나라도 반드시 이를 따라야 할 뿐이다."라고 한탄하였다. 이홍장이 우리에게 편지를 보내 통화의 이로움에 대해 말하였는데, 그때 사람들이 모두 이홍장이 중국의 명신이라 그 말을 믿을 만하다고 하였다. 그러나 나는 혼자 말하길 "이홍장은 큰 거간꾼이다. 거간꾼은 오직 시세를 따를 뿐이다. 내가 나 자신을 믿지 않고 이홍장을 믿으면 뒤에 반드시 이용당하게 될 것이다."라고 하였다.15)

---

14) 김기승, 「이건창의 생애에 나타난 척사와 개화의 갈등」, 『순천향인문과학논총』 제6집, 1998, 67쪽.

15) 『明美堂集』卷16, 「傳」〈明美堂詩文集叙傳〉 初朝廷斥倭洋主戰守, 然實不得其要領, 建昌以爲憂嘗曰, "中國者, 外國之樞也, 如入中國而善覘之, 則可以知外國之情", 旣入中國, 則歎曰, "吾猶不知中國之至於此也. 中國如此, 吾邦必隨之而已". 李鴻章貽書于我, 啖以通和之利, 時人皆謂鴻章, 中

대원군 집권 당시 이건창은 기본적으로 서구를 경계해야 한다고 생각했지만, 척왜양斥倭洋만을 고수하여 사대부가 외국의 일을 말하는 것조차 삼가도록 한 쇄국정책은 미숙했다고 여겼다. 또 싸워 이겨야 할 적이라면, 사냥꾼이 짐승을 잡으려면 먼저 짐승에 대해 알아야 하는 것처럼 서양과 일본을 아는 것이 우선이라고 보았다.[16] 그 뒤 이건창은 개화지식인인 강위姜瑋(1820~1884)를 만나 시세를 논하고, 연경행에(1874) 동행하기도 하면서 국제 정세에 대한 안목을 높였다. 중국의 발전상을 보고 중국처럼 개항하여 서구문물을 배울 수밖에 없다고 판단한 것이다. 그러면서도 그는 국제적 통상교류의 이점을 설명하고 개항을 권한 이홍장의 견해를 무조건 따를 수는 없다고 보았다. 왜냐하면 이홍장은 조선이 아니라 중국의 입장에서 견해를 제시한 것이기 때문이다. 이건창의 판단 기준은 전적으로 자기 자신의 실심에 있었다. 실제 이홍장은 조선의 개항이후에도 일본을 견제하기 위해 프랑스, 영국, 러시아 등 여러 나라와의 통상교류를 주선하였다. 이건창은 통상의 필요성은 인정했지만 개항이후 개화파의 국정 개혁 방향에는 부응하지 못했다. 1875년 연경에서 돌아온 후에도 강위姜瑋(1820~1884)와 교유하면서 여러 나라와 사귀어 부강한 기술을 배우지 않으면 강자의 노예가 되는 상황이 급속도로 진행될 것이라는 우려에

國名臣, 其言可信. 建昌獨曰, "鴻章大儈也. 儈惟時勢之從而已. 我無以自恃而恃鴻章, 則後必爲所賣". (『全集』卷1, 814쪽)

16) 『明美堂集』卷19,「墓誌銘」〈姜古懽墓誌銘〉 當是時, 朝廷方拒西洋人, 勵刮邪黨. 士大夫承指, 務爲正大之議, 或語外國事, 則搖手以爲戒. 余時弱冠備侍從, 獨私以爲'獵者遇獸固當射之, 然亦宜略知所射爲何獸, 獸竟何狀', 以是頗留心明史外夷名目.

공명했지만,[17] 급변하는 정세 변화에 적응하기 어려웠다.[18] 한 때 강
위가 조직한 시회에서 활동하면서 권력의 실세였던 어윤중魚允中
(1848~1896), 김옥균金玉均(1851~1894)과 왕래하고 담론하며 일본의 번성
과 여러 국가 원수에 대해 논하기도 하고, 척족인 민영익의 도움으로
평안도 벽동에 유배당했다가 풀려나기도 하였다.[19] 그러나 청나라 정
치인 황준헌黃遵憲(1848~1905)의『사의조선책략私擬朝鮮策略』을 가져온
김홍집을 비판하면서 이들로부터 소외당하게 되었다.『조선책략』은
1880년 황준헌이 일본에서 만난 김홍집과 시사를 논하고 김홍집金弘
集(1842~1896)이 조선으로 돌아올 때, 자신의 의견을 정리해 준 책이다.
여기서 황준헌은 러시아의 침략을 막으려면 조선은 '친중국親中國',
'결일본結日本', '연미국聯美國'의 정책을 펴야 한다고 하였다. 개화지
식인들은 이에 호응했지만, 유림들은『조선책략』에 담긴 천주교 내용
을 비판하고 김홍집을 공격하였다. 이건창은『조선책략』을 무비판적
으로 수용하는 개화지식인들의 태도에 문제를 느끼고, 황준헌이 천주
교가 무해하다고 했는데도 그가 척사斥邪한 인물이라고 평한 김홍집
의 상소는 임금을 기만한 것에 해당한다고 비난하였다. 이 일로 민영

---

17) 『海耕堂收草』,「偶讀姜古懽集有感」, 198쪽. 余弱冠時見古懽訪先伯氏, 每
酒酣論當世事曰, 今日急務通海外諸國學其富强之術, 然後可維支, 一日不
然, 將爲强者食奴隷犧牲之禍急矣.

18) 『明美堂集』卷19,「墓誌銘」〈姜古懽墓誌銘〉 及歸事遽悉改, 縱衡馳騖之士,
公道天下事, 莫可防制, 余自忖愚不足預, 遂悉謝遣胸中所往來以日趨憒憒.

19) 『李建昌全集』卷1,「明美堂散稿」〈明美堂詩文集叙傳〉, 815쪽. 魚允中金玉
均, 號爲才敏, 能言中外事, 建昌時與之往來談辨. 及倭事之殷, 此諸人主時
議. 而戚里閔泳翊, 年少有譽, 爲諸人所歸, 諸人爲泳翊言建昌可使四方, 泳
翊亦傾心於建昌, 將引薦之. 建昌之自碧潼得赦, 泳翊力也.(『全集』1, 815쪽)

익閔泳翊(1860~1914)은 고종에게 이건창이 도리에 맞지 않는 시론을 폈으며, 지식인들의 이런 고루한 인식 때문에 국시가 정해지지 않는다고 고하였고 이건창은 정계에서 더욱 소외되었다.[20] 임오군란 이후 정권을 장악한 김윤식과 어윤중이 기무를 묻고 글짓기를 요청하면서 중앙정계에 진출할 기회를 주려고 했지만, 그는 모두 사양하고 마지못해 지방직을 담당하였다.[21] 서구문물에 대한 이건창의 견해는 동도서기의 입장에 해당한다고 볼 수 있다.[22] 「의론시정소擬論時政疏」에

---

20) 『明美堂集』卷16,「傳」〈明美堂詩文集叙傳〉 一日, 泳翊邀建昌飮, 弘集及朴泳孝, 洪英植等在坐, 建昌心知泳翊將借諸人以挂己也, 乃先面數弘集曰, 黃遵憲顯言耶蘇之敎無害, 而子上疏乃云, 遵憲斥邪, 非謾而何? 弘集猶遜謝, 而泳翊怫然, 罷酒. 入言于上曰, 臣與諸人論時事, 而李建昌爲橫議, 此人雖官卑, 有文學名, 此等人如此, 國是不可定, 上以此愈不悅建昌, 而或又謂建昌內實曉時務, 特不爲耳, 建昌以此愈益困.(『全集』1, 815~816쪽)

21) 『明美堂集』卷16,「傳」〈明美堂詩文集叙傳〉 時金允植, 魚允中用事, 固欲引建昌以自助, 每稱奉旨, 詢機要文字, 建昌悉辭之. 一日促召入, 允中於閤門外, 口宣上諭曰, 欲往天津乎? 欲往日本乎? 欲在此參機務乎? 建昌謝曰, 皆不欲, 亦皆不能. 允中咄曰, 固哉! 入少頃, 復出曰, 疆域之內, 猶可以宣力乎, 建昌不得已曰, 諾, 於是有畿輔之命. 上親授封書曰, 但如前好爲之, 予今知汝矣.(『全集』卷1, 817쪽)

22) 동서문명의 충돌에 대한 조선지식인의 대응을 정리한 대표적인 연구로는 홍원식의 『동도관의 변화로 본 한국 근대철학』, 예문서원, 2016이 있다. 이 연구에서는 동도관의 변화를 동도보존론과 동도변용론으로 대별하고, 동도보존론을 척사파 유교지식인을 중심으로 한 동도동기론東道東器論과 개화파 지식인을 중심으로 한 동도서기론東道西器論으로 분류하였으며, 동도서기론 안에도 변법개화파와 시무개혁파의 경향을 구분하였다. 그리고 동도동기와 동도서기의 논란 뒤에 독립협회를 중심으로 서도서기론西道西器論이 제기되자, 자강 및 애국계몽운동을 이끈 지식인들을 중심으로 동도변용론이 등장하였다고 보았다. 이에 근거하면, 이건창은 척사와 개화 어느 쪽도 전적으로 찬성하지 않으면서, 동도보존과 시무개혁을 중시한 동도서기의 입장에 서 있었다고 볼 수 있다.

서 말한 바와 같이, 남의 것이 좋다고 무작정 따르면 안 되고, 실심에 따라 자신의 실정을 제대로 파악하고 나서 현 단계에서 실효를 거둘 수 있는 바를 결정해야 한다고 보았지만,[23] 사상과 정치면에서 유학이라는 동도의 기준을 넘지 않았다.

3) 나라를 나라답게

이건창이 중시한 동도의 예로는 국가의 정체를 군주중심체제로 보았다는 점을 들 수 있는데, 이는 그의 관료생활 전반에서 잘 드러난다. 이건창은 가주서가 된 이후부터 충청우도 암행어사가 되기 전까지 (1866~1877) 초년기(17~26세)에 사헌부 지평, 사간원 헌납, 홍문관 교리 등 중앙정계에서 활동했으나, 소론계라는 한계 때문에 동료들의 회피 대상이 되어 한 관직에 오래 머물지 못했다. 또 1873년에는 최익현이 시폐를 논하면서 정당한 지위에 있지 않고 오직 친친의 반열에 속한 자는 단지 그에 합당한 지위와 봉록만 주면 될 뿐이지 국정에 관여하게 해서는 안 된다며 대원군을 비판하였는데, [24] 이에 반대하면서 조정에서 소외되기도 하였다. 이건창은 만동묘 철거와 서원 혁파, 무리한 경북궁재건 등 최익현의 비판 내용은[25] 합당하지만, 대원군을 침

---

23) 『明美堂集』卷7, 「疏」〈擬論時政疏〉/ 본서 1장 전환기의 실심실학 참조.

24) 『勉菴集』卷3, 「疏」〈辭戶曹參判兼陳所懷疏〉【癸酉十一月三日】若其不在此位, 而惟屬於親親之列者, 只當尊其位重其祿, 同其好惡, 勿使干預國政, 如中庸九經之訓, 魯論出位謀政之戒.

25) 『勉菴集』卷3, 「疏」〈辭戶曹參判兼陳所懷疏〉【癸酉十一月三日】 見今國事無處無弊, 名之不正, 言之不順, 非更僕可了. 而第擧其尤著且大者, 則皇廟之撤, 君臣之倫斁矣, 書院之罷, 師生之義絶矣, 鬼神出後, 父子之親紊矣,

링한 것은 지나치게 곧은 문제가 있다고 여겼다.[26] 이건창은 군주를
중심으로 한 정치체제와 군주에 대한 신의를 매우 중요하게 여겼다.
심지어 부모님을 여읜 후 스스로 의지할 곳은 오직 임금뿐이라고 생
각하였고 국사가 잘못되는 부분에 대해서는 성의를 다해 진언하되
감히 단점을 들춰내지 않으려고 노력했다.[27] 이건창은 맹자가 "백성
이 중하고 사직은 그 다음이며 임금은 가볍다"고 한 말 조차 글자
그대로 해석해서는 안 된다고 보았다.

　　주자는 이를 '이치로 말하면 백성이 중하고 본분으로 말하면 임
　금이 중하다.'고 해석하였고, 장남헌은 '인군으로 하여금 백성과 사
　직이 중하다는 것을 알게 하고 자기는 간여하지 않는다'고 하였으
　니, 이 세 사람의 의론은 같다. 속세의 설에 "군주가 불행히도 사직
　을 떠나면 남아서 사직을 지키는 것이 마땅하지 군주를 따라가는
　것은 마땅치 않다."라는 말이 있지만, 이것은 맹자의 본뜻이 아니다.
　맹자의 뜻은 일반론으로서 이치를 말한 것이지 본분을 말한 것이
　아니다. 그가 지적한 것은 군주를 경계하기 위한 것이지 신하를 훈

　國賊伸雪, 忠逆之分混矣, 胡錢之用, 華夷之別亂矣. 惟此數三條件, 打成一
　片, 天理民彜, 固已蕩然而無復存矣. 加之以土木願納之類, 相爲表裏, 而爲
　斁民禍國之資斧者, 幾年于玆矣. 此非變先王之舊章, 斁天下之彜倫而何哉?

26) 『明美堂集』卷16, 「傳」〈明美堂詩文集叙傳〉 然大院君當國, 建昌嘗見忤於
　　大院君, 又以家世與人多嫌卻, 故同列交相避, 以此玉堂十數年, 上直纔一
　　日間爲他官, 亦未嘗久淹. 崔益鉉上疏, 侵大院君, 擧世聳然以爲直, 建昌爲
　　持平, 獨曰, '春秋爲親者諱, 益鉉雖直, 不可以不罪', 邀長官合疏論之, 不報,
　　朝廷事自此難言矣.(『全集』卷1, 812쪽)

27) 『明美堂集』卷16, 「傳」〈明美堂詩文集叙傳〉 建昌自喪二親來, 自以所依惟
　　吾君, 而國事日非, 始欲以進言自效. 然不敢遽激訐, 冀積誠以取信. (『全集』
　　1, 820쪽)

계하려고 한 것이 아니다. 신하된 자들로 하여금 단지 사직을 중하
게 여기게 한다면, 그 폐해를 미루어 보자면, 임금을 바둑판의 돌처
럼 보지 않는 이가 드물게 될 것이다.[28]

　이건창에 의하면 임금이 사직보다 가볍다는 말은 임금 자신을 겨냥
해서 하는 말이지 신하에게 하는 말이 아니다. 이는 임금의 전횡을
막고 경계하기 위한 말이지, 신하된 자에게 언제나 임금보다 사직을
우선시해야 한다고 한 말은 아니다. 또 일반론이지 각론이 아니다.
즉 신하된 자의 본분이라는 각론으로 들어가면 임금이 중하다는 것이
다. 이건창은 이 말을 상황에 따라 분별하지 않고 있는 그대로 받아들
이면 신하가 임금을 필요에 따라 이용하는 상황이 도래한다고 우려했
다. 이는 그가 『당의통략』에서 당론을 왕권 중심으로 정리해야한다고
본 입장과 일맥상통한다. 임금을 이용한다는 우려는 역사를 통한 간
접경험에 근거한 것이다. 이런 관점은 동학 농민운동에도 그대로 적
용되었다.

　　그러나 신의 어리석은 소견으로 전의 역사를 보면 도적을 불러들
　여 안정시키는 것은 비록 한때의 임시방편은 되지만, 달래서 안정되
　었다가 다시 배반하는 경우, 그 폐단은 더욱 이루 말할 수 없으니
　경계하지 않을 수 없습니다. 또한 신이 듣건대, 백성이 무리를 이루

---

28) 『李建昌全集』卷1, 「明美堂散稿」〈讀孟子〉747~748쪽. 孟子曰, 民爲重, 社稷
次, 以君爲輕. 朱子釋之曰, 以理言之民爲重, 分以言之君爲重. 張南軒曰,
使人君知民社之重, 而己不與焉, 此三賢之論一也. 而世之爲說者有曰, 君
不幸而去社稷臣, 當守社稷不當從君. 此非孟子本意也. 孟子之意, 以其汎
論則理也, 非言分也, 以其指切, 則爲人君戒也, 非爲人臣訓也. 使爲人臣
者徒以社稷爲重, 則究其弊, 鮮不視君如奕棊矣.

는 경우에는 국법으로 반드시 처단하니, 주周 나라 때부터 이미 그렇게 해 왔다고 합니다. 지금 혹 수백 명이나 수십 명의 백성들이 서로 모여서 소요를 일으켰더라도 반드시 난민亂民이라 하고 처단해야 할 것인데, 더구나 수만 명이 모여 깃발을 세우고 성을 쌓고 있는 데 있어서이겠습니까? 듣건대 요즘 외국에는 이른바 '민당民黨'이라는 칭호가 있는데, 이 삿된 설은 임금을 무시하는 것이니 그 해독이 홍수나 맹수보다도 더 심한 것입니다. 어찌 예의의 나라인 우리나라에도 '민당'이라는 이름이 있으리라고 생각이나 하였겠습니까? 삿된 말로 선동하니 삿된 무리라고 해야 하고, 변란을 꾸미고 있으니 '난당亂黨'이라고 해야 옳을 것인데, 어찌 '민당'이라고 부를 수 있겠습니까? 이름이 바르지 않으면 말이 불순하다는 것은 이를 두고 말하는 것입니다. 그리고 이미 선유宣諭하였을 뿐 아니라 거기에서, '모두 나의 백성이다.'라고 하였습니다. 아! 저 비도들이 감히 조정에 알려서 명백한 명을 받기를 원한다고 하였으니, 백성이라고 인정받았으면 마땅히 물러나 해산해야 할 것입니다. 이미 명백한 명을 받고서도 또, '명백한 명을 받기를 원한다.'라고 하고, 이미 백성으로 인정하였는데도 또 '백성으로 인정하기를 바란다.'라고 하였으니, 이것은 임금을 협박하고 속이며 조정을 무시하고 희롱하는 것입니다. … 그러나 신의 생각에는 틀림없이 (저들의 우두머리를) 잡아 바칠 리가 없습니다. 그러므로 즉시 여러 군인들을 토벌에 출동시켜 남김없이 다 죽여서 무너진 법도를 보존하고 앞으로 미칠 화를 없애는 것을 결코 늦출 수 없습니다. 이른바 그들의 '학學'에 있어서는 비록 무슨 학學인지 알지 못하겠지만, 터무니없는 말로 속이는 주문에 참언을 억지로 맞추었으니, 곧 일종의 매우 요사스럽고 비천하며 무식하고 윤리가 없는 것일 뿐입니다.[29]

---

29) 『明美堂集』卷7,「疏」〈請勒邪匪附陳勉疏〉然以臣愚淺, 觀於前史, 招安盜賊, 雖爲一時之權宜, 而受撫而復畔者, 其患尤不勝言, 不可不戒也. 抑臣聞之, 民而有黨, 王法之所必誅, 自周官已然. 今或數百十民相聚而爲擾, 必曰亂民, 誅之乃已, 況數萬屯聚, 堅旗築城之賊乎? 聞近日外國, 有所謂民黨之

1893년 2월 동학교도들은 광화문 앞에 모여 교조 최제우의 신원과 포교의 자유, 관리들의 침탈 방지 등을 요구한 복합상소를 올렸다. 그런데 조정에서 이를 수용하지 않고 오히려 적극적인 탄압으로 대응하자, 다시 보은에서 보국안민輔國安民과 척왜양창의斥倭洋倡儀의 깃발을 내걸고 집회를 열었다. 이때 어윤중이 선무사로 내려가 먼저 탐관오리의 징벌을 약속하고, 협박으로 동학에 추종한 사람들은 모두 양민으로 인정하며, 우두머리를 사로잡아 바치거나 신고하는 자에게는 상을 주겠다는 고종의 윤음을 전하였다. 이에 많은 교도들이 해산하였지만, 전봉준을 중심으로 한 행동지향적 교도들은 전라도 구금에서 여전히 집회를 이어갔다. 이건창은 동학교도의 집회를 더 엄격하게 처벌하지 않은 선무사 어윤중의 조치가 잘못되었다고 생각했다. 뿐만 아니라 어윤중이 동학교도들을 민당民黨이라고 칭한 것도 인정할 수 없었다. 그는 서구에서 말하는 민당의 존재를 알고 있었지만 이를 임금을 무시하는 것으로 여겼기 때문이다. 더구나 자신들만의 성을 쌓고 깃발을 내세우며 완력을 행사하는 동학교도들의 모임은 난을 일으키는 도적과도 같아 더욱 용납할 수 없었다. 이건창이 보기에는 이런 난당亂黨이 명에 따라 순순히 해산하고 자신들의 우두머리

稱, 此邪說所以無君, 而害甚於洪水猛獸者也. 豈意我禮義之邦, 亦有民黨之名耶? 以其煽邪, 則謂之邪徒, 可也, 以其稱亂, 則謂之亂黨, 可也, 何謂之民黨乎? 名不正, 則言不順, 此之謂也. 且旣宣諭聖, 有若曰皆我赤子. 噫! 彼匪徒乃敢稱以願達朝廷, 獲蒙明旨, 認爲赤子, 謹當退散. 夫旣蒙明旨, 而又曰, 願蒙明旨, 旣認赤子, 而又曰, 願認赤子, 此其要君罔上, 侮弄朝廷…… 然以臣所料, 必無擒納之理, 卽令諸軍進征, 期於盡滅無遺, 以存將墜之綱, 以息方來之禍, 決不容緩也. 至於所謂其學, 雖不知其何學, 而禱張符呪, 傅會讖諺, 直是一種妖邪賤穢無識無倫之甚者耳.

를 잡아 바치라는 명을 듣고 그것을 이행할 리 만무했다. 뿐만 아니라 '동학'을 학이라고 할 수 있는지도 의심스러웠다. 동학교도들은 동학의 교리가 유儒·불佛·도道를 겸하고 오히려 나라에 충성하고 부모에게 효도하는 인륜을 지키기 때문에 이단이 아니라고 주장하였다. 그러나 이건창은 동학에서 주문과 참언으로 뭇사람들을 교화시키려는 것 자체가 혹세무민하는 행위이며 비윤리적인 사도邪道라고 보았다. 논리적 체계성과 합리성이 결여된 이론은 학문이 아니라는 것이다. 동학에 대한 이건창의 생각은 이를 엄중히 처벌하여 다시는 조정의 방침을 넘보지 못하게 해야 한다는 당대 사대부의 일반적인 인식에서 벗어나지 않았다. 이건창에게 민중은 아직 사대부나 조정과 대등한 정치권력의 한 축을 담당할 만한 주체는 될 수 없었다. 그는 나라가 나라답게 되는 근거는 사대부에게 있고 사대부가 사대부답게 되는 근거는 명분과 절의에 있기에,[30] 이런 배움에서 거리가 먼 민중이 국정을 주도할 수는 없다고 보았다. 이는 사대부 관료로서 이건창이 지닌 한계점이라고 볼 수 있다. 동학교도에 관한 상소도 군주와 국가의 체제를 위한 것이었지만, 그는 이로 인해 오히려 유배를 당하였다. 그리고 1894년 더 큰 동학농민전쟁이 일어나자 다시 관직에 제수되었지만 더 이상 손쓸 수 없다고 생각했고 응하지 않았다.[31] 이후의 정세

---

30) 『李建昌全集』卷1,「明美堂隺稿」〈擬上宰相〉, 626-627쪽. 建昌嘗聞, 朱文公之言曰, 捄其本者, 雖迂緩而易爲力. 方今捄本之道, 莫如奬名節. 名節者, 士大夫之所以爲士大夫也, 士大夫者, 國之所以爲國也. 子思子曰, 國有道, 不變塞焉, 強哉矯, 國無道, 至死不變, 強哉矯. 孟子曰, 富貴不能淫, 貧賤不能移, 威武不能屈. 盖必如是, 然後足以當士大夫之目也.

31) 『明美堂集』卷16,「傳」〈明美堂詩文集叙傳〉明年湖賊復起, 上下皆思用建昌, 而亂已不可爲矣. 倭兵犯闕, 國政大變, 大院君視國務, 金弘集爲相, 以

176

는 그가 바라는 바와 달리 을미사변乙未事變(1895), 아관파천俄館播遷(1896)을 겪으며 외세침탈이 격화되는 상황으로 치달았다. 이건창은 을미사변을 계기로 정계를 떠나 은거를 결심하였다.

나와 친우인 전임참판 홍승원, 정원하가 상소하였는데, 요약하면 "왕후를 폐한 일은, 신은 성상의 뜻이 아니라는 것을 알고 있습니다. 길 가에서 서로 다 전하길 적이 이미 시해를 행했으나 시해자가 일본인인지 우리나라 사람인지 밝히지 않았을 뿐이라고들 합니다. 신하가 인군을 시해하면 벼슬에 있는 자는 죽여서 용서치 않으며, 군부의 원수와는 같은 하늘에 아래 있을 수 없다고 합니다. 춘추의 예에 의하면 왕세자도 군주라 하는데, 저 각부대신들만 유독 이 의리를 모른단 말입니까? 어찌 사실을 감추고 엄폐해 태연히 아무 일도 없었던 것처럼 합니까? 이것은 신하 가운데 또한 재앙을 탐하고 변란을 바래서 윗사람을 협박하고 아랫사람을 제어해 권세를 훔쳐 마음대로 하려는 계획을 가지고 있는 사람이 있는 것이 아니겠습니까? 요컨대 변란을 일으킨 자가 군인이면 군인을 죽여야 하고 정신이면 정신을 죽여야 하며 일본인이면 일본인을 죽여야 합니다. 평범한 남녀가 그 천명대로 살지 못하고 죽더라도 원한을 갚아주지 않음이 없거늘, 어찌 국모가 시해되었는데, 끝내 원수에게 복수를 하지 않는단 말입니까? 이에 왕비를 그 자리에 복위시키고 발상하기를 청합니다."라고 하였다. 내각 대신 김홍집이 상소문을 보고 웃으면서 "이것은 나를 조돈으로 만드는 것이다." 하고는 도리어 임금에게 올리지 않았다. 홍승헌의 자는 문일이며 정원하의 자는 성조로 두 사람 모두 강화도에 피난 와 우거하고 있었다. 나와 이웃해 살면서 일찍이 함께 선비의 출처를 논했는데, 두 사람은 전적으로 고요히 숨어있는 것이 의리라고 생각했다. 그러나 나는 오히려 '천하는

建昌爲工曹參判, 其弟建昇, 爲政府主事, 建昌稱疾不出. 建昇受牒卽辭歸. (『全集』1, 820쪽)

개혁이 불가능한 때가 없으며 군자는 어느 때라도 벼슬에 나아가 개혁하려하지 않는 마음이 없다.'고 이야기했지만, 일이 여기에 이르자 스스로 세상과 등지기를 결의했다.[32]

을미사변이 일어나자 이건창은 지우인 홍승헌洪承憲(1854~1914), 정원하鄭元夏(1855~1925)와 함께 사건의 배후를 분명히 밝혀 범인을 처벌하고 중신에게 책임을 물어야 한다고 상소하였다. 또 고종이 일본의 외압으로 왕후를 폐한 데 대해서도 부당함을 설파하였는데, 그의 상소에 실효가 있거나 반향이 일어날 수 있는 상황은 아니었다. 당시 중신인 김홍집은 오히려 이것이 자신에게 임금을 죽인 누명을 씌우게 할 상소라며 차단해버렸다. 이건창은 평소 폐정을 개혁할 수 없는 때란 없고 그것이 불가능하다고 생각해서도 안 된다는 신념을 가지고 있었지만, 결국 좌절하고 은거를 택하였다. 이후 갑오개혁의 일환으로 단발령이 내려지자 이건창은 세상을 피해 보문도로 들어갔고 고종이 시강관으로 임명했지만 죽음을 무릅쓰고 여러 차례 사양하였다.[33]

---

32) 『明美堂集』卷16, 「傳」〈明美堂詩文集叙傳〉建昌與其友原任參判洪承憲鄭元夏上疏, 略曰, "王后之廢, 臣知非聖上意也. 道路相傳, 皆云賊已行弑, 但未辨弑者之爲日本人與我人耳. 臣弑其君, 在官者殺無赦, 君父之讎, 不與共天下. 春秋之例, 小君亦君也, 彼閣部大臣, 獨不知斯義乎? 奈何掩匿覆盖, 恝然若無事? 無乃其中, 亦有貪禍倖變, 以售其脅上制下竊權逞勢之計者乎? 要之作賊者, 兵則兵可誅也, 廷臣則廷臣可誅也, 日本人則日本人亦可誅也. 匹夫匹婦之死, 而不得其命者, 猶無不償之寃, 焉有國母被弑, 而讎終不復者乎? 仍請復位發喪." 內閣大臣金弘集見疏, 嘻曰, "是趙盾我也", 却不以聞. 承憲字文一, 元夏字聖肇, 此二人, 避寓江華, 與建昌爲隣, 嘗與論出處, 二人專以靖潛爲義. 建昌尙謂天下無必不可爲之日, 君子無必不欲出之心, 至是乃決意自廢矣.(『全集』卷1, 821-822쪽)
33) 『明美堂集』卷16, 「傳」〈明美堂詩文集叙傳〉斷髮令下, 建昌避入普門島, 爲

이건창은 국운이 이미 기울었다고 여겼다. 그것은 당시 상황이 "온 나라가 개화한다고 떠들어 4,000년을 내려오던 선대 임금들의 큰 법과 500년을 물려오던 역대 조상들이 이루어 놓은 법은 남은 것이 거의 없게 되었는데도, 조정에선 서로 강 건너 불 보듯 하고, 이전에 외국과 교섭하던 때와는 비교할 수 없을 정도로 외세에 휩쓸려"[34] 주체성을 잃어버렸기 때문이었다. 홍승원이 출사를 권하기도 했지만, 이건창은 오히려 출사만이 의리에 맞다고 단정 짓지 말기를 당부했다. 그는 자기 스스로 의리를 정하고 그것을 다할 수는 있지만, 의리는 고정된 것이 없고 얼마든지 바뀔 수 있는 것이라고 하였다. 또 그렇기 때문에 지금 자기 자신이 옛 성현과 같을 수가 없는 것을 한탄하며 포기해서도 안 되지만, 내 마음을 다 했다고 해서 곧 천하 고금의 의리가 여기서 정해져서 다시는 바꿀 수 없다거나 궁구할 수 없다고 말한다면 그것은 후대 유자의 꽉 막히고 편협한 견해[35]가 될 것이라고 하였다. 이건창의 정치적 견해는 결정권자에게 도달하지 못했고 지지세력 또한 없었기에 스스로 한계를 절감했지만, 실심 수양의 학문적 소임은

空谷佳人歌以見志, 會有侍講之除, 上疏自陳, 乞得依托僧舍, 以終殘喘, 如不獲命, 加以敦迫, 臣則有死而已.(『全集』1, 822쪽)

34) 『朝鮮王朝實錄』, 「高宗實錄」34권, 〈高宗 33년 5월 14일〉 至再昨年則擧國稱曰開化, 四千載先王大法, 五百年列聖成憲, 其餘幾希, 而上下胥效, 惟越國是謀, 風氣靡然, 非徒前日交涉之比.

35) 『明美堂集』卷9 「書」〈答汝園論出處書〉 吾身可以定義理, 而義理無定, 吾心可以窮義理, 而義理無窮. 今謂吾身不能如古聖賢, 而自棄於義理之外, 則不可也. 如以吾身已定, 吾心已窮, 而便謂天下古今之義理, 定於此而不可復易, 窮於此而不必復究, 則斯乃後儒迫塞褊枯之見, 而未爲古聖賢致廣大, 盡精微之學也.

숙명적 과제였다. 그리고 무엇보다 내 안의 의리가 중요하면서도 그것이 언제든 변할 수 있다는 생각은 민중을 정치주체로 보지 않는 보수적인 면을 지니면서도, 변화가능한 개방성을 지니는 일면을 보여 주는 것이다.

2 망국의 현실과 생사의 갈등

1) 실實의 계명을 위해

이건창은 학문활동과 관료생활을 병행하는 가운데 실심을 실행하고자 하였지만, 이건승36)과 이건방은 관료 생활을 하지 않았다. 이건 승은 1891년(31세)과 1894년(34세)에 각각 진사와 정부주사에 제수되었지만 국사가 그릇되고 역적이 권세를 부리는 것을 보고 나아가지 않았다. 갑오농민전쟁과 을미사변 등 일련의 국난이 해결의 기미가 보이지 않고 언로가 막히자, 이건창과 함께 은거를 택한 것이다. 그는 이후로 세상에 뜻을 두지 않고 자호를 경재耕齋로 짓고 농사에 힘쓰며 독서로 소일하였다. 그러다가 을사조약체결(1905)되자 이건승은 조부 이시원이 그랬던 것처럼, 하곡의 후손인 기당綺堂 정원하鄭元夏 (1855~1925), 매천梅泉 황현黃玹(1855~1910)과 함께 자결을 시도하였지만 성공하지 못했다. 이건승은 곧 자신의 죽음이 나라에 큰 도움이 되지

---

36) 이건승에 관한 주요 연구성과로는 정양완,『강화학파의 문학과 사상(5) - 특히 耕齋李建昇의『海耕堂收艸』를 중심으로』, 월인, 2012 / 천병돈,「경재 이건승의 민족」,『양명학』20호, 한국양명학회, 2015 / 이은영,「경재 이건승의 망명전후 매화시 변화양상에 관한 연구」,『한문학논집』47, 근역한문학회, 2017이 있다.

않는다고 여기고 가산을 정리하여 강화도 사기리에 신식학교인 계명의숙啟明義塾을 설립하였다(1906). 교육을 자신의 소임으로 삼은 것이다. 그러나 이런 노력에도 불구하고 1910년 망국이 현실화되자, 죽지도 못하고 일제의 신민이 되는 일은 차마 할 수 없어 정원하, 홍승헌과 함께 만주로 망명했다.[37] 같은 시점에 소론계 명문가인 이회영일가도 만주로 대거 이거하였다. 또 헤이그 밀사였던 보재 이상설과 단재丹齋 신채호 申采浩(1880~1936), 백암白巖 박은식朴殷植(1859~1925)도 비슷한 시기에 만주로 망명하였다. 이들의 망명은 조선 지식인에 대한 일제의 회유정책에 저항하는 의미도 있지만, 만주를 거점으로 한 독립운동의 의미도 있었다. 신흥무관학교의 설립과 임시정부 구성이 그것이다. 이건승도 이들과 교류하였지만 독립운동과 관련된 뚜렷한 기록은 남아있지 않다. 이건승이 망국의 현실에 대응한 흔적, 실심을 구현을 모색한 방향은 생사를 길을 갈등하는 모습으로 그려진다.

　　오늘 우리 대한이 나라의 욕됨이 이에 이름은 강토가 작아서가 아니며, 백성의 슬기가 낮아서도 아니니, 그 허물은 교육을 안 한데에 있을 뿐이다. 배우지 않은 사람은 마음이 어둑하고 슬기가 흐릿하여 아울러 실심도 실업實業도 없으니, 외국과 통하지 않았을 때는 오히려 가히 스스로를 지킨다 하겠으나 이제 유럽과 아세아가 뒤섞

---

37) 『海耕當收草』「耕齋居士自誌【戊午】」, 74쪽. 居士中太上皇, 辛卯進士, 甲午宰相辟政府主事, 時國事日非, 亂逆用事, 居士不就. 自是無意於世, 與伯氏寧齋公隱居讀書務農, 自號耕齋居士. 乙巳日本奪我國權, 居士與參判鄭元夏約死而不能死, 閉門不見人旣而歎曰, 我雖瘦死室中何益, 乃傾貲建學校以敎育爲己任曰, 吾豈不知精衛塡海徒勞無成, 姑以盡吾心而已. 庚戌國亡, 棄家向中國滿洲將行, 寄洪參判承憲書曰, 吾旣不死於乙巳, 今又苟活, 爲日本臣民不忍爲也.

여 사는 때에 있어서는 어찌 홍인紅人, 흑인종黑人種의 화를 면할 수 있겠는가? 아! 나라가 독립된 권리가 없으면 백성이 어찌 자유로운 힘이 있으리오? 말과 생각이 이에 미치니 뜨거운 피가 끓어오르거늘, … 삼대의 법은 아득하니 증거 할 수 없고 이미 잃은 나라를 다시 일으켜 독립된 권리를 북돋아 세우기에는 미국·러시아에 이미 좋은 방법을 징험하였으니 오직 학교일 따름이라. … 다행히도 뜻 있는 여러분이 새로운 글방을 세우기를 의론하여, 이름 짓기를 계명이라 하니, 계명이라는 것은 열어 밝힌다는 뜻이다. 그러나 명에는 반드시 실이 있으니, 학교를 계명이라고 한 것은 이름일 뿐이다. 이른바 실이라는 것은 실심실업이 이것이니, 이것은 학교에 있지 않고 또 그 명칭에도 있지 않으며 다만 우리 자신에게 달려있으니, 남을 따라 차가웠다 뜨거웠다하고 남을 따라 찡그렸다 웃었다하는 것은 곧 실심이 아니니, 이미 실심이 없으면 어찌 실사가 있겠으며 이미 실사가 없으면 어찌 실효를 생각할 수 있으리요? 오직 우리 동지는 실심으로 실사를 구하여 저마다 한 마음으로 만물의 이치를 궁구할 것을 생각하며, 저마다 한 어깨에 한 나라의 중임을 짊어질 것을 생각하라. 이 마음이 비록 보잘 것 없으나 여러 사람의 마음과 슬기를 한데 합치면 성취 못할 일이 없고 이 어깨가 비록 약하나 여러 사람의 어깨의 힘을 한데 합치면 굳세어지지 않을 나라가 없으리니, 이것이 이른바 단체라는 것이다.[38]

---

38) 『韓國學報』3권1호, 1977. 권두사진영인본. 啟明者는 開明之義也라. 然이나 有名에 必有實이니, 塾曰啟明者는 名而己라. 所謂實者는 實心實業이 是也니, 是不在於塾하고, 亦不在於命名하고, 亶在於吾人身上 하니, 從人冷煖하고, 效人嚬笑는, 乃非實心이니, 既無實心이며, 焉有實事며, 既無實事면, 焉望實效리요, 惟我同志는 以實心으로 求實事하야, 各以一心으로 思窮萬物之理하며, 各以一肩으로 思擔一國之重하라. 此心이 雖微하나, 合衆人之心智하면, 物 無不成하고 此肩이 雖弱하나, 合衆人之肩力이며, 國無不强하리니, 此所謂團體야 라.

182

위 인용문은 이건승이 을사조약체결이후 설립한 계명의숙의 설립 취지서이다. 이건승은 유럽과 아시아, 즉 세계가 소통하는 것은 어쩔 수 없는 형세로 판단하였다. 그렇기 때문에 식민지 국가의 국민, 노예가 된 종족들처럼 되지 않으려면 세계를 알고 배우지 않으면 안 된다고 하였다. 그는 배우지 않으면 실심도 실업도 일으킬 수 없다고 생각했다. 따라서 본 취지서에서 계명이라는 말이 열어 밝힌다는 의미이며, 계명을 이름으로 하는 학교는 명실상부해야 함을 역설한 것이다. 여기서 주목할 것은 세계와 교통하고 배워야 실업을 일으킬 수 있지만, 남이 찡그리면 따라 찡그리고 웃으면 따라 웃듯이 세계의 흐름만 좇으면 안 된다고 강조한 부분이다. 찡그리고 웃는 것은 나 자신이며 나 자신의 판단과 행동, 배움이 중요한 것이지 남이 어떻게 하는가나 학교 이름, 학교자체가 중요한 것이 아니라는 것, 즉 실심의 주체성을 중시한 것이다. 계명의숙은 생존경쟁의 국제사회에서 오륜을 행실의 근본으로 삼고 경제사업을 직책으로 삼고 새 학문을 공부시켰다.[39] 그런 만큼 이건승 자신도 서구 사회사상을 긍정하였고, 특히 입헌주의를 매우 합리적인 것으로 보았다. 입헌주의는 양계초와 강유위가 중국에 적용시키려 했던 사상이기도 하다. 이건승은 이들과 마찬가지로 서구의 입헌주의에 해당하는 정치론이 이미 명대 황종희를 통해서 제기된 바 있다고 보았다.

　　만약에 이 책이 중국에서 받아들여졌더라면 중국의 피폐가 어찌 이 지경에 이르렀겠는가? 중국이 능히 스스로 강건하였더라면 우리나라가 어찌 오늘같은 지경에 이르렀겠는가? 그 학설은 받아들여지

39) 같은 책, 「啟明義塾 唱歌」, 294쪽.

지 않았으나 오늘을 통해 본다면 가히 받아들여질 만하다. 대개 그 「원군」한편으로 대의를 볼 만하니 이는 바로 옛 성왕군인의 심법이 요, 요즈음 열강들의 입헌주의의 본의이다.[40]

청초에 강희康熙는 현군이라 알려져서 한 때 이름난 선비를 널리 모으니 그들이 자기 손아귀 안에 듦을 기뻐하며 스스로 자기의 정치는 이미 안정되었다고 말하였다. 하지만 세상에 이런 사람이 있는데도 팔뚝을 스치면서도 몰라보았고 마침내 이 논의가 받아들여지지 않았으니, 그 까닭은 무엇인가? 바로 리주梨洲가 말한 것처럼, (임금은) 천하의 가장 큰 사업이해의 권한이 모두 자신에게서 나오는 것으로 여기는데, 일찍이 자식손자를 생각하지 않고 대대로 왕가를 생산하지 말라는 말이 있으니, 가히 애석하지 않겠는가? 요즈음 열강제국은 그렇지가 않아서 그란 인물이 있다면 일찍이 받아들여지지 않는 일이 없다. 이를테면 몽테스키외, 루소 같은 무리는 그 자신이 비록 세상에 받아들여지지 않았지만 그 언설은 마침내 나중에 받아들여졌다. 삼권분립론三權分立論이라든지 자유론은 시행되어 그덕에 나라는 부강해지고 공리公利가 사람에게 미치고 재위의 장구함이 저와 같으니 만약에 리주가 안다면 저승에서 어찌 한을 품지 않겠는가?[41]

---

40) 『海耕堂收草』, 「書明夷待訪錄後」, 331~332쪽. 使是書見用中國, 中國之疲 蔽, 豈至是也? 中國得以自强, 則我國豈至於今日哉? 然其說爲不可見用而 由今而言, 則亦可以見用矣. 盖其原君一篇大義可見, 此乃古昔聖王君人之 心法, 今日列强立憲之本義也.

41) 『海耕堂收草』, 「書明夷待訪錄後」, 332~333쪽. 淸初康熙號稱賢君, 蒐羅一 時名儒, 喜其入毅而自謂己治已 安. 世有此人而交臂相失卒不見用, 此其故 何哉? 正由梨洲所謂視天下爲莫大之産業利害之權, 皆出于我, 而曾不念兒 孫有曰, 世世勿生産王家之言, 可不惜哉? 近日列强諸國不然, 有其人未嘗 不用. 若所謂孟德斯鳩盧棱之輩, 身雖不用於世, 其言卒用於後, 三權之論 自由之說行, 而國以富强公利之及人, 享國之長久如彼也. 若使梨洲有知, 豈不抱恨於九原哉?

위 인용문에서 논하는 책은 『명이대방록』이다. 『명이대방록』은 황종희가 1662에서 1663년에 명의 멸망을 목도하며 군주독재를 비판한 책이다. 밝은 것이 땅 속으로 꺼지는 괘인 "명이明夷"의 상황에서 다시 밝아올 새벽, 명군을 기다린다는 것이다. 이건승은 이 책의 내용이 중국에 시행되었다면 당시에 외세에 시달리는 처지가 되지 않았을 것이고 강대국 틈에 영향을 받는 우리나라의 처지도 달랐을 것이라고 하였다. 그가 이 책을 본 것은 만주망명에 즈음한 일이다. 이건승은 중국에 왕래가 잦던 제자를 통해 우연히 책을 얻어 본 후, 과거에 황종희의 정치론이 받아들여지지 않았지만 당시에는 받아들여질 만하며, 그것이 곧 서구 입헌주의의 본의와 같다고 평하였다. 특히 글의 첫 장인 「원군原君」에 그 대의가 담겨있다고 하였다. 「원군」에 의하면 본래 군주가 출현하게 된 원인은 자기의 이익을 진정한 이익으로 여기지 않고 다른 사람과 나누며, 자기의 손해가 남에게 돌아가지 않게 하려고 부지런히 노력한 사람이 있었기 때문이다. 그때는 천하가 주인이고 군주는 나그네였다. 그러나 후대로 갈수록 천하를 자기 개인의 소유로 여기고 자신의 이익을 위해서 천하를 경영하는 독재군주가 나타났으며, 그 한 사람만을 위한 세상이 되었다. 황종희는 당시 같으면 천하에 가장 큰 해를 입히는 자는 군주이고, 군주가 없더라도 사람들은 각자의 삶을 살아갈 것이라고 하였다. 따라서 군주는 세습이나 독재를 해서는 안 되고 군주의 직분을 공명정대하게 실행해야 한다고 주장했다.[42] 이건승은 황종희의 이런 견해에 동의하면서 몽테스키외

---

42) 『明夷待訪錄』, 「原君」 有人者出, 不以一己之利爲利, 而使天下修其利, 不以一己之害爲害, 而使天下澤其害. 此其人之勤勞, 必千萬於天下之人. 夫以千萬倍之勤勞而己又不享其利, 必非天下之人情所欲居也.

나 루소가 사회적 지위를 크게 누리고 등용된 것은 아닐지라도 삼권 분립과 자유론 같은 사상이 널리 수용되어 당대 서구 제국의 부강과 공리의 실현을 이루어낸 것이라고 하였다. 이는 이건창이 군주중심적 사고에 머물렀던 것 보다 진일보한 사유라고 할 수 있다. 공자가 천하 를 공공의 것으로 보았듯이, 이건창도 군주가 천하를 공심으로 다스 리지 않고 사적으로 소유하는 것은 부당하다고 여겼다. 그러나 전통 적인 왕권사회에서 이루어지는 군주의 세습과 권력 집중의 정치형태 는 비판의 대상이 되지 못했다. 앞서 살펴본 것처럼 그는 백성이 민당 을 형성하여 정치세력화하는 것을 부정했다. 반면 이건승은 『명이대 방록』을 보기 이전에 이미 삼권분립에 기반한 서구 입헌군주제를 수 용했던 것을 알 수 있다. 그러나 아쉽게도 그에게는 이런 사상들을 펼칠 국가가 더 이상 존립하지 못했다. 그는 이미 없어진 나라에서 일본의 노예로 살 수 없어서 망명을 선택했다.

2) 요양遼陽의 학과 같이

> 고국산천 돌아보니 두 줄기 눈물 뿐
> 눈보라치는 멀고 먼 길 한 객사에서
> 이 몸은 진정 요양학遼陽鶴과도 같아
> 도리어 기다렸던가 천년 만에
> 옛날 살던 집에 돌아오기를43)

---

43) 『海耕堂收草』, 「西來偶存」, 141쪽. 故國山河雙涕淚, 長程風雪一籧盧, 此身 正似遼陽鶴, 劫待千年返舊居. 정양완, 『강화학파의 문학과 사상』5, 월인, 715 쪽 재인용.

이건승은 1910년 9월 24일 사당에 하직하고 손에 지팡이 하나만 들고 이웃 마을에 가는 단출한 차림으로 망명길에 올랐다. 가는 길에 개성에서 이건방을 만나 훗날을 기약하고, 10월 평양에서 홍승원과 합류하여 강이 어는 12월이 되길 기다렸다가, 함께 남만주로 들어갔다. 만주에 들어섰을 때, 이건승은 남만주가 일찍이 고구려 땅이었기에 우리가 오늘 고향에 돌아온 것이라고 말하며 서글픈 마음을 달랬다.[44] 위 인용문은 그러한 당시 심정을 읊은 시이다. 이건승과 홍승원은 만주 회인현懷仁縣 항도촌恒道村에 거처를 마련하였다. 그곳에는 이미 정원하가 와 있었다. 항도촌은 이건승이 박은식을 만나 교유하게 되는 장소이기도 하다. 이건승은 1914년 항도촌에서 안동현安東縣 접리촌接梨村으로 옮겨 생활했는데, 여기서는 수파守坡 안효제 安孝濟 (1850~1916)와 사귀었다. 이건승은 망명지에서 약방을 하거나 농사일을 하며 생계를 이어갔고, 매우 궁핍하게 생활하였다. 뿐만 아니라 스스로 고국을 떠난 것이 나라에 대한 충성심에 어긋나는 것은 아닌가 하는 두려움과 죄책감을 늘 안고 지냈다.[45] 망명지에서 이건승이 남긴 글은 대부분 이건방, 정인보, 조카 이범하, 이범세와 나눈 시나 편지글이었다.[46] 간혹 독립운동에 참여한 인물들의 일화를 소개하는 글

---

44) 『海耕堂收草』, 「西來偶存」, 141쪽. 北南蠻洲, 曾是高句麗地, 與文園有吾輩 今日返故鄉之語.

45) 『海耕堂收草』, 「次春世韻 寄之」, 150쪽. 兄弟兼知己, 迹殊意則同, 閉門疑 絶俗, 去國恐非忠. 형제뿐인가? 지기까지 겸하니 있는 곳 달라도 뜻은 한 가지 문닫고 사니 세상과 끊은 줄 의심하리나 고국을 떠난 게 충이 아닌 듯 두려워라

46) 이건승은 이건창이 선조의 역사서를 재정리한 것처럼, 망명지에서도 가문의 문장을 정리하고 현창하는 소임을 게을리 하지 않았다. 그는 이건창과 함께

도 지었지만, 자신의 사유나 심경을 드러낸 글은 역시 시와 편지글이라고 할 수 있다. 그는 형인 이건창과 마찬가지로 글쓰기에 큰 의미를 부여하였다.

> 사람에게 있어 육신보다 절박한 게 없고 존재에 있어 대지보다 큰 게 없건만, 모두가 공적이다, 허무다 하면서 오히려 궁실을 짓고 수리를 하며 또한 어째서 글을 지어 기록한단 말인가? … 어찌 육신이 비록 공적이라 해도 육신이 아니고는 공적의 마음을 밝힐 수 없어서가 아니겠으며, 대지가 비록 헛것이라 해도 대지가 아니고서는 허무의 도를 의탁할 곳이 없어서가 아니겠는가? 그러므로 마음이 비록 공적이라 해도 자취는 공적이라 할 수 없고, 도가 비록 허무라 해도 일은 허무일 수 없다. 자취와 일이 불법을 유지하는데, 아울러 이것을 공적이고 허무라고 해버리면 법은 어디서 구하며 도는 어디에 베풀 것인가? … 자취는 마음에서 멀었던 적이 없고 일은 도에서 멀었던 적이 없다. 자취에서 나타나고 일에서 드러나면 공空은 가히 실實이 되고 무無는 가히 유有가 되니 잡다한 것들에 이르기까지도 혹 빠뜨림이 없다.[47]

고시문을 외친 문학적 동지, 창강滄江 김택영(金澤榮, 1850-1927)을 통해 이건창의 시문집과 『독역수기』를 정리·출간하였다. 그러나 문집정리 과정에서 시를 지나치게 산삭한 점에 이의를 제기하기도 하고(『海耕堂收草』, 「與滄江」 1-2, 7~10쪽), 김택영이 쓴 역사서 『한사경韓史綮』의 문제가 이건창의 탓이라는 유림들의 오해에 대해 적극 해명할 것을 요청하면서 그렇지 않으면 절교도 불사하겠다고 하였다. 이건승이 보기에 김택영은 자신과 마찬가지로 망명의 처지에서 많은 자료를 접할 수 없을 뿐만 아니라, 본래 조선의 전적에도 밝지 못한데, 무리하게 조선 500년 전체의 역사를 논한 것이었다. 게다가 이건창은 김택영과 문학활동을 함께 했을 뿐, 정치적인 인식을 공유한 적은 없었기 때문에, 단지 소론계라는 이유로 『한사경』에서 영조를 비난한 일에 연루되는 것이 부당하다고 여겼다.(『海耕堂收草』, 「與滄江」, 20~22쪽)

47) 『海耕堂收草』, 「傳燈寺重修記」, 282쪽. 人莫切於肉身, 物莫大於大地, 而皆

위 인용문은 1899년에 쓴 강화도 전등사 시왕전의 중수기이다. 망명기와 시차가 있긴 하지만 이건승이 평소 일과 글에 대해 어떤 생각을 가져왔는지 알 수 있는 기록이다. 불교에서는 모든 존재자가 인연화합물로서 가유假有의 상태에 있다고 보기 때문에 모든 것이 공하고 허하다고 한다. 따라서 무상함에 슬퍼하거나 집착해서는 안 된다. 그러나 그럼에도 사찰을 짓고 불법에 대한 글을 남기는 것은 불법, 진리라는 것이 어떤 자취나 일이 아니라면 드러날 수 없기 때문이다. 글을 포함해서 일이나 자취도 허무한 것이라고 치부해버리고 아무 것도 하지 않거나 무시해버리면 진리를 표현하고 실현할 길이 없게 된다. 이건승은 글쓰기를 취미나 소일거리로 생각한 것이 아니라 진리를 구현하는 수단으로 여기며 식자로서 사명감을 지녔던 것으로 보인다.

문장이란 비록 하찮은 재주라 하지만 하찮은 재주란 도학의 큼에 대해 하는 말이니, 글하는 선비가 아니고서는 누가 능히 유도에 깃을 부치겠는가? 그러므로 글은 도를 싣는 그릇이 되니, 그릇이 없이는 도는 혼자 존재하지는 못할 것이다. … 오늘날 나라 안의 선비 중에 이를 떠맡을 자가 누군가? 이러다가는 장차 학문도 끊어지고 말 것이니 어찌 슬프지 않은가? 중국은 그렇지가 않아 강유위가 종교를 북돋고 공자의 제향을 폐하지 않으며, 양계초는 글을 지어 의론을 세우고 민지를 흥기시키네. 이들은 모두 하찮은 필부일 뿐인데 세치짜리 붓을 잡고 언론을 펴 글을 지은 효과가 이와 같네. 이로 보건대 글에 노력하지 않음이 걱정이지, 세상이 글을 높이지 않는다

空寂焉, 虛無焉, 尙安用宮室, 安用修改, 又安用文以記之也? … 豈以肉身雖空寂, 非肉身無以明空寂之心, 大地雖虛, 非大地無以寄虛無之道? 故心雖空寂, 迹不可以空寂, 道雖虛無, 事不可以虛無. 迹與事所以維持佛法, 幷以是爲空寂虛無, 則法於何求, 道將安施哉? … 迹未嘗遠於心, 事未嘗遠於道. 然見乎迹而著乎事, 則空可使實也, 無可使有也, 至於芸芸職職莫或遺也.

고 걱정할 것은 없네.[48)]

위 인용문을 보면, 이건창이 글쓰기를 중시하고 자신만의 문장론을 지닌 것처럼 이건승 또한 세상을 변화시키는 글의 힘을 인정하고 권면했던 것을 알 수 있다. 그에 의하면 문장이 도보다는 하찮은 것이지만, 도를 싣는 그릇은 문장일 수밖에 없고 학문이 체계를 잡고 전달되는 과정에서 문장이 수행하는 역할 또한 크다. 조선에서는 이미 유도를 제대로 싣는 사람이 없으나, 중국의 강유위는 공자를 존숭하고 대동교운동을 펼쳤으며, 그 제자인 양계초 또한 이를 계승하여 전통개신의 입장에서 계몽활동을 폈다. 이건승은 이들을 일개 필부로 높게 평가하지 않았지만, 글쓰기를 통해 민지를 개발한 실효만큼은 인정할 만하다고 본 것이다. 그가 독립 위인의 일화인 『안중근전安重根傳』, 『이재명李在明·김정익전金貞益傳』, 『백삼규白三圭·김덕신전金德新傳』, 『이석대李碩大·황봉인黃鳳仁·봉신전鳳信傳』, 『서비자전西扉子傳』을 지은 이유이기도 바로 여기에 있다.[49)]

이건승이 이건방에게 보낸 시에서는 정약용과 관련된 부분을 주목할 수 있다. 정약용이 석천石泉 신작申綽(1760~1828)과 『서경』에 대한

---

48) 『海耕堂收草』, 「答宗人士儀承宣書【名範世】」, 58~59쪽. 文章雖曰小技, 曰小技云者對道學之大而言非文章之士孰能羽翼斯道哉? 故曰文爲載道之器, 器之不存道, 不能獨存. … 今日國中之士, 能任此者雖也? 此將爲絶學, 寧不悲哉? 中國則不然, 康有爲扶植宗敎, 闕里之俎豆不廢, 梁啓超著書立論民智勃興. 此皆眇然匹夫耳, 操三寸之管, 發言爲文, 其效如此. 以此觀之, 患不用功於文章, 不患世不右文也.

49) 이건승의 위인전에 대해서는 천병돈, 2015, 「경재 이건승의 민족정신」, 『양명학』40호, 한국양명학회, 164~171쪽 참조.

논변을 나누고 교유한 이래 하곡학파 내에서 정약용의 위상과 영향은 상당했다. 이건창의 아버지인 이상학은 정약용의 『흠흠신서欽欽新書』를 읽어 암송할 정도였다고 하고,[50] 이후 이건방과 정인보는 정약용의 학문을 진정한 실학으로 선양하였다. 이건승은 고기를 못 먹는 대신 상추에 밥을 싸 먹으며 "입을 속이는 법이다"라고 말하여 좌중을 크게 웃게 한 일이 있었는데,[51] 이를 〈와거시萵苣時〉로 지어 이건방에게 보낸 바 있다. 그런데 그 내용은 정약용이 유배지에서 두 아들을 훈계했던 내용과 매우 유사하다.

　　오직 사람을 속여서는 안 되니, 제 마음을 속이는 짓을 해서 되겠는가. 속여도 되는 것은 아무것도 없으나, 오직 입만은 속일 수 있네. 입은 욕망을 싫어함이 없으니, 그것을 따르면, 아! 위태로우리라. 대개 살찌고 맛있는 것에 얽매여, 좋은 사나이를 그르치게 되네. 먹기를 생각함은 실로 천리이나, 잘 먹기를 바라면 어리석지 않겠는가? 나이 들어 고기 먹을 생각을 하니, 밥상을 대하여 여러 번 숟가락을 멈추었네. 다만 입을 속일 수 있다면, 맛있고 맛없는 것을 배는 모른다네. ….".[52]

　　사람이 천지간에 살면서 귀한 것은 진실에 있으니 조금도 속임이 없어야 한다. 하늘을 속이는 것이 가장 나쁘고, 임금을 속이고 어버

---

50) 『明美堂集』卷17, 「先府君行狀」府君少習丁氏欽欽書, 幾成誦.

51) 『見聞疾書』僕年來胃倦不能健飯. 有魚肉則稍進食, 魚肉不可常有. 以萵苣包飯調辣醬呑之曰 "欺口法", 其辭令, 人解頤妓奉覽覽. 此當噴飯滿案矣.

52) 『海耕堂收草』, 〈萵苣飯 示春弟〉 240~241쪽. 維人不可欺, 欺心矧可爲? 物無可欺者, 維口可欺之. 口也無厭欲, 從之噫其危. 多爲肥甘累, 誤却好男兒. 思食固天理, 要好無乃癡? 老大彈鋏想, 對飯屢停匙. 但能瞞過吻, 美惡腹不知. ….

이를 속이는 데서부터 농부가 농부를 속이고 상인이 상인을 속이는 데 이르기까지 모두 죄악에 빠지는 것이다. 오직 하나 속일 수 있는 게 있으니, 바로 자기의 입이다. 아무리 보잘것없는 식물로 속이더라도 잠깐 그때를 지나면 되니 이는 괜찮은 방법이다. 금년 여름에 내가 다산에 있을 때 상추로 쌈을 싸서 먹으니 손님이 묻기를, "쌈을 싸서 먹는 게 절여서 먹는 것과 차이가 있습니까?" 하기에, 내가, "이건 나의 입을 속이는 법일세."라고 한 일이 있다. 어떤 음식을 먹을 때마다 모름지기 이런 생각을 가져라.53)

첫 번째 인용문은 이건승의 시이고 두 번째 인용문은 정약용이 자녀에게 준 가훈이다. 이건승의 시는 고기를 먹고 싶은 마음을 잊기 위해 상추쌈을 먹었고, 정약용의 글은 김치를 먹고 싶은 마음을 잊기 위해 상추쌈을 먹은 일화를 소재로 하고 있다. 이들은 모두 입을 속이는 것을 말하기 전에 이 세상의 어느 것도 속여서는 안 된다고 전제하였다. 이런 점은 정약용과의 관련성을 부정할 수 없는 부분이다. 또 이건승은 아무것도 속여서는 안 되는데 자기 자신을 속이면 되겠냐고 묻고, 먹고 싶은 욕구는 천리로 인정할 수 있지만 잘 먹으려 해선 안 된다고 한 점에서는 가학 계승의 내용을 엿볼 수 있다.

3) 망명지에서 만난 조선

이건승이 망명지에서 박은식, 안효제와 교류하면서 남긴 시를 보면

---

53) 『與猶堂全書』第1集,「詩文集」第18卷,「文集 / 家誡」〈又示二子家誡〉人生兩間, 所貴在誠, 都無可欺. 欺天最惡, 欺君欺親, 以至農而欺耦, 賈而欺伴, 皆陷罪戾. 唯有一物可欺, 卽自己口吻. 須用薄物欺罔, 瞥過暫時, 斯良策也. 今年夏余在茶山, 用萵苣葉包飯, 作搏而吞之. 客有問者曰包之有異乎菹之乎? 余曰此先生欺口法也. 每喫一膳, 須存此想.

그의 망국의 한과 역사의식을 엿볼 수 있다.54) 그는 조선을 떠난 망명지에서 오히려 조선의 역사를 만나고 망국을 자책했다. 특히 박은식이 망명지에서 저술한『한국통사韓國痛史』,『동명왕실기東明王實記』에 대해 평한 다음의 시들은 주목할 만하다.

　　2천만 우리 백성 입을 대신해 말하니 붓끝이 강해인양 답답하고 원통함 씻어주는구나. 암! 알고 말고. 국경지대 산나무 숲 너머에는 남다른 글의 향기가 있어 나라의 넋 되돌려오리55)

　　두만강 서쪽 혼강 북녘에 동명왕이 터잡아 신천지가 열렸네. 2000년 후 부질없이 서글퍼지니, 자손된 이 몸 고향으로 돌아올 줄 어찌 알았겠는가?… 역사는 이지러지고 기록은 부실하여 매양 의심스럽더니만 중국 와서 비로소 좋은 글을 읽게 되는 구나.… 깊은 꿈에 빠진 우리네를 불러일으키는 목탁 같은 소리마다 조선을 깨우치는구나. 붓 끝에 창자 속의 피가 흘러나오건만 그 누가 알 것인가? 이 영감님 홀로 애달픔을! 56)

　첫 번째 시는『한국통사』를 읽고 쓴 시이다. 이건승은 먼저 "통사痛 史란 박백암이 지어 상해에서 간행되었는데, 갑자(1864, 고종1년)로부터

---

54)『海耕堂收草』,「朴白庵方留滬之靜安寺路 修東國近史 以詩寄之」184쪽. 白 庵始識余於興道村舍 백암이 나를 알게 된 것은 흥도촌 집에서였다.(興道村 은 恒道村, 橫道村이라고도 불렸다.

55)『海耕堂收草』,「讀痛史」, 187쪽. 代我二千萬口言 筆端江海滌煩冤 定知關 塞楓林外 別有書香返國魂.

56)『海耕堂收草』,「祭朴白庵殷植 東明王實記史論」, 151~152쪽. 馬訾江西渾水 陽, 東明基業關天荒, 二千年後空惝愴, 豈意兒孫返故鄕. … 史缺誌殘每闕 疑, 西來始讀好聞辭. … 喚起吾人取夢深, 聲聲木鐸動鷄林, 筆端滾出腔中 血, 誰識斯翁獨苦心.

시작하여 경술(1910, 융희4년)에서 끝난다. 마음껏 말을 하여 거리낌이 없으니 참으로 좋은 역사책"[57)]이라고 설명한 뒤, 위정자의 입장이 아니라 백성의 입장에서 서술한 역사서임을 높이 평가하였다. 게다가 만주에서 『한국통사』가 발행되었을 당시 중국인이 수 천질을 샀는데, 중국에서 우리나라 글이 간행되고 높게 평가받기로는 원효대사와 허준의 글 이후 처음이라고 하였다.[58)] 이건승은 박은식의 역사서술관점 뿐만 아니라 내용에도 동의하였다. 만주는 조상의 터전이나 천년 뒤 그 후손된 자들이 와서 나그네로 떠돌게 된 것이 부끄럽다는 내용의 시구가 곳곳에 보이는데,[59)] 두 번째 인용문을 통해 이를 확인할 수 있다. 두 번째 시는 『동명왕실기』를 읽고 쓴 시이다. 이건승은 기록이 부실하여 알 수 없었던 역사적 사실을 박은식의 『동명왕실기』를 통해 확인할 수 있다고 하였다.[60)] 그러나 안타깝게도 그 내용은 현전하지 않는다. 이건승은 만주에서 고구려나 발해 유적을 직접 답사하기도 하였다.

---

57) 『海耕堂收草』, 「讀痛史」, 186쪽.【痛史者, 朴白庵所著, 刊行上海, 自甲子始終庚戌. 恣言無諱, 眞良史也.】

58) 『海耕堂收草』, 「讀痛史」, 188쪽.【痛史新刊中國人 購數千帙云】…【我東文字刊行中國 惟元曉大師佛經注 陽平君許浚東醫寶鑑而已 今痛史刊中國人 爭購讀 東人文字行于中國 未有如此】

59) 『海耕堂收草』, 「次春世韻 奇之」, 202쪽. 韓僑之來寓此土者 相屬於途 吾人皆東明之裔 而今來此土爲覊旅民 噫其哀哉! 우리 교포로 이 땅에 붙어 사는 이 길에 이엄이엄한데 우리네는 모두가 동명왕의 후손이건만 이제 이 땅에 와서 나그네 노릇을 하고 있으니 아 슬프도다!

60) 『海耕堂收草』, 「祭朴白庵殷植 東明王實記史論」, 151쪽.【白庵嫺習東國歷史 客游懷仁 韓人尹世復 留白庵著東明史 論述東明事甚詳.】

이에 알겠도다. 조선 땅은 만주 북쪽에서 요양에 이르렀음을. 또한 생각건대 동명왕의 나라가 발해 곁을 널리 개척했음을 집안현의 비석은 글자가 낡았으나 내 일찍이 꼼꼼히 읽었더니라. 옛 것을 잃은 지는 이미 오래고 남 덩달아 드디어 잊어버렸네. … 새 슬픔과 옛 서러움이여! 남만 덩달아 따라가기 그 얼마나 오래되었나! 어찌 뜻하였으랴. 천년 뒤에 자손이 제 고향에 돌아올 줄이야. 고향이나 내 땅 아니니 종종걸음 쳐도 숨을 곳 없어라. 쓸쓸하게도 지난 대의 일이니 문헌도 이미 이지러지고 없어졌도다.[61]

이건승은 고구려와 발해유적을 답사하고 집안현의 비석을 꼼꼼히 보았다. 집안현의 비석은 곧 광개토대왕비를 말한다. 광개토대왕비문은 정인보도 언급한 바가 있고 이에 대한 독법이 문제되기도 했는데, 그 연원이 여기까지 소급된다는 것을 짐작할 수 있다. 이건승은 우리 민족이 발흥한 터전과 찬란했던 기록을 마주했지만 모두 잃어버린 후손으로서 쓸쓸함을 한탄하였다. 문헌도 제대로 남아있지 않은 현실에 대해서도 마찬가지였다. 그리고 그렇게 되어 가는 과정의 문제점을 우리 자신이 옛 것을 잃고 남만 따라 다닌 세월이 오래되어 결국 잊어버린 데 있다고 진단하였다. 이는 주체성 없이 남의 사유와 이론을 빌려 사심을 채우는 가假의 행태를 비판한 선배들의 지적과 동일하다. 그리고 이건승 자신이 계명의숙 취지서에 남긴 문제의식과도 일치한다.

---

61) 『海耕堂收草』, 「奉和朴浯堂先陽」, 213쪽. 乃知朝鮮土, 滿北至遼陽, 亦有東明國, 恢拓渤海傍. 輯安碑字古, 我曾讀之詳. 舊物失已久, 付人遂相忘. … 新悲與舊愴, 俯仰何杳茫? 豈意千載後, 兒孫返故鄉. 故鄉非我土, 蹱蹱靡所藏. 蕭條異代事, 文獻已缺亡.

3 실심대로 실학하라

1) 문장보다 귀한 것

이건방은 이건창, 이건승과 함께 과제科題를 공부하고 학문을 토론하면서 가학을 계승하였다. 정인보에 의하면 이건방[62]은 먼저 주자학을 공부했지만 정호, 왕수인의 글을 접하고 깨달은 바가 있은 뒤로는 이를 독실히 믿어 의심치 않았다고 한다. 또 문장과 학문이 모두 높았지만 홀로 되신 생어머니와 양어머니를 봉양하여 평생의 한이 없게 하기 위해 벼슬을 하지 않았다고 전한다.[63] 이건방은 진가론을 중시하여 이를 사회비판론으로 확장시키는 데 기여가 컸던 만큼 그의 학문과 사상 전반도 실심에 입각한 진가론과 실학으로 정리할 수 있다. 그의 활동은 대중적, 혹은 학술적인 글쓰기로 전개되었고 글쓰기에 대해 확고한 원칙이 있었기 때문에 먼저 이를 살펴보고자 한다.

---

62) 이건방에 관한 연구성과는 매우 적은데, 대표적인 연구로는 송석준, 「난곡 이건방의 양명학과 실천정신」, 『양명학』 18호, 한국양명학회, 2007 / 천병돈, 「蘭谷 李建芳과 深齋 曺兢燮의 道德文章論」, 『양명학』 38호, 한국양명학회, 2014; 「난곡 이건방의 『蘭谷存稿』 연구」, 『한국학』 37권 1호, 한국학중앙연구원, 2014; 「후기 하곡학파의 실천정신」, 『양명학』 50호, 한국양명학회, 2018 / 신상현, 천병돈, 「난곡 이건방의 『원론』에 나타난 현실인식」, 『인천학연구』 29호, 인천대학교 인천학연구원, 2018 / 한정길, 「蘭谷 李建芳의 양명학 이해와 현실 대응 논리」, 『양명학』 51호, 한국양명학회, 2018; 「蘭谷 李建芳의 「朝鮮儒學과 王陽明」」, 『泰東古典研究』 43호, 한림대학교 태동고전연구소, 2019이 있다.

63) 『詹園鄭寅普全集』 卷6, 「詹園文錄」(六)〈蘭谷李先生墓表〉, 169-170쪽. 稍張慨然慕古聖賢之學, 始頗習考亭, 復取程伯子王文成書, 紬繹久之若有悟, 自是篤信而不疑. … 寧齋謂先生"春世一第豈足榮汝? 顧汝才不可以徒朽, 且與我俱行乎?" 先生曰"母老矣. 人事不可知, 豈可以急於進取, 而負終身之恨?"

196

세상 모든 사물은 진眞에서 이루어지고 위僞에서 무너진다. 진이란 것은 성誠을 말하니, 『중용』에 이르길 "성이란 것은 사물의 처음과 끝이니, 성하지 않으면 이루어지는 것이 아무것도 없다."고 하였다. 사물의 품류는 만 가지로 달라 순수하고 섞임, 거칠고 세밀함, 맑고 탁함 등이 고르지 않고, 또 각기 독득獨得한 리를 본질로 삼으니 저절로 다른 것과 구별된다. 그러므로 그 사이에 털끝만큼이라도 임시로 빌리는 것은 허용되지 않는다. 만일 빌릴 수 있다면 곧 거짓되고 참되지 않아, 하루도 존립할 수 없으니, 그 '이루어지는 것이 아무것도 없는 것' 또한 마땅하지 않겠는가?64)

　　이건방은 글쓰기를 포함한 모든 일들이 진眞에서 이루어지고, 위僞에서 무너진다고 하였다. 그에 의하면 의식의 대상이 되는 모든 사물은 본래 각기 다른 종류와 특성을 지니며 사람들은 자기 스스로 터득한 리를 바탕으로 살아가기 때문에 다른 것과 구별될 수밖에 없는 존재론적 속성을 지닌다. 따라서 다른 데서 어떤 특성이나 터득한 내용을 임시로 빌리는 것 자체가 무의미하다. 만약 빌릴 수 있다면 그것은 곧 거짓이 되고 실질적으로 자기 자신의 질적인 변화를 담보하지 못하기 때문에, 그런 기반 위에서 이루어지는 일은 아무것도 없게 된다. 마치 제대로 된 자신의 병을 다른 것으로 감추어 처방을 받은 것은 아무런 치료효과가 없는 것과 같다. 이건방은 이것이 곧 『중용』의 '불성무물不誠無物'의 내용이라고 하였다.

---

64) 『蘭谷存稿』卷3, 「文錄 / 序」〈梅泉集序〉 夫天下之物成於眞敗於僞. 眞者誠之謂也, 傳曰, "誠者物之終始, 不誠無物." 蓋物之品類萬殊, 其粹駁巨細淸濁之不齊, 而亦各有獨得之理, 以爲之本質, 而自別於他, 故其閒不容纖毫假借. 苟可以假借, 則卽僞而不眞, 不可一日而存也, 其爲之無物不亦宜乎?

비록 말을 글로 쓰지 못하여 전할 수 없는 것은 괜찮지만, 만약 그 사물이 거짓되고 참되지 못하다면 비록 글로 쓴다 해도 또 어찌 전하겠는가? 이런 까닭에 군자의 도는 반드시 먼저 바탕에 치력한 이후에야 그것을 글로 쓴다. 그러므로 바탕에 순수함과 섞임, 거침과 세밀함, 맑음과 탁함의 다름이 있게 되면 그것이 글에 드러나는 것 또한 넓고 깊음, 날카롭고 예리함, 웅건하고 호방함, 미묘함 등의 관점이 서로 나뉘게 된다. 비록 그 말이 반드시 도에 다 합치되지는 않더라도 혹 세밀한 부분이 진실로 능히 홀로 이른 견지에서 나온 것을 근본으로 삼는다면 그것으로써 사물이 이루어져 폐기할 수 없는 것이다. … 이것이 매천의 시문이니, 다른 사람이 능히 똑같이 할 수 있는 것이 아니다. 왜냐하면 그 기품에 독자적으로 이른 것이 있고 조금도 빌리지 않았기 때문이다.[65]

빌리는 것, 가假가 곧 위僞를 초래하는 것은 글쓰기도 예외가 아니다. 이건방은 사물은 스스로 드러낼 수 없고 반드시 사람을 기다려 드러나기 때문에, 여러 말과 글로 표현하고 전달할 수밖에 없다고 하였다. 문장이란 것이 바로 그런 결과 중 하나이다.[66] 문장을 다른 데서 빌려오거나 거짓을 기술하면 전할 수 없게 되고, 위僞에서 무너지는 사례가 된다. 따라서 부족하면 부족한대로 온전하면 온전한대로

---

65) 『蘭谷存稿』卷3,「文錄 / 序」〈梅泉集序〉, 246~247쪽. 雖然言之不文不足以傳 則固矣, 而苟其物僞而不眞, 則雖文亦奚以傳焉? 是以君子之道, 必先致力 於質以後其文也. 故質有粹駁巨細淸濁之異, 則其著於文也, 亦有宏深巉刻 雄放要眇之觀胥以別焉. 雖其言未必盡合乎道, 而或有細之者, 苟能出於獨 至之見, 藉以爲本, 則物以之成而不可廢也. … 此梅泉之詩文也, 非他人之 所能同也. 何則其稟有獨至不可以纖毫假也.

66) 『蘭谷存稿』卷3,「文錄 / 序」〈梅泉集序〉, 246쪽. 然物不能以自見, 必待乎人 而著之, 言言不可以垂, 後又必須於記述以傳之. 然則文章者固物之所待而 著, 且傳焉者也. 雖聖賢之至德要道, 尙不能無賴於是, 況其下者乎?

진실하게 깨달은 자신의 심경을 반영한 참된 문장을 써야 한다. 이건 방은 매천 황현의 글이 바로 참된 문장이라고 하였다. 그가 황현의 글을 높이 사는 근본적인 이유는 남의 것을 빌리지 않고 자기만의 독득한 경지가 있다는 데 있다. 부족하더라도 진심에서 나온 문장은 자신이 깨달은 만큼 의미가 있고 그렇게 이룬 것은 없어지지 않는다. 이건방은 이런 점에서 황현의 문장을 따라 하려고 해도 그럴 수 없다 고 한 것이다.

> 그대의 이른바 "진도덕이 있으면 반드시 진문장이 있다는 것"은 진실로 가능하지만 또 "도덕과 문장은 병존하기 어려우니 당대의 선비가 도덕에 뛰어나도 문장에는 부족한 것을 보았다."는 것은 도 대체 무슨 말입니까? 나는 오직 그 도덕이 뛰어나지 못하기 때문에 그 문장을 아울러도 능히 이르지 못하는 것이라고 생각합니다. 만일 그렇지 않다면 반드시 도덕을 빌린 것이니, 빌려서 덕을 삼는다면 장차 가는 곳마다 빌리지 않는 것이 없을 텐데, 또 어찌 문장에서 빌리지 않는 게 있겠습니까?[67]

위 인용문은 1920년 암서巖棲 조긍섭曺兢燮(1873~1933)이 문장을 논한 편지글에 답한 내용이다. 조긍섭은 남명 조식의 후손으로 학파에 연연하지 않고 다양한 학자들과 교류한 조선 후기의 대표적인 영남 성리학자이다. 그는 특히 문장에 관심이 많아서 당대 문장가로 명망이 높았던 이건창을 흠모하였고, 김택영, 이건승, 이건방과 교유하였

---

67)『蘭谷存稿』,『蘭谷存稿』, 「書」〈答曺深齋兢燮書〉, 92쪽. 足下所謂有眞道德
則必有眞文章者, 誠得矣, 而又言道德文章之難并, 而見當世之士有優於道
德而不足於文章, 抑何謂也? 僕則謂惟其道德之不優故并其文章而不能至
也. 苟不然則是必道德之假者, 假而爲德將無往而非假也 又奚有於文章哉?

다. 조긍섭은 이건방에게 세상에는 진도덕은 있으나 문장에 부족한 사람이 있고, 우연히 문장에 뛰어나 도덕에 관한 말을 잘 하는 사람이 있지만, 도덕과 문장을 아울러 잘 하기는 어렵다고 하였다.[68] 이건방은 물론 진도덕이 있다면 진문장이 있게 된다는 조긍섭의 말에는 수긍하였지만, 도덕이 뛰어난데 문장이 부족한 경우가 있다는 말은 인정하기 어려웠다. 앞서 살펴본 바와 같이 문장은 마음을 반영하기 마련이라 문장이 부족하다면 도덕도 부족한 것이지 도덕이 높은데도 문장이 부족한 경우는 없다는 것이다. 이건방은 이런 경우를 배제하고 나면, 표면적으로 도덕이 높아 보이지만 문장은 부족해 보이는 것은 도덕이 부족한데도 도덕이 높은 것처럼 빌려온 경우 밖에는 없다고 본다. 이는 행이 모자라면 지도 모자란 것으로 보는 지행합일의 관점에서 말한 것이다. 이건방에 의하면 지와 행사이에 어떠한 틈도 없듯이, 도덕과 그것의 표현인 문장 사이에도 아무런 틈이 없다. 물론 여기서 문장 평가의 기준은 단순한 표현기법상 기술적 문제는 아니다. 이건방은 덕이 부족한데도 자신의 도덕가인 척, 혹은 누구의 말을 핑계대면서 도덕을 빌리는 자는 문장뿐만 아니라 그 어느 것도 빌릴 수 있다고 하였다. 그리고 옛날에 학문하는 자가 오직 도와 덕에 힘쓴다는 말은 들어봤지만 문장에 힘쓴다는 말은 듣지 못했고, 대본이 서

---

68) 『巖棲先生文集』卷9,「書」〈與李蘭谷〉庚申 夫道德文章之難並久矣. 爲道德者, 以文章爲不足爲, 而爲文章者, 亦自以不屑於道德之假者, 於是二者愈裂而不可一. 然此自不識其眞者爾, 於道德文章何病焉. 夫有眞道德者, 必有眞文章, 有眞文章者, 必識眞道德, 眞文章者何也, 言而有典有則是已, 眞道德者何也, 有在於言語文字之外者是已. 然世固有有道德而不足於文者, 則不可遂以文病之, 以其誠有得於其眞也, 亦有偶工於文而能爲道德之言者, 則尤不可遽以道德予之, 以其猶未離乎其假也.

고 달도가 행해져 덕이 완성되면 그 행동이 자연히 법도가 되어 예의 삼백 위의삼천이 그 안에 다 갖추어지기 때문에, 소소하게 문장에 힘쓸 필요가 없다고 하였다.[69] 도덕과 문장에 대한 이건방의 견해에서 무엇보다 중요한 것은 바로 이것이다. 겉으로 드러난 문장이나 행위에 힘쓰기보다 실심을 완성하는 본질에 충실한 것이 더 낫고 의미 있다고 보기 때문이다. 이건방은 제자인 정인보에게 예술적인 글쓰기에 대해 다음과 같이 말한 바 있다.

> 이건 선비가 귀히 여길게 아닐세. 정치며 법률이며 재정, 군사야 말로 기구한 어려움이 덮칠 때 백성의 의지가 될 것일세. [70]

이건방은 지식인이 자기 수양과 현실 참여에 힘써야 한다고 보았다. 그렇기 때문에 문장에 힘쓰기 보다는 사회에 기여할 수 있는 다양한 학문을 섭렵하는 것이 낫다고 보았다. 평소 늘 세상을 모른척 해서는 안 되고 어려움을 구제해야 한다고 주장했기 때문에 비록 외진 곳에서 살았지만 서양의 헌법이나 재정, 형법, 외교 등에 대해 연구하지 않음이 없었고 늘 국가의 존망을 걱정했다. 특히 과거 선비들이 지나치게 춘추만을 끌어대서 음악조차 토속적인 것을 지키지 않아 백성들의 순수함을 잃게 만든 것을 애통해하였다.[71] 이는 이건방이

---

69) 『蘭谷存稿』, 「書」〈答曹深齋兢燮書〉, 91쪽. 僕聞古之學者, 惟道與德之爲務, 未聞其務於文也. 蓋人苟能懋德而明善, 大本立而達道行, 則聲爲律, 身爲度, 禮儀三百威儀三千, 皆該而備焉, 又安用屑屑焉文之務也?

70) 『詹園鄭寅普全集』卷6, 「詹園文錄」(五)〈祭蘭谷李先生文〉, 25쪽. 先生曰此非士攸貴, 治道典憲財賦戎事, 崎嶇艱厄要歸民倚.

71) 『詹園鄭寅普全集』卷6, 「詹園文錄」(下)〈蘭谷李先生墓表〉, 170-171쪽. 自甲

절개를 중시한 이건창, 이건승보다 더 진보적인 사유를 지니게 되었던 이유이기도 하다.

2) 인민이 있어야 나라가 있으니

그렇다면 먼저 이건방이 시대의 흐름을 어떻게 인식하고 있었는지 살펴보자.

　　사람은 태어나면서 무리를 짓게 되고, 무리를 지으면 다툼이 생기게 되는데 이것은 이치의 필연이요 사세가 반드시 그렇게 되기 마련인 것이다. 무리를 화목하게 하고 그 권한을 총괄하는 것을 '국國'이라고 한다. 이것도 하나의 무리요, 저것도 하나의 무리이니, 무리가 많아지면 무리와 무리가 서로 다투게 되는데, 이것도 이치의 필연이요 사세가 반드시 그렇게 되기 마련인 것이다. 이미 서로 다투는 지경에 이르게 되면 강한 자가 반드시 이기고 약한 자는 반드시 패하며, 기교가 있는 자는 반드시 얻고 졸렬한 자는 반드시 잃게 되는데, 이것은 대개 자연 진화의 일반적 규율과 상호 경쟁의 원칙이 그렇지 않을 수 없는 이치이다. … 지금 지구상의 국가들이 거의 수백인데 그 강약, 교졸이 서로 달라 고르지 않다. 이에 서로 힘으로 다투고 싸우며 집어삼키고 멸망시키는 근심이 세상에 끊이지 않는다. 서구인들이 말하는 '강함과 약함에서 권력을 잡는 것이 바로 도리이다' 라는 것도 일반적인 원칙 상 그럴 수밖에 없는 연고에서 나오는 것이지만, 강자가 난폭하게 한 것을 꾸짖을 뿐만 아니라 약자가 용서받을 수 있다고 말한 뒤에야 비로소 그것을 정론이라고 할

午後時事曰棘寧齋狷介守潔身之義, 而先生恒主救時, 以爲不可徒邁邁, 雖潛處陬滋若遠, 西國憲財政刑律外交無所不究, 絶痛往昔儒者過引春秋樂不操土, 而使民失粹, 語及輒激.

수 있을 것이다. 생각해보면 세상의 지극히 약하고 졸렬한 나라로는 우리 한국처럼 심한 곳도 없다. 전지구적인 최강자로 불리는 영국, 미국, 프랑스, 독일 같은 경우는 물론 논할 것도 없지만, 벨기에나 네델란드 같은 나라들은 땅이 천리도 채 안 되고 인구는 백만에 불과한 세계의 약소국인데도 상공업이 발달하고 군정을 보완하여 오히려 수모를 막고 국경을 수비할 능력이 있으니, 진실로 우리 한국이 미치지 못할 바가 있다. 폴란드, 이집트, 베트남 같은 경우는 나라가 망하고 사람들이 죽어 없어져 천하의 가장 비참한 국가가 되었는데, 그들 망하기 전을 보면 농광업의 의용단이 오히려 능히 분기탱천하여 강적에 저항하여 끝내 칼이 무뎌지고 화살이 꺾이어 어찌 할 수 없이 다 한 이후에야 평정되었다. 그러니 우리 한국이 화살 하나도 쏘아보지 못하고 삼천리 국토와 수천만의 인민을 들어다 종이 한 장 위에 바친 것은 어느 시대 어느 지역의 어떤 나라에서도 없었던 것이다.[72]

---

72) 『蘭谷存稿』卷6, 「文錄 / 論」〈原論〉(上), 343~346쪽. 夫人生而有群, 有群則有爭, 此理之必然而勢之必至者也. 輯其群而統其權謂之國, 此一群也, 彼一群也, 群者衆矣, 則群與群相爭, 此又理之必然而勢之必至者也. 既至於相爭, 則彊者必勝而弱者必敗, 巧者必得而拙者必失, 此蓋天演之公例, 物競之原則, 不得不然之理也. … 今夫國於地球之上者僅以百數, 而其彊弱巧拙之相殊至不齊也. 於是相爭以力相競以勢, 吞噬夷滅之患不絶於世. 歐人所謂强與弱遇權力卽道理者, 是亦出於公例原則不得不然之故, 而不獨話彊者爲暴戾, 而謂弱者爲可恕, 然後始得謂之正論也. 竊嘗論之天下之至弱而至拙, 亦未有若我韓之甚者. 若英若美若法若德號爲全球之最彊者, 固不論己, 卽如比利時荷蘭等國, 地不滿千里, 口不過百萬, 天下之弱國也, 而其工商之發達, 軍政之修擧, 猶有可以禦侮而固圉者, 固我韓之所不及也. 卽如波蘭埃及安南之屬, 國亡人滅爲天下最悲慘之國, 自其未亡之前觀之, 則其農鑛之業, 義勇之團, 猶能鼓沫作氣, 以抵抗彊敵, 卒之刃鈍矢折 窮蹙斯盡而後已衡之. 以我韓不能以一矢加遺, 而擧三千里之地, 數千萬之人民, 輸之於一紙之上, 則蓋上下千古東西萬國之所未有也.

이건방은 인간이 자연상태에서 필요에 따라 무리를 이루고 상호
경쟁하며, 무리 간의 이해를 조율하고 권리를 총괄하기 위해 사회가
형성된다는 사회계약설의 기본논리를 수용하였다. 이는 이건승이『명
이대방록』「원군」의 임금이 공리를 위해 존재한다는 논리를 수용하
는 차원을 넘어선 것이다. 또한 우승열패라는 힘의 논리에 근거한 사
회 진화론을 이해하고 이것이 공식적인 사실이며 어쩔 수 없는 형세
라고 보았다. 그러나 그렇다고 해서 이러한 약육강식의 국제질서를
그대로 따라갈 수밖에 없다고 한 것은 아니었다. 그는 약자라 할지라
도 옛 것을 버리고 새로운 것을 도모해서 자신이 약하게 된 원인을
제거하고 타인이 강해진 이유를 찾아서 그들을 본받는데 힘쓴다면
자신도 강해질 것이라고 하였다. 그렇게 되면 세력이 균등해져서 남
이 나를 집어삼키려 해도 그렇게 할 수 없는 것이다. 그러나 반대로
배우지 않으면 남이 나를 망하게 하려 하지 않아도 스스로 망하게
되므로 남을 탓할 수 없다고 하였다.73) 또 다른 한편으로는 당대 문화
사조 또한 강자의 난폭함을 비판하고 약자를 포용할 수 있는 사회정
의론을 정론으로 삼아야 한다고 보았다. 이건방은 당시 영국, 미국,
프랑스, 독일 등 서구유럽의 강대국과 벨기에, 네덜란드와 같은 약소
국, 그리고 식민지로 전락하게 된 여러 국가의 역사와 정치, 그 원인에

---

73) 『蘭谷存稿』卷6,「文錄 / 論」〈原論〉(上), 343~344쪽. 然則弱與拙者, 惟爲人
之所呑噬夷滅, 而終不可以自存歟? 曰何爲其然也? 苟弱與拙者, 知難而懼
亡, 舍舊而圖新, 務去其所以弱而求人之所以彊者而效之, 則斯彊矣, 務去
其所以拙而求人之所以巧者而效之, 則斯巧矣. 效之爲言學也. 學而至於力
齊而勢均, 則人雖欲呑噬我夷滅我, 其可得乎? 知吾之弱而不效人之彊, 知
吾之拙而不效人之巧, 狃舊而偸安, 執迷而不悟, 終至於呑噬夷滅而後已者,
乃其自滅而自亡, 非人之滅我而夷我也, 而又何尤焉?

대해 잘 알고 있었다. 그에 의하면 같은 약소국처지인 나라들과 한국의 차이는 저항에 있었다. 그들이 국경을 방비할 수 있었든 없었든 간에 최소한 각자의 상황에서 최선의 저항을 시도했지만, 한국은 그렇게 해보지도 못하고 1904년 한일의정서와 제1차 한일협약, 1905년 을사늑약에서 1910년 합병안에 이르기까지 점차적인 조약체결로 식민지가 되어간 것이다. 이건방이 이런 망국의 원인으로 지목한 것은 앞서 언급한 가도의인데, 여기서 좀 더 구체적인 논의를 살펴보고자 한다. 이는 당대 보수적인 유자들의 중요한 의리 문제였던 단발과 순국殉國을 논한 부분에서 확인할 수 있다.

> 때가 같지 않은 경우가 있었을지언정 내 설이 다른 적은 없었고, 설이 혹 같지 않은 적이 있었을지언정 나의 의義는 다른 적이 없었다. 나의 약함을 변혁시키고 저들의 강함을 배우며 나의 졸렬함을 변화시키고 저들의 공교함을 본받은 연후에 나라가 망하지 않을 수 있고 인민이 멸망하지 않을 수 있음은 내가 전에 말한 적이 있고 지금의 설도 다름이 없다. 우리 부자와 군신의 대륜大倫을 지키고 우리 주周·공孔·사思·맹孟의 대도를 죽을 때까지 지켜 변할 수 없는 것도 내가 전에 말한 적이 있으며 지금의 설도 다름이 없다. … 국권이 상실되지 않았을 때는 우리가 능히 자립할 수 있으니, 우리의 예악풍속은 우리가 모두 자유롭게 할 수 있어서 그 중함이 머리카락에 미치지 못하는 것조차 오히려 보존할 수 있었다. 그런데 하물며 소중한 머리카락을 깎을 수 있겠는가? 또 우리가 저들에게 배울 바가 깎는가, 깎지 않는가와 관계가 없다면 또 어찌 그것을 깎겠는가? 깎지 못할 것을 깎는 것은 천리민이天理民彝의 떳떳함에 위배되니 내가 말하는 의가 아니다. 국권이 이미 상실된 이후에는 굴레에 매여 저들이 이미 우리의 살을 먹고 우리의 가죽을 깔고 앉았으니, 머리카락보다 중한 것도 깎여서 다 없어졌는데, 또 머리카락을

근심하고 깨끗해질 것을 도모할 겨를이 있겠는가? 나라가 망하고
인민이 멸망하여 다시 희망이 없으나 다만 온갖 죽음에서 한 목숨
을 구한다면 또한 저들을 배워서 자강해져야 할 뿐이다. 진실로 배
우고자 한다면 깎지 않아서는 안 되니, 또 어찌 깎지 않을 수 있겠
는가? 깎지 않을 수 없는데도 반드시 깎지 않으면 이 또한 천리민이
의 떳떳함에 위배되는 것이니 내가 말하는 의가 아니다. 나의 의는
천리민이가 그렇게 하지 않을 수 없는 데에 달려있지 머리를 깎는
가, 깎지 않는가에 달려 있지 않다.[74]

조선조 전래의 문물제도 개혁을 상징하는 단발령은 1895년과 1902
년 두 차례에 걸쳐 시행되었다. 1895년의 개혁은 전통적인 효의식과
을미사변의 영향으로 민중의 큰 저항을 불러일으켰다. 단발 시행의
범위가 넓어지기 시작한 것은 1902년 이후로 볼 수 있으나, 보수적인
유학자들은 해방이전까지도 단발을 피하고 유교사상에 대한 지조를
더럽히지 않기 위해 은거를 택하였다. 위 인용문은 국권상실을 경험

---

74) 『蘭谷存稿』卷6, 「文錄 / 論」〈原論〉(中), 366~367쪽. 時有不同, 而吾之說未
嘗異也, 說或不同, 而吾之義未嘗異也. 夫革吾之弱而學彼之彊, 變吾之拙
而效彼之巧, 然後國可以不亡, 人可以不滅, 吾嘗言之於前, 而今日之說無
以異也. 守吾父子君臣之大倫, 守吾周孔思孟之大道至死, 而不可變, 吾嘗
言之於前, 而今日之說無以異也. … 夫國權不去, 而我能自立, 則我之禮樂
風俗, 我皆可以自由, 其重之不及髮者, 尚有以保之, 況髮之重而可以剃之
乎哉? 且吾有所學於彼, 而剃不剃無與也, 則又何爲其剃之也, 可以不剃, 而
剃之, 則畔於天理民彝之常, 而非吾所謂義也. 國權旣失之後羈縶之, 彼已
食我之肉, 而寢我之皮矣, 重於髮者劃削已盡, 又暇爲髮之慮而潔之謀耶?
國妄入滅無復望矣, 而獨求其萬死之一生, 則亦不過學彼而自彊而已. 苟欲
學之不剃則不可, 又安得以不剃也? 不得以不剃, 而必於不剃, 則是亦畔於
天理民彝之常, 而非吾所謂義也. 吾之義在於天理民彝之不得不然, 而不在
於剃不剃也.

206

한 이후에 작성된 것으로 최소한 1905년 이후 작성된 것으로 볼 수 있다. 이건방이 「원론」을 작성하기 시작한 것은 1895년 이후지만 이 문제에 대한 견해는 지속적으로 단발을 지지하는 것이었다. 그에 의하면, 국가의 주권을 상실하기 전에는 의미 있는 우리 문화와 예법을 자유롭게 지킬 수 있었기 때문에 단발하는 것이 잘못이지만, 힘이 약하여 주권을 상실하고 머리카락보다 더 중요한 것도 다 없어지는 상황에서는 단발하지 않고 지조를 지키겠다는 것이 오히려 의리를 해치는 일이 된다. 단발을 지지하는 이유는 머리카락보다 더 중한 일이 있고 단발하는 것보다 더 싫은 일,[75] 곧 국가가 망하고 인민들이 다 죽어가는 일이 있기 때문이다. 이런 상황에서는 어떻게든 강자를 배우고 변화하여 스스로 강해지는 길만을 쫓아야한다. 이건방은 자신이 서구를 배워야 한다고 한 것도 주공과 공자, 자사, 맹자 등 성현의 가르침을 따른다고 한 것도 예나 지금이나 다름이 없고, 이는 상호 이율배반적인 것이 아니라고 하였다. 그는 자신이 견지하는 의는 전적으로 천리와 윤리의 떳떳함에 있고, 그에 합당한 행동양식이란 상황에 따라 달라지는 것이라고 하였다.

> 맹자는 "하나만 고집하는 것을 싫어하는 것은 그것이 도를 해치기 때문이다."라 하였고 중유는 "자기 일신을 깨끗하게 하고자 대륜을 어지럽힌다"고 하였다. 도를 해치고 윤리를 어지럽히는데 이른다면, 이른바 지조를 더럽히지 않고 깨끗이 한다는 것이 반드시 깨끗한 것이 아니고 다만 스스로 천리민이의 근본을 넘어뜨릴 수 있다. 혹자는 말하길 "그대는 주공의 도를 지킨다고 말하면서 단발하

---

75) 『蘭谷存稿』卷6, 「文錄 / 論」〈原論〉(下), 369쪽. 剃吾所惡也, 去其所重, 而就其所惡, 然且爲之者, 何也? 以所重有甚於髮, 而所惡有甚於剃者也.

지 않으면 안 된다고 하니 어찌 말이 되는가?"라고 한다. 답하자면, 심한 부끄러움과 큰 괴로움을 느껴 잊을 수 없다면 머리카락을 깎는 것이 주공의 도인 것이다. 그대는 주공의 도가 천리민이와 군신 부자의 대륜에 있다고 보는가? 아니면 벼슬과 예물, 예악의 말단에 있다고 보는가? 공자는 "예禮다, 예다 말한다만 그것이 옥백예물을 말하겠는가? 악樂이다, 악이다 말한다만 그것이 종고를 말하겠는 가?"라고 하였다. 예악이란 것이 옥백과 종고에 있지 않다면 반드시 그것이 있는 바가 있을 것이다. 이를 안다면 의義의 경중輕重을 알 수 있고 의義의 진가眞假를 알 수 있다.76)

이건방은 위 글에서 더 분명하게 "의의 경중과 의의 진가"라는 말을 사용하였다. 그는 지조를 더럽히지 않고 일신을 깨끗하게 한다는 것이 인의 본질, 더 나아가서 예의 본질, 악의 본질을 잃고 도구만을 중시하는 본말전도의 현상이라고 보았다. 이런 의미에서 오히려 단발하는 것이 인을 위한 주공의 도이며 의의 중하고 참된 것이라고 하였다. 이는 새로운 생각이 아니라 이미 공자와 맹자 같은 성현이 우려했던 것이다. 이건방은 만약 자신에게 국망의 책임이 없으므로 단발과 무관하다고 한다면 일반인들도 모두 책임이 없다고 할 것을 우려하였다.77) 그가 보기에 조정의 관료들, 양반들은 국가로부터 대대로 남다

---

76) 『蘭谷存稿』卷6,「文錄 / 論」〈原論〉(中), 367~368쪽. 孟子曰, "所惡於執一者以其賊道也", 仲由曰, "潔其身而亂大倫." 夫至於賊道而亂倫, 則所謂潔者未必潔, 而適足以自瀆其天理民彝之本也. 或曰子言守周孔之道而不以剃髮爲不可 豈有說乎? 曰, 苟知深恥大痛之, 不可忘則剃髮所以守周公之道也 子以爲周公孔子之道, 將在於天理民彝君臣父子之大倫歟? 抑在於冠冕玉帛鍾鼓籩豆之末歟? 孔子曰"禮云禮云玉帛云乎哉? 樂云樂云鍾鼓云乎哉?"使禮樂而不在於玉帛鍾鼓, 則其必有所在矣. 知此則可以知義之輕重矣, 可以知義之眞假矣.

른 혜택을 받으면서 일반 백성들에게 교만했던 것이 사실이다. 그렇기 때문에 국망인멸의 상황에서 국은에 보답하고 백성들에게 답하는 것이 마땅한데, 도리어 자기 일신을 깨끗하게 하네 마네하고, 머리카락을 보존하네 마네하는 것이 오히려 무책임한 일이다.[78] 당시 상황에서 단발여부 자체가 중요한 의리가 되어서는 안 된다는 것이다. 한 가지 행동양식과 의리에 집착하지 않고 더 중요하고 근본적인 의를 따르는 것은 국권 상실에 순국하는 문제에 관한 논의에도 나타난다.

아! 세상 일은 변화가 무상하여, 이런 일을 만나면 바야흐로 이런 의가 있게 되니, 일찍이 일정하고 변하지 않는 원칙이 준칙이 될 수 있었던 적은 없었다. 지금 만약 어떤 것을 자정의 도道로 삼고 어떤 것을 순국의 도로 삼는가를 오늘 강론하여 결정해놓고 다른 날 구하여 응하면, 자막子莫이 중中을 잡는 것에 거의 가깝지 않겠는가? 그러므로 군자가 이른바 강변講辨한다는 것은 자정自靖과 순국殉國을 말하는 것이 아니라 나의 의義를 강구하고 나의 의를 변론하는 것을 말한다. 만약 평소에 존양하고 일에 임해서는 정밀히 살펴 의리가 밝게 드러나고 사욕이 쌓이지 않으면, 마땅히 자정해야할 때는 자정하고 마땅히 순국해야할 때는 순국하여, 처하는 곳마다 저절로 중에 맞지 않음이 없게 된다. 참으로 의에 밝지 못한 바가 있으면서

---

77) 『蘭谷存稿』卷6, 「文錄 / 論」〈原論〉(中), 363~364쪽. 今則君臣上下又不能保而剃之矣, 則吾獨能保而留之, 其爲潔也幾何? 吾欲潔吾之身而謂國家存亡之故, 非吾之責, 則人人皆將以爲非吾責也. 夫人人皆以爲非吾責也, 則誰當任其責者? 吾可以革吾之腐敗而趨於彊, 則其必有從而革者矣. 吾可以變吾之樸陋而趨於巧, 則其必有從而變者矣.

78) 『蘭谷存稿』卷6, 「文錄 / 論」〈原論〉(中), 364~365쪽. 簪纓世襲偏受恩渥, 而憑恃寵靈以驕其人民. 今於國亡人滅之際, 縱不能闔門碎首, 以報殊恩而謝齊民, 亦何忍自顧其身之潔不潔, 髮之存不存耶?

오로지 중을 구하는 데만 힘쓴다면, 이른바 중이라는 것이 반드시 중은 아니고, 털끝만큼이 천리만큼 벌어지게 되는 오류가 실로 여기서 일어나게 될 것이다. 내가 걱정하는 것은 오늘의 전도된 상황에 있는 것이 아니라 강구와 변론이 늦은데 있고, 강구와 변론이 늦은데 있는 것이 아니라 강구과 변론이 그 요체를 얻지 못한 데 있다.[79]

을사조약 체결(1905)이후 자결로서 국가의 치욕을 씻고자 한 지사들이 많았는데, 조병세와 민영환은 그 대표적인 인물이다. 이건승도 정원하와 함께 순국하려 하였으나, 가족의 만류로 실행하지 못했고, 자결보다 국가에 더 도움이 되는 일을 하고자 학교를 설립했다는 것은 이미 살펴본 바와 같다. 위 글은 이 문제에 대한 홍승원의 의견에 답한 것이다. 홍승원은 산재山齋 조병세趙秉世(1827~1905)와 계정桂庭 민영환閔泳煥(1861~1905)이 사직에 책임이 있지만, 당시에는 특별한 지위와 권한이 없었기 때문에 죽을 의리는 없다고 보았다. 그는 조병세와 민영환이 너무 격분한 나머지 정밀하게 강구하고 살피지 못하여 과도하게 의리를 행한 것이라고 하였다.[80] 이건승과 정원하처럼 살아서

---

79) 『蘭谷存稿』卷2,「書」〈答洪汶園少宰承憲書〉, 85~86쪽. 烏虖! 天下之事變不常, 遇此事方有此義, 未嘗有一定不移之則可爲之準也. 今若以如何爲靖之道, 如何爲殉之道, 講定於今日, 而求應於他日, 則不幾近於子莫之執中也? 故君子之所講辨非靖與殉之謂也, 講吾心之義辨吾心之義之謂也. 若使存養有素, 而臨事精察, 義理昭著, 而私欲不累, 則當靖而靖, 當殉而殉, 隨所處而自無不中. 苟義有所不明, 而惟勉焉求以爲中, 則吾恐其所謂中者, 未必中, 而毫釐千里之謬, 實起於此. 此僕之所憂不在於今日之顚倒, 而在於講辨之不早, 不在於講辨之不早, 而在於講辨之不得其要也.

80) 『蘭谷存稿』卷2,「書」〈答洪汶園少宰承憲書〉, 78쪽. 來諭曰, "趙閔二公, 可謂有社稷之責矣. 乃以數日之間, 草草一擧, 而塞安靖興復之計, 而紛紛自

다시 국권의 회복과 안정을 도모하는 것이 옳다고 본 것이다. 홍승원이 순국을 반대하는 논리는 사직의 책임, 지위, 권력을 모두 지니고 있던 사람은 죽을 의리가 있지만 이 중 하나라도 없는 경우는 반드시 죽을 의리는 없다는 것이다. 따라서 과거 조정 신료였던 조병세와 민영환은 사직의 책임은 있지만 지위와 권력이 없는 경우라 순국할 의리가 없다고 보았다. 그러나 이건방은 조병세의 경우 과거의 대신이지만 백관과 민중에게 덕망이 있는 원로이기 때문에 책임이 중했고, 을사조약 체결이 진행되는 긴박한 시간 동안 조병세가 상소를 올리다 구속되고 민영환이 그 뒤를 이었으나 임금의 윤허를 받지 못하고 망국을 지켜볼 수밖에 없었던 절박한 상황이 있었다고 설명하였다.[81] 또 사직의 책임, 지위, 권력과 같은 외면적인 조건을 따져서 언제 살아남아 뜻을 다해야 하고 언제 순국해야 하는가를 강구하고 변론할 것이 아니라 자기 마음 속 의를 살펴야 한다고 하였다. 내 실심이 정하는 의에 따르면 살아서 뜻을 다하거나 순국하는 모든 것이 때에 따라 다 절도에 맞게 되기 때문이다. 이건방은 조병세와 민영환을 옹호하는 논리를 폈지만, 일반적인 경우에는 조금이라도 여력이 있다면 순

裁爲盡繼以死之義, 則得無有可議者乎?" 83쪽. 來諭所云, "是因一時憤激, 未暇盡其從容取舍者, 此正講之不精察之不密之過也."

81) 『蘭谷存稿』卷2, 「書」〈答洪汶園少宰承憲書〉, 81~82쪽. 若謂二公旣不在其位, 不尸其責, 則本無必死之義, 是又不然. 夫國有大變危亡之禍, 迫在呼吸, 百官君民號泣伏闕, 趙公以元老大臣, 儼然處於百官萬民之上, 其爲位也, 不亦大乎? 有言責者, 雖一政一令之非不得於其君, 則尙或有可死之義, 況以百官萬民疾痛迫切之呼, 而爭社稷生靈存亡死生之機於一夜之間, 其爲責也, 不亦重乎? 旣而趙公被拘, 而閔公繼之籲不獲準, 而日使已發, 去矣而不可追也, 決矣而不可面也.

국하기보다는 살아남아 뜻을 다하는 것이 더 낫다고 생각했다. 그는 당시와 같은 절망적인 상황에서는 할 수 있는 것이 없으니 차라리 순국하는 것이 낫다고 하는 일부 견해에 대해, 주권을 상실했으니 이미 나라라고 할 수 없지만, 그렇다고 해서 삼천리 국토가 다 없어진 것도 아니고 백성들이 다 죽어 남아있지 않은 것도 아니므로 살아남을 이유가 있다고 하였다. 그는 일을 도모해도 결과가 미치지 못할 것이라고 생각하고 절망하기보다 오로지 사람들이 배우지 않고 변하지 않을까를 걱정해야 한다고 보았다.[82] 이런 사유는 실학의 선양과 교육의 강조로 이어졌다.

3) 실학으로, 배움으로

이건방은 단발의 문제든, 순국의 문제든, 그 외 또 다른 어떤 의리와 행위의 문제도 실심에 의한 주체적 판단이 아닌 것은 모두 가假로 여겼다. 그는 문제의 진위를 가리기 위해서는 반드시 먼저 이러한 가假를 알아야 한다고 했지만, 이와 함께 과거 학문에서 진학문, 곧 실학을 찾아 선양하는 노력을 기울였다. 그리고 이는 이후 정인보를 통해 완성된다. 이건방은 조선의 실학 가운데도 자신이 처한 상황에 따라 기탄없이 대안을 제시하는 서양학술의 힘에 견줄만한 것이 있다고 보았다. 그것은 바로 정약용의 학문이었다.[83]

---

82) 『蘭谷存稿』卷6, 「文錄 / 論」〈原論〉(中), 362쪽. 或謂今日之事勢, 決望絶, 雖欲有爲, 而不可及, 無寧潔身以自靖. 嗚呼, 是說也, 又非天理民彝之常, 所宜有也. 夫大權已去國, 非其國則固矣, 三千里之土地非毁圻而潰裂也, 數千萬之生靈非盡劉而無遺也, 患人之不學而不變耳.

212

일찍이 들으니, 서양 사람으로서 몽테스키외는 『만법정리萬法精理』를 저술했고, 루소는 『민약론民約論』을 저술했는데, 정부에서 그 책을 급히 구해서 시행하지 않는 나라가 없었다 한다. 학설이 한번 나오자 바람이 일듯이, 우레가 움직이듯이 하여 세상 사람들의 보고 들음을 불끈하게 한번 새롭게 하였고, 또한 그에 따라서 더욱 깊이 연구하고 더욱 정밀하게 강론하였으니, 지금 유럽 여러 나라가 나날이 부강하게 되는 것은 모두 학술의 공이다. 지금 선생의 글로써 몽테스키외와 루소 등 여러 사람의 학술을 비교하여, 그 사이에 경중을 가늠하기는 진실로 쉽지 않으나, 다만 저들은 모두 분명한 말로 바로 지적하고 숨기거나 꺼리는 바가 없는 까닭에 가슴속 기이한 포부를 능히 죄다 발표할 수가 있었다. … 몽테스키외와 루소 같은 여러 사람들의 도와 말이 시행되어, 그 공적이 한 세상에 아름답고 광채가 백대에 드리운 것과 비교하여 과연 어떻다 하겠는가. 이 점에서 나라가 선생의 때를 만나지 못했음을 나는 거듭 슬퍼하고, 동서양이 서로 비교되지 않음을 깊이 한탄하는 바이다. … 선생의 글이 끝내 묻혀버리지 않을 줄은 내가 진실로 알고 있었거니와, 그 먼지와 그을음 앉은 상자 속에서 나와서 천하에 공포될 수 있게 된 것은 최군의 마음씀이 부지런했기 때문이라고 이를 수 있다. 오직 그것이 전해지지 않은 까닭에 사람들이 강론할 수 없었고, 오직 강독하지 못했으므로 또한 시행될 수가 없었다. 진실로 널리 유포되어서 강독하는 자가 많아진다면, 취하여 정사에 시행할 자가 없을는지 어찌 알겠는가. 무릇 선생의 글이 정사에 시행되어서 질서와 전례의 근본을 밝히게 된다면, 그것이 겨우 한 나라의 법이 될 뿐 아니라 천하 후세의 법이 될 것임도 의심할 바 없다. 그런즉 선생이 비록 당시에는 불우했다 하더라도 후세에 대우받음은 쉽게 요량하지 못했으리라.[84)]

---

83) 정인보는 이건방이 선배로는 오직 정약용을 받들었다고 하였다. 『詹園鄭寅普全集』卷6, 「詹園文錄」(六)〈蘭谷李先生墓表〉, 171쪽. 於先輩獨推丁文度

84) 『蘭谷存稿』卷3, 「文錄 / 序」〈邦禮草本序〉, 215-217쪽. 嘗聞夫西洋之士, 有

위 인용문은 조선광문회의 문헌 발굴과 보존 및 선양사업의 일환으로 출간된『경세유표』의 서문이다.『경세유표』의 원제목은『방례초본』이었기 때문에 이건방 문집에 남아있는 서문의 제목은「방례초본서」이다. 이 글은 이건방이 정약용의 학문을 선양한 것 이외에도 예와 법에 대한 그의 견해와 왕권중심적 전제정치에 대한 비판적 관점을 읽을 수 있는 중요한 자료이다. 이건방은 법의 근본이 하늘에서 나왔고, 법 앞에는 귀한 사람, 천한 사람의 구별이 없어서 본래 선왕의 예법에서는 천자天子로부터 서인庶人에 이르기까지 모두 법의 규제를 받아서 감히 스스로 방자하지 못했는데, 후세에는 법을 제정할 때 하늘에 근본을 두지 않고 사람의 사심으로 만들어서 법이 오직 신민臣民에게만 시행될 뿐이고 천자에게는 상관이 없어졌다고 하였다. 뿐만 아니라 천자가 자기하고 싶은 대로 법을 만들어 만백성에게 해독을 끼치면서, 오히려 이것이 진정한 법이라고 강요했다고 하였다.[85] 그런데 그가

著萬法精理者, 曰孟德斯鳩, 有著民約論者曰, 盧梭爲其政府者, 莫不汲汲焉, 求而布之, 施而行之, 學說一出風行雷動使世人之瞻領聳然一新, 而又從而究之,益深講之益精. 今歐洲諸國之日盛富强, 皆學術之功也. 今以先生之書較之, 孟盧諸人固未易軒輊於其間, 但彼皆顯言直斥無所忌諱, 故能悉發其胸中之奇. … 視孟盧諸人道行言施功茂一世, 而光垂百代者果何如也? 此余所以重悲先生之不愚, 而深恨於東西之不相倫也. … 吾固知先生之書不終於埋沒, 而其得出於篋笥塵煤之中, 而公諸天下, 則崔君之用心可謂勤矣. 惟其不傳, 故人莫得以講之, 惟其不講, 亦莫得以施之也. 苟使傳之廣而講之者衆, 則安知不有取而措之於政者歟? 夫以先生之書, 而得措之於政, 以明夫敍典秩禮之本, 則其不僅爲一國之法, 而爲天下後世法也, 無疑. 然則先生雖不遇於當時, 而其有遇於後者, 蓋未易量也.

85)『蘭谷存稿』卷3,「文錄 / 序」〈邦禮草本序〉, 212쪽. 法之本出於天而人者稟命于天 無貴賤之殊. 故自天子以至庶人, 悉受制於法, 而不敢自肆, 是固先王之禮也. 今諸法而不本乎天, 顧以人之私爲之人, 且爲之其肯受其制乎? 故

보기에 조선의 많은 학자들은 후세의 법 가운데 진한시대의 선비를 본받고 우리 형편에 맞지 않는 이론을 따라 하기만 하였다.[86] 예와 법에서도 가도의의 횡행은 예외가 없었던 것이다. 그러나 정약용은 달랐다. 이건방은 선왕의 예법을 기본으로 하면서도 우리 상황에 맞는 법제를 논한 것이 『방례초본』이라고 보았다. 그는 정약용의 글 가운데 『흠흠신서欽欽新書』, 『목민심서牧民心書』 같은 것은 모두 옥송獄訟을 불쌍하게 여기고 백성에게 편리하도록 하는 절실한 글이라고 하였다. 특히 『방례초본邦禮艸本』은 나라를 경영하고 다스림을 마련하여, 지난 세대를 잇고 후대를 개발할 수 있는 큰 전장이라고 높게 평가하였다.

몽테스키외와 루소는 합리적 이성을 중시한 계몽주의 사상가로서 각기 권력분립론과 사회계약설을 바탕으로 유럽사회를 근대로 이끌었다. 이들은 모두 인간의 기본적인 자유와 권리를 보장하는 정부형태를 고민했다는 공통점이 있다. 특히 루소는 국가의 평온을 보장한다는 전제군주가 실은 신민들의 삶을 존속할 수 있는 수단을 제공하는 것이 아니라, 오히려 인민들에게서 자신이 존속할 수단을 구한다고 비판하였다.[87] 또 자연상태에서 인간이 자신을 유지하기 위해 타인과 협력하며, 여기서 비롯된 정치체 혹은 주권자는 오직 사회계약의 신성함으로

後世之法, 惟得行於臣民, 而天子不與焉. 不惟不與而已, 惟天子之所欲而
奉之以爲法, 雖窮極意志以逞淫樂, 而賊殺不辜毒痛萬姓, 猶且肆然以號於
象曰, 是固法也.

86) 『蘭谷存稿』卷3, 「文錄 / 序」〈邦禮草本序〉, 213쪽. 古今之大義, 則斯又二千
年來, 講學者之過也, 而其能識禮法之本者或寡矣. 況吾東之僻處一隅, 而
其所以尊而慕之者, 有中國秦漢以後之士, 是效是則, 而且徒得其粗淺而不
究眞理, 徒像其形似, 而不躬實行, 則又烏可遽語以先王之典章哉?

87) 장자크 루소 지음, 김영욱 옮김, 『사회계약론』, 후마니타스, 2018, 17쪽.

부터 산출된다고 하였다.[88] 이건방은 서구 유럽의 부국강병이 이들의 저서인 『법의 정신』과 『민약론』과 같은 학술의 공임을 긍정하였다.[89] 그에 의하면 정약용은 몽테스키외와 루소 못지않은 정법가인데 때를 만나지 못하여 글을 펴지 못했다. 만일 정약용의 글이 소외되지 않고 정사에 시행되었다면 조선이라는 한 나라의 법이 되었을 뿐 아니라 세상 후세의 법도 될 법하였다. 여기서 정약용에 대한 이건방의 생각이 어떠한지 충분히 알 수 있다. 이건방은 서구학문을 배우지 않으면 안 된다고 강조했던 것처럼 인민들이 정약용의 학문과 같은 조선의 실학을 제대로 알고 배우기를 열망했다.

교육에 대한 이건방의 견해를 살펴볼 수 있는 자료로는 〈교육협회취지서〉가 있다. 앞서 살펴본 바와 같이, 정인보는 스스로 여러 사회적 단체와 협회활동을 통해 글쓰기를 해왔다고 한 바 있는데, 〈교육협회취지서〉 또한 이런 활동의 흔적으로 볼 수 있다.[90] 그는 이 글에서

---

88) 같은 책, 27쪽.

89) 학술의 공임을 인정하고 일부 수용하였다. 각주내용) 몽테스키외와 루소의 사상은 양계초의 저술(『飮冰室文集』,『飮冰室自由書』)과 언론매체를 통해 전파되었다. 몽테스키외는 權輔相의 〈法律學〉, (《대동학회월보》1호, 1908.2.25.)에서부터 인용사례가 보인다. 루소는 《대한매일신보》의 논설 〈학문의 필요〉(1907.10.23.)에서 만민이 평등한 권리를 지니며, 인민이 무리를 합하고 언약을 맺어 생명과 재산을 보호하기 위한 국가가 성립된다는 『민약론』의 개요가 소개되었다. 이후 《황성신문》에서는 〈盧梭民約〉이라는 제목으로 1909년 8월4일부터 9월8일까지 29회에 걸쳐 루소의 『민약론』을 역술하였다.

90) 여기서 말하는 '교육협회'가 어떤 단체를 말하는지는 특정하기 어렵다. 다만 '교육협회'라는 이름으로 활동했던 단체로 '조선교육협회'가 있었던 것을 확인할 수 있다. '조선교육협회'는 1919년 3·1 운동의 영향을 받아 민립대학 설립을 목적으로 서울에서 설립된 교육단체이다. '조선교육협회'는 1923년 창립 당시 회원이 1000여명으로 상당했던 만큼, 이건방이 여기에 참여했을 가능성도

"나라가 존립하게 하는 것은 인민이니 인민이 없으면 나라가 없고, 인민이 생존하게 하는 것은 배움이니, 배움이 없으면 인민도 없다."[91] 고 전제한 뒤, 그렇기 때문에 모든 나라가 교육을 급선무로 삼는다고 하였다. 그는 교육의 필요성을 다음과 같이 논했다.

아! 우리 반도 민족이 단군과 기자의 신성한 후손으로서 삼천리 바다가 둘러싼 산 높고 물 깊은 땅에서 웅거하여 사천년 문명의 역사를 지켜온 것도 일세에 자긍심을 지니기에 충분한데도, 오늘날 직면한 시대와 처한 환경은 인류의 비참함이 극에 달하고 세상의 치욕을 당하게 되었으니, 이는 그 까닭이 무엇인가? 오직 교육이 없었기 때문이다. 성인의 길은 멀고 도는 인멸되어 구학은 이미 끊어졌고, 신리新理는 아직 열리지 않아 허문虛文이 날로 성행하고 실공實工은 아직 이르지 못했다. 배움이 없으면 백성이 없고 백성이 없으면 나라가 없는 것 또한 이치의 필연이며 형세의 필지이다. 그렇다면 장차 오랫동안 이대로 나아가서 만겁토록 침몰하여 영영 벗어날 희망이 없게 되는 것이 아닐지, 아니면 쇠퇴한 물결을 되돌리고 남은 기운을 수습하여 혹여라도 기사회생하여, 박괘剝卦가 다하여 양이 하나하나 생하는 것 같은 일들이 있게 될 것인지, 이는 실로 청년 제군의 책임이다.[92]

배제할 수 없다.

91) 『蘭谷存稿』卷8, 「文錄 / 雜著」〈敎育協會趣旨書〉, 417쪽. 夫國所與立者民也, 無民則無國, 民所與存者學也, 無學則無民.

92) 『蘭谷存稿』卷8, 「文錄 / 雜著」〈敎育協會趣旨書〉, 419~420쪽. 嗚呼! 我半島 民族以檀箕神聖之裔, 據三千里海陸之奧區, 擁四千年文明之歷史, 亦足以 自豪於一世, 而値今日之時, 遇今日之境, 極人類之悲慘, 爲天下之僇辱, 此 其故何也? 惟其無敎育故也. 聖遠道湮, 舊學已絶, 而新理未闢, 虛文日盛, 而實工未至. 蓋無學則無民, 無民則無國, 亦理之必然, 而勢之必也. 然則 將長此終古以沈沒萬劫, 而永無拔出之望否, 抑將挽頹波而收餘燼, 或能有

이건방은 우리가 단군과 기자의 신성한 후손이며 유구한 역사를 지닌 자랑스러운 민족임에도 불구하고, 비참한 형세를 만나게 된 것은 교육을 제대로 하지 않았기 때문이라고 하였다. 그에 의하면 전통사상 즉 구학자체는 본래 가치 있는 학문이지만, 그 목적인 성인이 되는 길은 너무 먼데다, 가도의가 횡행하여 이미 맥이 끊어져 버렸다. 또 서구에서 온 신학에서는 아직 요체를 얻지 못해서 겉모습만 따라하는 허문이 유행하고 배움이 축적되지 않아 실질적인 공적도 없어 이도저도 아닌 형편이 되었다. 배움이 없으면 자기 일도 잘 처리하지 못하는 형세라, 자기 자신도 어쩌지 못하는 사람이 국가를 이루는 백성이 될 수는 없다. 이건방은 국망인멸의 사태를 회생시킬 책무를 지닌 청년이 소화해야 할 학문이 매우 어렵다고 보았다. 서양이 교통하기 전에는 비슷한 성향의 풍속을 지닌 국가들끼리 상호 소통하는 일이 번거롭지 않아 쉽게 익숙해졌지만, 당대에는 만국이 교통하고 경쟁이 빈번하며 언어도 달라 번역·기술한 것을 이해하고 이치를 구하는 전 과정이 너무 복잡하고 몇 배나 더 어려운 것이다.[93] 뿐만 아니라 구미인들은 문명사회가 잘 발달하여 학생들이 그 선업을 지키고 국민성원으로서 의무를 다하기만 하면 되지만 조선 민족의 학생들은 매우 열악한 상황에 놓여있었다.[94] 이건방은 그럼에도 불구하고 교육

起死回生, 剝盡陽生之——一乎, 是則實我靑年諸君之責也.

[93] 『蘭谷存稿』卷8,「文錄 / 雜著」〈敎育協會趣旨書〉, 417~418쪽. 且古者舟車未通, 東西遼絶, (2)各保一方俗同而事簡, 俗同則聞見不異, 事簡則應用不煩, 不異不煩, 則敎易成而學易習, 其勢然也. 若今日則萬國交通, 競爭旁午, 言語之不類, 而譯述煩重, 學理之奧賾, 而鉤索深遠加之, 以科條複雜應用殷繁, 以今而比古人之學, 其難不啻倍蓰矣.

[94] 『蘭谷存稿』卷8,「文錄 / 雜著」〈敎育協會趣旨書〉, 418~419쪽. 雖然彼歐美之

이 아니면 죽음뿐이라고 극언하였다.[95] 그는 청년들이 이렇게 어려운 상황에 놓이게 한 부형의 위치에 있는 사람들도 마땅히 통렬하게 스스로 반성해서, 전날처럼 권세를 믿고 세력에 기대어 도당을 만들고 사사로이 경영하여 자기와 다른 것을 배제하며, 감정을 속이고 겉모습을 꾸며서 명성을 구하는 등, 비열한 사상 일체를 깨끗이 다 제거해야 한다고 하였다. 그리고 일을 논할 때 다른 사람의 의견을 수용하고 공평정대하게 해야 그 자제들을 돕고 교육할 수 있다고 하였다.[96] 그는 이런 점이 교육협회가 존재하는 이유라고 여겼다. 그렇다면 그가 생각한 참다운 교육의 내용은 무엇이었을까?

人, 則發達旣早而進步斯速, 文明之社會爲之保育其精神, 善良之政府爲之長養其權利, 則爲學生者 但使循序漸進, 以守其先業, 而盡國民分子之義務, 則已足矣. 顧今我朝鮮民族, 所値之時, 所遇之境, 果何如也? 嗚呼! 風俗朽敗, 不惟不能保育, 而精神爲之壞損, 政法煩苛, 不惟不能長養, 而權利爲之剝奪. 爲其學生者, 雖使奮發精進, 竭心目之力, 幷日夜之勞, 以加人一己十之功, 猶恐不得以成其業, 而比數於人以我, 而比他國之學, 其難不啻倍蓰矣.

[95] 『蘭谷存稿』卷8, 「文錄 / 雜著」〈敎育協會趣旨書〉, 420~421쪽. 諸君兩肩之所擔著, 其亦可謂至大至艱, 而前途之遼遠, 將何以致之, 亦惟曰敎育而已. 有則生無則死. 當此存亡絶續, 間不容髮之時, 苟非勵精蓄銳, 以立堅苦卓絶之志, 勇往奮鬪, 以作雄飛搏擊之氣, 則又安能孤軍抗大敵, 透重關而出險地乎? 然則此至重至艱之業一委之於靑年諸君而爲父兄親友者, 獨能安坐無爲, 而食其實乎? 是不惟理勢之所必無, 而縱使靑年諸君不我怨, 尤爲父兄親友者, 獨能安於心乎?

[96] 『蘭谷存稿』卷8, 「文錄 / 雜著」〈敎育協會趣旨書〉, 422쪽. 然則爲父兄者, 宜痛自懲艾. 如前日之怙權倚勢, 逐臭慕羶, 植黨營私, 排除異己, 矯情餙貌, 沽名干譽等, 鄙劣思想一切, 刳削淨盡不留滓穢, 使胸中磊落鮮明, 議事取人務出於公平正大, 然後可以敎其子弟履行義務之方法.

비록 그 단서는 하나가 아니지만, 그 요점은 반드시 옛 폐습을 변혁하고 새로운 덕을 밝혀 먼저 스스로 다스리고 난 뒤에 남을 다스리는 데 있다. 자제가 된 자는 마땅히 부모를 섬기고 연장자를 공경하여 윤리를 중시하고 덕성을 높이며, 예전의 선량한 풍속과 관습 가운데 일에 해를 끼치지 않는 것은 털끝만큼도 변혁하지 않도록 힘써야 하니, 그런 후에야 국수國粹를 보존할 수 있다. 구미가 부강한 것은 그 이유가 있다. 그런데 정작 그 실제는 얻지 못하고 한갓 그 겉모습만 따르고 발걸음을 좇으면서, 스스로 신학술 신사상이라고 여기며, 부모를 섬기고 형을 따르는 것과 같이 인류가 사람답게 사는 도리는 남김없이 파괴하고 성현을 비난하며 부형을 업신여기는 것은 진실로 금수가 국혼國魂을 버리고 노예성을 기르는 것만 못하니, 또 어찌 교육이라고 할 수 있겠는가? 이에 서로 단점은 버리고 장점은 모으도록 권면하며, 고금의 치란의 계책을 참작하고 동서양의 수많은 득실의 사례를 절충하여, 우리 청년 영웅준걸의 재능을 양성함으로써 훗날 문명의 찬란한 효과를 얻어야 할 것이니, 이것이 또한 본 회의 본지이다.97)

이건방은 교육방법과 내용에는 물론 여러 가지 방법이 있겠지만, 핵심은 전통사상과 서구사상에서 장점만 취하여 가르치는 것이라고 하였다. 우리의 전통에서는 일상적 도덕윤리의 실천을, 그리고 서구

---

97) 『蘭谷存稿』卷8,「文錄 / 雜著」〈敎育協會趣旨書〉, 422~423쪽. 雖不一其端, 而其要, 則必在於革舊染而明新德, 先自治而後治人也. 爲子弟者, 亦宜事親敬長, 重倫理而尊德性, 務使舊日之善良風俗習慣, 無害於事者, 毫不變改, 然後可以保國粹. 若歐美之富强者, 有其由. 苟不能得其實際, 徒襲其毛皮, 趨其步武, 自以爲新學術新思想, 而如事親從兄, 人類之所以爲人之道, 破壞無餘, 詬先聖而侮父兄, 則是固禽獸之不若棄國魂而長奴性, 又何敎育之足云哉? 此宜交相勉勵, 捨短集長, 參酌古今治亂之數, 折衷於東西得失之林, 以養成我靑年英俊雄偉之才, 收他日文明燦爛之效, 是又此會之本旨也.

사상에서는 부강을 뒷받침하는 학술과 사상을 가르치는 것이다. 이는 그가 「원론」에서 누누이 비판해왔던 부분과 일맥상통한다. 그는 우리의 선정이 공부하고 강조했던 공자, 맹자를 비롯한 원시유학의 도덕실천론을 계승하는 것이 국수를 보존하는 길이라고 하였고, 이를 무시하고 서양사상의 핵심도 장악하지 못한 채 겉모습만 따르며 단점을 본받는 것을 경계하였다. 여기서 원시유학의 도덕실천론은 남의 아픔을 차마 두고 볼 수 없는 것과 같은 인간의 본성이 그렇게 하지 않을 수 없는 보편 윤리를 말하는 것이지, 도덕형이상학을 말하는 것이 아니다. 물론 춘추대의론도 여기에 해당되지 않는다. 이건방은 오히려 춘추에 등장하는 문화를 추종하여 토속적인 것을 저버리는 행태를 비판하였다. 그는 자기화하지 못한 상태에서 맹목적으로 추종하는 것은 그 내용이 무엇이건 간에 그것이 오히려 노예성을 기르는 것이고 국혼을 없애는 것이라고 하였다. 이건방의 가도의와 가신학에 대한 경계는 실학의 선양으로 이어졌고, 실심의 판단에 따라 신구학문에서 장점만 취하는 교육론으로 전개되었다. 그리고 이러한 사유는 정인보에게 그대로 계승되어 국학운동으로 발전되었다. 이는 5장에서 자세히 살펴볼 것이다.

제**4**장

길 없는 길, 실심의 길

1 경쟁시대의 성찰과 개혁

1) 지식경쟁을 넘어 진아眞我로

하곡학파에 속하지는 않지만 하곡학파와 교유하면서 양명학을 유교개혁의 도구로 삼고 만년까지 양명학적 사유의 중요성을 설파한 박은식朴殷植(1859~1925)[1])도 빼놓을 수 없는 실심의 사상가이다. 물론

---

1) 박은식에 대한 연구성과는 본서에서 다루는 인물 중에서 가장 많고, 김세정 (2018)의 논문에 소개된 것만 해도 240편이 넘는다. 자세한 목록은 이를 참고하길 바란다. 2017년 이후로도 박정심,「근대 유학 지평에서 박은식의 진아론(眞我論) 읽기」,『한국 철학논집』52집, 한국철학사연구회, 2017 / 장재천,「백암 박은식의 민족교육운동사 논고」,『韓國思想과 文化』87호, 한국사상문화학회, 2017 / 金泰雄,「일제강점기 朴殷植의『韓國痛史』출간과 筆寫本의 특징」, 『진단학보』130호, 진단학회, 2018 / 류시현,「박은식의『한국독립운동지혈사』」, 『내일을 여는 역사』73호, 내일을 여는 역사재단, 2018 / 裵京漢,「박은식과 '中韓互助'」,『진단학보』130호, 진단학회, 2018 / 임부연,「박은식의 '종교' 담론」, 『종교와 문화』34호, 서울대학교 종교문제연구소, 2018 / 徐榮姬,「『韓國痛史』의 근대사 인식」,『진단학보』130호, 진단학회, 2018 / 김찬기,「백암 박은식 문학 연구」,『Journal of Korean Culture』44호, 한국어문학국제학술포럼, 2019 /

박은식이 하곡학파를 통해서 양명학을 접하게 된 것은 아니다. 주지하다시피 당시에 이미 일본에서 양명학이 유행하고 있었기 때문에 하곡학파와 교유가 아니더라도 매체를 통해 양명학을 접할 수 있었다. 박은식은 1910년 이후 만주 망명활동시 이건승과 교유하였고, 동제사를 통해서 정인보와도 교류했다. 이건승, 이건방은 가학을 통해 자연스럽게 계승하였지만 박은식은 전통학문과 사회개혁, 구세의 방안으로서 자발적으로 양명학을 선택했다고 볼 수 있다. 박은식은 1910년 만주망명이전부터 자강운동에 몸담고 언론활동을 해왔으며 망명이후에도 가는 곳마다 집필과 교육활동을 멈추지 않았다. 또 상해 임시정부의 2대 대통령을 역임하기도 하였다. 본 절에서는 박은식의 양명학관을 중점적으로 논하고자 한다.

정인보는 1913년 상해에서 홍명희洪命熹(1888~1968), 신규식申圭植

이난수, 「조선의 정신, 그 정체성에 대한 근대적 탐색 – 신채호의 '아와 박은식의 '국혼' 그리고 정인보의 '얼'을 중심으로 – 」, 『양명학』54호, 한국양명학회, 2019 / 이혜경, 「천하에서 국가로 – 량치차오와 박은식의 보편원리의 행방 – 」, 『泰東古典硏究』43호, 한림대학교 태동고전연구소, 2019 / 장우순, 「박은식의 포용적 평화사상과 대한민국임시정부」, 『국학연구』23호, 국학연구소, 2019 / 조민현, 「위기 시대의 역사 인식 – 우나무노의 내부 역사와 박은식의 국혼론적 역사 비교연구 – 」, 『世界文學比較硏究』69호, 세계문학비교학회, 2019 / 함규진, 「일제강점기 전후의 영웅 담론: 박은식, 신채호, 이광수, 김동인의 작품을 중심으로」, 『韓國 政治 硏究』28권3호, 서울대학교 사회과학연구원 한국정치연구소 2019 / 김용달, 「박은식의 독립 「선언서」 연구」, 『북악사론』11호, 북악사학회, 2020 / 박정심, 「근대 동아시아유학 맥락에서 박은식의 대동사상 읽기」, 『儒學硏究』51호, 충남대학교 유학연구소, 2020 / 이현정, 「한국 근대 유교 지식인의 '유교 종교화론'」, 『韓國史論』66호, 서울대학교 국사학과, 2020 / 황금중, 「한국근대기 박은식의 교육문명 전환의 철학과 실천」, 『교육철학연구』42권1호, 한국교육철학학회, 2020 등 다수의 연구성과가 있다.

(1880~1922) 등과 함께 활동했던 모임에서 박은식을 처음 만났고 그 해 3~4개월 동안 한 집에 머물기도 하였다. 정인보가 회상한 박은식은 양명학을 좋아하여 『전습록』을 옆에 끼고 다니면서 한 번씩 외울 정도이며 순결무구한 인물이었다.[2] 정인보가 『양명학 연론』의 연재를 마치면서 박은식에게 질정받지 못한 것을 못내 아쉬워 한 것은 나름의 이유가 있다.[3] 박은식은 양명학의 요체를 잘 이해하고 있었고 일본 양명학과 같이 간이직절한 실천주의를 강조하는 데만 머물지도 않았다. 물론 대부분의 연구자들이 인정하듯이 여기에는 일정한 사상 전변 과정이 있었다.[4] 박은식은 정인보와 양명학을 접한 경로가 다를

---

2) 「介潔無垢의 朴殷植 先生」,《개벽》제62호, 1925.8.1. 讚谷(又는 白菴) 朴殷植 선생은 70 近當의(65,6六歲) 介潔無垢한 애국적 老志士입니다. 그가 나를 끔즉이도 사랑하시는 고로 年齡關係는 불구하고 나는 그를 「兄님」이라고 불러 옵니다. 내가 그를 처음 대면하기는 이로부터 13년 전(癸丑) 上海에서입니다. 그때에 우리는 ○○會를 조직하야 서로 연락하든 터인데 그 會로서 맛츰 中國 名士 陳其美씨를 환영하기로 되얏습니다. 환영하는데는 환영사가 잇서야 된다하야 그 책임은 내가 지기로 되얏습니다. 碧初(洪命憙)君과 갓치 환영사를 짓노라고 반쯤이나 꾸물거리는 판인데 엇던 보기에 그 닥시 원치 안은 노인이 쑥 달겨 들더니 「무엇을 그리 오래 끄적어리느냐」고 하더니만 자기가 가루채가지고 一筆揮之에 한다 하는 名文名辭를 써놋습듸다. 우리는 놀내엿습니다. 알고보니 朴殷植 선생이엿습니다. 이로부터 洪命憙, 申奎植 등 諸君과 갓치 그이를 갓가히 하게 되얏습니다. 3,4개월이나 同鼎食을 하얏습니다. … 陽明學을 조와하십니다. 王陽明의 傳習錄 갓튼 것은 日課삼아 한번식 외이군 합니다. 上海 게실 때에 安重根 傳 韓國痛史 등을 저술햇습니다.

3) 『詹園鄭寅普全集』卷2, 「陽明學演論」〈後記〉, 242쪽. 붓을 던짐에 미쳐 내 本師 李蘭谷建芳 선생으로부터 斯學의 大義를 받음을 正告하고, 同好 宋古下 鎭禹의 斯學闡揚에 對한 苦心을 深謝하며 또 九原에 永隔한 朴謙谷殷植선생께 이 글을 質正하지 못함을 恨함을 附記한다.

4) 김기승은 박은식 사상의 변천과정을 국내외 상황의 변화에 따라 1) 사회진화론

뿐만 아니라 애초에 주자학자였다. 그가 유학의 본령을 되살려 자강을 도모하자는 취지로 집필한 『학규신론』(1904)을 보면 교육의 중요성, 유교의 종교화 등을 논하면서도 양명학을 언급한 부분은 없다. 오히려 아라비아 같은 나라의 학문은 이치를 궁구하는 학문이 아니기 때문에 국민이 날로 어리석어졌다고 하였다.5) 1906년의 논설에서도 생존경쟁이 천연이고 우승열패는 공례라고 하면서 지식의 명암과 세력의 강약을 중시하였다.6) 그러나 「구학개량舊學改良의 의견」(1909.1.30)에서 시작하여 「유교구신론」(1909.03.01)을 기점으로 「공부자 탄신기념회강연」(1909.11.01), 「동양도학의 원류」(1909.10.01)등의 논설과 『왕양명실기』(1910)에서는 양명학을 구세의 대안으로 제시하였다. 「유교구신론」에서는 당대 한국 유교가 지닌 문제점을 세 가지로 정리하

적 자강론과 도덕주의적 대동사상(1905~1910), 2) 대종교적 대동민족론과 세계인권평등주의(1911~1918), 3) 민족 독립론과 세계평화론(1919~1925), 세 시기로 구분하였다. 1기에는 생존경쟁을 어쩔 수 없는 논리로 인정하고 자강을 추구하다가 경쟁의 폐단을 인식하고 경쟁과 공생을 추구하였다. 2기에는 만주족과 조선족을 동족으로 보고 '대동민족'이라는 개념을 사용하여 민족주의시대의 정신적 경쟁에서 승리하고 세계인권평등주의를 제창하였다. 3기에는 대한국민의회의 독립선언서를 기초하면서 제국주의 침략과 식민지배의 부당성을 지적하고 세계평화론을 폈다. 「박은식의 민족과 세계인식」, 『한국사학보』제39호, 2010.

5) 『白巖朴殷植全集』卷3, 「學規新論」〈論國運關文學〉, 476쪽. 亞剌伯其爲敎旣異于孔子, 又非窮理之, 故其國民益愚.

6) 『白巖朴殷植全集』卷5, 「敎育이 不興이면 生存을 不得」, 328쪽. (《서우》제1호) 上下古今千萬年하며 縱橫東西屢萬里하야 歷史上과 地球上에 民族盛衰之由와 國家存亡之故를 擧而證之하면 何以盛何以衰며 何以存何以亡고 曰智識의 明昧와 勢力의 强弱으로 以하다 謂홀지로다 西儒之言에 曰生存競爭은 天然之理오 優勝劣敗는 公例之事라하니 是其爲言也.

226

였는데, 첫째 유교파의 정신이 오로지 제왕의 편에 있고, 인민 사회에 보급할 정신이 부족하고, 둘째 여러 나라를 돌면서 천하의 주의들을 강구하려 하지 않고 내가 동몽을 구하는 것이 아니라, 동몽이 나를 구한다는 주의만을 지키며, 셋째 지루하고 한만한 공부만을 오로지 숭상하는 것이 그것이다.[7] 박은식은 당대에 지루하고 한만한 주자학의 궁리공부를 대신해서 양명학이 필요함을 다음과 같이 역설하였다.

현시대의 학문은 각종의 과학이 곧 격물궁리格物窮理의 공부인 것이니, 이것이 지육智育에 관한 일이요, 심리학이란 곧 덕육德育이니 이것을 혼동해서 한 가지로 공부할 것은 아니다.… 그러면 지금의 유자가 각종 과학 이외에 본령의 학문을 구하고자 한다면, 양명학에 종사하는 것이 실로 간단하고도 절실히 요구되는 법문인 것이다. 대개 양지를 이룬다는 학문은 바로 본심으로 하여금 범속을 초월해서 성인의 영역으로 들어가는 길이요, 지행합일의 학설을 마음의 은미한 곳에 대하여 성찰하는 법이 긴요하고도 절실하며, 사물을 응용하는 데 있어 과감한 힘이 활발한 것이니, 이는 양명학파의 기절氣節과 사업에 특별한 공효가 있는 까닭이다.[8]

---

7) 『白巖朴殷植全集』卷5, 「儒教求新論」, 433쪽, (《서북학회월보》제1권10호). 所謂三大問題는 何也오 一은 儒教派의 精神이 專히 帝王側에 在ᄒ고 人民社會에 普及ᄒᆯ 精神이 不足홈이오 一은 轍環列國ᄒ야 思易天下의 主義를 不講ᄒ고 匪我求童蒙이라 童蒙이 求我라는 主義를 是守홈이오 一은 我韓儒家에서 簡易直切한 法門을 不要ᄒ고 支離汗漫흔 工夫를 專尙홈이라

8) 『白巖朴殷植全集』卷5, 「儒教求新論」, 437쪽, (《서북학회월보》제1권10호). 且現時代學問은 各種科學이 卽格物窮理의 工夫니 智育의 事오 至於心理學ᄒ야는 德育의 事니 不可混作一串工夫라 … 然則今之儒者가 各種科學外에 本領學問을 求ᄒ고져ᄒᆯ진디 陽明學에 從事ᄒᄂᆫ 것이 實노 簡單切要흔 法門이라 盖致良知의 學은 直指本心ᄒ야 超凡入聖ᄒᄂᆫ 門路오 知行合一은 在於心術之微에 省察法이 緊切ᄒ고 在於事物應用에 果敢力이 活潑

박은식은 현대의 학문을 지를 기르는 것과 덕을 기르는 두 분야로 구분하고 하나로 섞을 수 없다고 하였다. 이것은 주자학의 격물궁리를 '격치학格致學'으로서 서양의 과학에 대응할 수 있다고 본 당대 인식을 반영한 것이다. 또 격물궁리의 학이 과학에 대응하는 하는 것은 가능하지만 마음 수양논리에는 맞지 않는다는 양명학자의 인식이 담긴 것이기도 하다. 그가 과학 이외의 본령공부를 구한다면 양명학이 간결하고 절실하다고 한 것은 사회진화론에 근거한 우승열패의식이나 지식축적과 거리가 있다. 인의도덕에 어긋나도 천연인 생존경쟁에 맞춰야 한다는 사유는 도학이 없는 과학탐구란 속학을 면치 못하며 인도를 저버린다는 인식으로 전환되어갔다.[9] 사물을 응용하는 데 큰 힘을 발휘하는 지행합일론의 강조는 이러한 사유전환에 근거한다. 박은식의 대동교회 활동도 양명학의 시행을 중점으로 한다. 대동교회 종교부장의 자격으로 제기한 「공자탄신기념회연설」에는 다음과 같이 대동교의 종지를 설파하였다.

　　대동교의 종지는 어떠한 것인가? 성인의 마음은 천지만물로 일체를 삼으니 이는 그 의미를 미루어 헤아린 것으로 말미암은 것이 아니라 인의 본체가 원래 이와 같다. 왜냐하면 천지의 기가 즉 나의

ㅎ니 此ᄂᆞᆫ 陽明學派의 氣節과 事業의 特著ᄒᆞᆫ 功效가 實多ᄒᆞᆫ 所以라.
9)『白巖朴殷植全集』卷5, 「東洋道學의 原流」, 456쪽, (《서북학회월보》제1권16호) 人生斯世ᄒᆞ야 道學의 本領이 無ᄒᆞ면 비록 科學上精深ᄒᆞᆫ 工夫가 有ᄒᆞᆯ지라도 終是俗學科窠臼中生活을 不免ᄒᆞᆯ지니 엇지 虛渡一生의 歎이 無ᄒᆞ리요 … 惟是功利를 競逐ᄒᆞ고 詐力을 使用ᄒᆞ야 人道를 鷹棄ᄒᆞ고 天理를 背逆ᄒᆞᄂᆞᆫ 境遇이면 一家之內父子兄弟間에도 視若仇讐者 ㅣ 有ᄒᆞᆯ지니 天下의 亂이 何所止泊乎아

기며 만물이 받은 기가 즉 내가 받은 기이기 때문이다. 이미 나와 같이 한 기이니 그 받은 바의 리가 어찌 동처가 아니겠는가? 이러한 까닭으로 어린아이가 우물에 빠지는 것을 보면 측은한 마음이 반드시 있으니 이것은 그 인이 어린아이와 일체가 되기 때문이다. 새와 짐승의 슬피 울며 두려워하는 모양을 보면 참지 못하는 마음이 반드시 있으니 이것은 그 인이 새와 짐승과 일체가 되기 때문이다. 초목이 부러진 것을 보면 가엾게 여기는 마음이 반드시 있으니 이것은 그 인이 초목과 일체가 됨이며 기와와 돌이 파손된 것을 보아도 돌아보고 애석한 마음이 반드시 있으니, 이것은 그 인이 또한 기와와 돌과 일체가 됨이 아니겠는가? … 사람마다 고유한 본심의 밝음을 이끌어서 그 형체의 사사로움과 물욕에 가리운 것을 다스려서 마음과 몸의 가지런함을 회복하면 천하인이 함께 인에 돌아가 태평의 복락을 향유할 것이니 이는 대동교의 종지입니다.[10]

박은식은 양명학이라는 표현은 언급하지 않으면서도 천지의 기가 나의 기이므로 모두 한 몸이라는 양명학의 관점에서 대동교의 종지를 설명했다. 이것은 또 대동교의 종지이기 전에 유교의 본질이기도 하

---

10) 『白巖朴殷植全集』卷5, 「孔子誕辰紀念會 講演」, 459~460쪽, (《서북학회월보》제1권17호). 大同教會宗旨는 由何오 聖人의 心은 以天地萬物로 一體ᄒᆞ니 此其意想推度으로 由홈이 아니오 卽仁의 本體가 原是如此라 何則고 天地의 氣가 卽吾의 氣오 萬物所受의 氣가 卽吾所受의 氣라 旣同此一氣어니 其所賦의 理가 엇지 同處가 無ᄒᆞ리오 是故로 孺子의 入井을 見ᄒᆞ면 怵惕惻隱의 心이 必有ᄒᆞ니 此其仁이 孺子와 一體됨이오 鳥獸의 哀鳴觳觫을 見ᄒᆞ면 不忍의 心이 必有ᄒᆞ니 此其仁이 鳥獸와 一體됨이오 草木의 摧折을 見ᄒᆞ면 憫恤의 心이 必有ᄒᆞ니 此其仁이 草木과 一體됨이오 至於瓦石의 毁壞를 見ᄒᆞ야도 顧惜의 心이 必有ᄒᆞ니 此其仁이 又 瓦石과 一體됨이 아닌가 … 人人皆所固有ᄒᆞᆫ 本心의 明을 因ᄒᆞ야 開之導之ᄒᆞ야 其形體의 私와 物慾의 蔽를 克治ᄒᆞ야 其心體의 同然者를 回復ᄒᆞ면 天下之人이 同歸于仁ᄒᆞ야 太平의 福樂을 共享홀지니 此는 大同教의 宗旨로소이다.

다. 어린아이부터 새와 짐승, 초목, 심지어 기와나 벽돌까지 깨어지고 부서진 것을 보면 감응하고 그것이 인의 본체라는 것은 왕수인의 「대학문」에 나오는 내용이다.

무엇보다 박은식의 양명학이해가 잘 드러난 저술은 『왕양명실기』이다. 『왕양명실기』는 1910년에 저술되었고 1911년 《소년》제4년 2호에 전문이 실렸다. 범례에 밝혀놓았듯이 박은식은 "『양명선생연보』, 『양명집』, 『전습록』, 황종희의 『명유학안』, 다카세다케지로의 『왕양명상전王陽明詳傳』을 종합하여" 실기를 구성하였다. 특히 『왕양명실기』는 그 제목에서부터 『왕양명상전』의 영향이 크다는 것을 짐작할 수 있는데, 내용 안배 또한 유사하여 왕수인의 무인적 면모와 활약에 할애된 부분이 많다. 그러나 그렇다고 해서 박은식이 간이직절한 실천론, 주체성이 결핍된 자발성을 강조한 다카세다케지로의 양명학을 그대로 답습한 것은 아니었다.[11] 그가 양지의 변역성과 융통성이 시의 적절하다고 여기고, '천지의 진화는 무궁하여 때에 따라 알맞게 대응해야 하는데, 과거 학문 풍조는 하나의 도리만을 변화할 수 없는 격식으로 고집하여 국민에게 오히려 화를 입혔다'고 비판한 것은[12]

---

11) 이혜경은 일본에서 양명학이 근대 덕육의 도구로 소환된 이유를 1) 천황을 정범으로 한 민족공동체의 부각 2) 서양의 공리주의 혹은 이기주의의 전파를 저지하고 "다 함께 애국"의 덕성을 키우는 고 국민도덕심을 발휘하는 것 3) 양명학의 자발성에서 근대적 성격을 발견하고 국가를 위해 생명을 초계처럼 가볍게 여기고 생명응을 버릴 수 있는 공의심을 조장하기 위한 것이라고 하였다. 또 다카세다케지로의 양명학과 박은식 양명학의 차이는 주관성의 강조에 있다고 보았다. 「박은식의 양명학 해석」, 『인문학연구』, 서울대학교 인문학연구원, 2015, 12~14쪽 / 21쪽.
12) 『白巖朴殷植全集』卷3, 「王陽明實記」, 502쪽. 嗚呼! 天地之進化 ㅣ 無窮故

오히려 이건방, 이건승, 정인보와 같은 후기 하곡학파의 인식과 동일하다. 박은식은 양명학의 골자를 다음과 같이 설명하였다.

대개 선생의 학문은 본체의 지만을 써서 견문의 증가를 빌리지 않으니 마땅히 실용에서 멀어지는 것 같다. 그러나 그 일을 맡아 변화에 대처하는 것은 고정된 법도에서 벗어나 있어서 매번 한 층 어려운 일을 만날 때마다 더 한 층 정신을 더하여, 가령 좋은 금이 불에 들어가면 더욱 광채를 내는 것과 같으니, 세상 유자들의 견문 지식에 비교해보면 그 효과가 만 배나 되는 것은 어째서인가? 대개 세상 유자들의 견문 지식은 범람하나 절실하지 않아 말로 설명하는 것에서 벗어날 수 없는 것이다. 선생의 본체공부는 실제의 일에서부터 단련하여 그 정명함에 이르는 것이므로 아주 깊이 통철하게 깨닫게 되는 것이다. 그러므로 감별의 지식이 천하의 시비에 현혹되지 않고 자신의 힘은 천하의 이해에 빼앗기지 않게 되어, 손가는 대로 행하면 성대히 이루어져 아무 문제될 일이 없을 듯하다. 그런즉 사상마련이 곧 지이고 곧 행이며, 곧 동이고 곧 정이며, 본체가 곧 공부이며 공부가 곧 본체인지라, 공허한 개념에 떨어지지 않고 사물에 얽매이지 아니하여 만사의 주재자가 되는 것이니, 아! 오묘하고 신기하도다![13)

로 聖人之應變이 亦無窮ᄒ니 所以因時制宜ᄒ야 以成天下之務者也라 顧世儒不達於此ᄒ고 將一個道理ᄒ야 執之爲不可變之格式ᄒ니 殊不知宜於古者ㅣ 有不宜於今ᄒ고 不能因時制之ᄒ야 逆天地進化ᄒ야 以禍其民國者ㅣ 多矣니 執一無權之弊ㅣ 顧何如耶아 吾邦由來에 最有力之學派ㅣ 以宋儒之忠僕으로 行武斷之習ᄒ야 或學界之有新說者ᄂ 可以斯門亂賊之律ᄒ야 束縛人之思想ᄒ고 不放開分毫自由라. 於是人才縮退ᄒ고 人智錮塞ᄒ야 結性痼習이 日而益深이라 世界之風潮ㅣ 若是其漲溢ᄒ고 學界之光線이 如彼其發達호ᄃ ㅣ 而尙墨守舊轍ᄒ야 牢拒新化라가 究竟結果ㅣ 乃至於斯ᄒ니 此其爲害ㅣ 有甚於焚坑之暴라 象山所云以學術殺天下者ㅣ非此之謂耶아.

박은식은 먼저 왕수인의 공부론을 지식적인 이해를 추구하는 해오解悟, 고요한 가운데 얻는 증오證悟, 인사를 따라 연마하는 철오徹悟세 가지를 들고[14] 다른 두 가지는 한계가 있지만, 철오는 완전한 것으로 보았다. 그는 왕수인의 공부론이 견문지를 늘리는 것에 주안점을 두지 않아서 실용성과는 거리가 먼 것 같지만 오히려 견문지를 포함한 모든 지식과 활동의 "주재자"가 된다고 하였다. 이는 앞서 '사물의 응용에 과감한 힘을 발휘'한다는 것과 일맥상통한다. 견문지식이 범람과 천하의 이해에 주체성을 잃지 않고 대처할 수 있는 것은 그것이 사상마련을 통해 마음을 바로잡는 절실한 학문이기 때문이다. 본체가 곧 공부라는 것은 본체회복의 과정이 곧 공부이고 본체의 회복 결과가 곧 공부의 목적이라는 말이다. 지식 축적 등으로 멀리 돌아가는 공부가 아니라 본체 자체로 직접 들어가는 공부이기 때문에 공허한 개념에 떨어지지도 않고 사물에 얽매이지도 않는다. 박은식은 이것이

---

13) 『白巖朴殷植全集』卷3, 「王陽明實記」, 588~589쪽. 盖先生之學이 提掇本體之知而不假聞見之增益ᄒ니 宜若濶於實用者矣로디 乃其任事處變은 洞出常度ᄒ야 每遇一層難處에 愈加一層精神ᄒ야 如良金入火에 愈放其光采ᄒ니 較諸世儒聞見之識에 其效相萬은 何야오 盖世儒聞見之識은 汎濫不切ᄒ야 未離言詮者也오 先生之本體工夫ᄂ 從事上磨鍊而致其精明ᄒ야 徹悟到底者也라 故其鑑別之識이 不眩於天下之是非ᄒ고 自信之力이 不奪於天下之利害ᄋᆞ야 信手行去에 沛然若無事者矣라 然則事上磨鍊이 是卽知卽行ᄒ며 卽動卽靜ᄒ며 本體 ㅣ 卽工夫오 工夫 ㅣ 卽本體라 不落空不滯物而爲萬事之主宰者也니 嗚呼其妙矣神矣로다.

14) 『白巖朴殷植全集』卷3, 「王陽明實記」, 588쪽. 按先生이 有入悟 三種敎法ᄒ니 從知解而得者를 謂之解悟니 猶未離言銓이오 從靜中而得者를 謂之證悟니 猶有待於境이오 從人事磨鍊而得者ᄂ 妄言忘境ᄒ고 觸處逢原ᄒ야 愈搖蕩愈凝聚ᄒ야 始爲徹悟라ᄒ니

야 말로 진정한 주재자, 주체 확립의 공부라고 본 것이다. 그가 양명학을 이해한 핵심과 구세방안으로 양명학을 선택한 근본적인 이유가 여기에 있다. 이는 개인의 주체성보다 천황체제를 받드는 국민정신 확립에 복무한 일본 양명학과 다르다.

생각건대 이 논은 곧 자고로 성현의 인의의 가르침으로 천하의 인심을 바꾸고자 한 것이다. 그러나 후세 풍기는 더욱 사치스러워지고 인욕은 더욱 멋대로 흘러 출세하고자 하는 세력이 천지에 충만하고 하물며 인류의 생존경쟁이 지식과 기능의 우열만을 보게 되니, 곧 발본색원주의가 어찌 현세태와 멀고 절실하지 못함이 아니겠는가? 그러나 성현이란 천하의 다툼을 종식시키고 천하의 난을 구하는 것에 마음을 두니, 어찌 지식과 기능을 가지고 그들과 더불어 경쟁의 장에서 각축을 벌여 백성들의 화를 더하게 할 수 있겠는가? 이것이 인의를 행하는 까닭이다.[15]

위 인용문은 발본색원론拔本塞源論에 대한 박은식의 설명이다. 천하의 인심을 바꾸고자 한다는 것은 국민정신 개조를 말하는 것이 아니다. 그에 의하면 인심을 바꾸지 않고 인욕만 추구하게 되면 인류의 생존경쟁과 지식과 기능의 우열을 강조하고 문명을 추구하는 데만 더욱 집중하게 된다. 그러나 경쟁과 다툼은 오히려 난을 초래하여 백

---

15) 『白巖朴殷植全集』卷3,「王陽明實記」, 606~607쪽. 按此論은 卽自古聖賢이 以仁義之教로 思易天下之人心者也로딕 然이나 後世風氣ㅣ 益以侈靡ᄒᆞ고 人欲이 益以橫流ᄒᆞ야 懷襄之勢ㅣ 充天塞地ᄒᆞ고 而況人類之生存競爭이 惟視其智識技能之優劣焉ᄒᆞ니 즉 拔本塞源之主義ㅣ 豈非迂遠不切者乎아 然而聖賢者는 以息天下之爭ᄒᆞ고 救天下之亂으로 爲心ᄒᆞ니 豈可以智識機能으로 與之角鬪於競爭之障ᄋᆞ야 以益生民之禍哉아 此所以爲仁義야라

성들을 더 희생시키는 결과를 낳는다. 발본색원주의는 현세태와 거리가 먼 것 같지만 오히려 세태의 부조리를 바로잡을 수 있다. 박은식은 양명학이 주체를 강조한다고 해서 절대 자기주관만 옳다고 하는 것이 아니며, 왕수인의 마음과 말은 공자나 석가, 그리스도의 그것과 같다고 하였다.16)

  그런데 박은식은 국권 상실이후 1911년 4월 만주로 망명하면서 또다시 사상 전환의 계기를 맞게 된다. 그것은 대종교의 수용에 의한 것이었다. 당시 지식인들은 서양 기독교가 문명의 기반이라고 보고 종교의 역할이 지니는 중요성을 절감하였다. 박은식의 대동교 운동도 그 일환이었다. 일찍이 신채호도 종교가 국민 정신의 기반이 되며 교육과 자매관계라고도 하였다.17) 대종교단은 일제를 피하여 1910년 북간도에 지사를 설치했다가 국내포교활동이 어렵게 되자 1914년 5월 만주 화룡현 청호에 총본사를 이전하여 포교하였다. 박은식은 박소종 朴紹宗으로 개명하여 대종교에 입교하였다.18) 그러나 박은식처럼 대

---

16) 『白巖朴殷植全集』卷3,「王陽明實記」, 615쪽. 梁啓超德育鑑曰 陽明先生此書는 字字是血이오 語語是淚니 讀之而不憤不悱者는 非人矣라 觀此則知王學이 絶非獨善其身之學이오 而救時良藥이 未有切於是者라 陽明先生之心은 猶孔子釋迦基督之心야오 其言은 猶孔子釋迦基督之言야라 以爲非以此易天下之人心이면 則天下를 終不得以理야라ᄒ노니

17) 『丹齋申采浩全集』別集,「二十世紀 新國民」, 227쪽. 宗敎는 國民에게 良感化를 與하는 一大機關이라, 國民의 精神氣槪가 此에서 基하는 者가 多하며, 國民의 正義道德이 此에서 發하는 者가 多하나니, 彼歐美列强이 宗敎와 敎育을 姉妹의 關係로 保護擴張함이 此를 以함이라. 然이나 宗敎의 奴隷가 될 뿐이요, 國家의 관념이 無하며 宗敎의 信徒가 될 뿐이요, 國民의 精神이 無한 자는 결코 二十世紀 新國民의 宗敎가 아닌저.1910년 2~3월 『대한매일신보』

18) 박은식은 환인현에 망명 후, 향후에 대종교 3대교주가 되는 윤세복과 교유하면

종교인명단에 올라있지 않더라도 대종교에서 말하는 조선의 역사와 사상 체계를 민족정신의 고취, 자존의 확립 등을 위한 역사서술에 참고한 바가 적지 않다. 박은식도 망명 직후부터 국혼과 민족의 근원을 되살리고자[19] 『대동고대사론大東古代史論』, 『동명왕실기東明王實記』, 『발해태조건국기渤海太祖建國記』, 『몽배금태조夢拜金太祖』등 8종의 역사서를 저술하였다. 현전 기록을 보면 여기에서는 대부분 유교연원에 대한 언급을 하지 않고 우리 민족의 시원과 훌륭한 역사에 대해 논하였다. 과거의 유교적 관습에 대해서는 오히려 다음과 같이 말했다.

> 황제께서 말씀하셨다. 조선인민의 정신이 자국 역사는 없고 타국 역사만 있으니 이는 자국을 사랑하지 않고 타국을 사랑하는 것이다. 이로써 보면 천여 년 이래의 조선은 단지 형식상의 조선뿐이요 정신상의 조선은 망한 지가 이미 오래되었다. 처음 배우는 교과가 이러한 즉 어린 머릿속에 노예정신이 깊게 뿌리박혀 평생의 학문이 모두 노예의 학문이고 평생사상이 모두 노예의 사상이다. 이와 같은 비열한 사회에서 이른바 영웅이란 자가 어떻겠으며 유현이란 자가 어떻겠으며 충신이란 자가 어떻겠으며 공신이란 자가 어떻겠으며 명류라는 자가 어떻겠는가? 결국엔 노예의 지위라. 이런 비열한 근

서 대종교신자가 되었다. 이후 계속 대종교인의 신분을 유지하였다. 『大倧教重光六十年史』, 837쪽. 개천4370년1913년계축 4월20일 參教로 갑인19144월1일 尙教로 승질하였고 壬戌1922 9월3일 西二道本司 典理에 취임하였고 丙寅1926년10월26일 正教加大兄號로 승질하였다. / 조준희, 「宗門榮秩〈대종교인 명부1922」, 『한국민족운동사연구』72, 2012, 276쪽. 289쪽. 대종교인 명부에도 癸, 四, 二十이라는 날짜 기록이 있다.

19) 『白巖朴殷植全集』卷1, 「韓國通史」, 440쪽. 蓋國教國學國語國文國史魂之屬也, 鐵轂卒乘城池船艦器械魄之屬也. 而魂之爲物不隨魄而生死. 故曰國教國史不亡, 則其國不亡也. 嗚呼! 韓國魄已死矣. 所謂魂者, 存乎否乎?

성을 뿌리 뽑아 버리지 아니하고는 조선 민족의 자강 자립의 정신
이 배태될 까닭이 없기 때문에 빨리 이런 종류의 방법을 개량하여
조선 역사로 하여금 인민의 머리 속에 살아 있게 하면 그 민족이
어떠한 곳에 표류하더라도 조선은 망하지 않을 것이라고 말할 수
있을 것이다.[20)]

　위 글「몽배금태조夢拜金太祖」는 만주족인 금나라 태조 아골타가
우리와 시조를 같이 하는 대동大東민족이라고 보고 조선의 현실을 금
태조의 입을 빌어 비판한 것이다. 박은식은 어릴 적부터 우리 조상의
역사와 글을 배우지 않고 중국의 역사를 배우고 유교경전을 외우게
하는 교과과정들이 자강정신이 애초에 싹트지 못하게 하는 망조이며
노예근성을 만드는 것이라고 하였다. 대종교를 개창한 나철도 우리나
라의 유자들이 자신의 조상과 종교, 즉 대황조大皇祖와 성교聖敎는 돌
아보지 않고 공맹정주孔孟程朱와 같이 남의 조상과 종교를 봉숭한 것
이 이치에 맞지 않는 일이라고 비판하고[21)] 외래학문과 국학을 구분하

---

20) 『白巖朴殷植全集』卷4,「夢拜金太祖」, 75쪽. 帝曰 然則朝鮮人民의 精神이
　　自國歷史 는 無ᄒ고 他國歷史만 有ᄒ니 是는 自國을 愛치 안코 他國을 愛
　　홈이라 此로써 觀ᄒ면 千餘年來에 朝鮮은 但形式上 朝鮮뿐이요 精神上 朝
　　鮮은 其亡이 已久ᄒ야도 다 初學의 敎科가 如此ᄒ즉 幼稚한 腦髓中에 奴隸
　　精神이 根底가 되야 平生學問이 皆奴隸學問이요 平生思想이 皆奴隸思想
　　이라 如此히 卑劣흔 社會에 處하야 所謂英雄者ㅣ 何며 所謂儒賢자ㅣ 何며
　　所謂忠信者ㅣ 何며 所謂功臣者ㅣ何며 何며 所謂名流者ㅣ 何오 究竟是奴
　　隸地位라 此劣根性을 拔去치아니ᄒ고난 朝鮮民族의 自强自立적 精神이 胚
　　胎홀 原因이 無흘지라. 迅速히 此種方法을 改良ᄒ야 朝鮮歷史로ᄒ야곰 人
　　民腦髓中에 在ᄒ면 其民이 何地에 漂泊홀지라도 朝鮮이 不亡이라謂홀 것
　　이요.
21) 『大倧敎重光六十年史』,「檀君敎佈明書」, 84~85쪽. 國朝 諸儒가 大皇祖 神

236

였다. 그러나 다른 문화를 배격하고 국수만 보존하자는 것은 아니었다. 우리의 국학을 중심으로 하되, 세계가 모두 일가一家라는 의식 아래 다양한 문화와 종교를 포용할 것을 주장한 것이다. 또 그래야만 단군이 펼친 '홍익인간'사상에도 위배되지 않는다. 대종교와 관련된 지식인들이 대부분 민족주의를 지향했지만 배타주의에 빠지지 않고 유교인이든 기독교인이든 동참할 수 있었던 이유는 바로 여기에 있었다. 물론 근본이 되는 것은 당연히 단군선도라고 하였지만 22) 대종교의 오대종지 중에는 사랑으로 모든 종족을 합하라는 '애합종족愛合種族'조항이 있다.23) 또 실제로 일제의 탄압 속에서도 독립운동과 교육

聖의 蹟은 說하되 孔孟程朱의 書에 偏滯하야 大皇祖 神聖한 敎는 硏究치 못하였으며 孔孟程朱는 在座後先한 것 같이 想하되, 大皇祖 神聖의 洋洋在 上하신 줄은 不知하니, 自國을 建造하신 聖朝를 不崇하여 自身을 生育하신 줄은 不知하니, 自家를 修守케하신 聖敎를 不奉하고 他의 祖를 시숭하며 他의 神을 是崇하며 他의 敎를 是奉하니, 어찌 如此히 理에 逆하고 常에 乖하는 事가 有하리오 至仁至慈하신 大皇祖 神聖께옵 不肖子孫을 對하사 災殃을 降하야 一時에 殄滅하기는 不忍하시나 福利를 普錫치 아니하시며 德音을 宣布치 아니하시니 今日의 支離澌盡에 屠劣衰弱함이 若是하도다. 『大倧敎重光六十年史』, 「檀君敎佈明書」, 『大倧敎重光六十年史』, 「檀君敎佈明書」, 85~86쪽. 凡我同胞兄弟姉妹는 皆我 大皇祖 百世本支의 子孫이오 本敎는 乃四千年 我國固有한 宗敎라 其論은 雖暫息하나 是理는 不泯하고 其行은 雖暫止하나 是道는 自在하야 與天地同其壽하며 與山川同其久하며 與人類同其始終하여 是敎가 興하면 天地가 更新하며 山川이 復煥하며 人類가 蕃昌하고 是敎가 衰하면 卑高가 易位하며 動靜이 失處하며 品物이 不生하나니 是以로 古今의 消長과 歷代의 存廢가 本敎에 關함이 若合符節한지라.

22) 『大倧敎重光六十年史』, 「重光歌」, 223쪽. 道淵源 찾아보라 가닥가닥 한배빛, 仙家에 天仙宗祖 釋迦에 帝釋尊崇, 儒氏의 上帝臨汝 耶蘇의 耶和華와, 回回의 天主信奉 실상은 한 한배님.

23) 『大倧敎重光六十年史』, 152쪽. 五大宗旨 1. 敬奉天神 (人物의 本源을 아는 것)

활동에 참여한 지식인 가운데 기독교인이 많았던 것은 이런 맥락에서 이해할 수 있다. 안창호安昌浩(1878~1938), 이동휘李東輝(1873~1935)와 같은 기독교 활동가도 단군을 대황조로 높이고 우리가 모두 단군한배검의 자손임을 강조했다.24) 대종교 내에서는 국교, 선도, 신도 등으로 표현되는 단군의 정신이 유교나 불교의 가르침보다 우위에 있으며 다 포괄할 수 있다고 보고 타 종교를 존중하고 예의를 갖추어야 한다고 한 것이다. 박은식이 비판한 지점은 외래에서 수용된 유교부터, 그리고 그것만을 교육한 습속이 주체정신의 저해를 초래한 데 있었다. 박은식은 1925년 서거 6개월 전 다음과 같은 글을 남겼다.

그런즉 세간의 어떤 것이 과연 진아眞我가 되는가? 오직 나의 의 意와 지知라. 의는 인심의 의리와 정욕의 발동기가 되는 것인데, 의도 진위眞僞의 차이가 있는 까닭에 "그 마음을 바로잡고자 하는 자는 먼저 그 의를 성실히 하라" 하였고 의는 지로부터 생기는 까닭에 "그 의를 성실히 하고자 하는 자는 먼저 그 지를 완성한다"고 하였다. 지도 견문의 지와 본연의 지가 있으니, 견문의 지는 외면적 사물의 원리를 연구하여 지식을 넓히는 것이니, 이는 멀리서 취하는 것이요, 본연의 지는 허령虛靈한 본각으로 사물을 비추는 것이니 이는 가까운데서 취하는 것이다. 천지가 비록 멀지만 내 마음의 허령이 다 통할 수 있고 만물이 비록 많으나 내 허령이 다 응할 수 있으니 불교에서 말한 "대원경大圓鏡"이 이것이다. 천하의 어떤 것이 이것보다 더 고상하고 정결하고 광명한 것이 있겠는가? 실로 조화의 정령이요, 만물의 주재라. 사람이 한 몸으로서 복잡하고 변환하는 사

2. 誠修靈誠 (人生의 良能을 가질 것) 3. 愛合種族 (人世의 平和를 얻을 것)
4. 靜求利福 (人間의 自由를 누릴 것) 5. 動務産業 (人類의 文明을 늘릴 것)
24) 김동환, 「일제강점기 대종교와 기독교의 연계활동에 대한 담론」, 『국학연구』 제21집, 2017.

물가운데 처하여 능히 유혹당하거나 사역당하지 않고 모든 것을 명령하고 제재하려면 양지의 본능을 주재로 삼는 것이 근본상 요령이라 양지의 본능은 영명靈明이오 영명의 바탕은 정결이라 일체 인생이 누가 양지가 없으리오마는 욕망의 장애와 습관의 장애와 물건의 장애로 인하여 본명을 잃어버리는 까닭에 항상 제거하고 없애는 공부로서 정결한 것을 보존하여야 광명이 자재한다. 그러므로 "몸에 청명이 있으면 그 지혜가 마치 신과 같다."고 하였다. 그런즉 양지는 영명으로써 살고 영명은 정결로써 보존하고 정결은 정정定靜으로써 얻는 것이다. 이는 나의 다년 간 의심점이 해소되어 양지의 의미를 새기는 근거로 삼게 된 것이다. 또 양명의 양지 두 글자가 다만 경전 중에서 얻은 것이 아니요, 곧 백사천난의 풍상을 경과하고 석곽 생활 2년의 고초를 겪은 결과로 한 밤 꿈 중에 확연철오를 얻어 드디어 유교 혁명의 천지를 여는 대광명이 만고에 빛나게 된 것이다. 비상한 사업은 반드시 비상한 고로苦勞을 요구하는지라, 학계 제군은 마땅히 이를 근거로 학문과 사업에 먼저 비상한 고로를 공헌하기로 하고 결코 미리 진퇴하거나 빠른 성패와 같은 환영을 취하지 말아야 한다.25)

---

25) 〈學의 眞相은 疑로 좇차 求하라〉, 《東亞日報》, 1925.4.6. 그런즉 世間 何物이 과연 眞我가 되는가 오즉 吾의 意와 知라 意는 人心의 義理와 情慾의 發動機가 되는 者인데 意도 眞僞의 別이 有한 故로 曰欲正其心者는 先誠其意라 하엿고 意는 知로부터 生하는 故로 曰欲誠其意者는 先致其知라 하엿는데 知도 聞見의 知와 本然의 知가 有하니 見聞의 知는 外面的 事物의 原理를 硏究하야 智識을 開鑛하는 者이니 此는 遠取諸物이오 本然의 知는 虛靈의 本覺으로써 事物을 照燭하는 者이니 此는 近取諸身이라 天地가 雖遠이나 吾의 虛靈이 可通이오 萬物이 雖衆이나 吾의 虛靈이 可應이니 佛의 云한 바 大圓鏡이 是라 天下何物이 此에서 더 高尙하고 淨潔하고 光明한 者가 有하리오 實로 造化의 精靈이오 萬物의 主宰라 人이 渺然一身으로써 複雜하고 變幻하는 事物의 中에 處하야 能히 引誘가되지안코 使役되지 안하 모든 것을 命令하고 制裁하자면 良知의 本能으로써 主宰를 삼는 것이 根本상 要領이라 良知의 本能은 靈明이오 靈明의 原質은 淨潔이라 一切 人生이

위 인용문은 박은식이 자신의 학문역정을 말하면서 후학들에게 빠른 성취를 구하지 말고 수고롭고 고통이 따르더라도 자기자신의 의문에 따라 진리를 구하라고 충고한 글이다. 여기서는 주로 양명학설을 논하고 있지만 첫 부분은 주자학 공부에서부터 시작된다. 박은식은 주자학을 자신의 의문에 따라 철저히 공부했고 그 결과를 진리라고 생각했지만, 다시 의문을 품게 되었다. 그리고 진아眞我를 구하였는데, 그것은 나의 의意와 지知의 문제이고 곧 양지의 본능임을 깨달았다는 것이다. 양지의 본능은 무엇에도 얽매이지 않는 주재자이며 진정한 주체이기 때문에 진아이다.

박은식은 왕수인의 학설이 경전 연구 상에서 나온 것이 아니라 고난과 부단한 노력에서 나온 것이라고 하였다. 누구나 양지를 가지고 있지만 욕망과 습관, 물건의 장애가 있기 때문에 이를 제거하여 정결한 마음을 얻는 것이 중요하고 정결한 마음은 안정을 통해 나온다는 것도 자신의 노력을 통해 얻은 결론이다. 박은식의 양명학에 대한 관심은 일본양명학의 성취에서부터 시작되었지만, 그는 이내 양명학의

孰無良知리오만은 慾障과 習障과 物障으로 因하야 本明을 失하는 故로 恒常拂拭과 洗滌의 工으로써 그 淨潔한 것을 保存하여야 光明이 自在하는 故로 曰淸明在躬에 其知如神이라 그런즉 良知는 靈明으로써 生하고 靈明은 淨潔로써 存하고 淨潔은 定靜으로써 得하는 것이라 此는 余의 多年 疑點이 解釋되야 良知의 訓을 依據케되엿도다 또 陽明의 良知二字가 다만 經典中에서 得한 것이 아니오 곳 그 白死千難의 風霜을 經過하고 石槨二年의 苦楚를 備嘗한 結果로 一夕夢中에 廓然徹悟를 得하야 드듸여 斯文革命의 開天開地한 大光明이 萬古에 照耀케되엿스니 非常한 事業은 반듯이 非常한 苦勞를 要求하는지라 學界諸君은 맛당히 此를 證하야 學問과 事業에 먼저 非常한 苦勞를 供獻하기로 하고 결코 銳進銳退와 速成速敗의 幻景을 取치 말을지어다.

본질을 꿰뚫고 개인의 진정한 주체를 확립할 수 있는 구세의 대안으로 삼았다.[26] 이는 1910년 『왕양명실기』의 서술에서부터 1913년 대종교의 수용을 거쳐 1925년 서거할 때까지 일관된 가치관이었다.

2) 국혼과 국사, 대동민족의 구상

박은식에게 양명학의 정신은 실천의 사상적 기조에 해당하는 것이었다. 그것을 가지고 시대상황에 맞게 대처하고 실천내용을 채워나가는 것은 또 다른 문제였다. 그는 만주망명이후 조국의 독립을 위해 일생을 헌신하면서 이를 위해 가장 중요한 것은 조국의 정신, 국혼을 잃지 않는 것이라고 여겼다. 물론 이는 박은식만의 생각은 아니었다. 구체적인 대상과 방향은 달랐지만, 국가 의식이나 국혼에 대한 중시는 외세의 침탈을 경험한 동양의 많은 지식인들이 공유했던 지점이다.

20세기 초에 이미 일본과 중국에서는 '국학'과 '국수'주의, 민족주의가 사상계의 한 축을 담당하고 있었다. 가장 먼저 서구적 근대화를 추진한 일본에서는 이미 1890년대부터 정부주도의 서구화정책에 반대하는 국수주의가 등장했다.[27] 일본의 국수주의는 백인우월주의를

---

26) 박정심은 박은식의 근대주체생성은 유학적 보편문명의식과 서구적 문명인식에 대한 비판적 성찰에서 출발하여 근대국가 건설 및 세계평화 구현의 구심점인 진아론을 체계화하였다고 보았다. 「양명학을 통한 진아론의 정립: 한국 근대주체의 생성」, 『양명학』제33호, 한국양명학회, 2012, 113쪽.

27) 1888년 창간된 잡지 『일본인』을 중심으로 국수주의가 전개되었고 청일전쟁이후로는 일본주의로 강화되었다. 區建英, 김종학, 「중국의 國粹派와 일본의 국수주의」, 『한국의 문화』41, 서울대 규장각 한국학연구원, 2008, 160쪽.

동반한 서구 제국주의에 대응하여 일본고전과 언어, 일본인의 정신 등 일본문화의 우월성인 '국수'를 추출하여 일본인의 각성을 촉구하려는 목적에서 출발했지만 서구의 인종주의를 그대로 답습했다. 일본의 국수주의자들은 일본민종日本民種의 특수성을 강조하면서 스스로를 지나인과 조선인에 대한 우월성, 즉 몽고인종 가운데 우등한 자로 규정했다.28) 그리고 일본인을 우등하게 하는 일본인의 정신을 '화혼和魂'이라고 칭했다. 화혼은 본래 고전에서 일본의 고유성을 찾으려 했던 국학자들에 의해 높고 곧은 마음, 일본 고유의 심성, 용맹의 마음 등 다양한 개념으로 규정되었던 것이지만,29) 메이지 시대이후 천황에 충성하는 황국신민의 덕성으로 단일화되었다. 그것은 1890년 반포된 교육칙어에서 강조한 충효일본忠孝一本을 전국민에게 내면화시킨 결과였다. 일본정부와 관학자들은 천황은 국민과 혈연관계로서 일본의 종가宗家이므로 천황에 대한 충성은 조상에 대한 효와 근본이 같을

28) 같은 글, 165쪽.
29) 박미경, 「日本古典에 보이는 화혼의 정의와 그 어의의 변천」, 《東아시아古代學》 9, 동아시아고대학회, 2004.6 참조. 박미경은 고대의 화혼은 임기응변에 대처하는 '지혜'를 의미했으나 17세기 이후 국학자들이 일본의 고유성을 찾는 과정에서 다양한 의미로 분화되었다고 한다. 박미경에 의하면 대표적인 국학자인 모토오리노리나가(本居宣長, 1730~1801)는 중국의 한학에 내재한 漢意가 완전히 배제된 일본의 순수하고 고유한 정신을 신도에서 찾고 그것을 화혼이라고 하였다. 그것은 한학의 지식이나 도덕원리에 의해 부정되고 은폐되는 소소한 감정을 내용으로 한다. 노리나가의 후학인 히라타아츠타네(平田篤胤, 1776~1843)는 노리나가의 신도를 계승하면서 한학의 충효관념 또한 일본고유정신에 내재하는 것으로 보았으며 여기에 용맹과 대담성을 포함하는 것이라고 주장하였다. 충효일본의 대화혼론이 형성될 수 있는 기저는 아츠타네의 국학에서부터 마련된 것이라고 볼 수 있다.

뿐만 아니라(충효일본忠孝一本) 자연스러운 감정의 발로라는 담론과 이에 기반한 국민도덕론을 지속적으로 생산해냈다. 그 결과 일본의 화혼은 천황에 대한 충효관과 함께 근대국가를 이끌어가는 데 필요한 상무정신, 무사도와 결합되어 일본인의 존왕애국尊王愛國정신을 의미하는 '대화혼大和魂'개념으로 재정립되었다.[30] 대화혼은 일본 국수주의의 인종주의와 결합하여 동아시아에서 우월한 지위를 차지하는 독특한 정신으로 포장되어 국민계몽의 도구로 사용되었다. 당대 대한제국의 지식인들은 일본 유학과 서적의 유입 등을 통해 이런 일본의 동향을 이해하고 소개하면서 대한의 정신, 국혼 담론을 형성해갔다. 국혼담론의 형성에는 일본 국수주의의 영향을 받은 중국의 국혼담론도 일정한 영향을 미쳤다. 중국에서는 1902~1903년경부터 민족주의가 유행하고 민족정신, 국혼, 민족혼 등의 용어가 등장했으며 나라에 혼이 있으면 그 나라는 존속할 것이라는 논설이 잇달아 출현했다.[31] 이런 배경에서 저술된 양계초의『국혼론』은 1907년 12월 20일자부터 1908년 11월 18일까지《공립신보》에 번역게재 되었고, 장지연에 의해 책으로 번역출간(1908)되기도 하였다. 1905년 이후 조선 언론에도 '일본혼日本魂'과 함께 '조선혼朝鮮魂' 혹은 '국혼國魂', '조선정신朝鮮精神', '대한정신大韓精神'이라는 표현이 종종 등장했다. 1906년 설립한 자강회에서는 그 취지를 "안으로 한국혼을 배양하고 밖으로 문명의 학술을 흡수"하는 것이라고 하면서 대화혼의 성공을 예로 들었고,[32]

---

30) 윤소영, 「한말기 조선의 일본 근대화 논리의 수용 – '和魂'論과 '國魂'論의 비교를 통하여」,『한국근현대사연구』29, 한국근현대사학회, 2004, 9~10쪽.

31) 천성림,『근대중국사상세계의 한 흐름』, 신서원, 2002, 34~35쪽.

32) 大垣丈夫〈本會趣旨로 顧問 大垣丈夫씨가 연설하되〉,《대한자강회월보》1호,

같은 해《태극학보》에도 국가와 국혼을 잠시로 분리할 수 없으며 "조선혼을 동포마다 일으키면 이미 잃어버린 정치권과 재정권, 국제권을 회복할 수 있다." 는 논설이 실렸다.[33] 1908년《황성신문》에서는 "세계 역사에 어떤 나라를 막론하고 그 국민에게 국혼이 완전히 견실하면 그 국가가 강하고 그 민족이 번성하는 것이고 국혼이 쇠락하고 소멸하면 그 국가가 망하고 민족이 없어진다"고 하였다.[34] 신채호도 "천병만마가 그 나라의 산하는 짓밟을 수 있지만 그 국민의 혼은 감히 동요시키지 못하고 이웃민족이 그 국가의 인민을 속박하더라고 국민의 혼은 훼손시키지 못한다."[35]고 하였다. 이들은 모두 국가의 존립

29~30쪽. 本會의 특색으로 他會에서 아직 표방치 아니한 一事를 解得함을 희망하노니 즉 韓國魂이 是라. 內로 韓國魂을 배양하고자 外로 문명의 학술을 흡수함이 本會의 특색이 아니뇨. 일본에서도 사오십년 전까지는 한국과 如히 未開國됨을 不免하더니 一次歐美의 문명을 흡수함이 소위 大和魂을 발휘하야 內로는 不劣氣,元氣,浩然之氣를 養하고 외로는 銳意문명의 학술을 修하야 畢竟 歐美人을 해고하고 今에는 反히 구미를 능가함에 至하니… 고로 한국에서도 檀箕以來에 精神을 不失하여 소위 韓國魂을 발휘하고… 不劣氣,元氣, 浩然之氣를 발휘하여 부강의 實을 擧함을 務할지니 此는 본회의 특색이오.

33) 崔錫夏,《태극학보》제5호,〈朝鮮魂〉1906.12.24. 余나 自謂ᄒ되 吾人에 人魂이 有홈과 갓치 國家에 國魂이 有ᄒ야 國이 生ᄒ면 魂이 生ᄒ고 國이 死ᄒ면 魂이 死ᄒ야 此 兩者ᄂ 須臾라도 可히 分離치 못홀 것이라.… 朝鮮魂을 發起ᄒ라. 此 朝鮮魂을 同胞마다 發起ᄒ면 旣失혼 政治權도 回復홀 슈 有ᄒ고 旣失혼 財政權도 回復홀 슈 有ᄒ고 旣失혼 國際權도 回復홀 슈 有ᄒ다 ᄒ노라."

34) 〈朝鮮魂이 稍稍還來乎〉,《황성신문》, 1908.3.20. 世界歷史에何國을勿論ᄒ고 其國民腦髓中에國魂이완전堅實ᄒ면其國이强ᄒ고其族이盛ᄒᄂ것이오國魂이消鑠磨滅ᄒ면其國이亡ᄒ고其族이滅ᄒᄂ니個人의性命으로言홀지라도 魂의存否로써其生死를判홀지라.

35) 신채호,〈國民의 魂〉,《대한매일신보》1909.11.2.『丹齋申采浩全集』別集, 단

244

혹은 국권의 회복을 위해서는 국혼의 보존이 필수라고 하였다.[36]

박은식도 같은 맥락에서 국혼의 중요성을 절감하고 강조했다. 그는 1907년 권병희라는 수진학교 교사가 고종황제 탄신일 기념연설회 연설 중 스스로 단지斷指하여 "대한정신력大韓精神力"이라는 다섯 글자를 적었다는 말을 듣고[37] 다음과 같이 평했다.

> 아! 그 교육의 목적이 대한정신大韓精神이 아닐 것 같으면, 비록 손에서 신서新書를 놓지 않고 입에서 서법西法이 끊이지 않는다 하더라도, 학생으로 하여금 독립자중獨立自重의 지기志氣를 부족하게 하여 비루하고 열등한 세속의 촌부가 되게 하면 장차 세상을 부패시키고 멸망을 자초할 것이니 어찌 두렵지 않겠는가? 오호라! 역사를 거슬러 올라가 보면 이를 거치지 않는 나라는 없을 것이다. 비스마르크의 소학교육은 곧 독일주의를 위한 것이었고, 빌헬름 텔의 청년교육은 곧 이태리의 노대국을 위한 것이었으며, 워싱턴의 자유종은 곧 미국의 독립을 위한 것이었고, 구천의 와신상담은 그 마음의 일상왕래가 오나라를 다스리는 데 있었으며, 예양이 몸에 옻칠을 하고 나병환자가 된 것은 그 군주를 잊지 않으려는 것이며, 일본이 능히 제국을 세워 유신維新할 수 있게 한 것은 대화혼大和魂이 이것이

재신채호선생기념사업회, 1977, 167쪽. 千兵萬馬가 其國에 山河ᄂᆞᆫ 可히 蹂躪ᄒᆞ되 其國民의 魂은 敢히 動搖치 못ᄒᆞ며 雄隣豪族이 其國의 人民은 可히 箝縛ᄒᆞ되 其國民의 魂은 敢히 汚損치 못ᄒᆞ나니 國民의 魂이 엇지 强치 아니ᄒᆞ리오.

36) 근대 지식인들이 사용한 조선혼, 대한정신, 국혼의 의미와 그 변화에 대해서는 또 다른 연구가 필요하다.

37) 『白巖朴殷植全集』卷5, 시문 369쪽 / 《대한매일신보》, 「대한 정신의 혈서」1907. 9.25) 日者金君河琰이 訪余於報館之樓ᄒᆞ야 嘖嘖謂余曰吾吉州修進學校敎師權炳熙氏가 向於太皇帝陛下誕日에 聯合各學校ᄒᆞ고 慶祝演說ᄒᆞ다가 卽自斷指의 血노特書大韓精神力五字ᄒᆞ얏으니 其意所在가 無乃裨思麥之主義歟아

다. 오호라! 국혼國魂이여! 어느 나라고 없는 나라가 없는데, 우리의 이른바 '대한혼大韓魂'을 기르고자 하는 자를 황황히 삼백여군을 다 찾아도 아득하여 얻을 수가 없더니, 다행히 권 교우가 이미 교육의 책임을 담당함에 국혼을 선창하여 지혈指血로 크게 써서 대중 앞에서 의맹하니 그가 장차 정신의 실력을 양성하는 것은 응당 아주 좋은 결과가 있을 것이다.[38)]

위 인용문에서 '국혼'은 어떤 나라나 다 가지고 있는 자기 나라를 위하는 정신, 곧 애국심과 동일한 의미라는 것을 알 수 있다. 따라서 당시 대한제국의 국혼은 대한의 정신, 대한혼이라고 명명할 수 있는 것이다. 박은식은 교육에서 대한정신의 양성을 목적으로 하지 않는다면 아무리 선진적인 서양문물과 제도를 많이 익혀도 소용이 없고 오히려 사회악을 초래할 수 있다고 보았다. 그가 말하는 대한정신의 내용은 "독립자중獨立自重의 지기志氣"라고 할 수 있는데, 이는 당시 상황이 을사늑약이후 국권침탈이 심화되는 과정에 있었기 때문이라고 추측할 수 있다. 그런데 여기서 한 가지 주목할 점은 자기를 신뢰한

---

38) 『白巖朴殷植全集』卷5, 시문 370~371쪽. /《대한매일신보》, 「대한 정신의 혈서」(續) 1907.9.26. 其教育之目的이如非大韓精神이면雖手不釋新書ㅎ며口不絶西法이라도使學生으로結獨立自重之志氣ㅎ야成卑汚劣下之俗夫ㅎ면其將腐敗天下에自速滅亡ㅎ리니其不可懼哉아嗚呼라遡觀歷史에莫不過於此하리니裨思麥之小學敎育도卽德國之主義也-오馬志尼之靑年敎育은卽意太利之老大國也 - 오華盛頓之自由鍾은卽美國之獨立也오句踐之臥薪嘗膽은其心이日常往來於治吳也오豫讓之漆身爲癩亡不忘其君也오日本之能立國維新者는太和魂이是也라嗚呼國魂이여無國無之而求我所謂大韓魂자는皇皇然大索之於三百餘郡而杳不可得矣러니惟幸權友가旣擔敎育之任에先唱國魂ㅎ야指血特書로對衆宣盟ㅎ니其將養成精神之實力은應有極良之結果ㅎ리로다.

246

군주를 잊지 않으려고 몸에 옻칠을 하고 나병환자가 된 예양을 국혼國魂의 사례로 든 것이다. 이 부분에서 "독립자중獨立自重의 지기志氣" 이외에도 그가 생각한 애국정신에 충군忠君이 포함되어 있다는 것을 알 수 있다. 그러나 그렇다고 해서 일본 대화혼의 충효일본忠孝一本논리를 긍정했다고 보기는 어렵다. 왜냐하면 일본이 천황을 존중하는 것은 유교적 관점에서도 인정할 수 있지만, 본래 충효는 각기 다른 개념으로 사안에 따라 상호 충돌할 수 있는 내용이기 때문이다. 이는 당시 박은식이 서양의 우승열패가 유교도덕에 어긋나지만, 유교도덕이라는 것도 총명하고 강하며 용맹한 자가 온전히 유지할 수 있는 것이 현실이라고 인식한 것과 유사하다.[39] 그는 충효일본이나 군국주의에 논리가 아니라 애국심의 고취가 국가 존립에 매우 중요한 요소라는 관점에서 일본의 대화혼을 인정한 것이다. 1909년 3월 발표한 『유교구신론』에서는 순자의 군주중심주의를 비판하고, 민지를 개발하고 민권을 신장시킬 수 있는 맹자의 민본주의와 공자의 대동사상, 양명학으로 유교의 본령을 회복해야 한다고 주장했으며,[40] 곧이어 11

---

39) 『白巖朴殷植全集』卷5, 「敎育이 不興이면 生存을 不得」, 328쪽 /《西友》제1호, 1906.12. 西儒之言에 曰生存競爭은 天然之理오優勝劣敗는公例之事라 ᄒ니是其爲言也 - 其不違背於仁義道德之說乎아雖然이나仁義道德之爲物도聰明智慧와剛毅勇邁者의全而有之ᄒ는바오愚昧懦弱者는未能有之커든況競爭之權力이豈不優者勝而劣者敗乎아.

40) 『白巖朴殷植全集』卷5, 「儒敎求新論」, 433~434쪽 /《西友》제1권10호, 1909.3. 孟子는民爲重의義를發明ᄒ고荀卿은存君權의義를表出ᄒ지라…且其精神이專히帝王側에在ᄒ고人民社會에普及치아니흔故로世界上大發展을不得흠이니此는孔子之門에孟子의學이不傳ᄒ고荀卿의學이獨傳ᄒ야斯文과生民의게極不幸임이흔一大缺陷이라이況現今은民智가將次開發되고民權이從而伸長흘時代라此問題에對ᄒ야改良求新치난난發達은尙矣라. 한정길은

월에 대동교를 결성하여 이를 실천에 옮겼다. 이런 점도 충효일본을 긍정하지 않았다고 볼 수밖에 없는 이유이다. 박은식은 동아시아에서 먼저 부국강병을 이룬 일본 대화혼의 논리보다 국가의 쇠약을 타개하기 위한 방안을 고민했던 양계초의 이론에 공명하였다. 그는 1907년 《서우》에 양계초의 『애국론愛國論』을 번역 게재하였고, 『왕양명실기』에 양계초의 『덕육감德育鑑』을 인용하기도 하였다.

박은식이 국혼을 더욱 강조한 시기는 1911년 이후 만주 망명기이다. 1911년 9월에 『명림답부전』과 『천개소문전』을 짓고 이어 10월에 『동명성왕실기』, 『발해태조건국지』, 11월에 『몽배금태조』를 지었다. 『대동고대사론』은 시기를 표기하지 않았지만 9월 이전에 지은 것으로 추정한다. 이 시기 일련의 저술들은 그가 몸담았던 동창학교의 교육을 위한 교재로 활용되었고 특히 『몽배금태조』는 신흥무관학교에서 독립운동가를 양성하기 위한 교재로 쓰였다. 박은식은 국혼, 정신이 강한 민족은 이민족의 지배를 받더라도 독립할 수 있다는 신념으로 우리 민족의 뿌리와 고대 강역, 개국開國과 보국保國의 영웅들을 기록한 역사를 통해 국혼을 살리고자 하였다.

민족이 있은 후에 역사가 있으니 역사가 없으면 민족도 없게 된다. 왜냐하면 역사란 것은 민족의 정신인데, 먼저 조국의 역사가 있고 난 후에 애국정신이 있게 되고, 동족의 역사가 있고 난 후에 민족을 사랑하는 정신이 있게 되며, 독립적인 역사가 있어야 독립적인

박은식이 민지와 민권의 강조한 것이 서양정치사상의 영향이지만, 자유로운 개인의 자발적인 사회계약이나 국민국가까지 수용한 것은 아니라고 보았다. (「박은식의 「유교구신론」에 반영된 서양정치사상」, 『서양정치사상과 유교지평의 확장』, 동과 서, 2019, 157쪽.)

정신이 있게 되고 자존의 역사가 있어야 자존의 정신이 있게 된다.
이 때문에 신성한 민족은 꼭 신성한 역사가 있는 법이다.[41]

위 글에서 역사가 곧 민족의 정신, 곧 국혼이라고 한 것은 조국의
역사, 민족의 역사가 있어야 조국과 민족에 대한 사랑이 일어나며 자
강과 자주의 정신을 기를 수 있다고 보았기 때문이다. 박은식은 당대
가 민족주의, 민족경쟁시대라고 판단하였다. 실제로 개화기에는 동인
종, 동문화론에 기반한 동양담론이 서구 제국주의 대응 논리로 기능
했지만, 러일전쟁(1904)이후 동양담론의 한 주체였던 일본의 침략성이
드러나면서 민족단위의 경쟁시대가 열리게 되었으며,[42] 각국에서 동
족의 결속을 위한 역사연구와 정체성확보 노력이 지속되었다. 중국의
국수학파인 장병린은 역사읽기의 효험이 조상의 덕을 드러내고 국가
정체성을 확립하는 데 있고[43], 국성을 보존하려면 사서에 의존해야하
기 때문에 공자도 흩어진 기록을 채집하여 『춘추』를 지었다고 하였
다.[44] 박은식은 이렇게 민족 간의 경쟁이 있게 되면 동족끼리 상호부
조를 하기 마련이며 이를 위해서는 고대로 거슬러 올라가 같은 혈통

---

41) 『白巖朴殷植全集』卷4, 저술 「大東古代史論」, 362쪽. 有民族以后有歷史, 然
   無歷史則亦無民族矣. 何則歷史者民族之精神, 有祖國之歷史, 然後有愛國
   之精神, 有同族之歷史, 然後有愛族之精神, 有獨立之歷史, 然後有獨立之
   精神, 有自尊之歷史, 然後有自尊之精神. 故神聖之民族, 必有神聖之歷史
   者也.
42) 백동현, 「대한제국기 한국민족주의의 형성과 그 특성 - 지식인층의 민족담론 분
   석을 중심으로 -」, 『한국민족운동사연구』55, 한국독립운동사학회, 2008, 55쪽.
43) 천성림, 앞의 책, 37쪽.
44) 『章太炎全集』卷6, 「春秋左傳義答問」249~250쪽. 欲存國性, 獨賴史書, 而
   百國散紀, 難令久存, 故不得不躬爲采集….

의 역사로 공감과 애정을 불러일으켜야 한다고 보았다.[45] 독립운동 인재를 양성하는 현장에 있었던 박은식은 그 구체적인 방안으로 우리 민족의 시조인 단군시대의 역사와 민족의 위상을 새롭게 규정하였다.

오늘날은 민족주의 시대이다. 우리 민족도 마땅히 동족의 우의를 강명하고 신성한 역사를 발휘하여 천하에 자립할 수 있도록 해야 하니, 이것이 진실로 정신교육의 근본문제이다. 그런데 우리 민족의 유래에는 두 개 파벌이 존재한다. 단군이 백두산에 내려온 것을 시작으로 대동생민大東生民의 시작이 되고, 기자가 중국에서 옴으로부터 화인華人이 이주한 시작으로 삼으니, 우리민족 전체의 뜻으로 보면 단군을 조상으로 하는 것이 옳은가, 기자를 조상으로 하는 것이 옳은가? … 단군과 기자의 후예로 말하면 수천 년간 이미 피가 섞이고 동화되어 기자의 후예를 단군의 후예가 아니라고 할 수 없는 것이나 단군이 먼저이고 기자가 나중이다. 우리가 나온 본원을 따져서 단군을 시조로 보는 것이 옳다. 우리 대동 민족사도 단군이 인간 세상에 내려온 해를 기원으로 삼는 것이 옳다. 이것이 우리 신성한 역사의 발휘를 구하는 이유이다.[46]

----

45) 『白巖朴殷植全集』卷4, 저술「大東古代史論」, 363쪽. 天地之進化日新, 而人智之進步日增, 家族主義進, 而爲民族主義者, 以其爲民族競爭之時代故也. 旣有對他之競爭不可不求吾同族之相助矣, 求吾同族之相助不可不遡吾所自出之本原, 以明其血統之關聯, 以發其親愛之情根. 此現世各族, 皆以發達其祖先歷史, 爲自强自主之精神, 爲對他競爭之助力者也.

46) 『白巖朴殷植全集』卷4, 저술「大東古代史論」, 364~365쪽. 今日乃民族主義時代也. 吾人亦當講明其同族之誼, 發揮其神聖歷史, 求以自立於天下, 此誠精神敎育之根本問題也. 然而吾族之所由來有兩派之別. 檀君降自白山始爲大東生民之始, 箕子來自中土爲移植華人之始, 則以吾族全體之義, 祖檀君可乎? 祖箕子可乎? …以檀箕之裔言之, 數千年間旣已混血同化, 則箕子之裔未有不爲檀君之裔者, 而檀君先也, 箕子後也. 求吾所自出之本原, 以檀君爲始祖, 可也. 我大東民族史, 亦以檀君降世之年爲紀元, 可也. 此所

박은식은 단군조선과 기자조선의 역사증명을 통해서 만한滿韓은 본래 한 나라였고 동족이었다고 하였다. 만한동족은 곧 '대동민족'을 말하며 우리의 신성한 시조가 된다. 본래 단군조선의 한족은 주족이고 뒤에 들어온 기자조선의 만족은 객족이지만, 만족이 한족에 동화되어 구별할 수 없으므로 한 민족으로 거듭났다는 것이다. 민족의 시조를 단군에서 찾더라도 찬란한 유교문화의 시조는 기자라고 보는 것이 조선시대의 일반적인 인식이었고, 1910년 이전 박은식의 견해도 이와 동일했다.[47] 그러나 그는 만주망명이후 단군조선을 기자조선보다 앞서는 근본뿌리로 보면서 "단군조선과 기자조선의 역사로 증명하면 만한滿韓은 본래 한 나라였고 그 백성은 원래 동족이었다는 것을 정확하게 증거할 수 있다. 그러하니 우리 대동민족은 신성한 신조가 있고 신성한 문화가 있고 신성한 무풍도 있으니 유독 신성한 정신이 없겠는가. 신성한 정신은 어디에 있는가. 역사가 바로 그것이다."[48]라고 하며 대동민족의 역사가 신성한 정신의 역사임을 천명하였다.

단군의 시대는 신도神道로 백성을 교화하였기에 그 종교를 신교

以求吾神聖歷史之發揮者也.

47) 『白巖朴殷植全集』卷5, 시문 「平壤과 開城의 發達」, 366쪽. / 《西友》9호, 1907.8. 吾邦의歷史로서證驗홀지라도平壤檀君이首出ㅎ샤建邦設都ㅎ셧고 箕子東渡ㅎ샤八條로立敎ㅎ시고井田으로制産ㅎ셧으니吾韓四千年의禮儀文物이實發源於此矣오.

48) 『白巖朴殷植全集』卷4, 저술 「大東古代史論」, 379쪽. 夫以檀君朝鮮箕子朝鮮之歷史證之, 則滿韓原始一國其民原是同族者其鑿鑿可據矣. 然則吾大東民族有神聖之祖者也. 有神聖之文化者也 有神聖之武風者也 獨可無神聖之精神乎? 神聖之精神烏乎在曰歷史是也.

神敎, 또는 배천교拜天敎라 한다. 대개 고대사람들의 사상은 모두 신군神君에 복종하였으니, 역에 이르기를 "성인은 신도로 교를 베푸니 천하가 복종하였다."라고 하는 것이 이것이다. 우리 동방의 역대 왕조에 고구려의 시조가 선교仙敎로 세상을 다스리고 신라의 시조가 신덕神德으로 나라를 세운 것은 모두 단군으로부터 온 것이다. 단군이 신인神人으로 세상에 내려온 것이 동방교화의 시조가 된다. 그러므로 오늘날 조선 교계에 대종교가 있다. 종倧은 신인神人의 칭호이니 이는 단군의 신교를 받드는 것이며 곧 역사적 종교이다.49)

박은식은 부여, 고구려, 발해, 신라가 단군의 혈통인 대동민족이고 이들의 사상 또한 단군에서 비롯된 선교를 계승한 것이라고 하였다. 대동민족의 고유사상은 단군의 신교神敎가 되는 것이다. 대동민족을 제출한 『대동고대사론』은 대종교인인 윤세복이 교열한 것으로 되었다. 박은식이 만주망명시 윤세복의 집에서 우거했었고 대종교에 입교한 공식적인 기록은 1913년으로 되어있다. 이런 점에서 대동민족의 구상이 반드시 대종교의 영향이라고만 볼 수는 없다. 만한이 동일문화권이라는 주장 자체는 조선후기 역사가의 저술에서도 찾아볼 수 있다.50) 그러나 박은식의 이후 저술들을 보면 대동민족의 신성한 정

---

49) 『白巖朴殷植全集』 卷4, 저술 「大東古代史論」, 369~370쪽. 檀君之世神道敎民, 故其宗敎爲神敎, 亦曰拜天敎. 蓋古代人君思想, 服於神權, 故易曰 "聖人以神道設敎, 而天下服", 是也. 我東方歷代高句麗始祖以仙敎御世, 新羅始祖以神德立國者, 蓋原於檀君也. 檀君以神人降世爲東方敎化之祖, 故今朝鮮敎界有大倧敎. 倧者神人之稱, 寔奉檀君之神敎者, 而卽歷史的宗敎也.

50) 권은주는 만주와 한반도에 살던 대동민족을 동일문화권으로 보고 모두 단군조선의 동족으로 본 것과 유사한 인식은 조선시대에도 일부 찾아볼 수 있고 한말 유학지식들 사이에서도 확산되고 있었다는 점에서 대종교의 영향만으로 볼 수 없다고 하였다. 박은식이 거론한 유인석의 『대동사』, 이종휘 『수산집』,

252

신, 국혼의 내용은 단군신교를 바탕으로 한다는 점을 추론할 수 있다. 1911년 전후 저술한 『단조사고檀祖事攷』에서 단군사적과 신교를 언급하고 대종교경전을 인용한 내용이 보인다.

> 동방에 처음 군장이 없었는데 태백의 산 아래에 내려온 것은 신인神人뿐이다. … 대개 삼신일체三神一體와 일성삼신一聖三神의 묘함을 알지 못하기 때문에 그 보는 바에 따라 억지로 이름을 붙여 혹은 둘로, 혹은 셋으로 하고 심지어 삼세三世라고 지적하고 있으니 미혹된 것이다. 그렇다면 환인桓因은 하나의 단군檀君이고 환웅桓雄도 하나의 단군檀君이며 신시씨神市氏도 하나의 단군檀君이 된다 … 또 생각건대 성휘聖諱와 성호聖號가 여러 책에 나타나는 것을 상고해보면 환인, 환웅, 환검, 단인, 단웅, 단군, 임검, 왕검 … 신인, 신시씨, 단신, 산신, 삼성 … 그 이름이 하나가 아니다. 대개 역대의 언어와 예속에 따라서 시대마다 같지 않으나 사실은 한가지이다.[51]

이익의 『성호사설』, 안정복의 『동사강목』 등에서도 확인할 수 있는 것이다. (「박은식의 역사 저술에 보이는 역사관과 한국 고대 북방사 인식」, 『한국고대사 계승인식 Ⅱ』, 동북아시아역사재단, 2019, 38쪽) 또 일본 식민사학의 滿鮮一家論, 日滿一家論과 관련성에 대해서는 만선사관은 한국사의 자주성을 부정한 것인 반면, 박은식의 대동민족론은 민족의 독립과 보전을 명제로 민족사의 정통과 계통을 수호하려 했고 나아가 인류의 보편적인 선을 지향하며 식민지배와 제국주의 이데올로기의 대척점에 서 있으므로 다르다고 보았다.(같은 책, 44쪽)

51) 『白巖朴殷植全集』 卷4, 저술 「檀祖事攷」, 500~501쪽. 蓋曰東方初無君長降于太伯之山則神人而已矣…蓋不知三神一體一性三神之妙, 故隨其所見而强名之或二之三之, 甚至指爲三世者惑矣. 然則桓因一檀君也, 桓雄一檀君也, 神市氏亦一檀君也. 由生與成而現形不一, 由體與用而立名或殊, 其變化之不測也, 神理言之備矣…又按聖諱聖號之出於諸書者考之則曰桓因桓雄桓儉檀人檀雄檀君壬儉 …帝釋神人神市氏檀神三神三聖…其號不一, 蓋隨歷代之言語禮俗有時不同, 而其實一也.

박은식은 대종교를 우리의 삼신시조를 신앙하는 가장 오래된 종교이고 무엇보다 우리의 족성族性과 국성國性을 보전해 지키는 것을 신조로 삼는[52] 종교로 이해하고 수용하였다. 위 인용문에서 삼신일체사상은 대종교경전인 『신리대전神理大全』에서 환인, 환웅, 단군이 하나라고 한 것을 말한다. 『신리대전』에서는 환인, 환웅, 단군을 '삼신三神'이라고 부르는데, 삼신은 각기 세 명의 신이 있는 것이 아니라 형이상학적으로 일체라고 하였다. 환인은 위없는 위의 존재이고, 큰 세계를 주재하는 것은 환웅이며 이를 본성으로 하여 현실계에서 만물의 조화를 이루는 것은 단군이라고 하면서, 주체로 보면 하나의 상제이고 작용으로 보면 삼신이 된다는 것이다.[53] 이것이 하나의 완전자가 지니는 세 가지 속성을 표현한 것이라고 할 수 있는데, 박은식은 이를 수용하여 환인, 환웅, 단군을 하나로 보면서, 기존 역사기록에서 환인, 환웅, 단군을 삼세대로 구분하는 것을 오류라고 하였다. 이들은 구전된 역사적 사실이 시대와 상황, 사용언어에 따라 여러 가지 말로 기록되다보니 달라진 것일 뿐, 실은 모두 단군을 의미한다는 것이다. 박은식은 단군을 신인으로 놓고 민족의 시조로 통일했으며, 단군의 신교를 민족과 국가를 형성하고 이끌어간 신성한 정신이자 국혼의 뿌리로

---

52) 『白巖朴殷植全集』卷2, 저술 「韓國獨立運動之血史」, 133~134쪽. 大倧敎者信念我三神始祖, 爲最古之敎. 古史云"檀君爲弘益人間, 自天降世." 且吾俗以男女子生産, 爲三神所命, 而報祀之, 五史五戒爲歷代之傳守. 今其信徒約三十萬, 而多社會紳士及靑年學生. 且其信條保持其族性國性者.

53) 『白巖朴殷植全集』卷4, 저술 「檀祖事攷」, 497쪽. 稽夫三神曰桓因曰桓雄曰桓儉. 神理曰"桓因位無上之上, 體無形之形, 作無爲之爲, 用無言之言. 主宰大世界卽上帝桓雄, 以上帝之性造化萬物卽天王桓儉, 以天王之命精敎化萬民卽人宗也. 三神一體, 上帝三神非各有其神也.

확정하였다.54) 그는 고대사에 등장하는 민족영웅들도 선교계인물로 묘사하였다. 그는 동명성왕이 천선天仙으로 세상에 내려왔다고 하였고 명림답부는 고구려가 단군대황조의 신교를 봉승하여 제천사신을 모시는 조의대선이 있었는데, 명림답부가 각 성의 선교도를 통괄하는 조의두대선사皀衣頭大仙師였다고 하였다.55) 천개소문은 수련한 도선釖仙(칼을 다루는 신선)으로 묘사했다.56) 우승열패를 강조했던 제국주의 국제질서 하에서는 자강의 논리에 부합하는 국가와 민족의 영웅이 부각되었기 때문에 영웅 전기류가 유행하였다. 이런 상황에서 국가를 잃은 박은식은 민족과 국가의 정신적인 근원인 역사와 그 형체인 지리·강역을 밝히고57) 국혼을 계승한 민족영웅을 기록하고 교육하는 것을 급선무로 여길 수밖에 없었다. 그의 민족주의, 영웅주의 사관은 시대의 산물이며 저항과 독립의지의 표현이라고 할 수 있다.

그러나 오늘날 정신교육에 가장 필요한 것은 조국 위인의 역사라. 이에 『동명성왕실기』를 편찬하고 이어서 『발해태조건국지』를 저술하여 교육계에 보조를 더하고자한다. 무릇 이 책을 읽는 자는 그 요점을 연구하는 것이 제일 필요하다. 발해태조를 낸 역사를 추

---

54) 그러나 단군을 신격으로 존숭했다고 해서 단군관련 역사서술이 상상에 의존해 구성된 것은 아니다. 그는 『唐書』, 『東國史略』, 『海東學府』, 『文獻備考』, 許穆의 『眉叟記言』, 『檀君世家』, 李種徽의 『修山集』, 丁若鏞의 『我邦疆域考』 등 여러 역사서와 지리서를 활용하였다.
55) 『白巖朴殷植全集』卷4, 저술 「明臨答夫傳」, 271쪽.
56) 『白巖朴殷植全集』卷4, 저술 「泉蓋蘇文傳」, 344쪽.
57) 『白巖朴殷植全集』卷4, 저술 「渤海太祖建國志」, 403쪽. 大抵國民敎育界에 第一必要흔者는地理學과歷史學이니地理는國民의身體歷史는國民의精神이라.

상해보면 일종의 '망국포종亡國逋踵'이니, 어떠한 능력으로 한 호흡에 40만 민중을 얻어 5천리 대국을 건설하였는가? 독자는 여기에 착의하여 연구할 바가 있다.[58]

　박은식은 정신교육의 가장 핵심은 다른 나라의 위인이 아닌 조선 위인의 역사를 가르치는 것이고 이런 점에서 『발해태조건국지』를 저술한 이유를 잘 생각해보라고 하였다. 발해태조는 고구려가 망한 상황에서 고구려를 계승하여 다시 일어난 위인으로 그의 역사는 한마디로 '망국포종亡國逋踵'의 경우라고 하였다. 국권을 상실한 당시 상황이 발해태조가 맞이했던 상황과 유사하기 때문에 그런 상황에서 국가를 재건한 발해태조의 능력과 노력을 잘 살펴보라는 것이다. 그렇다고 해서 박은식이 일본과 같은 제국주의논리, 만선사관이나 천황을 위해 맹목적으로 충성하는 무사영웅의 강조를 답습했다고 볼 수 없다. 그는 과거 조선의 영웅을 본받아 민족경쟁에서 다른 민족을 제복시키는 세력으로 승리를 얻는 것이 아니라, 신성한 종교와 역사의 정신으로써 다른 민족을 교화, 복종시키는 정신 승리를 추구했다.[59] 따라서 『몽배금태조』를 통해서 "국가를 멸망시키고 인종을 멸종시키는 것을

---

58) 『白巖朴殷植全集』卷4, 저술 「渤海太祖建國志」, 407쪽. 但今日精神敎育에 最其必要흔者는祖國偉人의歷史라於是乎東明聖王實記를撰ㅎ고繼ㅎ야渤海太祖建國誌를述ㅎ야敎育界에輔助을玆코져ㅎ노니무릇書를讀ㅎ는者는其要點을硏究홈이第一必要흔지라渤海太祖의出身흔歷史를推想ㅎ건ᄃ ㅣ 一個亡國逋踵이라如何흔能力으로一呼에四十萬衆을得ㅎ야五千里大國을建設ㅎ얏ᄂ뇨讀者於此에着意硏究홀바有ㅎ도다.

59) 『白巖朴殷植全集』卷4, 저술 「大東古代史論」, 364쪽. 蓋民族競爭有以勢力以取勝者, 有以精神以取勝者. 以國富兵强之無敵, 以制伏他族者, 勢力之取勝也, 이종교급歷史之精神聖而化服他族者, 精神之取勝也.

256

일반적인 원칙으로 삼는 제국주의를 정복하고, 세계인권의 평등주의를 실행하는 데 있어서 대동민족이 그 선창자가 되고 또 주맹자가 되어 태평의 행복을 온 세계에 두루 베풀어야 한다."는 대동민족의 과제를 제시했다.[60] 박은식의 역사저술과 교육은 저항적 민족주의에 기반하고 평등한 인권과 평화를 지향하였다.

박은식의 역사의식은 1차 세계대전 종전과 1919년 3·1 독립운동을 기점으로 새로운 국면을 맞이하지만, 국혼을 보존하고 배양하는 것이 급선무라는 사유는 만년까지 지속되었다.

> 대개 국교國敎·국학國學·국어國語·국문國文·국사國史는 혼魂에 속하는 것이요, 전곡·군대·성지·함선·기계 등은 백魄에 속하는 것이다. 혼의 됨됨은 백에 따라서 죽고 사는 것이 아니다. 그러므로 국교와 국사가 망하지 아니하면 그 나라도 망하지 않는다고 한다. 아! 한국의 백은 이미 죽었으나 이른바 혼이란 것은 남아있는 것인가 없어진 것인가.[61]

박은식이 중국의 신해혁명을 목도하면서 독립운동세력을 규합하고 그 이념적 체계를 정립하기 위해 저술한 『한국독립통사』(1915)의 결론이다. 여기서 기존에 역사로만 규정했던 국혼개념이 국교國敎·

---

60) 『白巖朴殷植全集』卷4, 저술「夢拜金太祖」, 159쪽. 所謂二十世紀에滅國滅種으로公例를삼논帝國主義를征服ᄒ고世界人種의平華主義를實行ᄒ논디우리大東民族이先倡者가되고主盟者가되야太平의幸福을世界에均施ᄒ얏스면無量ᄒ恩澤이요無上ᄒ光榮이로소이다.

61) 『白巖朴殷植全集』卷1,「韓國通史」, 440쪽. 蓋國敎國學國語國文國史魂之屬也, 鐵穀卒乘城池船艦器械魄之屬也. 而魂之爲物不隨魄而生死. 故曰國敎國史不亡, 則其國不亡也. 嗚呼! 韓國魄已死矣. 所謂魂者, 存乎否乎?

국어國語·국문國文·국사國史·국학國學을 총괄하는 개념으로 확장된 것을 알 수 있다. 또 다른 나라에서 바로 수용하고 대체할 수 있는 문물제도와 무기, 과학기술 등을 국백이라고 하여 국혼을 보조하는 것으로 두었다. 국백은 실질적으로 국부를 형성하고 국제적인 세력을 결정짓는 것으로 보기 쉬운데도 불구하고 여전히 국혼이 더 중요하다고 주장한 것은 대한정신을 목적으로 하지 않는 신식교육은 모두 무의미하다고 한 자강기의 인식과도 동일하다. 그에 의하면, 예루살렘이 비록 망하여 유태인들이 다른 나라에 흩어져 떠났지만 다른 민족에게 동화되지 않고 2천년이 지난 지금까지 유태족 칭호를 잃지 않았던 것은 그들 조상의 가르침을 보존할 수 있었기 때문이다. 반대로 멕시코는 스페인에게 정복당하자 교화와 문자가 모두 없어져서 그들이 외우는 것이 다 스페인의 글이고 행하는 바가 스페인의 교화이며 흠모하는 바가 모두 스페인 사람들의 호걸이기 때문에 멕시코의 형체가 지금까지 비록 존재한다고 해도 정신은 이미 전멸하였다. 따라서 엄연히 우리민족에게는 유전되는 혈통이 있고 조상의 신성한 영혼과 교화, 정법, 문사, 무공이 모두 존재하기 때문에 우리 자신에게서 본보기를 구하고 애국정신을 강화시켜야 한다.[62] 박은식은 또 다음과 같

---

62) 『白巖朴殷植全集』卷1, 저술「韓國痛史」, 88쪽. 古人云, 國家可滅史不可滅. 蓋國形也, 史神也. 今韓之形毀矣, 而神不可以獨存乎? 此痛史之所以作也. 神存而不滅, 形有時以復活矣. 然是編也, 不過甲子以後五十年史耳, 烏足以傳我四千年歷史全部之神乎? 是在吾族念吾祖而勿忘焉耳. 夫耶路撒冷雖亡, 而猶太人流離異國, 不同化於他族, 至今二千年能不失猶太族之稱號者, 以能保其祖之敎也. … 若墨西哥之亡於西班牙也, 敎化文字盡滅, 今人種雖存, 而所誦皆班文所行, 皆班化所慕, 皆班人之豪傑, 則墨人種形雖存焉, 而神已全滅矣. 今吾族俱以吾祖之血爲骨肉以吾祖之魂爲靈覺, 而吾祖有神

이 말했다.

무릇 천지위에 도읍을 짓고 문명고국이라고 칭해지는 나라는 그 역사의 근원이 더욱 멀지만, 인문의 창달은 반드시 신대神代로부터 시작되고 또 역사는 국혼을 보존하는 바가 되니, 국혼을 강하고 굳건하게 하고자 한다면 마땅히 역사의 배양에 의뢰해야한다. 신도설교神道設敎의 의義는 국혼에 짝하니 곧 이른바 '사물의 본체가 되어 빠뜨릴 수 없다'는 것이다.[63]

박은식은 유학자인 진암眞菴 이병헌李炳憲(1870~1840)의 역사서인 『역사교리착종담歷史敎理錯綜談』(1921)의 서문을 통해서 다시 한번 국혼의 중요성과 단군신교를 강조했다. 그는 『중용장구』에서 귀신이 모든 사물의 본체가 되어 없는 데가 없다고 한 것처럼 신도가 국혼의 근원이자 바탕이 되어 면면히 이어진다고 보았다. 그러나 박은식은 신도를 중시하면서도 신도 이론에 대해 상술하지 않았다. 그것은 국혼의 보존과 강화가 국권의 회복이라는 실천적인 목표이자 과제였고, 이를 역사적 사실에서 증명하는데 주력했기 때문이다.

3) 공생과 평화의 길로

박은식은 신해혁명이 일어나자 1912년 서간도를 떠나 상해로 가서

聖之敎化, 有神聖之政法, 有神聖之文事武力, 吾族其可他求耶?

63) 『白巖朴殷植全集』卷5, 시문 「歷史敎理錯綜談序」, 116쪽. 凡宅於天地之上, 以文明古國稱者, 其歷史根源愈遠, 而人文之創必自神代且歷史爲國魂所存, 欲强固國魂, 當資歷史之培養, 而神道設敎之義, 配於國魂, 卽所謂體物而不可遺者也.

동제사를 구성하고 박달학원을 설립하여 독립운동세력을 규합하고 교육하였다. 또 1914년에는 홍콩에서 한중합작잡지인 《향강香江》의 주간으로 활동했으나, 원세개袁世凱(1859~1916) 비판을 이유로 《향강香江》이 정간당하자 상해로 돌아와서 『안중근전安重根傳』, 『이순신전李舜臣傳』, 『한국통사』 등을 출간했다. 이후 1918년 연해주 블라디보스토크의 한인촌의 초대로 한족중앙회에서 간행하던 『한족공보韓族公報』의 주필로 활동하면서 3·1독립운동을 맞이하였다. 박은식은 대한국민의회가 주도한 『독립선언서』를 기초하고 대한국민노인동맹단에 조직하여 독립운동을 지원하다가 1919년 9월 상해로 돌아와 『독립운동지혈사』를 출간하였다. 또 『신한청년보新韓靑年報』, 『사민보四民報』, 『구국일보救國日報』 등에서 활동하다가, 임시정부 기관지인 『독립신문獨立新聞』의 주필, 사장을 역임했다. 이승만이 임시정부대통령직에서 탄핵당한 뒤에는 임시정부 대통령으로 선출되어 7개월간 직무를 수행하였다. 이 시기의 글들에서는 국제정세와 사회변화에 대한 새로운 인식을 읽을 수 있다. 먼저 국제적인 부분에서는 세계가 다시 인도주의, 평화의 길로 접어들었다는 것이다.

아! 과거시대의 문명은 인류 경쟁을 이용하는 것이고, 인도와 평화의 사업은 아니었다. 만물의 경쟁에서 자연 선택된 자가 생존한다는 논리가 오직 유일의 진리였던 것이다. 우승열패는 자연의 진화이고 약육강식은 일반적인 관례가 되었으며 군국주의의 침략정책은 생존의 목적이 되었다. 소위 문명인의 족속이 온갖 지혜와 사고력을 다한 교묘한 기술이란 것은 살인의 이기로 남의 나라를 도둑질하는 음흉한 책략이었다. 처음에는 강자와 약자가 싸워 약자가 모두 망했고, 돌아서 또 강자끼리 싸워 양쪽이 함께 상처를 입었다. 남의 아우

를 죽이면 남이 또 그 아우를 죽이고, 남의 아들을 죽이면 남이 또
그 아들을 죽여서 전 세계의 인류가 오로지 피차 살육으로 보복하
니, 단지 약자만이 망한 것이 아니라 강자 또한 파멸을 면치 못했다.
천도는 순환하길 좋아하고 만물은 극에 다다르면 반드시 돌아오며,
고정된 것은 오래가지 않으니, 이는 불변의 이치이다. 또 어찌 이를
안타까이 여겨 구하려는 생각을 지닌 인자와 지사가 없겠는가? 그
래서 세계가 대동단결하여 인류는 공존해야한다는 의리가 점점 학
자들의 이론 가운데 나타나게 되었다.[64]

　　위 글은 박은식이 3·1운동을 겪은 뒤 저술한 『독립운동지혈사』의
일부분이다. 3·1운동은 1차세계대전(1914.7.28.~1918.11.11) 종전이후 미
국의 월슨대통령이 패전국의 처리를 놓고 각 민족의 생존권은 스스로
에게 달려있고 타민족이나 다른 국가가 간섭할 수 없다고 선언한 민
족자결주의원칙의 영향으로 일어났다. 박은식은 이런 상황을 정확히
인식하였다. 그는 생존경쟁과 우승열패의 진화론이 약자뿐만 아니라
강자도 파멸시키는 군국주의의 파괴적인 전쟁을 불러와서 그 반작용
으로 인도주의가 일어났으며, 이런 변화가 3·1운동을 촉진시켰다고

---

64) 『白巖朴殷植全集』卷2, 저술 「朝鮮獨立運動之血史」(下)〈第二章 改造世界
　　之新文化促我獨立運動〉, 145쪽. 嗚呼! 過去時代之文明者, 人類競爭之利
　　用, 而非人道平和之事業也. 是以物競天擇適者, 生存之論爲惟一法門. 優
　　勝劣敗爲天演, 强食弱肉爲公例, 軍國主義侵略政策, 爲生存之目的. 所謂
　　文明人族竭其心思智力務極神巧者, 惟殺人之利器, 盜國之謨計也. 始則强
　　與弱鬪, 而弱者盡矣, 旋又强與强鬪, 而兩虎俱傷矣. 殺人之弟, 人亦殺其弟,
　　殺人之子, 人亦殺其子, 全球人類, 惟以相殺爲報, 則不惟弱者, 被滅而强者,
　　亦不免矣. 天道好還, 物極必反, 固無長此不變之理. 而亦豈無仁人志士之
　　惻然思有以救之者哉? 所以世界大同人類共存之義, 稍稍發現於學者之理
　　論, 而猶未見實行之機會也.

설명하였다. 그런데 이런 시각은 3·1운동을 통해 새롭게 정립된 것은 아니었다. 박은식은 이미 10년 전에 저술한 『몽배금태조』에서 강권주의, 제국주의가 한계에 도달할 것이라고 예견하였다.

> 진화라는 관점에서 추론해 보더라도 평등주의가 부활할 시기가 멀지 않았다. 그런즉 오늘날은 강권주의와 평등주의가 바뀌는 시기이다. 따라서 이때를 맞이하여 그것이 극도로 된 상황에서 극심한 압력을 받는 것이 우리 대동민족이며, 또 압력에 대한 감정이 가장 극렬한 것도 우리 대동민족이다. 그러한 이유로 장래에 평화주의의 기치를 높이 들고 세계를 호령할 자가 바로 우리 대동민족이 아니고 그 누구이겠는가?[65]

박은식 교황의 압제가 심하게 되자 마틴 루터의 자유설이 나오고 군주의 전제가 극에 달하게 되자 루소의 민약론이 나타났으며 열국의 압력이 거세지자 워싱턴의 자유주의가 일어났다고 하였다. 그리고 이제 제국주의가 남의 나라를 멸망하고 그 종족을 멸하는 것을 당연하게 여기다가 세계가 전쟁의 참화를 겪게 되었으니 제국주의가 더 이상 진화할 방향이 없다고 보았다.[66] 따라서 진화론을 부정하지 않고 진화의 관점에서 추론해보더라도 강권주의가 평등주의로 바뀔 것이라고 한 것이다. 그리고 그의 예상대로 1차대전이 끝나고 강권주의에

---

65) 『白巖朴殷植全集』卷4, 저술 「夢拜金太祖」, 160~161쪽. 進化의常例로推ᄒ건ᄃ ㅣ 平華主義의 復活ᄒ時期가不遠ᄒ지라然則至今은强權主義와平華主義가交換ᄒ際會이니此際會를當ᄒ야最終點에極甚ᄒ壓力을被ᄒ者는우리大東民族이오壓力에對ᄒ感情이最忍ᄒ者도또ᄒ우리大東民族이라將來에平華主義의旗幟를高揚ᄒ고世界를號令ᄒ者가우리大東民族이아니고其誰리오.

66) 같은 책, 160쪽.

대한 반성이 일어났다. 아직 평등주의가 도래한 것은 아니었지만, 민족자결주의, 인도주의가 일어난 것이다. 박은식은 세계에서 가장 핍박받던 대동민족이 장래에 평화주의를 추동할 적임자라고 여기고, 인도주의를 절감하는 시대의 흐름을 역행하여 우리 민중과 독립운동을 잔학하게 억누른 일본의 만행을 『한국독립운동지혈사』를 통해 고발하였다. 그는 우리가 일본에게 이기는 길은 오직 인도주의로 군국주의를 성토하고 인과 정의로 대항하는 것이라고 여겼다. 왜냐하면 군국주의를 제거하려는 것이 인류 다수의 희망이고, 일본 내에도 군벌파의 무력주의를 배제하려는 세력이 있는데도, 일본이 계속해서 침략을 그치지 않아서 각국의 분노를 사고 국민적인 반감도 쌓이고 있다고 판단했기 때문이다. 그는 어떤 방면에서든 정의로운 군대가 약진하는 날에는 일본이 패망하게 되어있다고 보았다.[67] 그는 다음과 같이 말했다.

나는 본래부터 우리나라가 반드시 광복할 날이 있을 것이라고 자

---

[67] 『白巖朴殷植全集』卷5, 시문 〈敵을 戰勝할能力을求하라〉, 483쪽 /《獨立新聞》, 1920.6.22. 우리가 今日에 敵을 戰勝할 能力은 오직 우리의 人道主義로써 敵의 軍國主義를 聲討하야 우리의 仁으로써 敵의 暴을 攻하며 우리의 正으로써 敵의 詐를 征하면 결코 勝利를 得지못할 理가 업슬지라 何故오하면 今日世界에 人道主義로 軍國主義를 除去코저함은 人類의多大數의意向이오 敵의 國內에도 有識한人士들은 다 軍閥派의 武力主義를 憎惡하야 此를 排除코져하는 者가 多한즉 敵의 軍閥派도 末路에 臨迫한 것은 世人이 訾言하는바 어늘 彼等이 오히려 覺悟치못하고 다만 強暴한 武力으로 侵略을 不已하야 各國의猜怒를 取하고 國民의 反憾을 積하니 엇던 方面에서 正義軍의 大勢가 長驅疾進하는 日이면 敵의 軍閥派가 悲運에 陷할 것은 明若觀火한 事實이라.

신해왔고, 또 일본의 장래가 반드시 패망할 것이라는 생각을 지녀왔다. 그러므로 비록 넘어지고 쓰러지고 이리저리 떠돌며 기한과 고통 속에 시달리면서도 일찍이 일종의 낙관을 버리지 않았다. 다만 그 시기의 늦고 빠름을 알 수 없을 뿐이다. … 우리 대한의 언어를 말하고, 우리 대한의 풍속을 풍속으로 누리며, 우리의 노래를 노래하고, 우리의 예절을 예로 지키며, 우리의 옷과 밥을 입고 먹으니, 우리의 국성國性은 고루 다 다른 민족과 구별되는 것이다. 이러한 여러 가지가 우리의 국혼을 생성시켰고, 우리의 국혼을 강하고 견고하게 만들었으니, 결코 다른 민족이 능히 동화시킬 수 있는 것이 아니다. … 저 풀을 보라. 들불이 다 불사르지 못하고, 봄바람이 불면 다시 살아나니, 우리 2천만 국혼에만 이런 이치가 없겠는가? 이것이 내가 우리나라는 반드시 광복할 날이 있다고 믿는 이유이다.68)

일제 강점기의 지식인들 중에는 일본의 강권이 부당함을 알고 저항하다가도 끝내 식민지 현실에서 벗어날 수 없다고 여기고 오히려 친일로 변절하는 사례가 많았다. 그러나 박은식은 천도는 순환하기 마련이고, 침식당하는 박괘剝卦의 상황이 가면 되살아나는 복괘復卦의 상황이 온다69)는 유교적 교훈과 정세에 대한 분석을 통해 반드시 광복이 올 것이라 믿었다. 뿐만 아니라 우리 민족이 우리 언어를 잃지

---

68) 『白巖朴殷植全集』卷2, 저술 「朝鮮獨立運動之血史」〈緖言〉, 81쪽. 余固自信 吾國必有光復之日, 亦有以算日本將來之必敗者, 故雖顚沛流離飢寒病苦 之中, 而未嘗無一種樂觀, 但時期之遲早未可知也. … 言吾大韓之言, 俗吾 大韓之俗, 歌吾大韓之歌, 禮吾禮, 衣食吾衣食, 均吾國性之別於他族者也. 綜此諸種生成我國魂, 强固我國魂, 決非他族所能同化. … 相彼草卉, 野火 燒不盡. 春風吹又生, 而我二千萬之國魂獨無是耶? 吾所以信吾國必有光復 之日也.

69) 天道好還, 剝往復來(같은 곳)

않고 우리의 풍속과 문화를 유지하면서 강하고 견고한 국혼을 지니고 있어 결코 일본에 동화될 수 없다고 하였다. 또 그동안 각지, 각 분야에서 일어난 독립운동과 3·1운동이 이를 증명한다고 보았다.

박은식은 더 나아가서 서구의 물질문명이 쇠퇴하고 동아시아의 도덕문명이 흥기할 것이라고 예측했다. 군국주의를 배제한 인도주의는 간디와 같은 도덕혁명가의 민족운동이나 흑인인권운동을 일으켰고, 이를 통해 3억 인도인과 4억 흑인이 압박의 굴레에서 벗어나 자유를 되찾으면, 그 여파가 곧 다른 핍박받는 민족에게도 미쳐서 평등한 세상이 올 것이라고 본 것이다.[70] 그가 이런 예상을 하게 된 이유는 사회 변화에 대한 새로운 시각, 즉 민중의 운동의 발전과 그것에 대한 긍정적인 시각에서 찾을 수 있다. 박은식은 3·1 운동뿐만 아니라, 과거 동학농민운동도 민중운동의 하나로 긍정하고 '동학당', '평민의 혁명'이라고 지칭하였다. 이는 『한국통사』에서 '갑오동학甲午東學의 난亂'이라고 표현하고 사건을 순서대로 기술한 것과 다른 변화이다. 그

---

70) 『白巖朴殷植全集』卷5, 시문〈世界人道之將來〉, 507쪽 /《四民報》, 1922.2.11.
說者謂歐戰結果爲歐洲文明墮落之始, 亞洲文明代興之機, 果其然乎? 夫亞洲之文明基於道德, 歐洲之文明生於物質, 而道德之弊為空想, 物質之弊爲劇戰. 此其迭爲消長之自然也. 今歐洲之物質文明達於極點, 而演成空前之大戰禍, 人命之致傷, 財產之損失. 第於恒河沙數, 世界人心, 始厭苦競爭趨向平和, 而平和者道德之事業, 非物質之效力也. 於是道德家之革命運動, 起於兩大州之間, 卽甘地之於印度, 卡夫額之於黑人, 是也. 甘地以愛之眞理, 支配其民族, 卡夫額以人權思想 鼓吹其民族, 以眞正之誠意, 爲徹底之行動, 此非道德文明發生之兆耶? 蓋印人之革命運動, 爲東西大局之所關, 黑人之革命運動, 爲世界人種之問題, 若使三億印人, 四億黑人, 均脫強權之羈絆, 而得自由之生活, 則世界各民族之受人壓迫者, 亦將皆乘此, 竝進於平等階級者, 無疑. 吾於是乎卜世界人道之將來矣.

에 의하면 동학의 동력은 양반의 압제와 관리의 탐학에 분격하여 발생한 평민의 혁명이었다. 다만 그 도당 중에는 어리석고 무식한 자들이 많았고, 그들의 행동도 또한 난폭하고 기율이 없었기 때문에 정치를 개혁하기에는 역부족이었지만, 구습을 파괴하기에는 충분했다. 만약 청이나 일본의 간섭이 없게 하고 동학당 내에서 더 유능한 자가 나왔더라면, 그 파괴로 인해 하나의 새로운 독립국가를 건설하는 것도 처음부터 안 될 일은 아니었다. 그러나 그렇지 못했기 때문에 결국 남에게 파괴를 당하고 만 꼴이 되었지만, 혁명을 일으킨 백성들의 본의는 아니었다.[71]

동학에 대한 이런 인식의 변화는 1917년 10월 러시아 혁명의 영향이 컸던 것으로 보인다. 러시아 혁명당시 일어난 노동운동과 혁명성공 이후의 계급타파, 토지사유제의 폐지와 재분배 등 일련의 과정에서 나타난 민중의 힘과 그 중요성을 재인식하게 된 것이다. 특히 11월에는 〈러시아 내 모든 민족의 권리선언〉이 공포되어 러시아 안에 있는 모든 민족의 평등권이 법령으로 보장받게 되었다. 박은식은 러시아 혁명이 약소민족을 돕고 노동사회의 권리를 증진시키며, 실제로 세계를 개조하는 서광이자 인도주의의 싹을 부식하는 것이라고 하

---

71) 『白巖朴殷植全集』卷2, 저술 「朝鮮獨立運動之血史」(上)〈第三章甲午東學革之大風雲〉, 87쪽. 東學黨以鉏耰棘矜奮起隴畝, 與我官軍及日兵交戰至九個月乃罷. 死者三十餘萬, 流血之慘亘古未有. 蓋其動力激於兩班之壓制, 官史之貪虐而發焉, 則吾國平民之革命也. 惟其徒黨多愚蠢無識, 其擧動亦多亂暴無紀, 改革政治非其所能, 而破壞舊慣則有餘矣. 使其無外人之干涉, 而更有能者, 出於其間, 因其破壞, 而建一新鮮之獨立國未始不可也. 無如強鄰乘此而干涉, 所謂獨立非我自力而得之, 終乃被他壞了, 是豈吾民革命之本義哉?

였다.[72] 또 오랜 동안 국가 정치가 소수 유권계급의 전유물이었지만, 정당과 군벌의 전제정치에 고통받던 다수 무산계급이 각성하여 민중운동이 생겨난 이래로, 전지구의 생활문제와 정치사업에서 민중운동의 힘이 드러나지 않는 데가 없으며,[73] 계속 성장할 것이라고 보았다.

박은식의 임시정부활동도 이런 인도주의와 평화주의 기조 아래서 이루어졌다. 그러나 임시정부는 대외론에 있어서 외교론과 무장투쟁론이 맞서고, 관서, 관북, 기호파가 상호 갈등하였으며, 통치구조의 개혁을 두고 현상유지파, 개조파로 나뉘어 대립하기도 하였다.[74] 박은식 또한 1919년 이승만이 한국을 국제연맹의 위임통치하에 둘 것을 요청하는 「위임통치청원서」를 제출한 사건에 분노하였지만 전체를 위해 포용하고 대동단결을 촉구하였다.[75] 그는 갈등이 한창이던 1922

---

72) 『白巖朴殷植全集』卷5, 시문 〈理想與實行〉, 530쪽 / 《四民報》, 1922.6.10. 俄國革命固有莫大之犧牲, 而其扶助小弱民族之自由增長, 勞動社會之權利, 則實改造世界之曙光, 扶植人道之前芽也.

73) 『白巖朴殷植全集』卷5, 시문 〈民衆運動之時代〉, 508쪽 / 《四民報》, 1922.2.12. 今全球人類之生活問題, 與政治事業, 無不見民衆運動之力. 蓋國家政治專屬於特殊之有權階級旣久, 多數無權階級之生活權利, 因政黨軍閥之專制武斷, 而失其完全享有, 則其民衆有覺悟之一日, 自不甘心於無理之犧牲. 於是無權階級對於有權階級, 爲相當之要求, 故有此民衆之運動也.

74) 장우순, 「박은식의 포용적 평화사상과 대한민국임시정부」, 『국학연구』23, 2019, 138쪽.

75) 『白巖朴殷植全集』卷5, 시문 〈敵을戰勝할能力을求하라〉, 483~484쪽. / 《獨立新聞》, 1920.6.22. 먼저 우리社會의 自體붓터 光明純潔한 行動으로 獨立宣言의 趣旨를 實地로履行하여야 世界人類가 다 우리로써 道德에 豐富한 民族이라하며 文明程度가 獨立에 洽足하다하며 … 或無益한 是非로써 同志間에 猜忌軋轢이 生하거나 或輕妄疊暴의 行爲로써 他人의 惡評을 買하야 우리

년 이른바 지방열이니, 당파열이니 하는 죄악의 명사가 암장되어 불어나는 것은 우리민족이 부활할 기회를 우리 손으로 끊어버리고 멸망을 자초하는 길이라고 하였다. 독립사업에 헌신하고 고초를 감수하고 조국과 동포를 위한다고 하면서 한 때 자기 의견을 희생하여 다른 사람과 소통할 줄 모르고 소소한 감정을 억제하지 못해서는 안 된다고 호소하였다.[76] 박은식은 내부의 단결을 바라보는 외부의 시선, 곧 우리민족에 동조하고 힘을 실어줄 수 있는 중국과 러시아의 평가도 중요하다고 여겼다.[77] 그러나 그의 뜻과 달리 임정의 내부 분열은 지

民族의 道德이 腐敗하다 하거나 文明程度가 아직幼稚하다 하거나 獨立資格이 아직完全치못하다 하게되면 우리國民의 生脈을 우리의 手로 自斷함이니 其個人의 失敗는 足히惜할바업거니와 五千年歷史와 二千萬生命이 또엇더한 悲境에 빠지겟는가.

76) 『白巖朴殷植全集』卷5, 시문 〈早速悔改하야大同團結에努力하라〉, 531~532쪽. /《獨立新聞》, 1922.6.24. 奈何로 吾人社會에 團結의 程度가 增進치못하고 種種缺點이發生하야 所謂地方熱이니 黨派熱이니하는 罪惡의 名詞가 潛滋暗長되야 將次不可求藥의 痼疾이 될念慮가 有하니 是는 吾族의 復活할 機會를 自手로 拒絶하고 滅亡할 禍孼을 自意로 製造함이안인가? 嗚呼라! 우리社會의 同志諸氏가 祖國이 邱墟되고 同胞가 奴隸된 慘狀을 不忍하야 獨立事業에 獻身的思想으로 幾十年流離漂泊의 身世로 無限한 苦楚를 甘受하고 恒言하기를 나가 祖國과 同胞를 爲하야 生命을 犧牲한다하면서 一時 自己의 意見을 犧牲하야 他人의 意思를 疏通치못함은 何故이며 天下莫强인 日人과 奮鬪하야 死生을 不顧한다하면서 自己의 些少한感情을 抑制치못하야 同志間에 衝突을 惹起하기로 爲事함은 何故인가 設或臨事論義의 見이不同할지라도 어찌此를 因하야 社會의 和氣를 損傷케하야 全體의影響을 顧念치안아하며 設或私分關係의 利害가 有할지라도 어찌光復事業에獻身하는大義下에 私分의 利害를 犧牲치못하겠는가.

77) 『白巖朴殷植全集』卷5, 시문 〈早速悔改하야大同團結에努力하라〉, 531쪽. /《獨立新聞》, 1922.6.24. 今에 吾族이 半萬年歷史의 神聖한 祖業을 恢復하며 二千萬兄弟의 自由生活을 供獻키위하야 三一運動以後로 半島江山에 血花

속되었고, 그 자신도 동지들과 함께 대통령중심제를 독단적으로 운영하고 파벌을 조성하는 등 분란을 일으킨 이승만을 탄핵할 수밖에 없었다. 이후 박은식은 임정 대통령으로서 개정헌법을 통과시켜 대한민국임시헌법을 공포(1925.4.7)하고 체제를 정비하여 난국을 수습한 뒤, 개정헌법 시행(1925.7.7)과 동시에 대통령직을 사임하였다. 그리고 같은 해 11월 1일 병환으로 서거하였다.

박은식은 주자학에서 양명학으로 개신하고, 경술국치 이후 대종교에 입교하였다가, 종국에는 인도주의와 사회주의사상을 수용하는 등 여러 번의 사상변천을 거친 사상가로 볼 수 있지만, 단적으로 말하면 실심의 사상가였다고 말할 수 있다. 그가 만년에 양명의 양지는 경전 중에 얻은 것이 아니라고 한 것은 자신에게 해당되는 말이기도 하다. 실심이라는 용어 또한 어떤 학파의 전유물을 의미하는 것이 아니다.

박은식의 행보는 양명학 수용에 있어서 박은식과 뜻을 같이 했던 최남선이 "착실하게 이 문에 들어와 양명의 훈도와 계발을 받는다면 어디를 가면 맞지 않으며 무엇을 하면 옳지 않으리오. 자기가 하고자 하는 대로 교육가가 되어도 괜찮고 정치가가 되어도 괜찮으며 실업가가 되어도 괜찮다 할 것이요, 국사가 되어도 괜찮으며 서당선생이 되어도 괜찮고 독실하게 지키는 사람이 되어도 괜찮다 할 것이며, 불교

가 逼滿하야 世界各族으로하여곰 우리의 獨立資格이 有한 것을 肯忍하야同意를 表하는者가 多한中에 中國과 俄國은 더욱이 脣齒關係가 緊切하고 또 日本의壓迫을受함애 仇讐로 視하는 感情이 一發인故로 우리二千萬衆이 能히 大同團結의 精神으로 內部의 結束이 强固하야 他人觀測의 信用을 得할 價値가 有하면 中國의 四億萬과 俄國의 二億萬이 皆親切한 後援者가 될지며 世界各族이 또한 人道의 平和와 民族의 自由를 贊同하는 潮流로써 吾族의 忠誠과努力을 感歎하여 德義上援助를 予할 것은 必然한 結果라.

도가 되어도 괜찮고 예수교인이 되어도 괜찮으며 동학도가 되어도 괜찮을 것이니 무엇을 하던지 무엇이 되던지 진실성 있는 사람이 되고 힘 있는 사람이 되는데 큰 공효가 있으면 되는 것이다."[78]라고 말한 것과 통한다. 그는 구세와 계몽을 위해 자신의 양지, 곧 실심이 지향하는 바대로 할 수 있는 모든 일을 한 것이다. 국권상실 이전에는 개신과 개량으로 자강을 추구했고, 이후에는 국가를 부활시킬 수 있는 국혼이 우리민족의 역사로부터 당대까지 살아있음을 증명하기 위해 역사를 서술하고 교육하였다. 그리고 제국주의에 대한 반성이 일어나기 시작한 시기에는 세계와 호흡하면서 평화롭고 평등한 사회를 구현할 수 있는 국혼의 성숙한 실현을 위해 언론과 임시정부활동을 지속하였다. 박은식이 반백의 나이에도 이리저리 떠돌면서 걸어간 길은 누구도 대신할 수 없는 자신의 실심이 개척한 길이었다.

2 조선은 조선인의 조선[79]

1) 비존재의 허학과 존재의 실학

주체적 관점에서 양명학을 수용하고 자신만의 독창적인 학문체계를 건립한 인물로는 오촌梧村 설태희薛泰熙(1875~1940)를 들 수 있다. 설태희는 일본에서 학문 수학기간을 거친 후 함경남도 갑산과 영흥의 군수를 역임하다가 1910년 망국과 동시에 퇴임하여, 1911년 지역 향

---

78) 최남선, 「王學提唱에對하여」, 『少年』23호, 1911, 9~10쪽.
79) 이 글은 『양명학』제 55호, 2019.12, 5-32쪽에 게재된 「오촌 설태희의 실용주의와 양명학」을 수정·보완한 것이다.

교에 유교회儒敎會를 설치하고 송파서당松坡書堂에서 강학활동을 펴
는 등, 유교연구와 교육에 힘쓰며 문화운동을 전개하였다. 80)

설태희는 주로 대한자강회를 구성하고 활동한 문화운동가로 알려
져 있고, 그의 사상에 대해서는 간략한 소개가 있을 뿐이다.81) 그러나
설태희는 주체적 관점에서 양명학을 수용하고 자기만의 독창적인 학
문체계를 건립·실천한 사상가이며, 그의 사상과 실천은 근대기 전통
지식의 변환과 역할을 잘 보여준다. 설태희는 1920년대 '조선물산장
려회'에서 활동한 대표적인 문화운동가로 평가되지만 다른 실력양성
론자와 달리 전통유교사상을 기반으로 대동사회의 실현을 추구했다.
그가 시작과 끝을 함께한 '조선물산장려회'는 서구 자본주의 구조에
매몰되지 않고 시대에 부응할 수 있는 대동사회로 발돋움하기 위한

---

80) 설태희의 사상에 관해서는 금장태『한국양명학의 쟁점들』서울대학교 출판부,
2000. 238~242쪽에서 간략하게 소개하고 있다. 이외에 일제강점기 사회개혁운
동의 관점에서 설태희 활동의 성격을 분석한 조형열, 「薛泰熙의 協同組合主
義와 '文化運動論'」,『한국사연구』130호, 한국사연구회, 2005. 경학사의 측면
에서『大學新講義』를 분석한 최석기, 「설태희의『大學』해석 연구」,『한국한
문학연구』제 59집, 한국학문학연구회, 2015가 있다.

81) 설태희의 사상에 관해서는 금장태『한국양명학의 쟁점들』서울대학교 출판부,
2000. 238~242쪽에서 간략하게 소개하고 있다. 또 1920년대 문화운동 맥락에서
고찰한 조형렬,『개신유학자 설태희(1875~1940)을 통해 본 '문화운동'의 이념
적 편차』, 고려대학교 석사학위논문, 2004이 있다. 이외에 일제강점기 사회개
혁운동의 관점에서 설태희 활동의 성격을 분석한 조형열, 「薛泰熙의 協同組
合主義와 '文化運動論'」,『한국사연구』130호, 한국사연구회, 2005. 경학사의
측면에서『大學新講義』를 분석한 최석기, 「설태희의『大學』해석 연구」,『한
국한문학연구』제 59집, 한국학문학연구회, 2015.가 있다. 이 가운데 조형렬의
석사학위 논문은 설태희 관련 자료를 전체 발굴·정리하고 있어 후속연구에
기여한 바가 크다.

실천의 장이었다. 그는 이윤만 추구하는 자본주의적 생산양식을 폐지하고 협동조합의 운영과 협업을 통해 생산력의 증대와 부의 분배를 보증하는 방식으로 조선을 살리고자 하였다. 이는 그 자신이 유학적 관점에서 시대흐름에 맞는 수기안인과 지행합일을 충실히 실현한 것이라고 볼 수 있다. 설태희의 저술로는『대학신강의大學新講義』,『학림소변學林小辯』,『속이기변續理氣辯』과『다반갱작茶飯更嚼』,《대한자강회월보》[82]와 조선물산장려회 기관지를 비롯한《동아일보》신문 논설과《동명東明》,《삼천리》등 잡지 논설이 있다. 양명학관련 논설로는 1932년 11월《신동아》13호 에 발표한「양명사상陽明思想의 요약要約」이 있다. 이는《동아일보》에 연재된 정인보의「양명학연론」보다 한 해 앞선 논설로 양명학에 대한 양자의 관점을 비교하는 중요한 자료가 된다. 설태희는 정인보와 18살 차가 나지만 전국 규모의 물산장려운동을 주도하는 등 사회활동 범위가 넓은데다가《동아일보》와 관련이 있어 상호교분이 두터웠던 것으로 보인다.[83]『다반갱작茶飯更嚼』의 제사題詞와 설태희 사후 묘비명은 모두 정인보가 지었다. 정인

---

82) 《대한자강회월보》에 게재한 논설로는〈人族歷史의 淵源觀念〉,《대한자강회월보》4호, 1906.10.25(논설) /〈經濟學總論摘要〉,《대한자강회월보》8호, 1907.2.25(강술) /〈法律上 人의 權義〉,《대한자강회월보》8-12호, 1907.02.25~1907.6.25(역술) / 등이 있다. 여기서 설태희의 학문적 관심사가 다양 실용학문에 있었음을 알 수 있다.

83) 설태희의 아들 설의식은 선친을 생각하면 울지 못할 자신의 심회를 진실로 아는 사람은 위창 오세창과 위당 정인보라고 하였다.『小梧文章選』,「양주ㅅ길 삼팔선」(1949, 民國時代, 새한민보), 수도문화사, 1953, 162쪽. / 조형열,「설태희의 협동조합주의와 '문화운동론'」,『한국사연구』130, 한국사연구회, 2005, 주69수정인용

보는 설태희가 "여러 경서의 정미한 말씀이 모두 인륜과 일용이며 육예·육행·육덕이 백성과 더불어 함께하는 것인데 후인은 이를 이어받는답시고 길게 늘러지고 갈라지게 하여 실實에는 멀게 만들었다는 것을 훤히 깨달았다."라고 하였다. 또 그가 시도한 실질적인 일들은 시간이 지난 뒤에야 남들이 뒤늦게 좋아 생각할 만한 일인데도 공을 자처하지 않았으며, 저술 또한 민중을 도우려는 뜻이었을 뿐 명예를 얻으려고 한 것은 아니라고 하였다.[84] 유교의 본령이 실질과 실용에 있으며 이를 기반으로 현실개혁이 가능하다는 것을 실제로 보여준 삶의 단면이 잘 드러나는 대목이다. 《동아일보》에 실린 설태희 부고를 보면 이 점이 더 분명해진다.

최근 『학림소변』, 『신대학강의』, 『다반갱작』등의 저서로서 조선 유학계의 일면을 독창적으로 개척한 오촌 설태희씨는 일찍 청년시절부터 교육과 산업 방면에 선각자적 계몽을 시작하여 많은 공헌이 있었으며, 또 그는 화담실학花潭實學을 계승하여 양명학陽明學에 절충함으로써 유가일가견儒家一家見을 세운바 오랫동안 노환으로 신음하던 나머지 금 9일 오전 7시 67세를 일기로 세상을 떠났다.[85]

《동아일보》에서는 설태희가 학문적으로 "조선유학계의 일면을 독

84) 『詹園鄭寅普全集』卷5, 「詹園文錄」(六)〈吾村薛公墓碑〉, 138쪽. 大抵製始而少救, 然炯識炳先獨軋闢牡, 過時皆可追思. 又苦心所萃不自有己有績, 則推右同人己在後任勞而已. 140쪽. 然悟聖人立敎非親民無以明德, 而諸經微言皆人倫日用, 六藝六行六德與民共之, 後世嗣之以曼衍馴致多歧, 而遠於實, 於是作「學林小辯」, 「續理氣辯」, 「大學新講義」及語錄, 志欲用以裨衆, 秋毫不爲名.
85) 《동아일보》, 1940.4.10.

창적으로 개척"하고 그것이 "화담실학을 계승하여 양명학에 절충"하였다고 적시하였다. 이는 두 가지 의미에서 주목할 만한데, 그것은 그의 실천이 전통사상에 대한 재해석과 창조에 기반해서 가능함을 보여준 것이고, 학문적으로 '화담실학을 계승'했다는 점은 정제두와 유사하기 때문이다. 설태희는 성리학의 허虛를 비판하고 유학의 본령인 실實을 중시하며 원리적으로는 '기氣'가 리에 의존하지 않고 스스로 존재하는 것으로 설명한다. 이런 면이 잘 드러나는 논설로는 「이기변理氣辯」과 「태극변太極辯」「속이기변續理氣辯」을 들 수 있다. 특히 「이기변」은 그가 장지연의 「조선유교연원」을 보고 분발하여 작성한 글이다.

아, 중국과 동국 두 나라가 실력이 없어 패망한 이유가 참으로 이렇게 허론虛論으로 세력을 붙들었던 데 있다. 이른바 송학宋學이 어찌 그 책임을 면할 수 있을까? 한 마디로 말하면 여러 학설의 문제점은 전적으로 리理와 기氣를 억지로 나누어 대거對舉하려는 생각에서 나온다. … 도도히 공담空談을 일삼으며 날마다 쇠퇴해서 떨쳐 일어날 것을 생각할 줄 모른다. 학문은 침몰해 가고 사람은 몽매해져서 마침내 오늘날에 이르러서는 더는 공자의 학문이 강하고 굳세고 바르고 실한 줄 모르고 다른 학문을 하는 사람에게 불굴의 수치를 받고 있으니 만약 이를 책한다면 책임을 학문에 돌려야 할까, 사람에게 돌려야 할까? 나 또한 오래 전부터 이 문제를 개탄했지만 학문이 없고 사람됨이 비루해 입을 열 계제가 못되었다. 다행히 지난여름 이래, 경성京城의 『매일신보每日申報』지면에 「조선유교연원朝鮮儒教淵源」일반이 게재되어 이를 대강 열람하고 생각해보니, 여러 학설의 동이同異와 득실得失이 모두 조금도 실학實學에 보탬이 없으며, 보탬이 없을 뿐만 아니라 또한 해로움도 적지 않을 것 같다. 그래서 분수를 넘는 죄인줄 알지만 위와 같이 논설해보았다.[86]

장지연의 「조선유교연원」은 《매일신보》에 1917년 4월 5일부터 1917년 12월11일까지 123회에 걸쳐 연재된 논설이다.[87] 장지연은 설총薛聰부터 황윤석黃胤錫에 이르기까지 인물 중심으로 유학사를 기술하고 이황과 기대승의 사칠논변과 같이 대를 이어 논란이 된 이기논쟁에 대해서는 좀 더 구체적인 서술을 하였다. 설태희는 인물 중심의 흐름과 사상의 단순비교는 "실학"에 도움이 되지 않고 오히려 해가 된다고 하였다. 사실상 장지연의 「조선유교연원」이 유학의 본질과 역사를 제대로 드러내지 못했다는 비판이다. 설태희는 당대의 대표적인 실천가였다. 그런데 당시 사회적 실천의 근거라고 하면 서구사상의 영향을 떠올릴 수 있지만 그는 그 근거가 오히려 전통적인 유교 안에

86) 薛泰熙, 『反求室叢書』, 京城: 小梧山方, 1939. 「學林小辯」〈理氣辯〉 9쪽. 噫! 中東兩邦之無實力而敗亡之由, 實在此虛論持勢之故也. 所謂宋學烏能免其責乎? 一言以蔽之, 曰諸說之病, 專出於對擧强分之意 … 滔滔以空談爲事, 日就萎靡, 不知思所以振作之. 以學湮沈, 以人侹侗, 遂至今日, 使之不復知有孔學之剛毅正實, 而受他學人不屈之恥, 若其責之, 歸于學乎, 歸于人乎? 愚亦慨然乎此者久矣. 然學滅人卑, 無由開口之階. 幸而客夏以來, 京城每日申報紙上, 揭朝鮮儒敎淵源一般, 故覽得大略而思之, 則諸說之異同得失, 合無足分毫有益於實學, 非唯無益而又害之者, 恐似不尠. 故不顧僣越之罪, 妄說如右.

87) 설태희는 「이기변」의 말미에 「조선유교연원」을 보고 「이기변」을 작성했다고 설명한 뒤 "병진년(1916) 3월 상순에 함경도 차호지역 여행 중 기록한다."고 적었다. 1917년에 발표된 「조선유교연원」을 보고 쓴 글이 1916년 작이라는 데서 오류가능성을 생각해볼 수 있다. 그러나 설태희가 뒤에 다시 보충한 「속이기변」에서도 「이기변」을 줄곧 "병진고丙辰稿"라고 지칭하였고, 「조선유교연원」이 게재된 시기를 정사년丁巳年(1917)으로 분명히 기록한 것으로 보아 단순 오류로 보기 어렵다. 설태희는 장지연과 대한자강회에서 함께 활동 한 바 있었기 때문에 「조선유교연원」이 《대한매일신보》에 게재되기 전에 이미 이를 열람했던 것으로 보인다.

있다고 보았다. 서구의 신사조의 인도주의 등도 전통사상에서는 오히려 일상적인 이야기인데 이를 알지 못하고 서구 신사조만 숭배하는 것은 본래 있던 자기 집의 옥을 버리고 남의 집의 옥돌을 탐내는 부끄러운 일이라는 것이다.[88] 그는 다음과 같이 말했다.

> 유학의 골자정신은 실용實用에 있다. 이기설의 경향이 리理를 존숭하고 기氣를 천시하여 끝내 실實을 천시하고 허虛를 귀히 여기는 데에 이르고 말았다. 이와 같은 영향으로 끝내 학풍이 쇠미하여 떨치지 못해서 세인들로 하여금 걸핏하면 지리멸렬한 폐단으로 지적하게 하였다.[89]

설태희는 유학의 근본정신이 실용에 있다고 보았다. 그런데 당대인이 이를 모르고 유학을 오히려 지리멸렬한 폐단이 있다고 보게 된 이유는 유학의 근본인 공자의 사상을 잇는다는 송대 성리학이 지나치게 리를 강조하고 기를 천시했기 때문이다. 이들은 공허한 것을 귀하게 여겨 결국 학문상의 실질이 빠지게 되었다는 것이다. 주렴계, 장횡거, 정이천, 주자 등 송대 성리학의 토대를 완성한 학자들의 오류는 지나치게 형이상학에 치중한 것이다. 그는 다음과 같이 말했다.

---

88) 『茶飯更嚼』, 19쪽. 嘖嘖톨스토이文歟! 又嘖嘖더스더옙스키지愛歟! 其所謂人道主義及仁愛說等, 於我東洋人 可謂恒茶飯說也. 曷謂之新思想而醉光乎? 崇拜善言 非不爲美 然棄自家玉而耽人家璞者, 未有不爲人所恥.

89) 『反求室叢書』, 「續理氣辯」, 儒學之骨子精神在實用, 而理氣說之傾向, 殆尊理而賤氣, 竟至賤實而貴虛乃已. 若此之影響, 末乃以學風萎靡不振, 使世人動輒指, 以支離滅裂之弊也.

주자는 렴계의 무극설無極說을 부연하여 말하기를 "무극을 말하지 않으면 태극이 일개 사물과 같아져서 만화萬化의 뿌리가 되기에 부족하고 태극을 말하지 않으면 무극이 공적空寂에 빠져 만화의 바탕이 될 수 없다." 고 하였다. 이 설은 매우 온당치 못하다. … 무극설은 반드시 혼륜할 때를 지칭하여 말하는 것이니 이른바 무극이 천지의 시작이 된다는 것이다. 이와 같은 것은 창세이전에 속하니, 현실주의적 관점에서 고찰해보면 말하지 않아도 빠진 바가 없고, 말한다 해도 이익되는 바가 없다. 그것이 만화萬化의 근본에 대해 무슨 손익되는 바가 있겠는가? 우리들의 세계는 태극으로부터 비롯되어 법칙이 있게 되니, 태극을 말하는 것 자체가 세계관의 핵심이다. 어찌 태극 위에 무극을 더한 후에야 만화의 근본이 된다고 할 수 있겠는가. 이런 설들은 정녕코 두찬이니, 태극이 실물이자 실리임을 보지 못했기 때문에 이처럼 모호한 것이다.[90]

설태희에 의하면 송대 성리학이 형이상학에 치우친 근거는 '태극', 과 '리', '기'에 대한 규정과 관계설정을 통해서 확인할 수 있다. 위 인용문은 주렴계 「태극도설」의 첫 문장인 '무극이태극無極而太極'이라는 구절에 대한 비판이다. 주자는 태극만 말하면 마치 태극이 하나의 사물처럼 취급되어 물질영역만을 논하게 되고 무극만 말하면 실질 없는 공적에 빠지게 되므로 만화의 근본이면서 물질계를 초월하는

---

90) 『反求室叢書』, 「學林小辯」〈太極辯〉, 12쪽. 朱子據濂溪無極說而演之曰, "不言無極, 則太極同於一物, 而不足爲萬化之根, 不言太極, 則無極淪於空寂, 而不能爲萬化之本." 此說甚不安, … 蓋無極之說, 是必指其渾淪時言者也. 卽所謂以無極爲天地之始者也. 果如是 則是屬創世以前, 揆諸實世主義, 不言而無所闕也, 言之而無所益也. 其於萬化根本 有何所損益哉? 夫吾人世界, 始自太極而有之 則, 言其太極者, 自是世界觀之頭腦也. 安有加無極於太極之上, 然後爲萬化之根本耶? 此等說丁寧是杜撰, 而其不看太極之爲實物實理, 故如是模糊也.

근원자를 설명하려면 태극과 무극을 모두 말해야 한다고 하였다. 이 문제에 대해서는 이미 주자와 육구연이 논증한 바가 있다. 육구연은 '극'의 해석을 바탕으로 태극이외에 무극이라는 의미는 불필요하다고 논증하였다. 설태희는 현실주의적 관점에서 무극을 말하는 것 자체가 무의미한 것이라고 하였다. 무극을 말하는 것이 태극의 온갖 변화를 설명하는데 아무런 도움도 되지 않는다는 것이다. 설태희는 무엇보다 태극이 실물이자 실리로서 현상의 변화를 도출해낸다는 것과 그에 근거한 학설이 중요하다고 보았다. 그의 이런 관점은 태극의 다른 용어인 리에 대한 이해와 여러 논변에 대한 평가에도 그대로 적용되었다.

성리학의 이기론은 우주론 뿐만 아니라 심성론의 기반이 되므로 심성에 대한 존재적·당위적 규정이 변함에 따라 늘 논란이 되어왔음은 주지의 사실이다. 그러나 설태희는 리를 고원한 곳에 둔 주렴계의 무극론이나 본연지성과 기질지성을 나누는 장횡거의 이론은 도교나 불교이론의 영향으로 형성된 것이지 본래 유학이론이 아니라고 보았다. 그에 의하면, 성리학설의 리론은 실용을 중시하는 유학의 본질에 어긋난다. 같은 맥락에서 조선 후기 성리학의 화두였던 리의 주재성 논의도 유학의 본질과 다르고 비판의 대상이 된다. 또 기가 아닌 리론의 우세는 실천도덕과 실사실천實事實踐이 경시되는 결과를 초래하게된다. 설태희는 성리학적 리론을 한마디로 공리허론空理虛論으로 규정했다.[91]

---

91) 『反求室叢書』,「續理氣辯」, 4~5쪽. 今按聖人之言中, 無理主宰氣從命之書, 且無本然氣質二性之分言. 及至周張出入老釋, 演出性理之說, 而儒說作分岐. 余可從古儒明倫立敎之旨, 而不可從後儒性理哲學之說也. 蓋哲學益明,

퇴계退溪는 이 설에 근거하여 정추만鄭秋巒의 「천명도天命圖」를 교정하였으니, 조선유학계의 理氣說이기설이 창도된 것은 또한 이 그림에서 비롯되었고 이른바 '사칠논쟁'이 일어나게 된 것이다. 한 마디로 말하면 '옛 유학의 궤범은 전적으로 명륜입교에 있지만 후대 유학의 궤범은 학문적 추세에 기울어진 경향이 있다. 내가 정주학程朱學의 추향과 공학孔學에 동이점이 있다고 말하는 이유는 단지 이 교학教學과 철학哲學의 구분에 있다. 그러므로 정주를 종주로 삼는 자가 단지 정주학程朱學 상에서 정주程朱를 구하는 것은 괜찮지만, 정주程朱를 통해서 공자孔子를 구하면 안 된다. 공자孔子의 학문은 대중이 앉아있을 때도 익히고 걸어 다닐 때도 익힐 수 있게 하는 것이지만 주周·장張·정程·주朱의 학문은 대중이 절대로 알 수도 없고 행할 수도 없는 것이다. 이것이 교학教學과 철학哲學이 나뉘는 지점이다. 교학教學이라는 것은 그러므로 대중의 학문이며, 철학哲學이라는 것은 그러므로 학자의 학문이다. 공자孔子가 성性과 천도天道를 드물게 말한 것은 대중이 밝게 알 수 없다는 점을 생각했기 때문이다.··· 조선의 유학은 전부 정주程朱를 신봉하여 그 추세도 끝내 학자를 위한 학문이 되었으니, 이 때문에 학문과 대중의 관계가 아주 희박하였으며, 이렇게 된 결과 학자들은 실물을 도외시하고 대중은 그 혜택을 받지 못했다.[92]

而理論持勢, 理論持勢而實踐道德蔑如也, 以其空理虛論之爲是, 奚若實事履踐之爲愈哉?

[92] 『反求室叢書』,「續理氣辯」, 第五章〈理氣說倡道以來之儒學趨勢〉退溪據是說, 而校正鄭圖, 朝鮮儒學界理氣說倡道, 亦始于此圖, 而所謂四七爭辯起矣. 一言而廢之曰, 古儒學軌範, 專在明倫立教, 後儒學軌範, 傾向於學的趨勢. 余所以謂程朱學趨向與孔學有異同者, 祗在此教學哲學區分之間也. 是故, 宗程朱者, 只去程朱學上求程朱可也, 由程朱而求孔子則不可也. 孔子之學, 使大衆可能坐時習·行時習也, 周·張·程·朱之學, 大衆所絶對不可知不可行也. 此其教學哲學之有所分也. 教學也故爲大衆之學矣, 哲學也故爲學者之學矣. 孔子罕言性與天道者, 爲念大衆之不可曉得故也.···李朝儒學專奉程朱, 而其趨勢竟爲學者之學也, 所以是學與大衆關係甚稀薄也.

설태희는 고대유학의 핵심이 명륜입교에 있지만 후대 유학(특히 程朱學)의 핵심은 형이상학에 있다고 하면서, 양자를 '교학'과 '철학'으로 대비하였다. 이때 '교학'은 철저히 대중을 위한 학문을 의미하고 '철학'은 학자를 위한 학문을 의미한다. 그에 의하면, 정주학을 학문의 종주로 삼더라도 공자의 학문과 별개의 취지와 체계를 지닌 것으로 이해하고 정주학 자체만을 논하는 것은 괜찮지만, 정주학이 공자를 계승했다고 여기면서 정주학에서 공자의 사상을 구하면 안 된다. 왜 냐하면 공자의 학문은 대중이 일상 속에서 익힐 수 있는 실천적 학문 이지만 주렴계, 장횡거, 정이천, 주자의 학문은 대중이 알기도 어렵고 행하기도 어려운 이론적 학문이라는 차이가 있기 때문이다. 전자는 교학이고 후자는 철학인데, 철학은 이론적이고 교학은 실천적이라 철 학이 우세하면 교학이 쇠퇴하게 된다. 설태희는 조선의 유학이 전적 으로 정주를 신봉해서 끝내 학자를 위한 철학으로 흘러버렸기 때문에 점차 실물을 도외시하게 되었고, 그럴수록 대중은 학문과 더욱 멀어 져서 혜택을 받지 못하는 결과를 낳았다고 보았다. 그는 조선 유학이 관념화된 가장 큰 이유가 리理자를 실재實在로 잘못 해석한 것을 고집 하여 사사로운 집착이 되게 한 데 있다고 보았고,93) 사칠논변四七論辯 을 그 시발점으로 여겼다. 주지하다시피 퇴계退溪 이황李滉(1501~1570) 은 추만秋巒 정지운鄭之雲(1509~1561)의 『천명도天命圖』에 나온 '사단은

爲是之結果, 學者疎實物而大衆無與其澤矣.

93) 『反求室叢書』, 「續理氣辯」, 13쪽. 且以哲學術語言之, 以理字解認實在, 甚 是無稽. 不拘無稽而期欲固執, 此一種私執也. 學者必須喫緊于此也. 且以 哲學術語言之, 以理字解認實在, 甚是無稽. 不拘無稽而期欲固執, 此一種 私執也. 學者必須喫緊于此也.

리에서 발하고 칠정은 기에서 발한다.[四端發於理, 七情發於氣]'라는 명제를 '사단은 리가 발한 것이고 칠정은 기가 발한 것이다.[四端理之發, 七情氣之發]'로 교정했는데, 고봉高峯 기대승奇大升(1527~1572)과의 논변을 통해 '사단은 리가 발하여 기가 따르는 것이며, 칠정은 기가 발하여 리가 타는 것이다.[四端理發而氣隨之, 七情氣發而理乘之]'로 수정하였다. 이황과 기대승의 사칠논변과 이황의 이기호발설은 이후 근대에 이르기까지도 중요한 학문주제로 거론되었다. 설태희는 이들의 관점이 모두 리理와 기氣, 심心과 성性을 분리하고 리理와 성性을 형이상학적 실체로 설명하는 논리에 해당한다고 비판하였다.

고봉이 일찍이 말하길 "리는 기의 주재요, 기는 리의 재료이니, 두 가지는 본디 구분이 있으나, 사물에 있어서는 혼륜하여 나눌 수 없다. 다만 리는 약하고 기는 강하며 리는 조짐이 없고 기는 자취가 있다. 그러므로 유행발현하는 사이에 과불급의 차이가 없을 수 없는 것이니, 이것이 칠정이 발하여서 선하게 되기도 하고 악하게 되기도 하여 성의 본체가 혹 온전하지 못하게 되는 이유인 것이다. 그러나 그 선함은 바로 천명天命의 본연本然이고 악함은 바로 기품氣稟의 과불급이니, 이른바 사단·칠정이란 애초부터 두 가지 뜻이 있는 것이 아니다. "라고 한 것은 이천과 회암의 여론으로부터 나온 것이다. 퇴계의 학도 이천과 회암을 답습하여 한 터럭도 차이가 없으니, 고봉과 퇴계의 논쟁사이의 거리가 비록 차이가 있더라도 터럭 만큼에 불과함을 미루어 알 수 있다. 오직 퇴계와 고봉의 설이 이와 같을 뿐만 아니라 율곡설도 다른 뜻이 없으니 우계 농암 성호 제설 이래 전체 오백년 간 학식이 마침내 정주학계로 통일되어 서로 따라서 붙어 움직이지 않으니 조선 유자의 무지몽매함이 지금에 이른 것이 어찌 이유가 없겠는가? 아!94)

설태희는 이황의 이기호발설도 부정하지만 이를 비판적으로 이해한 기대승 또한 리를 기의 주재로 보고 악의 근거를 기에서 찾는 것도 리를 실재로 본다는 점에서 차이가 없다고 비판했다. 그는 율곡 이이가 역을 설명하면서 "리라는 것은 태극이요, 기라는 것은 음양이다."라고 한 것에 대해 이는 주렴계의 무극론과 같은 논리이며 무형인 리가 유형인 기를 낳을 수 없다고 비판하였다.[95] 또 성호 이익이 "리라는 것은 기의 장수요 기라는 것은 리의 졸개이다. 대개 동함에는 모두 리가 먼저이니, 기가 먼저하고 리가 바야흐로 뒤를 다르는 도는 없다."고 한 것에 대해서도, 만약 이 설이 옳다면 도심은 '오직 은미'할 것을 걱정할 것이 없을 것이며 인심도 위태로울 일이 없을 것이라고 하였다.[96] 설태희는 이외에도 양촌陽村 권근權近(1352~1409), 우계牛

---

94) 『反求室叢書』,「續理氣辯」, 第六章〈奇高峯理氣說辯〉高峯嘗曰, "夫理, 氣之主宰也, 氣, 理之材料也, 二者固有分矣, 而其在事物也, 則固混淪而不可分. 但理弱氣强, 理無眹而氣有跡, 故其流行發見之際, 不能無過不及之差. 此所以七情之發, 惑善惑惡, 而性之本體, 或有所不能全也. 然其善者, 乃天命之本然, 惡者, 乃氣稟之過不及也, 則所謂四端七情者, 初非有二義也." 云云者出自伊·晦之餘論, 而退溪之學承襲伊·晦, 無一毫相差, 則高峯·退溪論爭之相距, 雖有間焉不過容髮推可知也. 非惟退溪·高峯之說如是, 栗谷說且無別義, 牛溪·農巖·星湖諸說以來, 全一域五百年間學識, 遂統一于程朱學系, 而相率以膠着不動, 朝鮮儒者之侳侗至今, 豈無所因乎? 吁!

95) 『反求室叢書』,「續理氣辯」, 第七章〈李栗谷理氣說辯〉周·張·伊·晦以不當加之無極, 加於太極之上, 而曰無極而太極, 此出於老氏之旨, 而絕非孔子之道也. 又曰太極卽理也, 又曰理無形故爲純善云云矣, 今先生又曰,『理者太極也, 氣者陰陽也』云云, 無形之太極, 安能生有形之, 陰陽耶?

96) 『反求室叢書』,「續理氣辯」, 第九章〈李星湖理氣說辯〉其曰, "夫理者氣之帥也·氣者理之卒徒也, 凡動皆理先也, 恐無氣先而理方隨後之道也"云云, 若是說爲是, 則道心不患惟微, 人心焉能惟危哉? 可發一笑之說也. 朱子所謂,

溪 성혼成渾(1535~1598), 노사蘆沙 기정진奇正鎭(1798~1879)의 이론도 리를 독립적인 실체로 볼 수 없다는 관점에서 비판하였다. 이런 비판은 그가 이미 성리학설을 대체할 자기 나름의 이기론적 기반을 구축했기 때문에 가능한 것이었다.[97] 설태희는 이기론의 핵심이 먼저 자존자自存者와 비자존자非自存者를 분변하는 데 있다[98]고 보았다. 그는 다음과 같이 말하였다.

> 리理라는 것은 통通한다는 의미이니 연락관통하는 오묘함을 가리킨 형용사이지 물질이 주가 되는 것이 아니다(스스로 존재하지 못한다). 곧 체용이 유행하는 곳에서 쓰는 말이고 단지 주재主宰하는 데서만 쓰는 말도 아니니, 천지만물상의 긴요한 곳에서 다 널리 쓰는 말이다. 그러므로 인성人性상에서 리자를 쓴다면, 성性의 소이연이 리요, 성의 체용體用 또한 리이다. 성만이 이 리理를 갖는 것도 아니니, 정情의 소이연이 리이며, 정을 드러내거나 절도에 맞거나 조화를 이루는 것도 리이다. 어찌 성이 발현한 것만 리가 되고 정이 발현한 것은 리가 되지 않겠는가? 기氣라는 것은 식息의 의미이니, 그 형상을 떨쳐 펴는 기틀이 있는 것이니, 물질이지【스스로 존재한다.】 추상적 언어가 아니다. 리자에 상대해서 논하면 기는 체이지만 리는 기능조리機能條理이다. 기능조리라는 것은 물체가 스스로 능能한 것일 뿐이니, 물체가 없으면 기능조리도 없다.[99]

"性命因此而立耳"云者, 自著其無氣, 則性命者不得立之意也, 理何先氣而現哉?

97) 설태희의 조선 성리학 비판은 대부분 「續理氣辯」에 실려있다. 이는 〈理氣辯〉보다 뒤에 쓰였지만, 동일한 논리를 담고 있다. 따라서 본 논고에서 그의 사상을 정리할 때 두 저작을 시기 구분없이 인용하였다.

98) 『反求室叢書』, 「學林小辯」〈理氣辯〉, 5쪽. 氣則自存者, 故氣發理現, 如物體之現影. 理則不自存者, 而安有先發之理乎? 鄙人所以先辨其自存不自存者, 其於理氣認識上最可喫緊也.

위 인용문에 의하면, 리理는 물질, 혹은 어떤 실체 개념이 아니라 물질 상에 드러나는 무형의 소통, 물질을 관통하는 원리, 체용이 유행하는 원리 등 조리있게 통하는 모든 것을 다 지칭하는 형용사이다. 물질이 아니고 실재로 존재하는 것이 아니라는 점에서는 '비존재'라고 할 수 있고 물질의 존재 방식이나 운동 원리로 존재한다는 점에서 스스로 존재할 수 없는 것이다. 이는 성리학자들이 형이상의 실재로 규정한 것을 전면 부정하는 논리이다. 반면 물질인 기는 실재 있는 '존재'이며, 그 자체가 스스로 존재할 수 있다. 그것은 '식'의 의미로 호흡과 같이 들고 나는 숨이고, 운동하는 물질 개념이다. 이런 점에서 물질인 기로 이루어진 천지만물 상 어느 곳에서나 운용원리, 조리가 드러나는 긴요한 곳이 있으면 그것이 다 리가 된다. 같은 맥락에서 마음 상의 리를 논한다면 심·성·정 각각의 존재나 작용 원리에서도 다 리가 있는 것이므로 성만 리라고 말해서는 안 된다. 설태희는 리를 한마디로 기의 '기능조리機能條理'라고 하였다. 이는 화담 서경덕의 관점과 동일하고, 화담 철학을 기반으로 양명학을 수용한 하곡 정제두의 관점과 동일하다. 설태희는 리가 기의 조리라는 관점을 성리학적 논리구도에 적용하여 다음과 같이 설명하였다.

---

99) 『反求室叢書』,「學林小辯」〈理氣辯〉, 3~4쪽. 夫理者通之義也, 指其連絡貫通之妙之形喩辭也, 非主物【不自存】也, 卽體用流行處用辭也, 非特主宰處用辭也, 都布在天地萬物上肯綮處用辭也. 故於人性上欲用理字, 則性之所以然理也, 性之體用亦理也. 非惟性獨有是理也 情之所以理也 情之節之和之亦理也. 焉有性發獨爲理, 而情發則不爲理耶? 氣者息之義也, 有機奮伸其像也, 物【自存】也, 而非辭也. 對理字論之, 則氣是物體, 而理則機能條理也. 機能條理者, 物體之自能爾也, 故物廢則機能條理無也.

리기理氣를 분설해서 말하면, 사람이 아기가 기어서 우물에 들어가려는 것을 보고 문득 측달지심惻怛之心이 발동하여 그 아기를 구하면서 오히려 구하지 못하게 될까를 두려워하는 것은 타고난 천성이 공통으로 그러한 바가 발휘된 것이다. 거기서 발한 것은 활발活潑한 기氣이고 발하게 한 것은 함축含蓄된 기氣이며, 공통으로 그러한 바는 곧 유위有爲할 수 있는 본기本氣이다. 그것이 유위할 수 있는 묘맥苗脈이 드러나기 때문에 유위有爲할 수 있는 리를 인식하게 되고, 그것을 발할 수 있게 하는 소이연이 있기 때문에 발할 수 있게 하는 리를 인식하게 되며, 발할 수 있는 소이연이 있기 때문에 그 발할 수 있는 리를 인식하게 된다. 총괄해서 말하면 그 동정상에 자취가 있게 하는 것은 이 기이니, 이 기가 그 물질이 됨을 알 수 있다. 동정상에서 무형을 인식한 것이 리이니, 이 리는 물질이 아님이 분명하다. 이미 물질이 아닌데도 그것이 있다는 것을 인식할 수 있는 경우에는 반드시 물물상에 기능조리의 드러남이 함께 있다. 그 기능조리라는 것은 곧 기가 스스로 능한 것일 뿐이니, 기 이외에 절대 다른 물질은 없다.[100]

위 글은 사단은 리의 발동이고 칠정은 기의 발동이라는 설을 자신의 실질적인 이기론을 가지고 반박한 것이다. 설태희에 의하면, 측은지심의 발동은 사람이면 누구나 공통으로 지닌 그러한 천성이 발휘된

---

100) 『反求室叢書』, 「學林小辯」〈理氣辯〉, 4쪽. 苟以理氣分說言之, 則人方見感赤子匍匐入井, 而輒動惻怛之心 拯救之, 猶恐不及者 是秉彝所同然所發. 而其發者 活潑氣也 發之者含蓄氣也, 所同然者 乃可以有爲之本氣也. 著其可以有爲之苗脈, 故認其可以有爲之理 有其可發之之所以然 故認其可發之之理, 有其可發之所以然, 故認其可發之理. 揔以言之, 其動靜上有有跡之是氣, 則是氣也, 知其爲物也, 其動靜上認無形之是理, 則是理也, 非物者, 明矣. 旣非物而能認其有則 必其物物上互有機能條理之顯現. 而其機能條理者 卽氣之自能爾也 氣之外絶無他物也.

것이다. 이때 밖으로 발동한 것은 활발한 기氣이고, 그렇게 발동하게 만든 것은 밑바탕에 함축되어 있는 기氣에 의한 것이며, 공통으로 지닌 도덕성은 도덕행위를 하는 본기本氣이다. 측은지심이라는 현상 자체의 존립근거, 혹은 구성요소를 모두 '기'로 설명한 것이다. 반면 리는 측은지심이라는 기의 발동이 그렇게 된 까닭으로서 작동 원리, 형세가 조리있게 통하는 원리에 해당한다. 따라서 리는 측은지심이라는 기가 발동한 싹을 보고 알게 되는 것이지 측은지심이 발동하기 이전부터 존재하여 측은지심이 발동하게 만드는 것이 아니다. 오직 기를 발견한 데서만 리를 알아낼 수 있으므로 리의 존재여부는 기의 존재여부에 달려있고 기 외에 다른 실질적인 물질은 없다.[101] 설태희는 정명도가 "생生이 성性이니, 성性은 곧 기氣이고 기氣는 곧 성性이다."라고 한 말을 인용하면서, 발생론적인 차원에서도 생명의 본체는 기이고 개체가 받은 생명을 가리켜 성이라고 하므로 성은 곧 기이고 기는 곧 성이라고 하였다.[102] 그는 성리학자들의 '리가 기의 주재가

---

101) 『反求室叢書』, 「續理氣辯」, 4쪽. 夫氣物也理非物, 故纔發見氣處, 便認其有條理, 未發見氣處, 必不得認其有條理矣. 此其理非爲氣之主宰, 而反爲氣之條理者, 明且確也.

102) 『反求室叢書』, 「續理氣辯」, 第一章 〈第一章 本論之先系諸說辯〉 謹按, 易曰, "一陰一陽之謂道, 繼之者善, 成之者性." 蓋成之云者, 卽生之云者也. 指一陰一陽往來不息之象, 而詮名曰道, 指其生成有爲存續之象, 而詮名曰善, 指其生物成個體, 而詮名曰性. 夫宇宙間充盈之芸芸葱葱者, 何莫非由是道而生者, 則彼芸芸葱葱者, 亦必是皆具其則, 而隨其先系形氣之通偏, 而異焉而已. 然則人之有生, 可有性之稱, 他動物植物之有生, 亦可有某動物性某植物性之稱矣. 蓋生之本體是氣, 而指其生曰謂之性, 則性是氣而氣是性也. 程明道曰, "生是性, 性卽氣, 氣卽性." 其曰, "人之有生性與氣合而已" 性是氣而又合於何氣耶? 晦庵·伊川兩子何不近取于明道而遠取乎濂溪耶?

된다'는 주장도 같은 맥락에서 비판하였다.

> 사람들이 리라고 이르는 것은 그 기의 조리條理가 그러함을 인식
> 한 것이다. 리가 기의 주재가 된다고 여기는 것은 밝음이 거울의 주
> 재가 된다는 것을 가리키는 것과 다름이 없다. 거울은 단지 기이고
> 비춤은 그 거울의 조리條理이다. 이것으로 기준을 삼으면 기는 존재
> 存在이고 리는 비존재非存在인 것이 자명하다. 존재存在는 실實이 되
> 지만 비존재非存在는 허虛가 되니, 기는 실이고 진眞이지만, 리는 허
> 이고 (진이 아니지만) 진처럼 보이는 것도 자명하다. … 그러므로
> 성인은 먼저 실實과 유有를 가지고 근본을 세워서 간이한 실천의 대
> 도大道를 보여주셨다.[103]

설태희는 사물을 밝게 비추는 거울을 예로 들었다. 그에 의하면,
거울은 곧 기이고 밝게 비춤은 곧 거울의 조리일 뿐이다. 성리학자들
이 리가 '주재'한다고 표현하는 것은 단지 이 조리를 의미한다. 이때
존재자인 기로서 거울은 실질적이고 참된 것이지만, 거울의 조리인
리는 비존재자로서 실이 없는 허이고 단지 참되 보이는 것이다. 따라
서 비존재가 실재한다고 주장하는 성리학은 허학이다. 그는 학문이라
는 것은 본래 인생생활 과 매우 밀접한 관계가 있기 때문에, 학문이
인생 생활을 떠나면 향상될 수 없고, 동서고금의 역사를 보면 실학實
學 없이 흥하는 것은 없었고 허학虛學에 말미암아 망하지 않는 것은

---

103) 『反求室叢書』,「續理氣辯」, 9쪽. 人之云理者, 認其氣之條理然也. 以理爲氣
之主宰者, 此與指照爲鏡之主宰者, 無異也. 鏡只是氣, 而照其鏡之條理也.
以此準之, 則氣是存在, 而理則非存在者, 自明也. 存在爲實, 而非存在爲虛,
則氣是實而爲眞也, 理是虛而爲贋, 亦自明也. … 故聖人首以實與有而立本,
以示其簡易實踐之大道焉.

없었다고 하였다.104)

　학문은 인생생활에서 그 '한 번 몽둥이로 치면 한 줄기 피멍자국이 생기는' 반응을 드러내지 못하면 그 배우는 것이 모두 허망한 것이며, 허망할 뿐 아니라 진실을 업신여기는 것이다. 인생사회에서 실實과 진眞을 업신여기면 그 사회가 비록 망하지 않기를 바란다 해도 그렇게 되겠는가? … 성리학의 세력을 이룬 이래로 중국中國과 우리 동국東國 두 나라는 허虛를 숭상하고 실實을 잃어버린 폐단이 생겨 끝내 나라를 잃고 백성이 어리석게 되는 데 이르렀으니, 그 책임은 공맹孔孟이 전한 교학에 있는 것이 아니라는 것은 다시 말하지 않아도 알 것이다. 조선학계에서는 더욱 괴악하고 형언할 수 없는 추태가 많았으니, 성리에 대한 담론을 최고의 권위로 여기고, 문하를 따르는 자들이 이를 바탕으로 벌열을 형성하여 서로 다른 문파를 시기하고 같은 당을 서로 밀어주면서, 이를 관직에 나아가 명예를 구하는 지름길로 삼았으며, 심하게는 수단과 방법을 가리지 않고 관직을 사고 명성을 도둑질하는 것과 서로 거리가 멀지 않았다. 행여나 다른 종파의 견해가 조금이라도 다르면 문득 사문난적으로 몰아서 모질게 꾸짖고 졸렬하게 하면서 태연자약하였다.105)

---

104) 『反求室叢書』, 「續理氣辯」, 10쪽. 學問者人生生活, 上直有密接關係也. 若無密接關係 人生生活可離學問而亦能向上矣 然而通古今東西史觀之, 未有無實學而興者也. 又未有由虛學而不亡者也, 然則學之虛實, 乃爲人生興亡之機者可知也.

105) 『反求室叢書』, 「續理氣辯」, 第十一章 〈結論〉 夫學問之於人生生活, 不現其『一棒一條血』之所應, 則其所以爲學, 摠是虛妄, 非惟虛妄, 實眞蔑如. 人生社會蔑如實與眞, 而其社會雖欲不亡得乎? 孔子『罕言性與天道.』其意所在何? …而自性理學成勢力以來, 中·東兩邦, 崇虛失實之弊, 竟致邦喪而民愚, 其責不在孔孟所傳教學, 不待再言而知矣. 在朝鮮學界, 尤多怪惡莫狀之醜態, 以談性·談理, 爲最高權威, 從門者因成閥列, 相猜以他門, 相推以同黨, 以此爲就官沽名之要路, 濫之則其爲獵官盜名, 相距不遠. 遇或小異彼宗之

288

그 이른바 유자로 자처하는 자들 태반이 무지몽매하고 무능한 류이니 참으로 우리 조선을 망하게 한 범인 중 과반수이다. 어찌 대성통곡하지 않겠는가?106)

위 인용문에서 '한 번 몽둥이로 치면 피멍자국이 생긴다'는 것은 주희가 정이의 「사물잠四勿箴」을 읽고 깨달은 바가 있음을 비유적으로 표현한 것이다. 만년까지 정주학을 비실천적 공리공담107)이라고 본 설태희는 이를 오히려 분명한 실천을 이끌어내야 한다는 반어적의미로 썼다. 그에 의하면 실재하지 않는 리에 관한 초월적 논리를 숭상했던 허학은 실實과 진眞을 업신여기는 폐단을 만들어 냈다. 이는 중국과 조선이 마찬가지이지만, 특히 조선은 성리담론에 최고의 권위를 부여하고 이에 따라 당파적 분열을 일삼았기 때문에 나라를 잃게된 것이다. 이러한 관점은 이건방이나 정인보의 시각과 동일하다. 설태희는 조선이 망한 것에 대한 가장 큰 책임이 조선의 성리학자들에게 있다고 보았다.

2) 신양지론과 실용교학

설태희는 실학으로서 공맹의 도덕실천론을 착실하게 계승한 실용

見, 則輒罵以斯文亂賊之酷誚, 劣之拙之, 任自若之.

106) 『反求室叢書』, 「續理氣辯」, 第十一章 〈結論〉其所謂以儒自處者, 太半是侳侗無能者類, 寔其亡我朝鮮之犯人中過半數矣, 曷不大聲而猶哭乎?

107) 「易理管見」(2) 《동아일보》, 1938.5.4, 宋學은 宋學대로의 體系와 存在는 잇을 法하되 이로써 儒學의 大成을 의미한다할진대 本末顚倒의 엄청난 過誤라 할것입니다. 오히려 儒學은 宋學에 이르러 固有한 色彩가 掩蔽되었고 變質되엇다고 보는 까닭입니다.…宋의 性理學은 非實踐的空理空談이엇음으로.

주의자로 육구연과 왕수인을 들었다. 그는 육구연이 공맹의 실천주의를 부흥시키려한 동양적 르네상스의 선봉주자라고 하였다.[108] 또 왕수인이 이 뒤를 이었다고 하면서『대학』공부론의 요지도 지행합일에 있다고 하였다. 설태희는 유교의 본령을 논하기 위해 1917년『대학』을 새롭게 주석하면서 왕수인의 사상을 활용하였지만, 거기에 얽매이지 않고 자신만의 주체적인 관점을 견지하였다.

그는 양명과 마찬가지로 주자의 격물궁리공부법이 심리작용을 제대로 반영하지 못한 것이라고 비판하였다. 그는『대학』의 경일장을 '체용극칙體用極則'의 공부로 구분하여, 명명덕明明德은 체體상의 공부이고 친민親民은 용用상의 공부이며 지어지선止於至善은 극칙極則상의 공부라고 하였다.[109] 명명덕과 친민을 체용관계로 보는 것은 양명의 해석과 동일하다. 그러나 이를 공부단계로 구분한 것은 설태희의 독창적인 해석이다. 명명덕과 친민의 기준인 지어지선을 극칙의 단계에 해당하는 공부로 보는 것도 마찬가지다. 그는 격물치지의 치致를 위도委到로 보고 지知는 각覺이며 격格은 정正이기도 하고 지至이기도 하다고 하였다. 또 물은 나 자신 이외의 모든 것을 칭하는 것이라고 하였다.[110] 이는 주희의 격물궁리론과 대비되는 양명의 격물치지론의

---

108)「양명사상의 요약」,『신동아』13, 1932.11, 89쪽. 第二 先驅인 古學과 宋學 /
    陸象山은 古學의 實踐主義를 復興하려한 東洋的 루네싼쓰 運動의 先鋒이
    엇으며 周朱의 無極說을 不定하고 따라서 純理論을 排斥하는 푸래그마티즘
    의 一人者엿다

109)『反求室叢書』,「學林小辯」〈大學辯〉, 29쪽. 大學經第一節, 先儒分說三綱領
    者, 其研究上頗有所不倫. 故今分爲體用極則, 明明德體上用功也, 親民用上
    用工也, 止至善極則上用功也.

110)『大學新講義』, 經 제1절 註 致, 委到也, 知, 覺也, 言致我之感覺也. 格, 正也

의미를 좀더 분명히 한 것이라고 하겠다. 치致를 위도委到라고 한 것은 현실 상에 가려진 불완전한 양지의 회복을 강조하기 위함이고, 지知는 각覺이라고 한 것은 지知를 지식의 추구와 구별하고 양지의 시비판단임을 드러내기 위함이다. 그리고 격格은 정正이고 지至라고 한 것은 나이외의 모든 것인 물物을 바로잡는 것이 주된 의미이지만 그것은 실제 물에 이르는 것을 전제로 하기 때문에 지至를 부정할 필요가 없어서이다. 설태희는 또 다음과 같이 말했다.

> 명덕이란 것은 양지良知와 소인素仁의 뜻을 겸한다. 그 물됨은 밝은 거울이 사물을 비추되 물에 응함에 거짓이 없고 드러나는 바를 따라 비추는 것과 같다. 비추면 통하고 통하면 친해진다. 가려지면 막히고 막히면 멀어진다. 친하고 멀어짐, 통하고 막힘은 곧 인仁과 불인不仁의 표식이니 진실로 명명덕이 있는데 그 작용이 친하지 못한 것은 없다."[111]

위 인용문은 명덕의 개념규정과 명덕·친민의 체용관계를 말한 것이다. 여기서 명덕을 양지良知와 소인素仁을 겸한다고 하였는데, 바꿔 말하면 명덕을 두 가지 요인으로 나누어 본 것이라고 볼 수 있다. 소인素仁은 인의 바탕을 의미하는데, 이와 별도로 양지의 언급한 것은 양명의 학설과 다르다. 양명은 양지가 시비판단능력이면서 동시에 진성측달眞誠惻怛한 속성을 지니는 것으로 보기 때문이다. 설태희가 명

至也, 物者, 我身外一般之稱也, 言隨處隨時對物也.

111) 『反求室叢書』, 「學林小辯」〈大學辯〉, 30쪽. 明德者, 良知, 素因, 兼其義也. 設之則其爲物, 如明鏡照物, 應物無僞, 隨現照之, 照則通 通則親矣. 蔽則塞 塞則疎矣 親疎通塞 乃仁不仁之標幟 則苟有明明德而其用之不親者無矣.

덕을 양지와 소인으로 구분한 이유에 대해서는 『대학신강의大學新講義』를 참고할 수 있다.

> 인성이 부여받은 것은 진령측달虛靈惻怛함이니, 허령이란 것은 지知가 되고 측달이란 것은 인仁이 된다. 지의 측면에서 명明이라고 하고, 인의 측면에서 덕德이라고 한 것이다. 112)

설태희는 천부적인 인성의 속성을 허령측달虛靈惻怛로 보고 허령虛靈은 양지가 되고 측달惻怛은 인仁이 된다고 분석하였다. 명덕 가운데 양지의 측면은 명, 인의 측면은 덕을 의미한다. 그렇다면 설태희가 본 양지는 '시비판단능력'에 해당한다고 볼 수 있다. 그는 이후 「유우有愚의 사士에 여與함」이라는 논설113)에서는 "소인素仁" 뒤에, "인식은 거울의 비유 이외에 별도로 풀이할 것"이라는 설명을 부가하였다. 이때 인식이라는 것은 인지 지각능력을 말한다. 앞서 물질인 기의 운용에서 리를 인식한다고 할 때의 인식과도 동일한 의미이다. 설태희는 일반 인지능력은 양지 이외에 다시 별도로 설명할 필요가 있다고 본 것이다. 종합해보면, 설태희는 명덕의 두 요소를 양지와 소인으로 보고, 양지를 허령한 도덕판단능력으로 규정했다는 것을 알 수 있다.

---

112) 『大學新講義』, 29쪽. 明德者, 良知, 素因, 兼其義也. 人性之所賦者, 虛靈惻怛, 而虛靈者爲知, 惻怛者爲仁, 以言乎知謂之明, 以言乎仁謂之德也.

113) 《삼천리》6권7호, 1934.6.1. 이 大學의 格致 解釋은 가튼 儒者라도 異同의 見이 不無하나 그러나 鄙人의 解釋은 必히 格一物, 致一知(良知) 誠一意, 正一心, 修一身으로 樂著되는 知行合一의 내용입니다. 鄙著『新大學講義』에 이러케 明德者, 良知, 素仁, 兼其義也.. 設之則其爲物, 如明鏡照物 (認識만은 鏡體喩外에 別노 解할 것).

또 여기서 주목할 만한 것은 명덕·친민의 관계설명인데, 명덕이 본래의 기능을 잃지 않고 "비추면 통하고 통하면 친해진다."는 것이다. 이는 명덕이 비추고 통하고 친함이 간격 없이 의존함을 의미한다. 이 부분은 정인보가 '양지가 온전하다면 민중과 감통하고 민중과 제대로 감통하지 못하고 간격이 있다면 그것은 양지가 온전하지 못한 증거'라고 한 것과 동일하다. 통하고 막힘은 곧 인한가 불인한가의 표식이 된다는 설명이 바로 그것이다.

설태희는 왕수인의 학설을 전적으로 옹호하지는 않았다. 특히 사구교 중 심체의 본질인 지선至善을 '무선무악無善無惡'이라고 한 부분에 대해 의문을 제기했다.

> 심즉성心卽性의 적연부동체寂然不動體가 지선至善이다. 지선은 차별적선 상대적인 선을 초월한 절대선이다. 절대선이므로 그는 악惡은 물론이거니와 악과 상대적관념인 차별적 선도 아니오 무선무학無善無惡이다. 왕자王子는 이렇게 지선을 설명하고 인성의 적연부동체寂然不動體는 지선이라고 한 것이다[114]

설태희는 기본적으로 무선무악이라는 표현의 의미가 차별적이고 상대적인 선을 초월한 절대선이라고 보았다. 이런 이해는 하곡학파가 전승한 심체 해석 논리와는 다르다. 정인보는 무선무악에 대한 가장 합당한 해석으로서 정제두의 설을 들었다. 정제두는 '지선至善'의 '선善'과 '무선무악無善無惡'의 '선善'은 그 의미가 다른데, 무無로 부정되

---

114) 「陽明思想의 要約－行動의 哲學 東洋思想의 再吟味」, 『新東亞』13, 1932, 1188면 四. 人性論.

는 선善의 의미는 "정명定名의 선"이라고 하였다. 여기서 무선은 '고정적으로 이름붙일 수 있는 선은 없다'는 것으로 초월적, 형이상학적 의미가 아니다. 그런데 설태희는 이런 해석을 접하지 못한 듯 하다. 왜냐하면 그는 무선무악인 지선이 절대선, 초월적 선이라고 보고 바로 이 지점을 다음과 같이 비판하기 때문이다.

> 왕수인의 성론에 이르기를 "선도 없고 악도 없는 것은 성의 체요, 선도 있고 악도 있는 것은 의의 동이요, 선을 알고 악을 아는 것은 양지요, 선을 행하고 악을 제거하는 것은 격물이다."라고 하였다. 여기서 제3, 제4 두 구가 가장 좋다. 제2구는 심이 막 동할 때 선악이 드러날 수 있다는 것인데, 동할 때 선도 있고 악도 있게 되는 것이라고 한다면 아직 동하지 않았을 때는 그런 조짐이 없다는 것인가? 원래 악은 선이 변한 것이다. 그러므로 선악은 마땅히 종으로 봐야 하고 횡으로 봐서는 안 된다. 횡으로 본다면 두 개의 근원이 되는데, 가하겠는가? 맹자가 이르기를 "만약 그 본래의 정대로 한다면 선해질 수 있다."고 하였으니, 그러므로 성선이라고 한다. 동함에 선도 있고 악도 있게 된다면 아직 동하지 않을 때 마땅히 선도 있고 악도 있게 되는 조짐을 인지해야 한다. 그래서 '선도 없고 악도 없는 것이 성의 체'라는 것과 우리들이 성선설이라고 알고 있는 것은 같지 않다. '적연하여 움직이지 않으나 물이 오면 순응한다', 여기서 '적연'과 '선도 없고 악도 없는 체'는 같지 않다. 무선무악이라는 말은 어폐가 없다고 하기 어렵다. 정하면 곧 동하고 동하면 곧 정한다고 할 때의 '적연'은 고목사회枯木死灰의 적연寂然이 아니다. 왕수인도 또한 대학 해석에서 정심, 지선, 본체를 운운했지만 지선 본체와 성의 체가 다른 것인가? 만약 다르지 않다면 지선이 어떻게 무선無善이 되는가? 모순을 면할 수 없다.115)

---

115) 『反求室叢書』, 「學林小辯」〈孟子註釋辯〉, 85쪽 王陽明性論曰, "無善無惡性

설태희가 양명의 사구교 가운데 '무선무악의 심체'를 비판한 것은
그것이 실질, 실용을 떠난 초월적 의미라고 생각했기 때문이다. 설태
희는 성선을 말할 때도 절대선이나 초월, 고원한 논리를 근거로 삼는
것을 반대했다. 그는 음양의 순환운동으로 표현되는 생명원리와 과정
이 선善이고, 인간이 이를 품수 받은 것이 성선性善이라고 하였다.116)
실질적인 기의 세계에서 성선을 논하지 않으면 무의미하다고 본 것이
다. 설태희에 의하면 성선이라고 하는 도덕생명은 자연생명원리가 온
전히 계승된 결과이며, 실제 '지선지악', '위선거악' 으로 작용한다. 그
가 '지선지악', '위선거악' 두 구가 가장 좋다고 한 이유도 바로 여기에
있다. 또 "선도 있고 악도 있는 것은 의가 동한 것"이라는 구절은 심이
막 동할 때 선도 있고 악도 있게 된다고 횡적으로 해석할 수 있는데,
그렇게 되면 선과 악이 나란히 다른 뿌리에서 나오는 것처럼 오해될
소지가 있다. 선과 악은 마음이 동하지 않을 때도 조짐이 있는 것이고

之體也, 有善有惡意之動, 知善知惡是良知, 爲善去惡是格物". 此第三第四
二句極好. 而第二句謂是心之方動, 有善惡之可現者也. 動之時有善有惡者
未動之時無其兆朕乎? 元來惡者善之變徵, 故善惡宜縱看, 而不可竝看橫竝
也, 竝看則爲二元, 可乎? 孟子曰 "乃若其情, 則可以爲善." 故謂之性善. 動
之有善有惡則未動, 宜認其有善有惡之兆朕. 而以無善無惡爲性之體, 是與
吾儕所認性善之說不同. 寂然不動物來順應, 此之寂然與無善無惡之體不
同, 無善無惡難保無語弊也. 靜亦動動亦靜之寂然, 非枯木死灰之寂然. 王子
亦大學解釋, 正心至善本體云云矣. 至善本體與性之體異歟? 如不異則至善
者何爲無善乎? 不免有矛盾.

116) 『反求室叢書』, 「學林小辯」〈孟子註釋辯〉, 80~81쪽. 夫一陰一陽之存續卽一
畫一夜消長進退之循環也. 此之循環卽是天地爲物不貳, 生物不測之一直線
之道也. 是故指其生成狀勢而謂之性也, 指其存續狀勢而謂之善也, 指其一
陰一陽來往之狀勢而謂之道也. … 天地之運行絶對有順無逆, 故指其運行
狀勢卽生成科程曰善. 人與物受生成性於其間, 故謂之性善也.

종적으로 이해야한다. 설태희는 이처럼 양명학을 실용의 실천도덕이라는 점에서 높게 평가하면서도 형이상학적으로 흐를 수 있는 면을 철저히 경계하였다.

3) 조선인의 조선, 반쪽 실용과 투쟁의 극복

설태희는 조선사회를 지배했던 성리학의 공허한 측면을 비판하면서, 동시에 당대 유행했던 서학에 대해서도 비판적인 관점을 견지했다. 이런 인식은 이건방, 정인보와 동일한데, 이들은 근본적으로 허를 지양하고 실을 중시하는 사유를 공유하고 자주적인 국권회복 방안을 고민하였다. 설태희의 대안은 공맹유학의 실용정신을 되살리는 것이라고 할 수 있는데, 이는 단순히 과거로 회귀하는 복고주의와는 차이가 있다.

유학이라는 것은 본래 명륜입교明倫立教의 학문이다. 그러므로 명륜입교에서 벗어나는 것을 유학이라고 말하는 것은 도리어 옳지 않다. 서교를 받드는 자들은 걸핏하면 유교가 정치와 분리되지 않은 것을 공격한다. 그러나 이는 그 정교가 합치되어 일거에 백을 얻는 것을 살피지 못했기 때문이다. … 대개 군국침략주의정치는 종교를 큰 적으로 여기는데, 기독교를 국교로 삼는 구주제국이 세계일등 군국침략주의 국가가 되고도 부끄러워하지 않는 것은 어째서인가? 이것이 곧 정교분리의 폐해이다. 이와 반대로 고대 동양의 왕정주의 국가는 문왕이 백리로서 천자가 되고 탕왕이 칠십리로서 천자가 되었으나, 그들이 사억만 대중 세계에서 유례없는 대국을 보유한 것은 바로 칠십리 백리를 모아 주조한 커다란 용광로였으니, 이것이 곧 유학이 생산한 정교일치의 공능이다. 지금 절규하는 인류평화를 장차 어떤 방법으로 구하고 세계평화는 또 장차 어떤 방법으로 실현하겠는가? 국가 민족은 모두 씨족에서 기원하는 것이니, 고대에 그렇지 않은 나라는 없었다. 그러나 서양은 이 씨족관념이 매우 희박하였지만 동양은 그렇지 않았다. 유교의 중국은 이런 제도가 가장 완비되어있었다. … 이러한 종족관념은 국가조직의 기초이고 곧 정치와 윤리의 결합처이다. 이 도는 인류평화정치의 최고 이상적 본원이 될 수 있다. …대개 유학의 도는 인생일용이륜 가운데서 나오지 않는 것이 없다. 이른바 세간의 '교敎'라고 하는 것도 이른바 실천도덕이다.[117]

설태희가 주목한 부분은 '인생일용이륜'의 실천도덕 중시하는 실용교학을 재건하는 것이었다. 이것이 그가 생각한 유교의 근본이다. 물론 그가 말한 실용이란 경제적인 이용을 말한다기 보다는 사람이 살아가면서 날마다 쓸 수 있는 떳떳한 도리를 말한다. 한마디로 도덕적 실용주의다. 설태희에 의하면, 근본 유교의 도덕적 실용주의는 일상

---

117) 『反求室叢書』, 「續理氣辯」, 第二章 〈本問題在儒學上價値及影響〉 儒學者, 本是明倫立敎之學也, 故外乎明倫立敎, 而說儒學者卻不是. 奉西敎者, 動輒攻儒敎之與政治不分離, 然此不察其政敎合致之一擧百得故矣. … 蓋軍國侵略主義之政者, 爲宗敎之大敵, 而以基督爲國敎之歐洲諸國, 爲世界一等軍國侵略主義之國而不恥奈何? 此卽政敎分離之弊害也, 反是而古之東洋王政主義之國, 文王以百里而爲天子, 湯以七十里而爲天子, 彼擁有四億萬大衆之世界無儔大國, 正是集合七十里百里之所鎔鑄之大冶爐也. 此卽儒學所産政敎一致之功能也. 今之所以絕叫之人類平和將以何方法求之, 世界平和又將以何方法實現乎? 凡國家民族皆起源於氏族者, 在古無國不然, 然西國則此氏族觀念甚稀薄, 東洋則不是, 而其儒敎之中國, 最爲完備此制矣. … 此種宗族觀念爲國家組織之基礎, 是卽政治與倫理之結合處也, 此道能爲人類平和政治最高理想之本源. … 蓋儒學之道不出於人生日用彝倫之中. 而乃所謂世間敎也, 亦所謂實踐道德也.

에 모두 적용할 수 있는 것으로 정치도 예외가 아니며 매우 유용하다. 서구의 교학인 기독교는 정치와 분리되었기 때문에 당대의 제국주의, 즉 군군주의 침략정치를 용인하는 바가 있지만, 동양의 교학은 정치와 일치되는 것으로 작은 나라로 시작할지라도 넓은 지역에 걸쳐 수준높은 문화를 조성할 수 있다. 그는 정교일치로 평화를 구가하는 방법은 국가조직의 기초이자 정치와 윤리의 결합처인 민족단위에서 실용교학을 실현하는 것이라고 보았다. 흔히 민족, 국가 개념은 상상의 공동체로서 근대에 만들어진 개념으로 보는 경향이 있으나, 설태희는 서양과 달리 동양의 민족개념은 당대에 상상된 것이 아니라 오랫동안 존속해왔던 것으로 이해했다. 그는 "『예기』에 〈교특생郊特牲〉의 조문에 이르기를 '만물은 하늘을 근본으로 하고 인간은 조상을 근본으로 한다.'고 하였으니 이는 조상을 존중하는 관념과 천을 외경하는 관념이 서로 결합한 것이다. 『서경』의 요전에 이르기를 '큰 덕을 밝히시어 구족九族을 친하게 하셨다. 구족九族이 이미 화목하거늘 백성을 고루 밝히셨다.'라고 하였고, 『주관周官』에 이르기를 '종을 세워 친족을 통해 백성을 얻는다'라 하였으며, 『좌전左傳』에 기록된 바로는 진나라에 '익구종翼九宗'이 있고 '회懷(혹은 외隈)성구종姓九宗'이 있다고 하였다. 『시경詩經』「대아大雅」〈공류公劉〉에 '임금으로 세우고 종으로 세웠다'라는 말이 있다."118)라고 하여, 경전에 기록된 종족관념을 예시하였다. 그는 무엇보다 민족 생존의 정신적 기반으로서 실용교학을

---

118) 『反求室叢書』,「續理氣辯」,第二章〈本問題在儒學上價值及影響〉郊特牲文曰, "萬物本乎天, 人本乎祖." 此尊祖觀念與敬天觀念相結合. 堯典曰,『克明峻德, 以親九族, 九族既睦, 平章百姓, …"周官曰, "宗以族得民." 左傳所記晋有 "翼九宗." 有 "懷(或曰隈)姓九宗." 詩公劉曰, "君之宗之."

건립하려고 한 것이다.

현재 우리의 생존영달生存榮達을 도모함에 오직 우리는 민족단위, 이것의 충실에 일체의 기관을 이용하고 일체의 정력을 집중하지 않을 수 없다. 그러므로 우리는 지식을 세계에 구하며 향응을 대세에 따르되, 오직 조선인다운 사업을 조선에서 실현하여야할 것이오, 우리는 세계문화에 공헌하고자 하되, 조선 민족적으로의 공헌을 위하려 하며, 인류평화에 정성과 힘을 다 하고자 하되 조선인적인 것을 위해 정성과 힘을 쓰려할 것이다. 조선을 위하여 세계를 위하는 것이므로 세계보다도 조선이며, 우리는 조선인을 위하여 인류를 위하는 것이므로 인류보다도 조선인이다. 조선이 없으면 조선인이 없고 조선인이 없으면 내가 없나니 내가 없으면 천지만물이 모두 다 공空이 아닌가.[119]

우리 선조의 남기신 혁혁한 훈업과 탁월한 예술은 영원히 우리와 함께 있어 우리로 하여금 그것을 잊어버리지 못하게 할 것이니, 누구의 폭압으로 능히 이를 민멸케할 수 있겠는가! 오! 조선은 오직 조선인의 조선이다![120]

[119] 「(永劫에 亘하야 變함업슬)朝鮮은 오즉 朝鮮人의 朝鮮」, 『東明』제2호, 1922.9.10. 현재 우리의 生存榮達을 圖함에나 오즉 우리는 民族單位, 이것의 充實에 一切의 機關을 利用하고 一切의 精力을 集注치 아니치 못할 것이다. 그럼으로 우리는 지식을 세계에 구하며 향응을 大勢에 趨하되 오즉 朝鮮人인 事業을 朝鮮에서 實現하여야할 것이오, 우리는 世界文化에 貢獻을 與코져하되 朝鮮民族的으로의 貢獻을 爲하려 하며, 人群平和에 誠力을 盡코져하되 朝鮮人的으로의 誠力을 費하려할 것이다. 朝鮮을 위하야 世界를 爲함임으로 世界보다도 朝鮮이며, 우리는 朝鮮人을 爲하야 人群을 爲함임으로 人君보다도 朝鮮人이다. 朝鮮이 업스면 朝鮮人이 업고 朝鮮人이 업스면 내가 업나니 내가 업스면 天地萬物이 모도다 空이 아닌가.
[120] 「(永劫에 亘하야 變함업슬)朝鮮은 오즉 朝鮮人의 朝鮮」, 『東明』제2호,

그의 사상은 실제 우리 민족의 생활안정을 위한 물산장려운동, 자급자족의 권장과 협동조합 건설 등 구체적 실천을 동반하는 것이었다. 그는 단군한배검을 조상으로 하는 우리 민족이 이웃민족에게 존경을 받고 선인군자로 경모의 대상이 되었던 만큼[121] 민족적 자부심을 가지고 그 어떤 폭압으로도 없앨 수 없는 선조의 정신을 계승해야 한다고 하였다. 따라서 외래 사상과 문화를 포함한 시세변화에 부응하더라도 오직 조선의 정신으로 이를 자기화하지 않으면 안 되고 민족의 생존을 우선으로 삼아야 한다고 하였다.[122] 여기서 조선의 정신은 조선인이라는 주체의식을 말한다. 설태희는 조선의 주체의식을 혼이나 얼처럼 특별한 용어로 표현하지 않았지만, 이를 지키는 것을 매우 중요하게 여겼다. 조선이 없으면 조선인이 없고 조선인이 없으면 나도 없으며, 내가 없다면 결국 천지만물이 무의미해지기 때문이다. 그러나 그렇다고 해서 설태희가 국수주의나 배타주의, 제국주의를 옹호했던 것은 결코 아니다. 그는 반드시 내가 나 자신을 업신여긴 후에

1922.9.10. 우리 祖先의 끼치신 赫赫한 勳業과 卓拔한 藝術은 永遠히 우리와 함께 잇서 우리로 하여곰 그를 이저버리지못하게 할 것이니, 누구의 暴壓으로써 능히 이를 泯滅케할 수 잇스랴. 오- 朝鮮은 오즉 朝鮮人의 朝鮮인겨.

121) 「(永劫에 亘하야 變함업슬)朝鮮은 오즉 朝鮮人의 朝鮮」, 『東明』제2호, 1922.9.10. 우리는 일즉, 强悍으로써 隣人의 畏崇을 受하는 民族이며, 善人이라하야 景慕를 受하며, 君子라하야 讚誦을 修하든 民族이라.

122) 「(永劫에 亘하야 變함업슬)朝鮮은 오즉 朝鮮人의 朝鮮」, 『東明』제2호, 1922.9.10. 시세를 變易한다하드라도 우리는 오즉 朝鮮으로의 精神과 主義로써 此를 我化치 안해서는 안 될 것이다. 만일 我化로 하지 못하고 盲從한다 하면 이는 奴隸化거나 牛馬化를 免치못하야 모든 壓迫과 모든 苦痛이 다시 우리의 몸에 纏綿되리니, 이는 과거 五百年間 盲從化의 事大主義에 民族的 本能을 犧牲하야 마츰내 吾人의 今日을 引致한 前鑑에 據하야 알바이니라.

남이 나를 업신여긴다는 맹자의 말처럼, 식민지 현실에서 자존의 회복과 민족의 내적 충실이 기반이 되지 않으면 안 된다고 판단했다. 부서진 둥지 속의 알은 온전할 수는 없기 때문이다.[123] 그의 주장은 한 마디로 "조선은 오직 조선인의 조선"이어야 한다는 것이다.[124] 그는 세계민족의 평화유지 방법과 조선인의 소임에 관한 질문을 받고 다음과 같이 말했다.

> 현대에서 진정한 세계평화를 구한다는 것은 망상입니다. 그러나 어떠한 정도까지의 평화를 실현하고자 한다면 세계약소민족과 약소국가의 해방일 것입니다. 강자의 소위 평화유지책은 피정복자로 하여금 서러워 말고 현실에 죽은체하고 있어달라는 무리한 주문입니다. 『역易』의 산택山澤 손損괘 상전에 이르길 "산 아래에 연못이 있

---

123) 「(永劫에 亘하야 變함업슨)朝鮮은 오즉 朝鮮人의 朝鮮」, 『東明』제2호, 1922.9.10. 따라. 吾人이 어찌 오히려 國粹主義를 甘取하는 者 l 며, 排他思想을 固持하는 者 l 랴. 吾人이 어찌 現下의 思潮를 理解치못하는 者 l 며 理想의 世界를 歐歌치아니하는 者 l 랴. 吾人은 이미 祖先의 靑氈과 人生의 名譽를 墮失한 者 l 오, 吾人은 牛馬의 虐待와 奴隸의 凌辱을 甘受한 者 l 라. 그러나 吾人은 能히 人生의 一律을 實現할 大道를 理想하는 者 l 라 반듯이 雪恥를 願하지 아니하고 吾人은 能히 이 徹天의 感情에서 超越할 雅量을 抱持한 자 l 라. 반듯이 이 解冤을 期하지 아니하노니 吾人에게 어찌 他意가 잇스리오. …大하야, 人群의 平和는 各個民族內的 充實의 均齊的 劃線에 이르러야 비롯오 期할 것이니 이는 一石이 壞하매 딸하 長城이 頹하는 故 l 오, 小하야, 各個生의 本質的幸福의 向得分量은 또한 各個民族內의 充實의 定度와 正比例되는 것이니 이는 破巢에 完卵이 無한 故 l 라. 民族의 內的充實, 復生하랴는 우리에게 이 얼마나 緊急한 일이랴.

124) 이는 위 인용논설(1922)의 제목이기도 하다. 그런데 그는 1933년 잡지 인터뷰에서도 똑같은 글을 남겼다. 「조선을 싸고도는 생각」, 『신동아』3권11호, 1933.11. 설태희 – 朝鮮은 朝鮮人의 朝鮮.

는 것이 손損이니 군자가 이를 본받아 분함을 경계하고 욕심을 막는 다"고 하였습니다. 높은 것은 무너지고 낮은 것은 채워지는 것이 아마도 우주의 진리인 것 같습니다. 이 진리에 의하여 탕란蕩亂을 빚어내는 불합리한 기성세력은 깨어지고야 말 것입니다. 이 날이 속히 오도록 촉진하여야 되겠고 이에 대한 조선 사람의 할 일은 항상 열구할 것뿐입니다.[125]

위 인용문은 《동아일보》가 당대 지식인들에게 세계평화 방법론을 인터뷰한 내용이다. 설태희는 당시와 같은 제국주의 시대에 진정한 세계평화를 구한다는 것은 한마디로 어려운 일이라고 진단했다. 그러나 당시보다 한 발 진보한 평화를 실현하고자 한다면 세계의 약소민족과 약소국가의 해방이 관건이라고 하였다. 제국주의 국가인 강자들이 늘 말하는 평화란 약자에게 복종을 강요하는 무리한 주문이라는 것이다. 그는 높은 것은 무너지고 낮은 것은 채워지는 『주역』의 원리를 인용하면서 불합리한 기성세력은 곧 무너지고 말 것이며 이날이 올 것을 열렬히 바란다고 하였다. 이는 일제강점기의 상황에 대한 매우 정확하면서도 용기 있는 주장이었다. 그가 인류보다 민족생존을

---

125) 「각 방면 인사의 시국문제에 대한 의견」, 《동아일보》, 1930.4.4. 現代에서 眞正한 世界平和를 求한다는 것은 妄想이외다. 그러나 어떠한 程度까지의 平和를 實現코저한다면 世界弱小民族及弱小國家의 解放일것이외다. 强者의 所謂平和維持策은 被征服者로하야금 설위말고 現實에 죽은체하고 잇서달라는 無理한 注文닙니다. 易山澤損象은 갈오되 "山下有澤이 損이니 君子ㅣ以하야 懲忿窒慾이나라"하얏소이다. 높흔 것은 문허지고 나즌 것은 채워지는 것이 아마도 宇宙의 眞理인 것 갓습니다. 이 眞理에 의하야 蕩亂을비저내는 不合理한 旣成勢力은 깨어지고야 말 것이외다 이날이 速히 오도록 促進하여야되겠고 이에 對한 朝鮮 사람의 할 일은 항상 熱求할 것뿐이외다.

302

먼저 말했다고 해서 세계평화나 계급 없는 평등사회를 이상하지 않았던 것은 아니다. 그도 토지의 국유화와 평등한 분배를 통한 평화적 이상을 품었지만 항상 현실을 직시하고 가장 합리적이고 실현가능한 방안을 모색했다. 그는 고른 분배를 주장하는 사회주의적 관점을 옹호하면서도 국제사회주의의 계급투쟁 또한 새로운 계급과 부조리를 양산하는 것이라 보고 민족의 생존을 더 우선하였다.

설태희가 당시 유행하던 서구의 사회적 이상에 비판적인 관점을 견지한 것은 동양사상에 대한 확신이 있었기 때문이었다. 그는 이를 『왕도연구』라는 글로 저술하려고 까지 하였다.126) 그는 서구의 실천주의나 윤리주의가 수천년 전부터 완성되어 온 고대유학의 지행론에 비할 바가 아니라고 하였다. 오히려 소크라테스, 아리스토텔레스의 철학자들이 고민한 공리는 물질주의나 기술에 공헌한 바는 있지만 세계평화에 대한 공헌은 전혀 없고, 서로 이권을 다투는 지식의 발전만 초래하였다고 보았다.127) 그는 맹자의 양지양능설과 왕양명의 지

---

126) 「有憂의 士에 與함」, 『삼천리』제6권7호, 1934.06.1. (17)鄙人은 經濟學者도 안이며, 政治, 法律學者도 안인 同時에 哲學者도 안임으로, 이제 새삼스러이 갈맑스에게 歸宗하려는 생각이 아일 뿐아라. 베룬스타인의 主義에 共鳴한도 안임은 勿論이요, 다못 西洋式 現政治制度가 너머나 大衆除外의 政策임에서 부드치워 이러나는 우리 東洋政治思想을 그저 破古紙 속에 무더두는 일이 너머나 안가워서 그 所謂『王道研究』란 것을 云爲햇다는 告白입니다.

127) 「有憂의 士에 與함」, 『삼천리』제6권7호, 1934.6.1. (14) 소크라테스, 아리스토텔레스 以來 數없는 哲學者들이 腐心한 功利는 物質, 伎術에 만은 所助가 없지 안엇지마는 所謂 人類平和 즉 世界平和에는 毫末의 貢獻이 없엇음니다. 없기는 姑舍是하고 交爭利的 知識助進은 도리여 不幸스러이 人類平和를 缺裂케함에만 足할 뿐이엇음니다. 요새 와서야, 數十年來에 와서야, 남이 數千年前부터 試鍊해오던 靈, 肉一致論 實踐主義, 倫理主義論덜이 생겨나

행합일론이 유학의 현실주의와 인본주의의 골자이며, 생명살림의 덕에 뿌리를 둔 유학의 인仁사상이야말로 인생의 전반도덕을 통섭하는 왕도사상의 핵심이라고 하였다.[128] 그는 또 다음과 같이 말했다.

왕도는 최초부터 사회공산주의입니다. 칼 마르크스의 사회공산주의와 다른 점은 먼저 서로 역사적 환경과 연원이 다르고, 또 하나는 개인주의에서 세련된 사회사상이지만 하나는 최초부터 가족주의에서 발전된 사회주의입니다. 『역易』동인同人괘 초구 상전에 이르길 "문을 나가 사람들과 함께함을 또 누가 허물하겠는가?"하고 육이六二에 이르기를 "사람들과 함께 하기를 종친의 무리들과 하니 부끄럽다"하였으니. 이와 같이 가족주의에서 세련하여, 국가에 나아가고 세계에 나아가서 궁극은 "사람들은 자기 부모만을 부모라 여기지 않고, 자기 자식만을 자식으로 여기지 않는다. 늙은이는 편안하게 일생을 마치고 어린이는 잘 자라날 수 있으며, 재화는 자기에게 없는 것을 싫어하지만 반드시 자기를 위해 쌓아두지는 않고, 힘은 자기에게서 나오지 않는 것을 싫어하지만 남에게 휘두르지는 않는다(하략)"하는 대동세계를 이상으로 삼은 사회공산주의였습니다.

서 金科玉條로 떠드는 모양이지마는 그 知行論에 대해서도 東洋은 孔子로부터 完成된 寶典이 잇습니다.

128) 「有憂의 士에 與함」, 『삼천리』제6권7호, 1934.6.1. (15)孟子의 所謂 "良知良能"說과 王陽明의 所謂 "知者行之始也, 行者知之性也."라 함과 朱子 所謂 "不待求之民生日用彝倫之外也"라 한 등 擧不勝數의 現實主義는 儒學의 人本主義上 可缺치못할 骨子입니다. 다시 孔子 人格完成主義는 所謂 群聖의 集大成이라 稱하는 儒敎의 代表主義입니다. 그 仁으로써 人生的 最高全德을 삼아, 一切의 根本原理를 말한 것은 天地原性의 全面意義를 包含 命名한 것으로서 (陸象山이 曰 "仁自夫子發之")실노 天地의 生成萬物하는 大德을 遺憾없이 體駿發明한 글자입니다. 이 仁이야말노 人生의 全般諸德을 統攝一貫하는 最高全德(吾道一以貫之)입니다. 이것이 그 王道政治의 精神点입니다.

그리고 다시 크게 다른 점은 하나는 절대윤리, 도덕주의인데, 다른 하나는 절대유리, 유권주의입니다. 유리, 유권이므로 방법은 투쟁일 수밖에 없고, 윤리도덕임으로 인정에 의뢰하지 않을 수 없습니다. 그 외 세목에 이르러서는, 하나는 옛 제도인 만큼 간단하고 하나는 현대인만큼 상세합니다. 그러나 상세와 간단은 아무 문제될 것이 없을 것이오. 오직 생활의 요소되는 생산과 배당에 있어서 기회를 公共하게 하는 점만은 동일한 정신에서 나온 것이오, 그 기회를 이용하는 방법 등에 이르러서는, 또 차이가 생길 것이니 하나는 천부인능을 제한하여 우열평등을 이상으로 삼고(현 소베트정책) 다른 하나는, 인능의 우열은 자유에 맡기고, 유일한 생활의 기회만을 공공公共하게 하는 것이었습니다.(王道政治)129)

설태희는 개인의 수양에서 인류평화의 공헌으로 확장되는 동양철학의 정수로 왕도정치를 제시하면서 이를 사회공산주의라고 하였다. 왕도정치는 생활의 중요한 요인인 생산과 분배의 기회를 공적으로 균등하게 배분한다는 점에서 칼 마르크스 사회공산주의와 동일하다. 그러나 칼 마르크스의 사회공산주의는 개인주의에서 출발하여 오로지 이익과 권리보장을 기준으로 삼고, 유교의 왕도정치는 가족주의에서 출발하여 절대윤리와 도덕을 기준으로 삼기 때문에 전자는 투쟁으로 추진하고 후자는 인정에 의뢰하게 되는 차이가 있다. 설태희는 계급투쟁은 또 다른 계급을 낳고 평화에 저촉된다는 점에서 왕도의 못 미치는 폐단으로 여겼다. 또 천부적으로 지닌 재능은 사람마다 다를 수 있는데도 이를 제한하여 절대 평등을 이상으로 삼는 소련의 공산주의정책에도 동조하지 않았다. 이런 점도 인능에 대해서는 자유에

---

129) 「有憂의 士에 與함」, 『삼천리』제6권7호, 1934.6.1. (16)

맡기고 생활상의 기회를 균등하게 하는 왕도정치가 더 바람직하다고 보았다.

이 밖에도 설태희는 왕도정치의 특징으로 역성혁명의 길을 열어둔 민본주의를 들었다. 역성혁명의 허용이 왕도정치를 왕도정치답게 만들어주는 것이라고 본 것이다. 또 『대학』에서 서인에서 인군에 이르기까지 수양을 인생의 기본으로 삼는 것을 절대평등주의라고 규정하기도 하였다. 이런 점은 무엇에 관한 평등이냐에 따라 의미부여가 달라질 수 있다. 또 이런 이상을 인정하더라도 유학이 구가한 현실세계의 모순에 대해서 반론이 제기될 수 있다. 그러나 그렇다고 할지라도 설태희의 왕도정치 - 실용교학의 재건은 고대의 도덕실천주의와 그것의 실효성을 되살리는 것이고[130] 그것이 매우 주체적인 시각에서 선택된 것이라는 점은 매우 유의미하다.

설태희는 정주성리학을 허학으로 규정하고 실용정신과 도덕실천주의에 입각한 유학의 본령을 되살려야 한다고 보았다. 그는 사회주의 이념, 자유주의 이념을 포함한 서구 철학사상을 접하면서도 이에 경도되지 않고 당대 실정에 맞는 실천방안과 철학적 대안을 찾았다. 그것은 다름 아닌 고대의 공맹유학과 이를 계승한 양명학이었다. 그가 인지하고 수용한 양명학은 그의 학맥과 무관한 독학의 결과였다. 물론 당시 동아시아 전통지식인의 개혁적인 사유가 양명학에서 비롯

[130) 「有憂의 士에 與함」, 『삼천리』제6권7호, 1934.6.1. (19) 要컨대 人民으로 하야곰 生活安定은 絶對問題가 아닐 수 없고 그러니까 鄙人은 이에 대하야 엇지엇지한다는 立言도 아니오. 運動的 宣言도 안이지마는 다못 四書三經에 일커어 잇는 道理를 講究*明하며, 東洋王道政治를 現代化로 再活케하야, 世界平和에 一大貢獻이 잇게 하자는 것이 惟一한 希願이오다.

된 경우가 많았던 것이 일정한 영향을 미쳤을 수는 있다. 그러나 자주정신와 실용정신을 유학의 본령으로 놓고 실질적 교학을 바탕으로 전통학문을 전환할 수 있다고 보고 독창적인 사상을 전개했다. 그는 일본 양명학의 성과에 매몰되어 양명학을 맹목적으로 추종한 것이 아니라, 그 핵심사상인 격물치지론에 대해 새로운 견해를 제시했으며 사구교의 초월성에 대해서는 반론을 제기하였다. 설태희의 판단기준은 전적으로 유교의 본령인 실용실학에 있었다. 그의 실용주의는 경제적 유리나 이권을 목표로 하는 공리적 실용주의가 아니라 도덕적 활용에 중심을 두는 도덕적 실용주의였다. 또 이에 기반한 실천론은 "조선은 조선인의 조선"이라는 민족생존권 보장과 대동사회의 구현을 위한 노력으로 구체화되었다. 실천으로 일관된 그의 실용주의 사상은 도덕과 생활 안정을 상충되는 관계로 보는 현대사회에도 시사하는 바가 크다.

제5장
'실학'의 재정립과 국학운동

1 조선을 볼 줄 아는 마음

1) 허虛는 가假의 근본1)

이제 근대 전환기 실심실학의 꽃이라고 할 수 있는 정인보의 사상과 국학을 살펴보고자 한다. 정인보는 앞서 살펴본 하곡학파의 실심실학을 계승하고 선배 개신유학자인 박은식, 설태희, 그리고 신채호와 교류하면서 구세와 민족의 계몽을 염원하였다. 정인보가 선택한 길은 중국망명이나 무장독립투쟁은 아니었다. 한일병탄 이후 중국에서 동제사의 일원으로 활동한 바 있지만,2) 그가 택한 길은 언론 활동

---

1) 이 글과 다음 2절은 『유교사상문화연구』제48집, 2012.6, 66~101쪽에 게재된 「담원 정인보의 주체적 실심론」을 수정·보완한 것이다.
2) 정양완에 의하면 정인보의 중국행은 경술국치 이후 1910년, 1911년, 1912년, 1913년 네 차례가 있었다고 한다. 그의 중국행을 놓고 유학이었다고 평가하는 견해가 있으나, 독립운동을 위해 중국행을 감행했다(정양완, 『내훈 / 정인보 소전』, 동서문화사, 2020, 380쪽) 고 보는 것이 타당하다. 정양완은 정인보가 1912년 생어머니 서씨를 모시고 안동현에 들어갔을 때 재종형 인승에게 보낸 편지

과 교육, 학문연구를 통해서 민족의 주체성을 되살리는 일이었다.[3] 그는 식민지 현실에서 절실히 "기도하는 심정"으로[4] '實'의 환성을 촉구하면서, 우리 문헌을 정리하고 연구하였다. 정인보는 중국에서 "귀국 후 1915년 중앙고보를 위시하여 1922년 연희 전문·이화여전·세브란스·혜화전문·협성신학교 등 강단에서, 신문(동아·조선)·잡지(개벽·동명·신동아 등) 논단에서, 그리고 순회강연회에서 조국광복을 위한 정열을 불태웠고, 1938년 일어 강의만이 허용되자 연희전문을 그만둔 뒤, 1940년 가을 창동으로, 1945년 봄 익산으로, 일본인을

내용을 근거로 들어, 당시로서는 독립운동을 위한 망명이 금수가 아닌 인간의 길이라고 여겼기 때문에 중국행을 택한 것이라고 하였다. 1913년 마지막 중국행에서 안효제, 신규식, 신채호, 박은식, 문일평 등과 교유하였으나 아내의 부음으로 이내 돌아오고 만다. 그러나 정인보가 다시 돌아가지 않은 것은 독립운동의 어려움을 느끼고 학문연구라는 다른 길을 선택했기 때문으로 보인다. 그는 스승 이건방을 제사지내는 글에서 "남(상해)으로 내가 배 떠났을 때 편지로 멀리 궁거워 하니 吳땅 구름 楚땅 달도 모조리 보살피심 속에 들었느니라. 날 감싸고 사랑하시고 될성부른 양 기대하셨지. 외유에 지쳐 돌아오자 뜻이 타락했다 꾸짖지 않으시고 더울 날 전진토록 옛날로 빗대어 고달픔 잊게 하셨네. '머뭇거리기도 하고 돌기도 하며 더러는 綿綿하여 더디기도 하여 쇠북이나 경쇠처럼 이리저리 감돌다가 멀리 참의 경지 따라 가야하느니라.'"라고 회상하였다. (정인보 지음, 정양완 옮김, 『薝園文錄』(中), 태학사, 282쪽)

3) 이것이 정인보에게 얼마나 중요한 문제였는가는 그 호 "담원"의 내력에서도 알 수 있다. "담원이라는 호는 와신상담의 쓸개 담자에서 육달월(月)을 빼고 위에 초두(++)를 얹은 치자꽃 담(薝)자라, 우리를 총칼로 짓밟고 억지로 빼앗은 일본에 대한 피맺힌 원한과 앙갚음을 잊지 않으려는 결의가 담겨져 있다." 정양완, 「나의 아버지, 나의 스승 담원 정인보 선생」, 『스승』 논형, 2008, 106쪽.

4) 『薝園鄭寅普全集』卷2, 「陽明學演論」, 113쪽. "내가 지금 이 글을 씀에 當하여는 바란다는 것만으로는 내 情懷를 말하기에 오히려 부족하다. 곧 懇乞코자 하며 곧 祈祝하려 한다."

310

피해 다니면서도 더욱 연구에만"5) 몰두하였다. 창동에서 익산으로 내려가게 될 때는 학교를 못 가서 걱정하는 딸에게 "걱정마라! 우리가 선생이 되어 우리 것을 가르치는, 우리학교에서 공부할 날이 머지않았다."6)고 하면서 진정한 국학교육을 염원하였다. 해방이후에는 실제 국학대학 학장에 취임(1947)하였고,7) 한학을 학문적 기반으로 하면서도 국학을 우선하여 한학을 고집하지 않았다.8) 그는 학생들을 격려하

---

5) 정양완,「나의 아버지, 나의 스승 담원 정인보 선생」,『스승』논형, 2008, 107쪽.

6) 정양완,『내훈 / 정인보 소전』, 동서문화사, 2020, 407쪽.

7) 그러나 1948년 국학대학장을 사임하고 감찰위원장이 되었다. 국학대학장 사임 원인은 학교 이사진의 전횡 때문인데, 이 일로 학생들이 성명을 내고 반발하는 사태가 있었다. 정인보는 유임을 결정했다가 결국 사임하게 되었고, 이후 국학대학은 휴강이 지속되어 휴업사태까지 벌어지게 되었다. 〈鄭寅普氏 國大 辭任〉 《東亞日報》1948.7.16 / 〈國學大學長 鄭氏辭表撤回〉《自由新聞》1948.8.4) / 〈鄭國學大學長 留任〉《東亞日報》1948.8.5 / 〈鄭寅普氏辭任停 國大學生會 聲明〉기보한 國學大學長 鄭寅普氏의 土任에 관하여 同大學 學生會에서는 作廿二日 다음과 가튼 聲明을 발표하엿다. 鄭학장의 사임건은 오로지 본교이사 高鴻基 자신의 독단적 모략행위이다. 따라서 우리재학생은 이러한 재단 운영자에 대하여 단호배격하고 끗까지 정학장밋 현교수진의 유임을 절대지지 옹호한다.(《漢城新聞》1948.7.23) / 〈開店休業인가 國學大學休講을 繼續〉 재단불충실이 원인이 되어 이미 약대(藥大)와 국민대학(國民大學)이 문교당국 (文敎當局)으로부터 당분간의 휴교(休校)를 선언받고 있는 터인데 이번에는 국학대학(國學大學)이 개점휴업(開店休業)상태를 계속하여 六백학생이 방황하고 있는 불상사가 벌어지고 있다. 즉 이러한 사태를 초래케된 원인은 고홍기 (高鴻基) 황문철(黃文哲) 고봉기(高鳳基)씨등을 중심으로 하는 재단이사측에서 권한 외에 있는 교무(校務)를 불필요하게 간섭함으로서 八월초에 정인보 (鄭寅普)학장이 부득이 사임하게 된데 있는 것이라고 한다.(《國際新聞》 1948.10.21)

8) 「위당과의 대담기」,『새한민보』1권15호, 1947.11.25, 21쪽. 廢止論을 떠들기보다 우선 우리말, 우리글을 찾어 쓰도록 해야지요. 우리말, 우리글처름 훌륭한

는 시가를 지을 때도 "세계를 살피자고 할 때 나부터 봐라"⁹⁾라든가, "남의 춤을 어이 추는가, 이제부터 내일은 내가"¹⁰⁾라고 하여 항상 우리 자신에 대한 자각과 주체성을 강조했다. 이는 청년기부터 계승한 하곡학의 영향으로 볼 수 있다. 그는 양명학에 대해서도 간이직절한 실천성보다는 그것의 기반이 되는 주체성에 더 주목하였다. 뿐만 아니라 주체성을 중시하고 이에 철저하려고 한 나머지, 스스로를 양명학자라는 학문적 당파성에 종속되는 것도 경계하였다.

> 나는 양명학자다, 그러니까 어떻게든지 양명학을 세워야겠다. 이렇게 생각한다면 그 속에 어떤 것이 잠복하겠는가? 나는 양명학자가 아니다, 그러니까 어떻게든지 양명학을 배척하여야겠다, 이렇게 생각한다면 그 속에 어떤 것이 서로 이어서 맺어지겠는가? 내 본마음의 시비대로 분별할 뿐이 아니라면 이는 다 사심이니, '그러니까'의 네 글자가 없다면 무슨 일에나 본심으로 좇아 조응照應하는 앞에 일체의 허, 가가 다 없을 것이다. 그러므로 내 양명학을 말하되 누구나 양명학을 좋다고 하는 선입견을 가지고 이에 긍정함은 바라지 아니한다. 반드시 자심自心으로 좇아 진시진비眞是眞非의 분별이 스스로 갈라져야 비로소 허가虛假의 권역을 벗어나는 것이다.¹¹⁾

것이……" 다시는 없다는 말씀이다. 漢學者일 수 없는 말씀, 그러기에 이이는 漢學者가 아니라 漢學에 造詣 깊은 우리의 國學者다. 國學大學의 長이시다.

9) 『薝園鄭寅普全集』卷1, 「薝園時調」〈國學大學歌〉, 83쪽. 이 시가는 국학전문학교가 국학대학으로 승격하고 정인보가 학장으로 취임(1947년)할 당시에 지어진 것이다.

10) 『薝園鄭寅普全集』卷1, 「薝園時調」〈京畿女子中學校 敎室에〉, 76~77쪽. 정확한 저술년도 기록은 없으나, 경기여자중학교라는 명칭을 쓰기 시작한 것이 1947년 이므로 그 이후에 지어졌음을 알 수 있다.

11) 『薝園鄭寅普全集』卷2, 「陽明學演論」, 239쪽.

정인보가 「양명학연론」을 연재하는 말미에 이와 같은 후기를 남긴
것은 이건방과 마찬가지로 정주학을 교조화하고 이에 벗어난 학설을
사문난적으로 배척한 조선 후기의 학문풍토가 여전히 계승되고 있음
을 의식했기 때문이다. 그는 주자학이든 양명학이든 어떤 학파나 계
통을 의식하는 것이, 인간이면 누구나 지닌 심을 이해하는 것을 방해
하는 선입견이 될 수 있다고 보았다.12) 이 또한 허가虛假를 불러오는
사심이기 때문이다. 그는 당시 지식인들이 사회진화론을 비롯한 서구
여러 사상을 무비판적으로 수용하는 자세에 대해서도 "때론 영국, 때
론 프랑스, 때론 독일, 때론 러시아로 바쁘게 다니지만 뛰어나다는
자가 거의 다 학자의 언설에다만 표준을 세워"13) 말만 그대로 옮겨놓
았을 뿐 실심에 부합하진 않는다고 하였다. 그래서 그는 "남들은 외풍
外風을 받아도 자심自心을 가지고 받은 까닭에 혹 비교도 하여 볼 수
있지만 우리에게 있어서는 외풍外風이 외풍外風이 아니"라서 비교할
것도 없다고 보았다.14) 안에 자기중심이 있어야 밖에서 들어온 다른

---

12) 『薝園鄭寅普全集』卷2, 「陽明學演論」, 242쪽. 나는 양명의 학설을 볼 때 이
   말이 양명의 말이 아니라고 생각한다. 사람의 다 같이 認定하는 것을 말하는
   것이 말하는 이의 말이라 할까? 너는 네 마음 네 본밑마음의 천생으로 가진
   그 앎에 의하여, 하려든지 말려든지 意念의 形成되려 함이 있거든 이를 바로
   잡으라 함이 이 과연 이상한 말이라 할까? 말에 對하여 말로써 옳다 그르다하
   는 것은 何等의 實이 없다.

13) 『薝園鄭寅普全集』卷2, 「陽明學演論」, 115쪽. 學問 에 대한 태도] 전부터
   이 冊張에서만 힘을 얻으려 하던 것이 더 한 층 늘어서 가론 英國, 가론 佛蘭
   西, 가론 獨逸, 가론 露西亞] 紛然 竝進하지만 대개는 工巧하다는者] 幾多
   學者의 言說만에다가 標準을 세워 어떻다, 무어라함이 대개는 저 '言說'로부
   터의 그대로 옮겨짐이요, 實心에 비추어 何等의 合否를 商量한 것이 아니니
   지금으로서 古에 비함에 과연 어떻다할까.

것을 다른 것이라 말할 수가 있는데, 안에 중심이 없어 비교대상도 없으니 그렇게 말하기도 어렵다는 것이다. 그런데 이것은 당시만의 문제가 아니라, 조선 사회가 갖고 있는 뿌리 깊은 문제였다.15)

정인보는 조선 역사 오백년 동안 오직 유학만 중시하고 그 중에서도 정주학만 신봉하여 그 폐해가 자기의 편의만 도모하는 사영파私營派와 학설을 배워 중화사상을 실현하려는 존화파尊華派로 나타났다고 하였다. 그에 의하면 이들 사영파와 존화파는 모두 도의를 표방하며 시대를 이끌었지만 결국 자신만을 위했다는 점에서는 똑같다.16) 사영파와 존화파는 이건방이 말한 가도의의 행태를 세분화한 것이다. 그는 다음과 같이 말했다.

> 그러므로 수백년간 조선인의 실심실행實心實行은 학문영역이외에 구차스럽게 간간히 잔존하였을 뿐이요, 온 세상에 가득찬 것은 오직 가행假行이요, 허학虛學이라. 허虛면 허인대로만 그저 있는 것이 아니라, 학문이 이미 허인 바에는 이 허를 타고 가로 뛰고 세로 뛰는 일종의 산물이 있었으니, 이는 다른 것이 아니다. 원래 인생의 수양이라는 것은 실심의 힘을 빌어서 편협한 자사념自私念을 누른 것인

---

14) 『薝園鄭寅普全集』卷2,「陽明學演論」, 132쪽.

15) 『薝園鄭寅普全集』卷2,「陽明學演論」, 132쪽. 이는 外風이 들어왔을 뿐이지 받은 自心자리가 糢糊함일세라, 어떠한 自心이 있어 이것을 비교할 것이랴. 이 現代 朝鮮의 過失이 아니다.

16) 『陽明學演論』.「1. 論述의 緣起」, 114쪽. 朝鮮 數百年間 학문으로는 오직 儒學이요, 儒學으로는 오직 程朱를 信奉하였으되 信奉의 弊가 대개 두 갈래로 나뉘었으니, 一은 그 학설을 받아 自家便宜를 圖하려는 私營派요, 一은 그 학설을 배워 中華嫡傳을 이 땅에 드리우자는 尊華派다. 그러므로 평생을 沒頭하여 心性을 講論하되 實心과는 얼러볼 생각이 적었고 一世를 揮動하게 道義를 標榜하되 자신 밖에는 보이는 무엇이 없었다.

데, 학문이 이미 허인지라 자사념만이 세월을 만나 날로 강성해지면서 그 동안 실심을 떠난 학문이 이 자사념을 끌어 잡고 또는 수식하는데 교묘한 효능을 발휘하여 사념이 드디어 가행으로 변하게 된 것이다. 그러므로 살육을 감행하고도 경전 속 성인의 말씀을 끌어대고 파쟁이 들끓지만 도의의 훈고에 대어 말 한마디 일 하나도 가에 의탁하지 않음이 없고, 또 살육과 파쟁을 여기에 의뢰할 뿐만 아니라 경제상 도의상 파쟁과 살육을 계속하지 않을 수 없도록 서로서로 떠들어 왔다. 다른 까닭이랴. 학문이 실심과 관계없기 때문에 자사념이 자연히 주가 되고 이것이 주가 되니 학문이 이를 싸고 돌게 된 것이다.[17]

정인보는 진가론으로 사회를 진단하면서, 가假 이전에 허虛라는 단계를 설정하여 전대에 비해 좀더 정밀한 논리체계를 세웠다. 그는 '실심'에 합당하지 않는 '허虛·가假'의 발생이 문제의 근원이라고 보았다. 사영파와 존화파가 생긴 원인도 물론 여기에 있었다. 그에 의하면, 학문이 허하면 그로부터 가가 발생하고 학문에서 가가 횡행하는 풍토는 사회전반에까지 영향을 미치게 된다. 조선시대 오백년 동안 정주학만을 신봉한 것 역시 자기중심 없이 따르기만 해서 외풍이라고 하기도 어려운 것이며 자기 진실성인 실심에 기반한 태도가 아니기 때문에 허학이라고 할 수 있다. 학문이 허하다면 그것이 학문적인 허로 끝나는 것이 아니고, 실심으로 자사념을 눌러야 하는 학문의 도리를 위반하고 오히려 자사념을 생산해낸다. 다시 말해 자기 문제의식 속에서 성립되고 선택되지 않고 맹목적으로 따르는 학문은 어짜피 자기와 괴리된 것으로 허할 수밖에 없고 어떤 일을 처리할 때도 사상적

---

17) 『薝園鄭寅普全集』卷2, 「陽明學演論」, 114쪽.

기반이나 판단 기준이 되지 못한다. 자기와 괴리된 틈 속에서 일마다 자사념이 자라고 중심이 되면 또 가행이 생기게 된다. 그러면 학문은 다시 이를 정당화하기 위해서 이용될 수 있다.[18] 정인보는 그 대표적인 경우가 바로 당쟁이라고 하였다. 겉으로는 경전이나 성인의 말씀을 가지고 정쟁을 이끌어가지만, 결국 자기 당, 자기만을 위해 의탁한 것에 지나지 않았다는 것이다.

> 한 두 학자의 홀로 구축한 학설이 대단할 것 없을 듯 하건만 한 번 자기 마음 상에서 홀로 아는 곳을 제치고 일체를 밖에서 방황한 뒤 이 세상과 내 마음을 판연히 둘로 만들어 "도를 걱정하지 나라를 걱정하지 않는다."는 소리를 거침없이 떠들게 되었다. 오호라! 나라야 걱정하지 않아도 좋다. 그러나 이 걱정을 떼고 따로 도의가 없나니 그 도가 실도實道, 진도眞道가 아님은 물을 것도 없다.[19]

과거 당쟁을 초래한 허는 당대에 와서는 국망의 현실을 어쩔 수 없는 형세로 받아들이고 유도수호만을 주장한 일군의 학자들을 만들어냈다. "도를 걱정하지 나라를 걱정하지 않는다."는 것은 병자호란

---

18) 『舊園鄭寅普全集』卷2, 「陽明學演論」, 116쪽. 實心을 만만히 보는 그 속에는 自私念이 쉽사리 들어서 있게 되고 그럴수록 '實心'에 대한 경시가 더해지면, 實心으로 비추어 살피지 않은 他說인지라 어느덧 自私念에 대한 이용물로 변하기까지도 한다.

19) 『舊園鄭寅普全集』卷2, 「陽明學演論」, 176쪽. 一二學者의 閉戶獨搆한 학설이 대단할 것 없을 듯하건만 한 번 自心上 獨知하는 곳을 제치고 一切를 밖에서 彷徨한 뒤 이 세상과 내 마음과를 判然히 둘로 만들어 심지어 "憂道不憂國"이라는 소리를 거침없이 떠들게 되었다. 오호라, 國이야 愚하지 아니하여도 좋다. 그러나 이 愚를 떼고 따로 道愚가 없나니 그 道가 實道, 眞道가 아님은 물을 것도 없다.

당시에도 춘추대의를 위해 나라가 망할 정도의 전쟁도 불사한다는 논리로도 존재했고 일제의 식민지가 되어가는 과정에도 존재했다. 이렇게 보면 정인보가 생각한 문제의 발단은 결국 가 이전에 허에 있었다. 그런데 허학의 의미는 단순히 실천이 없다는 의미는 아니다. 허학은 자신과 괴리된 주체성 없는 학문이지만, 조선에서 추종했던 정주학 이론자체에 허구적인 문제가 있었다는 것이 정인보의 견해이다. 그는 정주학의 문제점을 다음과 같이 비판하였다.

> 각각의 사물을 궁구하고 또한 통괄하여 살폈다 하자. 그러면 분석을 통한 독특한 관찰이 있게는 되겠지만 각 이치의 총합을 어디까지로 한도삼을 것인지도 모호할 뿐만아니라, 이는 탐구이니 박학의 종류이지 옳지 않고는 못 견딜 그 의意를 만드는 심경 속 생활이 아니다. 우주의 대체를 가지고 말하면 각기 나뉘어진 것이 곧 하나이니 풀 한 포기 돌맹이 하나가 가지고 있는 원리가 곧 대우주의 원리이다. 흩어져 각기 나누어진 것이기 때문에 각각을 분석하고 연구하면 대본大本으로 통할 수 있다. 회암晦菴의 탁견은 이점을 홀로 밝혔다는 것이다. 그러나 학자로서 우주의 생장을 탐구하는 학구적 방법과 수행하는 사람으로서 마음 속 절실한 생활을 홀로 행하는 요체는 다르다.[20]

> 회암 '격치格致'의 대의는 만일 사물을 나누어 탐구하는 분석적 정신으로 실제에 응용하였다면 물질에 대한 발명이 혹 서구와 대등하게 진보하였을지도 모른다. 그런데 이렇게 활용하지는 못하고 그 해석 그대로 심성을 수양하는 거기에다가 붙여서 요체로 삼고 보니 학자가 말로는 부연할 수 있으나 자기 마음 상에는 어떠한 착수처도 없다. 그렇게 해서 학문은 실상 자기 마음과 멀어지고 말았다.[21]

---

20) 『詹園鄭寅普全集』卷2, 「陽明學演論」, 119쪽.

위 인용문은 과거 주희의 격물치지학格物致知學이 허학이 될 수 밖에 없었던 이유를 설명한 것이다. 정인보는 풀 한 포기 돌 하나도 가지고 있는 리理를 궁리하여 보편적 리를 통관한다는 주희의 격물궁리 공부가 당대에 전혀 의미 없는 것은 아니지만, 그것이 마음을 이끄는 공부는 아니라고 보았다. 격물궁리를 통해 활연관통하는 것은 이론상 부연설명이 가능할지는 모르나, 견문지로 터득한 리를 심성수양의 착수처로 삼지는 못한다. 그는 우주론 체계의 정립이라는 점에서 주희의 공부법은 독자적이고 훌륭하지만, 물리적 원리를 탐구하는 박학의 공부법이기 때문에 수행과 거리가 멀다고 하였다. 또 격물궁리 공부를 오히려 사물을 관찰하고 분석하여 과학적 지식을 넓히는데 사용했다면, 당대 서구의 과학문명과 궤를 같이 하는 지식발전이 있었을 것이라고 보았다.[22] 그는 실제로 나비학자 석주명의 전문적이고 정밀한 박물학을 높게 평가하고 전일한 연구태도를 공경하였다.[23] 그런데 정주학자들은 격치의 공부를 이렇게 활용하지는 못하고 오히려 심성을 수양하는 중요한 공부법으로 매어 놓으니 문제가 발생한 것이다. 이런 의미에서 격치공부는 자기 마음과는 거리가 먼 허학이 되는 것이

---

21) 『薝園鄭寅普全集』卷2, 「陽明學演論」, 122쪽.

22) 조선의 문명개화를 주장한 사람들 중에는 실제로 주자학의 格物致知法을 과학지식을 추구하는 방향에서 이해하려는 움직임이 있었다. 이 논리는 格物致知에서 天理體認이라는 도덕적인 과제를 빼버린 것이었다. (박정심, 「개항기 格物致知學에 관한 연구」, 『한국철학논집』30집 참조) 鄭寅普가 물론 이와 같은 입장인 것은 아니다. 서구근대과학을 수용하기 위해 주자학의 格物致知法을 변용한 이들은 서구 문명 자체에 대한 도덕적 성찰을 도외시하였다.

23) 『薝園鄭寅普全集』卷5 「薝園文錄」(2), 228쪽. 石居宙明治博物, 因專精蝶類蔚爲名家, 敬其究心寂寞, 用志不分, 每晤輒爲移晷.

다. 그리고 그 결과는 다음과 같았다.

> 이 학문이 자기 마음과는 멀지만 학문이란 그 자체로 군중이 향
> 모하는 대상이기 때문에 우선 학문으로 자립할 생각이 없을 수 없
> 고, 다음 학문으로써 명예를 얻을 생각이 나지 않을 수 없다. 그래서
> 실상은 착수처가 없지만 있다고 할 수밖에 없고, 있다고 한 바에는
> 마음 상의 각성을 제치고 오직 문자상으로 들어맞추는 데에만 노력
> 하게 되기 때문에 '명덕明德', '친민親民'의 용솟음치는 열정은 거기
> 찾을 것이 아니다. 이미 저렇게 문자상에서만 노력하므로 사념의 싹
> 이 자연히 이를 따라서 점점 자라며 이로부터 자용自用과 배타가 날
> 로 성하여졌으며 이러면서도 경전문자에 들어 맞추려는 것이 점점
> 더 교묘해져서 여기서부터 화란이 비롯된 것이다. 알아야 한다, 허
> 는 가의 본本이다.24)

정인보에 의하면, 자기 마음으로부터 거리가 먼 것과는 관계없이
문벌지향의 사회가 공인한 학문인 주자학은 흠모의 대상이 되고, 이
를 통해 진정한 도학을 이루려거나 입신양명하려는 사람들이 생기게
마련이다. 그러면 마음 공부의 착수처가 없더라도 있다고 할 수밖에
없고 착수처가 있다고 한 바에는 실제로 깨닫는 바를 따지지 않고
문자 상에서 논리만 따지게 된다. 그리하여 "그것이 어찌하여 옳습니
까,"하고 물으면, 그 옳은 본질적인 이유는 대지 못하고 "응 누가 옳다
고 하였으니까,"라고 답한다. 정인보에 의하면, 자기 마음과 관계없이
이렇게 말과 글만 가지고 합당한가 합당하지 않은가 만을 따지는 것
은 다 허이다.25) 그리고 이런 일련의 과정을 통해서 자기를 합리화하

---

24) 『薝園鄭寅普全集』卷2, 「陽明學演論」, 122쪽.

고 자기 목적에 부합하기 위해 학문을 이용하며, 다른 것에 대해서는 배타적으로 대하는 자사념과 가행이 횡행하게 된다. 여기서 중요한 것은 허가 이러한 가의 근본이 된다는 것이다. 자기 마음을 떠난 허이면서도 가로 진행되지 않는 것은 없다. 허한 것을 허하지 않고 실제 그런 것이 있다고 합리화하는 거짓이 개입되면, 자기 이로움만 추구하는 위선이 고질적인 병이 되는 것이다. 합당한가 합당하지 않은가를 판단하는 표준으로 삼는 것은 오로지 자기 마음뿐이다.[26] 정인보는 이 자기마음을 곧 실심이라고 하였다. 그렇다면, 실심이란 무엇이며 어떻게 증명할 수 있는가. 또 조선 오백년 동안 경시당해 온 실심을 어떻게 회복할 수 있는가. 그는 스스로 이런 물음들에 해명하고자 하였다.

2) 실심의 환성과 민중 감통

정인보의 사상과 국학연구, 제반 활동은 모두 實의 환기를 목표로 하고 통일적인 구조를 지닌다. 그것은 바로 실심과 감통이다. 「조

---

25) 『薝園鄭寅普全集』卷2, 「陽明學演論」, 240~241쪽. 그것이 어찌하여 옳습니까, 응 누가 옳다고 하였으니까, 그 '누가' 朱子만이 아닐 뿐이지 自心으로 實照하여 가지고 眞是를 구하지 아니하기는 전이나 지금이나 꼭 一般이다. 虛인 줄 알라. 저 말로서의 合否, 저 글로서의 合否, 이것은 다 虛인 줄 알라. 제 마음을 제쳐놓고는 합부의 標準이 없다. 오호라, 이 항상 講論을 가다려 알 것이란 말가.

26) 『薝園鄭寅普全集』卷2, 「陽明學演論」, 241쪽. 自心으로 實照하여 가지고 眞是를 求하지 아니하기는 전이 지금이나 꼭 一般이다. 虛인줄 알라. 저 말로써의 合否, 저 글로써의 合否, 이것은 다 虛인줄 알라. 제 마음을 제쳐놓고는 合否의 標準이 없다.

선고서해제」(1931)를 위시로 해서 「양명학연론」(1933), 『조선사연구』
(1946~1947), 『담원문록』(1967)[27] 등 그의 모든 저술이 실심과 감통이라
는 단어를 통해 해석될 수 있다.

정인보가 말하는 실심은 물론 자기 본마음을 떠나지 않았다는 의미
에서 실이며 곧 자사념과 반대되는 개념이다. 이것은 기본적으로 양
명학에서 말하는 시비선악을 밝게 아는 도덕 본심, 곧 양지良知와 같
다.[28] 그는 과학적인 실증방법을 중시하는 당대 학술풍토에 대응하는
논리[29]로 실심을 설명하였다. 정인보에 의하면, 조선 학술로부터 경
시당해 온 실심은 "어떤 밝은 거울 같이 휙 한번 비치며 옳다던 것도
그른 것으로, 안해야 한다던 것도 꼭 해야 할 것으로 가릴 수 없이

---

27) 「陽明學演論」은 「國學人物論」 일부와 합본하여 홍이섭이 해제를 붙인 『양명
학연론(외)』(1972, 三星文化財團)로 출판되기도 하였다. 『朝鮮史研究』는
1934년 동아일보에 연재한 〈오천년간 조선의 얼〉을 정리한 것이다. 「朝鮮古書
解題」는 그가 신문에 연재한 「국학인물론」등 국학관련 글과 함께 백낙준에
의해 『薝園國學散稿』(1955, 文敎社)로 출간되었다. 생전에 시문을 모은 『薝
園時調』(1948, 乙酉文化社)이 출판되었고, 수필과 편지글을 모은 『薝園文錄』
(1967, 연세대학교 출판부)과 그의 저술들을 총망라한 『薝園鄭寅普全集』
(1983, 연세대학교 출판부)이 출판되었다.
28) 鄭寅普의 양명학관에 대해서는 한정길, 「鄭寅普의 陽明學觀에 대한 연구」,
『東方學志』제 141집, 연세대학교 국학연구원, 2008.에 상세하다. 본 서에서는
鄭寅普다 왕수인의 이론에 기본적으로 동의한다고 전제하여 이들의 관련성에
대해서는 논외로 하고 鄭寅普의 實心論 자체에 주목하고자 한다.
29) 이 점은 그의 역사 연구 방법에도 적용되었다. 그는 실증을 중시한다는 일제
사학이 오히려 이를 조작하는 것을 비판하고 왜곡된 역사를 바로잡기 위해서
문헌고증, 고고학 자료의 분석과 같은 실증적 방법을 사용했다. 이만열, 2008,
「위당 鄭寅普의 한국 고대사 인식」, 『동방학지』제141집, 연세대학교 국학연구
원 참조.

분별"하는 것이다. 이는 어디서 온 것도 아니고 명예나 이익을 추구하는 마음도 아니며 영국의 모 학자, 프랑스의 모대가, 독일의 모 박사 러시아 모모의 학설 등 세칭 세계적인 대학문에 기대 알 수 있는 것도[30] 아니다. 실심은 곧 옳고 그름을 밝게 비추어 판단하는 주체이고 무엇보다도 "가릴 수 없는" 것이다. "가릴 수 없다"는 말은 가리려고 해도 가려지지 않는다는 것인데, 이는 속이려고 해도 속일 수 없는 것과 통한다. 정인보는 이 점을 대단히 중시하였다. 그는 양명학이 "곧 우리의 마음이 타고난 그 본밀대로 조그만 속임수도 없이 살아가려는 공부"[31]라고 규정하면서, 실심인 양지를 "본밀 마음"으로 설명하였다. 본밀 마음은 속이려 해도 속일 수 없는 본심이다. 다른 사람은 얼마든지 속일 수 있지만, 자기 자신만은 속일 수 없는 이 마음 이외의 다른 것은 모두 사념이다.[32] 본밀 마음이란 나의 내면에서 가장 진실한 부분이라고 할 수 있다.

그런데 여기서 본밀 마음의 존재를 어떻게 증명할 수 있는가, 또 그 마음으로 선악을 어떻게 분별할 수 있는가 하는 문제가 제기될 수 있다. 당시 학술 사조에 따라 본밀 마음을 증명한다면, 과학적인

---

30) 『詹園鄭寅普全集』卷2,「陽明學演論」, 116쪽.
31) 『詹園鄭寅普全集』卷2,「陽明學演論」, 124쪽. 陽明의 學은 心學이니 心學이라 하면 心을 對象하여 가지고 考察함이 아닌가 하리라. 이것은 近世學術上 述語만을 아는 말이다. 陽明의 心學은 그런 것이 아니니 곧 우리의 마음이 타고난 그 본밀대로 조그만 挾詐가 없이 살아가려는 공부이다.
32) 『詹園鄭寅普全集』卷2,「陽明學演論」, 124쪽. 어떤 것이 본밀 마음인가. 다른 사람은 속일 수 있어도 저 자신은 속일 수 없으니 속이려는 것을 邪念이라 하고 속일 수 없는 곳을 本心이라 한다. 그러므로 엄격하게 마음을 말한다면 본밀마음이 이 마음이요 그 외 것은 곧 마음의 적이다.

실험이나 분석에 바탕 한 실증 작업이 있어야 할 것이다. 정인보는
본밑 마음이 곧 리이고 자연히 이루어지는 질서이며, 인위적으로 하
지 않기 때문에 천명天命33)이라고 하였다. 또 그 마음이 우리에게 본
바탕으로 주어진 것이 아니라면, 속이고 싶고 가리고 싶은 데 따라
누구든지, 그리고 얼마든지 속이고 가릴 수 있어야 하는데, 그럴 수가
없다. 그는 이렇게 가릴 수 없다는 것 자체가 본밑마음의 존재를 증명
한다고 보았다. 그는 "체계는 또 무슨 체계냐. 내가 하려는 것을 하지
내게 부끄러운 것은 않으려는 단순한 법문이요, 실증實證은 또 무슨
실증實證이냐, 누구나 학문은 없어도 '나'야 있지 않으냐. 내가 내 속
을 속이지 못한 것은 다 자증自證하고 남음이 있지 않으냐."34)라고
하여, 실증이나 체계는 문제 삼을 것이 없다고 하였다. 이런 이론을
설명하는 학문이 없더라도 '나'는 있고 어느 누구도 아닌 자신에게
부끄러운 것은 하지 않으려는 단순한 것에 억지로 체계를 만들 필요
도 없다는 것이다. 더구나 내가 나를 속이지 못하는 그 지점은 다른
것을 들어 증명할 필요 없이 자기 스스로의 경험으로 증명될 수 있다.
결국, 정인보는 자기 자신한테 만큼은 가리려 해도 가릴 수 없고 속이
려 해도 속일 수 없는 이 마음에 대한 경험 자체를 모든 문제의 핵심
이자 답으로 삼았다. 선과 악을 어떻게 규정할 것인가 하는 문제도
마찬가지다. 정인보는 다음과 같이 말했다.

---

33) 『簷園鄭寅普全集』卷2, 「陽明學演論」, 125쪽. 그런즉 陽明의 이른바 心은 곧
理이니, 理라는 것은 自然히 이루어지는 秩序라 人爲가 아니매 天命이라 하
는 것이다.
34) 『簷園鄭寅普全集』卷2, 「陽明學演論」, 124쪽.

얼른 보아 정해지지 않은 듯하지만 내 본밑 마음이 옳다 그르다
고 하는 판단을 기준으로 선악의 분계를 정하는 것 자체는 언제나
변하지 않는 것이다. 그러므로 시대에 따라 변하였다, 처지에 따라
바뀌었다 해보자. 내 본밑 마음에 비추어 옳다 그르다 하는 이 두
가지를 가지고 선악의 분계를 정하는 것도 혹 변하고 바뀐 적이 있
었는가?[35]

정인보가 정제두의 "선악무정형善惡無定形"론이 선악에 대한 가장
합당한 해석이라고 평했다.[36] 그는 기본적으로 양지자체에 선악이 정
해져 있는 것도 아니며,[37] 선악이란 본래 고정된 형태로 정해진 것이
아니라 사람들에 의해 설정되는 것이라고 보았다. 따라서 무엇이 선
이고 무엇이 악인지 특정할 수가 없다. 선악이란 판단 기준이 아니라,
판단 결과가 되는 것이다. 그렇다면 선악을 아무런 기준 없이 마음대
로 정하면 되는 것일까? 정인보는 속일 수 없는 자기 본밑 마음이
선악을 판단하는 진정한 주체이자 기준이 된다는 것만큼은 분명하다

---

35) 『薝園鄭寅普全集』卷2, 「陽明學演論」, 162쪽.
36) 『薝園鄭寅普全集』卷2, 「陽明學演論」, 224~225쪽. "善惡이 원래 定形이 있는
    것이 아니다. 本然한 條理대로 함을 善이라 하고 己私에 움직임을 惡이라
    하는 것이다. 그 行이 비록 善일지라도 그 움직임이 本體 그대로가 아니면
    善의 本이 아니다. 그러므로 善이란 어떤 一定함으로써 말하지 못할 것이라.
    오직 條理대로 함을 가리켜 至善이라 하는 것이요, 性은 善할 뿐이로되 실상
    定名할 善이 있음은 아닐새 無善이라 하는 것이다. 그런즉 無善의 善자는
    定名할 善을 가리킴이요 至善의 善을 이름이 아니다" 이 일단이 無善에 대한
    解義로 가장 精透하여 古人의 未發한 배라.
37) 『薝園鄭寅普全集』卷2, 「陽明學演論」, 189쪽. 良知는 善을 善인 줄 알고 惡
    을 惡인 줄 안다. 그러나 感하는 그대로 應할진대 그 자체는 至虛한 것이라,
    여기는 善惡이 없다.

324

는 사실을 강조했다. 중요한 것은 속일 수 없는 실심의 경험이다. 그는 양명학에서 말하는 것처럼, 본밑 마음이 천생이자 중中으로서 평형平衡이고, 선악이 고정적이고 대립적인 실체 개념이 아니며, 본밑 마음에서 과불급이 생기면 그것이 악이 된다고 보았다.[38] 이런 점에서 실심은 법칙성을 지닌다.

하지만 여기서 또 다시, 속일 수 없는 본밑마음, 실심이 존재한다고 하더라도 우리가 그것을 언제 어느 때나 경험하는 것이라고 볼 수는 없지 않은가, 속일 수 없는 그것이 과연 실심인지 아닌지를 어떻게 알 수 있는가 하는 물음이 제기될 수 있다. 가이면서도 가인줄 모르는 것처럼 자사념에 물들어 악을 행하면서도 스스로 의심하지 않는 경우도 있을 수 있기 때문이다. 정인보는 이 점을 다음과 같이 설명했다.

> 몸에 밴 안 좋은 습심習心에는 명예를 추구하고 이익을 추구하는 그림자가 은은히 한 구석에 있다. 또 몸에 밴 안 좋은 습심이 있는 상태에서는 일체 명예와 이익을 초월한 판단을 하지 못한다. '양지'의 판단, 이러한 것은 사람마다 가끔 당하는 것이나, 그러나 자기 혼

---

38) 『舊園鄭寅普全集』卷2, 「陽明學演論」, 156쪽. '中'은 곧 치우침도 없고 기욺도 없음을 이름이니 '良知'의 자체, 본래란 이러한 것이다. 그러므로 어떠한 增損이 없이 '良知'의 발현만에 의존할진대 천연한 '中'이 곧 여기있는 것이다. 쉽게 말하면 어떠한 일에 臨할 때 意念의 치우침과 기욺이 없음을 스스로 아니 치우침을 치우침으로 알고 기욺은 기욺으로 아는 그 '앎'이야말로 곧 더할 수 없는 平衡이니 이 이른바 천연한 '中'이다. 그러므로 한 '良知'로되 이를 지칭함에 있어 그 앎을 '良知'라 하고 그 밝음을 '明德'이라 하고 그 신체의 天然한 平衡을 '中'이라 하고 이 곧 지극함이라, 여기에 대하여 增損할 수 없음을 '至善'이라 하는 것이다. / 80쪽. 善惡이 對等이 아니라 本體에 조그만 치라도 過不及이 있으면 이를 惡이라 한다 함이 또한 陽明學의 큰 頭腦이다.

자 옳다고 판단하는 것이 분명하지 않은 경우를 말하는 것이 아니요, 자기 혼자 그르다고 판단하는 것이 하는 것이 분명하지 않은 경우를 말하는 것도 아니다. 그 중에서 분명한 것, 자기 혼자서는 스스로 한 편의 책임감과 불안감이 생기고 한편의 긍정과 받들어 복종함이 생기는 것, 이는 자기 스스로 '본 맘'으로 아는 것이다.[39]

정인보도 오래도록 자사념에 물들어 몸에 배어있는 안 좋은 습심習心에 의해 판단이 내려질 수 있다는 사실을 인정했다. 그에 의하면, 여기에는 항상 명예와 이익을 추구하는 마음이 도사리고 있기 때문에 이를 완전히 배제한 판단을 내리지 못한다. 본래 양지는 누구나 가지고 있는 타고난 바탕이지만, 현실상에서 양지의 판단이란 사람에 따라서 가끔 있는 일일 수 있다. 이는 다시 말하면 어떤 것을 실심으로 비추는 경험이 누구에게나 항상 일어나는 일은 아니라는 것이다. 정인보는 자기 스스로 판단했을 때 옳다거나 그르다는 생각이 분명하지 않은 것은 양지의 판단, 실심의 경험에 해당하지 않는다고 하였다. 그것은 스스로 판단했을 때 분명한 것이어야 한다. 그렇다면 어떤 것이 분명한 것인가. 그는 조금이라도 마음이 무겁고 자책감이 들거나 불편함이 생기는 것, 그리고 자기 판단에 문제가 있다는 사실을 조금이라도 인정하게 되고 이에 복종하는 것이 분명한 것이라고 하였다. 이렇게 스스로 아는 것이 바로 본 맘, 즉 양지이자, 본밑 마음이며 실심이다. 그리고 이런 경험이 바로 스스로 알아서 속일 수 없는 실심의 경험이다. 정인보가 말하는 실심이라는 것은 스스로의 허나 가를 바로 알아차려서 불편함을 느끼고 이런 상황을 있는 그대로 인정하게

---

39) 『薝園鄭寅普全集』卷2, 「陽明學演論」, 133쪽.

되는 심리 상태를 동반하는 것이다. 그는 이런 의미에서 "한 점의 허위虛僞도 여기에 섞이지 않는 것이 곧 양지의 광명이 비춘 것이다"[40] 라고도 하였다.

정인보는 퇴계가 종로 거리를 지나다가 관기 한 무리가 지나가는 것을 한 동안 바라보다가 고개를 숙이며 혼자말로 "이 마음이 나를 죽이는구나"라고 했다는 일화를 들면서 다음과 같이 말했다.

> 철인哲人이 별 사람이 아니라 나 혼자만 아는 속에 부끄러울 것이 없는 분이다. … 다른 말이 아니다. 저기를 보고 마음이 그리 끌리니 내가 나를 주장하지 못한 것이요, 잠깐이라도 내가 스스로 서지 못하게 되면 내가 없다. 내가 없어지도록 되고 보면 죽은 사람과 다르지 않으므로 이 마음이 나를 죽인다고까지 한 것이다. 철인哲人일수록 작은 외유도 큰 도적 같이 보는 법이다. 남이 모르고 나 혼자만이 아는 이것이 수행하는 중심점이다. 아무리 잘 속이는 무리라도 자기는 못 속인다. 속일 길이 없는 이 한자리가 사람으로서 사람 노릇하는 학문을 하는 다시없는 외길목이다.[41]

정인보는 "이 마음이 나를 죽이는 구나"라고 한 것을 잠시 일어났던 욕망이 나를 바로 서게 하는 진정한 주체를 없앤다는 의미로 이해했다. 또 "잠깐이라도 내가 스스로 서지 못하게 되면 내가 없다"는 것은 속일 길이 없는 이 한 자리의 실심이 주체가 되지 않는다면 나는 나로서 의미가 없다는 것이다. 이 말을 보면 그가 실심의 도덕적 주체성을 얼마나 중시했는지 알 수 있다. 이는 본심대로 하는 것은 결국

---

40) 『詹園鄭寅普全集』卷2, 「陽明學演論」, 173쪽.
41) 『詹園鄭寅普全集』卷2, 「論說·隨筆·漢詩」〈마음의 節制〉, 329쪽.

욕망대로 하라는 것이라는 양명학비판론자들의 견해를 무색하게 하는 변론이다.

양명후학들은 종종 현실상에서 양지가 현현하므로 욕망대로 살 아야 한다고 주장해서 명대 후기의 사회적 병폐를 초래했다는 비판을 받아왔다. 정인보도 양명의 제자인 왕용계의 후학들 가운데 실제로 그런 인물들이 있다고 했지만, 그들은 학문 정수를 계승하거나 인가를 받은 사람들이 아니라고 하였다.[42] 그들은 양지와 자기 사사로움의 경계선을 철저히 구분하지 못하고 한 점 사사로움 없는 지극한 성의의 준엄하고 엄숙한 마음을 갖다가 욕구와 섞어버리고는 "너 아는 대로 행하라", "네가 하려는 것이 곧 선이다." 하는 어구만 쫓은 것이다.[43] 이처럼 사사로운 욕망, 곧 자사념과 실심을 구분하고 본래적인 저로서 인정하지 않는 것은 전통 유학의 입장을 그대로 계승한 것이다. 이런 의미에서 정인보가 말하는 진정한 주체의 확립, 실심의

---

42) 『詹園鄭寅普全集』, 「陽明學演論」卷2, 204쪽. 龍溪의 學이 流弊없지 못함도 事實이로되 이것도 稟悟의 所近한 사람에게 轉入되었을 뿐이니 直接 그 及門제자ㅣ 그 印板을 받음은 아니니.

43) 『詹園鄭寅普全集』, 「陽明學演論」卷2, 201쪽. 弊害의 미침이 가장 큰 것으로는 良知와 己私에 대한 界線을 徹底히 辨別하지 아니하고 들떼놓고 "너 아는 대로 行하라", "네가 하려는 것이 곧 善이다.", 이러한 種類의 言句를 들어가지고 一點己私ㅣ 일어나지 아니한 데서 "그대로"가 있고 "如好好色 如惡惡臭"의 誠意 至極하고야 "하려"는 것이 善이 되는, 이렇듯 嶄峻 森嚴하고 凜肅精明함을 갖다가 쉽사리 己私에 混雜하여 捷徑을 誇耀한 一派이니 말한 이 하상 잘못이 아니라 들은 이 잘못 解釋함이로되 그 말이 이만큼 잘못 듣기 쉽게 됨에 있어서는 말한 이 責任이 없을 수 없으니, 그러므로 龍溪 "動意上工夫를 煩雜타"하고 또 無善無惡에 대하여 超悟一步를 提說함을 緒山이 마땅치 아니하게 알아 "妙道는 說하지 말라. 愚夫愚婦를 위하여 法을 세운 것이 聖人의 말이라"한 것인데

환성은 도덕적 자각과 양심의 자유에 기반 하는 도덕주체를 확립하는 것이라 할 수 있다.

그러면 이제 어떻게 하면, 實心의 경험을 늘리고 온전히 회복하는가 하는 공부문제가 남는다. 이는 앞서 잠시 언급했듯이 '책임감'과 '불안감'이 생기고 이를 따르게 되는 과정 자체이다. 그는 다음과 같이 말했다.

> 우리의 일대사가 본심의 환기에 있나니, 본심 환기에 대한 첫 단계, 즉 유일한 정경을 말씀하지 않을 수 없습니다. 환기로 부터 아주 회복에 이르고, 첫 단계로부터 주 본령에까지 이르는 것은 우리들의 노력에 달려있는 것입니다. 우리가 무슨 일을 하거나 하지 않는 데는 모르고 나 혼자만 밝게 아는 편안과 불안이 있습니다.…. 이제 이 불안한 생각이 있을 때, 곧 하지 않아서 불안할 때는 반드시 하고, 해서 불안할 때는 반드시 하지 않아서 이 불안을 편안하도록 노력하여보시면 얼마 지나지 않아 자연히 무엇에든지 이 불안을 느낌이 전보다 예민할 것입니다. 이 느낌이 예민할수록 스스로 불안을 견디지 못함이 한층 한층 더욱 심할 것입니다. 차라리 몸이 죽고 집이 망할지언정 이 불안은 견디지 못하게 됩니다. 이 불안이 나를 위하는 생각에서 생기는 것이 아니라, 본심으로서의 느낌이니 본심이 본심대로 나타나야 비로소 편안함을 얻을 것입니다. 그러면 족류에 대한 희생과 고심에 대한 구원이 비로소 참될 것이며, 자신을 돌아보고 살핌과 사사로운 생각을 씻어버리는 것이 비로소 참될 것입니다.[44]

곧 도덕적 불안을 놓치지 않고 편안함으로 바로 되돌리는 그것이

---

44) 『詹園鄭寅普全集』卷2, 「論說・隨筆・漢詩」〈歷史的 膏盲과 吾人의 一大事〉, (1928.9~10, 《청년》) 280쪽.

바로 실심을 회복하는 공부이다. 또 위 연설문은 양명이 말한 격물이나 치양지공부를 가장 잘 설명한 것이기도 하다. 정인보가 말하는 공부의 기본 구도는 마음에서 발동하는 의념을 바로잡아 본래의 양지를 회복하는 양명의 공부론과 같다.

오직 '앎'이 완전히 이루어진 뒤라야 옳고 그름의 가부가 극도로 밝아지며 감각의 정도가 최고로 예민하게 된다. 그래서 해야겠다고 판단해서 하려고 하면 그에 뒤따르게 될 사망복멸死亡覆滅이 이를 막지 못하고, 하지 말아야겠다고 판단해서 하지 않으려고 하면 앞에 다가올 부귀존영富貴尊榮이 이를 끌어당기지 못할 뿐 아니라 전류가 철선을 통하듯이 하지 않을 수 없고 고양이가 쥐를 차듯이 차지 않을 수 없으니, 이것이 만일 타고난 것이 아니라면 이러한 스스로 마지 못하는 경계가 없을 것이다. 그러나 이 '앎'을 완전히 이루려 한다면 이 '앎'이 비판한대로 뜻 가는 곳마다 그 바르지 못함을 곧 바르게 하여 – 다시 말하면 즉 이 '앎'을 수용하지 못할 뜻을 이 '앎'에 의하여 교정하여 – 한번 두 번 자꾸 쌓이면 쌓일수록 양지가 더욱 밝아지게 되고 밝아지면 밝아질수록 점점 더 예민해져서 나중에는 양지의 완성을 보게 되는 것이니, 이것이 양명의 주장인 동시에 회암설을 배척하게 되는 이유이다.45)

윗 글에서 말하는 '앎'은 당연히 양지이자 실심이다. 정인보에 의하면, 뜻 가는 곳마다 이 실심이 비판한대로 잘못을 바로잡는 것이 공부의 기본 내용이다. 다시 말해 실심이 허용하지 못하고 실심을 수용하지 못하는 뜻을 실심으로 교정하는 것이다. 이러한 과정이 자꾸 쌓이면 실심 양지가 더욱 밝아지고 예민해져 결국엔 본래대로 완전해진

---

45) 『薝園鄭寅普全集』卷2, 「陽明學演論」, 120쪽.

다. 자기를 속일 수 없는 실심으로 실심이 향하는 바를 따라 행하기를 반복하면 그동안 자사념으로 무뎌졌던 도덕적 직관력이 예민해져 판단을 더 잘하게 된다. 무뎌진 것이 예민해진다는 의미는 뜻이 가는 곳마다 잘잘못을 밝게 알지 못함이 없고 억지로 노력하지 않아도 알아차린 바대로 막힘없이 행하게 된다는 것이다. 정인보는 이를 전류가 철선에 통하듯, 고양이가 쥐를 잡아채듯 자연히 그렇게 하지 않을 수 없게 되는 것이라고 하였다. 이 공부는 지금까지 살펴본 것처럼 남이 대신할 수 있거나 쉽게 알아 볼 수 있는 것이 아니다. 정인보는 이를 홀로 있을 때의 행위 혹은 혼자만 아는 속에서 공부가 이루어지는 것이라고 하였다. "한 점의 허나 가도 섞이지 않게 하는 것이 양지가 밝게 비춘 것"이라는 말은 바로 이 점을 지적한 것이다. 이것은 한 마디로 말하면 다음과 같이 정리할 수 있다.

> '일진무가一眞無假' 네 글자가 양명학의 본령이다. 남 모르고 나 홀로 아는 이 한 곳이 의義와 리理와 선과 악이 갈리는 지점이니 여기서 소스라쳐 놀라 각성함이 있으면 곧 진생활眞生活이 비롯되는 것이다.46)

정인보는 공부의 핵심이 "일진무가一眞無假"라고 했다. 나 홀로 아는 마음자리에서 매 순간 부단히 오로지 진실되고 거짓이 없게 하는 것이 제대로 사는 것이다. 매순간 거짓 없이 진실하라는 것은 간단하지만 쉽지 않은 일이다. 정인보는 이 공부가 간이직절하고 빠르다고들 하지만, 실심에서 털끝만큼이라도 가공되는 것이 있거나 다른 길

---

46) 『詹園鄭寅普全集』卷2, 「陽明學演論」, 132쪽.

로 간다면 곧 바로 삿된 것이 되므로 쉬운 일이 아니라고 하였다. 게다가 세상의 갖가지 변화에 조금의 부족함도 없이 다 합당하게 대응할 수 있는 상태가 되어야 완성되는 공부이기 때문에, 일생을 경계하고 두려워해야 간신히 도달할 수 있다는 것이다.[47]이는 자신의 이기심을 포장하는 조금의 허위도 용납지 않으면서 상당한 도덕적 긴장감 속에서 살아가야하는 공부이다. 그리고 본심, 양지, 본밑마음 등으로 표현할 수 있는 실심의 진실성과 법칙성, 주체성을 온전히 회복할 때 반드시 동반되는 속성이 하나 더 남아있다. 그것은 바로 다른 존재에 대한 감응성이다.

정인보에 있어서 내면의 진정한 주체인 실심의 판단 영역은 주체의 삶을 형성하는 모든 것이라고 할 수 있다. 우리가 살아가는 한 언제나 도덕적 판단을 내릴 수밖에 없는 상황에 직면한다는 사실을 상기해보면 이는 그리 새로운 문제도 아니다. 정인보가 처한 상황은 잘 알다시피 개인의 문제보다는 민족의 생존과 번영의 문제가 더 많이 논의될 수밖에 없는 상황이었다. 이런 상황에서 그는 주체성의 확립이라는 문제를 개인의 차원만이 아닌 민족의 차원으로 확장시켜나갔다. 이 논의의 이론적 기반이 된 것은 전통 유학의 도덕적 이상인 "천지만물일체天地萬物一體의 인仁"이다.

---

47) 『薝園鄭寅普全集』, 〈後記〉 240쪽. 원래 學問의 要는 自心上 獨知處로 좇아 그 念의 不正함이 없게 함에 있나니 실로 簡하다. 그러나 太簡함은 아니니 이 以上 一毫의 加工이 있을진대 이 곧 私僞요, 실로 捷하다, 그러나 太捷함은 아니니 이 以外 一曲의 別路를 찾을진대 이 곧 妄邪이다. 그러나 簡하다 하라, 萬變을 應하여도 匱乏함이 없이 曲當하며, 捷하다 하라, 一生을 戒懼함으로써 간신히 到達함이 있다 할까.

양명학에서는 모든 존재가 일기一氣로 통하기 때문에 원리적으로 하나이며 인간의 양지는 진성측달한 마음으로 본래 다른 존재와 감응하는 속성을 지닌다. 정인보도 만물일체를 실심의 감응으로 설명하였다. 그에 의하면 실심의 판단과 실천은 복잡한 이론적 사유를 통해 이루어지는 것이 아니라, 직관적인 감응으로 이루어진다. 그는 "양지는 사물을 떼고 그 체體 없으니 사물의 감응만 있고 거기 대한 하등의 보탬과 덜음이 없는 까닭에 지극히 비어서 곧 지극히 실實하다"[48]고 하였다. 실심의 감응, 혹은 비춤 이외에 보태고 덜어내는 다른 어떤 조작은 필요가 없다. 이는 양명이 양지의 비춤에 덜 것도 없고 보탤 것도 없다는 말과 동일하다.[49] 감응은 사태에 직면하는 순간 이루어지기 때문에 미리 정해진 것이 없고, 따라서 비어있다고 할 수 있으며, 그렇기 때문에 그때그때 상황에 맞는 적절한 판단이 가능하므로 실하다고 할 수 있다. 그는 또 다음과 같이 말했다.

> 무릇 '민民'이란 '자기'와 대칭되는 것이나 민民을 친親하는 친親이 명덕明德을 명明하는 명明과 곧 하나이다. 쉽게 말하면 내 마음이 천생으로 가진 '밝음'을 밝히는 것과 집안, 국가, 천하에 대한 '애틋'과 둘이 아니라는 것이다. 이 밝음이 아니면 이 애틋함이 없고 이 애틋함이 없으면 이 밝음이 아니다. 학문의 골자가 이 한 곳에 있는 것이니 한 찰나라도 민중과 나와의 일체적 감통感通이 없다면 내 마음의 본체가 없어진 것이다.[50]

---

48) 『薝園鄭寅普全集』卷2, 「陽明學演論」, 173쪽.
49) 『王陽明全集』卷2, 「傳習錄」(中)〈答陸原靜書〉157條. 未發之中, 卽良知也. 無前後內外, 而渾然一體者也. … 然而寂然者未嘗有增也. 無事而寂然, 固可以言靜. 然而感通者未嘗有減也.

정인보에 의하면 실심은 타인에 공감할 줄 아는 인仁의 바탕에서 스스로 시비판단과 행위의 준칙이 되고 실행의 주체가 되는 것이다. 그리고 주변 존재에 대한 공감으로부터 세계로 확장되는 공감과 그에 따른 무언가를 실행하지 않으면 안 되는데, 그것이 감통感通이다. 이는 『대학』의 삼강령인 "대인의 학문은 명덕明德을 밝히는 데 있고 백성을 친親하는 데 있으며 지선至善에 그치는데 있다.[大學之道, 在明明德, 在親民, 在止於至善]"에서 "백성을 친親함[親民]"에 해당하는 설명이기도 하다. 주희는 여기서 '친親'이라는 글자를 '신新'으로 고쳐 '명덕을 밝혀 백성을 새롭게 한다'고 풀이하였다. 왕수인은 '백성을 새롭게 하는 것'은 만물을 한 몸으로 여기는 것[만물일체萬物一體]과 거리가 있고, 본래 하나인 '명명덕明明德'과 '친민親民'이 두 가지 일로 만드는 것이라고 비판하였다. 정인보는 이런 관점에서 '명명덕', 즉 '밝음을 밝힘'과 '친민', 즉 '민중에 대한 애틋'은 본말관계처럼 하나라고 하였다. 밝음이 아니면 애틋함이 없고 애틋함이 없다면 밝음도 없다. 이를 다시 설명하면 다음과 같다.

본심이란 감통에 살고 감통에 죽는다. 만일 살아가는 인민의 병고가 곧 내 병고로, 인민의 고난과 고통이 곧 내 고난과 고통으로 감통되어 내 몸에 있는 것 같다면 스스로 분주하게 도우려하는 것을 그만두지 못할 것이니 그 몸이 거꾸러졌을지라도 본심은 살아있다. 이는 따지고 보면 한 두 사람의 특수한 천부가 아니요, 사람이면 다 같이 감통되는 것인데, 편협한 한 몸의 사사로운 생각이 제석천의 그물같이 고루 돌아 얽히어 이 감통이 그만 중단된 것이다. 이 감통의 중단은 곧 양지가 가리고 막힌 것이요, 양지의 가리고 막힘

---

50) 『薝園鄭寅普全集』卷2, 「陽明學演論」, 175쪽

은 생명이 끊어진 것이니 어느 때든지 한 점 양지가 잠깐 반짝이는 곳에는 의연히 민중과 하나 되는 감통이 있는 것이다.[51]

본심을 그대로 실현하는 성인의 마음은 가까운 존재부터 멀리 있는 존재까지 다 한 형제, 한 몸으로 사랑한다. 현재의 내가 만나는 가까운 존재부터 멀리 있는 존재들까지 감통하여 그 사이에 조금의 간격도 없는 것이다. 정인보에 의하면 누구나 다 이런 본심을 지니고 태어났지만, "자기만 아는[유아有我]"의 사사로움과 "물질적 욕망"에 가려져서 간격이 벌어지고 통하던 것이 막히게 되었다. 이런 양상은 사람마다 천차만별인데 간격이 커지면 자기 부모와 자식, 형제를 원수같이 보는 자까지 생기게 된다. 간격은 본심양지의 생명이 끊어지는 것을 의미한다. 민중에 공감하지 못하고 간격이 있다면 그것은 실심이 온전하지 못하다는 증거가 된다. 이는 이건방이 일상을 벗어나고 사람들의 일반적인 정서에 어긋나는 고차원적 논리가 내세운다면, 그것이 가도의라는 증거라고 한 것과 같은 맥락이다. 반대로 실심이 온전하다면 같은 시대를 살아가는 민중의 고난과 고통이 곧 내 고난과 고통으로 감통되고 곧 그들의 일이 내 일이 되어 스스로 분주하게 돕게 되는 것이다. 그것은 누구에게나 다 있는 천부적인 마음으로서 내 몸이 상한다 해도 그만 둘 수 없는 것이다. 당대의 독립운동가들, 의병들, 과거의 호국지사들이 어떤 학문이나 학파에 속하느냐와 상관없이 모두 이런 감통의 사례에 해당한다고 할 수 있다. 정인보의 〈오천년간 조선의 얼〉은 이를 역사 속에서 실증하고 감통의 정신을 본받고자

---

51) 『薝園鄭寅普全集』卷2, 「陽明學演論」, 177쪽

한 것이다.

그런데 다른 한편으로 정인보가 처한 시대 상황 속에서는 만물일체의 이상이 세계 진보와 평화를 지향한다는 명목 하에 제국주의 논리에 부합하게 될 소지가 있었다. 민족의 생존보다는 서구문명을 보편문명으로 이해하고 이를 지향하여 세계조류와 하나가 되는 것만이 옳다는 논리가 성립될 수 있기 때문이다. 정인보는 이것이 『대학』 삼강령의 마지막 부분인 "지선至善에 머문다.[지어지선在止於至善]"에 해당한다고 보았다. 현실상에서 천지만물을 한 몸으로 여기는 인을 발동하는 데는 선후, 경중, 친소 등의 절도가 없을 수 없다. 정인보는 이 문제에 대해서 다음과 같은 제한을 두었다.

> 그 '애틋'함은 천지만물을 일체로 하는 것이지만 그것이 발하는 데 있어 선후와 경중과 후박과 친소에 또한 천연한 절도가 있으니, 『대학』의 이른바 '지선'에 그친다 는 것이 곧 이것이다. … '애틋'의 간격이 없다고 해서 곧 일체 은 '애틋'이므로, 내 부모, 내 족류를 남의 부모나 온 세계와 똑 같이 안다 한다면 얼른 생각해서는 혹 지고한 것 같지만 내 부모, 내 족류와 남의 부모, 온 세계 사람을 똑같이 아는 진심은 없는 것이다. 그러므로 남의 부모, 온 세계, 내 족류와 똑 같이 사랑한다는 것은 결국은 내 부모, 내 족류를 남의 부모같이, 먼 국외같이 소원하게 만드는 것 밖에 되지 않는다. 그러므로 후박이 없고는 '애틋'의 참 핏줄을 찾아낼 수 없는 것이다.52)

"애틋함"은 작게는 민중, 더 나아가서는 천지만물에 이르기까지 모든 존재와 간격이 없이 일체가 되어야 본심이 완전한 것이지만, 그렇

---

52) 『薝園鄭寅普全集』 卷2, 「陽明學演論」, 130쪽.

다고 해서 일체감이 언제나 모든 존재에 대해 동일하다는 것을 의미하는 것은 아니다. 정인보에 의하면, 가까이는 내 부모와 남의 부모, 내 민족과 남의 민족 더 나아가서 온 세계를 똑같이 알고 공감한다는 것은 완전하고 지고한 뜻으로 보이지만 자연스럽지 못하다. 정인보는 이런 진심은 없다고 한다. 본래 유학의 인仁은 차별성을 내포하는데, 정인보도 이것을 자연함으로 받아들여 가장 급하고 가장 절실한 부분에 먼저 감통하는 것이 당연하고 이것이야말로 지선이라고 본 것이다. 그에 의하면, 물론 만물일체를 지향하지만, 어떤 것에 먼저 감통하느냐, 혹은 더 감통하고 덜하고의 차이는 절박함으로 인해 엄연히 존재한다. 이렇게 되는 가장 큰 이유는 내 민중의 고통은 남의 고통이 아니라 바로 나의 고통이 되기 때문이다. 나의 고통으로 느끼는 것이기 때문에 내게서 가깝고 급한 것, 나에게 발단이 되고 뿌리가 되는 것을 먼저 쫓게 될 뿐이다. 만일 온 세계를 동일하게 안다면 그것은 오히려 내 가족과 민족을 소원하게 만드는 것이고 오히려 "애틋함"의 참된 맥락을 모르는 것이다.53)

---

53) 그렇다고 해서 정인보가 차별적인 사랑만을 강조하는 데 그쳤던 것은 아니다. 정양완의 기록에 의하면, 그는 오히려 평범한 인간으로서 스스로 최종적인 만물일체의 사랑에 도달하기 어려운 것을 근심한 바 있다. "글쎄, 나는 왜 달빛처럼 햇빛처럼 고루 사랑하지를 못할까! 그게 슬프단다. 내 어머니와 이웃 할머니가 함께 물에 빠졌다고 하자. 나는 우선 나의 어머니를 구해내기에 정신이 없을 것이다. 어머니는 구해냈어도 혹 이웃 할머니는 때를 놓칠 수도 있을지 모른다. 아무리 뉘우치고 가슴을 친들 그 이웃 할머니는 결국 못 살리고 말지도 모른다. 이 애비는 그게 슬프단다. 왜 사람의 사랑은 달빛이나 햇빛 같지를 못할까! 그게 슬프단다." (정양완, 『내훈 / 정인보소전』, 동서문화사, 404쪽)

한번 마음 속 한 길로 진실지眞實地를 향하게 된다면 비로소 새
것을 받아 우리 민족의 복리福利를 도할 수 있고, 비로소 옛것을 정
돈하여 또한 우리 민중의 복리를 도할 수 있다. 우리 민중의 복리를
도모하는 데서 우리의 실심의 진상을 볼 수 있음을 알라.54)

이런 의미에서 정인보는 우리 민중, 민족에 대한 감통을 당시의 가
장 절박한 것으로 보았다. 실심의 명령을 그대로 따른다면, 그것은
반드시 민중의 고통을 감통하여 새로운 것을 받아들이고 옛것을 정돈
하는 모든 방법을 동원하여 민중의 복리福利를 도모하게 된다는 것이
다. 그는 여기서 당시 실심의 참모습을 볼 수 있다고 하였다. 실심이
우리 민중의 고통에 참으로 감통했다면, 잠시라도 달려가 돕고 구제
하지 않고는 마음이 편치 않으며 편치 않으면 기어코 그렇게 하고야
말게 된다.55) 정인보는 이 말처럼 본인 스스로 민중에 감통하여 하지
않고는 못 베기는 일을 실행하였다. 그것이 바로 그의 국학이다. 앞서
이건방의 사상을 논할 때도 살펴보았지만, 가도의와 가학에 대한 비
판은 반대로 실학에 대한 선양으로 이어졌다. 정인보도 마찬가지이다.
이들은 정약용의 문집을 정리하는데 동참하였다. 정인보에게 있어 실
심을 실행하는 것, 남이 옳다는 것이 아니라 내가 옳다고 느끼는 것을

---

54) 『薝園鄭寅普全集』卷2, 「陽明學演論」, 123쪽.
55) 『薝園鄭寅普全集』卷2, 「陽明學演論」, 178쪽. 잠시라도 이를 奔走, 扶濟하지
아니하고는 自安치 못할 것이요. 이렇듯 自安치 못할진대 이를 達成하고야
말지니 물이 낮은 데로 흐르고 불이 위로 오르듯이, 至善인지라 神功함이 이
에서 생기는 것이라. 이러한 앞에서 名心, 利念의 間雜지 못할 것이니 이 한
關頭에 참 핏줄이 터져 나온 뒤라야 학문과 인생과 비로소 따로 돌지 아니할
것이다. 感通을 따로 말하랴, 良知는 곧 感通이요 間隔을 따로 말하랴. 己私
는 곧 間隔이다.

따라 조금의 속임도 없이 실행하는 학문이 곧 '실학'이다. 그리고 이러한 조선의 실학을 찾아 우리 스스로 연구하고 선양하는 것이 정인보의 '조선학'이었다. 그런데 여기서 유의할 점은 '조선학'이라는 것은 시대에 국한되는 용어였고 정인보가 진정으로 바란 것은 국학이었다는 점이다. 다음 절에 이를 살펴보고자 한다.

3) 실학, 조선학, 그리고 국학

정인보의 '조선학' 연구는 안재홍, 문일평과 함께 신간회 해소 이후 민족주의 계열의 문화운동으로 평가되며, 이를 '조선학 운동'이라고 표현하기도 한다.[56] 그러나 정인보는 후기 하곡학파에 속하며 이에

---

[56] 이는 1934년 1월 1일부터 5일까지, 신남철이 〈최근 조선연구의 업적과 그 출발 – 조선학은 어떻게 수립할 것인가〉라는 글을 《동아일보》에 게재하고, 같은 해 9월 8일 『여유당전서』 발간 사업을 추진하던 신조선사에서 다산 서세99주년을 기념하여 강연회를 개설한 것을 기점으로 한다. 강연회에서 정인보는 「조선학에서 정다산의 지위」를 발표하였다. 이에 관한 대표적인 연구로는 이지원, 「1930년대 전반기 민족주의 문화운동론의 성격」, 『국사관논총』 제51, 국사편찬위원회, 1994 / 『1930년대 조선학 운동 심층연구』, 민세안재홍 기념사업회 편, 선인, 2015에 수록된 제 논문 / 김진균, 「근대전환기의 고전 이해와 한국학의 모색 : 「朝鮮文學源流草本」을 통해 본 鄭寅普의 "조선문학" 구상」, 『반교어문연구』 제39권, 반교어문학회, 2015 / 김인식, 「1920년대와 1930년대 초 '조선학' 개념의 형성 과정」, 『숭실사학』 제33집, 숭실사학회, 2014. 「1930년대 안재홍의 조선학론」, 『한국인물사연구』 제23집, 한국인물사연구회, 2015 / 류시현, 「1930년대 안재홍의 '조선학운동'과 민족사 서술」, 『아시아문화연구』 제22집, 경원대학교 아시아문화연구소, 2011. 「1930년대 문일평의 조선학 연구와 실학의 재조명」, 『한국인물사연구』 제23집, 한국인물사연구회, 2015 / 신주백, 「1930년대 초중반 조선학(朝鮮學) 학술장(學術場)의 재구성과 관련한 시론적 탐색」, 『역사문제연구』 제26집, 역사문제연구소, 2011 / 이황직, 「위당 조선학의

기반하여 조선학 연구를 진행했기 때문에, 그가 정치활동의 대안으로
서 '문화운동'을 한 것으로 단언하기는 어렵다. 정인보가 이를 주도하
게 된 배경에는 가학의 전승뿐만이 아니라, 국수주의표방과 관련된
국내외의 학문적 흐름이 있었다. 도식적으로 구분할 수는 없지만 신
채호와 박은식이 1910년대 국학을 대표한다면 정인보의 경우는 1930
년대 조선학을 대표한다고 할 수 있다. 그리고 이들 사이인 1920년대
에는 최남선의 조선학이 있었다. 이들은 연대별로 연속성을 지니는
것은 아니지만, 상호 교차점이 있다. 1920년대는 식민 지배를 합리화
시키기 위한 문화정치의 일환으로 일제의 조선 연구가 활발하던 시기
였다. 한국사 편찬사업과 고적조사사업을 통해서 한국 역사의 타율성
을 찾아내려 했던 것이 그 대표적인 예이다.[57] 최남선의 '조선학'은

개념과 의미에 관한 연구」,『현상과 인식』제34집, 한국인문사회과학회, 2010
/ 최재목, 「1930년대 朝鮮學 운동과 '실학자 정다산'의 재발견」,『다산과 현
대』제4집, 연세대학교 강진다산실학연구원, 2012 등이 있다.

57) 대표적인 연구로 세키노 타다시의 조선 역사문화 보고집『조선고적도보』
(1915~1935)와 개인 연구서인『조선미술사』(1932)가 있다.『조선미술사』는
1923년 어용단체였던 〈조선사학회〉의 '조선사 강좌'가운데 하나로 개설된 조
선미술사 강좌의 연재 원고를 수정보완한 것이다. 여기서 그는 낙랑의 예술에
대해 "한민족이 이주하기 전에 조선민족은 다소 고유한 예술을 지니고 있었을
것이다. 그러나 모두 지극히 간단하고 유치한 것으로, 새로 수입된 우수한 예술
에 압도외어 소멸되었을 것이다. 오늘날까지 발견된 유물은 전적으로 한과 진
나라의 형식이며 토착민들의 수법으로 생각할 만한 것은 하나도 섞여있지 않
다."(세키노 타다시, 심우성역, 2003,『조선미술사』, 동문선, 95쪽)라고 하였다.
또 백제문화에 대해서는 "백제 초기의 문화는 낙랑, 대방과 남중국의 영향을
다소 받았지만 남북조시대, 특히 남조의 양식이 불교와 함께 수입되면서 장족
의 발전을 이루었다."(같은 책, 139~140쪽)고 하였으며, 조선시대 예술에 대해
서는 "특히 후기의 선비는 정쟁에 몰두하여 다른 것을 돌아볼 여유가 없었다.

애초에 이에 대항하여 '조선적인 것'을 찾는 학문이었다.[58]

정신부터 독립할 것이다. 사상으로 독립할 것이다. 학술에 독립
할 것이다. 특별히 자기를 호지護持하는 정신, 자기를 발휘하는 사
상, 자기를 구명하는 학술의 상으로 절대한 자주, 완전한 독립을 실
현할 것이다. 조선인의 손으로 조선학朝鮮學을 세울 것이다. 조선의
피가 속에 돌고, 조선의 김이 겉에 서리는 활발한 대조선 경전을 우
리 자리에서 우리 힘으로 만들어 놓을 것이다.[59]

최남선은 조선에 관한 연구가 일본인에 의해 진행되고 왜곡되는

유교는 형식에 구애되고 번거로운 의례에 구속되어 취미가 고갈되고 순수한
정취가 결여되었다. 예술은 중국의 영향을 벗어나 특수한 발달을 하였지만,
경박하고 섬약한 폐단에 빠져 단순히 외면의 수식을 즐기는 풍조로 치달았
다."(같은 책, 279쪽)고 하였다. 세키노 타다시와는 달리 야나기무네요시(柳宗
悅, 1889~1961)는 일본의 군국주의를 비판하고 왜곡된 교육으로 조선의 미를
잃어가는 조선을 안타까워했지만,(余는 余의 所有한 古刺繡를 回想하야보고,
그릇된 敎育의 죄를 생각하얏스며, 이러한 敎育을 無理하게 밧음으로써 그 固
有의 美를 일어가는 朝鮮의 損失을 야속히 생각하얏다.〈朝鮮人을 想함 (四)〉,
1920.4.15,《東亞日報》) 20년대 전반기에 조선의 미를 비애의 미로 설정하고
침략을 받은 고통스러운 역사적 경험이 나은 결과라고 한 것에 대한 비판을
받았다.(야나기 무네요시지음, 이길진 옮김, 『조선과 그 예술』, 신구, 1994, 2쪽)
58) 먼저 일본문화 형성에 근간이 된 조선의 사상과 문화의 의미로 '조선학'이라는
용어를 사용했다.(일본문화의 지나적(支那的) 분자까지도 대개는 조선을 매개
하여 얻었으니 … 조선을 말미암아 문명의 서광을 보았으며, 조선을 말미암아
문명의 길을 얻었고 조선을 말미암아 문명의 시작을 이루었으니, 漢土의 문화도
실로 조선의 지시로 얻은 것이오 서양의 문화도 실로 조선의 토대로서 얻은 것
이다. … 조선학을 장려하고 따라서 한문학을 장려하여 朝鮮書 복각의 기운을
만들었으니 -「동도역서기」, 『매일신보』, 1916.12.15) 류시현, 「1920년대 최남선
의 '조선학' 연구와 민족성 논의」, 『역사문제연구』제17호, 2007, 158쪽 재인용.
59) 『六堂崔南善全集』卷2, 「朝鮮歷史通俗講話」, 1922.10.8, 416쪽.

것에 대항하기 위해 조선인 스스로 구축한 조선학을 세우고자 하였다. 그에게 조선학의 수립은 정신, 사상, 학술의 독립을 의미했다. 조선학이라는 용어는 지나학, 애굽학, 인도학과 같은 제국주의의 식민지학으로 사용되는 용법과 동일하지만60), 최남선의 본래 의도는 조선에 관한 연구를 집대성하여 민족적 자존감을 세우려고 했던 것이다.61) 그가 조선학 연구로 가장 중요하게 여긴 두 부분은 역사와 문화였다. 특히 문화면에서 조선의 고유한 특성을 찾아 일본문화나 중국문화보다 우월한 점을 드러내고자 하였다. 최남선이 사용한 조선학의 의미는 '조선에 대한 조선인 자신의 학술적인 탐구'라고 볼 수 있다. 그는 『삼국유사三國遺事』교간을 기념하면서 "조선인의 입장에서 조선을 위해서의 조선학의 연구 급 건설"에 주의하려고 하며 "조선학의 주인은 조선인이 주인"이어야 한다고 하였다.62) 최남선이 제시한 특수하고 고유한 조선적인 문화가 바로 '불함문화론不咸文化論'이다. 불함문화론에서는 단군이후 조선민족의 단일성을 언급하고 중국에 대해 우월하면서 일본을 포함하는 동일문화권을 상정하였다. 그리고 불

---

60) 당대 '조선학'은 본래 일본의 제국주의적 욕망에 의해 형성된 '동양학'이 고안해낸 지역학이었기 때문에, 이 개념의 기원을 망각한 채 그대로 사용하면서 제국주의에 저항하려고 한 것은 자기모순을 지니는 것이라는 관점이 있다. (김병구, 「고전부흥의 기획과 조선적인 것의 형성」, 『'조선적인 것'의 형성과 근대문화담론』, 소명출판, 2007, 22~25쪽.) 그러나 해방이후 '조선학' 개념의 연원을 성찰하고 주체적 용어로 변용할 것을 주장한 경우는 재고할 필요가 있다. 정인보의 경우가 그렇다.

61) 김인식, 「1920년대와 1930년대 초 '조선학' 개념의 형성 과정」, 『숭실사학』제33집, 숭실사학회, 2014. 121~122쪽.

62) 『六堂崔南善全集』卷10, 「論說·論文Ⅱ」〈朝鮮의 原始相〉, 229쪽.(1927.3.25. 『東亞日報』)

함문화의 중심은 조선이었다.[63] 그러나 일본문화와 조선문화의 원류
가 같다는 최남선의 견해는 친일이후에는 오히려 '내선일체內鮮一體'
로 조선의 식민지화를 공고히 하려한 일제의 제국주의 논리를 뒷받침
하게 되었다.

정인보 또한 조선학을 연구하게 된 이유를 다음과 같이 말했다.

> 나는 국사를 연구하던 사람이 아니다. 어렸을 때부터 내 본생선
> 인이 늘 말씀하시기를 "너 우리나라 사책 좀 잘 보아 두어라. 남의
> 것은 공부하면서 내 일은 너무들 모르더라"고 하였건만 다른 노릇
> 에 팔려 많은 세월을 녹였다. 그러다가 어느 해인가 일본인들이 "조
> 선고적도보朝鮮古蹟圖譜"라는 "첫 책"을 낸 것을 보니 그 속장 두 세
> 장을 넘기기 전에 벌써 "분"한 마디가 나타나므로 "이것 그냥 내버
> 려 둘 수 없구나"하였고 또 어느 해인가 저들의 소위 "병합 몇 주
> 년"이라고 경일京日인가, 매신每申인가 기념호를 내었었는데 소위
> "점제비秥蟬碑"의 사진이 소위 몇 해 안 대표적 대사건의 하나로 올
> 랐다. 이 석각은 용강龍岡에서 처음 나왔다고 하여 용강을 점제秥蟬
> 라하고 점선은 한군낙랑漢郡樂浪 - 의 속현이었으므로 이로써 평양平
> 壤이 고낙랑의 군치郡治라고 떠드는 것이다. 이것을 보고 일본 학자
> 의 조선사에 대한 고증이 저의 총독정책과 얼마나 긴밀한 관계가 있
> 는 것을 더욱 깊이 알아 "언제든지 깡그리 부셔버리리라"하였다.[64]

위 인용문은 정인보가 〈오천년간 조선의 얼〉이라는 연재 글을 『조
선사연구』라는 책으로 출간하면서 소회를 부언한 것이다. 그가 조선
사연구를 하게 된 계기는 우리 것을 알자는 부친의 권고도 있었지만,

---

63) 류시현, 『최남선평전』, 한겨레출판, 2011, 165쪽.
64) 『舊園鄭寅普全集』卷4,「朝鮮史研究」(下)〈附言〉, 270쪽.

결정적인 것은 『조선고적도보朝鮮古蹟圖譜』 때문이었다. 『조선고적도보朝鮮古蹟圖譜』는 일본 관학자인 세키노 타다시關野貞(1867~1935)를 중심으로 1915년부터 1935년까지 조선의 유물과 역사유적에 대한 일정 기간의 답사와 연구결과를 도면으로 모아 순차적으로 출간한 책(총15권)이다. 세키노 타다시는 『조선미술사』 등의 저술을 통해 식민사학의 토대를 구축하고 일본의 '한국학'형성을 주도했다고 평가되는 인물로 1902년부터 조선 전역을 탐사했다.65) 그는 1911년 황해도 일대와 1913년 평양 부근의 유물유적, 곧 묘와 벽돌, 봉니 등의 조사를 통해 평양을 낙랑군 유적지로 판정하였고, 이어 1913년 용강군에서 발견한 비석을 낙랑군 점제현의 신사비로 비정하여 평양이 낙랑군의 속현이었다고 확정하였다. 정인보가 〈오천년간 조선의 얼〉에서 한사군, 낙랑군의 위치나 임나일본부설에 반대되는 내용을 입증한 것은 이에 대한 반박이었다. 이는 정인보가 조선의 학문에서 고유성보다 주체성을 강조하는 것과 무관하지 않다. 정인보가 '조선학'이라는 표현을 가장 먼저 사용한 곳은 대연岱淵 이면백李勉伯이 지은 『감서憨書』의 해제였다.66) 그 의미규정에 대해서는 다음 글들을 참고할 수 있다.

---

65) 류시현, 2019, 『조선문화에 관한 제국의 시선 – 세키노 타다시의 연구를 중심으로』, 아연출판부, 19쪽. 류시현은 세키노 타다시의 연구가 '조선학' 형성과정에 연결되어 있다고 보고, 그의 한국사, 한국미술에 대한 평가들과 야나기무네요시의 미술사를 비교분석하였다.

66) 『舊園鄭寅普全集』 卷2, 「論說·隨筆·漢詩」 〈朝鮮古書解題〉, 4쪽.(1931.1.26. 《東亞日報》) 親筆一本뿐이요 다시 부본도 없는 이 蕭條 落莫한 前修의 遺著 | 실로 無限한 寶光을 含包하였음을 우리 學人, 더욱이 朝鮮學을 硏究하는 우리로서 모를 수 없는 것이다.

초원椒園이 이미 심오한 학문일 뿐 아니라 초원椒園의 존속으로 원교圓嶠 광사匡師, 월암月巖 광려匡呂 높은 조예가 있고, 동당 형제인 려실藜室 긍익肯翊, 신재信齋 영익令翊이 다 정박精博한 학자인데 조선의 학풍이 구시구진求是求眞의 본로本路로 전향하여 정치政治, 경제經濟, 역산曆算, 수지水地, 민속民俗, 어문語文에 전공하는 고진苦進이 있었으며, 더욱이 조선을 중심으로 한 연구가 비로소 연구다운 줄 통각하게 되니, 전유에 비하여 아주 근저가 새로운지라.67)

근세 조선학의 학파 대략 삼파가 있으니 성호星湖를 도사導師로 하고 농포農圃의 전서傳緒까지 아우른 일계가 있고, 이소재李疎齋 이명이李命頤, 김서포金西浦 만중萬重으로부터 유연流衍된 일계(담헌이 이 계에 속함)있고, 하곡霞谷의 학문을 계승한 일계 있다. … 그러나 삼계의 추향이 야릇하게도 얼없이 합하여 거의 한 선생이 지도한 것 같음은 다른 연유가 아니라 당시 조선인의 절지切至한 고민을 따라 생기는 진정한 성찰과 깨달음이 피차 서로 다를 리 없는 까닭이다. … 군중의 뇌리로부터 잠아潛芽하는 "구시求是"적 추향이 뚫고 나설 그 바를 찾으려고 얼마 동안 헤매였을 것이다. … 그 시대 그 지역의 자연한 발아임을 알 것 같으면 추향의 일치됨을 의심하지 아니할 것이다.68)

정인보는 하곡학파인 이충익李忠翊, 이광사李匡師, 이광려李匡呂, 이긍익李肯翊, 이영익李令翊이 다 구시구진求是求眞을 추구하는 새로운 학풍을 열고 '조선을 중심으로 한 연구'여야 비로소 제대로 연구하는 것이라 여겼다고 하였다. 정인보는 조선학이란 무엇인지 분명하게 정

---

67) 『簷園鄭寅普全集』卷2, 「論說·隨筆·漢詩」〈朝鮮古書解題〉, 3쪽.
68) 『簷園鄭寅普全集』卷2, 「論說·隨筆·漢詩」〈朝鮮古書解題〉, 28쪽.(1931.3.30. 《東亞日報》)

의내리지 않았지만, 위 글을 통해서 '조선을 중심'으로 하는 연구를 '조선학'의 의미로 본 것으로 추론할 수 있다. 그는 조선사도 조선을 중심으로 연구한 것이어야지 그렇지 않으면 그것은 조선사가 아니라고도 하였다.[69] 이는 조선인이 조선을 연구한다는 의미가 있는 것이 아니라, 조선을 '중심' 으로 곧 '주체'로 한다는 데 의미가 있다는 것이다. 이런 점은 원교圓嶠 이광사李匡師의 문집을 해제하면서 "한자를 빌어 조선심朝鮮心을 그대로 실은 것", "국고國故에 치중하는 그 정신, 민족성을 우뚝하게 발양하는 그 문필이 조선학술부흥기에 있어 뚜렷한 한 영루營壘로 추중하지 아니할 수 없으며"라고 한데서도 잘 드러난다.[70] 정인보의 조선학은 일본이나 중국과 '다른' 조선의 '고유'한 것을 찾는데 주력한 것이 아니라, 조선의 실정에 기반하고 조선 민중을 위해 연구된 것을 찾는데 주력하였다. 그 결과 조선학의 세 계통, 성호이익, 소재 이이명, 서포 김만중의 학파가 비록 서로 다르지만 민중들로부터 일어나는 '구시求是'의 바램에 부응하여 마치 한 계통인 것처럼 학문한 것을 통찰하게 된 것이다. 정인보는 "'외오서'의 곳은 일체 허虛, 가假 부접하지 못하므로 이에 삼감이 곧 실학實學의 핵심이다."[71]라고 하였는데, 이때 실학은 곧 구시求是의 학풍이며 조선학에 해당한다. 왜냐하면 실학은 '외오서' 즉 혼자만 아는 본마음(양지)

---

69) 『薝園鄭寅普全集』卷2,「國學人物論」〈「星湖僿說」을 교간하면서〉, 106쪽. 朝鮮의 史學이 없은 지 오래다. 朝鮮의 史를 朝鮮을 中心하지 아니하여 마치 李純之 · 金淡 이전의 曆書와 같이 順天府 氣候만을 표준하였다. 이렇게 自性을 잃은지 오래다.

70) 『薝園鄭寅普全集』卷2,「論說 · 隨筆 · 漢詩」〈朝鮮古書解題〉, 39쪽.(1931.4. 27. 《東亞日報》)

71) 『薝園鄭寅普全集』卷2,「陽明學演論」, 153쪽.

을 속이지 않는 학문인데 본마음이 살아있다면 민중과 감통할 할 수밖에 없으므로 민중의 주체성을 각성시키고 자존감을 높이는 것이 조선학이 된다. 그는 "학술에서 귀한 것은 작고 은밀한 일을 소명하여 본말과 시종을 드러내 보임으로써 민중에게 영향을 미치는 것인데, 이를 이룰 수 있는 것은 오직 그 이치를 터득하는 데에 달려있다. 이치는 허구로 만들어낼 수 없으므로 반드시 실질[實]에 의거해야 하고, 실질은 일반적인 내용을 가지고 얻을 수 없으므로 반드시 독자성[獨]을 구해야 한다. 독자적이면 실질적이고 실질적이면 이치를 터득하게 되어, 소명의 효험이 민중과 만물에 드러나 가릴 수가 없게 된다."[72] 고 하였다. 민중에게 영향을 미칠만한 학문적 성과는 반드시 실질에 기반 해야 하고 실질은 각 존재만의 독자적인 것에서 얻을 수 있다고 본 것이다. 그에게 실사구시의 실학과 조선을 중심으로 하는 조선학은 분리할 수 없는 관계였음을 알 수 있다.[73]

정인보는 조선학을 연구해야 하는 이유에 대해서 다음과 같이 말했다.

　　그 근원을 놓침을 깨달아 본원적 자반이 있으려 할 것 같으면 고

---

72) 李益著, 鄭寅普校, 「序」, 『星湖僿說』, 文光書林, 1929, 5쪽. 夫所貴乎學術者, 以疏明微密, 縣本末終始, 以左右斯民. 而其能以致此, 則曺在於得其理. 理不可以虛造, 故必依於實, 實不可以凡類, 故必求其獨, 獨則實, 實則理得, 而疏明之效, 著於民物, 而不可掩已.

73) 김진균은 독자성[獨]을 민족적 주체성으로 [實]을 민족적 실체로 보고, 그의 학문이 민족적 주체성을 통해 민족적 실체를 확보하려 한 것이라고 보았다. (2010, 「근대의 두 시선 - 1929년 문광서림판 『성호사설』에 게재된 변영만과 정인보의 서문 비교 연구」, 『반교어문연구』28집, 반교어문학회 242쪽)

서가 실로 유일한 의간처倚看處이니, 어찌 그러냐 하면 옛날은 곧 지금의 근본이요, 고서는 곧 옛날의 남아있는 그림자라. 그러므로 우리는 조선 고서의 간행을 옛 전적과 문헌을 전승하는 것만으로 보지 아니하려 한다. 우리를 아는 자가 누구냐. 알려는 자가 누구냐. 또 우리를 모르는 자가 누구냐. 삼가 고하노니 우리는 갑자기 생긴 우리가 아니다. 멀리 근본하는 바가 있다. 오래 지내온 역사가 있다. 성쇠盛衰가 그 비롯된 바가 있고, 영췌榮悴도 그 근거하는 바가 있다. … 옛날을 돌아본다면 퇴척退蹠도 같다. 그러나 이 옛날이 묵고 썩은 후락한 옛날이 아니라 해석하면 곧 "본아本我"라하는 것과 같으니, 말류의 폐 그 근본을 떠나버리게 된 뒤는 옛날을 돌아보는 것이 아니고는 본아를 자증自證할 도리 없고, 이 자증이 아니고는 언제나 愈轉愈迷하고 말 것이라. 그런즉 우리 자체에 대한 지극히 섬세하고 빠짐없는 기본 조사, 곧 우리로서 우리의 정실正實로 돌아가는 밑천이다.[74]

위 글에서 '고서'를 간행하는 것은 곧 조선학 연구 활동을 의미한다. 정인보는 우리가 우리자신의 근원을 놓치고 있다는 깨달음을 갖

---

74) 그 源을 놓침을 깨달아 본원적 자반이 있으려 할 것 같으면 古書 │ 실로 유일한 倚看處이니, 어찌 그러냐 하면 古는 곧 今의 본이요, 古書는 곧 古의 留影이라. 그러므로 우리는 조선 古書의 간행을 典獻의 托傳함만으로 보지 아니하려 한다. 우리를 아는 者 │ 누구냐. 알려는 者 │ 누구냐. 또 우리를 모르는 者 │ 누구냐. 삼가 고하노니 우리는 突然한 우리가 아니다. 멀리 所本함이 있다. 오래 所歷함이 있다. 盛衰 그 所自함이 있고, 榮悴 그 所因함이 있다. … 返古라면 退蹠도 같다. 그러나 이 古는 묵고 썩은 후락한 古가 아니라 해석하면 곧 "本我"라함과 같으니, 말류의 弊 그 本을 違棄하게 된 뒤는 返古 │ 아니고는 本我를 自證할 도리 없고, 이 自證이 아니고는 언제나 유전유미愈轉愈迷하고 말 것이라. 그런즉 우리 자체에 대한 至纖 至悉한 基本의 調査, 곧.우리로서 우리의 正實로 돌아가는 밑천이다. 『薝園鄭寅普全集』卷2,「論說·隨筆·漢詩」〈朝鮮古書刊行의 意義〉, 312쪽.(1934.9.15.《東亞日報》)

348

고 스스로 본원을 찾으려고 한다면 옛 문헌의 의지할 수밖에 없다고 하였다. 왜냐하면 오늘날의 우리는 갑자기 돌출한 존재가 아니라 오 랫동안 지내온 역사를 통해 형성된 존재이기 때문이다. 과거를 돌아 본다면 고루하고 퇴보하는 것 같지만 그것이 현재 모습의 반영이므로 잘 되었으면 잘 된 대로 못 되었으면 못 된 대로 본래의 나를 돌이켜 스스로 증명하지 않으면 제대로 알 길이 없다. 뿐만 아니라 이로부터 앞으로 나아갈 방향도 알 수가 없다. 우리 자체에 대한 정밀한 검토가 현실을 '정실正實'로 되돌리는 기반이 된다는 것이다. 과거를 찾는 것 은 오늘을 밝히고자 해서이다.75) 그가 연구한 조선학의 핵심은 실학 이었다. 그는 '나로서 나를 알지 못하고 남의 소리만 따라하는'76) '허 가위虛假僞'가 극에 달하자 '실實'이 환기되면서 '허虛'를 '실實'로 돌리 고자 하는 실학이 등장하게 되었다고 하였다.77)

---

75) 『詹園鄭寅普全集』卷1, 「朝鮮文學源流草本」, 261~262쪽. 旣往의 얼굴을 찾 음은 곧 今我의 그림을 밝히고자 함이라. 오늘 우리가 突然히 생긴 우리가 아니라 心裏가 潛在한 뿌리가 오래두고 벋어내린 바이므로 … 이를 찾아본 뒤에야 우리로서 自證이 있어 趨避할 바와 取捨할 것을 알아 根本德性의 培護을 이룰 수 있을지니.

76) 『詹園鄭寅普全集』卷2, 「國學人物論」〈茶山의 生涯와 業績〉, 68쪽 26~69쪽. 7. 民衆이 影慕하는 一路는 오직 儒學인데 다만 朱學을 흉내내냄에 그칠 뿐 이다. 淺譬를 가져 積痼를 喩하려 할진대 程朱는 그 부모에게 孝하였나니라. 程朱를 참으로 배운다 하면 自家에서 자기의 兩親을 잘 받들어야 할 것이언 만 그렇지 아니하여 몸소 宋나라로 가서 朱僑年이나 程太中을 섬기지 못함을 한하여 刻像奠祭를 오로지 이에 바친 것과 髣髴하니 이 이른바 喪心이요 이 른바 失魂이라. 날마다 읽는 것이 비록 聖典이 아님은 아니로되 우선 나로서 나를 알지 못하고 내느니 남의 흉내뿐이었나니 부끄러우나 事實이라. 이를 제치고는 數百年間 朝鮮을 찾아보지 못할 것이다.

77) 『詹園鄭寅普全集』卷2, 「國學人物論」〈茶山의 生涯와 業績〉, 70쪽 7~12. 虛

재상으로 잠곡 김육, 계곡 장유는 역산을 개정하기도 하고 위학僞
學을 바로잡기도 하였고, 처사로 반계 유형원은 일생의 고심이 오로
지 조선 제도의 변혁을 주로 하여 서로 그 首緒를 이끌자 명곡 최석
정, 소재 이이명의 천문·지리학과 운곡 이광좌의 국방상 연구가 조
정에서 전기를 보이고, 하곡 정제두의 양지학은 비록 드러나지 않는
가운데 홀로 창도했으나 실實로써 허虛를 대체하자는 학풍이 이 뒤
로 계승함이 많고 … 이 중에 탁월한 조선학을 높이 세워 국방·정
법·역사·지리·외교·천문 역산·병계 등 일체 조선을 중심으로 한
실용적 고찰을 시작하여, 마치 큰 못이 여러 지류를 받아가지고 다
시 강과 바다로 모여 흘러가게 하는 것과 같이 학식이 높고 훌륭한
석학이 있으니, 이는 곧 성호 이익이요, 성호의 뒤를 계승하여 더욱
정밀하게, 더욱 사리에 꼭 맞게 모든 분야를 구비하고 만인에게 다
베푼 한 사람이 있으니 이는 곧 다산선생이다.[78]

로 假로 僞로 萬古 所無한 數百年 痼疾이라 心術의 微妙함은 群衆의 遽得
할 바 아니로되 顯然한 白黑, 是非, 主客, 彼此의 實의 顚倒함이 점점 民衆으
로부터 懷疑케되고 그럴수록 挾持 咆哮하는 群衆은 한층 더 氣勝하여 저
懷疑를 懷忿懷怒에로까지 돋우어서 마지 아니하였었나니 이것이 虛僞의 極
인 동시 또 朝鮮心魂의 實喚의 始이라.

78) 『詹園鄭寅普全集』卷2, 「國學人物論」〈茶山의 生涯와 業績〉, 70쪽 17~71쪽
3. 宰相으로 金潛谷 堉, 張谿谷 維 ㅣ 或은 曆算을 改正하고 혹은 僞學을
矯求하고 處士로 柳磻溪 馨遠은 一生苦心이 오로지 朝鮮制治의 一變을 主
하여 서로 그 首緒를 因하자 崔鳴谷 錫鼎, 李疎齋 頤命의 天文·地理의 學
과 李雲谷 光佐의 國防上 考究와 ㅣ 廟堂에서 轉機를 보이고 鄭霞谷 齊斗의
良知學이 비록 隱晦 중 孤唱함이나 實로써 虛를 代하자는 학풍이 이 뒤로
繼承함이 많고 … 이 中에 崒然한 朝鮮學을 高揭하여 國防·政法·歷史·地
理·外交·天文 曆算 ·兵械 등 一切 朝鮮을 中心으로 한 實用的 考察을
大始하여 마치 大澤이 衆流를 받아가지고 다시 江海로 滙行케 함과 같이
識巨 學偉한 宏碩이 있으니 이는 곧 李星湖 瀷이요, 星湖의 뒤를 계승하여
더욱 精하게, 더욱 密하게, 더욱 切當하게 百度具備하고 萬目畢張하게 한
一人이 있으니 이는 곧 先生이다.

위 인용문은 정인보가 조선에서 '실實'을 깨우친 학풍을 논한 것이다. 그는 여기서 '허虛'를 '실實'로 돌리는 넓은 의미의 '실학'을 논하고, 다시 조선 민중을 위해 조선에 관한 전 분야를 실용적으로 고찰하는 학문으로서 '실학'을 말하였다. '허'를 '실'로 돌리는 학문이라는 개념에는 '실심을 실행하는 학문'이라는 의미가 포함된다.[79] 그는 이건방이 인간의 보편적 정서를 담지한 일용일행의 도리로서 진학문을 추구한 것과 같은 맥락에서 민중의 일상에 보탬이 되는 학문으로 실학 개념을 확장시켰다. 그는 다산의 학문이 "고원한데 있지 않고 비근한 데 있으며", "실질적으로 일을 행하는 데 있는 것"이라고 하였다.[80] 그리고 이런 맥락의 실학계보를 새롭게 정리하여 "조선 근고의 학술사를 통괄하여 계통을 세워보면 반계 유형원[81]이 일대조요, 성호 이익이 이대조요, 다산 정약용이 삼대조" 라고 하였다.[82] 정인보는

---

79) 정인보는 하곡학을 實學의 범주에 넣고 조선학 연구 연원 가운데 한 계파로 분류하기도 하였다. 『薝園鄭寅普全集』卷2, 「朝鮮古書解題」〈椒園遺藁〉, 28 쪽 6~14.

80) 『薝園鄭寅普全集』卷2, 「國學人物論」〈茶山의 生涯와 業績〉, 83쪽 7~12. 先生으로서 主張하는 聖學은 高遠에 있지 아니하고 卑近에 있는 것이요, 空蕩적 養心에 있지 아니하고 實際的 行事에 있는 것이요, 太康 太闊함에 있지 아니하고 至要至約함에 있는 것이라. 이 몇 가지이 總匯되는 곳은 오직 "實"일 뿐이니 實로써 不實을 代하자 함이 이 곧 선생의 "撥亂反正"의 宗旨이다.

81) 유형원은 윤증이 알아보았고 양득중이 영조에게 『磻溪隧錄』을 올림으로써 조선 후기 지식인들에게 알려졌다. 이후로는 조선 실학의 연원으로서 성호 이익의 존숭을 받았다

82) 『薝園鄭寅普全集』卷2 「國學人物論」〈茶山의 生涯와 業績〉, 63쪽 16~64쪽. 1 朝鮮近古의 學術史를 綜系하여 보면 磻溪가 一祖요 星湖가 二祖요 茶山이 三祖인데 그 중에도 精博明切함은 마땅히 茶山에게 더 미룰 것이니 … 성호와 다산은 前後相成의 관계가 있다. 茶山의 集成이 星湖의 賜라 할 수가

진정한 실학자로 다산 정약용을 꼽았다.[83] 그가 정약용을 높이 평가
한 이유를 살펴보면 진정한 실학의 의미를 어디에 두는지 추론할 수
있다.

　　선생도 또한 별다른 기술이 있는 것이 아니다. 오직 실질상 증험
　　해보아 그런가 그렇지 않은가, 일용상행日用常行상에서 시행하여 보

　　있고 星湖의 廣大가 茶山을 기다려 彩輝를 四播하였다 할 수도 있다.
83) 하곡학파와 다산의 교유관계는 유서가 깊다. 다산은 원교 이광사의 말년 유배
　　지(1762~1777)였던 강진에서 1801년부터 1818까지 유배생활을 했다. 다산은
　　친우와의 편지에서 종종 원교의 서체나 학설을 논했다. 그리고 1819년 고향으
　　로 돌아와 가장 먼저 교유를 한 사람이 바로 석천 신작이었다. 다산이 먼저
　　『喪禮四箋』과 『梅氏尙書平』을 가지고 방문하였다. 이건창의 기록을 보면 그
　　의 아버지인 이상학은 어릴 때부터 정약용의 『欽欽新書』를 읽어 암송할 정도
　　였고(『明美堂集』卷17, 「先府君行狀」府君少習丁氏欽欽書, 幾成誦), 재종형
　　제인 이건방도 일찍부터 정약용의 책을 접했으며 그의 글이 정사에 시행되면
　　후세가 본받을 만한 법이 될 것이라고 하였다.『蘭谷存稿』邦禮草本序 물론
　　정인보는 "다만 先生의 一生 孜孜함이 오로지 實로써 不失을 正함에 있었으
　　므로 方寸隱微한 속 獨知 孤照함에서 一點明體를 自致하는 이 一段本原에
　　對하여는 透發함이 좀 不足하여 莫見莫顯의 義를 오직 天監를 畏하는 것으
　　로 解하였으니 天監이라도 恐懼ㅣ 따로 향하게 되면 獨知의 明이 얼마쯤 自
　　足하지 못할 것은 或 미처 究及하지 아니한 듯싶으나 이는 別問題로 하고"
　　(『舊園鄭寅普全集』卷2, 「國學人物論」〈唯一한 政法家 丁茶山先生 叙論〉,
　　84쪽 23~28)라고 하여 다산이 『中庸』의 愼獨을 해석할 때 上帝天監을 설정한
　　것을 마음의 본원을 제대로 알았다고 하기에는 부족하다고 하였다. 그러나 "이
　　렇듯한 一段情神은 오직 自心으로 自立함에서 나는 것이니"(『舊園鄭寅普全
　　集』卷2, 「國學人物論」〈唯一한 政法家 丁茶山先生 叙論〉, 74쪽 5), "남 모르
　　는 것을 알고 남 못 미치는 것을 홀로 造到함이 才보다 그 誠에 本함이라
　　할 것이다." 다산의 학문 활동 자체를 독지의 진실성에 근거한 것으로 보았다.
　　따라서 다산의 학문을 실심이 아니라고 보았다고 단정지을 수는 없다. 다만
　　정인보를 비롯한 하곡학파의 '실심' 개념에 대해서는 추후 연구가 필요하다.

탬이 있는가, 이득이 없는가, 하는 것을 명백히 확고히 또 삼엄히 연핵하여, 이로써 그 실로 돌아가게 하자는 것이니, 그의 궁극적 목적은 국가와 민생의 실리실익實利實益을 도모하자는 것이다.84)

선생의 독특한 위대성은 오직 민중·국가와 자기 한 몸을 갈라 보지 아니함에 있으니 그 능력의 절묘함은 오히려 두 번째다. 다시 생각해 보면 선생 일생의 일단정신이 오로지 민중·국가에 있으므로 남모르는 것을 알고 남이 못 미치는 것에 홀로 나아가 도달한 것이 재능보다는 그 진실성에 더 근본하는 것이라 할 것이다.85)

첫 번째 인용문을 보면 다산 실학이 추구하는 바는 1. '일용상행日用常行'에 유익하고 2. '국민의 실리실익實利實益'를 도모하는 것으로 볼 수 있다. 이는 곧 정인보가 생각한 진정한 실학의 의미이기도 하다. 이것은 이건방이 일상의 도리와 인간의 보편적인 정서에 부합하는 것을 공공의 진으로 규정한 것과 같은 맥락이다. 이것은 단순히 서구 과학기술과 실용 논리에 맞서 우리도 실용적 학문을 추구하자는 의미가 아니다. 두 번째 인용문에서 그 사상적 의미가 잘 드러나 있다. 정인보는 정약용의 위대한 점은 뛰어난 자질보다 민중과 나라에 간격 없이 감통하며 남모르는 자신의 본밑마음으로 남이 못미치는 데까지 도달하는 '진실성'에 있다고 하였다.86) 이는 곧 실심을 실행하는 것이

---

84) 『薝園鄭寅普全集』卷2, 「國學人物論」〈茶山의 生涯와 業績〉, 74쪽 25~75쪽 1. 先生도 또한 別다른 奇術이 있는 것이 아니요 오직 實質上 徵驗에 然한가 否한가, 日用常行上 施措에 有補한가 無益한가 함을 明白히 確固히 또 森嚴히 研覈하여 이로써 그 實에 歸케하자는 것이니 그의 究極은 國家와 民生의 實利實益을 圖하자는 것이다.

85) 『薝園鄭寅普全集』卷2, 「國學人物論」〈茶山의 生涯와 業績〉, 73쪽 9~13.

고 일진무가一眞無假를 실현한 것이다.[87) 정인보에 의하면 '일용상행
日用常行'에 유익하고, '국민民國의 실리실익實利實益'을 추구하는 실
학은 내심의 진실성을 추구한다면 도달할 수밖에 없는 결과이다.[88)그
리고 "민중의 복리를 도모한 실심의 진상"[89)이 바로 이것이다. 외부
요건에 의해 실용학문이 필요해서가 아니라 내심의 진실성을 제대로
추구하면 민중과 감통하게 되고 이는 당연히 민중의 복리추구로 이어
진다. 여기서 진심의 발로인 민중 복리추구는 경제적인 이익만을 논

---

86) 그러나 정인보는 정약용이 『중용』의 愼獨을 설명할 때 상제를 상정했기 때문
에, 인간 본심의 밝은 체를 스스로 회복하고 완성하는 부분에 대해서는 투철하
지 못한 아쉬움이 있다고 하였다. 『薝園鄭寅普全集』卷2, 「國學人物論」〈茶山
先生의 生涯와 業績〉84쪽. 다만 先生의 一生 孜孜함이 오로지 實로써 不實
을 正함에 있었으므로 方寸 隱微한 속 獨知 孤照함에서 一點明體를 自致하
는 이 一段本原에 대하여서는 透發함이 좀 不足하여 莫見 莫顯의 義를 오직
天監을 畏하는 것으로 解하였으니 天監이라도 恐懼 ㅣ 따로 向하게 되면 獨
知의 明이 얼마쯤 自足하지 못할 것은 或 미처 究及하지 아니한 듯싶으나
이는 別問題로 하고.

87) 정인보는 성호의 실학을 一眞無假로 설명하였다. 『薝園鄭寅普全集』卷2, 「國
學人物論」〈星湖僿說을 校刊하면서〉, 107쪽 8~12. 朝鮮史는 朝鮮史라야 된
다는 그 實의 考索이 實로 星湖 一生學問의 골자이니 心性을 말하여도 支離
한 浮辭가 없이 體當한 眞髓의 發露이며 … 文章을 의론하여도 奢言과 靡詞
가 없이 一眞無假의 本家法의 道破이라.

88) 정인보는 다산의 一表二書와 經學 또한 이와 같은 기준으로 평가했다. 『薝園
鄭寅普全集』卷2, 「國學人物論」〈茶山의 生涯와 業績〉, 81쪽 22~23. 선생의
經學은 첫째 驗察을 百姓日用에서 하고 둘째 究極을 民國實益에로 總集케
하여 往昔의 沿承하던 學問을 一變하였다.

89) 『薝園鄭寅普全集』卷2, 「陽明學演論」, 123쪽 24~28. 한번 心頭一路에 眞實
地를 향하게 될진대 비로소 새 것을 받아 우리 民衆의 福利를 圖할 수 있고,
비로소 옛것을 정돈하여 또한 우리 民衆의 福利를 圖할 수 있다. 우리 민중의
福利를 圖하는 데서 우리의 實心의 眞相을 볼 수 있음을 알라.

354

하는 것이 아니라 정치 경제 모든 분야의 올바름과 떳떳함에서 나오는 정신적인 복리추구를 말한다. 본마음의 진실성 추구라는 것이 홀로 아는 자리에서 불편한 마음이 생기면 재물과 명예라도 취하지 않고, 반대로 기꺼이 죽음과 고통을 감수할 수 있는 것이라면,[90] 거기서 나오는 복리란 명예나 경제적 이익을 말하는 것이 아님은 당연하다. 정인보의 실학에서 민중 복리의 의미는 정신적인 복리가 바탕이 되는 것이다.[91] 경제적 실익은 그에 수반할 수도 있고 그렇지 않을 수도 있다. 정인보거 추구한 '일진무가一眞無假'는 선대의 실심론과 진가론을 종합하여 개인의 수양과 사회적 실천을 관통하는 논리였다. 이는 '실심을 실행'하는 학문이라는 실학개념을 '민중의 복리를 도모'하는 학문으로 확대 발전시킨 것이다.

정인보가 실학의 계보로 설정한 유형원, 이익, 정약용 스스로는 '실학'이라는 용어는 많이 사용하지 않았다. 또 유형원, 이익, 정약용이 살던 시대의 실학은 대개 경학이나 성리학을 말했지만, 대한 제국기 이후에는 실용이 강조되면서 주로 '자연과학', '실업학'을 지칭하였다. 그러나 이와 달리 정인보가 말한 '실학'은 민중과 감통하는 실심을

---

90) 『詹園鄭寅普全集』卷2,「陽明學演論」, 133쪽 6~27.

91) 정인보의 스승으로 알려진 鄭寅杓, 李健昇, 李健芳 가운데 정양완,「아버지 詹園의 세 스승」,『양명학』13호, 한국양명학회, 2005. 鄭寅杓는 심대윤의 제자였다. 심대윤은 유학의 핵심을 정리한『福利全書』서문에서 "책에 쓴 것은 옛 성인의 미묘한 요결이지 내 사견에서 나온 것이 아니다. 만일 성심껏 강독하고 정밀하게 생각하며 잊지 않고 간직하여 본지를 잃지 않는다면 무량한 福利를 이룰 수 있을 것이다.".『福利全書』,「序」書中所述, 皆上古聖人之微妙要訣也, 非出於予之私意者也. 苟能誠心講讀, 專精思念, 拳拳服膺而不失, 則無量之福利可致也.라고 하였다. 이때 복리는 정신적인 복리에 해당한다.

그대로 실행하는 학문이라는 관점에서 그가 재정립한 학문이었다. 마찬가지로 민중의 자존감을 높이고 복리를 증진시키기 위해 조선의 '실'을 찾아 선양한 '조선학'연구도 그 자신의 실심실학적 관점에서 과거의 실학을 소환하고 재정립한[92] 국학운동이었다.

'조선학'은 일제강점기라는 시대적 한계를 지니는 용어였기 때문에 해방이후에는 자연히 '국학'이라는 용어로 대체되었다. 설의식薛義植 (1900~1954)[93]의 인터뷰 기록에 의하면, 정인보는 해방이후 조선어학회 가 간행한 '조선말 큰 사전'을 '나랏말 큰 사전'이라고 하면 좋겠다고 하였고, 한글도 이제 '나랏말'이라고 해야 한다고 하였다.[94]이제 더

---

92) '소환'은 김선희의 「근대 전환기 다산 저술의 출판과 승인」, 『동방학지』180호, 연세대학교 국학연구원, 2017에서 사용한 표현이다. 김선희는 "정인보, 안재홍, 최익한 등 조선학 운동의 주요 인물들이 유학을 배운 전근대 지식인으로 출발 했지만 서구 근대 학문의 세례를 받은 근대 지식 체계의 관점에서 조선을 학문 적 대상으로 소환"하였고(88쪽), 다산을 "민족, 근대성, 과학성, 조선적인 것 등 자신들의 복잡한 요구를 만족시켜줄 수 있는 사상적 자원"으로 여겨, "다산 사상의 유학적 측면은 의도적으로 배제하고 그의 사회개혁론은 초과적으로 해석" 하여 "조선적인 것의 대표로 다산을 소환하고 이식"하였다고 보았다.(92 쪽) 조선학에 대한 매우 유의미한 해석이다. 그러나 정인보의 경우, 실학의 계 보를 재정립하고 선양한 배경에는 분명 서구 근대성을 의식한 점이 있지만, 그것이 근본적인 이유는 아니었다. 정인보가 선양한 '실학'은 그가 계승한 실 심실학의 요건에 맞는 모범사례에 해당했다. 그는 유학의 본질을 긍정했고 사 상의 바탕으로 삼았기 때문에 유학을 배제할 이유가 없었고, 서구적인 근대 지식체계에 부합하는 것이 곧 당대의 보편이라는 의식도 없었다. 이는 이건방 도 마찬가지였다.

93) 설태희의 아들로 언론인, 평론가로 활동하였다.

94) 「위당과의 대담기」, 『새한민보』1권15호, 1947.11.25, 21쪽. "그런데 '조선말 큰 사전'은 어떻습니까?" …… "난 이런 생각은 있어. 나더러 하라구 하구보면, '나랏말 큰사전'이랬으믄 좋겠어." …… "二□ 나올 적에 할 수도 있는 게

이상 우리가 스스로를 타자화시킨 용어를 사용하지 않아도 되고, 자아가 드러나는 용어를 쓰자는 것이다. 여기서 정인보가 사용하고자 했던 용어는 타자로부터 규정되는 '조선학'이 아니라 주체가 드러나는 '국학'이었음을 알 수 있다. 이제 정인보가 우리 역사와 학문에서 되찾고자 한 조선 얼의 내용을 구체적으로 살펴보도록 하겠다.

2 다시 찾는 조선 얼의 정체성

1) '저는 저로서'의 얼[95]

정인보의 얼 사상이 지니는 구도는 본질적으로 실심론과 동일하다. 그것은 속임없는 실심과 민중의 감통이다. 차이점이라고 한다면, 실심을 논할 때는 허학虛學과 가행假行에 대비해서 주체의 진실성을 강조하고, 얼을 논할 때는 개체뿐만 아니라 민족 혹은 공동체의 주체성을 강조한다는 점이다. 이제 이러한 주체성의 강조가 어디에 근원을 두고 어떤 실천활동으로 이어지는가를 살펴보려고 한다. 그런데 이를 논하기에 앞서 장병린의 사상과 관련성을 고찰할 필요가 있다. 왜냐하면 정인보가 '얼'을 이야기 할 때 같이 등장하는 표현은 '저는 저로서'이고, 종종 '자기에게 의지한다[依自]'를 말로도 표현되는데, 이 표현이 중국의 국학을 대표하는 장병린章炳麟(1868~1936)이 늘 사용하던 용어였기 때문이다. 정인보 얼 사상의 토대를 하곡학의 관점에서만

고…… 헌데 지금와선 '한글' 할 게 아니라 '나랏말' 해야지!"
95) 이 글은 『인문학연구』제52집, 2016.8, 65-103쪽에 게재된「정인보와 장병린의 주체론 비교」을 수정·보완한 것이다.

바라볼 수 없는 대목이다.

　정인보와 장병린은 모두 전통학문에 대한 비판적 연구와 선양을 통해 당대의 시대적 위기를 극복하고자 했는데, 그 이론의 중심에는 항상 주체중시의 사유가 자리 잡고 있었다. 정인보가 개인과 민족의 '얼'과 그 주체성을 강조하고 1930년대 '조선학'운동을 주도했다면 장병린은 '의자불의타依自不依他'론을 토대로 1910년대 '국수보전운동'을 현창하고 국학 교육을 주도했다. 이런 맥락에서 일찍이 정인보의 제자였던 민영규는 정인보에 대해 "뒷날 위당에게서 느껴지는 것은 장병린의 학문에서 오는 기풍이었다. … 내수동 시절의 위당의 거실을 아는 이라면 누구나 황종희, 장학성 그리고 장병린의 문집들이 언제나 가지런하게 선생의 머리맡에 정리되어 있었음을 기억할 것이다. 절동학파浙東學派 일색으로 불러서 좋을 이들의 학문에 대한 선생의 향념이 다른 어느 경우에서보다도 두터웠던 것을 나는 기억한다."고 기록한 적이 있다.96) 또 최근에는 동아시아 근대 양명학의 상호관계에 관한 논의가 진행되면서 박은식의 경우와 마찬가지로 이전까지 하곡학파의 계승자로만 거론되어 왔던 정인보도 중국 및 일본 양명학의 폭넓은 수용이라는 관점에서 새롭게 조망해야 한다는 견해가 제기되기도 하였다.97)그러나 정인보와 장병린 사이에는 차이 또한 분명하게 존재한다. 정인보와 장병린의 주체론은 각각 '저는 저로서 함'과 '자기에게 의지하지 남에게 의지하지 않는다.[依自不依他]'라는 명제로

---

96) 민영규, 『강화학 최후의 광경』, 「爲堂 鄭寅普 선생의 行狀에 나타난 몇 가지 문제」, 又牛, 1994.
97) 최재목, 「鄭寅普 '양명학'형성의 지형도」, 『동방학지』143호, 연세대학교 국학 연구원, 2008.

집약되므로, 두 명제의 사상적 함의를 비교하면 양자의 연관성도 밝힐 수 있을 것이다.

정인보의 '얼'은 '본밑마음', '양지'와 동일하게 '주체'의 의미로 사용되는데, 이 '얼'의 의미를 좀 더 구체적으로 풀어 쓴 표현이 바로 '저는 저로서 함'이다. 그는 다음과 같이 말했다.

> "얼"이 없으면 곧 사람이 아니다. 내 이제 삼가 고하노니 제가 남이 아닌 것과 남이 제가 아닌 것을 아는가? 이것이 곧 "얼"이다. 무엇을 한다 하면 저로서 하고 무엇을 아니한다 하면 저로서 아니하고 무엇을 향하고 나간다 하면 저로서 나가고 무엇을 버린다 하면 저로서 버려야 저를 제가 가지고 사는 것이 아닌가? "저는 저로서"가 이른바 "얼"이니 여기 무슨 심오함이 있으며 무슨 미묘함이 있으랴?[98]

'저는 저로서'를 오늘날의 표현으로 바꾸면 '자기는 자기로서'가 된다. 정인보는 내가 남이 아니고 남이 내가 아님을 알며, 자기에 의해서 자기 스스로 하고 말고를 결정하고 실천하는 주체성을 '저는 저로서'이며 '얼'이라고 규정했다. 그는 창광망행猖狂妄行이 바로 '저로서가 아닌', 즉 자기 스스로 판단하고 행위하는 것이 아닌 데서 일어난다[99]고 보았다.

정인보는 사상적 측면에서 '얼'대로 하는 것의 중요성을 강조함과 동시에 역사적 측면에서도 그 실례를 제시하여 민족의 얼을 되살리고자 하였다. 그가 주목한 역사 유적 가운데 진흥왕 순수비에 대한 평을 보면 이런 점이 잘 드러나 있다.

---

98) 『詹園鄭寅普全集』卷3,「朝鮮史硏究」(上), 8쪽.
99) 『詹園鄭寅普全集』卷3,「朝鮮史硏究」(上), 9쪽.

창녕 말흘리 진흥왕척경비, 양주 비봉 진흥왕순수비 같은 것은 이제 결락이 심하여 을 찾을 수 없으나 분별하여 해석할 수 있는 것만 가지고 보아도 말흘의 간질한 기사와 비봉비의 "산악과 제왕의 감통이 덕향에 있음"을 박실하게 편 흔적이 반영된 이 진晉·송宋·제齊·양梁·진陳·수隋나라 대를 다 찾아보아도 볼 수 없는 고문이다.… 화려함이 없고 근간만 세운 것이 실로 '자기에게 의지하지 남에게 의지하지 않는다[依自不依他]'는 본심을 생각할 수 있다. … 마침내 현란하고 고상한 문체에 경도되지 않고 내 의사를 꾸밈없이 펴는 데에 그치고 그밖에 한걸음을 딛지 아니한 것이 얼마쯤 외래 문화를 타고 썼을지언정 거기에 매몰되지 않음을 생각할 수 있으며 저들에게 쏠리이지 아니하였다면 그만한 자기 중심과 안에 지키는 것이 그 근본이 있음을 미루어 생각해 볼 수 있다.[100]

정인보는 진흥왕 순수비문이 당시 남북조를 비롯한 동북아시아의 여타 비문과 달리 미사여구가 없고 기사가 '간질'하면서 내용이 '박실'한 것에 주목하였다. 그는 비문의 꾸밈없는 '질質'과 '박樸'이 이국의 문체를 그대로 답습하지 않는 주체적인 면모라고 본 것이다. 그에 의하면 비문이 당시 유행하던 화려한 문체를 어느 정도 수용했지만 거기에 함몰되지 않는 나름의 원칙이 있었고, 여기서 자기에게 의지하지 남에게 의지하지 않는 사유[依自不依他]를 볼 수 있다. 진흥왕 순수비문은 우리 민족이 '저는 저로서'의 얼대로 한 실례인 것이다.

그런데 앞서 언급한대로 '의자불의타依自不依他'는 정인보 보다 한 세대 앞선 시기의 인물인 장병린이 자신의 사상과 자국의 학문을 설

---

100) 『薝園鄭寅普全集』卷1, 296~297쪽.

명할 때 늘 사용하던 용어였다. 유년시절부터 고문경학을 익히고 전생애에 걸쳐 중국 사상과 문화 전통을 중시한 장병린의 사상은 시기적으로 일정한 변화를 노정했고 때론 모순된다는 평가를 받기도 하지만[101], 그 가운데서 변함없이 유지된 사상 원칙은 이 '의자불의타依自不依他'이다.[102] 그는 스스로 "내가 받드는 것은 의자불의타를 궁극의 법도로 삼는 것이다."[103]라고 공언했고, 시대와 유파를 초월해서 중국 철학의 근간을 유지하는 사유 또한 "의자불의타'라고 보았다.[104] 물론 고대 중국 철학에는 신에 의존하는 설이 있었지만 공자로 부터 신이 아닌 인간의 자존에 의존하는 철학이 형성되었으며, 이후 학파의 다양한 전개 속에서도 '의자불의타'의 사유 기반이 있었기 때문에

---

101) 李澤厚는 장병린의 일생을 1894~1900년 1기, 1900~1908년 2기, 1908년 3기, 1913~1936 4기로 구분하고, 각각 1기, 고문 경학과 서양 근대 자연과학의 영향, 2기, 佛學의 유식론을 기초로 민족주의 혁명사상의 수용, 3기, 佛學으로 莊周를 해석하고 莊周와 佛學을 하나로 용해, 4기, 莊周로 孔子를 논증하고 순수한 유가의 종주가 되었다고 설명했다. 또 신해혁명을 기점으로 3기 이후부터는 원세개를 옹호하며 반혁명적 경향을 드러내는 등 정치적으로 보수화되었다고 평했다. 임춘성 옮김, 『중국근대사상사론』, 한길그레이트북스 2005, 607~620쪽. 그러나 1) '의자불의타依自不依他'를 통해 새로운 중국을 모색하는 방향으로 진행되었다는 점과 2) 기본적으로 불교사상에 입각해서 세계의 구조를 이해했다는 점에서는 그 일관성을 찾을 수 있다.
102) 唐文权, 罗福惠는 장병린사상은 모든 측면에서 '依自'사상이 관철되고 있다고 보았다.『障太炎思想研究』, 华中师范大学出版社, 1986년, 16~17쪽. 张春香은 依自不依他론은 장병린 철학의 핵심이고 사상적 변환에 내재한 통일점이며, 그 사상변화는 이것이 단지 다른 시기와 다른 층차로 전개된 것일 뿐이라고 하였다. 『障太炎主体性道德哲學研究』, 中國社會科學出版社, 2007, 6쪽.
103) 『章太炎全集』卷4,「答鐵錚」, 374쪽. 僕所奉持, 以依自不依他爲臬極.
104) 『章太炎全集』卷4,「答鐵錚」, 371쪽. 至中國所以維持道德者, 孔氏而前, 或有尊天敬鬼之說, 孔氏而後, 儒道名法變易萬端, 原其根極, 惟依自不依他一語.

과학과 유물론에 의해 상실되어가는 도덕이 중국에서 만큼은 잘 유지될 수 있었다고 본 것이다.

그런데 앞서 살펴보았듯이 정인보는 장병린의 '의자불의타'를 직접 인용하고 자신이 주장하는 주체 개념인 '얼'을 이와 유사한 내용인 '저는 저로서 함'으로 규정하였다. 또 이외에도 정인보의 논설에서 장병린이 사용한 용어나 논법의 유사점을 찾을 수 있는 부분이 있다. 가령 그가 양명학의 본지를 설명하면서 "실증은 또 무슨 실증이냐, 누구나 학문은 없어도 '나'야 있지 않으냐. 내가 내 속을 속이지 못한 것은 다 자증自證하고 남음이 있지 않으냐."105)라고 하며, 당시 실증적 학문 풍토에 대응해 '자증'을 강조한 부분은 "일반인들은 자증할 수가 없어서 생멸하는 것을 아我로 삼는다"106)는 등 장병린의 논설에 등장한다. 또 장병린은 만년에 '아我'를 설명하면서 "그래서 우연히 한 생각이 일어나도 결코 이 생각이 누구의 생각인지 의심하지 않는다. 우연히 한 마디 말을 해도 결코 이 말이 누구의 말인지 의심하지 않는다. 우연히 가고 머물며 앉고 누워도 결코 이 가고 머물며 앉고 눕는 것이 누가 가고 머물며 앉고 눕는지 의심하지 않는다. 명백히 하나의 확정적인 '아'가 있다."107)라고 하였다. 그런데 정인보도 이와 비슷한 논법으로 "'극기克己'라니 '극克'은 누가 하는 것이며 '질욕窒

---

105) 『薝園鄭寅普全集』卷2, 「陽明學演論」, 124쪽.

106) 『訄漢三言』, 「訄漢微言」, 2011, 上海書店出版社, 6쪽. 衆人未能自證, 徒以生滅者爲我.

107) 『章太炎講演集』, 「說我」, 『制言』제48기, 1929, 講于震旦大學, 上海人民出版社, 298쪽. 所以偶起一念, 斷不疑這念是誰念. 偶說一句話, 斷不疑這話是誰說. 偶然行住坐臥, 斷不疑這行住坐臥是誰行住坐臥. 明明有个我把持定的.

欲’이라니 ‘질窒’은 누가 하는 것이며 ‘멸욕滅欲’이라니 ‘멸滅’은 누가 하는 것인가? ‘극’하고 ‘질’하고, ‘멸’하는 이 노릇을 하는 그 능체能體 는 곧 ‘저’이다.”라고 하여 나의 주체성을 설명한 적이 있다. 그러나 장병린의 ‘의자불의타依自不依他’와 정인보의 ‘저는 저로서’하는 얼은 사상적 차이가 있다.

먼저 장병린은 기본적으로 불교적 관점에서 현세계가 불변의 실체가 아닌 여러 조건이 인연화합한 가유假有의 상태로 존재한다고 본다. 그는 유식학의 삼자성론三自性論, 즉 1변계소집성遍計所執性 2의타기 성依他起性 3원성실성圓成實性을 바탕으로 존재와 자아의 실상을 규정했다. 유식학에서는 인간이 파악하는 존재의 실상을 여러 가지 조건이 인연화합한 의식의 표현이라고 보았다. 이에 의하면 인간 의식은 안이비설신眼耳鼻舌身의 다섯 가지 감각기관에 의한 인식활동인 오식五識과 오식을 바탕으로 종합적인 사고활동을 하는 의식意識인 제6식, 그리고 자아를 확인하고 갈구하는 의식활동인 제7식 말나식, 마지막으로 가장 심층에서 활동하면서 모든 행위를 이미지형태로 저장하는 제8식 아뢰야식(장식藏識)으로 구성된다. 이러한 의식들은 인식대상을 비롯한 다양한 조건에 의지해 발생하고 존재하는데, 잘못된 분별과 상상으로 그것을 실체라고 고집하는 것을 변계소집성이라고 한다. 삼자성론을 설명할 때, 보통 새끼줄을 꼬아놓은 것을 뱀으로 착각하는 예를 든다. 새끼줄을 착각하여 실제 존재하지 않는 뱀이 있다고 여기는 것이 바로 변계소집성이며, 새끼줄은 짚이 인연화합하여 존재하므로 이런 상태를 의타기성이라고 한다. 또 새끼줄은 짚의 인연에 의해 잠시 새끼줄의 형체를 이루고 있을 뿐인데, 이 자체를 아는 것이 원성실성이다. 유식학에서는 이런 의타기성이라는 존재의 실상을 통해 실체를 고집하면 곧 변계소집성이 되지만, 공空을 간파하고 집착하지 않으면 진실한 모습을 볼 수 있다고 한다. 장병린도 변계소집성에 의한 언어적 개념과 표현들을 실체로 여기는 집착을 벗어나고 공空을 간파하면, 그것이 곧 존재의 진실한 모습인 실상, 진여, 자연함이며 원성실성이라고 하였다. 또 아뢰야식이 번뇌를 해소하고 미혹한 상황을 극복했다는 의미에서 열반이라고도 하였다. 장병린은 현상 세계를 의식의 표현으로 보고 '자自' 혹은 '아我'로 표현되는 주체를 유식학의 '식識'과 동일한 의미로 규정하였다.

> 불법에서는 비록 무아無我라고 하지만 이는 곧 장식의 생겨나고 없어지는 것을 말할 뿐이다. 그 여래장 자성이 불변하는 것이 곧 불성이고 진아며 실이요, 편이요, 상이다. 보통 사람들은 스스로 깨달을 수 없어서 단지 생겨나고 없어지는 것을 나[我]로 삼는데, 나를 어찌 얻을 수 있겠는가. 불과를 증득하면 불성이 드러나니 이것이 곧 '나를 청결하게 하여 항상 즐거움 속에 산다'는 것이다. 이것은 열반경에서 말한 제일의이다. 무아無我를 알게 되면 진아眞我가 곧 드러난다. … 지금 응하여 말하자면 진아에 의존해서 환아幻我가 생기고 환아에 의존해서 무아를 말하며 무아에 의존해서 진아를 보게 된다.108)

위 글에 의하면 '자', '아'는 곧 '식'이고 연기의 세계에서 모든 존재가 가유, 환유인 것처럼 '자', '아'의 실상은 환아幻我이다. 환아, 허깨

---

108) 『태漢三言』, 「태漢微言」, 2011, 上海書店出版社, 6쪽. 佛法雖稱無我, 只就藏識生滅說耳. 其如來藏自性不變卽是佛性, 卽是眞我, 是實是遍是常. 而衆人未能自證, 徒以生滅者爲我, 我豈可得也?及得佛果, 佛性顯現, 卽是常樂我淨, 此卽涅槃經中所說第一義諦. 要知無我, 眞我乃見, 然則是兩說者亦撲而後成者也. 今應說言依眞我起幻我, 依幻我說無我, 依無我見眞我

비자아는 주체의 실상을 표현한 것으로 그 자체는 좋다 나쁘다는 규정을 할 수 없다. 그러나 환아를 독립적이고 실체적 자아인 것처럼 집착하면 그것이 곧 변계소집성이고 좋지 않은 과보를 초래하게 된다. 본래 환아는 실체적 자아가 아니라는 점에서 곧 무아無我이다. 장병린은 환유의 세계에서 가상인 신을 설정해놓고 의존하는 것을 부정하고 아울러 환아에서 실체를 찾는 것도 부정한다. 환아를 실체로 여기는 주체는 진정한 주체가 아니다. 진정한 주체를 찾으려면 환아에 머물러서는 안 되고 실체적 '아'에 대한 집착을 '무無'화 시키는 부정의 방법을 사용해야 한다. 실체적 자아의 부정인 '무아'가 진실이고 이를 제대로 자각하는 것이 '의자'의 기본 전제이다. 그리고 이때 '자'와 '아'를 구분하자면, '자'는 '의자'라는 삶의 기조를 이끌어가야 하는 진정한 주체를 의미하고 '아'는 실체적 자아를 의미한다. '의자'는 환아에 의존한다는 의미가 아니라 의타기성의 세계에서 변계소집에 해당하는 허망분별을 제거하여 무아를 증득하고 이에 의존한다는 것을 의미한다. 무아를 증득하면 그것이 곧 진아眞我이자 불성佛性이며 진정한 주체이다.

그런데 문제는 '자自'를 진정한 주체인 진아로 한정한다면 '의자불의타依自不依他'는 열반에 해당하는 매우 초월적인 경지가 된다는 점이다. 장병린이 말한 것처럼 '의자불의타가 시대와 학파를 초월한 중국적 사유의 특징이 될 수 있으려면, 그 범위가 궁극의 경지에만 한정되어서는 안 될 것이다. 결론적으로 말하면 인식론적 차원에서 '의자'의 의미는 '무아 증득'의 과정과 결과를 모두 포함한다고 볼 수 있다. 장병린에 의하면 무아는 '자증'이라는 주체적 체험활동을 통해 성취한다. 그런데 일반 대중은 무아를 '자증自證'할 수 없어서 생멸을 반복하는 아뢰야식을 실체적 자아로 여기는 한계를 지닌다. 그런데 만약이 한계를 극복하고 '자증'의 과정을 통해 '무아'로 나아간다면 이는 부정할 수 없는 '의자불의타'의 길이 된다. 장병린은 만년에는 '의자불의타'의 경계를 '유아有我'와 '무아無我'의 두 단계로 나누고 무아 이전의 단계를 좀더 긍정적으로 평가했다. 그는 유아有我를 알지 못하면 일체 지식 대상은 모두 근거가 없게 되고 뿐만 아니라 과학, 철학, 문학 등등의 지식이 모두 공허하여 귀착할 데가 없는 것으로 변해버린다고 하면서[109], 자아의식인 유아有我가 필요함을 역설했다. 그에의하면 무아도 유아에 의해 가능한 것이다. 무아는 유아의 전제 하에유아에 집착하지 않으면서 주체적으로 무화되는 체험적 자증을 통해성취된다. 아뢰야식은 번뇌심과 불성을 모두 지니면서 언제나 전환가능한 것이다. 유아의 직각과 무아도 마찬가지다. 장병린은 유아를초월한 것이 무아이며, 유아와 무아는 상호 대립하거나 충돌하지 않으며 실행차원에서도 무아가 유아로 드러나는 것이므로 서로 장애가되지 않음을 강조했다.[110] 이론적인 측면에서 장병린의 '의자依自'는

---

109) 『章太炎演講集』,「說我」, 在上海震旦大學講演, 上海人民出版社, 297쪽. 我今也學陽明先生, 不論科學, 只論我. 因爲一切對境的知識, 都是後起, 唯有直覺有我, 是最先的知識. 가假使不知有我, 一切知識的對境, 就都無根, 非但科學哲學文學等等知識, 變了浮空無著的東西.

110) 『障太炎演講集』,「說我」, 298쪽. 他性猶湍水, 是刻刻不留的, 旣然不留, 如何可說有我. 究竟佛家也不能硬把這个我字抹殺, 只說萬物的主因, 名看爲阿賴耶識, 因意根念念思量, 把這阿賴耶識 認作是我, 其實本來沒有我. 孔子所見, 恐怕也是一樣. 所以必先無意, 才能無我. 無意就是伏滅意根, 無我就是不把阿賴耶識認做我. … 無我是依據自證, 有我是依據大衆的知識. 老子說'常無, 欲以觀其妙, 常有欲以觀其徼'也是 一樣的道里. 究竟在學說方面, 無我竝不是反對有我, 却是超越過一層. 在實行方面, 有我也不能障碍無

유아의 직각에서 무아의 증득에 이르는 주체의 자각과 의식적 체험을 의미한다.

그렇다면 정인보의 '저는 저로서 함'의 함의는 무엇이며, 이것은 지금까지 살펴본 '의자불의타'와 어떤 상관성을 지니는가? 정인보는 '저는 저로서 함'의 주체를 한 마디로 '얼'이라고 하였는데, 이 얼은 또 장병린의 '무아'와 어떤 관계가 있는가? 이를 고찰하기 위해서는 장병린의 경우와 마찬가지로 정인보가 생각하는 존재와 자아에 대한 의미 규정부터 살펴봐야 할 것이다. 그런데 정인보는 존재의 실상으로부터 주체의 논리를 전개하기 보다는 현재를 사는 주체의 구체적인 삶에 더 주목하였다. 그의 글에서 존재 규정이나 어떤 형이상학 체계를 논하는 내용은 찾을 수 없다. 정인보는 주체에 대해서 어떠한 초월적 의미도 논하지 않고 '실존적'문제만을 거론했다.

정인보도 '저는 저로서 함'의 '얼'을 말할 때, 가假나 허虛를 사용하지만, 이 때의 '가'나 '허'는 어쩔 수 없는 존재의 실상을 말하는 것이 아니라 자아의 상태를 표현한 것이다. 장병린의 '가'는 실체 없는 임의성을 표현한 것이지만, 정인보의 '가'는 주체성이 없는 것으로 인해 발생하는 거짓을 의미한다. 그리고 이것은 시대비판의 용어로 사용되었다. 정인보는 당대의 학술을 진단하면 그 특징은 편협함[齷齪]과 나약함[軟弱]이라고 하였다. 남을 모방하고 끌려다니다 보니 견강부회하고 스스로 지탱하는 힘이 부족해진 것이다.[111] 그는 이런 현상의 근본

我, 只像鏡裏現出影像.

111) 『簷園鄭寅普全集』卷3,「朝鮮史硏究」(上), 16쪽. 近痼의 積由를 簡摘하여 보면 一은 學術의 齷齪함이요, 이는 體質이 軟弱함이니 어떠한 학술이든지 眞切하면 磊落한 법이요, 傳會하면 악착한 법이라 自에 依함을 이르되 眞切이

원인이 아주 오랜 세월 동안 우리가 "자기 마음[自心]에 스스로 의존[自依]하지 않고 일체를 밖에서 구한"[112]데 있다고 보았다. 따라서 저를 제외하고 남에게만 의존하여, 춘추대의에 따라 남의 나라를 '우리 대명국'이라 하고 그들이 우리를 오랑캐라고 불러도 달게 받으며 오로지 화하족만 존중하는 현상이 일어났다.[113] 정인보의 주체론은 철학적 존재 규정보다는 절박한 현실인식과 비판[114]에서부터 출발한다. 장병린이 불교적 관점에서 세계와 주체, 전통학문을 해석했다면, 정인보는 앞서 살펴본 바와 같이 하곡학적 관점에서 이를 해석했고 매 순간마다 주체의 진실성, 즉 "실심"을 환기시키는 데 주목했다. 이때 "실심"은 곧 "본심"이고 "얼"이며 곧 "저는 저로서"하는 참된 주체이다. "저는 저로서"라는 말은 "의자依自"와 동일한 의미이지만 정인보와 장병린이 사용하는 명제의 함의는 다르다. 정인보는 다음과 같이 말했다.

　　　라 하고 他로 由함을 이르되 傅會라 하는 것이니.
112)『薝園鄭寅普全集』卷3,「朝鮮史硏究」(上), 29쪽. 우리로서 自心에 自依 하지 아니하고 일체를 外求하게 됨이 그 原由 多端하다 할 것이로되 최대한 根因으로 말하면 우리로서 우리를 알지 못하고 또 알려고도 하여보지 아니한 지가 오랜 까닭이다.
113)『薝園鄭寅普全集』卷3,「朝鮮史硏究」(上), 21쪽. 풍속, 교화] 自己의 心地 이외로만 奔走하도록 만듦이 또한 積久한 세월이 蒸成함이려니와 "저"를 除外하고 "남"만 顧依함이 그 極에 達하매 儒者 春秋의 大義 "我大明"이라 함에 미치어 우리를 夷 라 할새 攘함에 自甘하여 그 所尊함이 華夏이었나니.
114)「陽明學演論」를 쓰는 마음이 현실의 변화를 바란다고 하기에는 부족하고 "간절히 기원"하는 심정이라고 하였다.『薝園鄭寅普全集』卷2,「陽明學演論」, 113쪽. 곧 懇乞코자 하며 곧 祈祝하려한다.

저로서 "자기"이외에 하등의 견제를 받지 않은 뒤에라야 비로소 "얼"의 굳건함을 증명할 수 있을 것이다. 자기 사사로움에 가려지고 물욕에 사로잡히는 것이 다 "저로서"가 아니기 때문이니 가려짐이 있다면 이것은 가려진 것으로 진정한 "저로서"가 아니요 사로잡힘이 있다면 이는 사로잡힌 것으로 진정한 "저로서"가 아니다. 옳다, 그르다, 온당하다, 부당하다는 것을 "저로서"의 판별하는 것이 이른바 양지니 본디 가진 자연한 앎이나, 저로서 옳다 여기는 것을 구차히 남 따라서 그르다 하고 자기로서 부당하다 여기는 것을 구차히 남 따라서 온당하다 하기 때문에 마침내 자기 "얼"을 스스로 지키지 못하는 것이다. 알라, 광폭하고 망령된 행동이 저로서가 아닌데서 있게 된다. 저로서 하는데서 있게 되는 것이 아니다.[115]

장병린의 '의자불의타'와 정인보의 '저는 저로서 함'은 모두 진정한 주체로서 살려는 것이다. 앞서 살펴보았듯이 장병린이 말하는 주체, 혹은 자아의 기본적 의미는 가유이면서 실체를 고집하는 자아이다. 그래서 그는 그것의 '무無'를 추구한다. 정인보의 주체, 자아는 긍·부정의 요소를 다 포함하는 일반적인 의미다. 그가 사용하는 용어 가운데 "저", "자"는 중성적이거나 혹은 긍정적 요소이고 "기己", "욕欲", "사私"는 주체를 오히려 주체답지 못하게 하는 부정적인 요소이다. '저는 저로서'는 자신의 모든 것을 자기 본심대로 하여 주체를 주체답게 하는 진정한 주체성을 말한다.

장병린의 '의자불의타'가 인식의 전환을 통해 무아를 증득하는 전 과정이라고 한다면, 정인보의 '저는 저로서 함'은 실심 혹은 본심을 회복하는 전 과정을 의미한다. 장병린이 실체에 집착하는 현의식을

---

115) 『薝園鄭寅普全集』卷3, 「朝鮮史硏究」(上), 8쪽.

'무'라는 부정의 방법을 통해 타파함으로써 진정한 주체로 거듭나고 자 했다면, 정인보는 속일 수 없는 현재의 본심을 '실'답게 되살리는 긍정의 방법을 통해 주체 회복을 꾀했다. 장병린의 무아는 유아를 초월한 자아를 말하지만, 정인보의 실심은 불안의 극복으로 회복되는 실존적 자아를 말한다. 정인보의 주체 개념인 실심, 양지, 얼은 본래 완전한데, 현존재에 내재된 실심과 양지는 가려져있기 때문에 불안극복의 지속을 통해 완성해나가야 한다.

또한 장병린의 '의자불의타'와 정인보의 '저는 저로서 함'은 주체의 확립의 지표이며 이론과 실천방면에 동일하게 적용되는 원리이다. 장병린은 주체 확립 차원에서 초월적 자아의 성취를 목표로 하지만, 초월적 자아의 성취에서 필수적인 '무'의 방법을 사회적 실천에도 활용하였다. 그는 "스스로 평생의 학술을 평가하면, 처음엔 속俗을 전환하여 진眞을 성취했고, 끝에는 곧 진眞을 돌려 속俗으로 향했다." [116]고 했다. 속을 전환하여 진을 성취하는 것[轉俗成眞]은 주체의 확립과정을 말하고 진을 돌려 속으로 향했다[回眞向俗]는 것은 대외적인 실천을 말한다. 장병린이 전속성진轉俗成眞한 것은 무아를 증득하는 것이었고, 회진향속回眞向俗한 것은 사회와 국가, 혹은 전통과 근대의 변혁을 추구[117]한 것이라 할 수 있다. 이러한 사유는 앞서 살펴본 존재와 자

---

116) 『菿漢三言』,「菿漢微言」, 2011, 上海書店出版社, 72쪽. 自揣平生學術, 始則 轉俗成眞, 終乃回眞向俗, 世固有見諦轉勝者耶!

117) 장병린은 1902년 鄒容의 『革命軍』서문을 지으면서 청왕조를 강력히 비판하고 배만혁명과 광복을 논했는데, 이 때문에 1903년부터 1906년까지 3년간 수감생활을 했다. 그리고 이후 1906년부터 1908년까지 동맹회 기관지인 『民報』 주편으로 활동하면서 혁명을 통해 정부를 전복할 것을 주장하는 혁명파에 이론적 토대를 제공하고 양계초 주도의 입헌파를 비판하고 논쟁을 벌였다. 그의

아에 대한 사유에 이미 내재되어 있었다. 환아와 무아의 관계가 상호 의존적인 것처럼 속세俗世와 진여眞如의 세계도 마찬가지다.

　장병린은 먼저 실체를 부정하는 '무無'를 무기로 전통 사회의 봉건성을 비판했고 같은 논리로 서구문명이 보편으로 여기는 공리公理, 진화進化 등이 미혹이라고 비판했다. 그는 존재의 실상이 가유라는 것으로부터 국가 정부와 세계, 인류 모두 가유이며 이에 관한 담론인 진화, 보편, 공리 등도 절대적인 것이 될 수 없음을 주장했다. 그는 송대에 천리를 중시한 것을 예로 들어 사람의 감정을 극도로 억압하여 일상생활이 오히려 피폐해지고 자유를 침해했다고 비판했다.[118] 그리고 당시 서구의 공리는 이러한 천리보다 인정에 혹독하고 모질다고 하였다.[119] 당시 세인들이 선진적이라고 하는 서구의 공리나 보편도 사회 제도·법률이나 다수결의 논리, 약육강식의 논리로 사람을 속박하는 것은 마찬가지고 인정을 해치는 것은 더 심하다고 본 것이

주요 논술인 「無神論」, 「建立宗教論」, 「人無我論」(1906), 「五無論」, 「國家論」(1907), 「駁神我憲政說」, 「四惑論」(1908) 등이 이 시기에 발표되었다. 1910년 『齊物論釋』을 지으면서 철학체계를 완성해나갔으며 지속적으로 전통 학술을 강의했다. 장병린은 혁명론을 주도했지만 손문과 대립하면서 신해혁명 이후에는 오히려 원세개와 같은 군벌실력자에 동조하다가 다시 반대하는 등 정치적으로 보수화되었다. 이택후 지음, 임춘성 옮김, 『중국근대사상사론』, 한길그레이트북스, 2005 / 김영진, 『불교의 무와 근대』, 그린비, 2012 참조.

118) 『章太炎全集』卷4, 「四惑論」, 444쪽. 然宋世言天理, 其極至於錮情滅性, 蒸民常業, 幾一切廢棄之. 而今之言公理者, 男女常飮食之事, 放任無遮, 獨此所以爲異. 若其以世界爲本根, 以陵藉个人之自由, 皆束縛人亦與言天理者相若.

119) 『章太炎全集』卷4, 「四惑論」, 449쪽. 言公理者, 以社會抑制个人, 則無所逃於宙合. 然則以衆暴寡, 甚於以强陵弱. 而公理之慘刻所恩, 尤有過於天理.

다. 장병린에 의하면 서구 사회진화론의 '진화'는 일방적인 진전으로서 지식진화에 불과하고, 실상은 모든 것이 상반되는 요소와 함께 양방향으로 진행된다는 것을 간과한 것이다.[120] 원래 진화는 아뢰야식의 미망이 만들어낸 허상에 불과하다. 당시 사람들이 생각하는 일방적인 진화라는 것은 실제로 존재하지 않는 환상이고 일방적인 변화는 없으므로, 이런 의미에서 진화라고 말할 것도 없는 것이다. 따라서 서구의 진화론이나 공리를 추종해서는 안 된다. 또 당시에는 개인이 국가에 종속되고 국가 발전을 위해 복무하는 것을 당연하게 여기는 국가주의가 유행하였다. 근본적으로 인류는 평등하지만 그들이 살아가는 땅의 자원이 불평등하기 때문에[121] 필요에 따라 공동체가 생기고 공동체간의 투쟁이 발생하며 정부의 성립은 이를 해소하기 위한 방편으로 성립된다. 따라서 정부의 근본적인 역할은 다른 정부에 상대하기 위함이고 국가도 인연화합으로 생긴 임의적 존재이며 어쩔 수 없이 필요에 의해 성립된 것에 불과하다. 따라서 국가가 없을 수는 없지만 국가주의를 추종해서도 안 된다. 장병린은 사회와 이념에 대한 절대적 망상을 깨뜨리고 그 실체 없음을 자각하면서 자립적으로 사는 것이 전통과 근대가 지닌 억압기제에 대해 혁명을 주도하는 주체의 소임이라고 보았다. 시대를 사는 진정한 자아, 주체는 스스로 무아를 증득하고 무아로서 사회적 억압을 무화시키고 혁명을 이끌어간다. 무아를 증득하는 것은 '진眞'을 찾는 것이고 다시 혁명을 이끄는

---

120) 『章太炎全集』卷4,「俱分進化論」, 386쪽. 彼不悟進化之所以爲進化者, 非由一方直進, 而必由雙方竝進, 專擧一方, 惟言知識進化可爾. 若以道德言, 則善亦進化, 惡亦進化, 若以生計言, 則樂亦進化, 苦亦進化.

121) 『章太炎全集』卷4,「五無論」, 432쪽. 人類本平等, 以所依之地本不平等.

것은 '진眞을 돌려 속俗으로 향하는' 것, 즉 회진향속이다. 장병린은로 '무'라는 부정의 방법을 통해 주체의 확립과 사회변혁을 추구했다. 그런데 정인보는 사회적 변혁보다는 주체의 진실성에 기반한 감통과 복리증진에 더 방점을 두었다. 우선 그는 장병린의 회진향속에 대해서 다음과 같이 말했다.

> "얼"로 인해 진眞이 있는 것이라 "얼"이 아니면 가假요, "얼"로 인해 실實이 있는 것이라 "얼"이 아니면 허虛다. 일체 고도리가 되는 그 "얼"을 스스로 존숭하지 못한 결과 말 한 마디, 일 하나, 실천 하나, 행동 하나 하나가 깡그리 골자가 없어짐을 어찌할 수 없게 되고 거기에 따라서 만나게 되는 파랑은 갈수록 거세지니 오호라, '슬픔은 마음이 죽는 것보다 더 큰 것이 없다. 몸이 죽는 것은 둘째라' 한 말이 남의 일이 아니건마는 회향回向의 여장, 아직까지 감감할 뿐 아니라 이 고도리를 고도리로 하지 아니한 다음에는 회향回向이라니 그 목표가 없음에 어이하랴?122)

정인보는 '저는 저로서'의 얼이 진실이고 사람의 근본이 되어야 하며, 이것이 없으면 곧 허, 가라고 하였다. 자기 얼을 존숭하지 못하면 말이나 행동 모든 것에 근본이 없고 근본이 없어질수록 어그러지는 일이 많아진다. 근본이 없는 것은 마음이 죽는 것과 같고 마음이 죽는 것은 몸이 죽는 것만 못하다. 원래 이 말은『장자』의 "슬픔은 마음이 죽는 것心死보다 더 큰 것이 없으니 몸이 죽는 것(身死)은 그 다음이다."123) 라는 구절이다. 장병린은 이것을 "심체心體는 항상 존

---

122)『舊園鄭寅普全集』卷3,「朝鮮史研究」(上), 29~30쪽.
123)『莊子』外篇「田子方」夫哀莫大於心死, 而人死亦次之.

재하여 본래 다함을 기약할 수는 없으나 심상心相은 흘러가서 변하고 무너질 수 있으니 이것을 일러 마음이 죽는 것心死이라고 한다.”[124] 라고 해석한 적이 있다. 정인보는 이 처럼 심체는 항상 있지만 심상 이 무너지는 것처럼 얼을 주체로서 제대로 세우고 존중하지 않으면, 얼이 없진 않더라도 죽은 것과 마찬가지라고 한 것이다. 그리고 이렇 게 되면 회진향속이란 불가능하다. 속을 전환하여 진을 성취하든[轉 俗成眞] 진을 돌려 속으로 향하든[回眞向俗] 그것을 하는 것은 바로 주체인 자아이다. 장병린이 말한 무아의 증득은 스스로 깨닫는 ‘자증’ 으로만 할 수 있는 것이다. 자증으로 무아의 진을 성취하면 이것을 다시 속으로 돌려 중생의 자립과 자주를 돕는 것이 회진향속의 의미 이다. 정인보는 기본적으로 회진향속에 동의하지만 진의 최종적 성 취 여부를 떠나 회향回向하려는 주체가 없다면 회향이 성립될 리 없 다고 본다. 또 억지로 회향을 말한다 해도 자기 본심인 얼 주체가 없으면 왜 회향하려하는지 무엇을 위한 회향인지가 명확하지 않은데 어떻게 하겠냐는 것이다. 정인보는 장병린처럼 서구 기독교의 신, 진 화, 공리 등 당시에 보편으로 군림하던 관념들을 일일이 거론하고 타파하려 하지는 않았다. 그러나 본심에 의해 진정한 주체가 확립되 고 또 반드시 그래야만 공동의 선이 추구될 수 있다고 보았다. 그것 은 실심, 얼의 감통론에서 확인 할 수 있다. 정인보는 본심 양지, 혹은 실심, 얼이 과연 가려지지 않고 온전한가를 판단할 수 있는 기준은 ‘민중과의 감통’이라는 것은 앞서 살펴본 바와 같다. 정인보에 의하면

---

124) 『章太炎全集』6卷,〈齊物論釋定本〉, 上海人民出版社, 1986, 121: 夫哀莫大於心 死, 而人死亦次之. 心體常在, 本無滅期, 而心相波流, 可得變壞, 此所謂心死也.

사회적 공감과 실천을 동반하지 않는 주체는 속일 수 없는 마음을 다시 돌아볼 일이다. 이는 곧 당시의 가장 급한 일은 조선인으로서 조선인의 고통을 통감하고 조선인의 복리를 도모하는 것이며, 본심이 제대로 발현된 자라면 자신의 안위는 생각지 않고 여기에 종사하고 있을 것이라는 말도 된다.

정인보의 '저는 저로서'와 장병린의 '의자불의타依自不依他'는 모두 자기는 자기답게 진정한 주체를 확립하고 주체다운 삶을 실현하자는 것을 의미한다. 그러나 두 명제의 취지가 동일하고 정인보가 장병린의 논설을 인용했다는 점에서 연관성이 있다고 할 수 있지만, 이런 점을 가지고 정인보가 곧 장병린 주체사상에 영향을 받았다고 볼 수는 없다. 이들의 주체론이 전개되는 방법과 양상은 각각 '실實'과 '무無'로 분명히 다르며, 양자가 지향한 주체도 각각 '실존적 자아'와 '초월적 자아'로 대비할 수 있다. 장병린이 실체에 집착하는 현의식을 '무'라는 부정의 방법을 통해 타파함으로써 진정한 주체로 거듭나고자 했다면, 정인보는 속일 수 없는 현재의 본심을 '실'답게 되살리는 긍정의 방법을 통해 주체 회복을 꾀했다. 장병린의 무아는 유아를 초월한 자아를 말하지만, 정인보의 실심은 불안의 극복으로 회복되는 실존적 자아를 말한다. 결론적으로 주체론적 관점에서 양자는 상호소통 가능하지만, 사상적 영향관계는 성립하지 않는다. 여기서 정인보가 전수한 학문의 특징을 유념할 필요가 있다. 정인보에 의하면 양명학 자체가 자기 자신을 속이지 않고 자신의 실심을 따를 것을 무엇보다 중시했기 때문에, 후학들도 아무리 스승의 학설이라 하더라도 그대로 따르는 것을 부끄러워했다고 하였다. 따라서 자기 스스로 깨달은 독자적인 내용으로 언교를 삼아 학설이 이채를 띠는 경우가 많

다고 하였다.[125] 하곡학에서도 이런 점을 찾아 볼 수 있다. 정인보가
자신의 본사라고 칭한 사람은 이건방이 유일하다.[126]뿐만 아니라 장
병린의 '국학'운동은 배타적인 민족주의로 전개되었지만 정인보의
'조선학'운동은 주체적 자립에 중심을 두었다. 장병린의 국학은 '의자
불의타依自不依他'의 산실인 전통학문, 즉 '국수國粹'를 고증하고 드러
내는 것이며, 정치적으로는 '배만혁명'과 짝하는 것이었다. 장병린은
전통학문의 국수는 한족의 문화와 역사이지 만주족과 같은 이민족의
문화와 역사는 아니라고 보았다. 그는 다음과 같이 말했다.

> 만주종족은 동호라고 하고 서양에서는 퉁구스족이라고 부르니,
> 본디 흉노와는 다른 종족이다. 흉노라고 말한다 해도 저들은 이미
> 화하지역으로부터 철수하여 오랫동안 불모지에 거주하여 언어, 음
> 식, 거주가 우리 영내와는 매우 달라졌으니, 동종同種이라고 말할 수
> 있겠는가?[127]

---

125) 『舊園鄭寅普全集』, 「陽明學演論」, 188쪽. 대개 陽明의 一生 呶呶함이 獨知
하는 一點 天良을 致得하려 함에 있으므로 門人이 이를 배운지라, 學問은
陽明으로 좇아 배웠으되 證得함은 모두 自心에 求하고 師教라고 苟隨치 아
니하여 王門 弟子의 高足 一流 쳐놓고 各其 獨得한 것이 있어 다른 학자의
門庭모양으로 한판에 박은 것 같지 아니한데. / 같은 책, 201쪽. 대개 陽明
돌아간 뒤에 門人이 四方에 퍼져 良知를 提唱하였는데 陽明의 教法이 自欺
를 排擊하므로 누구나 苟隨함을 부끄러워한지라 각기 證得함을 따라 言教를
세웠음은 前에도 잠깐 말한 바 있었거니와.
126) 『舊園鄭寅普全集』, 「陽明學演論」, 242쪽.
127) 『章太炎全集』卷4, 「駁康有爲革命論書」, 173쪽. 夫滿洲種族, 是曰東胡, 西
方謂之通古斯種, 固與匈奴殊類. 雖以匈奴言之, 彼旣大去華夏, 永滯不毛,
言語政教飲食居處, 一切自異漁域內, 猶得謂之同種也耶?

그런즉 만주족을 쫓아내지 않고 지사들의 다툼이 저절로 없어지게 하고자 한다면, 백성들의 적개심이 극에 달하여 저마다 독립하여 속박 받지 않는 지역에 이르길 기약할 것이다. 이런 경우는 반드시 셀 수 없이 많아질 것이다. 그러면 (우리는) 점점 쇠미해져서 결국 구미의 노예가 될 뿐이다! 조악한 종을 솎아 내지 않으면 우량한 종이 번성하지 못하고 패역의 무리를 제거하면 선량한 무리가 배양되니, 우리 스스로 대빗자루를 잡고 낡은 집의 더러운 습속을 쓸어내지 않으면 우리 중국 땅이 스스로 온전해지는 것을 어떻게 얻을 수 있겠는가?[128]

위 글은 1903년 장병린이 중국내 여러 민족들의 화합과 공동의 입헌제도 수립을 주장하는 양계초의 견해를 반박하기 위해 쓴 글이다. 중국사회에 대한 혁명파의 입장에서 입헌파의 논리를 비판한 것이다. 장병린은 서구 제국주의에 제대로 대처하지 못한 것은 청조의 무능이며 더 나아가서는 만주족의 무능이라고 보고 신해혁명시기에도 종족혁명론을 주장했다. 장병린이 구상한 국가는 만주족과 같은 이민족을 제외한 한족의 국가였다. 그는 아예 만주족을 중원에서 몰아내지 않으면 안 된다고 하였다. 장병린의 민족주의는 배타적인 민족주의며 그의 국학은 이를 지지하는 것이 될 수밖에 없었다. 그러나 정인보의 민족주의는 이와 달랐다. 이런 점에서 정인보가 장병린에게 관심을 가졌던 것이 어떤 특별한 영향관계라기 보다는 그의 스승인 난곡 이건방에게 배운 실심의 학문자세와 장병린의 주체사상이 어울렸기 때

---

128) 『章太炎全集』卷4,「駁康有爲革命論書」, 183쪽. 然則滿洲不逐而欲士之爭自濯磨, 民之敵愾效死, 以期至乎獨立不羈之域. 此必不可得之數也. 浸微浸衰, 亦終爲歐美之奴隸而已矣! 非種不鋤, 良種不滋 敗群不除, 善群不殖, 自非躬執大彗, 以埽除其故家汙俗, 而望禹域之自完也, 豈可得也?

문이라고 볼 수 있다.129)

물론 여전히 정인보가 장병린을 직접 언급한 부분의 문제가 남았다. 그는 장병린의 박학博學과 문장을 다음과 극찬했다.

> 자네는 한창 나이에 벌써 문사文辭가 통달한 경지에 이르렀으니, 이로써 하늘이 점지한 것이 결코 타인으로서는 도저히 능히 바랄 수도 없다는 것을 알고, 반드시 더욱 경전자사를 전공하여 진액이 속을 이어지게 하고 정화가 겉으로 피게 하면 어떻겠소? 내 글은 이를 만한 것이 못되오만, 장차 눈을 씻고 자네 글이 날로 진보함을 볼 것이니 내가 지닌 아름다움 뿐만이 아닐 것이오. … 내 생각에 문장은 뒤에 태어난 사람이 도리어 낫소. 장태염 같은 굉박閎博 전아典雅함을 어찌 방포方苞와 요내姚鼐가 능히 미칠 바이겠소? 이는 다른 까닭이 아니오. 청조의 박학樸學이 십삼경 이십자에 융화되어 터럭끝 만큼도 헛트로 스친 곳이 없는데다가 장씨가 마침 그 끝에 태어나, 좌우로 마음껏 토론하고 그 집성을 혼자서 총괄했기 때문이오. 하필 장씨만이 그렇겠소? 자네나 나라고 유독 스스로 힘써서 안 될 리 있겠소?130)

위 인용문은 정인보가 제자인 윤사건이 보낸 글을 보고 문장력이 향상되었음을 칭찬하는 편지 글의 일부이다. 특히 정인보가 자신의 글을 높이 추어올린 것에 대해 장태염의 예를 들면서 겸양하고 윤사건을 격려하는 부분이 눈에 띈다. 논지는 장태염이 청대의 훌륭한 산문가들인 방포方苞와 요내姚鼐보다 월등하며, 그것은 청대 박학의 성

---

129) 이황직, 「위당 조선학의 개념과 의미에 관한 연구」, 『현상과 인식』제34호, 2010.
130) 『薝園鄭寅普全集』卷6, 「薝園文錄」(下), 451~452쪽 / 정인보 지음, 정양완 옮김, 『薝園文錄』(下), 「答尹士建錫五」, 396쪽.

과에 힘입은 것인데, 윤사건도 그처럼 될 수 있다는 것이다. 정인보는 장병린의 박학과 문장을 매우 높게 평가했다. 또 이보다 앞선 편지에서도 장병린의 문장이 매우 훌륭하여 반복하여 읽을 필요가 있다고 소개하며 장병린의 문장 중 '진화론進化論'을 예로 들었다.131) 이런 점에서 정인보의 '조선학'이 장병린의 영향을 받았다고 보기도 한다. 박학적인 태도나 문체에 대해서는 그런 추론이 가능하다. 그러나 사상적 영향관계를 쉽게 거론할 수 없다는 것은 이미 살펴 본 바와 같다. 정인보가 문장이 훌륭하다고 예로 든 「진화론」에서 장병린은 "저들은 '진화'가 진화가 되는 까닭이 한쪽 방면으로 곧장 나아가는 데서 비롯되는 것이 아니라, 반드시 쌍방향으로 함께 나아가는 데서 비롯된다는 것을 깨닫지 못했다. 전적으로 한 방향만 드는 것은 오직 지식 진화를 말할 때만 가능할 뿐이다. 도덕으로 선善도 진화하고 악惡도 진화하는 것이며, 생계를 가지고 말한다면 악樂도 진화하고 고苦도 진화하는 것이다."132)라고 하였다. 장병린은 서구 진화론이 긍정과 부정의 진화를 모두 포함하는 것이며 진화이면에는 곧 퇴화가 있으므로 진화 자체가 오류라고 비판하였다.133) 그런데 서구진화론에 대한 비

---

131) 『薝園鄭寅普全集』卷6,「薝園文錄」(下), 449~450쪽 / 정인보 지음, 정양완 옮김, 『薝園文錄』(下),「答尹士建錫五」, 394쪽. 章氏는 솜씨가 뛰어난 사람으로 논의의 전개·수합 등의 변화가 아주 볼 만한데 만약 進化論 중의 一章을 쪼개면 살가죽 속의 결이 층층이 달려나가는 것 같으니, 한가할 때 수십 번 읽으면 좋을 것이오. 그 심오하고 뛰어나게 기이함을 허겁지겁 본뜨려 하지 마오. 문장이란 도도하게 나가야 하니 반드시 기이할 필요는 없소.

132) 『章太炎全集』卷4,「俱分進化論」, 386쪽. 彼不悟進化之所以爲進化者, 非由一方直進, 而必由雙方竝進, 專舉一方, 惟言知識進化可爾. 若以道德言, 則善亦進化, 惡亦進化, 若以生計言, 則樂亦進化, 苦亦進化.

판은 앞서 살펴본 바와 같이 정인보의 스승인 이건방의 사유에서도 찾을 수 있다.[134] 이건방은 진화 개념을 논리적 오류로 여긴 것이 아니라 약자를 포용해야 정론이 된다는 취지에서 비판하였다. 정인보가 특별한 논의를 제기하지는 않았지만 그가 활동할 1920년 이후의 국제 정세는 이미 약육강식의 진화론과 제국주의에 반성이 일어나던 시기였다. 정인보가 「구분진화론」을 언급한 것은 문장론적 접근이었다고 볼 수 있다[135]

정인보의 '얼'은 국혼, 국수, 국학 등의 필요성이 제기되던 당대 동아시아 사조와 호흡한 것이지만, 그 내용의 구상은 그가 전수해온 실심론에 근본하고, 민족의 주체성이라는 점에서 박은식의 국혼론과 교차한다. 정인보의 얼은 당대의 민중뿐만 아니라 역사와 감통하는 주체로 그 본질적인 내용은 실심과 동일하다. 시공을 관통하는 실심의 확장이 곧 '얼'인 것이다. 그에 의하면 얼은 역사발전의 원동력이고 식민지 현실을 벗어날 수 있는 길이므로 역사 연구를 통해 얼을 밝혀야 한다. 당대 불행의 근본적인 원인이 오랫동안 "자기 마음(自心)에 스스로 의존(自依)하지 않고 일체를 밖에서 구하는"[136] 데서 비롯되었

---

133) 『章太炎全集』卷4,「四惑論」449쪽. 然則所謂進者, 本由根識迷妄所成, 而非實有此進. 就據常識爲言, 一切物質, 本自不增不減, 有進于此, 亦必有退于彼, 何進化之足言!

134) 『蘭谷存稿』卷6,「文錄論」〈原論〉(上) "歐人所謂强與弱遇權力, 卽道理者, 是亦出於公例原則, 不得不然之故. 而不獨詬彊者爲暴戾, 而謂弱者爲可恕然後, 始得謂之正論也."

135) 여희정은 정인보가 장병린의 「俱分進化論」을 긍정한 것을 "層變深入"이라는 문장전개의 관점에서 분석하였다. (여희정,「鄭寅普의 古文 文章論」,『東方學志』제178집, 연세대학교 국학연구원, 2017.)

기 때문에 나의 확장인 얼을 찾는 것이 중요하다. 이는 '옛것을 돌아봄으로써 '본래의 나'를 '스스로 증명'하고 회복하는 것'[137]이며, 민족과 세계만물에 감응하는 것이다.

> "자기는 자기로서"의 그 "얼"은 가깝게 한 민족으로부터 크게 전인류 내지 천지 만물에 이르러 일체인 것이니 … 남을 위한다고 한다면 오히려 그 간격이 있을 테지만 저들의 고통을 내 고통으로 느끼게 되고 또한 저들의 슬픔을 곧 내 슬픔으로 느끼게 되니, 사회를 건지고 국난을 구하러 가는 용기는 남을 구하는 것이 아니라 곧 자기의 고통을 자기가 돌보는 것이요, 자기가 급해서 스스로 달려가는 것이다.[138]

---

136) 『薝園鄭寅普全集』3卷, 「朝鮮史硏究」(上), 29쪽. 우리로서 自心에 自依 하지 아니하고 일체를 外求하게 됨이 그 原由 多端하다 할 것이로되 최대한 根因으로 말하면 우리로서 우리를 알지 못하고 또 알려고도 하여보지 아니한 지가 오랜 까닭이다.

137) 『薝園鄭寅普全集』卷2, 「論說·隨筆·漢詩」〈朝鮮古書刊行의 意義〉, 312쪽 4~20. 그 源을 놓침을 깨달아 본원적 자반이 있으려 할 것 같으면 古書ㅣ 실로 유일한 倚看處이니, 어찌 그러냐 하면 古는 곧 今의 本이요, 古書는 곧 古의 留影이라. 그러므로 우리는 조선 古書의 간행을 典獻의 托傳함만으로 보지 아니하려 한다. 우리를 아는 者ㅣ 누구냐. 알려는 者ㅣ 누구냐. 또 우리를 모르는 者ㅣ 누구냐. 삼가 고하노니 우리는 突然한 우리가 아니다. 멀리 所本함이 있다. 오래 所歷함이 있다. 盛衰 그 所自함이 있고, 榮悴 그 所因함이 있다,… 返古라면 退墮도 같다. 그러나 이 古는 묵고 썩은 후락한 古가 아니라 해석하면 곧 "本我"라함과 같으니, 말류의 弊 그 本을 違棄하게 된 뒤는 返古ㅣ 아니고는 本我를 自證할 도리 없고, 이 自證이 아니고는 언제나 愈轉愈迷하고 말 것이라. 그런즉 우리 자체에 대한 至纖 至悉한 基本의 調査, 곧 우리로서 우리의 正實로 돌아가는 밑천이다.

138) 『薝園鄭寅普全集』卷3, 「朝鮮史硏究」(上)〈序論〉, 12쪽 19~26. "저는 저로서"의 그 "얼"은 가깝게 一民族으로부터 크게 全人類 내지 天地 萬物에 이르러

앞서 살펴본 바와 같이 정인보는 인민, 민중에 대한 감통이 중단되어 서로 간격이 생겼다면 본심 양지가 막혀 그 생명력이 끊어진 것이 된다고 했는데, 얼 또한 마찬가지이다. 얼이 막히지 않았다면 민중과 나는 감통할 뿐만 아니라 민중의 일이 곧 내 일이기 때문에 민중을 위한 모든 일이 내가 나를 돌보고 나의 급선무를 내가 해결하는 것이 된다. 이것은 내 민족에서부터 전 인류, 세계만물에 이르기까지 다 해당된다. 그리고 이것은 역사 속 고인과도 연결된다.

> 우리를 몸뚱이에서만 찾는지라 고인古人이 우리가 아니요 우리가 고인이 아니지 한번 그 "얼"에 들어가 생각하여 보면 우리의 고인이 곧 우리다. 그러므로 우리 고인의 지난 자취를 좇아 그 골수를 접한다면 이 일단의 혈맥이 곧 내 혈맥임을 깨달을 것이요, 과거의 탁월함, 위대함, 기개, 올곧음을 볼 때 내 속에 어느 곳에든지 스며내린 무엇이 있음을 스스로 확신하여 우리 여러 선열의 운기雲旗 우개羽蓋가 발닥발닥하는 이 혈맥 속을 따라 때때로 오르고 내리는 것을 몸서리치도록 해득解得할 것이다.[139]

一體인 것이니 … 他를 爲함이라 할진대 오히려 그 間隔이 있을지로되 저 痛楚ㅣ 내 痛楚로 감하게 되고 또한 저 慘惻이 곧 내 慘惻으로 감하게 되매 그 救時, 赴難의 勇이 救他ㅣ 아니라 곧 自痛 自撫함이요 自急에 自趨함이라.

139) 『薝園鄭寅普全集』卷3, 「朝鮮史硏究」(上)〈序論〉, 28쪽. 우리를 軀殼에서만 찾는지라 古人이 우리가 아니요 우리가 古人이 아니지 한번 그 "얼"에 들어가 생각하여 보면 우리의 古人이 곧 우리다. 그러므로 우리 古人의 往蹟으로 좇아 그 髓血을 接할진대 이 一段血脈이 곧 내 血脈임을 警悟할 것이요, 과거의 卓絶, 奇偉, 壯特, 貞固함을 볼 때 내 속에 어느 곳에든지 스며내린 무엇이 있음을 自信하여 우리의 群星 諸烈의 雲旗 羽蓋ㅣ 발닥발닥하는 이 血脈 속으로 좇아서 時降時昇함을 몸서리치도록 解得할 것이다.

정인보에 의하면, 몸의 측면에서 보면 오늘을 사는 나와 역사 속 고인은 분리되고 하나가 아니지만, 얼의 측면에서는 하나라고 할 수 있다. 물론 생물학적 측면에서는 유전되는 측면이 있다고 하겠지만, 정인보가 주목한 것은 정신적인 유전과 일체감이다. 우리 역사를 보면서 감격하고 미간을 찌푸리거나 눈물을 흘릴 때, 그 순간 나는 고인과 감통하여 하나이고[140] 이런 마음이 곧 얼이 과거와 현재에 유통하는 혈맥이다. 세상 일과 역사는 만 가지로 다르고 변하지만 그것의 근본은 사람의 마음이다. 또 사람의 마음도 진실하기도 하고 거짓되기도 하지만 그 속의 진정한 주체의식인 얼은 변하지 않고 역사의 척추가 된다.[141] 현대를 사는 나의 얼이 감통한 대상은 민중과 과거 역사 모두 될 수 있지만, 그 가운데 주체성과 진실성, 감응성이 제대로 발현된 과거의 얼이 현재로 이어지는 것이 얼의 유통이고 혈맥이다. 조선이라는 공동체에서 발현된 현재의 얼과 과거의 얼이 감통하여

---

140) 『薝園鄭寅普全集』卷3, 「朝鮮史硏究」(上)〈序論〉, 29쪽 12~14. 이 "얼"의 혹 隱 혹現함을 따라 消長 盛衰가 생김을 事蹟에 依映하여 찾아볼 수 있는 동시에 저 現하던 것이 隱함에 미치게 됨과 隱하던 것이 現함에 이르게 됨이 無限한 高低 力回의 積累함임을 形露한 자취로 좇아 들여다 볼 수 있음을 알 수 있나니 자취로 좇아 그 "얼"이 나타나고 片時의 閃現하는 그 얼로 좇아 千秋 萬祀의 일관되는 大脊柱 依然히 나타날새 事蹟이 이에 貴하고 歷史 이에 貴하다.

141) 『薝園鄭寅普全集』卷3, 「朝鮮史硏究」(上)〈序論〉, 26쪽 21~27. 무릇 世事는 萬瑞이다. 그러나 그 本함은 人心이요, 歷史는 萬變千幻한다. 그러나 그 髓血을 循摩하여 보면 곧 人心의 蜿蜓屈折함이다. 人心 또한 眞僞, 虛實, 詐誠, 邪正의 遞代함이 巧算으로써 헤일 수 없는 것이다. 그 脊柱는 이른바 "얼"이니 "얼"이 있는지라 變해도 또 幻해도 雲裏龍身과 같이 歷久一貫의 大線을 尋索할 수 있는 것이다.

하나되는 것을 '조선 얼'이라고 할 수 있다. 개인들의 주체의식이 역사 속에서 감통을 통해 공동체의 주체의식으로 확장된다는 것이다. 얼이 역사성을 지니며 확장될 수 있는 것은 대원칙에 해당하는 그 속성과 지향점이 동일하다고 보기 때문이다. 정인보는 이 얼이 역사 속에서 감춰지고 드러남에 따라 흥망성쇠가 결정되고 사적에 반영된다고 하였다. 그런 의미에서 역사가 귀하고 역사를 보는 것이 매우 중요하다.[142] 같은 공동체라는 의식을 유지하면서 혈연으로 이어진 민족의식이 감통하여 온전히 발현했을 때, 그것이 그 민족의 얼이 된다는 것이다. 정인보는 얼이 없으면 모두 가假이고 허虛이지만 얼이 있으면 모두 진眞이고 실實이라고 했다.[143] 얼에 의한 역사는 흥성하지만 얼이 숨고 남만 따라가고 사익 추구로 점철된 역사는 쇠망하는 역사이다. 정인보는 과거 역사과 고적 연구를 통해서 이를 드러내고 얼을 되찾아 다시 발전하는 역사를 만들고자 했다. 이제 정인보가 본 조선 역사 속 얼의 자취와 그 정체성에 대해 살펴보겠다.

---

142) 『詹園鄭寅普全集』卷3, 「朝鮮史研究」(上)〈序論〉, 27쪽 2~7. 이 "얼"의 혹은
혹현함을 따라 消長 盛衰가 생김을 事蹟에 依映하여 찾아볼 수 있는 동시에 저 現하던 것이 隱함에 미치게 됨과 隱하던 것이 現함에 이르게 됨이 無限한 高低 力回의 積累함임을 形露한 자취로 좇아 들여다 볼 수 있음을 알 수 있나니 자취로 좇아 그 "얼"이 나타나고 片時의 閃現하는 그 얼로 좇아 千秋 萬祀의 일관되는 大脊柱 依然히 나타날새 事蹟이 이에 貴하고 歷史 이에 貴하다.

143) 『詹園鄭寅普全集』卷3, 「朝鮮史研究」(上)〈序論〉, 29쪽 25~28. 학문이 "얼"이 아니면 헛것이 되고, 禮敎ㅣ"얼"이 아니면 빈 탈이 되고, 文章이 "얼"이 아니면 達할 것이 없고, 역사ㅣ"얼"이 아니면 박힐 데가 없다. 무엇이나 아니 그런 것이 없다. "얼"로서 眞이라 "얼"이 아니면 假요, "얼"로서 實이라 "얼"이 아니면 虛다.

2) 조선 얼의 원류[144]

조선 정신문화의 특색이나 고유 사상에 대한 관심은 조선역사와 문화가 타국의 지배와 영향 하에 성립되고 부흥보다는 쇠락으로 점철되었다는 일본학자들의 견해에 대한 저항 의식과 함께 증폭되었다. 물론 조선인의 조선에 대한 연구는 이보다 유서가 깊지만,[145] 조선에 대한 연구를 학적으로 자각하고 구성하려는 시도는 이 때 비로소 시작되었다고 할 수 있다. 정인보는 정신문화 원류의 탐색, 조선학 연구의 중요성을 절감하고 이에 대한 연구와 함께 대중적 호소에 가장 앞장서서 1930년대 '조선학 운동'[146]을 이끌었다. 그는 주체성을 강조

---

144) 이 글과 이하 3), 4)는 『양명학』제45호, 2016.12, 79-123쪽에 게재된 「정인보 '조선얼'의 정체성」을 수정·보완한 것이다.

145) 조성산은 명·청교체 이후 동아시아 사상계에서 전통적 중화의식의 균열이 일어나고 지역성이 발견되는 과정에서 조선의 독창성을 모색하는 일련의 학술 풍토가 일었으며 이 과정에서 '조선학'의 기반이 형성되었을 가능성을 시사하였다. (「18세기 후반~19세기 전반 "조선학" 형성의 전제와 가능성」, 『동방학지』148호, 연세대학교 국학연구원, 2009) 하곡학파 내에서도 이에 상응하는 풍속, 음운, 역사 연구가 지속되어왔다.

146) 1990년대 이후 '조선학'을 운동사의 관점에서 파악하여 주체적 역사관 수호운동이라는 민족운동의 한 계열로 해석하기 시작하면서 '조선학'의 성격과 역사적 의미에 대한 연구가 다수 발표되었다. 선행연구에서 '조선학' 운동의 주체를 주로 비타협적 민족주의 계열로 보는 데는 큰 이견이 없으나 그 성격 규명에 대해서는 크게 두 가지 입장이 나뉜다. 우선 첫 번째는 '조선학'이 신간회 해소 이후 정치적 운동의 통로가 막힌 상황에서 차선책으로 선택된 비타협민족주의 계열의 개량적 문화운동이라는 입장(이지원, 정출헌)이고, 다른 하나는 차선적 문화 운동이 아니라, 장기적인 안목에서 결정된 최선의 현실 대응책이었다는 것이다(신주백, 류시현). 이 두 가지 견해는 모두 '조선학'의 주도 인물로 안재홍에 주목하고 그의 사상경향과 정치활동에 대한 평가를 중심으로 '조선학'의 성격을 규명한다. 이 가운데 신주백은 차선책이나 개량적인

하는 하곡학을 기반으로 조선학 연구를 실천하고 이를 통해 민족 주
체의식의 향상과 자립을 추구하였다. 그는 실제 조선의 역사 속에서
주체성이 충실히 발현되었던 전례를 직접 소개하고 당대인에게 경종
을 울리려 하였는데, 그것이 바로 1935년 1월부터 1936년 8월까지 동
아일보에 게재한 〈오천년간 조선의 얼〉이다. 물론《동아일보》정간으
로 애초의 기획을 온전히 다 실행하지 못했지만, 고대에 관한 기록에
서도 그가 강조한 '조선 얼'이 무엇인가를 유추할 수 있다. 그는 조선
민족의 정신을 '조선 얼'로 표현하고 강조하면서도 그 본질 내용을

운동이라는 인식은 민족운동을 패배주의적인 시각으로 보게 되는 난점이 있
음을 지적했고 류시현은 안재홍의 삶을 역사가와 정치활동가로 이분할 수
없기 때문에 그의 '조선학 운동'에서 정치성을 배제할 수 없고, 실제로 안재홍
이 신간회 해소 이후에도 지속적으로 '민족적 정치 조직체' 구성했다고 하였
다. 또 신주백은 1930년대의 조선학 연구는 비타협민족주의계열 뿐만 아니라,
사회주의 진영, 진단학회 등에서도 있었기 때문에 당시 상황을 전체적으로
조망하기 위해서는 '조선학'이 아닌 '조선학'의 재구성이라는 관점의 전환과
이에 따른 연구가 진행되어야 한다고 하였다. 그리고 이에 대한 시론으로 경
성제대 졸업자의 조선학 연구태도와 방법론을 검토한 바 있다. 정출헌은 1930
년대 비타협민족주의 계열의 '조선학 운동'과 사회주의 진영의 '조선학 진흥
운동'의 성격을 비교하고 사회주의 진영에서 '조선학 운동'을 비판하는 견해
를 설명하면서 동아일보에 게재된 백남운, 안재홍, 문일평, 현상윤의 관련 인
터뷰 내용을 중심으로 '조선학' 개념 논쟁을 정리하였다. 선행연구에서는 '조
선학 연구'및 '조선학 운동'이라는 역사 현상의 성격 규명, 시대적 의의 등을
중점으로 다루어졌기 때문에 그 철학적 기반에 대한 연구 성과는 매우 적다.
'조선학 형성의 기원'문제를 다른 논문으로는 조성산의 연구가 유일하다. 하
지만 조성산이 다룬 내용은 북학파 사상가들의 타자인식에 초점을 맞추었기
때문에 철학적 토대를 다루지 못했고 따라서 이런 북학파 사상가들의 주체의
식과 양명학 관계도 향후의 과제로 남게 되었다. 이런 맥락에서 양명학을 직
접 수학한 강화학파의 조선어와 조선역사 연구, 그리고 이에 대한 정인보 조
선학의 연계성연구도 중요한 과제가 될 것이다.

구체적으로 개념화하지 않았다. 본서에서 정인보 조선 얼의 본모습을 재구성하여 그 정체성을 고찰하고자 한다.

정인보는 과거 역사와 문화 속 정신을 찾아 스스로 증명하고 깨달아서 버려야 할 것과 좇아야 할 것을 아는 것이 중요하다고 보았다.[147] 우리 과거 속에서 우리의 얼, 이른바 '조선 얼'을 찾고 그것의 부침을 돌아보며 오늘의 갈 길을 찾아야 시대적 과오를 씻을 수 있기 때문이다. 정인보는 이런 맥락에서 고대 문헌에서 '조선 얼'을 추론하였다.

> 그 악樂의 내용을 설명함에 이르러는 『주관周官』 춘관春官 주소에 "동이東夷의 악樂을 주리侏離[148]라고 하니 양기陽氣가 나아가 만물이 땅에서 일어나 생기는 것을 말한다."[149] 라 하고 『오경통의五經通義』에 "동이의 악은 창을 가지고 춤을 추니 때 맞게 기름(育)을 돕는 것이다."[150]라 하고, 『악원어樂元語』에 "동이의 악을 리離라고

---

147) 『薝園鄭寅普全集』卷1,「朝鮮文學源流草本」, 261-262쪽.

148) 『薝園鄭寅普全集』에는 "일려佚儷"로 되어있다. 그러나 "일려佚儷"라는 용어는 고문헌에 존재하지 않는다. 이는 "侏離"의 오류로 보인다. "주리侏離"는 『통전通典』이나 『상서대전尙書大傳』에는 동이東夷의 음악으로 되어 있으나(卷1,「虞書」"東嶽陽伯之樂舞 侏離"), 『周禮注疏』에서는 서방악西方樂이라고 하였다(卷24, "東方曰靺, 南方曰任, 西方曰侏離, 北方曰禁"). 이에 대해 당대唐代의 가공언賈公彦은 동이東夷의 음악에 "매靺"와 "주리侏離"라는 두 가지 명칭이 있다고 주석하였다. ("東夷之樂曰靺, 持矛助時生", "按明堂位亦有東夷之樂曰靺, 南夷之樂曰任, 又按虞傳云陽伯之樂舞侏離, 則東夷之樂, 亦名侏離者, 東夷樂有二名, 亦召侏離.")

149) 『通典』卷146,「樂六」〈四方樂〉, 東夷之樂曰侏離. 離言陽氣所通, 萬物離地而生也

150) 『通典』卷145,「樂五」〈舞〉, 五經通義曰, 王者之樂, 有先後 … 又曰 東夷之

하는데 창을 가지고 춤을 추니 때 맞게 살림(生)을 돕는 것이다.”[151]
라 하였으니 동방의 옛 악樂이 만물을 생발生發하는 소리를 형용함
이 있었던 것을 살필 수 있다. 인애仁愛와 생발生發은 언제나 하나이
라 『주역周易』 계사繫辭에 “천지의 대덕을 생生이라고 한다.”이라
한 것과 『중용中庸』에 “양양히 만물을 발육하여 높음이 하늘에 다
하였다.”이라 한 것이 모두 생발로서 인애의 극치를 삼는 것을 나타
내었고.[152]

정인보는 먼저 동이족의 음악을 예로 들었다. 동이족의 음악은 창
을 가지고 춤을 추면서 천지가 만물을 살리고[生] 길러내는 것[育]처
럼 그 소리와 모습을 형용한다는 데서 얼의 원류를 찾은 것이다. 정인
보는 그것을 “만물을 살아나게 하는[生發] 소리를 형용한 것”이라고
평했다. 그리고 이 때 살아나게 하는[生發] 것은 곧 인애仁愛의 극치라
고 하였다. 그에 의하면 이는 천지의 대덕은 살림[生]이라고 보는 『주
역』이나 천지가 만물을 길러내는 성대함이 하늘에 닿는다고 하는 『중
용』의 논리와도 일맥상통한다. 정인보는 또 다음과 같이 말했다.

　　樂, 持矛舞, 助時生也

151) 『白虎通義』卷上,「德論」(上), 樂元語曰, 東夷之樂, 持矛舞, 助時生也.

152) 『薝園鄭寅普全集』卷1,「朝鮮文學源流草本」, 263쪽. 그 樂의 내용을 설명함
에 이르러는「周官」春官 주소에 “東夷之樂曰, 佚儺, 言陽氣所適, 萬物離地
而生也.”라 하고「五經」通義에 “東夷之樂, 持矛舞, 助時養야.”라 하고,「樂
元語」에 “東夷之樂曰, 離, 持矛舞, 助時生也”라 하였으니 東方苦樂이 萬物
을 生發하는 聲容이 있었던 것을 遙察할 수 있다. 仁愛와 生發은 언제나
하나이라「周易」繫辭에 “天地之大德曰生”이라 한 것과「中庸」에 ‘洋洋乎發
育萬物, 峻極于天“이라 한 것이 모두 生發로서 仁愛의 極致를 삼는 것을
나타내었고.

동이의 천성을 말함에 미쳐는 "동방을 이夷라 한다." 하였다. '이夷'란 '저柢'이니 어질고 살리기를 좋아해서(好生) 만물이 땅에 뿌리박고 생겨남을 말한다. 그러므로 천성이 유순하다.(『풍속통風俗通』), "'이夷'란 '저柢'이니 어질고 살리기를 좋아해서 만물이 땅에 뿌리박고 생겨나는 것이다,"(『예기禮記』왕제王制)라 한 것이 모두 살리기를 좋아하는 천성을 말하여 이夷라면 곧 살리기를 좋아하는 덕을 표상한 것같이 보이었다. 음악의 설명을 가지고 그네의 품성을 생각하여 보고 품성의 해석을 가지고 그 때의 음악과 교차로 증거하여 보면 순수한 인애가 이른바 "만물 보기를 상할까 두려워하는 것처럼 한다.(視物如傷)"하는 지극한 덕성의 화신이었었던 것을 어렴풋하나마 생각할 수 있다.[153)]

위 인용문을 보면 고문헌에서는 동이족의 음악뿐만 아니라, 그들의 천성을 설명할 때도 역시 '인仁'이 등장한다. 원래 "이(夷)"의 의미가 "어질고 살리기를 좋아해서[好生] 만물이 땅에 뿌리를 두고 생겨나는 것"이므로 "이夷"와 "인仁"은 동일한 의미이다. 정인보는 "이夷"의 의미 역시 동이족의 음악과 성격이 같음을 확인하였다. 또 살리기를 좋아하는 것[好生]은 살아나게 하는[生發] 것과 통하는 인애仁愛이며, 정치적으로는 백성을 대할 때 자기 수족이 다칠까 두려워하는 것처럼

---

153) 『詹園鄭寅普全集』卷1, 「朝鮮文學源流草本」, 263~264쪽. 東夷의 天性을 말함에 미쳐는 "東方曰夷, 夷者柢也, 言仁而好生, 萬物柢地而出, 故天性柔順"(「風俗通」), "夷者, 柢也, 仁而好生, 萬物柢地而出也"(「禮記」王制)라 한 것이 모두 好生의 天性을 말하여 이라면 곧 好生의 德을 表象한 것같이 보이었다. 音樂의 說明으로써 그네의 品性을 생각하여 보고 品性의 究解로써 그 때의 音樂과 交徵하여 보면 순수한 仁愛가 이른바 "視物如傷"하는 지극한 德性의 化身이었었던 것을 어렴풋하나마 생각할 수 있다. – 정인보가 인용한 "夷者~ 而出也"는 『後漢書』卷85 「東夷列傳」에 보인다.

삼가는 애민정신과 같다. 정인보는 이러한 큰 사랑의 바탕이 있으면 자기 한 몸만 싸고 돌아 남과 벌어지는 간격념이 일어나지 않는다고 하면서, 이에 따라 풍속을 이루어 외부로부터 군자국君子國, 불사국不死國, 태평인太平人[154] 등 경모의 대상이 되게 한 살림의 정서가 곧 조선정신문화의 원류라고 보았다.[155] 그리고 이것을 다름과 같이 우리 문헌 속에서 찾아 구체화하였다.

옛날 조선이 조선되는 그 근본 연원이 있으니, 삼위태백에서 인간을 홍익弘益할 수 있음을 생각한 그 진정신이 주축으로 박혀서 … 우선 인간의 홍익을 주로 한다면 한 마음의 이해나 한 집안의 보전 쯤은 저 홍익의 대의 앞에서 단연 부셔졌을 것을 알지라[156]

---

154) 『爾雅』「釋也」, 東至日所出, 爲太平. 太平之人, 仁. / 『後漢書』卷115, 「列傳」 제75조 東夷條, 東方曰夷, 夷者柢也, 言仁而好生, 萬物柢地而出, 故天性柔順, 易以道御, 至有君子不死之國焉. / 『山海經』「大荒東經」, 君子國在其北, 衣冠帶劍, 食獸, 使以大虎在旁. 其人互讓不爭, 有薰華, 朝生夕死

155) 『薝園鄭寅普全集』卷1, 「朝鮮文學源流草本」, 264쪽. 어짊에 피차 한 덩어리인 큰 사랑이 있고 이같은 사랑이 있으며 비록 衰冕黼黻을 모르고 獸皮草葉으로써 가리운 몸이나 個體를 싸고도는 間隔念이 일지 아니하여 渾然天眞이 스스로 萬物一體의 大旨와 冥合됨에 이르러 마침내 形軀의 區區한 卑階를 지나 올라가 萬有를 生發하는 天君의 意嚮을 몸 받아 울리게 되매 안으로 民俗이 이루고 밖으로 外人의 敬慕함을 받은 것이니 이만한 崇高한 情緒ㅣ 곧 朝鮮文學思想의 源頭일 뿐 아니라 東方의 德敎ㅣ 여기서 分派되었다 하여도 자못 過言이 아니라 할지라. 그러므로 君子國이라 하고 不死國이라 하고 太平人이라 한 것인 줄도 미루어 짐작할 것이다.

156) 『薝園鄭寅普全集』卷2, 「論說·隨筆·漢詩」〈丙子와 朝鮮〉, 366쪽. 옛날 朝鮮이 朝鮮됨이 그 근본되는 연원이 있으니 三危太伯에서 인간을 弘益할 수 있음을 생각한 그 眞精神이 主軸으로 박히어 그 建함이 있음이 이로써요, 그 立함이 있음이 이로써요, 그 憤發함이 있음이 또한 이로써니 우선 인간의

원체 큰 겨레의 줏대 되는 정신이니 만큼 그 원시를 상천에 의탁하여 단군檀君께서 다스리시기 전 미리부터 천의天意의 전수가 정중함을 보이었으니, 저 "상제가 충衷을 내리시다", "도道가 하늘에서 나오다"는 것과 같이 그 근본을 지고한 곳에 떠받쳐 올리는 동시에 한 사람의 사사로움이 아님을 따라 나타냄이라. 그러므로 상고가 아득하지 아니함이 아니지만 그 정신의 주축을 찾아본 뒤는 아침저녁에 접하는 것이나 실로 다른 것이 아니다.[157]

정인보는 '사랑[仁愛]'과 '살림[生發]'이라는 정신문화의 원류를 단군신화의 '홍익弘益'으로 설명했다. 조선을 조선답게 진정하는 얼은 곧 인애의 다른 표현인 '홍익'이고, 고래의 흥성과 열기가 모두 '홍익'에 의해 가능했다는 것이다. 그는 또 '도가 하늘에서 나온다', '하늘이 본 마음을 내리셨다'는 말과 같이, 단군 이전에 이미 환인, 환웅이라는 하늘 존재에 연원을 두고 근본을 높인 것은 홍익이 조선의 주축이 되는 정신이고 개인적인 감상에서 나온 것이 아님을 증명한다고 하였다. 그러나 정인보는 신채호나 박은식처럼 단군을 신인으로 보지 않고 사람이라고 하였다.[158] 또 삼성일신도 형이상학적으로 이해하지

弘益을 주로 할진대 一心의 이해나 一家團樂의 保全쯤은 저 弘益의 大義 앞에 단연 破碎되었을 것을 알지라

[157] 『薝園鄭寅普全集』卷2,「論說·隨筆·漢詩」〈丙子와 朝鮮〉, 366~367쪽. 원체 큰 겨레의 줏대 되는 精神이니 만큼 그 원시를 上天에 托하여 檀君御宇하시기 전 미리부터 天意의 傳授가 鄭重함을 보이었으니, 저 "上帝降衷"이니 "道出於天"이니 하는 것과 같이 그 所自를 至高한 곳에 떠받쳐올리는 동시에 一人의 私가 아님을 따라 나타냄이라. 그러므로 上古가 아득하지 아니함이 아니로되 그 精神의 主軸을 찾아본 뒤는 朝暮의 接함이나 실로 다른 것이 아니다.

[158] 『薝園鄭寅普全集』卷3,「朝鮮史研究」(上), 32쪽. 朝鮮의 始祖는 檀君이시니

않고 환인, 환웅, 단군이 한 마음을 지닌 것으로 이해했다. 이 마음은 곧 홍익인간으로 천부인天符印 삼인三印인 환인, 환웅, 단군이 깨달은 증표인 심인心印이 된다.[159] 정인보가 '홍익'을 이해하는 구도는 종교적인 것이 아니라 주체성을 강조하는 그의 철학에 기반했다.

　　고조선인의 천군天君·일신日神에 대한 신앙은 안으로 잔존하는 국속과 밖으로 『삼국지三國志』 이후 중국 제 역사에 산견한 것을 증거로 상상할 수 있다. 다른 민족의 사례로 보면 저만한 악무樂舞가 대개 제사로부터 일어났을 줄 생각하며, 더욱이 천의天意의 민정民情을 한 번에 드리움에서 고인의 종교적 의식이 어떠하였던 것을 생각할 수 있다. 그러나 하늘과 태양에 대한 두려움으로부터 생긴 신앙이 아니요, 이에 대한 사랑과 기꺼움이 곧 신앙의 근원이던 것을 거듭 생각할 것이며, 자신의 화복에 관한 기축이 아니요 만물 양육에 대한 발원이었던 것을 한 겹 더 생각할 것이다.[160]

檀君은 神이 아니요 人이시라. 白頭의 高山과 松花의 長江을 始基로 하여가지고 朝鮮을 만드시매 朝鮮의 族類ㅣ 檀君으로부터 생기고 朝鮮의 正敎ㅣ 檀君으로 좇아 열리었나니.

159) 『簷園鄭寅普全集』卷2, 「論說·隨筆·漢詩」〈檀君開天과 十月〉, 362~363쪽. 三危, 太伯을 굽히어 보아 인간에 弘益을 도할 수 있음을 헤오시고 太伯山頂 神檀樹下에 하강하셨다 하는 桓雄天王의 聖胤이신 檀君은 上天의 咐囑을 몸받으신 古義라 弘益人間이 檀君의 心印인 동시 이른바 天符印 三個라 함이 桓因 桓雄 檀君 三位의 一心이 한 가지에 있음이 印침 같다 함을 化傳함이리니 그 心印의 있는 곳을 찾으려할진대 弘益人間이 是요, 인간에 弘益을 圖하시니만큼 두루요, 또 크되 三危 太伯으로 그 베푸심에 根本을 삼으시니 고전이 비록 간소할지언정 古政敎의 面貌를 삼가 稽考함직 하니.

160) 『簷園鄭寅普全集』卷1, 「朝鮮文學源流草本」, 264쪽. 古朝鮮人의 天君·日神에 대한 신앙은 안으로 國俗의 殘遺됨과 밖으로 「三國志」이후 支那諸史에 散見한 것을 徵하여 想像할 수 있으니 他族의 類例로 보아 저만한 樂舞ㅣ 대개 祭祀로부터 일어났을 줄 생각하며, 더욱이 天意 民情을 一緖에 드리움

정인보는 당시 다른 민족의 신화나 민속을 다룰 때 태양에 대한 신앙이나 제사의식, 종교적 두려움 등을 말하는 것과 같은 방식으로 고대 조선인을 논해서는 안 된고 보았다. 이러한 신앙과 제사가 두려 움이나 죄의식이 아닌 사랑과 긍정을 근본으로 하는 주체성과 자율성 에서 비롯되었다는 점에 주목해야 한다는 것이다. 주지하다시피 『삼 국유사』에 의하면 환인桓因은 인간세계를 탐하여 이롭게 하고자 한 아들 환웅桓雄의 뜻을 수용하고 세상으로 내려보냈다. 또 환웅은 세상 을 이치로 다스리고 고조선인의 선조가 된다.[161] 여기에는 신들의 투 쟁이나 인간에 대한 부정적인 인식은 없고 인간에 대한 애정과 상호 존중의식이 드러나 있다. 또한 신이 인간을 벌주려거나 이런 신을 두 려워하는 인간의 모습은 없다. 또 『후한서後漢書』에 부여의 영고, 고 구려의 동맹 등 제천 행사에서 군중들이 음주와 가무를 곁들여 즐긴 다는 기록이 있다.[162] 정인보는 이런 점을 바탕으로 고조선인의 신앙 은 두려움이나 개인적 구복, 타율에 의해 생긴 것이 아니라, 스스로

에서 古人의 宗敎的 意識이 어떠하였던 것을 생각할 수 있다. 그러나 天·日에 대한 怖畏로부터 생긴 信仰이 아니요 이에 대한 愛慕悅豫가 곧 信仰의 原이던 것을 거듭 생각할 것이며, 自身禍福에 關한 祈祝이 아니요 萬物育養 에 對한 發願이었던 것을 한 겹 더 생각할 것이다.

161) 『三國遺事』卷1, 「紀異」1 古記云, 昔有桓因, 庶子桓雄, 數意天下, 貪求人世. 父知子意, 下視三危太伯, 可以弘益人間, 乃授天符印三箇, 遣往理. 雄率徒 三千, 降於太伯山頂神壇樹下, 謂之神市, 是謂桓雄天王也.

162) 『後漢書』卷85, 「東夷傳」第75〈夫餘國條〉. 以獵月祭天, 大會連日, 飮食歌舞, 名曰迎鼓. / 『後漢書』卷85, 「東夷傳」第75. 高句麗條.其俗淫, 皆潔淨自憙, 暮 夜輒男女群聚爲倡樂. 好祠鬼神社稷零星, 以十月祭天大會, 名曰東盟. / 『後 漢書』卷85, 「東夷傳」第75, 韓條. 常以五月田竟, 祭鬼神, 晝夜酒會, 羣聚歌 舞, 舞輒數十人相隨, 蹋地爲節.

만물을 기르고 성장시키고자 하는 사랑에서 비롯된다고 본 것이다. 이 점은 '풍류도'에 관해서도 마찬가지였다. 『삼국사기』에 의하면 신라의 현도玄道인 풍류도風流道는 고유의 선도仙道로서 본래 유儒·불佛·도道 삼교三敎를 포함하며 만물과 접하여 이들을 감화시킨다.[163] 또 화랑은 도의道義로써 서로 연마하고, 가악歌樂을 서로 즐기며, 산수를 유오游娛하면서 선도를 수련하였다.[164] 정인보는 여기에 대해서 풍류도는 곧 화랑도이며 풍류도가 기록되었다는 『선사仙史』는 곧 화랑의 사적이라고 하였다.[165]

그 종지는 충효忠孝요 가르침은 자연自然이다. 이같이 부설한 중에서 거듭 또 간단하게 화랑의 하는 일을 드러낸다면, 그것은 유악遊樂, 도의道義이며, 이 중에서 또 중요한 면모를 보려하면 '도의를 서로 연마한다는 것에서 부터 무위無爲의 교화라는 의미일 뿐이다. 원래 이 모임이 장엄하고 정숙하게 지도 받는 도의를 허락하는 것이 아니라, 어느덧 저절로 되는 도의가 곧 화랑花郞의 가르침이다. 그렇기 때문에 도의는 숨은 것이며 드러나는 것은 유악이다.[166]

---

163) 『三國史記』卷4,「新羅本紀」〈眞興王37年條〉, 崔致遠鸞郞碑序, 曰國有玄妙之道, 曰風流, 設敎之源, 備詳仙史, 實乃包含三敎, 接化羣生. 且如入則孝於家, 出則忠於國, 魯司寇之旨也. 處無爲之事, 行不言之敎, 周柱史之宗也. 諸惡莫作, 諸善奉行, 竺乾太子之化.

164) 『三國史記』卷4,「新羅本紀」〈眞興王37年條〉 相磨以道義·相悅以歌樂·遊娛山水,無遠不至.

165) 『薝園鄭寅普全集』卷1,「東都雜誌」〈風流記〉, 256쪽.「仙史」는 花郞의 事蹟이다. 風流道의 敎를 設한 淵源은「仙史」에 있다. 花郞의 하는 노릇은 遊樂이 가장 중요한 것이다. 風流는 新羅나라에 있는 玄道의 도이다.花郞의 敎ㅣ 애초에 有爲有言의 敎ㅣ 아니다.

166) 『薝園鄭寅普全集』卷1,「東都雜誌」〈風流記〉, 254쪽. 그 宗旨는 忠孝요 薰導

정인보에 의하면 화랑도의 핵심은 '도의道義'와 '유악遊樂'인데, 전자는 충효를 내용으로 하는 종지를 말하고 후자는 소요와 즐김이라는 자연스러운 방법으로 가르치는 것을 말한다. 그는 장엄하고 엄격한 교리와 훈도 방법으로 도의를 연마하는 것이 아니라 소요와 즐김을 통해 저절로 무젖고 드러나는 가르침을 화랑도의 특징이며 매우 중요한 면모라고 평했다. 자연스러운 가르침은 무위無爲의 교화로 가르침을 받는 자가 누군가의 지도가 아닌 자기 스스로에 의해 진화되었다[167]고 느끼게 하는 감화를 말한다. 그리고 자연스런 감화는 앞서 설명한 고문헌 속의 음악과도 연결된다.

　　화랑이 하는 일로는 유악이 가장 주요한 것이니 시험하여 풍류와 유악을 한 번 같이 생각하여 볼 것이 아닌가 한다.… 풍류가 악이 아닌 것은 아니나 지금 생각하는 악의 해석에 그치는 것은 아닐 줄 안다. 현악의 합주로 어떠한 신비한 경계까지 이르러 족히 뭇 백성을 고무할 만한 이러한 것을 명명하는 말일 것이다. 중국 고대 철학에서 항상 하는 말로 "풍속을 바꾸는 데는 음악만큼 좋은 것이 없다."이라 한 것으로 보든지, … 예의 상대로 옛 중국 덕교에서 가장 높이는 것이라, 국학을 성균成均이라 한 것은 음악의 조화를 이룬다는 말이다.… 음악으로써 뭇 백성을 고무하여 이에서 저절로 선도善

는 自然이다. 이같이 敷說한 가운데서 거듭 또 간단하게 花郞의 하는 일을 드러낼 것 같으면 遊樂, 道義이며, 이 중에서 또 드러나는 注重面을 보려하면 道義의 相磨라 함부터 無爲의 化의 意를 띤 것일뿐더러 원래 이 모임이 莊嚴整肅하게 口講 指授하는 道義를 許諾하는 배 아니라 어느덧 저절로 되는 道義ㅣ 곧 花郞의 가르침이라, 그런즉 道義는 숨은 것이며 드러날 것은 遊樂이니.

167) 『老子』17장 太上下知有之. 其次親而譽之. 其次畏之, 其次侮之. 信不足焉, 有不信焉. 悠兮其貴言. 功成事遂, 百姓皆謂我自然.

道에 돌아가게 됨이 이 어찌 현묘玄妙의 도道가 아니랴. 하물며 동방
의 옛 나라는 악교樂敎가 가장 오래되어 창을 가지고 추는 춤으로
만물의 발생을 돕는 것을 형용하여 벌써 신비한 천지의 화육에 동
참하는 것을 상징한 것이랴. 화랑의 설교設敎가 장엄 엄숙한 데 있
는 것이 아니라 너울너울 기뻐 즐거워하는데 있으며, 구속하고 붙들
어 닦음에 있는 것이 아니라 천천히 무젖다 한번 바뀜에 있고 책
읽고 무릎 꿇는 데 있음이 아니라 실컷 잘 노는데 있는 것이다. 애
초부터 드러낼 만한 유위유언有爲有言의 일은 다 낭도 훈화의 대본
이 아니라면, 긍경을 찾아 올라가 풍류에도 경배하지 않을 수 없게
될 것이다.168)

　정인보는 화랑의 수련 가운데 가장 중요한 것이 유악이라고 하였
다. 물론 앞서 살펴본 바와 같이 유악은 도의를 내포하는 것인데, 유악
만을 말한 것은 자연스러운 감화를 강조하기 위해서이다. 유악은 자

---

168) 『舊園鄭寅普全集』卷1, 「東都雜誌」〈風流記〉, 255쪽 5~256쪽 7. 花郎이 하는
　　일로는 遊樂이 가장 주요되는 것이니 시험하여 風流와 遊樂을 한 번 같이
　　생각하여 볼 것이 아닌가 한다.… 風流ㅣ 樂아님은 아니나 지금 생각하는
　　樂의 訓임에 그치는 것은 아닐 줄 아니, 絃樂의 合奏로 어떠한 神秘한 경계
　　까지 이르러 족히 群生을 鼓舞할 만한 이러한 것에 대한 命語일 것이다. 中
　　國古哲의 항상 하는 말로 "移風易俗, 莫善於樂"이라 한 것으로 보든지, …
　　國學을 成均이라 함이 音樂의 調和를 이룬다는 말로 곧 成均이니 樂敎ㅣ
　　隣徵있음을 더 분명히 알지라. 音樂으로써 群生을 鼓舞하여 이에서 저절로
　　善道에 돌아가게 됨이 이 어찌 玄妙의 道ㅣ 아니랴. 하물며 東方古國은 樂敎
　　ㅣ 가장 오래되어 持矛無의 萬物發生을 도웁는 形容이 이 벌써 神閟한 化育
　　의 參贊을 貌象함이랴. 대저 花郎의 設敎ㅣ 莊嚴 嚴肅에 있음이 아니라 婆
　　娑 愉悅에 있으며, 拘束 操修에 있음이 아니라 淋漓 頓挫에 있고 冊 읽고
　　무릎 꿇는 데 있음이 아니라 실컷 잘 노는데 있는 것이라 애초부터 標擧할
　　만한 有爲 有言의 일은 다 郎徒薰化의 大本이 아닌 즉 肯綮을 찾아 올라가
　　풍류에도 稽首치 아니할 수 없게 될 것이다.

연을 소요하고 음악을 즐기는 것인데, 고대인이 생각한 음악의 의미와 효과는 지금보다 더 중요하다. 정인보는 중국 고문헌 속에서 풍속 교화로는 음악보다 좋은 것이 없고 음악의 조화로 사회의 조화를 꾀한 것처럼 음악이 조화로운 변화를 추동하고 사람들을 고무시키는 힘이 있다고 보았다. 그리고 우리 동방에서 악무에 살림의 의미가 있고 이는 곧 천지가 만물을 성장시키는 데 인간이 동참한다는 의미가 깃든 것으로 곧 현묘한 도를 드러낸 것이라고 하였다. 따라서 풍류도는 심각하고 엄숙한 가르침이 아니라, 스스로 즐기면서 자연스럽게 감화되는 자연적인 가르침을 의미한다. 이는 앞서 고조선인의 하늘에 대한 신앙이 주체적이고 자율적인 사랑에서 비롯된다는 점과 상통한다.

이런 맥락에서 정인보가 본 조선 얼의 원류는 한마디로는 '홍익'이고, 좀더 풀어서 말하자면 주체적이고 자연적인 사랑[仁愛], 살림[生發], 널리 이롭게 함[弘益]이다. 정인보는 '홍익'을 설명할 때도 주체성과 자발성을 강조했다. 그는 고조선 이래 정신문화 속에서 이러한 조선 얼의 원형이 제대로 발현되는 사례를 찾아 대중에게 호소하였다. 그리고 이 과정에서 남에게 의지하지 않는 '주체성'에 기반한 사랑, 즉 진정한 얼은 민중의 복리와 간격이 없다는 사유를 더 분명하게 드러난다. 이 점을 다음 장에서 살펴보겠다.

3) 조선 얼이 걸어온 길

정인보는 당시 조선의 몰락이 얼대로 살지 못하는 데서 비롯되었지만 그런 가운데서도 얼이 살아있는 맥락이 있고 이를 제대로 알아야

되찾을 수 있다고 보았다. 그는 선조가 전수해준 것이 오직 홍익정신
이라 민중들은 이에 기반하여 살아왔고 그렇지 않는 개인이나 집안은
한결같이 용납받지 못했다고 보았다.[169] 선조들은 홍익이라는 대원과
맹세가 있어서 한 집안을 이루는 것도 홍익을 돕는 맥락에서 허용하
고 한 개인의 몸을 보존하는 것도 홍익을 갖추는 데서 존재감이 있으
며 이를 저해하는 자에게는 위맹을 드러냈다는 것이다.[170] 정인보가
조선의 얼의 계승으로 다루는 내용은 크게 사상, 문학, 역사 분야로
다양하다. 여기서는 분야별로 다루기보다는 그가 제시한 사례에서 조
선 얼의 특징을 고찰해 볼 수 있는 사례를 중심으로 살펴보기로 한다.

불교가 처음 이 땅에 들어올 때는 바로 삼국의 전성기라 이쪽의

---

169) 『薝園鄭寅普全集』卷2, 「論說·隨筆·漢詩」〈丙子와 朝鮮〉, 367쪽 3~8, 先祖
의 授受가 이 하나에 있던 까닭에 弘益의 資·具가 되지 아니하는 그 身과
家는 더러운 존재일 뿐만 아니라 더럽게라도 容納함을 받지 못하였으므로
上下遠近이 없이 덩어리로서 살고 죽음을 일매지게 하였다. 이같이 익어 내
려온 民衆인지라 그 중간 百千 번 기막히는 경우를 지나올 때, 或 萬事가
歸虛한 듯 하기도 한두 때가 아니었으련마는 때야 어떠하였던지 一段弘益의
舊香은 어느 곳으로라도 芳煙을 연하여 마침내 彌天의 穢를 辟除하고 예련
듯한 氣臭를 宣揚하였으니 그 統脈이 이만큼 悠久하다.
170) 『薝園鄭寅普全集』卷2, 「論說·隨筆·漢詩」〈丙子와 朝鮮〉, 366쪽 10~16, 그
네는 大願이 있었다. 이 곧 弘益人間이요, 그네는 深盟이 있었다. 이 곧 弘益
人間이니 家를 成함은 곧 이 弘益의 資 되는 데에서 그 成을 許하며 身을
存함은 곧 이 弘益의 具되는 데에서 그 存을 許하였나니 이에서 敷衍하여
가르침이 있었고 이에서 실천하여 崇仰함이 있었고, 이를 沮害하는 者를 對
할 때 威猛의 發露함이 있었다. 우리의 古初는 이로써 일어났으며, 이로써
傳하였으며, 그 뒤 이어받아서 折하여도 마침내 끊이지 아니하는 꾸준과 어
귀참이 있었던 것이다.

자기에게 의지하는[依自] 기개와 중국이 전적으로 높이는 진리의 깨
달음이 서로 응합함에 그 꽃은 비록 보리로 되었으나 환웅의 옛 뿌
리가 의연히 깊이 박히었으니 불교가 본디 자신을 버리고 남을 이
롭게 하는 것을 종지로 하는 것이지만 종국宗國의 홍익을 도모한 것
이 조선불교에 있어서는 더 한층 뛰어나다 할 수 있다. 만나는 바와
지향하는 바를 따라서 은현어묵의 차이가 없지 않되 태평하면 적막
한 것을 스스로 달게 여겨 진리를 깨닫는 목적을 추구하고 재앙이
있으면 위난에 용감하게 뛰어들어 사람들을 구제하는 풍개風槩를
일으키니 조용히 참선하는 것과 위난에 뛰어드는 것이 모두 다 "대
심大心의 중생"으로써 하는 것이요, 이 "대심"은 곧 조선에 말미암
아 근원하는 것이니, 이것이 곧 조선 불교의 핵심이다.171)

위 인용문은 정인보가 고구려의 아도가 신라에 불교를 전파한 26회
갑을 기념하는 논설에서 조선 불교의 핵심을 설명한 부분이다. 그는
조선의 유학은 중국으로부터 받기만 하였으나 불교는 오히려 중국을
가르치고 일본에 전파되어 선양의 영역이 넓었다고 하면서172) 당시

---

171) 『薝園鄭寅普全集』卷2, 「論說·隨筆·漢詩」〈朝鮮佛敎의 精神問題〉, 315쪽
3~11, 貝多가 처음 이 땅에 들어올 적이 正히 三國의 盛際라 이쪽의 依自하
는 氣槪와 저네 獨尊하는 證悟ㅣ 서로 應合하매 그 華는 비록 菩提로 되었
으나 神檀故根이 依然히 深固하였나니 佛敎ㅣ 본디 捨身利他를 宗旨로 하
는 것이지만 宗國의 弘益을 專圖함이 조선불교에 있어서는 더 한층 出類타
할 수 있다. 所遇와 所向을 따라서 隱顯 語黙의 參差함이 없지 아니하되
昇平하면 枯寂을 自甘하여 證省하는 標的을 나타내고 喪亂한 즉 危難에 勇
赴하여 利濟하는 風槩를 일으키니 宴坐와 赴難이 한 가지 다 "大心衆生"으
로써 함이요, 이 "大心"은 곧 朝鮮으로써 發根함일새 이 곧 朝鮮 佛敎의
핵심이다.
172) 『薝園鄭寅普全集』卷2, 「論說·隨筆·漢詩」〈朝鮮佛敎의 精神問題〉, 316쪽
1~2.

불교의 개선점을 지적했다. 그에 의하면 불교가 유입될 당시 고구려 신라 백제 삼국은 각각의 전성기로 자기에게 의지하는[依自] 주체적 기개가 왕성하던 시기이기 때문에, 조선의 불교는 이런 주체성과 진리증득의 추구라는 중국 불교적 경향이 결합된 특징이 있다. 또 그 바탕에는 '홍익'이라는 조선 얼이 뿌리 깊게 박혀있다. 본래 불교가 '상구보리 하화중생上求菩提 下化衆生'을 기치로 안으로는 보리의 증득과 밖으로 이타를 추구하지만, 조선 불교는 '홍익'의 뿌리 때문에 초월적 깨달음보다 중생구제나 민익民益추구에 더 뛰어났다. 따라서 나라가 평온한 시기에는 진리의 증득을 목적으로 하다가도 위난에 처할 때는 민중의 이로움을 위해 정진하였다. 정인보는 이런 마음이 조선 얼에 바탕한 조선 불교의 핵심이라고 보았다. 또 그렇다고 해서 중국 불교처럼 난세에 이적으로 요술을 부려서 평정을 돕는 것도 조선 불교에서는 없는 일이라 하였다. 중요한 것은 민중의 이익을 스스로의 책무로 여기면서 위기에 고난을 무릅쓰고 희생하는 것이다. 가령 단신으로 백제에 들어가 구사일생의 고난를 어렵게 여기지 않았던 고구려의 간첩 도림, 수나라 양광의 대병을 험도로 유인해서 을지문덕의 요격을 도와주던 7명의 승려들, "도를 일으켜 다른 이를 이롭게 하는 데 쓰는 것이 불법이라."하여 양산陽山에서 백제군에게 전사한 취도, 서경천도로 고려의 자주와 영광을 다시 회복하려고 한 묘청, 임진왜란시 국가 수호에 앞장선 휴정休靜·유정惟政·영규靈圭 등이 바로 그 예이다.[173] 그러나 난세의 희생만으로 조선얼을 제대로 계승

---

173) 『舊園鄭寅普全集』卷2, 「論說·隨筆·漢詩」〈朝鮮佛敎의 精神問題〉, 315쪽 12~끝. 그러므로 漢土의 불교는 闡悟로써 主 하여 世法을 外視하였으나 朝鮮의 佛敎는 救難으로써 主하여 民益을 自任하였나니 漢土에 있어서 騰空

400

했다고 볼 수는 없다. 정인보는 남을 이롭게 하는 불교정신에는 반드시 전제되어야 할 조건이 있다고 보았다.

불법의 만행이 이타利他로써 총괄되는 것이니 … 이 이타의 행은

示幻의 異跡으로 淮蔡의 難을 助平함 같은 것은 絶無僅有라 하려니와 朝鮮으로서 보면 單身으로 百濟에 들어가 間關九死의 苦를 어렵게 여기지 아니하던 麗諜이 누구냐, 僧徒요, 楊廣의 大兵을 險渡로 誘入하느라고 己身을 洪波에 집어던져 乙支의 邀擊을 도와주던 一隊는 누구냐, 僧徒요, "起道用以益他는 佛法이라."하여 陽山에서 戰死한 烈士夫는 누구냐, 僧徒요, 百濟陷敗한 뒤에 福信과 같이 周留城에서 十生九死로 死灰를 苦吹하던 의사는 누구냐, 僧徒다. 그 뒤에 혹 西京을 거하여 國華를 重恢코자하고, 혹 鄭道傳의 文章을 호령하여 揮毫함을 拒絶하고 그 뒤로 休靜·惟政·靈圭 諸名宿이 다 凜凜한 社稷의 護神이니 聖元曉ㅣ 宗을 海東으로 標함부터 그 閎懷보이거니와 義相이 스스로 未澈함을 알아 元曉의 東返할 때 홀로 西往함을 보면 그 苟隨自欺치 아니하는 孤操ㅣ 또한 거룩타 할 것이다. 그러므로 조선의 儒는 漢土로부터 받기만 하였으되 佛은 다시 漢土를 가르쳤고 또 芳風을 扶桑에 보내어 宣揚의 영역이 넓었더니라.그러므로 漢土의 불교는 闡悟로써 主 하여 世法을 外視하였으나 朝鮮의 佛敎는 救難으로써 主하여 民益을 自任하였나니 漢土에 있어서 騰空示幻의 異跡으로 淮蔡의 難을 助平함 같은 것은 絶無僅有라 하려니와 朝鮮으로서 보면 單身으로 百濟에 들어가 間關九死의 苦를 어렵게 여기지 아니하던 麗諜이 누구냐, 僧徒요, 楊廣의 大兵을 險渡로 誘入하느라고 己身을 洪波에 집어던져 乙支의 邀擊을 도와주던 一隊는 누구냐, 僧徒요, "起道用以益他는 不法이라."하여 陽山에서 戰死한 烈士夫는 누구냐, 僧徒요, 百濟陷敗한 뒤에 福信과 같이 周留城에서 十生九死로 死灰를 苦吹하던 의사는 누구냐, 僧徒다. 그 뒤에 혹 西京을 거하여 國華를 重恢코자하고, 혹 鄭道傳의 文章을 호령하여 揮毫함을 拒絶하고 그 뒤로 休靜·惟政·靈圭 諸名宿이 다 凜凜한 社稷의 護神이니 聖元曉ㅣ 宗을 海東으로 標함부터 그 閎懷보이거니와 義相이 스스로 未澈함을 알아 元曉의 東返할 때 홀로 西往함을 보면 그 苟隨自欺치 아니하는 孤操ㅣ 또한 거룩타 할 것이다. 그러므로 조선의 儒는 漢土로부터 받기만 하였으되 佛은 다시 漢土를 가르쳤고 또 芳風을 扶桑에 보내어 宣揚의 영역이 넓었더니라.

또 의자依自의 깨달음으로부터 시작하는 것이니 생사위난에 출몰하여 지극히 험하고 고단함을 헤치고 나갈지라도 믿고 의지하는 바는 오직 "자신"에 둘 뿐이요 한 털끝만큼이라도 외타外他에 부착함이 없나니 그러므로 그 용맹이 두려움 없는데 미치고 그 나아감에 막힘이 보이지 아니하는 것이라. 그러므로 온갖 고난을 무릅쓰되 "자신"이외에 의지함이 없고, 한 평생을 고난을 자처하되 남을 널리 구제하는 데는 자기 몸을 제치는 것이 석가로부터 해동海東의 제숙諸宿에 이르기까지 마음마다 상인相印하는 본지이다.174)

정인보에 의하면 '홍익'이 조선 얼의 핵심이다. 그런데 첫 장에서 살펴본 바와 같이, 그가 얼이라고 할 때는 이미 속임 없는 자기 자신에게 의지한다[依自]는 의미를 내포하는 것이다. 따라서 '홍익'은 기본적으로 '의자'이다. 그는 비록 조선 얼의 원류를 설명할 때는 '의자依自'를 드러내서 강조하지는 않았지만, 그 의미가 이미 전제되어 있다고 봐야 한다. 이런 점은 조선 불교 정신을 설명하는 위 인용문에서 더 분명해진다. 그것은 이타利他는 곧 '의자依自'의 깨달음으로부터 시작한다는 선언이다. 생사를 오가는 위기를 헤치고 나갈 때, 의지할 것은 반드시 자기 자신이며 다른 어떤 외재적 힘에 의존함이 없어야만 진정한 이타를 실행할 수 있다는 것이다. 자기 자신의 진실성에

---

174) 『舊園鄭寅普全集』卷2, 「論說·隨筆·漢詩」〈朝鮮佛敎의 精神問題〉, 316쪽 7~316쪽 18. 佛法의 萬行이 利他로써 總하는 것이니 … 이 利他의 행은 또 依自의 悟로부터 始하는 것이니 死生危難에 出沒하여 至險 至苦함을 헤치고 나갈지라도 依恃는 오직 "自"에 둘 뿐이요 一毫라도 外他에 附着함이 없나니 그러므로 그 勇이 無畏에 미치고 그 進함에 沮障이 보이지 아니하는 것이라. 그러므로 百艱을 무릅쓰되 "自"이외에 依함이 없고, 一生을 自苦하되 그 利濟에는 己身을 제치는 것이 釋迦로부터 海東諸宿에 이르기 心心相印하는 本旨이다.

402

의지하지 않고 밖에 있는 명예나 부귀를 추구하면 진정으로 남을 이롭게 하지 못할 것이고, 남의 주장에 의해 끌려간다면 죽음을 무릅쓴 용기와 희생은 불가능할 것이다. 따라서 진정한 이타인 홍익에는 반드시 의자가 선행된다. 조선불교의 진정한 정신은 의자로서 이타를 행하는 것이므로 사원을 세우고 향전을 마련하며 선지식이나 불상불화를 두는 것이 모두 이런 목적에 부합하는 것이어야 한다.[175] 정인보는 이런 의미에서 원효가 도당 유학 도중 깨우침을 얻었을 때, 옆에서 그 과정을 보고도 자신의 부족함을 속이지 않고 홀로 서쪽으로 향한 의상의 고독한 지조를 높게 평가하기도 하였다.[176] 따라서 '의자'는 불교 뿐만 아니라, 조선 얼의 원류인 홍익이 계승되고 현현하는 곳이라면 어디에서든 확인할 수 있다. 반대로 의자가 없다면 홍익이 드러날 바가 없고 민중과 간격을 두며, 그렇다면 이는 진정한 홍익이 아니다. 그는 학문이 한 번 내 진심을 떠났다면 어떤 이론을 말하든 간에 다 조선과 관계없기는 마찬가지이고, 조선과 관계없는 학문을 가지고 조선민중을 인도하였다면 조선이 지금 어떤 상황인지는 더 말할 것도 없다고 하였다.[177] 그가 근세 학술에서 조선 얼을 제대로 계승한 학파

---

175) 『薝園鄭寅普全集』卷3,「論說·隨筆·漢詩」〈朝鮮佛敎의 精神問題〉317쪽 2~317쪽 5. 寺院은 왜 세웠느냐? 依自로써 利他를 행하는 그네를 두기 위하여. 向田은 왜이냐? 그네를 供養하기 위하여. 僧衆은 그네이므로 귀하고, 智識은 거기 돕는 것이매 重하고 佛像佛畵는 그네로서의 瞻禮함일새 높은 것이라.

176) 『薝園鄭寅普全集』卷2,「論說·隨筆·漢詩」〈朝鮮佛敎의 精神問題〉, 315쪽 24~25, 聖元曉ㅣ 宗을 海東으로 標함부터 그 閎懷보이거니와 義相이 스스로 未澈함을 알아 元曉의 東返할 때 홀로 西往함을 보면 그 苟隨自欺치 아니하는 孤操ㅣ 또한 거룩타 할 것이다.

177) 『薝園鄭寅普全集』卷2,「國學人物論」〈茶山先生의 生涯와 業績〉, 69쪽 28

들의 학문적 연원이 다른데도 지향하는 바가 일치하는 이유가 절박한 깨달음에 있었다고 한 것의 내용은 곧 의자에 기반한 홍익정신이라고 볼 수 있다.[178)]

정인보가 조선 얼의 징표로 선양한 대표적인 학자로는 이익, 정약용과 함께 홍대용을 들 수 있다. 그는 다음과 같이 말했다.

> 선생의 글 가운데 가장 중요한 것으로『주해수용籌解需用』,『임하경론林下經綸』이 있으니, 혹은 기하, 산수를 정밀히 하고 어떤 것은 정법에 힘썼으니, 모두가 백성을 돕자는 학문이다. 또한『의산문답醫山問答』이 있으니, 이는 오로지 근본과 말단을 밝히고 남과 나를 분간해 놓은 것으로, 당시로서는 보기 드문 것이었다. 아아! 그러니 어찌 걸출한 선비가 아니겠는가? 선생은 세상이 미미하여 이 지경에 이르게 된 그 근원은 학술이 근본을 버려서 누가 남인지 누가 나인지도 모르게 되어, 허虛가 위僞를 낳고, 위僞가 허虛를 이끌어냈으며 이렇게 해서 실심과 실정實政은 바랄 수 없게 된데 있음을 알

~70쪽 3. 학문이 한 번 내 心魂을 떠났을진대 가론 東, 가론 西, 가론 主氣, 가론 主理로 孰優 孰劣은 勿論하고 다 朝鮮과 沒關涉키는 一例이고, 朝鮮과 沒關涉한 學問을 가지고 朝鮮民衆을 引導하였을진대 朝鮮이 어찌되었을 것은 다시 물을 여지도 없다.

178)『薝園鄭寅普全集』卷2,「論說·隨筆·漢詩」〈朝鮮古書解題〉, 28쪽. 近世 朝鮮學의 學派 대략 三派ㅣ 있으니 星湖를 導師로 하고 農圃의 傳緒까지 아우른 一系가 있고, 李疎齊 頤命, 金西浦 萬重으로부터 流衍된 一系(담헌이 이 系에 속함있고), 霞谷의 學을 계승한 一系 있다. 이 三系로 말하면 혹 明迹도 있고 혹 潛痕도 있으나 諸家의 學說을 會通하여 볼 때 自然 그 좇아난 바를 알 수 있는 것이다. 그러나 三系의 趨向이 야릇하게도 얼없이 합하여 거의 一先生의 指授인 것 같음은 다른 연유가 아니라 당시 朝鮮人의 切至한 苦悶으로 좇아 생기는 진정한 省悟ㅣ 피차 서로 다를 리 없는 까닭이다.; 30쪽 私意를 일으킴이 없고 民族的 大苦悶과 시대적 大省悟로 좇아 黨見을 撞碎하려는 그 襟期에 이르러는 조금도 差異가 없다.

404

았던 것이다.179)

　정인보는 정약용의 학문이 국가와 민생의 실익을 도모한 점을 높이 평가한 것과 마찬가지로 홍대용의 학문을 긍정하였다. 그는 기본 연산과 다항식, 삼각법 등 계산법이 실려 있는 『주해수용』과 군사제도와 과거제도를 폐지하고 각 면에 학교를 세워 신분에 구애 없이 교육하고 인재를 등용하자는 독창적인 개혁안을 제시한 『임하경론』이 모두 민중을 돕기 위한 학문이라고 하였다. 또 『의산문답』은 당시 학술이 의자라는 근본을 버려서 허위가 난무하게 된 것을 제대로 파악하고, 일의 본말과 남과 나를 제대로 분간한 저술이라고 평했다. 특히 "공자는 주周 나라 사람이요, 『춘추春秋』는 주나라 글이니, 공자가 그 자신을 안이라 하고 남을 밖이라고 하는 것은 당연한 일이다. 만약 공자가 구이九夷의 사람이었다면 그 존왕양이尊王攘夷하는 의리에 있어서 당연히 역외춘추域外春秋로 되었을 것이다."라는 말에 주목하였다.180) 정인보는 홍대용 또한 의자도 없고 따라서 홍익도 없는 당대 현실을 되돌려서 민중의 실익과 주체적인 얼을 회복하고자 한 학문을 대표한다고 여겼다.

---

179)『薝園鄭寅普全集』卷5,「薝園文錄」(四)〈湛軒書目錄序〉, 384~385쪽. 今先生之書其最要者, 有曰籌解需用, 有曰林下經綸, 或精幾何算數, 或劬心政法, 皆佐民之學. 而又有曰醫山問答, 則專以斮本剔心析人己, 在當時所僅見者. 嗚呼! 豈非豪傑之士哉? 先生知世靡靡而至於此, 其源在於學術遺根棄柢, 不知人己之爲誰執, 而虛起僞, 僞導虛, 於是焉實心實政不可望矣.

180)『薝園鄭寅普全集』卷5,「薝園文錄」(四)〈湛軒書目錄序〉, 386~387쪽. "孔子周人也, 春秋者周書也, 宜其自內而外人. 若使孔子而九夷, 則其尊攘之義, 自當有域外春秋." 所謂毉山問答者是也. 寅普每讀之, 未嘗不慨然慕鄉其爲人.

또 다른 한편으로 정인보가 본 조선 얼의 현현에서 더 생각해 볼만 한 점은 '의자'로서 '홍익'하는 정신이 난세에는 대개 위세와 무력으 로 나타난다는 것이다. 앞서 예로 든 승려들의 이야기뿐만 아니라, 그가 조선 얼을 온전히 실현한 인물로 평가하는 무인들을 보아도 그 렇다. 그는 이런 점이 조선 얼의 원류가 사랑과 살림을 기본으로 하였 던 것에 위배된다고 생각할 수 있으나, 절박한 상황에서는 민족에 대 한 인애가 강렬한 무력으로 변할 수도 있다고 하였다. 그는 고구려 가요 연양곡延陽曲을 예로 들어 다음과 같이 말했다.

연양延陽 일곡은 당시 고구려인의 성격, 행동거지로부터 정치교 화에 미치기까지 어느 정도 영사하는 것이 있을 뿐만 아니라 고조 선의 인애넘치던 민덕民德이 구르면 이렇게 강렬하게 된 것을 대강 짐작할 수 있다. 삼가『고려사高麗史』악지樂志의 원문을 옮겨 적으 면 아래와 같다. "연양에 남을 위해 일하게 된 어떤 사람이 있었는 데, 죽음을 무릅쓰고 열심히 하였다. 자기를 나무에 비유해서 말하 기를 '나무가 불을 도우려면 반드시 죽게 되는 화를 입지만, 그래도 쓰여지는 것을 매우 다행으로 생각하고, 비록 재가 되어 다 타버리 기에 이르러도 사양하지 않는다'고 했다.… 이 노래의 뜻으로 본다 면 유순하던 동이족의 옛 모습과 엄청난 차이가 있어 원류가 어찌 이러한가 하는 의심이 없을 수 없다. 인애가 굴러 강렬함이 된다는 것이 억지스런 해석이 아닐까? 아니다. 어느 때나 천량天良에 고개 를 숙이고, 외물을 보면 무엇이든지 다칠 듯이 아끼는 고조선인은 만물에 접하면 유순이요 닿으면 인애이나, 이 인애의 대상을 혹 건 드리는 자가 있을 때는 근본이 자신과 족류에 간격을 모르던 사람 이라 이에서 강렬이 유순을 대신하는 것이니 서경곡西京曲, 연양곡 延陽曲이 서로 공통된 혈맥을 가진 것이다.[181]

위 인용문은 정인보의 〈조선문학원류초본〉 중 '고구려의 문예'에 나오는 글이다. 연양곡은 반드시 죽게 될 것을 알면서도 남을 위해 쓰이게 된다면 죽음을 무릅쓰고 일한다는 내용이다. 물론 이 곡을 노동요의 관점에서 해석할 수도 있지만 정인보는 이것을 유순한 인애가 강렬한 심정으로 변하는 것을 표현한다고 보았다. 그에 의하면 조선 얼의 원류로 사랑과 살림을 말하는 것이 이런 강렬한 심정과 배치되는 것 같지만, 실은 그렇지 않다. 사랑의 대상이 어려움에 처했다면 그 대상에 대한 간격이 없는 인애의 마음은 유순함을 곧바로 강렬함으로 바꾼다. 무武와 인정은 표리관계이며 이기심이 없는 지극한 인이 지극히 강한 것이 된다.[182] 본래 신라의 국선國仙과 고구려의 조의

---

181) 『薝園鄭寅普全集』卷1, 「朝鮮文學源流草本」, 269쪽 26~270쪽 21. 延陽一曲은 당시 高句麗人의 性格, 擧止로부터 政敎治化에 미치기까지 얼마쯤 映寫함이 있을 뿐만 아니라 古朝鮮의 仁愛넘치던 民德이 구르매 이렇듯 強烈한 것을 이에 領略할 수 있다. 삼가 「高麗史」樂志의 原文을 移錄하건대 아래와 같다. "延陽, 有爲人所收用者, 以死自效, 比之於木, 曰, 木之資火, 必有牂賊之禍, 然深以收用爲行, 雖至於灰燼, 所不辭也"… 이 노래의 뜻으로 볼진대 柔順하던 東夷族의 古昔과 왕청된 틀림이 있어 源流가 어찌 이러한가 하는 의심이 없을 수 없다. 仁愛가 굴러 強烈이 된다 함이 強解가 아닐까? 아니다. 어느 때나 天良에 고개가 숙고 外物을 보매 무엇이든지 다칠 듯이 아끼는 古族類ㅣ 접하매 柔順이요 닿으매 仁愛이나, 이 仁愛의 對象을 或 건드리는 자ㅣ 있을 때는 根本이 自身, 族類에 間隔을 모르던 사람이라 이에서 強烈이 柔順을 대신하는 것이니 西京曲, 延陽曲이 서로 一緒의 혈맥을 가진 것이다.

182) 『薝園鄭寅普全集』卷2, 「歷史的膏盲과 吾人의 一大事」, 278쪽. 이 武威와 仁情이 서로 表裏되는 것입니다. 自利를 모르고 惻怛만 가진 사람처럼 仁한者ㅣ 없으매 또한 이처럼 強한 者ㅣ 없습니다. 自爲의 念이 동한 뒷일 것 같으면 벌써 體膚의 苦痛이 어렵고 室家의 眷戀이 앞서니 뉘 이를 떼치고자하겠습니까? 그러므로 우리 先民의 至仁함이 곧 우리 先民의 至強한 것입니다.

선사皀衣仙士 같은 국교단체들이 강용을 중시한 것도 이런 맥락이며 이는 단군왕검으로부터 계승한 전통이다.183) 특히 국가수호, 국권회복이 급선무일 때는 종묘사직의 보존과 민족의 전진이 무에 달려있기 때문에 무가 문文보다 중요하고 근본이 된다.184) 따라서 정인보는 이 민족인 위씨로부터 조선을 수복하려 했던 성기成己185), 백제에 의해 멸망해가는 국가를 지키려한 마한馬韓의 장수 주근周勤186), 수나라로

---

183) 『薝園鄭寅普全集』卷3, 「朝鮮史硏究」(下)〈附論〉, 291쪽. 建者는 "센이"라고 읽을 것이니 古今語의 轉化가 없지 못하다 하여도 "세"의 本體는 古일지라 高句麗의 皀衣仙人이나 新羅의 國仙이 다같이 "建"즉 强勇을 주로 하는 國敎團體니. / 292쪽. 이 같은 國敎의 氣風이 실로 國祖로 좇아 나왔던 까닭으로 檀君王儉을 "센이"왕검이라고도 일컫던 것이니 이를 안 뒤에야 蘇塗의 敎와 皀衣花郞의 行과 仙史의 槩가 서로 다른 것이 아님을 알 수 있는 것이다.

184) 『薝園鄭寅普全集』卷3, 「朝鮮史硏究」(上)〈序論〉, 19쪽. 大抵 文武로 말하면 武 ㅣ 本이요 文이 오히려 그 버금이니 剛毅, 壯猛, 雄鷙. 凜厲하지 못하고서 聖賢 豪傑을 말할 수 없음은 물론이요, 宗稷이 이로 인하여 存하고 族類 ㅣ 이로 인하여 保하고 進하고 恢하고 大하는 것이라.

185) 『薝園鄭寅普全集』卷3, 「朝鮮史硏究」(上)〈濊人의 恢復恢復運動과 漢衛의 交替〉, 138쪽. 成己는 또한 濊의 臣智로 恢復의 志를 품고 潛入하였던 사람이라. 尼谿相參이 右渠를 죽이고 漢國에 投身함을 보고 慨然奮發하여 (1)濊人의 自立을 濊人으로 自行한일, (2)秉義直前하다가 戰敗할지라도 灑血로써 後起의 種子를 培養한 일, (3)一日이라도 濊가 主가 되어 衛와 漢의 交替가 아니라 漢이 곧 濊의 敵임을 明示한 일. 이러한 立志下에서 이 같은 背城借一의 壯擧를 行하여 人은 死하였으되 志는 愈光하고 地는 破하였으되 魂은 愈凝하는 이때 運動의 最後的 莊嚴을 이루었다.

186) 『薝園鄭寅普全集』卷3, 「朝鮮史硏究」(上)〈馬韓亡周勤死〉, 233쪽. 이같이 몸을 버려 節을 이루는 周勤이야 昏街의 孤燭이라 함도 오히려 그 比가 아니다. 結局成功은 없고 家族은 滅하였으니 當時異趣者들은 그를 譏嘲까지도 하였을지 모른다. 그러나 人生의 命이 軀殼以外에 表현한 것이 있으니 누가 周勤을 죽었다 하랴? 그 風聲이 흐르는 대로 感하는 바넓고 激하는 바 깊어

408

부터 고구려를 수호한 을지문덕乙支文德, 왜의 침입을 막아낸 이순신 李舜臣 등의 위무와 공적을 높게 평가했다. 그리고 이들의 공적보다 이를 이끌어낸 정신을 더 중요하게 여겼다. 그는 성기와 주근 같은 경우, 실제 조국수호라는 목표를 달성하지 못하고 목숨을 잃었지만, 불가능을 알면서도 실심에 따라 민족의 주체성을 지키려한 점에 주목했다. 그는 이순신에 대해서 다음과 같이 말했다.

세상에 충무공의 공적을 아는 이가 많으나 그의 인격을 아는 이가 적다. 그의 공적이 크지 아니함이 아니나, 그것은 이미 지나간 일이요 우리 조선 사람에게 오늘날까지도 이 다음 언제까지도 값이 있는 것은 그의 인격이다. 실로 우리 역사에 나타난 인물 중에 충무공 이순신과 같이 모든 조선 사람이 모범해야 할 인격, 조선 사람에게 장처되는 모든 것을 구비하고 단처되는 모든 것을 아니 가진 인격자는 드물다. 참으로 이순신은 조선 사람이 모범할 완전한 모범이다. 이순신의 인격의 중심이 되는 것은 "우리를 위하여 나를 잊는" 마음이다. 그는 집을 잊고, 몸을 잊고, 이름을 잊고 모든 것을 잊었다. 아니다. 잊은 것이 아니라 그보다 큰 우리를 위하여 버린 것이다. 그리고 그는 오직 우리를 위하여 살고 일하고 죽었다.[187]

정인보는 충무공 이순신의 묘소가 채무에 시달리기도 한 현실이

마침내 百濟終年에 오래 쌓아진 節義의 波濤가 용솟음치며 大起하였으니 一人의 所就한 바 어찌 關係됨이 적다 할 것이랴? … 번연히 不可爲임을 알면서도 그래도 하는 이 寸心이란 宇宙가 깨어져도 까딱 아니함일새 이를 일러 從容이라 하는 것인즉 周勤의 八年崎嶇같은 것이 전선로 從容就義의 標本이라 할 것이다.

187) 『舊園鄭寅普全集』卷2, 「論說·隨筆·漢詩」〈이충무공의 인격〉, 307쪽 11~21.

조선인이 조선의 정신을 제대로 계승하지 못한 데서 비롯된다고 개탄하면서 이순신을 기리는 글을 여러 편 썼다. 그는 이순신을 민족적 자부심의 표상으로 여겼다. 정인보는 이순신의 인격이 완전한 홍익에 근본하기 때문에 자기의 사사로움을 완전히 잊고 보다 큰 우리를 위해 일하고 죽었다고 보았다. 그에게 이순신은 시대를 초월한 조선인의 완전한 모범이며 조선 얼의 올바른 계승자였다.

4) 조선 얼이 바라볼 곳

정인보의 관점에서 조선 얼이 역사 속에서 면면히 이어져온 과거 내력은 지금까지 살펴본 바와 같다. 그렇다면 당시에 정인보가 추구한 조선 얼의 미래지향성은 어떤 것이었을까? 그가 과거 조선 얼의 원류와 전개를 살펴본 것은 당대 조선의 나아갈 바를 찾기 위해서였다. 정인보는 조선은 홍익에 입각해서 "우리"라는 의식을 가졌던 옛날이 있었고 "악착한 저"에서 당대와 같은 비극이 초래되었다고 하였다. 또 조선이 다시 옛날의 주체성을 되찾고 홍익 정신을 실천하려면 개인의 사사로움을 부셔야만 한다고 하였다.[188] 정인보가 '조선 얼'이 걸어온 길을 고문헌과 사적을 통해 드러냈던 이유는 바로 그와 같은 얼의 진정성을 따르길 바래서였다. 그러나 주체성에 기반한 홍익 정신은 같지만 처한 상황이 다르고 인식이 다르기 때문에, 당대에 구체적으로 어떻게 해야하는가는 달라질 수가 있다. 이 지점에 대한 정인

---

188) 『薝園鄭寅普全集』卷2, 「論說 · 隨筆 · 漢詩」〈丙子와 朝鮮〉, 369쪽 6~7. 조선은 "우리"에서 昔日이 있었고 "악착한 저"에서 今日에 미쳤다. 인간의 弘益은 身家의 사를 부시고서야 있다.

보의 생각은 그의 후진 양성 방향에서 확인할 수 있다.

정인보의 교육에 관한 글은 광복 이후 종중재산을 정리하여 만든 재단법인 화음장학회의 〈발기취지서〉와 미군정기 교육이념설정과 관련된 〈교육이념개의〉가 있다. 정인보가 작성한 장학재단의 교육이념에는 "인재를 육성하여 더 한층 조선의 의지를 잘 계승하는 것"이라는 얼의 방향성에 대한 그의 생각이 고스란히 녹아있다.[189] 또 해방이후 미군정기에는 미래를 위한 교육 이념을 '홍익인간'으로 제시했다.

정인보는 해방 이후 미군정 하에서 교육정책 수립을 위해 안재홍, 백낙준, 김활란 등과 함께 조선 교육 심의회 제 1분과 위원회에 참여하였다. 1분과 위원회는 교육 이념과 목적 및 목표를 논의하는 부서[190]인데, 여기서 심의된 교육이념은 전체 본회의에 상정되어 1945년 12월 20일 조선 교육의 근본이념으로 채택되었다. 그 내용을 살펴보면 다음과 같다.

「조선 교육의 근본이념과 방침수립의 건」
홍익인간弘益人間의 건국 이상에 기하여 인격이 완전하고 애국정신에 투철한 민주 국가의 공민 양성을 조선교육의 근본이념으로 함.
一, 민족적 독립 자존의 기풍과 국제적 우호 협조의 정신을 온전히

---

189) 『詹園鄭寅普全集』卷2, 「論說·隨筆·漢詩」〈財團法人華蔭獎學會發起趣旨書〉, 377쪽 22~378쪽 2. 지금 光復의 뒤를 이어 國政이 一新하는 때라 制度 또한 옛것을 改革하게 된즉 이에 맞추어 일찍이 先墓의 守護享祀 오직 奉先의 私에 限하던 것을 公으로 民族文化에 裨補함에 아울러서 널리 人材를 育成하여 더 한층 朝鮮의 志意를 順承하는 것이 실로 家訓 가운데의 일인 줄 알므로 우선 京鄉에 있는 宗中財産을 收合整理하여 財團法人 華蔭獎學會를 설립하기로 한다.
190) 정태수, 『미군정기 한국교육법제사』, 예지각, 1995, 141쪽.

갖춘 국민의 품성을 도야함. 二, 실천궁행과 근로역작勤勞力作 정신
을 강조하고, 충실한 책임감과 상호 협조의 공덕심公德心을 발휘케
함. 三, 고유문화를 순화 앙양하고, 과학기술의 독창적 창의로써 인
류문화에 공헌케 함. 四, 국민 체위 향상을 도모하여, 견인불발의 기
백을 함양케 함. 五, 숭고한 예술의 감상 창작을 고조하여 순후 원만
한 인격을 양성함191)

　　조선 교육 심의회가 정한 교육이념의 첫 머리에는 "홍익인간"의
건국이념이 교육의 근본임을 분명히 하였다. 앞서 살펴본 바와 같이
'홍익'은 정인보가 조선 얼의 정체로 언급한 것이다. 또 민족적 독립자
존도 자기 자신에게 의존한다는 '의자依自'와 같다. 물론 심의회 결정
내용은 정인보 개인의 견해는 아니지만, 기독교계와 사회주의계열의
반대192)를 설득하여 '홍익'이념을 설정할 수 있도록 이론적 기반을
제공한 것은 정인보라고 보는 것이 타당하다. '홍익인간'을 조선 교육
의 근본이념으로 발의한 사람은 안재홍이라는 기록도 있고 백낙준이
라는 기록도 있으나193), 문헌적 근거를 통해 '홍익인간'을 제시할 수

191) 《동아일보》 1945.12.25.
192) 권성아, 「해방 이후 교육이념의 설정과 국사교육」, 『역사와 교육』21집, 2015.
　　참조. 특히 사회주의계열의 지식인들은 해방이전부터 정인보의 민족주의 사관
　　을 비판해왔다. 가령 김태준은 정인보를 봉건적 묵수주의자라 하면서, 〈오천
　　년간 조선의 얼〉이 조선 민족을 選民的으로 높이려고 하는 것이고 역사의
　　왜곡된 선입견과 공연히 虛張聲勢하려는 것으로서 역사 그 자체와 독자들을
　　위하여 한없는 죄악을 범한 것이라고 혹평하였다. (〈정인보론〉2, 《朝鮮中央日
　　報》, 1936.5.16) 또 이청원은 정인보의 조선 얼이 세계사의 공동정신과 발전을
　　압살하고 조선의 역사적 현실을 신적 섭리적 표현으로 미화하였다고 비판하
　　였다.(「「朝鮮의 얼」의 現代的 考察」, 『비판』36호, 비판사, 1937.3, 77쪽)
193) 정태수, 『광복 3년 한국 교육법제사』, 예지각, 1995, 141-155쪽 참조.

있고, 해방이전부터 저술을 통해 지속적으로 '홍익인간'의 중요성을 강조한 사람은 정인보였다.[194] 또 정인보가 기록한 〈교육이념개의〉을 보면 심의회가 정한 교육이념과 유사한 점을 발견할 수 있다. 그 내용은 다음과 같다.

〈교육이념개의〉

(1) 수립에 앞서 제거부터 / 사邪를 뽑아야 정正을 심는다. 우리의 교육이념을 세우는 것이 급한 동시에 과거 일본으로부터 물들은 오예의 일체를 씻어 버리는 것이 더 급하다. 병합이래 동안이 오랬고 그네의 수단이 공교하였던 만큼 오염의 정도가 따라서 심각하여 학술에 정신에 아니 미친 곳이 없어 수많은 지식인들까지도 부지중에 그 피혹됨을 모르고 견인에 허덕이었다. 이는 오늘날 가장 경성警省할 바라. 대와 소, 유형과 무형을 물론하고 이를 뽑아 없애는 데 전력하여야 한다.

(2) 우리 당전當前의 교육이념

쌓였던 오염을 없애버리고 가장 순결한 터에 교육의 이념을 수립하되 이 이념은 "하나의 뿌리를 주로 하여 거기서 다섯 개의 줄기가 뻗어나게"함으로써 될 지니 주로 할 하나의 뿌리는 "민족의식의 강화진작强化振作"이 이것이요, 여기서 뻗어나게 할 다섯 개의 줄기는

1. 나에게 의지하고 남에게 의지하지 않는 자립정신을 일으킬 것.
2. 고유한 윤리를 수명하되 나라를 먼저하고 자신은 뒤로하는 공적 도덕으로써 한층 심려를 더할 것.
3. 한 나라의 흥망의 책임을 각 개인이 담당해야 할 것을 통렬히 깨닫게 하여 이로써 근엄한 민주주의 기대를 삼을 것.
4. 이 땅 이 때의 국명민복國命民福을 여는 데에서 실행實行이 귀하

---

194) 이에 대한 논의는 졸고, 「정인보의 교육사상과 민족교육」, 『일제강점기, 저항과 계몽의 교육사상들』, 박영STORY, 189-194쪽 참조.

고, 실행이 귀한 데에서 지식이 귀한 것을 철저히 깨닫게 할 것.
5. 세계의 문화를 잘 호흡하여 우리 문화와 조화한 뒤에 우리의
    신문화로써 세계에 비보하기를 스스로 기약하도록 할 것.
    이 이것이니, 이 개술한 이념이 얼마 뒤에 혹 더하거나 없앨 것이
있을지도 모르나 현하는 이 위에 없다. 현하는 실實이니 실을 떠나
서는 이념이 없다.[195]

　　위 인용문에서 사용한 용어들 - 민족의식, 자립, 공덕심, 실행, 세계
문화의 조화 - 과 취지는 조선교육 심의회가 설정한 교육이념과 상통
한다. 특기할 것은 정인보는 교육이념을 수립하기에 앞서 먼저 이루
어야 할 전제 조건으로 "사邪를 뽑아 정正을 심을 것"을 주장하였다는
것이다. 여기서 사邪란 바로 일제의 잔재를 말한다. 그는 일제 병합기
간이 오래되고 식민교육이 공교하여 학술 및 정신분야가 부지불식간
에 심각하게 오염되었다고 보았다. 세키노 타다시와 같은 일제 관학
자들이 실증연구라는 미명하에 조선의 역사문화를 왜곡하고 폄하한
것을 답습하는 지식인들이 많았던 것이다.

　　정인보는 직면한 현실에 대응할 교육이념으로 '민족의식의 강화와
진작'이라는 대원칙을 제시했다. 이것은 일본문화나 일본에 의해 왜
곡된 역사의식을 가지고는 실현할 수 없는 것이다. 따라서 대원칙을
실현하기 위한 방법으로 제시한 5가지 사항 가운데, 첫 번째도 '자신
에게 의지하고 남에게 의지하지 않는[依自不依他]자립정신'이 필요하
다고 하였다. 앞서 살펴본 바와 같이 자립과 주체의 강조는 정인보의
주된 사상 내용이다. 그는 조선 얼의 역사적 전개를 '홍익'에 기준하여

---

195) 『薝園鄭寅普全集』卷2, 「論說·隨筆·漢詩」〈敎育理念槪議〉, 378쪽-379쪽.

검토하면서 거기에 반드시 '의자'가 전제가 되어야 함을 강조했다. 1930년대부터 해방이후까지 정인보의 화두는 줄곧 주체성의 확립과 실천에 있었다. '의자'에 기반한 '홍익'은 교육이념의 다른 조항, 즉 2. 국가를 먼저하고 나를 뒤로 하는 공적도덕을 추구할 것 3.각자 국가에 대한 책임을 통감하고 이로써 민주주의의 초석을 삼을 것 4. 국가와 민중의 발전을 위해서는 실행과 실행에 입각한 지식이 귀함을 철저히 깨닫게 할 것 5. 세계와 우리의 문화의 조화 속에서 신문화를 창달하여 세계에 이바지할 것 에도 그대로 적용된다. 당대의 실상에 입각한 교육이념은 '의자'에 의한 '홍익'이라는 조선 얼을 바탕으로 하면서 민주주의와 신문화 창달을 지향하는 것이었다. 내 몸보다 민중과 국가를 위한다는 것은 전체주의적인 사고로 보이지만 국가가 상실된 시간의 극복과 재건이라는 시대적 책무의 고민 속에서 도출된 것이다.196) 그는 어떤 이념보다 각자 개인의 주체성과 진실성, 민중의 자립과 복리가 중요하다고 보았고 이는 그가 계승한 하곡학에 근거한다. 그러나 정인보가 지향한 민주주의가 어떤 성격이었는지는 명확하게 규정하기가 어렵다. 다만 1919년 대한민국 임시정부 헌법이나 1948년 건국헌법 모두 인민 주권과 민주공화국을 전제로 하고197), 조

---

196) 이런 시각은 제국주의를 비호하는 국가주의와는 다르다. 신채호는 '제국주의' 와 '민족주의'를 구분하여 '제국주의'는 '영토와 주권을 확장하는 주의'이고 '민족주의'는 '타민족의 간섭을 不受하는 주의'라고 하였다. 정인보는 이와 같은 맥락에 서있다.

197) 1948년 건국헌법 제정을 위해 제시된 헌법초안들(1946년 이후)에는 모두 '인 민주권'과 '민주공화국'의 두 원칙에 이의가 없었다고 한다. 이는 독립운동 세력의 보편적 인식이기도 하였다. 1919년 「대한민국 임시헌장」1조 1948년 헌법 1조는 모두 '대한민국은 민주공화제로 함'으로 되어 있다. - 박명림, 「한국의

선학 운동을 함께했던 안재홍이 주장한 신민주주의가 자립을 바탕으로 민족과 세계를 균형있게 조화시키는 것이라는 점에 준해서 그 성격을 대략 짐작할 수 있다.[198] 정인보는 이념이란 추상적인 이상이 아니라, 현실을 위한 지향일 뿐이므로 당시로서는 본인이 제시한 것보다 더 상위의 이념은 없다고 단언하였다. 그리고 그것은 과거를 관통해서 당대까지 이어져온 진정한 조선 얼이라면 반드시 지향해야 할 이념이기도 하였다.

정인보의 조선 얼은 시공간 속에서 확장된 실심의 궤적이므로, 과거 어느 시점에만 존재하는 것이 아니며, 현재 내 본밑마음의 속성과도 일치한다. 이런 의미에서 그는 내 마음 밖에서 별도의 국선國仙을 찾지 말고, 내가 있는 곳 밖에서 국선이 놀던 터를 찾지 말라고 하였다.[199] 정인보가 말한 조선 얼의 원류와 제 현상의 본질은 곧 동일한 실심이자 본성의 발로이며, 여기서 그 사상의 일관된 맥락을 확인할 수 있다.

초기 헌정체제와 민주주의」, 『한국정치학회보』 제37집 제1호, 2003, 115-116쪽.

198) 정인보와 안재홍은 조선학 운동을 함께했던 만큼 이념적 지향을 공유했던 것으로 보인다. 안재홍은 자신을 경계하는 글(「나의 警句」)에서 "2. 내[我]일은 내가"라는 구절을 적고 그 밑에 "[이 항목은 某씨의 주장으로 나도 여기에 共鳴함]"이라고 적었는데,(『民世安在鴻全集』卷5, 75쪽) 이때 "내[我]일은 내가"는 정인보가 말한 "저는 저로서"와 동일한 의미다. 여기서 某씨는 정인보라고 추정할 수 있다.

199) 『薝園鄭寅普全集』卷 1, 「關東海山錄·四仙橋에서」 137쪽. 근들 하상 별道 러냐 마음에 가림 없어 自然히 情이 많고 나로서 나 못 속여 百番죽어도 마음만을 살리려고 十月상달 맞이할때 香爐에 가득 자욱 피어나는 香냄새를 香내로만 알았던가 저 마음 그윽해도 절로 저리 피우느니 四仙을 찾지마라 네 마음이 國仙이오 노던 터 찾지 마라 이 땅 어디 터 아니랴.)

제**6**장

실심실학의 공감과 전이

1 진가론의 사회적 확산

수양론에서 사회비판론으로 확장되었던 하곡학파 내부의 진가론은 근대 매체와 다양한 교류를 통해 외부로 확산되었다. 먼저 매체에 등장하는 진가논의는 다음 절에서 살펴 볼 석전 박한영과 같이 저자가 분명한 경우도 있지만, 매체의 사설 자체가 저자 미상인 경우가 많아 확산경로를 명확히 밝히기 어려운 경우가 있다. 또 이건방의 경우 구체적인 내용은 알 수 없지만 신문사설을 여러 번 기고했었다는 기록이 남아있기 때문에 매체의 논설이 이건방의 논설일 가능성도 배제할 수 없다. 따라서 가도학이나 가학에 대한 담론보다 가학이 변형된 형태를 살펴보고자 한다. 1907년부터 1909년 사이《대한매일신보》,《황성신문》에 '가지사假志士'관련 논의가 자주 등장하는데, 이를 통해 진가담론이 외적으로 확산된 일면을 고찰할 수 있다.

천하에 가장 증오할 만한 자는 가지사假志士라. 그 모습을 보면 의연히 지사이지만 마음 속에는 이욕만 팽창하였으며 그 말을 들으

면 완연히 지사이지만 하는 바는 간험奸險이 층출하는지라, 이런 자
들을 뭐라고 이름해야 옳을까. 방관자도 아니요 명호파도 아니요,
혁명당도 아니요, 단지 일종의 가지사로다. 옛날 한국이 도덕리학을
존숭할 때는 점점 교묘히 지혜를 쓰는 자가 종종 산림에 들어가 스
스로 도덕가라고 포장하여 명예를 구하며 리학가理學家라고 자칭하
여 부귀를 도모하는 가학자假學者가 많더니, 거연히 시대가 한 번 변
하여 국력이 쇠퇴함에 지사라 하면 세인이 이를 숭배하여 신앙하는
지라, 이에 일종의 가지사들이 출현하여 세인의 이목을 미혹시키며
사회의 허명虛名을 훔치니 간험하다, 이 무리들이여, 기이하다 이 무
리들이여!… 아! 가지사여. 가장 나쁜 것은 너희들이 지사의 이름을
빌려 지사를 해하는 것이 이것이다. 세인이 너희 가지사의 행위를
보고 진지사眞志士에 대해서도 잘못된 논리를 적용하여 천하에 소
위 지사는 단지 혀끝의 지사이지, 붓끝의 지사이지 하게 하여 지사
의 명예를 파괴하며 지사의 사업에 장애가 생기게 하나니, 아! 가지
사여. 금일 나는 제군이 열심히 깨우쳐 진심으로 나라를 걱정하며
진심으로 나라를 사랑하는 진지사가 되기를 바라노라.1)

----

1) 〈責假志士文〉論說,《大韓每日申報》, 1908.11.21. 天下에 最可厭最可憎最可
怪흔 者는 卽假志士라 其貌를 觀호면 依然是志士이나 腹中에는 利慾만 膨
脹호얏스며 其言을 聞호면 宛然是志士이나 所爲는 奸險이 層出호는지라
此輩人類를 何로 名홈이 可홀가 傍觀者도아니오 嗚呼派도아니오 革新黨도
아니오 只是壹種假志士로다 古昔韓國이 道德理學을 崇尙홀 時에는 稍히
巧慧흔 者는 往往山林에 入호야 道德家라 自飾호야 名譽를 釣호며 理學家
라 自稱호야 富貴를 企하는 假學者가 多호더니 居然時代가 壹變호야 國力
이 衰退호니 有志士라호면 世人이 是를 崇拜호며 是를 信仰호는지라 於是
에 壹種假志士輩가 出하야 世人의 耳目을 惑호며 社會의 虛名을 盜호니
奸險호다 此輩여 奇怪호다 此輩여 …嗚呼假志士여 最히 可惡혼 者는 爾等
이 志士의 名을 藉호야 志士를 害홈이 是라 世人이 爾等假志士의 所爲를
觀호고 眞志士에게 對호야도 亦是謬論을 下호야 曰天下에 所謂志士는 只
舌端志士이지 筆端志士이지호야 志士의 名譽룰 破壞호며 志士의 事業을
障碍케호나니 嗚呼假志士여 今日余는 諸君이 勉强悔悟호야 眞心으로 國

418

위 인용문에 의하면 당시 지식인에 대한 사회적 실천 요구가 더 절실해짐에 따라, 진실성 없이 허명만 쫓는 과거 '가학자假學者'의 자리는 '가지사假志士'가 대체하게 되었다. [2] 과거에는 유림의 가도학이 사회적 병폐를 양산했다면, 시대가 변하고 국력이 쇠퇴하여 지사가 필요한 세상이 오자, 가지사가 등장하여 대중을 현혹시키고 개혁을 방해한다는 것이다. 가지사는 자타칭 사회 대표, 애국지사로서 일시적인 웅변으로 사람들의 감정을 격동시키고 추종대상이 되었다가 진실성의 부재로 실망을 안겨주는 이들이다. 다른 논설에서는 가지사가 당대에 꼭 필요한 신진사업에 반대하거나 완고하게 과거만 고집하는 보수유림보다 오히려 더 큰 해악을 끼쳐 급히 박멸해야 한다고까지 하였다. 왜냐하면 반대자나 완고한 자들은 한 두 사람의 개인들에게 영향을 미치지만 가지사는 거짓명예로 정계에도 출몰하고 외국인과 빈번히 교제하여 교육사업과 사회상의 개혁에 방해되지 않는 것이 없는데다, 진지사眞志士와 일반대중들을 곤경에 빠뜨리기 때문이다.[3]

을 憂ᄒ며 眞心으로 國을 愛ᄒᄂ 眞志士가되기를 祝望ᄒ노라

2) 가학자가 가지사로 대체되었다는 것은 이에 앞서 1907년 논설에서도 확인할 수 있다. (〈一打玉壺〉, 漫評,《大韓每日申報》1907.5.18. ▲一進會에셔 昨日 獨立舘國民演說臺에 總會을 開ᄒ고 傍聽을 不許ᄒ얏다니 該會에셔 近日에 不穩흔 情況을 包含ᄒ야 偶語가 紛紛ᄒ니 非常흔 狀態가 未久에 發現ᄒ리로다▲警務廳에셔 權任及巡檢을 敎育ᄒ기 爲ᄒ야 日人셕橋희雄씨을 囑托ᄒ야 月俸은 每朔四十圜으로 定ᄒ다ᄒ니 韓國官吏ᄂ 日本人이안이면 敎育ᄒ슈웁ᄂ지 韓國에 國庫金은 日人에 月俸으로 消融無餘흘이로다▲前日儒林學者界에ᄂ 假道學의 種子가 有하야 醜態를 呈露ᄒ더니 近日社會界에ᄂ 假有志의 者流가 往往발見하니 此所謂유之寄苗오 紫之亂朱로다.)

3) 〈國家前進初㘉에 急先撲滅者假志士〉,《大韓每日申報》, 1908.4.30. 若我大韓ᄒ야ᄂ 二千萬同胞가 前進事業을 特別準備흘 時代라 當此地頭ᄒ야 强

가지사의 위선을 더욱 자세히 기술한 논설로는 계봉우(北愚 桂奉瑀, 1880~1959)의 〈사회의 가지사〉를 들 수 있다. 그는 가지사를 대괴물大怪物, 대병물大病物이라하고, 가지사가 "국가를 사랑하여 헌신하는 자도 '나'라하고 형제를 위하여 목숨을 던진 자도 '나'라하며 정치를 개선한 자도 '나'라하며 교육을 확장한 자도 '나'라하며 실업을 개발한 자도 '나'라하며 완고한 것을 깨뜨린 자도 '나'라하며 문명을 수입한 자도 '나'라하며 민적을 베어 없앤 자도 '나'라하며, 기타 크고 작은 제반 일들을 다 내가 하지 않은 것이 없다고 하지만, 그 말이 다 끝나기도 전에 그 필적이 다 마르기도 전에 동분서주하여 어깨를 추켜올리며 아첨하고 낮에는 숨었다가 밤에 몰래 아첨하여 우리 국가를 팔아넘긴 것도 저들이며 우리 형제를 죽인 것도 저들이며 우리 교육을 해친 것도 저들이며 우리 실업을 상하게 한 것도 저들이며 우리의 완고함을 지탱한 것도 저들이며 우리 문명을 막은 것도 저들이며 외국의 모멸을 초래한 것도 저들이며 우리 민적을 위한 자도 저들"이라고 비판하였다.4)

暴者反對者頑固者은 猶可恕也언뎡 斷不有者는 假志士也라 何以然也오ᄒᆞ면 反對者頑固者는 進就ᄒᆞᄂᆞᆫ 事業上妨害所致가 止於一二箇人也로되 至若假志士ᄒᆞ야는 不然ᄒᆞ야 社會上名譽를 盜得ᄒᆞ야 政界에도 出沒ᄒᆞ며 外人交際도 頻煩ᄒᆞᆯ뿐 外라 敎育上事業이며 社會上事業에 無不沮戲ᄒᆞᄂᆞᆫ 能力이 有ᄒᆞᆫ 者니 急急撲滅者此非假志士乎아 有時以共同ᄒᆞᆫ 演說場과 箇人間話頭에도 憂國淚가 滂滂ᄒᆞ야 令人落淚오 令人信仰케ᄒᆞ다가 少而오 壹接政府官吏與外人則百媚狐態로 眞志士與一般同胞를 沒滔於不測之地ᄒᆞ니 急急撲滅者此非假志士哉아 假志士之做去事가 不外乎此니 假志를 抱ᄒᆞᆫ 同胞도 本地位를 萬分悔悟ᄒᆞ려니와 眞志士여 此假士에 對하야 愼之遠之를 仰希仰希.

4) 〈社會의 假志士〉, 《太極學報》제25호, 1908.10.24. 自太古 上古 中古 近古로

당시 가지사로 지목할 만한 대표적인 지식인 집단은 일진회一進會였다. 1904년 일진회를 결성한 송병준과 윤병시, 윤병일, 유학주 등은 독립협회에서 활동하며 개혁과 계몽을 주장하던 이들이었다. 일진회는 을사조약(1905.11.17)이 체결되기 전 《국민신보》에 일본은 선진·선각 국이라 동양의 평화를 위해 힘쓰며 '일청전쟁'과 '일러전쟁'이 모두 의협심에서 나온 것[5]이라고 전제하고, 한국이 일본의 보호를 받아 영원한 안녕을 누려야 한다고 선언하였다. 이 선언문에서 일진회는 소견이 좁은 자들이 자신들을 망국의 적이나 매국노라고 명명하지만,

---

至于今日히 東西渾球上에 塵塵利利林林蔥蔥의 有機的 無機的 諸般動植物을 數之無量이오 指之難擧이로되 其 中에 可憎可惡可忌可厭可痛可惜의 大怪物이 何物耶아. 假志士가 是也며 非盲非聾非啞非躄非癩非癲의 大病物이 何物耶아. 假志士가 是也로다. 聽其言論 今 節節慷慨ᄒ고 條條激昂ᄒ야 足令人扼腕奮臂搥腦頓足擦掌磨拳咬牙切齒瞋目裂眦ᄒ며 觀其著作 즉 字字憤痛ᄒ고 句句悲愴ᄒ야 足令人落淚揮涕呀口嚼舌摧腸裂肝瞪目蹙眉腐心沸血ᄒ야 愛國歌而獻身者도 我也라 ᄒ며 爲兄弟而擲命者도 我也라 ᄒ며 政治改繕者도 我也라 ᄒ며 教育擴張者도 我也라 ᄒ며 實業開發者도 <6>我也라 ᄒ며 頑固劈破者도 我也라 ᄒ며 文明輸入者도 我也라 ᄒ며 民賊芟除者도 我也라 ᄒ며 其他 巨巨細細大大小小의 諸般事爲를 盡無非我也我也라 ᄒ나 其 語音이 未絶ᄒ고 其 筆蹟이 未乾ᄒ야 東奔西走에 脅肩諂笑ᄒ며 晝伏夜行에 搖尾乞憐ᄒ야 賣我國家者도 彼也며 殺我兄弟者도 彼也며 害我敎育者도 彼也며 喪我實業者도 彼也며 扶我頑固者도 彼也며 沮我文明者도 彼也며 招我外侮者도 彼也며 爲我民賊者도 彼也며 其他 巨巨細細大大小小의 諸般事爲가 盡無非彼也彼也ㅣ니 爾有人之心腸耶아 爾有人之軀殼耶아.

5) 〈一進會宣言書〉,《황성신문》, 1905.11.6. 大抵 日本은 先進 先覺國이라 東洋의 平和克復하기를 注意하고 十數年來로 切力周旋하야 甲午에 日淸之役과 今日 日露之戰이 皆出於義俠心이라. (《국민신보》기록은 확인할 수 없어, 당시 이를 보도한 《황성신문》의 기사를 인용하였다.)

이는 간교하고 어리석은 말이며 이들이 오히려 국가교류를 상하게 하고 우방의 신의를 깨뜨려 국가의 멸망을 초래하는 매국노라 하고, 자신들은 공명정대하여 두려울 것이 없다고 하였다. 《황성신문》은 이 선언문에 대한 이해득실에 대해서는 세인들의 공정한 비평이 있을 것이라며[6] 구구한 논평을 하지 않았지만, 이후 지속적으로 일진회의 친일여론 형성에 대응하는 논설들을 게재했다. 일진회는 고종의 양위와 군대의 강제해산을 계기로 의병운동이 일어나자(1907) 이에 대한 토벌을 주장하고 《대한매일신보》를 의병의 배후로 지목하기도 하였다. 이에 《대한매일신보》는 일진회와 국민신보를 비판하고 토죄하는 논설을 발표하였다.[7]

---

6) 〈一進會宣言書〉, 《황성신문》, 1905.11.7. 且我會員이 常對日本官民ᄒ면 實陳好意者ᄂ 爲先進이오 好我同盟國之誼己也오 別無他意언마ᄂ 世間僻見者流와 奸細雜輩ᄂ 目之爲外人倀鬼라 ᄒ고 甚至於號我會曰 亡國賊이라 ᄒ며 名我會曰 賣國奴라 ᄒ니 雖不深責이나 何其轉倒之甚哉아 因緣斯會ᄒ야 巧言譎計로 上蔽聰明하고 下惑愚民하야 乃至 傷國交破隣義하고 招致家國滅亡者가 豈非亡國賊이며 又非賣國奴乎아 我黨主義本領은 公明正大하야 如日月焉하니 復何懼焉이며 亦何愧焉가 嗚呼라 我二千萬同胞아 迨此多亂之時ᄒ야 察世界之大勢ᄒ고 鑑東洋之時局ᄒ며 觀我國之情形하니 無復二辭로다 獨立保護와 維持疆土ᄂ 大日本皇帝의 詔勅이 公佈於世界ᄒ얏스니 無庸更疑라 我黨은 一心同氣하야 以信義로 交友邦하고 以誠意로 對同盟ᄒ야 依其指導하며 據其保持하야 以維持國家獨立하야 安寧享福을 永遠無窮ᄒ기로 玆敢宣言以告ᄒᄂ이다 記者曰 此ᄂ 一進會之宣言書也라 其是非得失은 自有世人之公評ᄒ니 記載於此ᄒ야 以俟公法家裁照而已라 ᄒ노라

7) 〈국민신보를 토죄〉, 《대한매일신보》, 1907.9.11. 이제 본보를 의병의 쥬동ᄌ라고 지목ᄒ엿스니엇지 광픠흔말이 아니리오 네가 의병의 쥬동ᄌ를 알고져ᄒᄂ냐 쥬동ᄌᄂ 누구뇨ᄒ면 대한 사름의 만구일담이 지목ᄒᄂ 오젹대신과 칠젹대신이오 동포의게 해를 끼치ᄂ 일진회라한국 정부의 대관들이 너의 강토를

이후 논설에서는 일진회와 같은 부류들에 지사라는 표현을 없애고 아예 허가虛假를 행하는 '가인假人'으로 명명하기도 하였다.[8] 가인, 가지사에 반대되는 진인眞人, 혹은 진지사眞志士는 진심으로 나라와 동포를 위하는 이들이다. 이렇게 지사가 요청되는 상황은 당대 국민국가의 영웅주의와 궤를 같이 한다.[9] 그러나 국가 존폐의 위기에 놓인

풀아먹으며 너의 빅성을 노례로 풀아셔 나라 형편이 날노 글너가고 빅성의 곤란이 날노 심ᄒᆞᆫ즁에 소위 일진회가 하등샤회의 우즁ᄒᆞᆫ 인류로써 멧낫 사름의 감언리셜을 고지듯고 일진회에 들면 대신협판과 관찰군슈가 졔물건이 되는 줄노 알고 쌍과 집을 풀아셔 뎟토와 입회ᄒᆞ엿스니 이ᄀᆞ치 우즁한 것이 나라의 리해가 엇더ᄒᆞᆫ지 아지도못ᄒᆞ며 일본사름의 챵귀가 되는줄도 아지못ᄒᆞ고 다만 외인의 셰력을 빙ᄌᆞᄒᆞ여 무죄ᄒᆞᆫ 동포를 압졔ᄒᆞ니 션비와 빅셩즁에 량심이 잇는쟈야 누가 뮈워ᄒᆞ지 아니ᄒᆞ며 분히 녁이지 아니ᄒᆞ리오.

8) 〈各學校試驗〉, 論說, 《皇城新聞》 1909.4.9. 惟我學生諸君이여 現在 社會의 種種 狀態를 不觀乎아 彼社會代表라 愛國志士라 自名自許ᄒᆞᄂᆞᆫ 者 流가 舌端의 激昻은 人의 涕淚를 自零케 ᄒᆞ고 筆下의 張皇은 人의 眼目을 驚動케 ᄒᆞ나 幾日을 不過ᄒᆞ야 實相의 現露로 公衆의 信仰을 頓失ᄒᆞ니 此其本領의 眞實이 無ᄒᆞ고 外形의 虛假만 有ᄒᆞᆫ 所以가 아닌가 若此等風氣가 改良一新치 못하면 我國家와 我社會의 前塗를 其可問乎아 現狀은 勿論하고 來頭期望은 專히 靑年社會에 在ᄒᆞᆫ지라 先儒有訓 曰 但 求爲眞人하고 毋求爲假人이라 하엿스니 惟我學生諸君은 現在 何種學術을 做去하던지 將來 何等事業을 注意하던지 아모조록 眞實心地와 刻苦工夫로 眞人이 되기를 求하고 假人되기를 求치 勿ᄒᆞᆯ지어다

9) 〈眞志士〉, 《대한협회회보》제6호, 1908.9.25. 但其心이 赤赤ᄒᆞ고 其 血에 熱熱ᄒᆞ야 生之以國ᄒᆞ며 死之以國ᄒᆞ며 歌之以國ᄒᆞ며 哭之以國ᄒᆞ며 夢之以國ᄒᆞ며 醒之以國ᄒᆞ며 臥之以國ᄒᆞ며 起之以國ᄒᆞ야 念念不忘ᄒᆞ며 思思不怠ᄒᆞ야 貴之以天下ㅣ라도 不合於志즉 寧埋於首陽之側이언졍 不受也ᄒᆞ며 富之天下ㅣ라도 不合於志즉 寧葬於汨水之上이언졍 不願也ᄒᆞ며 若有合於志而當行者즉 鼎鑊斧鉞이 森羅於前이라도 必也磨頂放踵而甘之ᄒᆞ며 礮彈矢石이 轟盪如雷라도 決然粉身齏骨而樂之ᄒᆞ나니 當此之時ᄒᆞ야 百拿破崙이 復生이라도 其 志는 不可奪也며 萬成吉思汗이 再起라도 其 志는 不可伐也ㅣ더

한국에서는 지사가 출현하지 못하는 것보다 지사라는 명예를 이용해 국권침탈을 가속화시키는 문제의 심각성이 대두되었기 때문에 지사의 진가가 논란이 되었다. 이는 하곡학파의 진가담론이 사회비판론으로 확산된 일면을 보여주는 것이다.

2 불교 개혁과 진계정혜眞戒定慧[10]

하곡학파의 진가론은 당대 불교개혁의 논리로도 활용되었다. 당대 대불교학자인 박한영朴漢永(1870~1948)은 학승으로서 계·율·론에 밝고 유학과 노장을 비롯한 동양사상 전반에 대해 박식했을 뿐만 아니라 시문에도 능통했다. 그의 시문학은 '시선일규詩禪一揆'[11]론으로 요약되는데, 한말의 마지막 문장가로 알려진 이건창(1852-1898)과 연결짓기도 한다. 박한영의 『석전시초石顚詩抄』와 이건방, 정인보의 문집을 보면 함께 수창한 시, 금강산을 유람하고 쓴 기행문 등이 실려 있다. 이에 근거하면 박한영과 이건방, 정인보의 교유는 기본적으로 수십

聖哉라. 眞志士여 禽中之鸞鳳이며 獸中之麒麟이며 林中之松竹이며 草中之芝蘭이며 鐵中之金銀이로다. 英國에 肯林威爾가 되야 立憲政治를 制定ᄒ고 北米에 華盛頓이 되야 獨立을 立唱ᄒ고 撒的尼亞에 瑪志尼가 되야 列國을 統一ᄒ고 日耳曼에 俾斯麥이 되야 諸邦을 聯合ᄒ고 和蘭에 維廉額門이 되야 國權을 恢復ᄒ고 日本에 吉田松陰大隈巖倉이 되야 東洋에 牛耳를 執ᄒ얏스니 自古及今에 掀天驚地ᄒ야 偉大功業을 成ᄒᄂ 者ㅣ 非志士오

10) 이 글은 『인문학연구』제54호, 2017.8, 41~80쪽에 게재된 「근대기 현실인식 및 개혁에 관한 불교와 하곡학의 교섭 - 박한영, 이건방, 정인보를 중심으로」를 수정·보완한 것이다.
11) 『石顚文錄』, 「石林隨筆」, 三. 及到上乘詩禪一揆

년 간 지속된 시회詩會를 통해 형성된 것으로 보인다.[12] 1939년 정인보의 「석전상인소전石顚上人小傳」에도 "사귄지가 오래되었다"는 기록이 있다.[13]

그의 활동은 대개 1. 불교유신 운동 2. 불교개혁을 위한 잡지발행과 경전 간행 3. 불교 교육 4. 시문학의 네 측면에서 다루어진다.[14] 이 가운데 불교개혁은 허가를 비판하고 '일진무가'의 실심을 강조하는 하곡학파와 같은 논리에서 추진되었다. 박한영은 「지행합일의 실학」이라는 논설[15]을 통해서 양명학의 실학정신으로 불교의 병폐를 고쳐나갈 것을 주장했다. 그런데 박한영의 논설을 보면 단순히 여러 학문 가운데 양명학을 살피고 지행합일설을 응용한 것이 아니라, 이건방, 정인보와 마찬가지로 '허', '위', '가'를 부정하고 '진眞'을 추구한 것을 확인할 수 있다. 본래 불교에서 '허'나 '가'개념은 그 자체로 부정적이거나 악의 의미로 사용되지 않는다. 가령 모든 존재가 무아無我인 인연화합물인 것을 '가화합假和合'이라고 표현하지만 이때 '가'는 '임시'라는 의미이며 존재 자체의 실상 설명하는 것이지, 선악의 가치를 표현하는 것은 아니다. 또 '허'는 허망분별虛妄分別과 같은 부정적 의미

---

12) 『石顚文錄』, 「石林隨筆」, 三. 及到上乘詩禪一揆, 石生爲沙門, 而悅禪道尙矣, 亦從詩班輒數十年, 粗有談詩禪之管見. 故曾於草衣禪師碑后 略敍詩禪一揆之旨.

13) 『簷園鄭寅普全集』卷5, 「簷園文錄」(一)〈石顚上人小傳〉, 121쪽. 余交上人久, 上人於人寡忤然. 이외에도 정양완은 아버지 정인보가 좋아한 선생님들이 여러 분이신데 " 특히 좋아하여 전까지 남기신 분 "으로 석전 박한영을 소개하였다. (「아버지 담원의 세 스승」, 『양명학』제13호, 한국양명학회, 2005. 480쪽)

14) 이병주 외, 2012, 『석전 박한영의 생애와 시문학』, 백파사상연구소.

15) 『朝鮮佛敎月報』제18호, 朝鮮佛敎月報社, 1916.

로 쓰이기도 하고 걸림이나 장애, 대립이나 차별이 없는 상태인 '허공虛空'처럼 긍정적 의미로 쓰이기도 한다. 그러나 박한영은 불교개혁을 논할 때 "빙허騁虛 부분을 크게 변화시켜서 실학實學을 실천"[16]하고 "포교의 허명虛名을 개량"하며, "구세救世가 허명이라는 비난을 풀어낼 것[17] 등 '허'뿐만 아니라 '위', '가'를 모두 부정적인 의미로 썼다.

박한영은 먼저 당시 우리 사회의 악습으로 "공언무실空言無實"을 지적하고 불교에서도 부처의 진정한 정신을 매우 고원한데 두고 피상적으로 이해한다고 비판하였다.[18] 중생에 속하는 이 한 몸과 생불生佛이 불성佛性의 관점에서는 무차별하다는 사상에 대해서도 이를 이론적으로 이해하는 데는 부족함이 없지만 실천적으로 증명할 수 있는 행위가 없다는 점도 비판하였다. 그리고 실천이 없는 지식은 진실한 지식이 아니라고 하였다.[19]

----

16) 「將何以布敎利生乎아」, 『海東佛報』제2호, 海東佛報社, 1913. 迷信部分을 一變ᄒ야 智信으로 歸向ᄒ며 騁虛部分을 一變ᄒ야 實學을 要踐ᄒ며 浮誇部分을 一變하야 悃愊을 吐露ᄒ어야 是可謂布敎利生이 正大ᄒ이어늘

17) 「佛敎와 歲新의 想華」, 『海東佛報』제2호, 海東佛報社, 1914. 大槪 改善의 程度ᄂ … 丁. 布敎의 虛名을 改良ᄒ고 …己. 人民에 對ᄒ 慈善事業 卽 - 醫院, 孤兒敎育, 貧民救濟 등을 實施ᄒ야 救世의 虛名을 解嘲ᄒ 事

18) 「知行合一의 實學」, 『朝鮮佛敎月報』제18호, 朝鮮佛敎月報社, 1916. 오호라 諸身에 近取키 不能ᄒᄂ 習性은 世界社會에 滔滔皆是로ᄃ | 吾輩社會ᄂ 加一層空言無實의 習性이 振古如鯽ᄒ 中에 現今東西若敎若學이 異彩를 各放ᄒᄂ 此岸에도 今是昨非를 咸覺지못ᄒ고 空門玄理를 一向誤解ᄒ야 五尺革囊을 白雲斷壑에 株守ᄒ기로 一線精神은 此에不過ᄒ고 皮相으로 對人說得은 '夢裡明明有六道, 覺後空空無大千' 等佛祖言句를 在在雲興ᄒ며 面面雨布ᄒᄂ니 殘月山窓間에 靜言思之하라.

19) 「知行合一의 實學」, 『朝鮮佛敎月報』제18호, 朝鮮佛敎月報社, 1916. 諸兄은 一身과 生佛에 無差別의 詮은 或知호대 一身과 生佛의 無差別에 旨卽踐實

오호라 다만 지知와 행行이 원래 두 물건은 아니라 하나의 일원상
一圓相이니 성구문性具門의 한 점 영지靈知는 만사만능萬事萬能 전체
를 갖추었고 공행문功行門의 만사만능은 한 점 영지靈知의 활용이
라.[20]

위 인용문은 지와 행이 본래 하나라는 관점에서 이를 영지靈知의
본래성과 활용이라는 불교 언어로 설명한 것이다. 이는 '지는 행의
시작이요 행은 지의 완성'[21]이며 양지의 양면이라고 보는 양명학의
견해와 동일하다. 박한영에 의하면 낱낱의 현상 본성에 우주의 모든
것이 갖추어져있는 존재의 영역[성구문性具門]에서 모든 일과 가능성
전체를 다 갖추고 있는 밝고 뚜렷한 지혜[영지靈知]의 본래성이 실천
의 영역[공행문功行門]으로 활용·발휘되는 일원상의 구조가 곧 지행
합일이다. 곧 일념삼천一念三千의 세계에서 만사만능을 갖춘 영지가
그 본래성인 만사만능을 실제 발휘하는 것이 지행이므로 이는 본래
구별되지 않는 하나라는 것이다. 따라서 지행이 분리되는 상황의 지
는 영지 혹은 진지眞知라고 할 수 없다. 박한영은 이것을 위지위행僞知
僞行이라고 표현했다.

오늘부터 법진 번뇌의 허망한 그림자를 일체 쓸어버리고 나서 자

은 夢未及ᄒ며 又ᄂ 眞實識知도 尙且糢糊라 斷言ᄒ노니,

20) 「知行合一의 實學」, 『朝鮮佛敎月報』제18호, 朝鮮佛敎月報社, 1916. 오호라.
다만 知와 行이 원래 二物은 아니라 單單한 一圓相이니 性具門 一點靈知는
萬事萬能을 具體하였고 功行門 萬事萬能은 一點靈知의 活用이라 其不見
道아

21) 『王陽明全集』卷1, 「傳習錄」(上)〈徐愛錄〉5조목 知是行的主意, 行是知的功
夫. 知是行之始, 行是知之成.

기의 진지를 가지고 실제상의 원인을 연구하여 자기가 깨달은 바를 대계大界에 한번 드러내면 그 사이에 장단長短 방원方圓 동이同異 득실得失이 자연히 얼음이 녹고 꽃이 피어나는 듯 트일 뿐만 아니라 과연 이 한 몸과 제불諸佛과 중생이 어떤 관계가 있는가 없는가에 스스로 수긍하고 고개를 끄덕이게 될 것이며, 또 오늘 논제와 같은 지와 행이 과연 하나인가 하나가 아닌가를 크게 깨닫게 될 것이오.… 여러분이 종전에 관정관뇌灌頂貫腦하는 법진法塵 번뇌의 허망한 그림자가 찍힌 위지위행僞知僞行의 습진習塵을 태평양 만리파에 씻고 다시 씻어 올곧게 범속을 벗어나는 진지실행眞知實行의 금립환단수金粒還丹水로 깨끗이 정화하고 나서 다시 부처세계의 미진微塵속에 들어가 대법륜을 전전할지어다.[22]

승려들은 이미 불법을 알고 있다. 그러나 법을 제대로 알지 못하거나 집착하는 데서 발생하는 번뇌의 찌꺼기, 허망한 그림자를 타파하지 않으면 불법을 제대로 실행할 수 없다. 박한영은 이를 위지위행이라고 하였다. 그는 승려의 위지위행이 불계에 입도한 이래 머리 속을 관통하여 뿌리박힌 습관으로 굳어진 습진이라고 표현했다. 그러나 한마음을 돌려 위지위행을 초래하는 법진法塵을 쓸어버리고 실상을 있는 그대로 보며 진지를 가지게 되면 자연스럽게 한 몸과 제불諸佛,

---

22) 「知行合一의 實學」, 『朝鮮佛敎月報』제18호, 朝鮮佛敎月報社, 1916. 今日로 自하야 法塵緣影을 一切掃蕩ज 已上에 自己의 眞知로 其實上所以然을 硏窮ᄒ야 自己의 所悟底롤 大界에 一番揭露ᄒ면 其間에 長短 方圓 同異 得失이 自然氷泮花開ᄒ 뿐不是라 果然一身과 諸佛과 衆生이 如何ᄒ 관계가 有乎아 無有아ᄒ을 自肯自點頭ᄒ거이오 又는 今日論題와 如ᄒ 知與行이 果然一乎아 不一乎아ᄒ을 大覺ᄒ지니라 … 簡易換言ᄒ면 諸兄의 從前으로 灌頂貫腦의 緣影所印ᄒ 僞知僞行의 習塵을 太平洋萬里波에 洗而復洗之ᄒ고 耿介拔俗ᄒ 眞知實行의 金粒還丹水로 灑灑淨淨ᄒ 已上에 다시 寶王刹海微塵裡에 得入ᄒ야 大法輪을 轉轉ᄒ지어다.

중생이 하나이고 지행이 하나되어 의심할 수 없는 깨달음을 자연히 실행하게 된다. 수양에서 폐액肺液을 신수腎水로 돌리는 환단還丹을 통해 몸을 정화하듯이 진지실행을 통해 진정한 부처의 세계로 들어가는 것이다. 물론 진지실행이 곧 무상정등각을 얻는다는 의미는 아니다. 여전히 미진은 남지만 그것은 돈오 뒤에 돈수가 필요하듯 대법륜을 굴리는 진정한 수양단계 안에 존재하는 미세한 부분이다. 박한영의 진지실행은 그가 구체적인 수행지침을 제안하는 부분에도 그대로 반영된다.

박한영은 「지행합일의 실학」을 발표하기 이전 승려의 수행과 포교 지침을 말할 때도 가장 먼저 "가계정혜假戒定慧를 없애서 진계정혜眞戒定慧를 날마다 수증修證할 것"23)을 주장했다. 그는 1937년 중앙불교전문학교에서 불교 전체의 「교시敎是」를 설명하면서 다음과 같이 말했다.

> 이런 풍파 중에 교시敎是란 것은 모든 경론의 초점인 삼무루학三無漏學 곧 계정혜戒定慧이다. 또한 우리 사문의 각설에 통행한다. 옛날 석가여래 당시에 계정혜란 법문이 지금에는 계학戒學은 쓸모없고 정혜만으로 충분하다 한다. 이것도 자기의 사사로운 마음 속 잣대로 만들어낸 말이다.… 출가한 비구로서 대승의 성격을 오해하고 재가대사在家大士로 형식을 고쳐서 사문이라는 간판만 가지고 내용은 세간의 범부로 함부로 행동하는 것은 결정코 안 된다. … 이른바 조사공안의 역행逆行과 도시倒施를 망령되게 상상하지 말아라.24)

---

23) 「佛敎와 歲新의 想華」, 『海東佛報』제2호, 海東佛報社, 1914 大槪 改善의 程度는 甲 我等의 假戒定慧를 剔除ᄒ야 眞戒定慧를 一一修證홀 事.
24) 「敎是」, 중앙불교전문학교 교우회, 1937.如此風波中에 敎是란 것은 千經萬

박한영은 불교의 교시가 종파를 불문하고 계정혜에 있음을 밝혔다. 정혜만을 중시하고 지계를 소홀하게 여기는 수양풍토나 승려의 취처娶妻와 육식을 허용하자는 논리는 일본 불교의 영향으로 이미 논란이 된지 오래였다. 한용운도 1913년 출간한 「조선불교유신론」에서 적자생존의 세계에 능동적으로 대처하고 세계적인 포교를 위해서는 승려의 취처가 필요함을 역설했고, 이를 제도화하는 것을 총독부에 건의하기도 하였다. 이에 대해 박한영은 철저한 지계持戒의 고수로 대응했다. 그는 1926년 사찰법 개정으로 승려의 취처가 공인되자, 중앙불전 교육교재로 사용하기 위해 이미 『계학약전戒學約詮』을 서술한 바 있었다. 25) 위 인용문은 이로부터 십년이 지난 뒤에도 석가모니 부처에게 아내 야쇼다라와 아들 라훌라가 있었던 점을 들어 범인의 한 몸과 부처가 같다는 주장을 재차 비판한 것이다.26) 그에 의하면 무애행無碍行을 가능하게 하는 석가여래나 조사의 깨달음보다 그들의 겉으로 드

論의 焦點인 三無漏學 卽戒定慧이다. 또한 吾道沙門의 一說이 通行한다. 昔日如來當時에 戒定慧란 法門이 至今에는 戒學은 無用이고 定慧만이 충분하다함이다. 이것도 自己의 胸襟에서 私度做言이다. … 出家한 比丘로서 大乘의 성격을 誤破하고 在家大士로 形式을 곳처 名字沙門의 看板만 가지고 內容은 世間凡夫로 妄作함은 決定코 萬萬不是이다. … 所謂祖師公安의 逆行倒施를 妄想치말러라.

25) 김창숙, 1999, 「石顚 朴漢永의 《戒學約詮》과 歷史的 性格」, 『한국사연구』107호, 한국사연구회,

26) 「敎是」, 중앙불교전문학교 교우회, 1937. 近間에 엇떠한 宗師爲名人이 順流以下하야 世間樂에 着味한 談笑중에 일어난 論談을 敢發하는 것을 石人이 累聽하엿다. 釋迦如來도 別人이 안이라 究竟은 耶輸陀羅와 羅睺羅를 다러고서 家族生活을 하엿느니라 한다. 그런 말삼이 世間衆生에게 同情을 사는 것인가. 自記의 行爲도 如來와 相似하다는 것을 掩護하라는 毒牙를 拈弄하는 可憐衆生이다. 이러한 것은 如是我聞이란 佛經典을 不如是로 妄聞한 것이다.

러난 행위만을 따라하고 사욕을 합리화하여 지계를 무시하는 행태는 가계정혜에 해당한다. 반대로 진계정혜는 석가여래가 성도하기 전후로 지속적으로 지켜온 계를 따르고 계율엄정을 수양의 절대적인 요소로 수호하면서 정혜를 함께 닦는 것을 말한다.

지금까지 살펴본 바와 같이 위지위행을 벗어나 진지실행을 추구한 박한영 불교개혁론의 기본적인 구도는 하곡학파인 이건방과 정인보의 사유와 맥을 같이 하며, 사상교유의 결과라고 볼 수 있다. 또 하곡학에서 진眞을 회복한 실심실행은 곧 민중에 대한 감통과 복리의 추구로 직결되는데, 박한영은 이런 점에도 공감했다. 복리의 추구라는 것은 사실상 인연가화합의 현실 세계에서 무아와 공을 체득해야 하는 불교의 도정과 거리가 먼 것처럼 보인다. 그러나 이들의 민중에 대한 인식은 또 조선의 사적과 문헌 연구를 중시하는 것과 연결된다. 정인보와 박한영의 관계를 봤을 때, 정인보가 박한영으로부터 불교나 국학, 기행으로 접하는 사적과 관련된 내용들을 배웠다고 볼 수 있을 것이다. 다음 절에서 이를 논하고자 한다.

3 민중의 복리와 구도의 시작

정인보에 의하면 민중이 자기와 대칭이 되는 것이지만 자기의 실심을 회복하는 것과 민중의 감통이 동일하고 민중의 감통은 곧 민중의 복리 추구와 직결된다는 것은 앞서 살펴본 바와 같다.[27] 그는 새로운

---

27) 『薝園鄭寅普全集』 卷2, 「陽明學演論」 한번 마음 속 한 길로 眞實地를 향하게 되다면 비로소 새 것을 받아 우리 민족의 福利를 도할 수 있고, 비로소 옛것을

것을 받아들이고 과거의 것들을 정리하는 것 또한 민중의 복리를 위한 것이고 바로 그 자리에서 허가를 타파하는 실심의 참모습을 볼 수 있다고 하였다. [28) 새로운 문물을 받아들이고 옛것을 정돈하여 민중 복리를 도모할 수 있다는 말은 정신적인 복리의 추구[29]로서 자연히 '국학'연구로 이어졌다. 박한영은 이미 불교적인 관점에서 천지만물일체론을 이해하고 있었고[30] 하곡학에서 말하는 감통과 복리추구

정돈하여 또한 우리 민중의 福利를 도할 수 있다. 우리 민중의 福利를 도모하는 데서 우리의 實心의 眞相을 볼 수 있음을 알라.

28) 하곡학에서는 주체의식의 함양 및 민중의 감통과 복리 추구라는 맥락에서 조선의 풍속, 역사, 문학에 관한 문헌을 연구하였다. 이에 대해서는 정인보『詹園鄭寅普全集』卷1,「朝鮮古書解題」참조.

29) 정인보의 스승으로 알려진 鄭寅杓, 李健昇, 李健芳 가운데 정양완, 「아버지 詹園의 세 스승」, 『양명학』13호, 한국양명학회, 2005. 鄭寅杓는 심대윤의 제자였다. 심대윤은 유학의 핵심을 정리한 『福利全書』서문에서 "책에 쓴 것은 옛 성인의 미묘한 요결이지 내 사견에서 나온 것이 아니다. 만일 성심껏 강독하고 정밀하게 생각하며 잊지 않고 간직하여 본지를 잃지 않는다면 무량한 福利를 이룰 수 있을 것이다.". 『福利全書』, 「序」書中所述, 皆上古聖人之微妙要訣也, 非出於予之私意者也. 苟能誠心講讀, 專精思念, 拳拳服膺而不失, 則無量之福利可致也.라고 하였다. 이때 복리는 정신적인 복리에 해당한다.

30) '천지만물일체'는 본래 『莊子』,「齊物論」의 '천지는 나와 함께 살아있고, 만물도 나와 함께 하나가 된다天地與我竝生, 而萬物與我爲一'에서 나온다. 불교에서는 동진의 승려 승조(384~414)가 이를 천지동근, 만물일체天地同根 萬物一體라는 말로 바꾸어 사용했다. 天地同根 萬物一體는 중생이 만물을 상대적인 차별심으로 분별하는 것에 대해 원래 만법은 차별 없는 절대 평등세계이며 空 으로서 하나임을 선언한 것이다. 박한영은 이에 대해서 "누가 능히 불학의 청정 정적과 상조원명을 함께 누릴 수 있겠는가. 이래야 비로소 동근 일체를 말할 수 있다."「天地與我同根萬物與我同體」, 『朝鮮佛敎月報』제15호, 1915. 誰가 能히 佛의 淸淨寂滅과 常照圓明을 共享흐리오 始可說得同根一體니라.고 하였다.

에 공감하였다. 그는 다음과 같이 말했다.

> 계축년이 저무는 오늘에 이르러 해동불교 발흥의 맹아가 점차 자라나고 이전의 마운魔雲이 맑게 개일 기상을 보고 느끼니, 미래의 계축년 오늘은 우리나라 불교의 위상도 수미산 정상을 넘고 국민에 대한 복리가 바다와 같으며 승려의 행업은 보현문普賢門에 원만히 갖추어 들어가서 점차 더 나아질 것이라는 희감이 다시 생겨나니.[31]

본래 대승의 가르침은 '상구보리 하화중생上求菩提 下化衆生'을 기치로 하기 때문에 항상 중생구도가 중요한 문제가 된다. 진정한 수행은 "이 한 몸과 제불과 중생이 어떤 관계가 있는가를 깨닫게 한다"는 박한영의 지행합일론은 중생구도와 직결된다. 본래 불성을 갖고 있다는 측면에서 이 한 몸과 제불과 중생은 모두 동근이다. 일신을 제대로 수행한다면 중생, 제불이 차별없음을 알 것이고 중생구제를 향할 수밖에 없다. 박한영은 모든 경론과 조사의 공안이 중생계에게 이익이 되는 법문이며 중생이 없이는 불조佛祖도 없다고 하였다.[32] 또 근대기 불교가 부활시대를 맞아 제대로 쇄신하면 미래 불교의 위상이 높아지고 "국민에 대한 복리가 바다"와 같으며 승려의 행업이 더 높은 깨달

---

31) 「佛教와 歲暮의 興感」, 『海東佛報』제3호, 1914. 癸丑歲暮今日에 至ᄒ야 海東佛教勃興의 萌芽가 漸長ᄒ고 前此魔雲이 淸霽홀 氣象을 觀感ᄒ얏스니 未來癸丑歲暮今日은 環青丘佛教位置도 須彌頂上에 超昇ᄒ며 國民에 대ᄒ 福利 │ 如海ᄒ며 僧侶의 行業은 普賢門에 圓俱入ᄒ야 大同ᄒ 歡喜地에 安住ᄒ기 漸次增勝할줄노 喜感이 復生ᄒ니 … 未來佛教의 眞如觀은 過去 佛教의 顚倒邪染을 觀感ᄒ야 衆生의 福田을 躬耕勉諸ᄒ기를 頂訟ᄒ노라.
32) 「知行合一의 實學」, 『朝鮮佛教月報』제18호, 1916. 八萬四千經論과 一千七百公安을 次第披閱ᄒ야도 모다 衆生系에 利益홀 法門이라.

음이 경지에 이를 것으로 기대했다. '국민에 대한 복리'는 박한영이 생각하는 불교의 발전상인 것이다. 이는 그가 고려 불교 쇠퇴의 내적 요인을 "크게 자교自敎상의 진상眞相이 불완전함으로 이론과 복전福田을 민족사회에 발휘하여 점차 이익이 되게 하는 것이 불가능했다"[33]고 지적한 부분에서도 확인할 수 있다. 그는 또 불교 승려의 나아가야 할 방향에 대해서도 "자리自利의 사덕私德만 주로하지 말고 이타利他의 공덕公德을 함육할 것", "시주들이 기도하려고 베푼 것에 헛된 애착을 가졌던 것을 맹렬이 반성하고 식산흥업殖産興業을 시작하여 가람과 몸을 보호할 것", "인민에 대한 자선 사업, 즉 의원, 고아교육, 빈민구제 등을 실시하여 구세가 허명이라는 비난을 벗어낼 것"[34]이라고 하여 구체적인 복리증진 방안을 제시하였다. 그는 승려가 온당한 방법과 과정으로 수행하는 것은 기본이고 세속적인 도리도 착실하게 따라서 반드시 호국인민護國人民에서 벗어나지 말아야 한다[35] 고 보았다. 불도를 통해 복전을 가꿔야 한다는 것은 본래 대중제

---

33) 「佛敎의 興廢所以를 深究홀 今日」, 『海東佛報』제4호, 1914. 內因의 衰點은 … 大分自敎上眞相敎育이 不完全흠으로 理海와 福田을 民族社會에 發揮需益은 不可能하얏고.

34) 「佛敎와 歲新의 想華」, 『海東佛報』제2호, 1912. 우리 佛敎의 眞理와 元則은 維新홀 必要가 無ㅎ지만은 法久成弊ㅎ야 顚倒의 差가 眞源에 比ㅎ면 儼然히 異敎邪焰이 熾然ㅎ다 謂홀지니 大槪 改善의 程度는 甲 我等의 假戒定慧를 剔除ㅎ야 眞戒定慧를 一一修證홀 事. 乙 自利私德만 專注키 不爲ㅎ고 利他公德을 涵育홀 事. 丙 孤陋혼 專門訓詁에 費力을 不爲ㅎ고 興學校廣智識ㅎ야 英才를 培養홀 事. 丁 布敎의 虛名을 改良ㅎ고 誠心布道ㅎ야 法力을 弘廣홀 事. 戊 檀越所須로 信施虛霧을 猛省ㅎ고 殖産興業을 經始ㅎ야 伽藍及身을 保護홀 事. 己 人民에 對혼 慈善事業 卽 一醫院, 孤兒敎育, 貧民救濟 등을 實施ㅎ야 救世의 虛名을 解嘲홀 事

도에 쓰이는 말이지만, 이는 정신적인 복리에 치중하는 것이고 국가
나 민족에 한한 것도 아니다. 그러나 박한영은 이타의 공덕을 추구함
으로써 정신적인 복리를 다지고 학교설립, 인재양성, 생산을 늘리는
산업의 진작, 자선사업과 같은 물질적 복리도 함께 도모할 것을 주장
했다. 정인보도 국가와 민생의 실리·실익을 도모[36]하는 것이 진정한
실학이고 복리추구라고 하였다.

그러나 박한영과 정인보의 민중복리는 정신적인 복리를 토대로 하
지 않으면 안 된다는 점에 유의해야한다. 계정혜를 바로 닦고 공덕을
추구하지 않으면 물질적인 복리도 제대로 이루어지지 않을 뿐더러
무의미한 것이 되고 주체성이 없으면 허학가행을 하게 된다. 정인보
가 말하는 정신적인 복리는 반드시 자타의 감통을 수반하는데, 당시
상황에서는 국권을 상실한 내 민족과 감통하여 민족의 주체성이 말살
되는 상황을 극복하는 것이 급선무라고 보았다. 그는 "옛 것을 정돈하
여 또한 우리 민중의 복리를 도모"하는 방법으로 이 문제를 극복하고
자 하였고, 그 노력은 조선 문헌과 역사의 재인식을 통해 얼을 회복하
는 '조선학 운동'으로 귀결되었다.[37] 얼의 회복은 역사를 관통하며 드

---

35) 「朝鮮佛敎의 精神問題」, 중앙불교전문학교 교우회, 1935.1. 正當佛祖를 期圖
하다가 俗諦法도 式順하야 護國益民에 不外할 것이오.

36) 『詹園鄭寅普全集』卷2, 「國學人物論」〈茶山先生의 生涯와 業績〉, 74~75쪽.

37) 『詹園鄭寅普全集』卷3, 「朝鮮史硏究」(上)〈序論〉, 27쪽. 이 "얼"의 혹隱 혹現
함을 따라 消長 盛衰가 생김을 事蹟에 依映하여 찾아볼 수 있는 동시에 저
現하던 것이 隱함에 미치게 됨과 隱하던 것이 現함에 이르게 됨이 無限한
高低 力回의 積累함임을 形露한 자취로 좇아 들여다 볼 수 있음을 알 수 있나
니 자취로 좇아 그 "얼"이 나타나고 片時의 閃現하는 그 얼로 좇아 千秋 萬祀
의 일관되는 大脊柱 依然히 나타날새 事蹟이 이에 貴하고 歷史 이에 貴하다.

러나기도 하고 숨기도 하는 것을 반복하는데, 이를 살펴볼 수 있는
것이고 사적이고 역사이다. 이런 점에서 사적, 역사 연구가 매우 중요
하며 이는 민족의 복리증진의 주된 방안이 된다. 박한영도 마찬가지
였다. 박한영은 정인보보다 앞서 본국의 역사와 문헌, 유적 연구가
매우 중요하다고 인식하였고 금강산 기행과 사적 답사에서 정인보로
하여금 '활지도'로 인식될 만큼 해박한 지식을 가지고 있었다. 정인보
의 조선학 연구에서 박한영의 영향을 세밀하게 고찰할 수는 없으나
이 분야에서 깊은 인상을 남겼음을 알 수 있다. 박한영은 역사연구에
대해 다음과 같이 말했다.

> 보편사학普通史學의 성질은 오래된 과거를 조명하고 만유를 망라
> 하여 친민新民을 안는 공을 비추어 보는 것이니 무엇이 이보다 크겠
> 는가. 그러나 불교라는 것은 출세간의 법이라서 사건을 기록하고 말
> 을 기록하며 물건을 기록하는 복잡한 일을 필요로 하지 않을 것 같
> 지만, 이는 그렇지 않다. 불법의 교전敎典이 하나의 역사이며 선어가
> 또 하나의 역사이다. 인생은 곧 감각적인 것이니, 누가 현철의 언행
> 이나 탑사塔寺의 영향에 대해 듣지 않고 엄숙하게 행실을 바로잡겠
> 으며 충실하게 사유를 전환하겠는가?[38]

박한영은 당시를 보통의 시대라고 규정하였다. 보통의 시대는 만인
의 평등, 어느 사회에나 적용될 수 있는 보편 사상, 문명의 추구를

---

38) 「朝鮮佛敎의 史蹟尋究」, 『海東佛報』제8호, 1914. 普通史學之性質은 照映
千古ᄒ고 包羅萬類ᄒ야 鑑拘新民之功이 孰有大于斯哉리오 然이나 佛敎者
ᄂ 出世間法也ㅣ라 似無待於記事記言記物之雜遝이로되 是爲不然ᄒ니 敎
典이 一史야ㅣ며 禪語ㅣ 亦一史야ㅣ라 人生은 卽感覺的物也ㅣ니 孰不聞賢
哲之言行과 塔寺之影響ᄒ고 肅然而整襟ᄒ며 藹然而轉腦哉아

의미한다. 이런 의미에서 보통사학은 근대 학문 분과로서 사학이라고
할 수 있다. 박한영에 의하면 사학의 본래 취지는 과거를 조명하여
'신민新民'의 공과를 찾고 드러내는 것이다. 속세를 인연가화합因緣假
和合으로 보는 불교입장에서는 가화합假和合의 세상에서 벌어지는 일
과 존재의 기록이 그리 중요하지 않게 보일 수도 있다. 그러나 박한영
은 속세 뿐 아니라 불교계에서도 불법을 전하는 교전과 선어 자체가
하나의 역사적 산물이라 불교의 사적이 중요하다고 보았다. 인생 자
체가 감각의 기반 위에 서 있고, 불법을 깨닫는 장소는 곧 속세이다.
따라서 속세의 역사에 남겨진 현자와 철인의 언행, 불교 조형물, 건축
물 등의 의미를 통하지 않으면 수양의 시작이 불가능하다. 그는 불교
전적의 간행이 진리각성의 중요한 요건이고 우선적이며 당시 문명세
계의 실정에서 모두 인정하는 바라고 하였다.39)

   그런데 안타깝게도 우리의 사적과 문헌 자체가 매우 빈곤했다. 박
한영은 우리 민족에게 큰 흠이 있다면 그것은 본국의 사학계통이 분
명하지 않다는 것이라고 하였다. 단군기의 성대한 통치, 삼한三韓, 기
暨, 가락駕洛, 발해渤海, 예맥濊貊등 열국들이 존속기간은 오래인데도
외국 역사책의 잡기에서나 그 기록을 확인할 수 있고 삼국세력이 대
립하는 시기의 활발한 정복활동과 융성한 문화에 대한 자료도 얼마
되지 않는 등 매우 열악한 상황이라는 것이다.40) 역사 일반이 이렇다

---

39) 「佛敎維新과 典籍刊行」,《조선불교월보》제17호, 1916. 大槪佛敎維新에 入
   홀 方術의 不一而足이로대 기 ㅣ 元吉無咎者는 典籍刊行이 無先至要는 文
   明世情에 衆許ᄒᆞᄂᆞᆫ 바 ㅣ 어늘
40) 「朝鮮佛敎의 史蹟尋究」, 『海東佛報』제8호, 1914. 粤若自有我朝鮮以來로
   爲我民族之一大欠典者 ㅣ 는 謂不明本邦之史學統系야 ㅣ 라. 盖惟檀箕之邦

면 불교도 마찬가지이다.

우리 청구 불교계에 예부터 일대 흠결은 교사教史와 선승禪乘이
분명하지 않다는 것이다. 어째서 분명하지 않게 되었는가? 조선조
에 이르러서 전부 없어졌다 말할 수 있는데, 그 이유를 분석하면 여
러 가지가 있지만, 첫째는 우리 청구민족전체가 자기 문헌은 무시하
고 지나의 하풍만 숭배하는 까닭에 불교계도 풍기가 전염되어 이른
바 한·당·송·원·명·청漢唐宋元明淸 이외에 선등禪燈과 법계法界가
없고 본국에 있는 선교는 종속된 일파로 없는 듯이 존재한다고 보
는 것이다. 이런 까닭에 교사와 선승을 고찰하고자 하는 때면 지나
의 별도 기록과 본국의 정사를 어지럽게 모아야만 약간의 편린을
얻을 수 있으니, 아, 어렵다.[41]

박한영에 의하면 일반 사학계 뿐만 아니라 불교의 사학도 교리의
역사와 선사의 기록이 분명하지 않다는 큰 흠이 있다. 그는 우리 민족

治혼댄 期與支郍之唐虞二代로 對峙竝化而其二千年間所謂文獻所徵者ㅣ
不滿數紙而止矣ㅣ요 三韓, 暨, 駕洛, 渤海, 濊貊, 等諸國은 歷年이 皆數百
而雖僅見於外史雜記ㅣ나 其所見者ㅣ 亦無幾ㅣ며 及夫三國鼎峙之朝ᄒ야
ᄂ 內而政敎와 外而征略이 可謂多事어늘 當時傳錄은 渺然難溯ᄒ고 至于
麗末ᄒ야 金富軾之三國史와 一然上人之三國遺事等이 若存乎世ㅣ나 欲較
他具體的文明史筆인댄 亦不過殘鱗片甲之比야ㅣ니라.

41) 「佛敎維新과 典籍刊行」, 『朝鮮佛敎月報』제17호, 1916. 靑丘佛敎界에 從古
로 一大欠典은 敎史와 禪乘이 不明홈이라 豈有不明이리오 朝鮮李朝에 至
ᄒ야ᄂ 全闕ᄒ다 謂홀지라 其由롤 分析코져ᄒ면 多種이 有ᄒ되 그 一은 靑
丘民族全體가 自家文獻은 無視ᄒ고 支那下風만 崇拜ᄒᄂ 故로 佛敎界도
風氣에 傳染ᄒ야 所謂漢唐宋元明淸以外에 禪燈과 法界가 無有ᄒ고 本邦
에 所在禪敎ᄂ 一派附庸으로 有若無ᄒ게 看破홈이라 是以로 敎史와 禪乘
을 考閱코자 ᄒ난 一時면 支那別錄과 本邦正史롤 繡蒐ᄒ야만 略干 殘鱗片
甲을 搜得ᄒ니 嗚呼 難哉라.

이 자신의 문헌을 무시하고 지나의 문헌과 풍속을 모방하는 경향이 있어서 소중화라는 명칭도 생겼으니, 우리나라의 역사가 불분명한 까닭에 우리 불교의 역사도 불분명한 것이라고[42] 개탄했다. 그러나 그렇기 때문에 오히려 전적의 간행과 연구가 더 절실하다.

단순한 자기각성을 연구하여 불조를 초월하는 것으로 직접적인 목적을 삼는다면 사승師乘 분명하든 분명치 않든 무관하다 하겠으나 건화문建化門에 출입하여 교리敎理를 넓히며 고해에 불법이 일어날 것을 기약한다면 자기 나라의 고적古蹟과 사승史乘의 이용이 중요한 관건이라고 말하지 않을 수 없을 것이다. 불교가 없는 나라라면 모르겠지만 불교가 있는 나라라면 개개인이 자국의 교승敎乘을 앞 다투어 포교하여 해외의 먼 나라에 미치지 않는 바가 없거늘 초라한 우리만 없으니 너무 슬퍼 빗댈 것이 없다. 이런 때에 청구에 있는 고금의 사승史乘을 널리 수집하고 알리면 때는 비록 늦었지만 그 또한 괜찮을 것이다.[43]

---

42) 「朝鮮佛敎의 史蹟尋究」, 『海東佛報』제8호, 1914. 且吾佛流도 亦襲學士大夫之習俗ᄒ야 不能出藩籬一步ᄒ니 習俗者ᄂ 云何오 謂我東이 自中古已來ㅣ로 左祖支那風敎ᄒ야 印眼也와 灌頂也 - 唯支那是視 - 오 不知其餘故로 舍支那以外에ᄂ 無所謂經史可讀者ㅣᄒ며 舍支那以外에ᄂ 無所謂時文可述者ㅣᄒ며 舍支那以外에ᄂ 無所謂人物可道者ㅣᄒ며 舍支那以外에ᄂ 無所謂事實可記者ㅣᄒ며 甚至城邑山川樓觀草樹之名稱이라도 悉模支那故로 華人이 指我曰小中華라ᄒ니 之小中華者ㅣ 爲我東之榮幸乎哉아 抑爲我東之不幸乎哉아 職由是而我東史學之不明也ㅣ며 亦由是而佛敎史學之不明也ㅣ니라.

43) 「佛敎維新과 典籍刊行」, 『조선불교월보』제17호, 1916. 單純ᄒ 自己覺性을 硏竆ᄒ야 超佛越祖로 直捷目的ᄒ면 師乘의 明不明이 無關이라ᄒ겟스나 建化門에 出入ᄒ야 敎理를 恢弘ᄒ며 苦海의 寶筏을 期作홀진댄 自邦의 古蹟史乘의 利用이 要鍵이라 不謂홀가 無佛敎國土ᄂ 不知로돼 有佛敎ㅣ國土이면 個個是自國敎乘을 競勝번포ᄒ야 外洋遠洲에 不及이 靡所어늘 繄我

박한영에 의하면 불교라는 것은 진리에 대한 자기 각성을 기초로 하기 때문에 단순히 불법의 증오證悟와 초월을 목적으로 삼는다면 교사教史나 선승禪乘은 중요하지 않다. 그러나 이런 수양은 앞서 불교 승려의 폐해로 제시된 '위아爲我'에 해당하고 지행知行을 분리시켜 위지위행僞知僞行을 초래하는 잘못된 형태이다. 따라서 절을 짓고 불법을 전파하여 중생 구도의 불법이 일어날 것을 기약한다면 자기 나라의 고적古蹟과 정신사적 맥락을 알아야 한다. 구도의 목적은 공이고 초월이지만 그 시작은 구체적인 이 자리가 될 수밖에 없기 때문이다. 물론 불교정신에 있어서는 동서고금의 차이나 각각의 주체란 있을 수 없지만44) 또 다른 한편으로 내가 사는 나라에서 불법을 일으키려면 내가 사는 나라의 불교 역사를 도구로 삼지 않을 수 없다. 중생, 혹은 민중의 교화와 이로 인한 복리의 추구를 위해 주체의식을 갖고 불교 사승의 역사를 널리 수집해야 한다.

박한영은 그 자신이 출가 승려였기 때문에 단지 학문적 관점에서 불교를 본 것이 아니고, 당시 사회를 이끌어갈 최상의 철학과 종교적 신념이 불교에 있다고 보았다. 불교에 대한 박한영의 인식은 당시 문명종교로 인식된 기독교에 대항해서45) 불교가 오히려 기독교적 유신론의 단계를 넘어서는 진화된 철학적 종교라는 정체성을 확

는 獨無오 甚히 浩歎莫喩ᄒ리라 于斯時에 靑丘에 所在ᄒ 古今史乘을 廣蒐 印布ᄒ면 時尙晚矣나 其亦庶幾哉인뎌.

44)「朝鮮佛敎의 精神問題」, 중앙불교전문학교 교우회, 1935.1. 佛敎의 根本精神 의 何嘗東西古今이 웨잇으리오

45) 강성연,「근대 불교의 종교 비교 방법을 통한 정체성 인식」,『한국사상사학』제 45집, 한국사상사학회, 2013.

립해간 흐름과 동일하다.46) 그는 먼저 종교의 발전단계를 다음과 같이 말했다.

> 그런데 세계가 통론하는 종교 연혁을 논하자면, 몽고의 무교시대를 지나서 다신교多神敎 시대에 들어가면 그 다음에 일신교一神敎시대를 경유하여 마지막에 무신교無神敎 시대에 도달하면 대동태평을 기약할 수 있으니 지금 세월은 어떤 시대에 해당할까. 마땅히 일신一神과 무신無神이 상선과 만나는 때라 하니, 무신교시대는 곧 철학적 진설이 도태되는 가을이니 종교의 최상승과 일합상一合相을지어야 엄연히 대장엄의 비로누각에 들어갈 수 있다.47)

기독교가 동아시아의 여타 종교에 비해 선진종교이고 문명종교라는 인식은 서양기독교선사의 동아시아 종교 비판에 근거한 것이고 처음엔 동아시아인들도 이를 수용했다. 불교도 처음엔 기독교의 종교적 특성에 맞춰 자교를 평가하다가 유일신보다 무일신이 더 고등한 종교이며 불교가 이에 해당한다는 인식에 도달했다.48) 위 인용문에서 살펴본 바와 같이 박한영의 종교 인식도 이와 동일하다. 그러나 박한

---

46) 송현주, 「근대 한국불교의 종교 정체성 인식」, 『불교학연구』제7호, 불교학연구회, 2003, 356쪽.

47) 「將何以布敎利生乎아」, 『海東佛報』제2호, 海東佛報社, 1913. 然ᄒ대 世界通談에 宗敎沿革을 篤論ᄒ면 其蒙古의 草昧自然ᄒ 無敎時代를 過渡ᄒ야 多神時代에 入ᄒ며 其次에 一神敎時代에 經由ᄒ야 究竟은 無神敎시대에 達ᄒ면 大同太平을 可期라ᄒ니 現今歲月은 何時代에 可當ᄒ고 宜乎一神과 無神이 相禪의 際會라ᄒᄂ니 無神敎時代ᄂ 卽哲學的 眞說이 淘 汰發揮ᄒᄂ 秋ㅣ니 宗敎의 最上乘과 一合相을 作ᄒ야 儼然히 大莊嚴毘盧樓閣에 得入홈이라.

48) 송현주, 앞의 논문.

영은 당시 문명을 선도하는 기독교를 인정하지 않을 수 없었기 때문에 당대를 일신과 무신사상이 만나는 때라고 한 것이다. 그에 의하면 마지막 최상승의 종교는 무신교이고 무신사상에 합치되어야만 진정한 깨달음을 성취할 수 있으며 대동평화시대가 온다. 그는 기독교에 대해서는 다음과 같이 말했다.

> 야씨서耶氏書를 다 읽고 예수교는 불교에서 전부 나왔다는 것을 적이 알겠다. 그 영혼을 말하고 사람을 사랑하는 것을 말하고 이술을 말하고 참회를 말하며 지옥천당을 말하는 것과 본심을 직지하는 것이 하나라도 불교와 다름이 없다. 일신창조와 상제의 만능을 말하는 것은 모두 인도의 외도바라문교 등에 있는 것인데, … 그 영혼을 기른다는 것이 조천하여 불교에 있으면 겨우 사다함과에 오르고 여전히 아라한의 지위에는 미치지 못한다.… 인도 고승인사가 반드시 페르시아, 희랍에 많이 들어가고 팔레스타인 유태의 사이에 다니니, 이는 더욱 쉬워서 구분하기 쉬운 것이라 또 외적인 형식에 관해서도 예수교는 또한 하나라도 불교와 같지 않은 것이 없으니… 마틴 루터가 아내를 맞아서 상법을 고친 것은 일본의 신란이 진종을 개창한 것과 티벹의 파드마삼바바가 홍교를 개창한 것과 같으니, 비록 인정이 성행한 것이나 실로 교주정의敎主正義로는 옳은 것이 아니다. 그 내용과 외례外禮를 살펴보면 하나도 다른 것이 없으니 그것이 인도의 불교에서 나온 것은 의심이 없다.… 부처는 중생을 겸애하였거늘 예수는 그렇게 하되 금수는 하늘의 생을 위하여 사람의 음식으로 바친다 하니, 그 도가 협소하여 불교만 못한지라, 다른 날 반드시 이것으로 공격당할 것이다. 그러나 그 경지는 비록 낮아도 미루어 행하는 것은 다시 광대한 자이니 사람을 사랑하는데 절실하며 전도하는데 용감하기 때문이다.49)

---

49) 「拂光圓徧은 未來에 當觀續」, 『朝鮮佛教月報』제19호, 1916. 耶氏書를 俱讀

박한영은 불교가 종교의 최상승의 위치에 있으며 미래지향적이라는 점을 논증하기 위해 기독교, 유교, 노장 사상을 개관하였는데, 특히 외래종교인 기독교의 원리와 역사에 대해서도 상당한 지식을 지니고 논하는 점은 주목할 만하다. 그는 기독교를 예수교라고도 하였는데. 천주교도 같은 맥락에서 이해하면서 전체 교리가 인도의 브라만교, 불교와 유사한 점을 발견했다. 역사적으로도 인도 고승이 페르시아, 팔레스타인, 유대 지역까지 진출한 것을 들어 예수교의 근원이 불교에서 나왔다고 주장했다. 또 마틴 루터의 개혁을 통해 사제의 결혼이 허락된 부분은 일본의 정토진종, 티벹의 홍교 등의 개혁사례에서도 살필 수 있고 인간의 정감을 긍정한 측면이 있지만 종교의 교의가 추구할 바가 아님을 분명히 했다. 그는 또 기독교의 사랑은 불교와 같지만 영혼을 기르는 문제는 불교보다 조천하고 신 앞의 평등을 주

ᄒ고 耶敎ᄂ 佛敎에 全出ᄒ믈 竊審ᄒ노라. 其言靈魂과 言愛人과 言異術과 言懺悔와 言地獄天堂과 本心을 直指ᄒ이 一이라도 與佛과 不同이 無ᄒ고 其言一神創造와 三位一體와 上帝萬能은 모다 인도 外道婆羅門等 敎也의 所有어늘 但耶敎에ᄂ 末日審判으로 改爲ᄒ즉 虛空에 魂積ᄒ야 맛츰내 入地獄天堂의 一日의 無ᄒ다ᄒ이 設輪回者의 易聳動케ᄒ만 不如ᄒ도다. 其言養魂이라홈이 粗淺ᄒ야 佛敎中에 在ᄒ면 斯陀含果에 僅登ᄒ고 尙히 羅漢地位에 未到홈이라.…印度 高僧人士ㅣ 반다시 波斯 希臘에 多入ᄒ고 巴勒斯坦 猶太의 間에 行ᄒ니 此ᄂ 尤淺而易徵ᄒ 者이라 또 外儀로써 關ᄒ야도 耶敎ᄂ 또ᄒ 一이라도 佛敎와 不同홈이 無ᄒ니… 其他 路德이 娶妻ᄒ야 像法을 改홈은 日本親鸞이 眞宗을 改홈과 西藏蓮華生의 紅敎를 改홈과 如ᄒ니 비록 人情의 盛行이나 實노 敎主正義ᄂ 非是니라 其內心外禮를 考홀진댄 無一不同ᄒ니 其ㅣ印의 敎에 出홈이 無疑ᄒ도다 … 佛은 衆生을 兼愛ᄒ얏거늘 耶氏ᄂ 以爲호대 鳥獸ᄂ 爲天地生ᄒ야 以供人食이라ᄒ니 其道ㅣ 狹小ᄒ야 佛敎에 不如ᄒ지라 他日에 반다시 以此見攻ᄒ리라 聯이나 其境地ᄂ 雖淺而推行은 다시 廣大ᄒ 者인즉 愛人에 切ᄒ며 傳道에 勇한 所以라

장하면서도 동물은 인간의 식량으로 치부되는 것은 매우 수준 낮은 부분으로 차후 공격대상이 될 것을 예견했다. 다만 기독교의 경지가 낮은데도 유일신에 대한 종교적인 믿음으로 포교와 전도에 용감한 점은 행위가 뒷받침되는 실천적인 장점이라고 보았다. 이 점은 당시 불교가 지니는 실천의 미약성 혹은 가假로 표현되는 불완전성을 염두에 둔 것이다.

박한영은 서양의 대표적인 종교인 기독교뿐만 아니라 불교와 함께 동양사상의 기저를 형성한 유교와 도교사상에 대해서도 비판했다. 이는 근대 이전까지 조선을 지배한 유교 사상의 문제점에 대한 지적에 다름 아니다. 그는 유교의 특성과 한계를 다음과 같이 비판했다.

> 유교의 성질은 간단히 말하면 지나 성인 공모孔某가 지금으로부터 2천 년 전에 요순을 조술하여 문무를 헌장하시어 그 선왕의 도를 연역하여 후세에 전모를 삼으신 것이다. 지나인이 그 교의를 실천하고자 열심임으로 정교의 변천이 때에 따라 더하고 덜 하는 것은 알지 못하고 오직 한 뜻으로 얽매여 묵수하였다. 이런 까닭에 위로는 국가로부터 아래로 개인에 이르기까지 그 사상이 마침내 당우唐虞 시대의 범위에서 벗어나지 못하니 유교는 모든 것을 폐하고 일종의 형식주의를 이루어 문화 진보를 통제하는데 큰 세력이 있다.[50]

---

50) 「佛光圓編은 未來에 當觀」, 『朝鮮佛敎月報』제14호, 朝鮮佛敎月報社, 1915.
儒敎의 性質은 簡言ᄒ면 支那聖人 孔某가 距今二千數百年前에 堯舜을 祖述ᄒ며 文武를 憲章ᄒ샤 其先王의 道를 演繹ᄒ야 後世의 典謨를 垂爲ᄒ심이라 支那人이 其敎義를 踐行코져 熱心홈으로 正敎의 遷變이 隋時損益은 不知ᄒ고 오즉 一意로 拘墟墨守ᄒ나니 職是의 故로 上自國家로 下至個人히 其理想이 맛ᄎᆷ내 唐虞三代의 範圍에 不出ᄒ나니 儒敎ᄂᆫ 蔽諸ᄒ고 一種形式主義를 遂成ᄒ야 文化進步를 箝制함에 勢力이 大有하니

444

유불儒佛을 조화하여 송학파를 이루고 얼마지 않아 고학파가 또한 힘차게 발흥하여 주전周前의 유학이 권토중래의 기세를 일으켜 지나 사조의 진면목을 발양하니, 이는 유교가 시종 지니고 있는 것으로 지나 민족의 제일 실행주의 곧 현세주의가 되니 … 그러므로 지나 민족이 순수한 순리철학이 없으니 이는 곧 현세주의의 결과이다. …그런즉 유교는 이에 지나 사상의 중심이 되어 고대 선왕이라 칭한 결과도 일종의 엄준한 형식주의를 이루어서 국민일체의 활동을 구속하여 그 자유의 발달을 통제하니 이런 까닭에 「비고지도非古之道」라는 한 말이 이 민족의 행동에 지배하여 무상명령無上命令이 됨으로 인문의 정체와 부패는 거기서 비롯된다.[51]

박한영은 유교의 근본 문제가 고대 성인의 교의를 시대적 변화에 따라 융통성 있게 적용하지 못하고 교조적으로 따르는 데 있다고 보았다. 고선왕古先王, 고도古道를 신성시하고 절대 명령으로 받아들여 이에 부합되지 않는 것은 다 배척하였기 때문에 인문이 정체되고 부패되는 결과를 초래했다. 또 실제 생활에 관계가 없으면 급선무가 아니라거나 무익하다해서 배척하는 현세주의 공리주의의 성질이 있는데, 이것이 형식주의 때문에 제대로 발휘되지 못하고 오히려 진보하

---

51) 「佛光圓編은 未來에 當觀」, 『朝鮮佛敎月報』제14호, 朝鮮佛敎月報社, 1915. 儒佛을 調和하야 宋學派를 自成하얏고 未幾에 古學派ㅣ 또한 蹶然勃興하야 周前의 儒學이 捲土重來의 勢를 作하야 支那思潮의 眞面目을 發揚하니 是는 儒敎所有始終으로 支那民族의 第一實行主義 卽現世主義가 됨이니 …故로 支那民族이 純然혼 純理哲學이 無하니 此는 卽現世主義의 結果니라 … 然則 儒敎는 於是乎支那思想의 中心이 되야 古昔稱先王의 結果도 一種 嚴峻의 形式上主義를 遂成하야 國民一切의 活動을 箝束하야 其 自由의 發達을 拘制하니 是以로 「非古之道」之一語가 此民族의 行動에 支配하야 無上命令이 됨으로 人文의 停滯腐敗는 固其所也라.

는 것이 아니라 보수화되었다[52]는 것이다. 따라서 형식주의와 공리주의, 현세주의가 논리적으로 연결되지 않는 듯하지만, 중국의 유교가 전개된 과정과 규범화를 추구하는 속성이 서구문화에 뒤처지는 결과를 초래했기 때문에 비판적으로 보았다. 고착된 유교 이념이 근대사조를 제대로 형성하지 못하고 도태되는 원인이 되었다는 것은 근대불교 지식인들의 공통된 견해였다. 특히 송대 유교, 곧 주희를 중심으로 한 성리학이 주 비판 대상이었고 양명학은 불교의 무아라는 구경각의 성취보다 못하지만 진리의 일면을 보고 성리학을 넘어선 것으로 이해하였다. 반면 불교 자체는 모든 종교와 학문의 최고 경지에 해당하기 때문에 본래 불교의 원칙과 진리는 개혁할 필요가 없다고 하였다.[53] 박한영이 개혁하려고 했던 것은 불교의 원칙을 지키지 않는 당대 불교 종단과 불교인들이었고, 민중의 복리를 추구하고 사적을 중시한 것도 불교의 진리를 실행하기 위한 것이었다.

이런 맥락에서 박한영은 하곡학파의 사상에 공감하면서도 불교정신에 대한 정인보의 견해에는 동의하지 않았다. 정인보는 1934년 10월 29일, 동아일보에 기고한 「조선불교 정신문제」에서 조선불교 선사들의 얼을 호국정신으로 설명하였다. 그는 당대 불교교단과 승려들이 의자依自로써 이타利他를 행하는 조선 불교의 근본정신을 망각하고

---

52) 「佛光圓編은 未來에 當觀」, 『朝鮮佛敎月報』제15호, 1915. 支那民族의 性質이 淺近功利主義의 上에 立ㅎ야 眞實로 實際生活上에 稍無關係ㅎ면 如何흔 事를 無論ㅎ고 모다 以爲ㅎ되 不急也며 無益也라ㅎ야 擯斥지흠은 此且功利主義가 進步는 아니ㅎ고 保守ㅎ는 者이라.

53) 「佛敎와 歲新의 想華」, 『海東佛報』제2호, 海東佛報社, 1914. 우리 佛敎의 眞理와 元則은 維新홀 必要가 無ㅎ지만은 法久成弊ㅎ야 顚倒의 差가 眞源에 比ㅎ면 儼然히 異敎邪焰이 熾然ㅎ다 謂홀지니.

446

속심에 젖어있다고 비판하였다.[54] 또 조선불교의 근본정신이 홍익이
며, 조선의 승려들은 중국의 승려와 달리 진리추구를 위해 참선하다
가도 재앙이 있으면 용감하게 뛰어들어 사람들을 구제하는 대심을
발휘했는데, 이것은 조선이라는 국가에 근원하며 이것이 곧 조선불교
의 핵심[55]이라고 하였다. 이에 대해 박한영은 다음과 같이 말했다.

> 우리 법려法侶의 현상으로는 사회론자의 깊은 탄식과 엄한 질책
> 도 감수할 경우에 있지만 근본적인 불교의 정신문제는 오해다. …
> 이 의미를 정평하면 과거 몇 경우로 석가를 끌어다 유가로 들어가
> 게 하는 것이다. 현대 민족 또는 군민주의로 간파하여 종합하면 아
> 전인수에 불과한 것이다.[56]

---

54) 『薝園鄭寅普全集』卷2, 「論說・隨筆・漢詩」〈朝鮮佛敎의 精神問題〉, 317쪽.
寺院은 왜 세웠느냐? 依自로써 利他를 행하는 그네를 두기 위하여. 向田은
왜이냐? 그네를 供養하기 위하여. 僧衆은 그네이므로 귀하고, 智識은 거기
돕는 것이매 重하고 佛像佛畫는 그네로서의 瞻禮함일새 높은 것이라. 만일
그렇지 못하다 할진대 朝夕 禮佛이 이른바 齋飯에 대한 經營 뿐일 것이며
宏構傑築이 그야말로 畜妻養子의 便益을 供給할 뿐이니 … 僧事이 곧 俗心
일진대 何必寺院 香田 僧衆은 何貴며 知識은 何重이며 佛像은 何奉이며
佛畫은 何掛이냐?
55) 『薝園鄭寅普全集』卷2, 「論說・隨筆・漢詩」〈朝鮮佛敎의 精神問題〉, 315쪽
3~11. 貝多가 처음 이 땅에 들어올 적이 正히 三國의 盛際라 이쪽의 依自하는
氣槪와 저네 獨尊하는 證悟 │ 서로 應合하매 그 華는 비록 菩提로 되었으나
神檀故根이 依然히 深固하였나니 佛敎│ 본디 捨身利他를 宗旨로 하는 것이
지만 宗國의 弘益을 專圖함이 조선불교에 있어서는 더 한층 出類타 할 수
있다. 所遇와 所向을 따라서 隱顯 語黙의 參差함이 없지 아니하되 昇平하면
枯寂을 自甘하여 證省하는 標的을 나타내고 喪亂한 즉 危難에 勇赴하여 利
濟하는 風槃를 일으키니 宴坐와 赴難이 한 가지 다 "大心衆生"으로써 함이
요, 이 "大心"은 곧 朝鮮으로써 發根함일새 이 곧 朝鮮 佛敎의 핵심이다.
56) 「朝鮮佛敎의 精神問題」, 중앙불교전문학교 교우회, 1935.1. 우리 法侶의 現相

박한영은 정인보가 제시한 조선불교의 정신은 한마디로 오해라고 일축했다. 그에 의하면 당대 승려와 교단의 병폐는 비판받아 마땅하다. 그러나 과거 몇몇 승려의 불가피한 선택을 가지고 근본정신이라고 운운하는 것은 아전인수격으로 불교를 끌어다가 유교로 설명하는 것이며, 불교 자체를 왜곡할 뿐만 아니라 조선 불교의 수준을 격하시키는 것이 될 수 있다. 박한영은 이런 사고의 배경이 당시의 민족주의, 군민주의에 있다는 것도 지적했다. 민족주의의 발흥이 당시 국제사회의 조류였고, 1930년 이후 일제가 내선일체內鮮一體와 동조동근론同祖同根論, 단군조선 부정 등을 통해 황국신민론과 조선 민족 말살 정책을 펴기 시작한 상황에서 이에 대한 대응논리로서 저항적 민족주의를 선택한 점을 이해한 것이다. 그러나 박한영은 이런 점을 이해한다 하더라도 불교의 본질을 수호하는 입장에서 왜곡된 논의를 그대로 인정할 수는 없었다. 또 당시 불교계의 실천문제가 호국護國과 호법護法 사이에 논란이 있었던 상황에서 이를 더 명확히 언급할 필요도 있었다. 그는 불교 승려는 세속법에 어긋나지 않고 호국안민에 유념해야 하지만 본질은 구도이며, 불도에 제대로 입문하지 않은 사회인들은 불교의 본질에 대해 함부로 논하지 말아야 한다고 하였다.57)

으로는 社會論者의 深彈嚴劾도 甘受할 境遇에 在하엿지만 根本的 朝鮮佛教의 精神問題는 誤解이다. … 此義를 正評하면 昔日境遇에 引釋入儒라 하는 게요 現代에 民族 又는 國民主義로 看破하야 綜合하면 我田漑灌에 不過함이다.

57) 「朝鮮佛教의 精神問題」, 중앙불교전문학교 교우회, 1935.1. 荒爾視之하고 말 것이나 우리 法侶의 精神界가 하 混散하며 또한 麥痺에 걸려잇다 鶴唳風聲이 殊多한 故로 法侶로 하여금 自教의 精神을 時時喚起하야 自主人公이 駸駸然히 那魔窟에 不引入에야 正當佛祖를 期圖하다가 俗諦法도 式順하야

448

박한영, 이건방, 정인보는 사상교유를 통해 비판과 개혁의 논리로서 진가론을 공유하고, 민중의 정신적 복리와 국학연구를 중시하였다. 물론 학문적으로 통일된 견해를 지닌 것은 아니지만, 이는 학문적 종교적 차이를 넘는 상호교류를 통해 직면한 현실문제 해결을 함께 고민했다는 데 큰 의의가 있다.

護國益民에 不外할 것이오. 社會君子에 對하야는 外形式은 批評할 지언딘 內眞理卽精神은 其門에 不入者여든 三尺喙라도 妄搖치 幸勿하겟고 識法者 懼를 請拭 靑看할지어다.

나오는 말

유럽에서는 코로나 바이러스-19로 인한 펜데믹이 14세기 흑사병 유행에 따른 문명의 대전환에 비견될 만큼 큰 변화를 가져올 것이라고 한다. 우리는 전방위적인 방역과 격리의 상황에서 벗어나 다시 이전의 일상으로 돌아가고 싶어 하지만, 대부분의 전문가들은 그것이 불가능하다는 것을 기정사실화하고 있다. 그 이유는 크게 두 가지이다. 하나는 인공지능, 사물인터넷과 같은 첨단과학기술이 가져올 대변화를 펜데믹이 더욱 가속화시켜서 돌이킬 수 없다는 것이고, 다른 하나는 펜데믹의 근본원인인 기후변화를 초래한 신자유자본주의체제와 그에 따른 생활방식을 바꾸지 않으면 안 된다는 것이다.

신자유자본주의체제는 모든 가치를 자본화하고, 더 많은 이익창출을 위한 성장중심주의를 동력으로 삼아, 전지구의 세계화, 도시화, 상품화, 그리고 생태의 무분별한 이용을 추동해왔다. 그런데 이 구도가 코로나 바이러스-19 로 인해 무너지고 있다. 이제 성장중심의 사고는 인류의 안전과 돌봄, 환경보호를 우선으로 하는 공생중심의 사고로 전환될 것이고 또 전환되어야 한다.

물론 지나친 안전의 추구는 자민족·자국 우선주의로 변질되어 또 다른 차별과 분리를 낳을 수도 있다. 세계 각국의 인종차별주의, 중국의 '중원 문명 탐원 공정'을 통한 역사왜곡과 일본의 독도 영유권 주장, 반한류의 역습, 김치와 한복의 연원에 대한 논란 등, 펜데믹 이전부터 경험해왔던 이런 현상들이 더 심화될 우려가 있는 것이다. 그런데 이는 현대에 와서 갑자기 돌출된 현상이 아니라, 개인, 민족, 국가의 정체성에 대한 고민이 폭발적으로 증가했던 근대전환기에 이미 예고된 것이며, 바로 그 연속선상에 있다. 서구에서 포스트 코로나 시대의 대전환을 흑사병유행에 따른 변화에 비견한다면, 우리는 그것을 근대전환기 동서문명의 충돌과 식민지경험에 비견할 수 있을 것이다. 현대 한국인은 격변기인 근대가 남긴 과제를 미처 다 해결하지도 못한 채, 또 다른 대전환에 대응해야 하는 어려운 처지에 놓여있다. 이런 맥락에서 근대전환기의 조선이라는 역사적 시공간을 헤쳐나간 실심실학자들의 삶은 오늘날 우리에게 시사하는 바가 크다.

본서에서 살펴본 실심실학자들- 이건창, 이건승, 이건방, 정인보, 박은식, 설태희-은 외재적인 절대원리의 궁구, 고착화된 실천조리의 실행을 거부하고, 주체적인 실심이 시대에 공감하는 바에 따라 살아갔다. 이건창, 이건승, 이건방, 정인보는 화담철학의 본체론을 근간으로 양명학을 수용한 하곡학을 계승하고, 개인 수양상의 진가론을 사회비판론으로 확장시켜 일진무가—眞無假의 실심실학 전통을 마련하였다. 이들은 명분의리에 의한 당쟁, 특히 '직直'의 가치와 춘추의리를 명분으로 상대 당에 대한 살육을 서슴지 않은 가도학자들을 거세게 비판하였다. 특히 이건방은 매사에 가가 오래되면 그것이 가인줄도 모르게 되기 때문에 먼저 진가를 구분해야하는데, 그 기준은 일반인의 보편적인 정서에 부합하는 것임을 천명하였다.

실천적인 면에서 이건창은 척화나 개화 어느 쪽에도 속하지 않는 중도적인 입장에서 조부로부터 각인된 사대부의 사명을 수행하고자 하였고, 이건승은 교육의 기치를 세우고 입헌군주제를 옹호했으나 병탄이후 망명을 선택하며 내면적 갈등을 겪었다. 이들은 모두 글쓰기를 중시하고, 실천면에서 각기 보수적인 한계를 드러내기도 했지만, 실심의 감응에 따라 의리가 달라질 수 있다는 개방적인 관점과 주체중시의 사유를 놓치지 않았다. 이건방은 이건창, 이건승보다 진보적인 관점에서 서구문물을 수용하고, 진문장보다 법제, 정치, 경제에 관한 지식이 더 필요한 시대라고 인식하여 실학을 선양했다. 그리고 이는 그 제자인 정인보에게 전승되어 '조선학'운동으로 이어졌다. 정인보는 남의 아픔을 자신의 아픔으로 아는 것, 곧 자신의 부모, 형제로부터 민족과 인류로 확장되는 감통이 없으면 실심이 온전하지 못한 것이라고 보고, 국학선양과 조선 얼의 회복을 통해 민중의 복리를 추구하였다. 설태희는 이와 계통은 다르지만, 역시 화담철학의 바탕 위에 양명학을 수용하여 새로운 양지론을 세우고, 조선적인 실용교학과 자립경제체제를 구축하고자 하였다. 주자학을 수학했던 박은식은 일본 양명학의 실천역량과 유신의 성과에 자극을 받아 양명학을 수용하였지만 그들과는 다른 길을 걸었다. 그가 개척한 길은 제국주의에 복무한 일본양명학과 화혼론에 대항하면서, 국혼과 국권을 회복하고 주체성을 잃지 않는 공생과 평화의 길이었다. 이런 점에서 정인보와 박은식의 민족주의를 제국주의의 쌍생아이며 단순한 국수주의라고 보는 시각은 정정되어야 한다. 이들의 민족주의는 저항적 민족주의이고, 국학 또한 민족적 자존감회복을 위한 것이지 자의식이 과잉된 국수주의는 아니었다. 이들이 궁극적으로 지향한 것은 조선이 제대로 자립하여 인류의 행복과 세계의 평화에 이바지하는 것이었다.

본서에서 다룬 실심실학자들은 모두 양명학을 수용한 공통점이 있지만 현대적 의미의 학문분과로서 양명학을 받아들인 것은 아니다. 그들은 사람이면 누구나 광명한 실심을 지니고 있다는 확고한 신념 위에서 그 본래성을 완전히 구현하려는 구도의 길을 간 것이다. 그렇기 때문에 학문적 당파성에 얽매이지 않고 신학이나 대종교를 수용할 수 있었고 주자학에서도 실학을 찾아내 선양했으며 불교학자와 교류하면서 국학연구를 확장시킬 수 있었다. 이들의 실심실학이 대부분 국학으로 귀결된 것은, 자아에 대한 타자의 비하와 억압에 대해 자아의 실심이 자각하고 대항한 공통된 결과라고 볼 수 있다.

　　문제는 이런 비하와 왜곡, 침해가 현대에도 해결과제로서 수면위로 부상하고 있다는 점이다. 국학의 정립과 선양을 외친 실심실학자들의 과업을 구시대의 유물이라고 치부하기엔 아직 이르다. 지금 이 글을 읽는 독자 가운데도 '국학'이라는 용어가 불편한 경우가 있을 것이다. 그러나 '국학'이라는 용어를 배제하고 '한국학'만 사용해야 한다는 주장은 우리 자신을 지나치게 타자화한 것이다. 이는 제국주의 학문에 놀라고, 실증적이고 객관적인 학문의 추구라는 원칙에 경도된 결과이다. 이는 마치 남에게 소외감을 주지 않아야 하기 때문에 나 스스로 우리 집을 우리 집이라고 부르면 안 되고 김윤경의 집, 혹은 강창성의 집으로 불러야 한다고 주장하는 것과 같다. 우리가 우리학문을 할 때 곧 한국인이 한국학을 연구할 때는 '국학'이라는 용어를 사용하고, 외국인이 우리학문을 연구할 때는 '한국학'이라는 용어를 사용하는 것이 더 자연스럽다. 해방이후 정인보는 조선말, 한글이 아니라 '나랏'말, '나랏'글이라는 용어를 쓰길 원했다. 이제 더 이상 우리가 스스로를 타자화시킨 용어를 사용하지 말고, 자아가 드러나는 용어를 쓰자는 것이다. 그는 우리 자신이 주체의식을 가지고 조선학 대신 국학이라는 표현을 쓰는 것이 맞다고 여겼다. 설의식은 국어에서 '안으로 들어온다', '밖으로 나간다'고 하는 것은 자기를 중심으로 하는 말인데, 당대에 이미 '조선 안으로 들어온다', '조선 밖으로 나간다'는 말을 쓰지 않고, '중국으로 들어간다', '미국으로 들어간다'는 말을 자주 사용하는 것은 이미 자의식이 흐려진 상태라고 하면서, " 자아란 관점을 잊어버리고 자기란 주축을 잃어버리는 결과는 배타배외의 경지로 들어갈 뿐아니라, 필경은 자천감, 자멸감에 빠져 부지불식간에 자기무시의 엄청난 세계를 만들어놓는다."고 하였다.[1] 한글이 이미 세계적으로 알려져 있고, 지구촌시대에 안 밖의 기준을 구분해서 쓰는 것은 실정에 맞지 않는다고 할지라도 , 타자화된 용어사용으로부터 자아의

---

1) 薛義植, 「自我의 光復」, 『國學』제1권1호, 國學專門學校 學生會編輯部, 1946. 6.30, 5~7쪽. 「안으로 들어오고」 「밖으로 나간다」하는 것이 우리국어의 용례이다. 우리가 「우리조선」을 「제집」으로 인식하고 「제집」이란 자각을 가졌다한다면 내외출입에 있어서 당연히 「조선안으로 들어오고」 「조선밖으로 나간다」할 것이다. 여기에 설명을 더하면 사족이상이다. 그런데 현재 우리의 관용은 어떠한가? 일본으로 들어가고 중국으로 들어가고 미국으로 들어간다고 한다. 봉천서 나왔고 상해서나왔고 대판서 나왔다고 한다. 어디가 「안」이고 어디가 「밖」이며 어디가 제나라 제고장이며 남의나라 남의고장인지 알 수 없는 말이다. 「제」가 「남」이 되고 「남」이 「제」가 되어가지고 하는 바이니 주객전도도 이 지경에 이르면 철저라는 용어도 삼사를 피할 것이다. 용어가 이모영이고 용례가 이러하되 우리는 아무러한 모순도 느끼지 않고 아무러한 반성도 깨닫지 못하고 가장 무난하게 가장 순평하게 恒茶飯으로 쓰고 있다. 이만큼 우리는 「저를 잊어」(忘)버리었고 「저를잃어」(失)버린 것이다. 「저」나라는 자각이 분명하고 「저」라는 자체가 확립되었다고 한다면 자타를 뒤바꾸는 이같은 용어용례는 절대로 없을 것이다. … 그러나 자아란 관점을 잊어버리고 자기란 주축을 잃어버리는 결과는 배타 배외의 경지로 들어갈 뿐아니라 필경은 자천감 자멸감에 빠지어 부지불식간에 자기무시의 엄청난 세계를 만들어놓는 것이다.

망각이 시작되고 그것이 자기 무시로 빠져들 수 있다는 말에는 유념할 필요가 있다.

일제 강점기처럼 타자가 부각되지 않는 상황에서도 개인적 차원이든 공동체적 차원이든 자아의 자각은 매우 중요하다. 다르다는 것을 알지 못하면 함께 한다는 것도 알지 못한다. 만물이 다르다는 것을 전제하지 않으면 일체라는 말은 무의미해진다. 무아無我의 진리도 유아有我의 속세에 발을 딛지 않으면 도달할 수 없다. 자아를 망각하면 우리는 출발점을 잃어버리고 최종목적지에도 도달할 수 없는 것이다.

본서에서 다룬 실심실학은 일정한 시공간을 통과한 역사적 산물이기에, 우리는 그것을 참고할 수 있을 뿐, 세세한 실천양상을 재현할 수는 없다. 또 그래서도 안 된다. 다만 속일 수 없는 실심이 감통하는 바대로 살려는 정신은 오롯이 본받을 만하다 . 근대전환기와 포스트코로나 시대가 여전히 연결되고 교차되는 환경을 제공하고 있지만, 포스트코로나 시대의 실심은 그에 상응하는 새로운 그림을 그릴 것이다. 첨단네트워크로 비대면 소통이 가능한 사회에서 함께하는 것과 홀로 있는 것을 다양한 방식으로 선택할 수 있게 되면, 개인의 주체성과 개성을 발휘할 공간은 더 넓어지게 된다. 홀로 서는 것과 공존하는 것 사이의 균형, 인간보다 뛰어난 AI나 기계와 결합된 인간의 등장으로 제기되는 존재론적 물음들, 노동과 조직의 변화로 더 커지는 빈부격차의 해소 등, 앞으로 직면하게 될 문제들은 우리에게 실심에 대한 더 많은 성찰과 실천을 요청하게 될 것이다.

가. 원전

『二程遺書』

『四書大全』

『朱子語類』

『花潭集』

『德村集』

『退溪集』

『栗谷全書』

『霞谷集』

『俛宇集』

『艮齋集』

『明美堂集』

『海耕堂收草』

『蘭谷存稿』

『李海鶴遺書』

『寒洲集』

『丹齋申采浩全集』, 단재신채호선생기념사업회, 1977.

『大倧敎重光六十年史』, 대종교총본사.

『蘭谷存稿』, 청구문화사, 1971.

『黨議通略』, 朝鮮光文會, 1912.

『李建昌全集』, 성균관대학교 대동문화연구회, 2018.

『白巖朴殷植全集』, 동방미디어, 1977.

『學林小辯·續理氣辯』, 京城: 小梧山方, 1939.

『民世安在鴻選集』, 지식산업사, 1992.

『舊園鄭寅普全集』, 연세대학교 출판부, 1983.

『六堂崔南善全集』, 현암사, 1973.

『백낙준전집』, 연세대학교출판부, 1995.

『光六十年史』, 대종교총회, 1971.

『國文學史十講』, 冨山房, 1905.

『章太炎全集』, 上海人民出版社, 1985.

『訄漢三言』, 上海書店出版社, 2011.

『章太炎演講集』, 上海人民出版社, 2011.

『國故論衡』, 上海古籍出版社, 2003.

나. 근대매체

《皇城新聞》

《大韓每日申報》

《太極學報》

《東亞日報》

《新東亞》

《西北學會月報》

《韓國學報》

《조선중앙일보》

《海東佛報》

《朝鮮佛敎月報》

《새한민보》

《國學》

다. 연구서

강중기 외 지음, 『서양정치사상과 유교지평의 확장』, 동과 서, 2019.

구재진 외 지음, 『'조선적인 것'의 형성과 근대문화담론』, 소명출판, 2007.

김광식, 『불교 근대화의 이상과 현실』, 선인, 2014.

김영진, 『불교와 무의 근대』, 그린비, 2012.

민세안재홍 기념사업회 편, 『1930년대 조선학 운동 심층연구』, 선인, 2015.

민영규, 『강화학파 최후의 풍경』, 又半, 1994.

박지향, 『일그러진 근대』, 푸른역사, 2003.

배관문, 『황국의 발견』, 서울대학교 출판문화원, 2018.

배연숙, 『정인보의 인문학적 사유에 의한 민족주체사상 연구』, 부산대학교
　　　박사학위논문, 2012.

백남운, 『朝鮮社會經濟史』, 改造社, 1922.

안병주 외 번역, 『역주 장자』1권, 전통문화연구회, 2002.

이지원, 『한국근대문화사상사연구』,혜안, 2007.

이행훈, 『학문의 고고학』, 소명, 2016.

임상선 외지음, 『한국고대사 계승인식Ⅱ』, 동북아시아역사재단, 2019.

임춘성 옮김, 『중국근대사상사론』, 한길그레이트북스, 2005.

장자크 루소 지음, 김영욱 옮김, 『사회계약론』, 후마니타스, 2018,

정양완, 『강화학파의 문학과 사상(5) - 특히 耕齋李建昇의『海耕堂收艸』를
　　　중심으로』, 월인, 2012.

정인보지음, 정양완 옮김, 『薝園文錄』, 태학사, 2006.

정인보지음, 홍원식 해설, 『양명학연론』, 계명대학교 출판부, 2004.

정태수, 『광복 3년 한국 교육법제사』, 예지각, 1995.

종걸·혜봉 공저, 『석전 박한영』, 신아출판사, 2016.

천성림, 『근대중국사상세계의 한 흐름』, 신서원, 2002.

최병헌 외지음, 『한국불교사 연구입문』(상), 지식산업사, 2013.

최영성, 『한국유학통사』, 심산, 2006.

한정길외 지음, 『사회사상과 동서접변』, 동과서, 2019,

현상윤, 『조선유학사』, 심산, 2010.

홍원식, 『동도관의 변화로 본 한국 근대철학』, 예문서원, 2016.

홍이섭 해제, 『陽明學演論』, 삼성문화재단, 1972.

황광욱, 『화담 서경덕의 철학사상』, 심산, 2003.

唐文权,『罗福惠『章太炎思想研究』, 华中师范大学出版社, 1986.

張昭君,『儒學近代之境』, 北京師范大學出版集團, 2011.

张春香,『章太炎主体性道德哲學研究』, 中国社會科學出版社, 2007.

라. 연구논문

가츠라즈마 노부히로,「일본 – 國學에 대한 視線과 傳統의 '창조'」,『국학연구』15집, 국학연구소, 2011.

강명관,「漢文廢止論과 愛國啓蒙期의 國·漢文論爭」,『韓國漢文學研究』8집, 한국한문학회, 1985.

강성연,「근대 불교의 종교 비교 방법을 통한 정체성 인식」,『한국사상사학』제45집, 한국사상사학회, 2013.

권상우,「일제강점기 "민족성과 유학의 관계성"담론을 통한 "한국적 유학"」,『퇴계와 유교문화』48집, 경북대학교 퇴계학연구소, 2011.

권성아,「해방 이후 교육이념의 설정과 국사교육」,『역사와 교육』21집, 2015.

김건우,「한말 유학자의 위기의식과 근대문명 담론 비판」,『유교사상문화연구』61, 한국유교학회, 2015.

김기승,「박은식의 민족과 세계인식 – 경쟁과 공생의 이중주」,『한국사학보』제39호, 고려사학회, 2010.

김동환,「일제강점기 대종교와 기독교의 연계활동에 대한 담론」,『국학연구』제21집, 2017.

김상일,「근대 불교지성과 불교잡지 – 석전 박한영과 만해 한용운을 중심으로」,『동악어문학』52, 동악 어문학회, 2009.

김상현,「한국 근대사의 전개와 불교」,『佛教學報』제60집, 동국대학교 불교문화연구원, 2011.

김선희,「근대 전환기 다산 저술의 출판과 승인」,『동방학지』180호, 연세대학교 국학연구원, 2017.

김세정, 「한국근대양명학에 관한 연구 현황과 전망」, 『儒學研究』42호, 충남 대학교 유학연구소, 2018.

김인식, 「1920년대와 1930년대 초 '조선학' 개념의 형성 과정 – 최남선·정인보·문일평·김태준·신남철의 예」, 『숭실사학』제33집, 숭실 사학회, 2014.

_____, 「1930년대 안재홍의 조선학론」, 『한국인물사연구』제23집, 한국인 물사연구회, 2015.

김용태, 「李建昌 글쓰기의 문제적 성격에 대하여 – 김택영(金澤榮)이 산삭 했던 산문의 분석을 중심으로」, 『大東文化研究』104, 성균관대학 교 대동문화연구원, 2018.

김윤경, 「舊園 鄭寅普의 주체적 實心論」, 『유교사상문화연구』48호, 유교사 상연구소, 2012.

_____, 「정인보 '조선 얼'의 정체성」, 『양명학』45호, 한국양명학회, 2016.

_____, 「정인보와 장병린의 주체론 비교」, 『인문학연구』52호, 인문학연구 원, 2016.

_____, 「19세기 조선 성리학계의 양명학비판 양상」, 『동양철학연구』92집, 동양철학연구회, 2017.

_____, 「근대 동아시아 지평에서 본 정인보 '조선학'의 사상적 토대」, 『양 명학』52, 한국양명학회, 2019.

_____, 「근대전환기 實心實學의 다층적 함의」, 『양명학』53, 한국양명학 회, 2019.

_____, 「오촌 설태희의 실용주의와 양명학」, 『양명학』55, 한국양명학회, 2019.

김종진, 「俛宇 郭鍾錫의 儒學 衛道意識 일고」, 『淵民學志』제25집, 연민학 회, 2016.

區建英·김종학, 「중국의 國粹派와 일본의 국수주의」, 『한국의 문화』41, 서울대 규장각 한국학연구원, 2008.

김진균, 「실학연구의 맥락과 정인보의 '依獨求實'」, 『민족문화논총』50, 영남대학교 민족문화연구소, 2012.

_____, 「「조선문학원류초본」을 통해 본 정인보의 조선문학 구상」, 『반교
어문연구』제39집, 반교어문학회, 2015.

_____, 「근대전환기의 고전 이해와 한국학의 모색 : 「朝鮮文學源流草本」
을 통해 본 鄭寅普의 "조선문학" 구상」, 『반교어문연구』제39권,
반교어문학회, 2015.

김창숙, 「石顚 朴漢永의 《戒學約詮》과 歷史的 性格」, 『한국사연구』107호,
한국사연구회, 1999.

노관범, 「대한제국기 실학 개념의 역사적 이해」, 『韓國實學研究』25권, 한국
실학학회, 2013.

_____, 「대한제국기 박은식 유교개혁론의 새로운 이해」, 『한국사상사학』
제63집, 한국사상사학회, 2019.

류시현, 「1920년대 최남선의 '조선학' 연구와 민족성 논의」, 『역사문제연
구』17집, 역사문제연구소, 2007.

_____, 「1910년대 조선불교사 연구와 '조선학'의 토대 형성」, 『한국학연
구』제44호, 고려대학교 한국학연구소, 2013.

_____, 「1930년대 안재홍의 '조선학운동'과 민족사 서술」, 『아시아문화연
구』제22집, 경원대학교 아시아문화연구소, 2011.

_____, 「1930년대 문일평의 조선학 연구와 실학의 재조명」, 『한국인물사
연구』제23집, 한국인물사연구회, 2015.

미야지마 히로시, 「일본의 국학과 한국의 조선학 - 비교를 위한 서론적 고
찰」, 『동방학지』제143집, 연세대학교 국학연구원, 2008.

박명림, 「한국의 초기 헌정체제와 민주주의」, 『한국정치학회보』제37집 제1
호, 2003.

박미경, 「日本古典에 보이는 화혼의 정의와 그 어의의 변천」, 『東아시아古
代學』 9, 동아시아고대학회, 2004.

박부권, 정재걸, 『교육이념과 홍익인간』, 한국교육개발원, 1989.

박연수, 「강화 하곡학파의 實心·實學」, 『陽明學』, 한국양명학회, 2006.

박정심, 「근대 공간에서 양명학의 역할」, 『한국철학논집』13집, 한국철학사
　　　　연구회, 2003.

＿＿＿, 「개항기 格物致知學에 관한 연구」, 『한국철학논집』30집, 한국철학
　　　　사연구회, 2010.

＿＿＿, 「自强期 新舊學論의 舊學인식에 대한 연구」, 『동양철학연구』66집,
　　　　동양철학연구회, 2011.

＿＿＿, 「自强期 新舊學論의 新學과 格物致知學에 대한 연구」, 『동양철학
　　　　연구』66집, 동양철학연구회, 2011.

裵京漢, 「박은식과 '中韓互助'」, 『진단학보』130호, 진단학회, 2018.

백동현, 「대한제국기 新舊學논쟁의 전개와 그 의의」, 『한국사상사학』19,
　　　　한국사상사학회, 2002.

＿＿＿, 「1920년대 초 계몽담론의 특성: 문명·문화·개인을 중심으로」『동
　　　　방학지』133집, 연세대학교 국학연구원, 2006.

＿＿＿, 「대한제국기 한국민족주의의 형성과 그 특성 – 지식인층의 민족담
　　　　론 분석을 중심으로–」, 『한국민족운동사연구』55, 한국독립운동사
　　　　학회, 2008.

설석규, 「俛宇 郭鍾錫의 政治哲學과 國權回復 방향」, 『남명학연구』28호,
　　　　경상대학교 남명학연구소, 2009.

송석준, 「난곡 이건방의 양명학과 실천정신」, 『양명학』18호, 한국양명학회,
　　　　2007.

송현주, 「근대 한국불교의 종교 정체성 인식」, 『불교학연구』제7호, 불교학
　　　　연구회, 2003.

신상현·천병돈, 「난곡 이건방의 『원론』에 나타난 현실인식」, 『인천학연
　　　　구』29호, 인천대학교 인천학연구원, 2018.

신주백, '조선학운동'에 관한 연구동향과 새로운 시론적 탐색」, 『한국민족
　　　　운동사연구』67집, 한국민족운동 사학회, 2011.

＿＿＿, 「1930년대 초중반 朝鮮學 학술장의 재구성과 관련한 시론적 탐색」,
　　　　『역사문제연구』제26집, 역사문제연구소, 2011.

신창호, 「教育理念으로서 弘益人間에 대한 비판적 검토」, 『한국교육학연구』제9권 1호, 2003.

신현승, 「鄭寅普의 눈에 비친 中國 明末淸初期의 知識人」, 『東西哲學硏究』제48호, 2008.

_____, 「鄭寅普의 朝鮮陽明學派 硏究에 관한 一考察」, 『인문과학연구』 23, 강원대학교 인문과학연구소, 2009.

심경호, 「강화학파의 假學批判」, 『陽明學』제13호, 한국양명학회, 2005.

_____, 「江華學의虛假批判論」, 『大東漢文學』제14집, 대동한문학회, 2011.

윤덕영, 「위당 정인보의 조선학인식과 지향」, 『한국사상사학』50집, 한국사상사학회, 2015.

_____, 「위당 정인보의 교유 관계와 교유의 배경 – 백낙준·백남운·송진우와의 교유 관계를 중심으로」, 『동방학지』173집, 연세대학교 국학연구원, 2016.

윤소영, 「한말기 조선의 일본 근대화 논리의 수용 – '和魂'論과 '國魂'論의 비교를 통하여」, 『한국근현대사연구』29, 한국근현대사학회, 2004.

이경구, 「개념사와 내재적 발전: '실학'개념을 중심으로」, 『역사학보』213, 역사학회, 2012.

이남옥, 「정인보의 학문연원과 조선학 인식」, 『유학연구』제38집, 충남대 유학연구소, 2017.

이만열, 「위당 鄭寅普의 한국 고대사 인식」, 『동방학지』제141집, 연세대학교 국학연구원, 2008.

이상익, 「안재홍 다사리주의의 사상적 토대와 이념적 성격」, 『한국철학논집』제31집, 한국철학사상연구회, 2011.

이상호, 「鄭寅普 實心論의 양명좌파적 특징」, 『陽明學』제15호, 한국 양명학회, 2005.

_____, 「일제강점기 鄭寅普 實心論의 주체성과 창조적 정신」, 『철학연구』제100호, 대한철학회, 2006.

_____, 「한국 근대 양명학의 철학적 특징」, 『陽明學』제20호, 한국양명학

회, 2008.

이지원, 「1930년대 전반기 민족주의 문화운동론의 성격」, 『국사관논총』제
　　　51, 국사편찬위원회, 1994.

이진경, 「주체와 도덕의 관점에서 본 조선후기 眞假 담론 I - 낙학파와 북학
　　　파의 천기론을 중심으로」, 『양명학』31호, 한국양명학회, 2012.

_____, 「주체와 도덕의 관점에서 본 강화학파의 진가(眞假) 담론 - 주체와
　　　도덕의 관점에서 본 조선후기 진가(眞假) 담론 II - 」, 『유학연구』
　　　27집, 충남대유학연구소, 2012.

이청원, 「「朝鮮의 얼」의 現代的 考察」, 『비판』36호, 비판사, 1937.03.

이행훈, 「新舊관념의 교차와 전통지식체계의 변용」, 『한국철학논집』32집,
　　　한국철학사연구회, 2011.

이황직, 2010, 「위당 조선학의 개념과 의미에 관한 연구」, 『현상과 인식』제
　　　34집, 한국인문사회과학회, 2010.

임부연, 「박은식의 '종교' 담론」, 『종교와 문화』34호, 서울대학교 종교문제
　　　연구소, 2018.

장우순, 「박은식의 포용적 평화사상과 대한민국임시정부」, 『국학연구』23
　　　호, 국학연구소, 2019.

정양완, 「아버지 薝園의 세 스승」, 『양명학』제13호, 한국양명학회, 2005.

정용화, 「문명개화론의 덫」, 『국제정치논총』41, 한국국제정치학회, 2001.

정창조, 김원명, 「한국 근대불교 연구에서의 '근대성'에 대한 비판적 고찰」,
　　　『한국철학논집』50집, 한국철학사상연구회, 2016.

정출헌, 「국학파의 '조선학'논리 구성과 그 변모양상」, 『열상고전연구』27,
　　　열상고전연구회, 2008.

정호훈, 「한국 근·현대 실학연구의 추이와 문제의식」, 『다산과 현대』2권,
　　　연세대학교 강진다산실학연구원, 2009.

조성산, 「18세기 후반~19세가 전반 "조선학" 형성의 전제와 가능성」, 『동방
　　　학지』 148호, 연세대학교 국학연구원, 2009.

_____, 「정인보가 구성한 조선 후기 문화사」, 『역사와 담론』56, 호서사학회,

2010.

조성택, 「근대 불교학과 한국 근대불교」, 『민족문화연구』제45호, 고려대학교 민족문화연구소, 2006.

천병돈, 「蘭谷 李建芳과 深齋 曹兢燮의 道德文章論」, 『양명학』38호, 한국양명학회, 2014.

_____, 「난곡 이건방의 『蘭谷存稿』 연구」, 『한국학』37권1호, 한국학중앙연구원, 2014.

_____, 「후기 하곡학파의 실천정신」, 『양명학』50호, 한국양명학회, 2018.

_____, 「寧齋 李建昌의 『讀易隨記』연구 - 「繫辭十則說」을 중심으로-」, 『인천학연구』 32호, 인천대학교 인천학연구원, 2020.

최성환, 「이건창 가문의 당론과 『당의통략』서술」, 『대동문화연구』104집, 성균관대학교 대동문화연구원, 2018.

최영성, 「한국유학사에서 俛宇 郭鍾錫의 위상」, 『남명학 연구』제27집, 경상대학교 남명학연구소, 2009.

_____, 「조선 중·후기 四大學派의 철학과 현실인식」, 『한국철학논집』33집, 한국철학사상연구회, 2012.

_____, 「日帝時期 反植民史學의 展開」, 『한국사상과 문화』9, 한국사상문화학회, 2000.

최재목, 「朴殷植과 近代日本陽明學의 관련성」, 『일본사상』제8호, 한국일본사상사학회 2005.

_____, 「鄭寅普 『陽明學演論』에 나타난 왕용계이해」, 『양명학』제16호, 한국양명학회, 2006.

_____, 「鄭寅普 '양명학'형성의 지형도」, 『동방학지』143호, 연세대학교 국학연구원, 2006.

_____, 「김태준의 「정인보론」을 통해 본 해방전 위당 정인보에 대한 평가」, 『양명학』20호, 한국양명학회, 2008.

_____, 「일제 강점기 정다산의 재발견의 의미」, 『다산학』17호, 다산학술문화재단, 2010.

_____, 「1930년대 朝鮮學 운동과 '실학자 정다산'의 재발견」, 『다산과 현대』제4집, 연세대학교 강진다산 실학연구원, 2012.

한정길, 「9세기 강화학파 학자들의 현실 인식과 대응 논리 – 이시원(李是遠)과 이건창(李建昌)을 중심으로 – 」, 『대동문화연구』104, 성균관대학교 대동문화연구원, 2018.

_____, 「蘭谷 李建芳의 「朝鮮儒學과 王陽明」」, 『泰東古典研究』43호, 한림대학교 태동고전연구소, 2019.

_____, 「蘭谷 李建芳의 양명학 이해와 현실 대응 논리」, 『양명학』51호, 한국양명학회, 2018.

_____, 「위당 정인보의 양명학 연구와 다산 이해」, 『다산과 현대』8, 연세대학교강진다산실학연구원, 2015.

_____, 「鄭寅普의 陽明學觀에 대한 연구」, 『東方學志』제141집, 연세대학교 국학연구원, 2008.

_____, 「조선양명학의 實心實學과 조선후기 實學」, 『韓國實學研究』28, 한국실학학회, 2014.

| 지은이 소개 |

김윤경金潤璟

성균관대학교 철학과 졸업한 뒤 철학교육에 전념하다가, 동대학원에서 한국철학을
전공하여 『16-17세기 한국양명학 성립과정의 공부론 연구』로 박사학위를 취득하
였다. 한국전통문화대학교 한국철학연구소 전임연구원을 지냈고 현재 조선대학교
인문학연구소 연구교수로 재임 중이다. 관심 연구분야는 철학교육, 한국철학, 양명
학이다. 저서로는 『청소년을 위한 한국철학사』, 『생각이 크는 인문학』(공부편)이
있고, 연구 논문으로 「정제두의 심즉리설연구」, 「하곡 철학의 조선성리학적 기반」,
「최명길의 『사문록』에 나타난 사서해석 경향」, 「조선후기 주자학과 양명학의 지행
논변과 그 함의」, 「19세기 조선성리학계의 양명학비판양상」외 다수가 있다.

조선대학교 우리철학연구소 우리철학총서 08
근대전환기의 한국철학 〈心〉

실심실학과 국학

초판 인쇄   2020년 12월 10일
초판 발행   2020년 12월 20일

지 은 이 | 김 윤 경
펴 낸 이 | 하 운 근
펴 낸 곳 | 學古房

주   소 | 경기도 고양시 덕양구 통일로 140 삼송테크노밸리 A동 B224
전   화 | (02)353-9908 편집부(02)356-9903
팩   스 | (02)6959-8234
홈페이지 | www.hakgobang.co.kr
전자우편 | hakgobang@naver.com, hakgobang@chol.com
등록번호 | 제311-1994-000001호

ISBN 979-11-6586-125-4 94100
         978-89-6071-865-4(세트)

값: 28,000원